The Legal System of Supervision in Ancient China

中国监察法制史

张晋藩 / 著

商务印书馆
创于1897 The Commercial Press

2019年 · 北京

图书在版编目(CIP)数据

中国监察法制史/张晋藩著. —北京:商务印书馆,2019

ISBN 978-7-100-17899-0

Ⅰ.①中… Ⅱ.①张… Ⅲ.①监察—历史—中国—古代 Ⅳ.①D691.49

中国版本图书馆CIP数据核字(2019)第245230号

中国监察法制史

张晋藩 著

商 务 印 书 馆 出 版
(北京王府井大街36号 邮政编码100710)
商 务 印 书 馆 发 行
北京艺辉伊航图文有限公司印刷
ISBN 978-7-100-17899-0

2019年12月第1版 开本880×1230 1/32
2019年12月北京第1次印刷 印张19¼

定价:78.00元

修订版序

中国监察体制改革的历史文化渊源及现实意义

中国古代监察制度产生于中华民族的文化土壤上,具有鲜明的特征,其发展历程充分体现了中华民族的智慧与创造力。中国古代的统治者不仅注重监察体制的完善,而且致力于监察法的制定,以保证监察效能的发挥。中国古代的监察系统对中央和地方实行全覆盖,整个官僚队伍都被纳入监察网络之中,从而决定了监察所涉及的内容是广泛的,形式是多样的,制约机制的特殊作用是突出的。

作为国家制度的重要组成部分,中国古代监察制度的基本任务就是整肃百僚、纠正官邪、弹劾非违、维持纲纪,以确保官僚队伍的基本素质,并通过"彰善瘅恶,激浊扬清",充分实现国家的职能。

监察制度的运行,发挥了积极的规范和制衡作用。无论是国家最高行政机关,还是最高军事机关都在监察范围之内;并且涉及国家政务的方方面面,如行政监察、立法监察、人事监察、司法监察、经济监察、军事监察、仪制监察、文教监察、科考监察等,有时还派出御史进行专项监察,如巡仓御史、巡遭御史,由皇帝临时派出巡按地方的御史,作为天子的耳目之司,位卑但权重。小事立断,大事奏裁,有些司法案件可以调集一干人犯进行审理。位卑便于皇帝控制,权重在于是皇帝耳目之寄。御史出巡,或定期,或不定期,或专项,都要对皇帝负责。御史回朝以后,直接向皇帝奏报,宰相无权过问。

随着监察制度的发展,监察立法也相应地由简单到复杂,由单项到法典化,使得监察活动有法律根据,不仅如此,监察立法也限定了监察权的行使,使监察官不得任意超越法律行事,这也是中国古代以法为治的一种表现。清朝的监察法《钦定台规》,集历代监察立法之大成,内容包括训典、宪纲、六科、各道、五城、稽查、巡察和通例等八类,其完备性为世界所少有。在中华传统法文化中,监察法律文化具有特殊性和典型性。

中国古代的监察制度受到近代政治家、思想家的重视。晚清改革官制时,都察院存而不废。孙中山提出的五权宪法,也包括了监察权在内。当前,本书再版之际,正值中央推进国家监察体制改革,构建监察委员会,制定和颁布《监察法》,表现出对于中华监察法律文化的择善而从的结果。

本书着重修改之处有三:一、加强监察思想部分,以显示思想对于制度建设的引领作用;二、沟通中枢制度与监察制度的内在联系,强调中枢制度的发展变化对于监察制度的直接影响;三、充实了明清两朝的监察立法,作为古代最后两个王朝,监察法和其他立法一样,均已达到相当完备的程度,因此,不吝笔墨,加以论述。

以史为鉴,可知兴替,中国古代监察法制史留给我们许多具有现实借鉴意义的文化资源,值得认真研究、总结和弘扬。

张晋藩

2018 年 11 月 15 日

目　　录

绪　　论

中国监察法制史是中国法制史的重要组成部分，它以历代监察法律制度为对象，涉及监察机构的设置、监察制度的构建、监察活动的合法性根据等，并以揭示其发生、发展、演变的规律性为目的。监察法制的历史同样是源远流长的，监察法律文化的积淀与监察立法经验的积累，都体现了中华民族的智慧与创造力，是遗赠给中华民族子孙的取之不尽的治国财富。

中国古代的权力结构是沿着集权于中央、集权于皇帝的轨道发展的，并且不断地强化。专制主义的中央集权制度之得以矗立，有赖于统一的官僚机构的支撑。官僚机构是推动国家机器运转，实施治国理政驭民的物质力量，因此治官——官僚机构的构成因子，具有头等重要的意义。为治官而须察官，为察官而须法律，监察法制就在这个过程中产生和发展。

由于历代的历史背景不同，面对的政治形势也有异，因此监察法制的具体任务是不同的，但总的说来都是维护和保证国家机器正常运转的制衡机制，都是通过整肃百僚，"彰善瘅恶，激浊扬清"，缓和官民之间的矛盾与利益冲突，平衡协调统治集团内部的利益分配，控制个人法定权利以外的占有，借以充分发挥官僚机构的作用和实现对社会的调整。

随着中国古代整体法制的进步，监察法制也获得了稳定发展的可靠基础，而监察法制的发展，又进一步加深了中国本土法文化的鲜明色彩,凸显了中华法系的特殊性与重大的价值。中国古代监察法制发展的系统性、完整性、持续性都是世界所少有的。它虽然是历史的陈迹,但仍然闪烁着现实性的光彩,向着撷取监察法制历史经验的人们敞开了宝库之门。

一、中国监察法制的历史发展

中国古代监察法制在其漫长的发展过程中,基于社会历史条件的不同,而形成了不同的发展阶段,以及与之相适应的时代特点。

(一) 中国古代监察法制的形成阶段——战国、秦汉

早在夏商时期,随着法制的确立,开始出现了治官之法和对政权内部的权力监督。西周时期,虽然尚未形成行使监察权的专门机构,但是以监察为职掌的职官已有所增长。而穆王时期制定的《吕刑》,其中关于"五过之疵"的规定,已经具有职官监察法的性质。

战国时期,社会的大变动促使政治法律制度发生了重大改革。官僚制度取代了世卿制度。适应对官僚系统的监督需要,执掌监察职能的治官之官的御史已经出现。《史记·滑稽列传》记载,齐威王置酒于后宫,召淳于髡并赐之酒,"问曰:'先生能饮几何而醉?'对曰:'臣饮一斗亦醉,一石亦醉。'威王曰:'先生饮一斗而醉,恶能饮一石哉!其说可得闻乎?'髡曰:'赐酒大王之前,执法在傍,御史在后,髡恐惧俯伏而饮,不过一斗径醉矣。'"可见御史的纠察职责对于百官的震慑作用。

在官僚制度取代世卿制度以后,以及在法家"明主治吏不治民"的思想影响下,对官吏的监督和惩治已经成为法制建设的重要内容。监察法的渊源也由以国王发布的诰、命、训、誓为主,转为向成文法过渡。如,齐威王任用邹忌为相,制定了《七法》以督奸吏。魏国李悝在《法经·杂律》中也为惩治假借不廉、逾制等职官犯罪提供了法律依据。特别是1975年《云梦秦简》的出土,为秦监察法的发展状况提供了物

证。根据《秦简》,行政监察的范围颇广,如:“啬夫不以官为事,以奸为事,论可(何)殴(也)? 当(迁)。(迁)者妻当包不当? 不当包。”①“为(伪)听命书,法(废)弗行,耐为侯(候);不辟(避)席立,赀二甲,法(废)。”“当除弟子籍不得,置任不审,皆耐为侯(候)。使其弟子赢律,及治(笞)之,赀一甲,决革,二甲。”②

在司法监察方面,《秦简·尉杂》规定:“岁雠辟律于御史”,史书中也有“始皇三十四年,谪治狱吏不直者筑长城及南越地”③的记载,反映了秦司法监察的施行状况。此外,《秦简·效律》所提到的“计用律不审而赢、不备,以效赢、不备之律赀之,而勿令赏(偿)”,当属秦朝的经济监察法。

以上可见,秦虽未制订系统的专门监察法,但有关察吏的规定已成为秦律的重要部分,显示了秦以法治国、以法治吏的大略和法制文明的进步。

总之,战国时期,法律既是推动改革的动力,又是确认改革成果的保障,由此而引发了各国频繁的立法活动。在成文法涌动的历史潮流中,监察法也取得了一定的发展。

秦灭六国,统一天下以后,六国的残余势力仍是不安定的因素,因此,监察制度建设的重点在郡。郡设监察官郡御史,《秦简·语书》所载:“举劾不从令者,致以律”“独多犯令,而令丞弗得者,以令丞闻”,便是郡御史的工作对象与职权范围。此外,监察御史的系统初步建立,职责范围也较为确定,监察法也已逐渐独立于官刑体制之外,所有这一切都标志着监察法制的发展。

---

① 《睡虎地秦墓竹简·法律答问》,文物出版社 1978 年第一版。

② 《睡虎地秦墓竹简·秦律杂抄》,文物出版社 1978 年第一版。

③ 《史记·秦始皇本纪》。

汉朝建立以后，随着皇权的加强，中央监察机关已经独立于朝堂之上，同时建立了多元化的监察体制。无论是专门监察、行政监察、特殊监察既分体运作，又互相交叉，以至三公九卿、皇室外戚、京师百官、地方长吏乃至监察官本身，都被置于这张网络之中，受到来自一种或多种监察组织的监督，对于贯通政令，整饬吏治，廓清风气，产生了不可低估的作用。特别是在皇帝的授意安排下，中央监察机关之长御史大夫，“内承本朝之风化，外佐丞相统理天下”，①使得以丞相为代表的行政权，与以御史大夫为代表的监察权，处于既相维又相抗的状态，而居中驾驭者则是皇帝，务使两权平衡，以利于确保皇帝集权。

特别值得提出的是，汉代继承了秦以监郡为监察重点的传统，积极致力于地方监察法规的制定。惠帝三年，“相国奏遣御史监三辅不法事：词讼、盗贼、铸伪钱、狱不直、徭赋不平、吏不廉、吏苛刻、逾侈及弩力十石以上、作非所当服，凡九条”。② 上述九条概括了行政、司法、治安、财经、吏治等方面，其适用范围虽然只是三辅郡特区，内容也比较粗疏，但却是朝廷授权监御史监察地方官吏的法律依据，是中国古代性质较为明确的监察法规，它的出现从一个侧面反映了汉初法制建设的发展。

汉武帝即位以后，锐意推行强干弱枝的政策，元封五年划分全国为十三州郡，各设部刺史一人作为皇帝派往地方的监察官，并在《监御史九条》的基础上制定《六条察郡之法》（又称《六条问事》）。据《汉官典职仪式选用》记载：“诏书旧典，刺史班宣，周行郡国，省察治状，黜陟能否，断治冤狱，以六条问事，非条所问，即不省。

一条，强宗豪右田宅逾制，以强凌弱、以众暴寡；

二条，二千石不奉诏书遵承典制，倍公向私、旁招守利、侵渔百姓、

---

① 《汉书・薛宣传》。

② （东汉）卫宏：《汉旧仪》卷上。

聚敛为奸；

三条，二千石不恤疑狱，风厉杀人，怒则任刑，喜则淫赏，烦扰苛暴，剥截黎元，为百姓所疾，山崩石裂，妖祥讹言；

四条，二千石选署不平，苟阿所爱，蔽贤宠顽；

五条，二千石子弟恃怙荣势，请托所监；

六条，二千石违公比下，阿附豪强，通行货赂，割损政令也。”

刺史《六条问事》是汉初推行强干弱枝政策的产物，也是地方监察制度法律化的重要成果，它与惠帝刺察三辅的九条不同，是全国性的地方监察法规。

《六条问事》的针对性十分明确，它以地方二千石的高官及其子弟，以及作为其社会基础的强宗豪右为主要监察对象，而非一般守令。虽然部刺史不过是六百石的低级官员，但却可以监察、奏弹二千石的地方长吏与王侯，这种以下察上，以卑督尊的规定，是汉代监察法的一个特点，同时也是中国古代监察法中的一贯原则。但为了防止部刺史滥用职权，严格限定必须按六条的范围问事，否则即为逾限，要受到处罚。豫州牧鲍宣便以“所察过诏条……宣坐免”。①

《六条问事》是中国古代社会有文献可查的地方性监察法规，它的制定反映了汉初统治集团内部在权力分配上的矛盾，带有特定时代背景加给它的深刻烙印。它所包含的基本规范和所确立的原则，奠定了地方监察法的基础，具有深远的影响。不仅如此，它的条款分明，操作性强，表现出立法技术水平的提高。

除此之外，汉代也以单行律的形式对王侯国进行行政监察，如颁布《尚方律》严格制裁王侯国逾制；颁布“事国人过律”（按颜师古注“事役吏之员数也”），防止王侯国机构膨胀。汉律中的“阿党”“附益”之

① 《汉书·鲍宣传》。

法，也具有监视与防止王侯坐大以及内外官交结的监察法的性质。

两汉监察法，除国家制定法的形式外，皇帝针对特定事项颁发的诏令，也具有最权威的监察法的属性。高皇帝七年诏曰："狱之疑者，吏或不敢决，有罪者久而不论，无罪久系不决。自今以来，县道官狱疑者，各谳所属二千石官，二千石官以其罪名当报之。所不能决者，皆移廷尉，廷尉亦当报之。廷尉所不能决，谨具为奏，傅所当比律令以闻。"①武帝元狩六年诏曰："今遣博士大等六人，分循行天下，存问鳏寡废疾无以自振业者，贷与之……详问隐处亡位及冤失职。奸猾为害野荒治苛者，举奏。郡国有所以为便者，上丞相御史以闻。"②此外，从文帝时起，要求百官推荐"直言极谏之士"作为言谏官，言谏制度也取得一定的发展。

（二）中国古代监察法制的发展阶段——三国两晋南北朝、唐

三国两晋南北朝是中国历史上持续数百年的割据对峙时期。无论是偏安一隅的南朝，还是统治中原广大地区的北朝，都强化了监察机关的职能和立法活动，以确保专制主义的国家机器的运转。

这一时期御史台在建制上趋于规范化，而风闻奏事的实行标志着御史职权的扩大。利于监察系统的谏官的组织和职权也趋于规范化。就监察立法而言，三国时曹魏贾逵任豫州刺史，鉴于"长吏慢法，盗贼公行，州知而不纠"，提出仿汉《六条问事》，"考竟其二千石以下阿纵不如法者，皆举奏免之"。贾逵的建议得到魏文帝的允准，"布告天下，当以豫州为法"。③ 根据《九朝律考》转引《文选》"齐故安陆昭王碑文"，贾逵在汉六条的基础上，提出了新的《察吏六条》。即："察民疾苦冤失职者；察墨绶长吏以上居官政状；察盗贼为民之害及大奸猾者；察犯田

① 《汉书·刑法志》卷二三。
② 《汉书·武帝纪》卷六。
③ 《三国会要》卷二三。

律四时禁者;察民有孝悌廉洁行修正茂才异等者;察吏不簿入钱谷放散者。所察不得过此。”魏《察吏六条》基于历史条件的变化,使得原汉六条的精神——强干弱枝,已不复见,其基点是对地方长吏进行行政治安监察、财经监察与人事监察。《察吏六条》不仅范围有所缩小,标准也较低,尤其是魏文帝的统治权威远逊于汉武帝,而地方刺史、州牧日益严重的揽权滋肆,更非一纸空文所能约束。

晋统一后,监察立法与整个立法一样出现了活跃的态势。泰始四年六月,诏颁“察长吏能否十条”和“察长吏八条”,前者是:“田畴辟,生业修,礼教设,禁令行,则长吏之能也。人穷匮,农事荒,奸盗起,刑狱烦,下陵上替,礼义不兴,斯长吏之否也。”后者是:“若长吏在官公廉,虑不及私,正色直节,不饰名誉者,及身行贪秽,谄黩求容,公节不立,而私门日富者,并谨察之。”同年十二月又诏颁“五条律察郡”:“一曰正身,二曰勤百姓,三曰抚孤寡,四曰敦本息末,五曰去人事。”①

上述监察立法虽以地方长吏为重点,但事实上魏晋以来士家大族把持政权,是中国历史上突出的门阀政治时代。士族们凭借政治特权骄奢淫逸,巧取豪夺,鱼肉乡里,无所不为,因此西晋监察法难以认真推行。至于东晋和南朝,由于士族揽权,崇尚清谈,监察法制无所建树。相反,北朝在创建总体法制的同时,也进行了监察立法。

北朝少数民族入主中原以后,为了立足长远,在政治上励精图治;在文化上追踪两汉,力戒南朝清谈玄学之风;在法制上以《汉律》为楷模,其中西魏的《六条诏书》和北周的《诏制九条》,是具有代表性的监察立法。

西魏大统十年九月,度支省尚书苏绰奉命制定《六条诏书》:一修身心,二敦教化,三尽地利,四擢贤良,五恤狱讼,六均赋役。对这六条

---

① 《晋书·武帝纪》。

“太祖甚重视，常置诸座右，又令百司习诵之，其牧守令长，非通六条及计帐者，不得居官”①。苏绰所定六条既是考绩的标准，也是察吏的原则性规定，这两者的结合，反映了监察职能的扩大。

北周宣武帝即位以后，在遣大使巡察诸州时，颁发《诏制九条》，宣下州郡，作为察吏的根据。《诏制九条》：“一曰决狱科罪，皆准律文；二曰母族绝服外者，听婚；三曰以杖决罚，悉令依法；四曰郡县当境贼盗不擒获者，并仰录奏；五曰孝子顺孙义夫节妇，表其门闾，才堪任用者，即宜申荐；六曰或昔经驱使，名位未达，或沉沦蓬荜，文武可施，宜并采访，具以名奏；七曰伪齐七品以上，已敕收用，八品以下，爰及流外，若欲入仕，皆听预选，降二等授官；八曰州举高才博学者为秀才，郡举经明修律者为孝廉，上州、上郡岁一人，下州、下郡三岁一人；九曰年七十以上，依式授官，鳏寡困乏不能自存者，并加禀恤。”②《诏制九条》首察官吏决狱科罪是否准律，不仅强调依法断罪、追求司法公正，更重要的是借以克服拓跋族任意施刑的传统习惯。关于母族绝服外听婚，和旌荐孝子顺孙义夫节妇等规定，反映了对于汉族礼制的尊重，这种文化上的适应性，对于北朝稳定统治具有重要意义。

唐朝是中国古代社会的盛世，也是监察制度的重要发展阶段。唐初，统治者从总结历史经验中比较清醒地认识到监察机关对于维护国家纲纪的作用，因而给予充分肯定和重视。据《文献通考・职官七》记载：“自贞观初，以法理天下，尤重宪官，故御史复为雄要。”唐睿宗说：“彰善瘅恶，激浊扬清，御史之职也。政之理乱，实由此也。”③玄宗在《饬御史・刺史・县令诏》中更进一步表示：“御史执宪，纲纪是司。”④

① 《周书》卷二三《苏绰传》。

② 《周书・宣帝纪》。

③ 《唐大诏令集》卷一〇〇。

④ 《全唐文》卷二九。

唐朝建立了一台三院的监察体制,克服了秦汉以来多元监察体制所造成的职权不清,系统紊乱的弊病,具有监察体制定型的意义,对后世影响深远。

不仅如此,鉴于隋末暴君专制、两代而亡的教训,皇帝比较重视臣下谏言。唐高祖在《颁示孙伏伽谏书诏》中说:“周隋之际,忠臣结舌,一言丧邦,良足深戒。”①唐太宗不仅强调“主欲知过,必藉忠臣”,而且在行动上重视听取谏诤,“每有谏者,纵不合朕心,朕亦不以为忤,若即嗔责,深恐人怀战惧,岂肯更言”。② 由此而形成了台谏并立的格局。

唐朝又是法制臻于成熟和完备的朝代,《唐律疏议》和《唐六典》均以规范详密著称于世,并为唐朝监察机构的设置与运作提供了重要的法律根据。除律典外还有令、格、式、敕等法律形式,形成了较为完整的法律体系。其中,皇帝颁发的以监察为内容的大量诏令,对于国家机关之间的制衡关系,以及监察机关的活动原则,起到了指导的作用,是监察法的重要内容。特别是玄宗时期制定的《监察六条》是专门的监察法,达到了新的水平。根据《新唐书》卷四十八所载,玄宗开元年间仿汉制制定《监察六条》,其内容如下:“凡十道巡按,以判官二人为佐,务繁则有支使。其一,察官人善恶;其二,察户口流散,籍帐隐没,赋役不均;其三,察农桑不勤,仓库减耗;其四,察妖猾盗贼,不事生业,为私蠹害;其五,察德行孝悌,茂才异等,藏器晦迹,应时用者;其六,察黠吏豪宗兼并纵暴,贫弱冤苦不能自申者。”

唐代《监察六条》虽以汉《六条问事》为宗,但汉唐历史条件不同,而有所变化。开元二十二年二月十九日玄宗在《置十道采访使敕》中,

---

① 《全唐文》卷一。

② 《贞观政要》卷二《求谏第四》。

明确指出了这一点:“且十道为率,六察分条。周汉已还,事有因革,帝王之制,义在随时。其天下诸道,宜依旧逐安便置使,令采访处置。若牧宰无政,不能纲理;吏人有犯,所在侵渔,及物土异宜,人情不便,差科赋税,量事取安。朕所奏成,贵在简要,其余常务,不可横干。”①

可见唐《监察六条》既传承了汉刺史《六条问事》,又根据“义在随时”的原则作了重大发展。汉设十三部州监察区,唐改为十道(后增为十五道);汉以强宗豪右、二千石及其子弟为监察重点,唐则牧宰与吏人列为六察之首,反映了官僚制度的发展与朝廷对地方官的倚重。至于强宗豪右、士家大族,在隋末农民大起义的沉重打击下,加上地主经济的发展,已经急遽没落,不再是中央集权的严重威胁,因此列于六察之末。此外,在延续汉以来将官吏的品德、政绩、文才修养列为监察地方官基本要素的同时,还把户口、赋役、农桑、库存作为重要的经济目标,表明其监察范围的扩大。这既使出巡御史的活动有章可循,也是对位卑权重的御史的一种约束。

唐朝官修的《唐律疏议》和《唐六典》,为监察机关的设置、职掌以及监察官的活动提供了大纲大法。加上皇帝随时颁发的有关诏令和专门监察法规的制定,形成了较为严密的监察法网,可以说是唐代法制完备的具体体现。

唐朝作为古代盛世,归根结底是以均田制为基础的农业经济发展的结果。但是以贞观之治为代表的盛世,得以较长时期的维持,并且创造了中国古代鼎盛的文明,还得力于政策的适当与稳定,制度的健全与官吏的秉法执政。而这一切又都是和御史监察、谏官谏诤的制度化、法律化分不开的,可以说是中国古代监察制度正面效应的表现。

---

① 《唐大诏令集》卷一〇〇。

（三）中国古代监察法的完备阶段——宋、元、明、清

宋朝专制主义中央集权制度的强化，使得中枢体制由三省而为一省；监察体制也发生了台谏合一的转型，以致谏官“往往并行御史之职”。执行监察权的地方监司被认定为皇帝的耳目之司，如：崇宁五年十月十六日《诫约监司体量公事怀奸御笔手诏》中说：“监司分按诸路，为耳目之任。”①政和元年十二月二十一日《诫饬台官言事御笔手诏》中又说：“耳目之寄，台谏是司。古之明王，责以言事，罔菲正人，故能雍容无为，端拱于一堂之上，广览兼听，信赏必罚，以收众智，以驭群吏，百官向方而万事理。”②监察官作为皇帝“耳目之司”的政治和法律地位的确定，也表现了皇帝对监察权的严格控制。

宋朝在地方建立监司、通判监察体系。监司是路一级监察机构，监司长官对地方官的失职行为或自行处理，称为“按治”；或“按劾以闻”，即上奏弹章以待上裁，或“申尚书省”进行行政诉讼。至于通判，专事监察知州及所部官吏，仁宗曾指出：“州郡设通判，本与知州同判一郡之事，知州有不法者，得举奏之。”③监司、通判监察体系的建立，形成了涵盖宽广的监察网络。

宋朝统治者虽重视法制，然而，随着专制主义的强化，皇帝颁发的敕令成为最具权威性的法律形式，这对监察立法也有着直接的影响。除专门的监察法如《监司互监法》外，更多的是以敕令为主要形式的监察法，如：《名例敕》《职制令》《职制敕》《厩库敕》《杂敕》等，这反映了宋朝法制的时代特点。

为了发挥监察官的作用，防范监察官弄权行私，还制定了《监司互

---

① 《宋大诏令集》卷一九六。
② 《宋大诏令集》卷一九七。
③ 《职官分纪》卷四一。

监法》:"诸官司无按察官而有违法,及不公事者,发运监司按察奏,发运监司互相觉察,其经按抚、发运、监司属官,听逐互行按举。"①使监察官互相监督,是宋朝皇帝驾驭大臣的统治权术在监察制度上的体现,也显示了皇帝对于百官"事为之防,曲为之制"的深刻用心。

为适应对辽金的战争需要、满足输币求和的勒索,以及缓和民众的反抗斗争,对于维持国家机器运转具有重要意义的赋税收入和禁榷专卖制度,都立法严格监察。与此同时,也加强了影响社会稳定的司法监察。

有宋一代监察立法的内容增多,涉及面较为广泛,监察程序也日趋严整。但是专制制度愈强化,失监愈不可克服,最大的失监就是皇帝超越于任何监察法律之外,这是古代监察法不可克服的局限性。

元朝建立以后,为了抑制蒙古传统的习俗和加强对汉官的监督,提高了监察官的地位和职权,所谓"重御史按察之权,严纠弹考核之任",以"稽列圣之洪规,讲前代之定制"。元世祖曾公开表示:"中书朕左手,枢密朕右手,御史台是朕医两手的。此其重台之旨,历世遵其道不变。"②

为了加强对地方的监察,于江南、陕西二地设中央御史台派出机关——行御史台,"主察行省、宣尉司以下诸军民官吏之作奸犯科者,穷民之流离失业者,豪强之夺民利者,按察官之不称职任者,余视内台立法同"。③ 行御史台之设是元监察体制的重大改革,对明清具有一定影响。

元朝立法从总体上看是粗疏的,成就远不如唐宋,但是为了充分发

---

① 《庆元条法事类·职制令》。

② (明)叶士奇:《草木子》,中华书局1959年版。

③ 《元史·刑法志》。

挥监察机关的作用,使监察活动法律化,却进行了许多专门性的监察立法,而且表现出多样性的统一。元朝先后制定了《宪台通纪》《南台备要》《宪台格例》《行台条画》等单行的监察法。而在《元典章》和《至元新格》中,也都含有监察法的内容。尤其是《元典章》中所载监察法规,不仅已有适用于中央与地方的明确区分,而且还有实体法与程序法之别。

在元朝的监察法律体系中,《宪台格例》类似监察法的总则,《行台条画》则属于分则部分,是立法技术上的新进步。此外,还把古代刑法典的类推原则运用于监察立法,《行台条画》最后一条规定:"其余该载不尽应合纠弹,整理比附已降条画,斟酌彼中事宜,就便施行",借以防止失监、漏监。

由于元朝是以蒙古贵族为主体的政权,为了约束元蒙贵族传统的特权,维系国家的吏治,御史台有权"弹劾中书省、枢密院、制国用使司等内外百官"。在元朝,中书省是最高行政机关,其长官为宰相;枢密院是最高军事行政机关,其长官为副宰相;制国用使司是最高财政机关。此三机关是国家机关的中枢,但均被纳入御史台监督的范围,标志着监察机关职权的扩大。

另据《行台体察等例》,行御史台的主要监督对象也仿内台之例,有权"弹劾行中书省、宣慰司及以下诸司官吏"。行中书省是地方最高行政机关;宣慰司是设在边疆少数民族地区执掌军民政务的重要机关。行御史台有权监督弹劾行中书省和宣慰司,充分说明了皇帝的钦重。不仅如此,设于各道的肃政廉访使,也有权监督弹劾总管府、统军司、转运司及各路府司州县官,职权极为广泛。

然而,元朝的监察法律规范虽然较之唐宋细密,但是元朝并不是奉法为治的朝代,而是依靠军事和民族特权统治,导致立法与执法之间严重脱节。尤其是在皇帝昏庸、奸相使权的情况下,许多监察立法成为具文，以致丧失了监察制度作为古代官僚政治自我调节器的作用，终于导致元朝的迅速灭亡。

明朝建立以后，朱元璋鉴于元朝覆灭于吏治“宽纵二字”，因而确立了以重典治国的方略，十分重视监察机关的作用。曾经面谕都察院长官说：“国家立三大府，中书总政事，都督掌军旅，御史掌纠察，朝廷纪纲尽系于此，而台察之任尤清要。卿等当正己以率下，忠勤以事上，毋萎靡因循以纵奸，毋假公济私以害物。”①为了加强皇帝对监察机关的控制，洪武十五年十月丙子废除了御史台的三院制，置都察院统一行使监察权，并且赋予监察官以单独进奏的权力，使其真正成为皇帝的耳目之司。

在废相制、提高六部地位以后，为防止部权过重，设置以六部长官为监察对象的六科给事中，成为直接对皇帝负责的独立的监察机关。

明朝的地方监察体制，仿唐制划分全国为十三省监察区，各省设监察御史行使监察权。皇帝也临时派出巡御史巡察地方，所谓“代天子巡狩”。出巡御史具有“大事奏裁，小事立断”②的特权。

有明一代，正是从“风宪之设，在肃纪纲，清吏治”出发，开展了大规模的监察立法活动，并取得了新的成就。在《诸司职掌》与《大明会典》中都设有专章规定都察院及六科的职责、权限及活动原则等，而更有价值的是单行的监察法规。

洪武四年正月，“御史台进拟《宪纲》四十条，上览之，亲加删定，诏刊行颁给”，这是明朝最早的，也是最为重要的监察法规。洪武二十六年前后，又制定了《诸司职掌》及《责任条例》等法规。此后惠文帝、成祖、仁宗、宣宗历朝均有所增补。英宗正统四年，修订《宪纲》，史书

---

① 《明史》卷七三。

② 《明史·职官志三》。

说："及正统中所定《宪纲》，条例甚备，各以类分列。"此后，历朝均奉为圭臬。

嘉靖六年九月，"张璁以署都察院，复请考察诸御史，黜蓝田等十二人，寻奏行《宪纲》七条"。① 同年十月，胡世宁为左都御史，又奏上《宪纲》十余条，这些都是对正统《宪纲》的补充。此外，还制定了《监官遵守六款》《监纪九款》《满日造报册式》等约束监察官的法规。

明朝的监察法以细化为特点，以巡按御史出巡立法为重心，使点差、巡察、回道考察三者一体化，极大地沟通了中央与地方之间的监察管道，体现了专制主义强化对监察法制的影响。

明朝监察法的实施确实有助于从多方面改善吏治，在相当长的时间里保障了社会的稳定和发展，维系了国家机器的正常运转。但是，明朝中后期的宦官专权，使得监察立法多成为具文。

清朝是末代王朝，清朝法制是古代法律的完备形态，就监察法而言也是集历代监察法之大成。清代监察法除在《大清律例》《大清会典》《各部院则例》中有所规定外，主要集中于乾隆朝编纂的《钦定台规》，它是一部较为完整的监察法典，后经嘉庆、道光、光绪朝续修。嘉庆朝的《钦定台规》二十卷，是继乾隆八年台规的续修，由贡阿拉奉命领衔，于嘉庆九年钦准刊布。道光朝的《钦定台规》四十卷，是在嘉庆九年台规基础上，由松筠领衔修订，颁行于道光七年。光绪朝的《钦定台规》四十二卷，由延煦奉命续修，于光绪十六年由都察院正式公布。

光绪朝《钦定台规》分为八门：(1)训典，编入历朝皇帝有关监察的圣谕；(2)宪纲，分为序官、陈奏、典礼、考绩、会谳、辩诉六项；(3)六科，编入各科给事中共同职掌及分科职掌的规定；(4)各道，编入各道共同

---

① 《明会要》卷三三《职官志二》。

职掌及分道职掌的规定;(5)五城御史,汇集治安监察的法规;(6)稽察,编入有关派遣御史稽察钱粮财务和考选官吏的规定;(7)巡察,汇辑有关经济监察的规定;(8)通例,有关御史官员考选、升转、礼仪的规定。《钦定台规》使监察活动的各个方面皆有章可循,是中国古代社会最后也是最为完备的一部监察法典。

总之,清代监察法是在传承历代监察法基础上的集大成之作,形成了特有的结构形式和相对独立的体系。它给予清代监察官依法行使监察权以法律根据,而且随着形势的需要不断发展。由于台规首列历朝上谕,大大增加了它的权威性,其法律规范涉及方面的广泛,规制内容的细密,不仅为前代所未有,也为世界监察法制史上所仅见。在实践中奉监察法为圭臬的监察活动,在相当程度上起到了纠正官邪、维持纲纪、保持吏治、推动国家机器正常运行的作用。但在乾纲独揽专制主义高度发展的清朝,监察法的规定与实施之间存在着差距。既定的《钦定台规》,无力抵制一旨圣谕,作为皇帝耳目之司的监察官,只能听从主宰耳目者的支配,这是古代专制政治制度的本质所决定的。因此,监察官所能发挥的作用是有限的,监察法所确定的国家之间的权力制衡关系也是不稳定的。

总括上述,由于监察法制在维护国家纲纪、维持吏治、保障国家正常活动等诸多方面发挥着重要作用,因而中国古代统治者都十分注重强化监察机关的监督效能及其运行机制的制度化和法律化。从秦朝起,便积极致力于制定监察法,由秦迄清,监察法朝着专门化和法典化的方向发展,其历史称得上是源远流长。由于监察法制的发展同样受制约于不断发展变化的社会经济、政治和文化,因而呈现出时代性和阶段性的特点。对中国古代监察法进行纵向考察,可以把握其发生、发展和演变的历史过程和规律性。

二、监察法史的价值与借鉴

(一) 以法察吏,约束权力

中国从进入阶级社会形成国家与法制以后,便建立了专制主义的政治制度,而且沿着螺旋上升的轨迹,不断强化。

在专制主义政治制度下,作为最高统治者的皇帝,深居简出,必须依靠官僚机构的支撑,才能维持国家机器的运转。作为管理国家机器运行、实现国家职能的官吏群体,对于国家的兴衰强弱有着至关重要的影响,以致吏治的良否成为区分开明之世与衰败之世的重要标志。因此,历代统治者认同法家“明主治吏不治民”的思想,总是从法与吏不可偏废的角度,论证以法察吏、治吏、整顿吏治是求治之道、廉政之源。中国古代监察法的指导原则和基本任务就是整肃百僚,以充分发挥官僚机构的作用和“彰善瘅恶,激浊扬清”的社会调整功能。监察官以法察吏必然会引起权与法的冲突,这种权与法之间的较量不限于吏,也在一定程度上制衡君权,监察官通过谏诤和封驳,对于君主的决策起到了一定程度的匡正。或者说,对于最高权力的运行,也发挥了积极的规范作用。

中国古代监察法所确认的监察机关的职权范围十分广泛,涉及行政、司法、财经、军事、人事、文教等诸多领域。监察官依法行使建言政事、纠弹官吏、监督司法、巡查政务、审计财务、考核人事等多方面的权力。尤其是被派往地方“代天子巡狩”的御史,具有一职多能的监察权限,可以参与审核大案或疑案、受理申诉和控告、巡视刑狱、审录囚徒等,以致御史既是监察官,又是“天子之法官”。从而有效地遏制了特权者的恣意行为,预防和惩治了权贵官僚的贪婪恣肆,牵制和削弱了地方势力的坐大与分裂,为维护社会的稳定,保障统一多民族国家的巩固和发展,起到了重要的历史作用。

正像中国古代法律具有二重性一样，古代监察法也是既有民主性精华，又有封建性糟粕。中国古代监察法所确认的监察体制、基本原则与规范，以及体系的建构、立法技术的成就、实际运行的可操作性等，都是世界古代法制史上所少有的，体现了中国古代的政治文明与法制文明。因此研究和探讨中国古代监察法应该剔除其糟粕，吸取其民主性精华，特别是科学地总结中国古代监察法在其漫长发展过程中积累的经验与教训，对于当前的监察法制建设很有借鉴意义。

（二）治国须要治吏，治吏须要察吏，察吏须要法制

中国古代专制主义中央集权制度得以维持，皇帝最高统治权得以行使，需要具备两个最重要的支柱：一个是遍及全国的统一的官僚机构，一个是遍及全国的统一军队。官僚机构执掌兵、刑、钱、谷事务，贯彻朝廷的政令，统治千千万万的百姓。因此，历代皇帝为了治国须要治吏，为了治吏须要察吏，而要察吏就须要法制。皇帝通过法律规范与整饬吏治，控制官吏，限制与制裁其法定权力以外的权力追求。

只有把监察权力的运行纳入法律的轨道，才有可能稳定和发挥效能。

自汉代起，中国便形成了多元化的监察体制，这种多元化的监察体制，也扩展到地方监察之中。为使监察活动获得合法性的依据，所以很早就开始注意法律化了。从汉代的《监御史九条》与《六条问事》，到明清的《宪纲》《钦定台规》，都力图用法律形式确定监察体制，并从多方面确保监察权力的行使。不仅如此，由于中国古代监察官的职掌除纠弹百官的行政监察外，还涉及立法、司法、经济、军事、文化教育、礼仪等诸多领域，为了适应于不同领域的权力行使，进行了多方面、多层次的立法，以使之有序和取得效果。元朝法制在整体上虽然乏善可陈，但监察立法已经卓有成就。历代不断完善的监察立法，不仅使监察官奉法行事，保证了监察制度的稳定性，而且对于庞大的官吏群起到心理上的

震慑和实际的防范与惩戒作用。

（三）对皇帝直接负责的垂直关系与言谏的历史作用

监察官是皇帝的近臣，通过监察官，皇帝得以了解各机关的施政情况与民间的各种动态，故被称作是“耳目之司”。他们的活动只对皇帝负责，尤其是皇帝派出的出巡御史，是代表皇帝巡视地方行使监察权的，因而有权大事奏裁，小事立断，由皇帝直接控制。这种垂直的关系，使得监察官既有权威又有效能，得以实现贯穿于监察史中的“以卑察尊”的原则，有助于“纠百官罪恶”，澄清吏治、维护国家利益。

但是，在专制主义政体下监察权附着于皇权，因此监察制度的存废、监察权行使的范围与效果，都要受到皇权的制约，甚至与君主个人的开明或昏庸都有着极大的关系。从历史上看，君主开明与支持，监察官才能起到惩恶扬善，维护朝纲的作用。

中国古代的监察分为言谏和纠察两大类。言谏以开拓君智、为政策拾遗补缺，以减少国家失误为己任。它所起的作用是事前监察，而御史所起的作用是事后监察，这是两个不同层次的监察系统。历代开明之君都广求谏言以减少失误，贞观盛世就是和唐太宗居安思危、任贤纳谏分不开的。中国古代出现过一大批以国家利益为重，以关心时政为己任，以传统道德的“忠”为指导思想的监察官和谏言官。在中国古代专制主义政治体制下，言谏制度的设计，表现了高超的智慧，是一项值得珍惜的重要历史经验。

（四）严格监察官的任职条件与违法制裁

中国古代监察官位卑而权重，监察官的素质直接关系到监察职能的发挥，因此从秦汉时起，便十分重视对监察官的选任。隋唐以后，在监察法和皇帝颁发的有关诏令中，都严格规定了监察官的任职条件。首要的是清正刚直、疾恶如仇的品质；其次是具备较高的文化素养，进士出身者优先录用；再次是拥有实际工作经验，凡未经州县官者，不得为御史。明清两代还实行考选科道官制度，即挑选具有一定资格，经过考满以上的中央及地方官员，通过一定的考试程序，授予御史、给事中等官职。为了防止监察官擅权专横，失监虚监，从宋朝起推行互察法，遏制了监察官本身滥用权力，监察官如违法失职，加重处罚。

总括上述，在封闭的政治法律文化氛围中产生的中国古代监察法，以其特有的制度建构、多元的监察体系、全面性的监察规范，鲜明地表现了中华民族在运用法律约束权力、规范权力，把握监察法与法律体系整体之间的互动关系，以及适应中国国情特点而形成的监察法制模式等方面的伟大创造力。

除此之外，中国古代监察法制经历了数千年没有间断的历史发展过程，而且在政治舞台上，出现过许多著名的监察官，提出了在当时说来非常杰出的察官治吏的思想，也发生过众多的震古烁今、惩贪除恶的案件，成为中华法制文明宝库中具有丰富内涵的宝藏。因此，弘扬中国监察法律文化的优秀资源，既有理论意义，也有实践意义。

第一章　夏商的权力监督与官刑

根据《说文》:监,"临下也",另据《方言》:监,"察也"。郑玄在为《诗·小雅·节南山》"何用不监"作笺释时说:"女何用为职不监察之",这里将"监""察"二字连用,表现了二者同义,是监视、督察之意。但字义解释不能概括监察的全部内涵。就学术观点而言,监察是一种通过对官吏及其他政治势力的监督和纠弹,以制掣其权力的行使不越法定之限,实现统治集团内部自我调节的权力制衡机制,是对官吏群体的一种监督方式与手段,以确保国家的纲纪,确保国家机器正常运转,借助纠弹非违,维持官僚队伍的素质,缓和官与民的矛盾。由于监察制度是政治制度范畴,所以监察制度的产生是以国家的形成为前提的,它的发展又依托于国家中枢政治制度的不断成熟与法制的不断完善。

古代社会演进的历史表明,任何一个国家制度都经历了长时期的发展过程,都是特定的社会物质生活条件的产物。中国古代监察制度虽然确立于战国时期,但在古代社会发展极为缓慢的条件下,监察制度由产生至确立也必然经历漫长的过程。在这个过程中,人们对监察制度的认识逐渐深化,并在对其价值的不断追求中,进行着具有时代特色的监察制度的建构。

第一节 原始社会晚期的权力监督

一、原始社会晚期的氏族管理体制

中国的原始社会也是一个没有私有财产、没有阶级、没有国家和官吏的社会。由于生产力水平极端低下，主要的生产资料为氏族共有，氏族成员共同生产，平均分配产品，氏族成员之间没有贫富差别，一律平等地参与民众大会——氏族权力机关，讨论决定氏族一切重大事务。由氏族成员选举产生的氏族首领，负责组织生产，管理生活，协调氏族成员之间的关系，并代表氏族处理与其他氏族间的事务。她（他）们"在氏族内部的权力，是父亲般的，纯粹道德性质的"①。氏族首领管理氏族事务的权力基础是她（他）们的经验、能力以及在氏族成员中的威望。她（他）们既不脱离生产，也没有任何特权和强制的手段，所谓"神农无制令而民从"②，"刑政不用而治，甲兵不起而王"③。如果氏族首领不称职，氏族成员有权将其罢免。可见，这一时期权力的所有者与执行者实现了高度的一体化。

随着生产力的进一步提高，由若干血缘相近的父系家长制家族组成了父系氏族的管理组织。其首领通常是由公社内最有权势和最富有的父系家族之长担任。他已开始利用其权势与地位为自己的家族谋取利益，使得氏族社会的原始民主制与平等精神受到严重的破坏。至原始社会晚期，私有财产的不断增加和阶级分化的加剧，氏族首领的权力

---

① 《马克思恩格斯选集》第四卷，人民出版社 1972 年版，第 82 页。
② 《淮南子·汜论训》。
③ 《商君书·画策》。

不断得到巩固。为了发动掠夺财富的战争和防御外部落侵犯的需要而形成的部落联盟,成为氏族社会组织的最高形式。掠夺战争的胜利所造成的统治范围的扩大,和管理事务的繁杂,使部落联盟首长的权力进一步发展,管理机关也日益与广大民众相脱离,原有的具有浓厚原始民主色彩的氏族权力结构走向瓦解,而代之以新的组织机构。史书说,舜时以“伯禹为司空”,负责“平水土”;命“后稷播时百谷”;契“为司徒,而敬敷五教”;同时以垂为共工,以益为虞,以伯夷为秩宗,以夔为典乐,以龙为纳言。在这个历史阶段,对于掌握不同权力主体的监督逐渐成为必要。于是而有“三岁一考功,三考黜陟,远近众功咸兴”①的记载。

另据《尚书·舜典》,在原始社会晚期,已经出现了法制的萌芽。如舜在代尧“行天子之政”时,曾宣布“象以典刑,流宥五刑,鞭作官刑,扑作教刑,金作赎刑”的施刑方法和“眚灾肆赦,怙终贼刑”的施刑原则。并以此为依据,向尧和部落联盟议事会提出了对共工、讙兜、三苗和鲧等人的处罚:“流共工于幽州,放讙兜于崇山,窜三苗于三危,殛鲧于羽山”②,由此收到了“天下咸服”的政治效果。不仅如此,舜还针对“蛮夷猾夏,寇贼奸宄”的形势,命皋陶“作士”,以使“五刑有服,五服三就。五流有宅,五宅三居”。另据《左传·昭公十四年》,“夏书曰,昏、墨、贼,杀,皋陶之刑也”,说明此时已有惩治官吏贪墨之法。史料的记载清楚地反映了权力所有者与执行者之间出现了严重的分离,为了保证权力执行者的行为能够符合权力所有者的利益要求,于是对权力执行者进行监督的简单机制逐渐形成。

---

① 《史记·五帝本纪》。

② 《尚书·舜典》及《史记·五帝本纪》。

二、原始社会晚期的监督机制

原始社会晚期,尽管氏族管理机构日益脱离广大民众,氏族部落及部落联盟首领的专横权力日益强化和巩固,但是氏族社会的民主传统,仍然具有很强的影响力和约束力,是民众进行民主性监督的重要依据。这种民主性监督是部落联盟首领必须尊重的。《管子·桓公问》中描述说:“黄帝立明台之议者,上观于贤也;尧有衢室之问者,下听于人也;舜有告善之旌,而主不蔽也;禹立谏鼓于朝,而备讯也……”“明台”和“衢室”就是部落联盟首领“广询于下”①,采纳民意的场所;而“告善之旌”与“谏鼓”,则是部落联盟首领接受民众监督,并改正过失的制度设置。

古文献中还记载了禹纳谏的创制:“夏禹之治天下,以五声听治,门悬钟鼓铎磬而置鞀,以待四海之士,为铭于簨簴:‘教寡人以道者击鼓,教寡人以义者击钟,教寡人以事者击铎,语寡人以忧者击磬,语寡人以狱讼者挥鞀。’”②另据《尚书·舜典》,舜命龙为纳言,所谓纳言,即“听下言纳于上,受上言宣于下”的“喉舌之官”。③

部落联盟首领除自身接受民主性监督外,也对所统辖的地方部落首领进行监督和巡察,黄帝曾“置左右大监,监于万国”④。《尚书·舜典》说,舜曾代表部落联盟议事会大约五年一次巡守所属部落,以“赏有功”“罚有罪”。《史记·夏本纪》也有“帝禹东巡狩”的记载。以上文献资料基本勾勒出原始社会晚期民主性的监督机制的轮廓。

---

① 《三国志·魏志·魏文帝纪》。
② 《全上古三代文》卷一《鬻子》。
③ 《史记·五帝本纪》正义引孔安国说。
④ 《史记·五帝本纪》。

第二节　夏商的权力监督与法律

“五帝官天下，三王家天下。”[①]自启从益手中夺取部落联盟的最高权力地位以后，“遂即天子之位，是为夏后帝启”。[②] 这标志着原始的部落联盟管理机构最终被与民众相脱离的国家所取代。其后继夏而起的殷商政权进一步发展了中国古代奴隶制的国家机器。

夏商奴隶制国家机器的建立，彻底地改变了社会管理机构的权力归属，使得权力监督的性质与格局也发生了变化，开始以维护专制王权为监督的价值取向，以臣服或效忠于王的诸侯和官吏为主要监督对象。原始社会晚期出现的对部落联盟首领的民主性监督的机制，在制度层面已经消失殆尽。

一、夏商的权力结构

夏商政权的建立，是以社会结构的深刻变化为基础的。居于社会上层的是从原始社会末期的氏族首领蜕变而来的奴隶主贵族，他们担任着管理国家的职务，享有种种政治特权，并拥有大量财富和大批奴隶供其役使。而由原氏族部落成员转化而来的平民，虽拥有自己独立的经济，但他们的社会地位极不稳定，或因天灾人祸破产而沦为奴隶，或因触犯法律而被罚为罪隶。处于社会最底层的奴隶，不仅是农业、畜牧业等社会生产领域的主要承担者，也是家内服役的劳动力。他们可以像商品一样在市场被买卖，还经常被杀戮以用作牺牲。因此，社会上呈现出的贵族与平民、奴隶主阶级与广大奴隶之间利益冲突与尖锐的对

---

① 《汉书·盖宽饶传》引《韩氏易传》。
② 《史记·夏本纪》。

立,决定了夏商国家机器的运行轨迹。

根据史籍,夏朝的最高统治者称为“后”,商朝的最高统治者称为“王”,也称为“后”。他们都拥有至高无上的权力,可以通过发布“誓”“诰”“命”的形式对有关王国的重大事务做出决策,并可亲自统领军队,行使征伐之权,显示出王权独尊的特征。如夏启讨伐有扈氏时曾告诫六卿:“用命,赏于祖;弗用命,戮于社。予则孥戮汝”①,就是用奖惩兼施的手段迫使臣属听命。

不仅如此,还有意识地将王权与神权紧密结合在一起。一方面,借助上天的神秘力量渲染世俗王权至高无上的权威,商纣王在覆灭之前还宣称:“我生不有命在天?”②另一方面,王还借助天的意志为自己的行为进行辩护,夏启在征讨有扈氏时,便以“恭行天罚”为号召③;盘庚迁殷也以“天其永我命于兹新邑”为动员令。④ 尽管王在进行重大决策时,有时也会征求类似于原始社会部落联盟议事会或民众会议的意见,以求得支持——比如夏启在与有扈氏大战于甘之前,“乃召六卿”议事;商王盘庚迁都之前,也召集大臣会议和民众会议,解释迁都的理由⑤。但在王权独尊的政治体制中,这类组织的意见对于王的决策起不到制衡作用,反而成了贯彻王的决策的一种形式。

夏商的国家结构是由王控制的中央王朝,与同姓和异姓诸侯所控制的方国构成的。诸侯有为王戍边、随王征讨、缴纳贡品等各种义务。如拒不履行,则会遭到武力征伐。商汤以不按时“贡职”,招致“桀怒,

---

① 《尚书·甘誓》。
② 《尚书·西北戡黎》。
③ 《尚书·甘誓》。
④ 《尚书·盘庚》。
⑤ 同上。

起九夷之师以伐之”。[1] 但是方国诸侯受中央王朝控制的程度是与中央王朝本身的实力成正比，王为了使“诸侯来朝”，而“修政行德”充实国力。因此，从某种意义说来诸侯方国对王权的行使也是一种制衡力量。

夏商时期，行政机构的建立和官吏职务的具体分工，显示了对国家事务的管理开始走向专门化，这为实现权力监督活动的专门化提供了可能。

二、夏商的监督机制与治官之法

氏族社会的权力监督主要是一种自发的带有民主性的行为，进入阶级社会以后，统治者对于权力监督已有了新的认识，而且在性质上发生了变化。夏商时期，政权机构尚未充实，职官的权力界限尚不明确，而又在专制体制下，因此首先由王担任权力监督职能，其主要方式就是巡守。春秋时期齐国晏婴说：“夏谚曰：‘吾君不游，我曷以休？吾君不豫，我曷以助？一游一豫，为诸侯度。’”又说：“天子之诸侯为巡狩，诸侯之君子为述职。故春省耕而补不足者为之游，秋省实而助不给者谓之豫。”[2]甲骨卜辞中经常出现的“王循”（巡）、“朕循”（巡），表明巡守已成为（商）王监督方国诸侯的主要方式。巡守的主要目的是考核诸侯政绩和地方官吏的执政情况。

此外，夏商时期，限定方国诸侯定期朝觐“述职”，所谓“来宾”“来御”“来朝”，以便于王进行监督考核。而商王派驻“四方之史”则长期驻守在方国，也负有巡查、监督之责。后世的监察官以“御史”命名，与夏商时期的史官承担监察之职，似有历史的关联。

---

① 《说苑·权谋》。
② 《晏子春秋·内篇问》（下）第四。

随着夏商法制的逐渐确立，也开始出现了治官之法。夏商时期，贵族们为了巩固其统治地位，维护王权，强化对奴隶的镇压，也进行了法制建设。《左传·昭公六年》“夏有乱政，而作禹刑；商有乱政，而作汤刑”的记载，就是对这一过程的简要概括。夏商时期的法制建设主要是立法以定罪名、刑名以及建立司法体制。根据文献记载，夏时罪名只有“昏墨贼杀”①及“威侮五行”“怠弃三正”②“不孝”③等。而在商朝法律中罪名已明显增多，如：“不从誓言”④。“颠越不恭”“暂遇奸宄”⑤“舍弃穑事”⑥等。至于刑罚，夏朝为大辟、劓、宫、髌、墨、孥戮⑦；商朝为大辟、宫、刖、劓、墨、醢、脯⑧、劓殄⑨、炮烙⑩等。

为了罚罪施刑，夏商都建立了司法机构和监狱。

值得注意的是，在夏商所制定的法律中，已经出现了专门针对官吏犯罪的法律规定和罪名。如夏朝法律中，“贪以败官”的墨罪就是指官吏的贪污罪。再如夏朝《政典》所规定的“先时者杀无赦，不逮时者杀无赦”，也是针对官吏的，要求官吏在行使职权时，必须严格遵守法定的时限，“先”与“不逮”均处重罚。商朝在建国之初便制定了专门惩治官吏犯罪的《官刑》。据《墨子·非乐》，汤之《官刑》，“曰：‘其恒舞于宫，是谓巫风。其刑：君子出丝二卫，小人否，似二伯’。”《尚书·伊训》

---

① 《左传·昭公十四年》引《夏书》。

② 《尚书·甘誓》。

③ 《孝经·五刑章》说：“五刑之属三千，而罪莫大于孝。”近代学者章太炎考证，“不孝”为夏法，并撰写出《孝经本夏法说》。

④ 《尚书·汤誓》。

⑤ 《尚书·盘庚》。

⑥ 《尚书·汤誓》。

⑦ 《尚书·甘誓》。

⑧ 《史记·殷本纪》。

⑨ 《尚书·盘庚》。

⑩ 《史记·殷本纪》。

更详细记载了《官刑》的内容："敢有恒舞于宫，酣歌于室，时谓巫风，敢有殉于货色，恒于游畋，时谓淫风；敢有侮圣言，逆忠直，远耆德，比顽童，时谓乱风。"制定"三风十愆"罪的立法目的，就是要"儆于有位"，对那些职守在位的官吏产生震慑作用。同时，鉴于这些犯罪"卿士有一于身，家必丧；邦君有一于身，国必亡"，所以要求臣下必须匡正卿士、邦君的错误，如"臣下不匡，其刑墨"①。

以上可见，夏商时期已经开始重视运用法律治理官吏，为政权内部的权力监督提供了依据。

按照《官刑》的规定，臣下虽有匡正王的过失之责，但以神权为后盾的王，经常以拒谏来摆脱对他的监督。例如，夏桀"淫虐"，不仅拒绝听取伊尹的劝谏，反而斥之为"妖言"。② 尤有甚者，"关龙逢引皇图而谏"，③竟然被夏桀处死。商朝末代王纣"知足以拒谏，言足以饰非"④，结果以亡国而告终。

---

① 《尚书·伊训》。
② 《太平御览》卷八二引《帝王世纪》。
③ 《尚书·泰誓》正义引《帝王世纪》。
④ 《史记·殷本纪》。

第二章　西周的监察法制

周灭商后，为了巩固和强化其统治，建立了礼乐政刑互补互用的统治机制，使得社会经济发展，民众生活稳定，也实现了国家的有效统治，开启了中华法制文明的重要篇章。就权力监督机制而言，无论是监察机构的设置以及制度的运行，都向着规范化的方向发展。

第一节　西周的权力结构

周族以西北小邦灭掉"大邦殷"，成为继夏商之后第三个王朝。商之亡，亡于"重刑辟"对待百姓，使得民众叛逃，阵前倒戈，而被周所取代。由此，使得周的统治者认识到民的力量和民心的重要。周公说，天畏棐忱，民情大可见"，①"人无于水监，当于民监"②，但在当时的历史条件下，周统治者仍然不可避免地借助天意辩护其统治，声称"天休于文王，兴我小邦周"③，"丕显文武，受天有大命"④，但已然开始将敬天与保民联系起来，而且逐渐向世俗的民心民情倾斜。观念上的重大转变，使统治者有了约束自身权力的某种自觉。

西周最高统治者在古文献中称为"王"，或称"天子"。周王的权力

① 《尚书·康诰》。
② 《尚书·酒诰》。
③ 《尚书·大诰》。
④ 《大盂鼎》。

地位，经由分封制度和宗法制度而得到了加强和巩固。周王与诸侯、卿大夫之间，不仅有政治上的权力依属关系，而且还有血缘上的种姓关系。君统与宗统的结合，进一步加强了周王天下共主的地位。周王掌握了王国内各项最高统治权，凡属国家重大事务都由王命决定，所谓“礼乐征伐自天子出”①。

由于分封制度与宗法制度的密切结合，使得诸侯国必须承担定期朝觐周王、缴纳贡赋、出兵“勤王”等多项义务。周王通过分封诸侯、册命卿大夫，强化各地诸侯对周王的臣属关系，控制了诸侯国的军政大权，监督诸侯、卿大夫的活动。与分封制相联系，周朝的职官系统分为王畿地区的“内服”职官和王畿外的“外服”职官。新的职官机构体系的建立和职权的划分，为职官监督的专门化倾向和监督机制的发展，提供了组织基础。尤其是周初的立法建制，也使得监督活动大体上有章可循。

第二节　西周的监督机制与法律

一、监督机制的发展趋势

与夏商相比，西周时期监督机构的专门化趋势，与监督方式的渐趋多样是时代的特点。周王巡守和诸侯朝觐述职，虽是周王进行监督的主要方式，但与夏商不同的是制度层面的建设。《孟子·梁惠王下》说：“天子适诸侯曰巡狩，巡狩者，巡所守也。”可见，周天子巡守的目的，是对地方各诸侯国的执政情况进行监督。为此，周王非常重视这种亲自进行的监督方式。《楚辞·天问》就曾记载周昭王的巡守事迹：

① 《论语·季氏》。

“昭后成游，南土爰底”；《宗周钟》也称颂他“勤疆土”，并说当他巡视到南方时，“东夷、南夷具见，廿又六邦”。可见，西周时期周王巡守已经常态化了。铜器中“王在某”“王在某师”“王至某”之类的铭文，应视为巡守活动的实际记录。

周王在巡守过程中常常进行赏罚，借以督促诸侯各守其职，昭示中央王朝的权威。《礼记·王制》中描述了周王在巡守中对悖礼的诸侯进行的惩罚：“山川神祇有不举者为不敬，不敬者，君削以地；宗庙有不顺者为不孝，不孝者，君绌以爵；变礼易乐者为不从，不从者，君流；革制度衣服者为畔，畔者，君讨。”而对“有功德于民者”，则“加地进律”。

周王在巡守期间还对四方诸侯发布告诫，如：“各修平乃守，考乃职事，无敢不敬戒，国有大刑。及王之所行，先道，帅其属而巡戒令。王殷国，亦如之。”①

至于诸侯朝觐述职，《孟子·梁惠王下》作了简要的概括：“诸侯朝于天子，曰述职；述职者，述所职也。”述职包括聘与请两种方式，《礼记·王制》说：“诸侯之于天子也，比年一小聘，三年一大聘，五年一朝。”所谓聘，就是诸侯派遣卿大夫前往周王朝述职；而请则是诸侯亲自朝觐述职。通过诸侯定期的述职，周王得以了解各地的军事、政治和经济等状况，这既为周王朝的决策提供依据，又便于周王对诸侯国内事务的监督。正因为如此，诸侯如拒绝定期向周王述职朝觐，将会受到惩罚。“一不朝，则贬其爵；再不朝，则削其地；三不朝，则六师移之。”②

随着周朝疆域的扩大，周王亲自进行的巡察日渐减少，而代之以具有固定职守的官吏，或由周王派出的使者承担监督之责。由官吏对诸

---

① 《周礼·夏官司马·职方氏》。
② 《孟子·告子下》。

侯国进行的监督，主要是通过监国制度实现的。《周礼》所载“掌达法则，匡邦国，而观其慝，使无敢反侧，以听王命”①，可见匡人就是监督诸侯国的专职官员。职掌监国的专门官员的出现，强化了周王朝对地方诸侯国的控制和监督，有利于王权的巩固。

西周时期政权机构的发展，使负有监督之责的职官不断增多。史官系统的太史，由于负责将政府官员对朝政的批评、谏议汇编成册呈报周王，因而具有一定的监督职责。早在殷墟卜辞中已经出现的“御史”，至西周已成为“掌邦国都鄙及万民之治令，以赞冢宰，凡治者受法令焉。掌赞书，凡数从政者”的重要职官②，所以《历代职官表·都察院上》说：“周官御史次于内史、外史之后，盖本史官之属……然考其所掌，如赞冢宰以出治令，则凡政令之偏私阙失，皆得而补察之。故外内百官悉当受成法于御史，定后世司宪之职所由出。”

此外，居于中央六官之首的大宰，通过“岁终，则令百官府各正其治，受其会，听其致事，而诏王废置。三岁，则大计群吏之治而诛赏之”③的方式，行使监督权。作为大宰副职的小宰所职掌的“以官府之六叙正群吏”“以官府之六属举邦治”“以官府之六职辨邦治”“以官府之六联合邦治”“以官府之八成经邦治”“以听官府之六计弊群吏之治”“以法掌祭祀、朝觐、会同、宾客之戒具”，等等，都与监督官吏事务紧密相关。《历代职官表·都察院上》说：“汉御史中丞执法殿中，与周官小宰掌官刑以宪进于王宫者相近。”此外，宰夫也具有依法考核百官治绩，稽查各级官府、都、县、鄙的财务收支状况，以及根据“官刑”监督并惩治官吏不法行为的职责。

---

① 《周礼·夏官司马·匡人》。
② 《周礼·春官宗伯·御史》。
③ 《周礼·大宰》。

总之，西周时期行使监督职权的官吏，较之夏商已有较大的增长，其监督职权的扩大与监督事项的扩展，表明了中国古代权力监督机制的发展。但是西周时期监督职权多为各类官吏的兼职，尚未出现专门行使监察权的官吏和机构，也没有专门的监察法规。

二、谏议辅政方式的出现

随着西周敬德保民、明德慎罚思想的确立，出现了对周王谏议的辅政方式，如铜器铭文："敏于朝夕纳谏，奔走王事，敬畏上天。"①另据《尚书·大传》："古者天子，必有四辅，前曰疑，后曰丞，左曰辅，右曰弼。"对此，《大戴礼记·保傅》解释说："匡过而谏邪者谓之弼。弼者，弼天子之过者。"由此可见，谏臣在统治机构中的地位和作用。至于谏议的方式颇为多样："故天子听政，使公卿至于列士献诗，瞽献典，史献书，师箴，瞍赋，诵，百工谏，庶人传语，近臣尽规，亲戚补察，瞽史教诲，耆艾修之，而后王斟酌焉，是以事行而不悖。"②周王虽然集各项大权于一身，但重大决策的制定和实行，仍要听取政治经验较为丰富的贵族的谏议，以减少决策上的失误，防止权力的滥用，周初实行的师保辅政就是贵族谏政的典型。据《史记·周本纪》记载，"武王即位，太公望为师，周公旦为辅，召公、毕公之徒左右王师，修文王绪业"。以师保辅政的贵族谏议机制，对于集中统治经验和智慧，保证周王决策的正确，维护政权的稳定，起了十分重要的作用。但是贵族谏议的实施，是在贵族与王权之间形成某种权力平衡关系的基础上才是可能的，并没有获得制度上的保证。随着王权的加强，贵族谏议制度逐渐难以维持。例如，西周晚期厉王无道，召公进谏，不听。

---

① 马承源：《中国古代青铜器》，上海人民出版社 1982 年版，第 78 页。

② 《史记·周本纪》。

除贵族谏议外，西周还设有专职进谏的官吏，如负责“献典”之瞽，负责“献书”之史，上箴之师，等等。另据《周礼·地官·司徒》下设的“保氏”也是专掌“谏王恶”的官吏。但是谏诤王之过失，能否得到重视和采纳，完全取决于周王个人的德行和态度。号称“中兴”之主的周宣王，就曾拒绝虢文公和仲山父关于“不修藉千亩”“料民于太原”的谏议。①

由于周初统治者认识到“人，无于水监，当于民监”②，提倡“怀保小民，惠鲜鳏寡”③，因此比较重视“国人谤政”，亦即平民对朝政进行的评论，并设置专官了解民情、采集民意。据《汉书·食货志》，周朝曾设置“行人”即采诗官以求民情：“孟春之月，群居者将散，行人振木铎徇于路以采诗，献之太师，比其音律，以闻于天子。”以诗歌作为评论朝政的一种方式，表现了士族民主传统的遗痕。另据《周礼·秋官·小司寇》，遇有兵患国难、迁都改邑、拥立国君等重大决策时，由小司寇负责征求国人的意见，“小司寇之职，掌外朝之政，以致万民而询焉。一曰询国危，二曰询国迁，三曰询立君。……小司寇摈以叙进而问焉，以众辅志而弊谋”。④ 允许国人谤政，使得周王从民间获得大量信息，对于制定决策或改正错误，具有重要的价值。但是这种谏议方式同样没有制度保证。例如，周厉王“暴虐侈傲，国人谤王”，但厉王不但不顾及舆论的反对，反而“得卫巫，使监谤者，以告则杀之”，遂致“国人莫敢言，道路以目”，终于在三年之后，国人“乃相与畔，袭厉王”。⑤

西周时期无论是贵族的谏议，还是专职官吏的进谏，或是国人的谤

---

① 《国语·周语》。
② 《尚书·酒诰》。
③ 《尚书·无逸》。
④ 《周礼·秋官·司寇》。
⑤ 《史记·周本纪》。

政，对于后世都有着深远的影响。但其效果或取决于周王与贵族间的力量对比关系，或取决于政治形势的需要，或取决于周王个人的德行，还缺乏确定的制度保证。作为国家的谏议机制还处于早期阶段。

三、监察法的初型

史载，“周公摄政，一年救乱，二年克殷，三年践奄，四年建侯卫，五年营成周，六年制礼作乐，七年致政成王”。① 通过建立和完善一整套严密的典章制度，保证了国家机器的正常运转。就法律制度而言，周公吸取了商末“乱罚无罪，杀无辜”，招致亡国的教训，强调发扬文王创立的“明德慎罚”的传统，他曾一再告诫即将封国的康叔说：“告汝德之说，于罚之行。”②在明德慎罚思想指导下，制定了《九刑》，形成了墨、劓、宫、刖、辟、鞭、扑、流、赎等刑罚制度。至穆王时制定《吕刑》，标志着西周法制的重要成就。

《吕刑》传承了明德慎罚的指导思想，主张“惟敬五刑，以成三德”。据此提出了“刑罚世轻世重”“轻重诸罚有权”“上下比罪”“疑案有赦”等一系列刑罚适用原则，而且制定了作为职官监察法性质的“五过之疵”——惟官、惟反、惟内、惟货、惟来，犯之者“其罪惟均，其审克之”。③

另据《周礼·天官·大宰》，周朝已有明确的规范官吏行为的法律条文。如大宰拥有“以八法治官府”的权力，“一曰官属，以举邦治。二曰官职，以辨邦治。三曰官联，以会官治。四曰官常，以听官治。五曰官成，以经邦治。六曰官法，以正邦治。七曰官刑，以纠邦治。八曰官计，以弊邦治”。《周礼·秋官·大司寇》中专列“官刑”，用以“上能纠

---

① 《尚书·大传》。
② 《尚书·康诰》。
③ 《尚书·吕刑》。

职”。所谓“纠职”,即纠察官吏的不法行为,惩治失职的官吏。而在《周礼·春官·御史》中还载有:“御史掌邦国都鄙及万民之治令,以赞冢宰,凡治者受法令焉。”对此,《历代职官表》诠释说:“然考其所掌,如冢宰以出治令,则凡政令之偏私阙失,皆得而补察之,故外内百官,悉为受成法于御史,实后世司宪之职所由出。”①

此外,“小宰之掌,掌建邦之宫刑,以治王宫之政令,凡宫之纠禁”②,“宰夫之职,掌治朝之法,以正王及三公六卿大夫群吏之位,掌其禁令”。③ 这里所说“建邦之宫刑”与“治朝之法”,实为据以纠察王室与百官的监察法。

总之,中国古代监察制度所包括的纠弹与谏驳,均已肇端于西周。其所制定的监察法令虽极粗疏,但可以视为后世监察法之滥觞。

---

① 《历代职官表》卷一八。

② 《周礼·天官·小宰》。

③ 《周礼·天官·宰夫》。

第三章　春秋战国的监察法制

公元前770年周平王东迁洛邑至公元前496年周敬王四十四年为春秋时期，公元前495年周元王元年至公元前221年秦始皇二十六年为战国时期。

春秋战国是中国古代社会大发展、大变动、大改革的时期。首先是铁制生产工具的广泛应用，使得大面积开垦荒地并归己所有成为可能；私田制逐渐取代了国有的井田制，而以税亩为代价取得了土地私有的合法性。生产关系的变化，也引发了上层建筑的一系列变化。适应兼并战争的需要和协调新旧势力之间剧烈的权力斗争，各诸侯国都进行了政治体制改革。西周时期贵族世卿制度，开始向官僚制度转变，采邑制度开始向郡县制度转变，礼乐文化开始向法治文化转变。周初艰苦缔造的礼乐之治已经礼崩乐坏了，如同《汉书·地理志》所说："周室即衰，礼乐征伐自诸侯出，转向吞灭，数百年间，列国耗尽。至春秋时尚有数十国，五霸迭兴，总其盟会。陵夷至于战国，天下分而为七，合纵连横，经数十年，秦遂并兼四海，荡灭前圣之苗裔，靡有孑遗者矣。"

春秋战国时期，随着任官制与郡县制的逐步形成，对整个官僚系统的监督和控制，日益为政治家、思想家所关注。管仲认为"治国有三本"，其核心在于吏治。① 如果不能控制官吏的枉法行为，即便是"属数

---

① 《管子·立政》。

虽众,非以尊君也,百官虽具,非以任国也”。① 鲁国大夫臧哀伯告诫宋庄公说:“国家之败,由官邪也。”②申不害也说:“妒妻不难破家也,乱臣不难破国也。”③《吕氏春秋·知度》更强调“故治天下之要,存乎除奸;除奸之要,存乎治官”。在这个过程中,监察立法也在成文法涌动的历史潮流中取得了一定的发展。监察的锋芒主要指向官吏群体,除此之外,谏诤制度也得到了新的发展,所谓谏君之失,匡正其过。

周初,国家重要活动甚至重大的司法案件都要讯诸国人,国人皆曰可杀,然后杀之,这种制度可以说是氏族民主制的遗风。如果说春秋时谏诤之言主要来之于民,听之于民,至战国时期,谏诤之言主要来之于官,听之于官。谏诤制度,兴于汉,盛于唐,衰于宋,至明清两朝专制制度极端发展,言谏官与监察官逐渐合二为一,同掌监察职责,固有的谏诤制度不复存在。

第一节　百家争鸣中的监察思想

春秋战国时期多方面的社会政治变革,也促进了百家争鸣的社会思潮,带来了监察思想的初步发展,表现了特定形势下思想家理论演绎的成果。

一、孔孟儒家学说的监察思想

春秋时期,儒家学派的创始人孔丘面对礼崩乐坏的动荡局势,他以“克己复礼”为己任,以“仁者爱人”为号召,以“正名”即恢复“君君、臣

① 《管子·明法》。
② 《左传·桓公二年》。
③ 《申子·大体》,载(清)严可均辑《全上古三代文》卷四。

臣、父父、子子”的等级名分为施政原则。在君臣关系上，主张“君使臣以礼，臣事君以忠”①，还提倡先正其身的个人修养论，“其身正，不令而行；其身不正，虽令不从”②，“为仁由己而由人乎哉”③。不仅如此，当鲁哀公问政于孔子时，孔子对曰：“为政在人”，“文武之政布在方策，其人存则政举，其人亡则政息”④，所以他建议“举贤才”。孔子的君道之说为后世提供了先验。

孟子是儒家学派的重要传人，孟子在监察思想上有显著的发展。首先，他论证了周初根据巡守所见政绩的不同，给予不同的赏罚，体现了治官察官的基本原则，他说“天子适诸侯曰巡狩，诸侯朝於天子曰述职。春省耕而补不足，秋省敛而助不给。入其疆，土地辟，田野治，养老尊贤，俊杰在位，则有庆，庆以地。入其疆，土地荒芜，遗老失贤，掊克在位，则有让。一不朝则贬其爵，再不朝则削其地，三不朝则六师移之”。⑤

其次，他发展了孔子的仁学，提出了“仁政”学说，在他理想中的仁政是“贤者在位，能者在职”⑥，不使不仁者在高位贻害百姓，“不仁而在高位，是播其恶于众也”。

再次，他强调选官的重要，提出人君如能选贤任能就能收到“尊贤使能，俊杰在位，则天下之士皆悦而愿立于其朝矣”的效果。⑦

在君臣关系上，孟子也与孔子不同，主张“君之视臣如手足，则臣视君如腹心；君之视臣如犬马，则臣视君如国人；君之视臣如土芥，则臣视

---

① 《论语 · 八佾》。
② 《论语 · 子路》。
③ 《论语 · 颜渊》。
④ 《礼记 · 中庸》。
⑤ 《孟子 · 告子》。
⑥ 《孟子 · 公孙丑上》。
⑦ 同上。

君如寇仇”①。他甚至主张“君有大过则谏,反复之而不听则易位”②。

孟子明确提出“责难于君谓之恭”③,如果国君接受臣下谏诤而好善,则“四海之内,皆将轻千里而来告之以善”④。孟子在申述国人谏议对国君决策具有重要作用的同时,又提出不能轻信,而要“然后察之”,⑤再决定弃取。

荀子生活在官僚制度已经确立的时代,因此他强调官的作用,提出“有治人(吏),无治法”⑥,再好的法不能离人而立,离人而行,由此引申出治吏察吏使之遵法而行的必要性。荀子发扬了孔子的君道、臣道之论,通过官吏向君主谏言的论断,作出了深刻的阐发。他认为,君主的个人品德是不同的,因此对于臣下的谏言也会有不同的态度,他说:“事圣君者,有听从无谏争;事中君者,有谏争无谄谀;事暴君者,有补削无挢拂。”⑦尽管如此,荀子仍然主张“从道不从君”“逆命而利君谓之忠”,如能做到“争然后善,戾然后功,出死无私,致忠而公”⑧,就达到了“通忠之顺”的臣道标准。荀子还从理论上揭示了所谓“谏争辅拂”以及此种官对于国家的作用,他说:“君有过谋过事,将危国家陨社稷之惧也;大臣父兄,有能进言于君,用则可,不用则去,谓之谏;有能进言于君,用则可,不用则死,谓之争;有能比知同力,率群臣百吏而相与强君挢君,君虽不安,不能不听,遂以解国之大患,除国之大害,成于尊君安国,谓之辅;有能抗君之命,窃君之重,反君之事,以安国之危,除君之

① 《孟子·离娄下》。
② 《孟子·告子》。
③ 《孟子·离娄上》。
④ 《孟子·告子》。
⑤ 《孟子·梁惠王下》。
⑥ 《荀子·臣道》。
⑦ 同上。
⑧ 同上。

辱，功伐足以成国之大利，谓之拂。故谏争辅拂之人，社稷之臣也，国君之宝也，明君之所尊厚也，而闇主惑君以为己贼也。故明君之所赏，闇君之所罚也；闇君之所赏，明君之所杀也。”①为了取得言谏的效果，要善于把握君主的心理状态。他说，“故因其惧也而改其过，因其忧也而辨其故，因其喜也而入其道，因其怒也而除其怨，曲得所谓焉”。② 作为君主也要明辨谏诤之言是否合于礼义，“凡言不合先王，不顺礼义，谓之奸言；虽辩，君子不听”③。

二、墨家的监察思想

墨子从“上之为政，得下之情则治，不得下之情则乱”的基本认识出发，主张设立助君视听的专门的监督官吏。他说：“故古之圣王治天下也，其所差论，以自左右羽翼者皆良，外为之人，助之视听者众。故与人谋事，先人得之；与人举事，先人成之；光誉令闻，先人发之。唯信身而从事，故利若此。古者有语焉，曰：‘一目之视也，不若二目之视也。一耳之听也，不若二耳之听也。一手之操也，不若二手之疆也。’”④只有如此，才能“举天下之人，皆恐惧振动剔慄，不敢为淫暴，且天子之视听也神”⑤。

墨子在论及官吏对于广君主视听助国君为政时，提出了一个很有价值的论断，他说：“上有隐事遗利，下得而利之；下有蓄怨积害，上得而除之。是以数千万里之外，有为善者，其室人未遍知，乡里未遍闻，天子得而赏之；数千万里之外，有为不善者，其室人未遍知，乡里未遍闻，

---

① 《荀子·臣道》。
② 《荀子·君道》。
③ 《荀子·非相》。
④ 《墨子·尚同下》。
⑤ 《墨子·尚同中》。

天子得而罚之。是以举天下之人,皆恐惧振动惕栗,不敢为淫暴,曰:'天子之视听也神!'先王之言曰:'非神也。夫唯能使人之耳目助己视听,使人之吻助己言谈,使人之心助己思虑,使人之股肱助己动作。'助之视听者众,则其所闻见者远矣;助之言谈者众,则其德音之所抚循者博矣;助之思虑者众,则其谈谋度速得矣;助之动作者众,即其举事速成矣。"①

他还指出,国君如果对于臣下不能及时地进行监督,使得官民之间矛盾加深,将会造成"丧天下"的后果,他说:"臣下重其爵位而不言,近臣则喑,远臣则吟,怨结于民心。谄谀在侧,善议障塞,则国危矣。桀纣不以其无天下之士邪?杀其身而丧天下。故曰:'归国宝,不若献贤而进士。'"②

墨子所谓贤,所谓忠谏,就在于"上有过,则微之以谏;己有善,则访之上,而无敢以告。外匡其邪,而入其善。尚同而无下比,是以美善在上,而怨雠在下;安乐在上,而忧戚在臣"。③ 结论就是"君有过则谏,此为人臣之道也"④。

三、法家的监察思想

春秋战国时期,法家是以法治官、察官的鼓吹者,并且形成了较为明确的监察思想。早期法家管仲很早便提出了"治国有三本","君之所审者三:一曰德不当其位;二曰功不当其禄;三曰能不当其官;此三本者,治乱之原也"。⑤ 可见,其核心在于吏治。君臣之间如能做到上下

---

① 《墨子·尚同中》。
② 《墨子·亲士》。
③ 《墨子·鲁问》。
④ 《墨子·非儒下》。
⑤ 《管子·立政》。

沟通,则可以防奸。所谓“上惠其道,下敦其业,上下相希,若望参表,则邪者可知也”。① 作为忠臣,其表现就在于“能据法而不阿,上以匡主之过,下以振民之病者,忠臣之所行也”。② 作为国君,如果不能控制官吏的枉法行为,即便是“属数虽众,非以尊君也;百官虽具,非以任国也”。③ “是故有道之君,上有五官以牧其民,则众不敢逾轨而行矣;下有五横以揆其官,则有司不敢离法而使矣。”④所谓五横,按唐人尹知章注:“横,谓纠察之官得入人罪者也。”也就是设五横之官来纠弹五官的不法行为。管仲特别提出作为明主,应该“有术数而不可得欺也,审于法禁而不可犯也,察于分职而不可乱也。故群臣不敢行其私,贵臣不得蔽贱,近者不得塞远,孤寡老弱不失其(所)职,竟内明辨而不相逾越。此之谓治国”。⑤

管子也认为,“正谏死节,臣下之则也”⑥,“能上尽言于主,下致力于民,而足以循义从令者,忠臣也。”⑦对于君主而言,“纳谏为圣,拒谏为昏。”⑧范文子还以国君对谏臣所持的或赏或罚的态度,来区分“兴王”和“逸王”。他说:“故兴王赏谏臣,逸王罚之,吾闻古之王者,政德既成,又听于民,于是乎使工诵谏于朝,在列者献诗使勿兜,风听胪言于市,辨祆祥于遥,考百事于朝,闻谤誉于路,有邪而正之,尽戒之术也。”⑨

---

① 《管子·君臣上》。
② 《管子·君臣下》。
③ 《管子·明法》。
④ 《管子·君臣上》。
⑤ 《管子·明法解》。
⑥ 《管子·形势解》。
⑦ 《管子·君臣上》。
⑧ 《管子·君臣下》。
⑨ 《国语·晋语六》。

经过春秋时期的百家争鸣,至战国,法家学说已成为显学。商鞅不仅传承了管仲的法治学说,并进行了理论上的发挥,他认为,君臣之间存在着一种"事合而利异"①的虎狼关系,不可不以法术制之,他说:"上与吏也,事合而利异者也","夫事合而利异者,先王之所以为端也"。② 所以,"使吏非法无以守,则虽巧不得为奸","以法相治,以数相举"。③

韩非是法家思想的集大成者,也是君主专制主义的鼓吹者。为此,他提出法术势相结合的法治思想,主张君主应"处势抱法而治",至于术,则是君主驾驭群臣的"帝王之术",他说,"术者,因任而授官,循名而责实,操杀生之柄,课群臣之能者也,此人主之所执也"。④ 又说:"术者,藏之于胸中,以偶众端,而潜御群臣者也。"⑤可见,所谓术,就是君主监督和控制臣下、防止群僚犯上作乱的一种权术。君主必须善用权术,既任官使能又令其深不可测,使之常怀凛惧之心,从而有效地驾驭臣下,监督和惩治不遵守法律而擅自行事的官吏。

韩非关于法术势三者并用的主张,着眼点在于控制君臣之间的利害冲突。他认为,如果不杜绝群臣结党弄权的途径,不控制群臣权力的发展,那么"人臣太贵,必易主位"⑥,甚至"弑其主,代其所,人莫不与"。所以君主必须对臣下保持警觉、戒备的心理,对于臣下提出的谏议也要参考验正,以防止欺主。对此,《韩非子·八经》作出了较为全面的阐述:"听不参则无以责下,言不督乎用则邪说当上。……有道之

---

① 《商君书·禁使》。
② 同上。
③ 《商君书·慎法》。
④ 《韩非子·定法》。
⑤ 《韩非子·难三》。
⑥ 《韩非子·爱臣》。

主,听言督其用,课其功,功课而赏罚生焉,故无用之辩不留朝。任事者不足以治职,则放官收。说大而夸则穷端,故奸得而怒。无故而不当为诬,诬而罪。臣言必有报,说必责用也,故朋党之言不上闻。凡听之道,人臣忠论以闻奸,博论以内一,人主不智,则奸得资。明主之道,己喜则求其所纳,己怒则察其所构。论于已变之后,以得毁誉公私之征。众谏以效智故,使君自取一以避罪,故众之谏也败。君之取也,无副言于上以设将然,今符言于后以知谩诚语。明主之道,臣不得两谏,必任其一语;不得擅行,必合其参,故奸无道进矣。"①"是故夫至治之国,善以止奸为务。"②

韩非在充分论证官吏对君主的威胁的同时,也实事求是地阐述了官吏治国的作用,官吏是君主统治万方的代表,官吏是君主治国方策的执行者,官吏是执掌兵刑钱谷、推动国家机器正常运转的力量,官吏还是君主治理万民的媒介,通过官吏达到使民驭民的目的,所以法家把治吏摆在治民之先。韩非说:"闻有吏虽乱而有独善之民,闻有乱民而有独治之吏,故明主治吏不治民。"③

除驭臣以术外,法家还主张以法治官,以法防官。韩非说:"人主释法而以臣备臣,则相爱者比周而相誉,相憎者朋党而相非,非誉交争,则主惑乱矣。"因此,必须"明法而以制大臣之威"④。对于臣下进言,"其进言不信。不信者有罪,事有功者必赏,则群臣莫敢饰言以惑主。……主道者,使人臣必有言之责,又有不言之责。言无端末辩无所验者,此言之责也;以不言避责持重位者,此不言之责也。人主使人臣

---

① 《韩非子·八经》。
② 《韩非子·制分》。
③ 《韩非子·定法》。
④ 《韩非子·南面》。

言者必知其端以责其实，不言者必问其取舍以为之责。则人臣莫敢妄言矣，又不敢默然矣，言、默则皆有责也”。① 所以，“有道之主听言，督其用，课其功，功课而赏罚生焉”②。

以上可见，进入战国以后，顺应君主专制制度的发展和官僚制度的形成，为了确保君主的最高支配者的地位，控制“上下一日百战”③的局面，思想家们特别是法家，论证了加强对官僚系统的监督和控制的必要性，以纠察官吏的不法行为，保证官僚机构的正常运行，稳固君主权位独尊的地位，从而为设置独立的监察机构和建立有效的权力监督机制提供了理论上的依据。

从总体上看，战国时期的监察思想，较之于春秋时期更为明确。尤其是“明主治吏不治民”的观点，不仅是君主专制政体下统治策略的总结，而且对整个古代监察制度都有着重要的影响。

第二节　官僚制度的形成与监察制度的确立

一、官僚制度的形成

战国时期经济制度的巨大变革，兼并战争的迅猛发展，政权的频繁更替，造成了社会的大动荡。在旧的奴隶主贵族势力不断削弱的形势下，各国国君为进一步加强中央集权，争取兼并战争的胜利，采用因功予赏、因能授官的原则，委任职官，设置爵位，以招徕四方贤能，由此，逐渐建立起一套与世卿制完全不同的官僚制度。

---

① 《韩非子·南面》。
② 《韩非子·八经》。
③ 《韩非子·扬权》。

官僚制度是建立在“主卖官爵，臣卖智力”①的人身雇佣关系基础之上的。它与世卿制度的显著区别就在于官僚由国君任命，并可随时撤换，其权力来自于国君的授予。国君任命官吏时发给的印玺，是其行使权力的凭证，免职时收回，借以保证官吏对于国君的个人效忠。国君除掌握对官吏的任免权之外，还进行定期和不定期的监督与考核，立功者受赏，有失者受罚。由于官僚只领取俸禄而无封邑，所谓“臣之禄，君实有之，义则进，否则奉身而退”②，逐渐以郡县制取代采邑制，形成了中央集权的“君设其本，臣操其末；君治其要，臣行其详；君操其柄，臣事其常”③的政治体制。

在国君之下，宰相是协助君主综理全国行政事务的最高官职。《荀子·王霸》篇说：“相者，论列百官之长，要百事之听，以饬朝廷臣下百吏之分，度其功劳，论其庆赏，岁终奉其成功，以效于君。”相制的确立，使得文官之间统辖关系日益明确，从而提高了政府的效能。与此同时，无论是职官的选拔、任免、监督，职权的划分，等级和俸禄的设定，考课与奖惩的实行等，都开始向着制度化的轨道发展。

官僚制度的确立，对于监察制度的形成和发展，具有十分重要的意义。首先，职官体系的扩大以及官僚与国君之间的权力冲突，使得对整个官僚系统进行监督不仅必要，而且迫切。其次，由于监督的对象是整个官僚系统，因而要求执行监督职权之人必须是君主的近臣。战国时期，监察官御史就是国君近臣系统的重要成员。最后，随着整个职官管理制度的稳定化，也使得对监察官吏的管理趋于规范化，保证了监察活动的有序和效能的提高。

---

① 《韩非子·外储说右下》。

② 《左传·襄公二十六年》。

③ 《申子·大体篇》。

二、监察制度的确立

（一）御史专任监察体制的初建

战国时期，君主专制制度的形成，官僚体制的建立，为国家的权力监督机制提供了组织保证；而各国法律制度的确立，又为国家的权力监督提供了法律依据。尤其是监察思想的发展，为监察制度的合理性论证和监察方案的设计奠定了理论基础。总之，战国时期，社会的发展和政治体制、法律制度等多个层面的改革，使得御史专任监察职能的监察体制得以确立。

如前所述，商代甲骨文中就已出现"御史"一职，他们在带领军队、主持祭祀的同时，还兼负监督地方的职责。西周时期，御史除掌管文书、记事之外，还负责考察封国和诸侯执政的情况。春秋时期，楚、宋等国设置的御士（史），虽是侍奉君主左右以备顾问的官员，但也行使着一定的监督权。可见，御史作为行使监督职权的官员由来已久，但是，随着官僚制度的确立，御史也由兼职监察逐渐转向专一化。

战国时期，御史随侍君主左右，负责记言记事、掌管法令图籍，据《史记·廉颇蔺相如列传》所载：秦赵约会于渑池，秦昭王请赵惠王鼓瑟，蔺相如则逼令秦王击缻以为秦声，均被秦赵御史载入史册。据云梦秦简《尉杂》规定："岁雠辟律于御史"，说明廷尉每年年终要到御史处核对法律，以便及时修正。此外，战国时期御史监察对于官僚已经具有震慑作用。据《史记·滑稽列传》记载：齐威王置酒于后宫，召淳于髡并赐之酒，"问曰：'先生能饮几何而醉？'对曰：'臣饮一斗亦醉，一石亦醉。'威王曰：'先生饮一斗而醉，恶能饮一石哉！其说可得闻乎？'髡曰：'赐酒大王之前，执法在傍，御史在后，髡恐惧俯伏而饮，不过一斗径醉矣。'"《秦会要订补·职官上》就此论证说：御史"掌记事纠察之任"。再如《商君书·境内》篇记述作战时，御史与国正监一起登上特别设置的高台而“参望之”，“其先入者，举为最启；其后入者，举为最殿”。表明御史还负责监督作战将士是否奋勇杀敌，并以此作为奖惩的依据。

不仅如此，御史监察的对象也不限于中央官员，魏、韩、秦等国都相继在郡县地方机构设置御史，以加强对地方官吏的监察。《韩非子·内储说上》所载：“卜皮为县令，其御史污秽而有爱妾，卜皮乃使少庶子佯爱之，以知御史阴情”，反映了御史对县令享有监察职权。

另据《战国策·韩策》：“安邑之御史死，其次恐不得也，输人为之谓安令曰：‘公孙綦为人请御史于王。’王曰：‘彼固有次乎？吾难败其法。’因遽置之。”说明魏国御史监郡已成为一种较为固定的制度，并在编制上设有御史副职。云梦秦简《传食律》，关于御史部属出差的伙食标准的规定，也表明御史监察郡县已经制度化。

（二）巡行与上计

除御史专门行使监察职权外，各国国君对地方郡县的巡行视察和对各级官吏的上计考核，也是重要的监督方式。

春秋时期，各国延续周天子巡守的传统，或由国君、卿相亲自巡视，或派遣专官进行考察，借以了解下情，修改不合时宜的政令，考察地方执政者的政绩。子产任郑国卿相时，从政勤勉，“朝以听政，昼以访问，夕以修令，夜以安身”。①

至战国，国君巡行考察的范围更为广泛，包括了解民意，检查地方官吏的工作，惩恶扬善，等等。巡行的主要目的在于考察地方官的治绩，借以整顿吏治，纠察不法。以国君之尊，亲临基层监督，不仅极大地减少了官吏违法乱纪的现象，而且对于提高各级政权的行政效率，推行国家的政策、法令，都具有极为重要的意义，因此受到各国国君的重视。

---

① 《左传·昭公元年》。

《战国策·赵策》记载赵武灵王曾“行县,过番吾”;《史记·秦本纪》记载惠文王五年,“游至北河”;昭襄王十七年,“王之宜阳”,二十年“王之汉中,又之上郡、北河”。另据《史记·秦始皇本纪》,秦王政十三年,“王之河南”,十九年“之邯郸”,二十七年,“巡陇西、北地、出鸡头山,过回中”,二十八年,“东行郡县,上邹峰云”。① 国君除亲自巡行外,有时也令相、司徒代为巡守。如《史记·范雎蔡泽列传》:“秦相穰侯东行县邑”;《吕氏春秋·十二纪·孟夏纪》:“命司徒循行县鄙,命农勉作,无伏于都”;《孟冬纪》:“命司徒循行积聚,无有不敛。”

上计制度源于西周时期的朝觐述职制度。春秋时,各国通过臣下向国君汇报治绩与考核属下情况的复事制度,确保国君对各级官吏的监督和控制。《国语·齐语》详载如下:“正月之朝,乡长复事。君亲问焉,曰:‘于子之乡,有居处好学、慈孝于父母、聪慧质仁、发闻于乡里者,有则以告。有而不以告,谓之蔽明,其罪五。’有司已于事而竣,桓公又问焉,曰:‘于子之乡,有拳勇股肱之力秀出于众者,有则以告。有而不以告,谓之蔽贤,其罪五。’有司已于事而竣,桓公又问焉,曰:‘于子之乡,有不慈孝于父母、不长悌于乡里、骄躁淫暴、不用上令者,有则以告。有而不以告,谓之下比,其罪五。’有司已于事而竣,是故乡长退而修德进贤,桓公亲见之,遂使役官。”

“正月之朝,五属大夫复事。桓公择是寡功者而谪之,曰:‘制地、分民如一,何故独寡功?教不善则政不治,一再则宥,三则不赦。’桓公又亲问焉,曰:‘于子之属,有居处为义好学、慈孝于父母、聪慧质仁、发闻于乡里者,有则以告。有而不以告,谓之蔽明,其罪五。’有司已于事而竣,桓公又问焉,曰:‘于子之属,有拳勇股肱之力秀出于众者,有则以告。有而不以告,谓之蔽贤,其罪五。’有司已于事而竣,桓公又问

① 《史记·秦始皇本纪》。

焉，曰：‘于子之属，有不慈孝于父母、不长悌于乡里、骄躁淫暴、不用上令者，有则以告。有而不以告，谓之下比，其罪五。’有司已于事而竣，五属大大于是退而修属，属退而修县，县退而修乡，乡退而修卒，卒退而修邑，邑退而修家。是故匹夫有善，可得而举也；匹夫有不善，可得而诛也。政既成矣，以守则固，以征则强。”

至战国，上计制度得到广泛的适用。《战国策·齐策》载有“五官之计”；《吕氏春秋·知度》载有“赵襄子之时，以任登为中牟令，上计言于襄子”。《史记·范雎蔡泽列传》中载有“昭王召王稽，拜为河东守，三岁不上计”。《韩非子·难二》也说：“李克治中山，苦径令上计而人多。”可见，“上计之制，六国亦有之”。①

所谓上计，就是各级官吏将其管辖区域内的民政、经济及刑狱等情况，汇编成册，逐级上报，直至国君，以供审查监督。上计的范围十分广泛，凡辖区人口、垦田亩数、赋税收入、库藏数目、刑狱治安、灾情善后等都包括在内。《商君书·去强》说：“境内仓口之数，壮男壮女之数，老弱之数，官士之数，以言说取食者之数，利民之数，马、牛、刍、藁之数”，均为上计的内容。各级官吏于每年年初将一年的各种预算数字写在“券”上，然后送交国君审核。国君剖券为二，国君执右券，臣下执左券，至年终，臣下执左券向国君呈报预算的执行情况，国君据此进行赏罚。即如韩非子所说：“符契之所合，赏罚之所生也。”②另据《史记·范雎蔡泽列传》《集解》引司马彪语，阐述了郡守考核评定县官吏优劣的基本程序：“凡郡掌治民，进贤，劝功，决讼，检奸。常以春行所至县，劝民农桑，振救乏绝；秋冬遣无害吏案讯诸囚，平其罪法，论课殿罪；岁尽遣吏上计。”

---

① 《秦会要订补·职官上》。

② 《韩非子·难二》。

上计作为监督臣下的重要方式，只有在官僚制度形成以后才是可能的。

（三）专职谏官的出现

春秋时期已开始出现专职谏官，使谏议逐渐走向制度化。根据楚国左史倚相所云，卫国武公在位时曾设立各种谏官，以行劝导之权："在舆则有旅贲之规，位宁有官师之典，倚几有通训之谏，居寝有亵御之箴，临事有瞽史之导，燕居有师工之诵。史不失书，蒙不失诵，以训御之。"①另据《吕氏春秋·勿躬》，管仲执政时，齐国曾设立"大谏"一职，由忠勇果敢之士，专司谏诤国君违失："蚤入晏出，犯君颜色，进谏必忠，不辟死亡，不重富贵，臣不如东郭牙，请置以为大谏臣。"此外，赵武灵王少时置左右司过三人，以备谏议。据史籍记载，春秋时期谏官的活动是十分活跃的。如《左传·桓公二年》："夏四月，取郜大鼎于宋，戊申，纳于大庙，非礼也。臧僖伯谏曰：'君人者，将昭德塞违，以临照百官。'"再如庄公二十三年，"公如齐观社，非礼也"，于是曹刿进谏，阻止了庄公的非礼行为。可见，谏官的谏议，对于广国君的视听，明君王应遵循的礼义，特别是提供治理国政的某种缺失，都起了重要作用。正因为如此，齐威王悬赏鼓励进谏者："群臣吏民，能面刺寡人之过者，受上赏；上书谏寡人者，受中赏；能谤议于市朝闻寡人之耳者，受下赏。"②

第三节　列国法制的发展与专门监察法的出现

在各国所制定的成文法中，集大成者并对后世有着深远影响的当属魏国李悝所制定的《法经》。根据史籍记载，《法经》是李悝"撰次诸

① 《国语·楚语上》。
② 《战国策》卷八《齐一》。

国法”①“集诸国刑典”②而成的，共有六篇：《盗》《贼》《囚》《捕》《杂》《具》。在《杂》律中涉及假借不廉、逾制等职官犯罪行为，表明《法经》将规范官吏行为、惩治职官犯罪作为立法的重点之一。

以《法经》为代表的各国法制，一方面，将法律保护的重心放在君主和国家的安全以及政治秩序上。例如，凡是窥宫，盗取兵符、玺印，越城，群相居等对国家安全和君主个人安危构成威胁的行为，不仅本人处以重刑，而且夷族夷乡。所谓“王者之政，莫急于盗贼”。为了巩固改革成果和保证法律政令的贯彻实施，即使议论法令也处以死刑。另一方面，运用法律维护官僚等级体制，即使太子、丞相、犀首、大夫等位高权重的执政者，也作为监督的对象。“太子博戏则笞，……不止则更立，……丞相受金，左右伏诛。犀首以下受金，则诛。……大夫之家有侯物，自一以上者诛。”

最足以反映战国时期法制的成就与时代特点的是出土《云梦秦简》所载的“秦律”。

1975 年 12 月，在湖北云梦睡虎地发掘了十二座战国末期至秦统一时期的墓葬。在第十一号墓中出土一千一百五十五支秦代竹简，记载了秦代的法律条文、法律解释和法律文书。其中《秦律十八种》抄录了有关行政、经济和刑徒管理方面的法律。《秦律杂抄》抄录了有关官吏任免和军事管理方面的法律。《法律答问》抄录了官方对秦律中的法律条款的解释和说明。《封诊式》抄录了司法官治狱、讯狱的一般性要求，以及对调查、检验中应注意的事项和上报的文书程序。另有《语书》和《为吏之道》。《语书》是统一前夕秦国南郡郡守发布的一篇地方性法规，值得提出的是，其中规定了监察活动启动的程序。如：“发书，

---

① 《晋书·刑法志》。

② （明）董说：《七国考》卷一二。

移书曹,曹莫受,以告府,府令曹画之。其画最多者,当居曹奏令、丞,令、丞以为不直,志千里使有籍书之,以为恶吏。"

《为吏之道》记述了对官吏的各种要求和任用与考课的标准,也记载了监察法律的某些内容。如划分了良吏与恶吏的标准;规定了派遣官员巡视和检举不从法令的官吏的制度;特别是提出了"吏有五善""吏有五失"等为官应有的品格和处理公务的作风,使职官监察有据。所谓"五善":"一曰忠信敬上,二曰清廉毋谤,三曰举事审当,四曰喜为善行,五曰恭敬多让。"所谓"五失":"一曰夸以泄,二曰贵以泰,三曰擅裚割,四曰犯上弗知害,五曰贱士而贵货贝。一曰见民倨傲,二曰不安其朝,三曰居官善取,四曰受令不偻,五曰安家室忘官府。一曰不察所亲,不察所亲则怨数至,二曰不知所使,不知所使则以权衡求利;三曰兴事不当,兴事不当则民傷指;四曰善言惰行,则士毋所比;五曰非上,身及于死。"

此外,《为吏之道》还阐述了为官的基本信念、处事态度和行为要求。诸如"精洁正直,慎谨坚固,审悉无私,微密纤察,安静毋苛,审当赏罚";"审耳目口,十耳当一目";"临财见利,不取苟富;临难见死,不取苟免";"正行修身"等。这些既是针对所有官吏提出的一般要求,也是具有针对性的察吏标准。

综观秦墓竹简所载秦律,有关官吏执行职务与管理等方面的规定是其核心部分。譬如,关于官吏任用与铨选有《置吏律》《除吏律》《除弟子律》;关于官吏调任与考察有《效律》《牛羊课律》;关于具体事务管理有《内史杂律》《仓律》《传食律》等,其中均有与监察活动相关的内容。如《传食律》规定了监察官属吏巡行时驿站提供的待遇问题:"御史卒人使者,食粺米半斗,酱四分升一,菜羹,给之韭葱。其有爵者,自官士大夫以上,爵食之。使者之从者,食粝米半斗;仆,少半斗。"而更多的是对职官违法犯罪行为的惩罚,《秦律杂抄》规定"伪听命书,废弗行”“不避席立”等属“废令”罪；“捕人相移以受爵”“任废官为吏”等属“犯令”罪。《法律答问》规定“啬夫不以官为事，以奸为事”应受迁刑；《效律》规定“计用律不审而赢、不备”，根据超出或不足部分给予财产处罚。《行书》律规定：“行命书及书署急者，辄行之；不急者，日毕，勿敢留。留者以律论之。”以上内容涉及行政、人事、经济、司法和军事等多方面的国家事务，为监察活动的展开提供了具体的行为准则和法律依据。

总之，春秋战国时期社会关系的大变动，推动了法律关系的发展。各国在进行政治改革的同时，也运用法律作为推动改革的动力，并以法律的形式确认和固定改革的成果，由此而推动了各国频繁的立法活动。在成文法涌动的历史潮流中，监察法律也成为其中的一个重要部分，它为监察活动提供了重要的依据。监察法律的发展程度是监察活动规范化的重要标志，也是监察效能正常发挥的保障。战国时期监察法律化的状态，表明了各国统治者对它的关注，这是和国君权力的强化与官僚等级结构的形成分不开的。

监察法律化包括监察法律的制定和监察活动依法运行两个方面。从现有的法律史料来看，战国时期仍然处于初期阶段，专门的监察法规为数甚少，但在“明主治吏不治民”的法家思想指导下，依法察吏得到了积极的开展，积累了初步的经验。

第四章　秦统一后的监察法制

战国时期社会经济、政治的发展，促成了全国统一条件的成熟。公元前221年，“僻在雍州，不与中国诸侯之会盟，夷狄遇之”①的秦国，自商鞅变法以后，国势日强，一跃而为七雄之首，被视为“有吞天下之心”的“虎狼之国”，②终于灭掉了东方六国，结束了长期以来诸侯争霸称雄的分裂割据，建立了中国历史上第一个统一的、多民族的、专制主义中央集权国家，所谓“事在四方，要在中央，圣人执要，四方来效”。③ 统一国家的建立，为社会经济、政治、文化的发展提供了新的环境，也为中国监察制度的发展创造了条件。

第一节　皇帝专制下的官僚政治

秦灭六国以后，秦王政自以为“德兼三皇，功过五帝”，遂“采上古帝位号，号曰皇帝”。他自称始皇帝，“后世以计数，二世、三世至于万世，传之无穷”。④ 从此，皇帝制度成为中国古代基本的政治制度。

皇帝拥有至高无上的权力，凡行政、司法、军事、财政、官吏的任免、重大工程的营建等国家政务的最后决定权，均属于皇帝。其命为

---

① 《史记·秦本纪》。
② 《战国策·楚策一》。
③ 《韩非子·扬权》。
④ 《史记·秦始皇本纪》。

“制”，令为“诏”，是国家机器运行的最重要的根据，也是官吏执行政务的最高准则。

皇权独尊是专制主义政治制度的核心和集中表现，天下大权集于中央，中央大权集于皇帝，以致“天下事无大小皆决于上”。① 对此，李斯为之辩解说：“明君独断，故权不在臣也。然后能灭仁义之涂，掩驰说之口，困烈士之行，塞聪揜明，内独视听，故外不可倾以仁义烈士之行，而内不可夺以谏说忿争之辩。”②

皇帝以下，建立了统一的官僚机构体系。丞相是受命于皇帝总领百官的最高行政官，由他主持朝议并将朝议结果上奏皇帝裁决。同时，综理中央与郡县的上计与考课，负责官员的荐举、委任和赏罚，执掌封驳与谏诤，等等。

太尉是管理军事的最高长官，秦统一前称为“国尉”。据《史记·秦始皇本纪》，尉缭为国尉，“秦王从其计，见尉缭亢礼，衣服食饮与缭同”，可见其受到的钦重与地位之显赫。统一之后改称太尉，《汉书·百官表》：“太尉，秦官，金印紫授，掌武事。”

御史大夫，为副丞相。秦统一前，御史已渐次演变为弹劾官邪的司宪之官，并有御史大夫以为御史之率。统一以后，御史大夫为副丞相，执掌群臣奏章，下达皇帝诏令，并兼理国家监察事务。

丞相、太尉和御史大夫合称三公，是执掌国家政务、军事、监察的中枢机关。《通典·职官一》说：“自周衰，官失而百职乱，战国并争，各有变易。暨秦兼天下，建皇帝之号，立百官之职，不师古，始罢侯，置守。太尉主五兵，丞相总百揆，又置御史大夫，以贰于相。”由于秦始皇“惧

① 《史记·秦始皇本纪》。
② 《史记·李斯列传》。

宰官之不修，立监牧以董之，畏督监之容曲，设司察以纠之。宰牧相累，监察相司，人怀异心，上下殊务”。① 因此，提高了监察机关的地位和职权，御史大夫成为三公之一。

三公之下设九卿：奉常，掌管宗庙礼仪；郎中令，统辖皇帝的侍从警卫；卫尉，负责宫廷警卫；太仆，掌管宫廷御马和国家的马政；廷尉，掌管刑辟；典客，掌管外交和少数民族事务；宗正，掌管皇室事务；治粟内史，掌管租税钱谷和财政收支；少府，掌管供皇室需用的“山海池泽之税”及宫室营建。九卿制是从战国时代的官制发展而来的，在专制制度下，君国一体，因此，九卿之中只有廷尉、典客和治粟内史是真正掌管政务的部门，其余六卿主要是为皇室服务，带有宫廷机关的性质。“三公九卿制”是秦统一后国家结构的主要体制，对西汉王朝有着直接的影响。

秦的地方制度，于统一后将郡县二级制推行至全国。如《汉书·地理志》所言：“秦兼并四海，以为周制微弱，终为诸侯所丧，故不立尺土之类封，分天下为郡县。”另据《史记·秦始皇本纪》，始皇二十六年分天下为三十六郡，彻底废除了“分邦而治，分土而食”的采邑制度，建立了朝廷统辖的“海内为郡县”的地方制度。

县以下实行“以县统乡，以乡统里”的基层管理体制。无论中央及地方官吏，均由皇帝任命产生，只领俸禄，不享有封邑，从而形成了庞大的职业官僚群体，执掌着兵刑钱谷等国家事务，在保证国家机器正常运行的同时，又成为支撑中央集权的君主专制制度的支柱。

皇帝制度的建立为监察机制的强化提供了载体，而官僚制度和郡县制度的确立，又为监察活动提供了较大的空间。因此，秦统一后监察制度有了重大发展，奠定了后世监察制度的始基。

---

① 《三国志集解》卷九《夏侯玄传》。

第二节　监察思想

秦统一后，秦始皇为了督率地方郡县长吏勤于政事，同时又深感六国残余势力对于中央集权的威胁，因而经常采取巡行天下的方式，一者督率地方长吏，再者威加海内、震慑地方六国残余势力，所谓："兼听万事，远近毕清。运理群物，考验事实，各载其名，贵贱并通，善否陈前，靡有隐情。"①借以确保"职臣遵分，各知所行，事无嫌疑"。根据《史记·秦始皇本纪》，统一以后，秦始皇先后五次巡行。二十七年"巡陇西、北地，出鸡头山，过回中"；二十八年"东行郡县"，先后"上邹峄山"，"上泰山"，"穷成山，登之罘"，"登琅邪"；二十九年东游"至阳武博狼沙中"；三十二年"之碣石"；三十七年十月癸丑"出游"；"十一月，行至云梦"。之后再"浮江下，观籍柯，渡海渚，过丹阳，致钱唐。……上会稽"。五次巡行之地及于当时秦疆土的绝大部分。

在秦始皇巡行过程中，通过刻石表达了他的监察思想，如同琅邪刻石中所宣称的："皇帝之明，临察四方。尊卑贵贱，不逾次行。奸邪不容，皆务贞良。细大尽力，莫敢怠荒。远迩避隐，专务肃庄。端直敦忠，事业有常。"②皇帝通过巡行行使监察权，源于周天子巡守之制，但周天子巡守是监察体制极不完备的情况下实行的，随着监察体制的发展，天子巡守逐渐为遣使巡行所取代。毕竟天子一人之视听有限，只有通过定期不定期的遣使巡按地方，能够收到明目广聪之效。秦始皇死后，二世也"东巡郡县"，并接受赵高的建议，"案郡县守尉有罪者诛之"③。

---

① 《史记·秦始皇本纪》。
② 同上。
③ 同上。

实际上是为赵高篡权打击异己势力服务，失掉了监察的作用。

除秦始皇外，李斯在谏言中也表达了监察的重点在于督率群臣，“明主圣王之所以能久处尊位，长执重势，而独擅天下之利者，非有异道也，能独断而审督责，必深罚，故天下不敢犯也”。也就是说厉行监督，充分发挥监察机关的作用，并以深罚为后盾，是明主圣王维持独尊之势的要诀。李斯进而论证了督责对于严君臣之分和维护国家统治的意义，他说：“督责之，则臣不敢不竭能以徇其主矣。此臣主之分定，上下之义明，则天下贤不肖莫敢不尽力竭任以徇其君矣。”同时，他进而表达：“督责之诚，则臣无邪，臣无邪则天下安，天下安则主严尊，主严尊则督责必，督责必则所求得，所求得则国家富，国家富则君乐丰”。为了发挥督责的效能，必须加强监察制度建设，既可以促使百官竭尽所能以效力于君主，又可以防止臣僚枉法徇私，巩固“天下安”“国家富”的政治局面。所以李斯说：“故督责之术设，则所欲无不得矣。”

不仅如此，李斯还把能否行使督责之术看作是贤主的重要标志：“夫贤主者，必且能全道而行督责之术者也。”他认为“不能修申、韩之明术，行督责之道”，“而徒务苦形劳神，以身徇百姓”的尧和禹，并非贤主，而只能被看作是“黔首之役，非畜天下者也”，是不足为训的。① 李斯的观点在统一后的秦朝颇具有代表性。

除此之外，在秦统一前后的一段时间，传承了商鞅变法以来以法治国、以法察吏，务使执掌政务的官吏皆须按法律令行事，不得违越。这在秦始皇二十年南郡郡守腾发布的文告——《语书》中有着明确的表达：“是以圣王作为法度，以矫端民心，去其邪僻，除其恶俗。……故腾为是而修法律令、田令及为间私方而下之，令吏明布，令吏民皆明知之，毋歫于罪。今法律令已布，闻吏民犯法为间私者不止，私好、乡俗之心

① 《史记·李斯列传》。

不变,自从令、丞以下知而弗举论,是即明避主之明法也,而养匿邪僻之民。如此,则为人臣亦不忠矣。若弗知,是即不胜任、不智也;知而弗敢论,是即不廉也,此皆大罪也,而令、丞弗明知,甚不便。今且令人案行之,举劾不从令者,致以律,论及令、丞。又且课县官,独多犯令而令、丞弗得者,以令、丞闻。”从《语书》中可以看出秦制:郡守派人到各县巡监,举劾违反法令之官吏,并依法论处;同时还要考课县官,凡县内犯令多者,而县令、丞又没有查处的,以失职之罪,将令、丞上报中央处理。可见《语书》所载反映了秦朝具有特殊形式的地方性的察吏的大略。

第三节　监察体制与监察法

一、监察体制

秦始皇统一天下以后,监察体制有了显著的发展。一者中央监察机关专职化,再者地方建立了稳定的监察体系。

具体说来,御史府的长官是御史大夫,位列副丞相,以赞佐丞相为主要职掌。实际执行监察职能的是御史大夫下设的御史中丞。御史中丞有权察举包括丞相在内的百官的行为,纠举和弹劾其违法犯罪的事实,以使各级官吏对于所司之职“细大尽力,莫敢怠荒”。同时,严禁僭越、破坏等级秩序的行为,保证“尊卑贵贱,不逾次行”,消除对皇权构成的威胁。

御史府内设有侍御史和符玺御史,分别行使特殊的职权。据《通典·职官六》:“侍御史于周为柱下史,老聃尝为之。秦时,张苍为御史,主柱下方书,亦其任也。又云苍为柱下御史,明习天下图书计史籍。一名柱后史,谓以铁为柱,言其审固不桡也,亦为侍御史。”《史记·张丞相列传》也说:张苍“秦时为御史,主柱下方书”。对此,《集解》引如淳语："方，版也，谓书事在版上者也。秦以上置柱下史，苍为御史，主其事。"另据《索隐》，"周秦皆有柱下史，谓御史也。所掌及侍立恒在殿柱之下，故老子为周柱下史。今苍在秦代亦居斯职。方书者，如淳以为方板，谓小事书之于方也，或曰主四方文书也"。可见，侍御史负责掌管朝廷的奏章、文书、档案、宫禁图书以及地方每年呈送的上计簿、四方文书、地理图册，等等。云梦秦墓竹简《尉杂》中"岁雠辟律于御史"，说明侍御史还掌管律令，监督法律的实施。

此外，《晋书·职官志》有云："符节御史，秦符玺令之职也"，符玺御史的职责应为掌管皇帝的玉玺和兵符。

在秦朝御史系统中，还包括设置在郡一级政权中的监郡御史，称为"监"或"监御史"。据《史记·秦始皇本纪》，秦统一后，"分天下以为三十六郡，郡置守、尉、监"。"监"即监郡御史。据《汉书·百官公卿表》："监御史，秦官，掌监郡。"另据《史记·高祖本纪》中《集解》引文颖云："秦时御史监郡，若今刺史"；《索隐》引如淳云："秦并天下为三十六郡，置守、尉、监。"这些都表明监郡御史应为设置在郡的常设监察官，隶属于御史府，主要职责就是代表皇帝监察地方官吏，其职权行使受御史中丞统领。

御史除专门性的监察职权外，还兼有讨捕奸猾、治理大狱等司法权。据《史记·秦始皇本纪》，秦始皇三十五年，侯生和卢生逃亡，始皇"于是使御史悉案问诸生，诸生传相告引，乃自除犯禁者四百六十余人，皆坑之咸阳，使天下知之，以惩后"。秦始皇三十六年，"黔首或刻其石曰'始皇帝死而地分'。始皇闻之，遣御史逐问，莫服，尽取石旁居人诛之，因燔销其石。"另据《史记·李斯列传》，李斯被赵高诬陷下狱以后，"赵高使其客十馀辈诈为御史、谒者、侍中，更往覆讯斯"，说明御史具有审判大案、要案的司法权。

御史系统诸官的监察方式主要有三种：一是处理公卿百官的奏章，

从而实现对公卿百官的言论、行为的监察。二是御史大夫派遣监御史对郡县两级进行就地监察。三是审查上计簿，对上计簿中所列项目如户口、垦田、粮谷出入、赋税收入、徭役征派、灾变治理、刑狱审断等进行审查，从而确定官吏政绩的优劣，提出赏罚的意见，上报皇帝。除每年一次的“常课”外，还有三年一次的“大课”，《秦律杂抄》所载“采山重殿，赀啬夫一甲，佐一盾；三岁比殿，赀啬夫二甲而废”，就是大课之后所定的赏罚。

综上可见，秦朝的御史系统较之于战国时期扩大，职权有所提高，活动范围也较为广泛。除御史监察体系外，丞相和郡守等行政官员也兼有一定的监察权。丞相作为“掌丞天子，助理万机”的“百官之长”，还行使着“饬政教”即整顿政治和教化以及封驳和谏诤等方面的监察权力，以求上可以匡正君失，下可以纠正官邪。地方郡守也具有一定的监察权力。由行政官行使一定的监察权，表明秦朝的监察体制中行政权与监察权尚无严格的划分。

秦统一后，也设置了执掌谏诤的官员。据《通典·职官三》：“秦置谏议大夫，掌议论，无常员，多至数十人，属郎中令。”谏官行使职权的方式主要是参加朝议和奏事，或就皇帝言行进行规谏。但在皇帝专制的体制下，权力监督只能是指向臣下，而不可能上及于皇帝，因此，在秦统一后作为监察权组成部分的言谏，不仅得不到重视，反而受到抵制。李斯就将“内不可夺以谏说忿争之辩”①，看作是“明君独断”的重要内容。而在秦朝的政治实践中，更视“群臣谏者以为诽谤”加以打击②，例如，秦始皇三十五年，长子扶苏因谏坑儒一事，始皇怒，使之北监蒙恬军于上郡。始皇死后赵高等人伪造诏书诬称扶苏“数上书直言诽谤我

---

① 《史记·李斯列传》。
② 《史记·秦始皇本纪》。

(始皇)所为”,故赐死。又如,秦二世二年,李斯与右丞相冯去疾、将军冯劫等进谏二世,请求减轻赋役、停建阿房宫,二世不听,将三人下狱问罪。后冯去疾、冯劫自杀,李斯被处死①。以至于“天下畏罪持禄,莫敢尽忠”,“大吏持禄取容”而已。《史记·秦始皇本纪》。司马迁在《史记》中总结说:秦始皇“不信功臣,不亲士民,废王道,立私权,禁文书而酷刑法,先诈力而后仁义”;“繁刑严诛,吏治刻深”,②造成了“自君卿以下至于众庶,人怀自危之心”。最终使得“行自奋之智”③的秦始皇,众叛亲离,陷于“孤立之败”。④

二、监察法

秦朝曾经是以法治相尚的国家,其兴也,兴于以法为治,其亡也,亡于以意毁法。在统一天下的初期,还保留了某些法治的遗痕,以致监察权的行使与监察活动多以法为据。

作为法家理论躬行者的秦始皇,十分推崇法家所提出的“以法治国”的主张。在他执政期间,力求做到“治道运行,诸产得宜,皆有法式”⑤。在许多刻石中,更将明法、修法视为功德加以宣扬。如始皇二十八年琅邪刻石:“皇帝作始,端平法度,万物之纪”;“除疑定法,咸知所辟;方伯分职,诸治轻易”。二十九年之罘刻石:“大圣作治,建定法度,显著纲纪……普施明法,经纬天下,永为仪则。”三十七年会稽刻石,“秦圣临国,始定刑名,显陈旧章;初平法式,审别职任,以立恒常”。⑥ 丞相李斯

---

① 《史记·秦始皇本纪》。
② 同上。
③ 同上。
④ 《汉书·诸侯王表》。
⑤ 《史记·秦始皇本纪》。
⑥ 同上。

对此赞美说:“法修术明而天下乱者,未之闻也。”正因为秦始皇“独操主术以制听从之臣,而修其明法”,才成就了“身尊而势重”的皇权统治局面。①

鉴于战国时期各国法制不一,秦统一后废除了六国原有的法律,以秦律作为国家唯一的法律,使“法令由一统”。为了确保秦律的统一适用,严格规定只有官吏有权解释法律,庶民如欲学习法律,必须“以吏为师”。在奉法为治的政策指导下,要求“境内之民,其言谈者必轨于法”,秦始皇也因此被认为师申、商之法,行韩非之说,“刚毅戾深,事皆决于法”的千古一帝。②

为了实行“以法治国”,“以吏为师”的治国方略,必须有良好的吏治。秦始皇奉行“明主治吏不治民”的法家思想,注意运用法律监察百官,维护监察机制的运行。他颁布的《吏见知不举令》规定,官吏见知“有敢偶语诗书”或“以古非今”而“不举者,与同罪”,从而为监察官吏的活动提供了法律依据。

此外,在《语书》中反映了“良吏”与“恶吏”的区别。“凡良吏明法律令,事无不能(也);有(又)廉洁敦悫而好佐上;以一曹事不足独治也,故有公心:有(又)能自端(也),而恶与人辨治,是以不争书。”可见,秦朝的良吏必须是通晓法律令,能办理分内的一切事务;廉洁忠诚,为君主赤诚效力;秉持公正,不独断独行;能够纠正自己的失误,与他人共事而不争功。至于恶吏,则与此相反,“不明法律令,不智(知)事,不廉絜(洁),毋(无)以佐上,緰(偷)随(惰)疾事,易口舌,不羞辱,轻恶言而易病人,毋(无)公端之心,而有冒柢(抵)之治,是以善斥(诉)事,喜争书。争书,因恙(无佯)瞋目扼捾(腕)以视(示)力,讦询疾言以上视

① 《史记·李斯列传》。
② 《史记·秦始皇本纪》。

(示)治,誈言麃斫以视(示)险,阬阆强肮(伉)以视(示)强,而上犹智之殹(也)。故如此者不可不为罚”。按《语书》所载,是否“明法律令”不仅是区分良吏与恶吏的标准,也是监察官察吏的重要依据。

总括前述,秦朝作为中国第一个统一的中央集权国家,其中枢制度的建设、地方机构的划定,都具有重大的创新意义,并且对后世影响深远。作为监察机构,也受到中央集权制度的影响,建立了行使监察权的御史府,无论监察思想、监察体制、监察运行、监察法制都较之春秋战国有了重大的发展。然而,威赫不可一世的秦朝竟然二世而亡,设计完备的各种制度完全失效,谏议制度流于形式,监察机制也无法发挥作用,一切法令规章全成具文,曾经为秦始皇统一大业殚精竭虑的李斯竟然被“俱五刑”处决,甚至公子公主也难逃一死。何以至此?究竟哪个环节出了问题?这就难怪汉初思想家长篇累牍的讨论秦亡之失,同时也为汉朝提供历史的镜鉴。由此,展开了汉朝监察法制建设的新的一页。

第五章　两汉的监察法制

两汉——西汉、东汉，前后共历时 441 年。两汉统治期间，确立并巩固了专制主义中央集权制度，是中国政治与法律史上极其重要的朝代，并成为此后历代王朝模拟、演绎的基础。与此相适应，监察体制也取得了重大发展。中央监察体制仍以御史府（东汉改为御史台）为主，但丞相属官丞相司直也握有行政监察权。京城附近七郡专设司隶校尉执掌监察，出现了监察多元化的形势。地方划分十三部监察区，以刺史为监察官，并按《六条问事》行使监察权，使得中央监察机关与地方监察机关在监察对象与监察活动上有明确的区分，而专门性的地方监察法规的出现，也标志着监察立法获得了新的发展。

第一节　西汉官僚政治的强化与监察思想的发展

西汉统治时期，官僚政治迅速发展，从而向监察制度提出了新的要求。此外，景帝平定七国之乱以后，加强了中央集权；至武帝时期，推行强干弱枝、强化中央集权的政策。由此，加强了对地方守令的监察，颁行了全国性的地方监察法规，使得中央集权大大加强，国家统一空前巩固，监察体制与监察立法也不断向着成熟与定型的方向发展。

一、官僚政治的强化

西汉王朝传承了由秦朝创立的皇帝制度，并在新的历史条件下不断地完善和强化。如同蔡邕在《独断》一书中所概括的："汉天子正号曰皇帝，自称曰朕，臣民称之曰陛下。其言曰制诏，史官记事曰上，车马衣服器械百物曰乘舆，所在曰行在，所居曰禁中，后曰省中。印曰玺，所至曰幸，所进曰御。其命令一曰策书，二曰制书，三曰诏书，四曰戒书。"

高祖即位不久，便令叔孙通起草朝仪，"采古礼与秦仪杂就之"，建立了"尊君抑臣"的礼仪制度。高祖七年，长乐宫成，诸侯群臣朝贺，其时"自诸侯王以下莫不震恐肃敬。至礼毕，尽伏，置法酒。诸侍坐殿下皆伏抑首，以尊卑次起上寿。觞九行，谒者言'罢酒'，御史执法举不如仪者辄引去，竟朝置酒，无敢讙哗失礼者。于是高帝曰：'吾乃今日知为皇帝之贵也！'"①。

武帝时董仲舒提倡"天人感应"学说，鼓吹"唯天子受命于天，天下受命于天子"，②"受命之君，天意之所予也"，③因此皇帝对国家的统治是"承天意以从事"。④ 从而将天的震慑力与皇权结合起来，赋予皇权以神秘色彩，制造了皇权神圣的理论基础。

皇帝的个人意志体现为国家意志的法律，所谓"前主所是著为律，后主所是疏为令"。⑤ 无论国家机构的建立与调整，乃至官吏的任免考课，都取决于皇帝。不仅如此，皇帝还掌握和控制了全国最高的军事指挥权，以及大案要案的最后裁决权。

西汉初期，继续实行三公九卿制。武帝时，随着皇权的上升和巩固，为了进一步削弱相权，拔擢了许多贤良士大夫充当侍中、给事中、尚

① 《汉书·叔孙通传》。
② 《春秋繁露·为人者天》。
③ 《春秋繁露·深察名号》。
④ 《汉书·董仲舒传》。
⑤ 《汉书·杜周传》。

书等高级侍从官职。他们出入禁闼,拥有参议国家政事的便利条件;而且武帝也有意识地让他们参与大臣们的政策辩论,使得宫廷机关逐渐扩大并掌握了实际的决策权,形成了“中朝”与“外朝”之分。以丞相为首的外朝,逐渐退居到执行政务的地位。中朝职官中最重要的是原属少府掌管图书、秘籍、奏章的小官尚书。由于皇帝赋予他们以处理国家事务的权力,遂成为直接隶属于皇帝的最重要的宫廷机关。

西汉中朝与外朝的划分,是国家管理体制的一个重要变化,它标志着管理国家事务的实际权力已从朝堂移至宫廷以内,这不仅反映了皇帝与丞相在权力关系上的矛盾,更显示了皇权的进一步膨胀。掌握国家最高权力而又深居宫廷之内的皇帝,除运用政府机构管理国家外,必然要通过更接近于他的宫廷机关,了解施政情况,及时起草和发布诏令。

原属于中朝官居殿中的御史中丞逐渐取代御史大夫,成为监察系统的主要负责官员,由此而引起了监察体制的较大变化。

地方制度虽仍沿袭秦制,实行郡县两级制度,但由于高祖“惩戒亡秦孤立之败”的教训,①大封子弟为王侯,出现了王侯国与郡县并存的地方行政体制。西汉初期,诸王拥有封地内的全部权力,可以任意收取租赋,设置百官和军队,以致演变成为割据一方的势力。严峻的形势如同文帝时贾谊描述的那样:“抱火措之积薪之下,而寝其上,火未及燃,因谓之安,偷安者也。”②因此,他提出了“众建诸侯而少其力”的建议,使诸侯王“势不足以专制,力不足以行逆”,一切大权均归于朝廷,达到“海内之势,如身之使臂,臂之使指,莫不从制”。③ 贾谊的思路为以后

---

① 《汉书·诸侯王表》。
② 《新书·数宁》。
③ 《新书·权重》。

的晁错所继承和发展，晁错在向文帝进呈的《言太子知术教疏》中提出："人主所以尊显功名扬于万世之后者，以知术数也。"他所说的术数包括"知所以临制臣下而治其众""知所以听言受事""知所以安利万民""知所以忠孝事上"等内容。其中首要的就是监督和控制臣下的督责之术。只有实行这些"术数"，才能实现"群臣畏服""不欺蔽""海内必从""臣子之行备"的治国目标。为此，他明确提出了削藩的建议，但是这个建议不仅未能实施，他自己反而成了皇帝与诸侯王斗争的牺牲品。

鉴于王侯国不断坐大，为了加强控制，朝廷坚持由中央派遣王国丞相的制度。但是诸王对王国丞相或"辄求其罪，告之"；或"亡罪者，诈药杀之"，①以致王国与朝廷之间的矛盾不断激化，终于爆发了七国之乱。景帝平定"七国之乱"以后，改定王国制度，消除了诸王在王国内的军事和财政实权，而由中央统一管理。王国的组织机构、官员品秩也大为削减，诸王只能在京师食取租税，不许直接管理封国。这种"分土而不治民"的政策，打击了割据势力，巩固了中央集权的统治。

武帝时采取"推恩削藩"的政策，再次削减了王国的土地和权势，使王国的辖区和权力与郡相当，王国主管行政的"相"同于郡守。与此同时，侯国的权力也遭到削弱，侯国与县无异，侯国的"相"同于县令。因此，终汉之世，封国虽然名义上存在，但地方制度仍以郡县制度为主。独特的地方制度，以及加强对封国的监察，给两汉时期监察制度的发展提供了契机。

除此之外，为了管理日益广阔的疆域，处理不断繁杂的国家行政事务，需要扩充官僚队伍，维持汉朝设定的各种选官制度，并加强对官吏的考课，凸显了官僚政治的发展。

---

① 《汉书·景十三王传》。

汉代采取察举和征辟两个主要选官途径。察举始于高祖十一年（前196）求贤诏，惠帝、文帝也先后下诏求“孝悌力田”“贤良方正”“直言极谏”之士为官。武帝初，令郡国举“孝廉”各一人。后根据郡县人口决定察举孝廉的数字。一经察举，直接任用为官，不需再经考试。在东汉后期，察举制度成为任人为私、结党自重的一个平台，葛洪在《抱朴子·审举》篇中说：“举秀才不知书，察孝廉父别居，寒素清白浊如泥，高第良将怯如鸡。”

征辟始于西汉而盛行于东汉，除皇帝下诏征辟世人中的贤才为官外，公卿、州郡长官也可以征辟士人为官，但如举非其人，也要负连带责任。

此外，高官子弟被推选为官的，称为“郎选”。如二千石以上的高官，任满三年可以保举子弟一人为郎，称为“任子”，所谓“子弟以父兄任为郎”。由于郎选既不以才举，又不以德选，因而受到当时人的讥评。但郎选也出现了一些著名的政治家、军事家。如苏武以父之故任为郎，名留史册。霍光以其兄霍去病任为郎，后受汉武帝托孤重任，对昭宣中兴的政局卓有功绩。从汉武帝起，选陇西、天水、安定、北地、上郡、西河六郡良家子，去未央宫羽林、期门军中为郎，汉代名将多出于此。如公孙贺为北地人，少为骑士从军；李广陇西人，以良家子从军。

除上述任官途径外，还有特召、射策、对策、赀选等途径。随着任官途径的增多，官僚队伍也迅速膨胀。据《通典》记载，哀帝时，丞相以下至佐吏包括诸府州郡的胥吏凡十三万二百八十五员之多。官僚队伍的扩大加重了治官察吏的任务，推动了两汉时期监察制度的发展。

二、监察思想的发展

汉初，统治者和思想家们在反思秦二世而亡的教训与探索新出路的过程中，认识到秦统一后实行严刑峻法与督责之术，不仅使社会矛盾日益激化，还破坏了统治集团内部的权力分配格局，以致“一夫作难而七庙隳，身死人手为天下笑”①。因此，在新王朝建立之始，如何恢复经济，安抚民生，缓和官府与民众的矛盾，以及平衡统治集团内部的权力关系，重建稳定的国家统治，是迫切需要解决的问题。

如果说，秦朝推行“繁刑严诛，吏治刻深”②的政策，遭到天下人的反对，也破坏了统治集团内部的权力平衡，那么汉初实行的“无为而治”虽然收到了纾解民困、恢复经济之效，但却导致王侯坐大与皇权的某种弱化，也破坏了中央集权制度下的权力配置格局。这使得统治者深刻意识到，必须在坚持君主专制与发挥臣下职能之间寻求合适的支点，以维持权力的平衡与国家的稳定。表现在监察思想上：

（一）官吏是治国之要，察吏是治国之本

有汉一代，论证监察思想的思想家如公孙弘、董仲舒、班固、仲长统、王符等，可谓多矣。他们监察思想的要点是：官吏是治国之要，察吏是治国之本。

公孙弘曾向汉武帝建言：“陛下有先圣之位而无先圣之名，有先圣之名而无先圣之吏，是以势同而治异。先世之吏正，故其民笃；今世之吏邪，故其民薄。政弊而不行，令倦而不听。夫使邪吏行弊政，用倦令治薄民，民不可得而化，此治之所以异也。”③他认为“吏正”可使民诚笃，“吏邪”则使民刻薄，如果用奸吏“行弊政”，“治薄民”，国家危矣。

王符说：“是故民之所以不乱者，上有吏；吏之所以无奸者，官有法；法之所以顺行者，国有君也；君之所以位尊者，身有义也。义者，君之政也，法者，君之命也。人君思正以出令，而贵贱贤愚莫得违也。……君

① 《新书·过秦论上》。
② 《史记·秦始皇本纪》。
③ 《汉书·公孙弘传》。

诚能授法而时贷之,布令而必行之,则群臣百吏莫敢不悉心从己令矣。己令无违,则法禁必行矣。故政令必行,宪禁必从,而国不治者,未尝有也。"①

王符不仅论证了官吏对于国家施政的重要性,更强调以法治吏的必要性。他认为以法治吏可以使"君尊",可以使"民不违(令)",可以使国家大治。

路温舒更从实际出发,把论述的重点放在揭露"败法乱正"的"治狱之吏"上。他说:"今治狱吏则不然,上下相驱,以刻为明;深者获公名,平者多后患……天下之患,莫深于狱;败法乱正,离亲塞道,莫甚乎治狱之吏,此所谓一尚存者也。臣闻乌鸢之卵不毁,而后凤凰集;诽谤之罪不诛,而后良言进。故古人有言:'山薮藏疾,川泽纳汙,瑾瑜匿恶,国君含诟。'唯陛下除诽谤以招切言,开天下之口,广箴谏之路,扫亡秦之失,尊文武之德,省法制,宽刑罚,以废治狱,则太平之风可兴于世,永履和乐,与天亡极,天下幸甚。"②路温舒抨击"败法乱政"的"治狱之吏",不仅揭露了司法的黑暗面,更重要的是从中论证了皇帝广开言路,省法宽刑。

(二)借用"天人感应"学说强化监察官的职责

汉儒中以董仲舒为代表,鼓吹"天人感应"与"阴阳五行"之说,以此来附会国家机构的设置、政策的制定与实施、法制的宽猛与狱政的状态,尤其是利用灾异的发生,大肆宣扬上天示警,借以向皇帝建言,推行他们理想中的政治与法制。董仲舒说:"天副人数","以类合之,天人一也",③由此推导出灾异谴告理论,认为"灾者,天之谴也;异者,天之

① (汉)王符:《潜夫论》。
② 《汉书·路温舒传》。
③ 《春秋繁露·阴阳义》。

威也”。[1] 当统治者的施政不当，天就会“先出灾异以谴告之。谴告之而不知变，乃见怪异以惊骇之。惊骇之尚不知畏恐，其殃咎乃至”。[2] 因此，统治者每遇“五行变至，当救之以德，施之天下，则咎除”。[3]

由于灾异是统治者矫正施政违失、改善司法状态的一种警示，所以西汉名臣薛宣就以阴阳不和的灾异现象为依据，揭露吏多苛政，是监察官部刺史严重失职所致。他说：“嘉气尚凝，阴阳不和，是臣下未称，而圣化独有不洽者也。臣窃伏思其一端，殆吏多苛政，政教烦碎，大率咎在部刺史，或不循守条职，举错各以其意，多与郡县事。至开私门，听谗佞，以求吏民过失，谴呵及细微，责义不量力，郡县相迫促，亦内相刻，流至众庶。”正是部刺史等官吏多行苛政，导致“乡党阙于嘉宾之欢，九族忘其亲亲之恩，饮食周急之厚弥衰，送往劳来之礼不行。夫人道不通，则阴阳否隔，和气不兴，未必不由此也”。因此，他建议“刺史奏事时，宜明申敕，使昭然知本朝之要务”[4]。

这种“天人感应”的政治观念也影响着最高统治者，皇帝借此整顿吏治、加强监察，如五凤四年，夏四月辛丑晦，日有蚀之。宣帝下诏曰：“皇天见异，以戒朕躬，是朕之不逮，吏之不称也。以前使使者问民所疾苦，复遣丞相、御史掾二十四人循行天下，举冤狱，察擅为苛禁深刻不改者。”[5]

永光四年发生灾异，汉元帝在颁发的诏书中宣称自己“承先帝之休烈，夙夜栗栗，惧不克任”，但仍然出现了“阴阳不调，五行失序，百姓饥馑”的灾异现象。因此“临遣光禄大夫褒等十二人，循行天下，存问耆老、鳏、寡、孤、独、乏困、失职之民，延登贤俊，招显侧陋，因览

---

① 《春秋繁露·必仁且智》。
② 同上。
③ 《春秋繁露·五行变救》。
④ 《汉书·薛宣传》。
⑤ 《汉书·宣帝纪》。

风俗之化”。

延平元年，各郡国发生水灾，妨害秋稼，认为是“天降灾戾，应政而至”，为此皇帝严斥刺史“垂头塞耳，阿私下比，‘不畏于天，不愧于人’”，“假贷之恩，不可数恃，自今以后，将纠其罚”。①

可见，天人感应理论在强化监察官尽职尽责、纠弹不法之吏上具有重要的意义。

（三）鉴于王侯国坐大，郡守擅权，监察重点在地方

西汉建立以后，地方长吏恣肆擅权，因此恢复了一度废除的地方监御史之职；此外，王侯国不断坐大，多为不法，以致上计簿虚冒不实，严重影响了国家赋税收入；尤其奸吏玩法行私，冤狱频发，百姓不堪。因此，西汉统治者非常重视监察，频频下诏要求察举不法，除此之外，还遣使出巡，纠弹地方赃吏，充分发挥监察的作用。

如高祖七年，为了整顿刑狱，开释冤滥，纠举不法，特别下诏给御史：“狱之疑者，吏或不敢决，有罪者久而不论，无罪者久系不决。自今以来，县道官狱疑者，各谳所属二千石官，二千石官以其罪名当报。所不能决者，皆移廷尉，廷尉亦当报之。廷尉所不能决，谨具为奏，傅所当比律、令以闻。”②

高祖十一年二月，鉴于地方王侯国、郡县征收赋税缺乏定制，招致民怨，因而下诏“御史大夫昌下相国，相国酂侯下诸侯王，御史中执法下郡守”，进行考课，在考课过程中，“其有意称明德者，必身劝，为之驾，遣诣相国府，署行、义、年。有而弗言，觉，免。年老癃病，勿遣”。③

惠帝三年，相国奏称三辅郡多有不法事，建议派遣御史监察。四

---

①《后汉书·殇帝纪》。

②《汉书·刑法志》。

③《汉书·高帝纪》。

年，秋七月，“帝始遣御史监三辅郡，察词诉。所察之事凡九条。《汉仪》云：‘惠帝三年，相国奏御史监三辅郡，察以九条，察有词讼者、盗贼者、铸伪钱者、狱不直者、恣为奸诈者，论狱不直者，擅兴徭赋不平者，吏不廉者，吏以苛刻故劾无罪者，敢为逾侈及弩力十石以上，作非所当服者，凡九条。’”①九条之中，有四条属于司法渎职行为，说明当时司法监察具有重要意义。

元康二年，宣帝鉴于地方用刑不当，司法冤滥，擅兴徭役，伤害民力，特于五月下诏，严令二千石高官各察官署，诏曰：“狱者，万民之命，所以禁暴止邪，养育群生也。能使生者不怨，死者不恨，则可谓文吏矣。今则不然，用法或持巧心，析律贰端，深浅不平，增辞饰非，以成其罪。奏不如实，上亦亡由知。此朕之不明，吏之不称，四方黎民将何仰哉！二千石各察官属，勿用此人。吏务平法。或擅兴徭役，饰厨、传，称过使客，越职逾法，以取名誉，譬犹践薄冰以待白日，岂不殆哉！今天下颇被疾疫之灾，朕甚愍之。其令郡国被灾甚者，毋出今年租赋。”②

黄龙元年二月，宣帝指出“上计簿，具文而已，务为欺谩，以避其课。三公不以为意，朕将何任？”为此，特别下诏，“御史察计簿，疑非实者，按之，使真伪毋相乱”。③

（四）建议皇帝，兼听纳谏

汉儒鉴于秦朝“羞文学，好武勇，贱仁义之士，贵治狱之吏；正言者谓之诽谤，遏过者谓之妖言”，④以致二世而亡的历史教训，特别论证了皇帝接受大臣谏议的重要性。

所谓“明主不恶切谏以博观，忠臣不避重诛以直谏，是故事无遗策

---

① （宋）王益之：《西汉年纪》，同治十二年退补斋本。

② 《汉书·宣帝纪》。

③ 同上。

④ 《汉书·路温舒传》。

而功流万世”，①“明王所以立谏诤者，皆为重民而求已失也”②；“国之所以治者君明也，其所以乱者君闇也。君之所以明者兼听也，其所以闇者偏信也。是故人君通必兼听，则圣日广矣；庸说偏信，则愚日甚矣”。③“明主不讳讥刺之言，以探幽暗之实；忠臣不恤谏争之患，以畅万端之事，是以君臣并熙，名奋百世。”④“为人臣者，尽忠竭愚，以直谏主，不避死亡之诛”⑤；“明王垂宽容之听，崇谏争之官，广开忠直之路，不罪狂狷之言，然后百僚在位，竭忠尽谋，不惧后患，朝廷无谄谀之士，元首无失道之愆”。⑥

思想家们还以史为据，提出：“国之将兴，至言数闻，内知已政，外见民情”。⑦ 相反，“为忠者少，而习谀者多”，就会使“人主数闻其美，稀知其过，迷而不悟，至于危亡”。⑧

特别是举“高祖所以亡敌于天下”为例，说明汉兴的秘诀就在于“纳善若不及，从谏若转圜，听言不求其能”，“故天下之士云合归汉，争进奇异，知者竭其策，愚者尽其虑，勇士极其节，怯夫勉其死。合天下之知，并天下之威，是以举秦如鸿毛，取楚若拾遗”。⑨ 宣帝时，路温舒上书，劝说宣帝“除诽谤以招切言，开天下之口，广箴谏之路，扫亡秦之失，尊文武之德”，如此方能“太平之风可兴于世，永履和乐，与天亡极，天下幸甚”⑩。

---

① 《汉书·主父偃传》。
② 《白虎通德论·谏诤》。
③ 《潜伏论·明闇》。
④ 《后汉书·窦武传》。
⑤ 《汉书·贾山传》。
⑥ 《汉书·刘辅传》。
⑦ 《后汉书·蔡邕列传》。
⑧ 《后汉书·左雄传》。
⑨ 《汉书·梅福传》。
⑩ 《汉书·路温舒传》。

为使大臣言谏得到组织上的保证，班固建议天子“置左辅、右弼、前疑、后承以顺。左辅主修政刺不法，右弼主纠周言失倾，前疑主纠度定德经，后承主匡正常考变失”。①目的在于使君主“闻其过失而改之，见义而从之，所以永有天下也”。②

不仅如此，汉儒还论证了秦之亡，亡于赵高专权，李斯作“偶语诗书弃市”之法，致使朝廷再无良吏，因此建议，选用贤者为吏，使朝廷存纲纪、明大法，君臣各行应有的君道、臣道，如薛宣提出：“帝王之德，莫大于知人。知人，则百僚任职，天工不旷。”③匡衡也认为：“贤者在位，能者布职，朝廷崇礼，百僚敬让，道德之行，由内及外，自近者始，然后民知所法，迁善日进而不自知。”④东汉曹节说：“治国之要，得贤则安，失贤则危。”⑤与此同时，也指出即使对良吏也不能疏于监察。所谓“柔远和迩，莫大宁人，宁人之务，莫重用贤，用贤之道，必存考黜”⑥。否则，“朝廷不备，难以言治；左右不正，难以化远”。⑦东汉时王符还将知人、知贤、任官与考察联系起来，他说：“凡南面之大务，莫急于知贤；知贤之近途，莫急于考功。功诚考则治乱暴而明，善恶信则直，贤不得见障蔽，而佞巧不得窜其奸矣。”⑧

总括上述，秦亡汉代，是历史上的大变动、大改革时期，以致监察思想也出现了新的发展，不仅引领着两汉监察制度的建设，也对汉以后的监察思想产生深远的影响。

---

① 《白虎通德论·谏诤》。
② 《汉书·贾山传》。
③ 《汉书·薛宣传》。
④ 《汉书·匡衡传》。
⑤ 《后汉书·曹节传》。
⑥ 《后汉书·左雄传》。
⑦ 《汉书·王吉传》。
⑧ 《潜夫论·考绩》。

第二节 西汉多元化的监察体制

一、御史府系统

（一）御史大夫

西汉时期，御史的官署称为御史大夫寺，或御史府、宪台。最高长官为御史大夫，“位上卿（秩中二千石，）银印青绶”①，与丞相、太尉同列三公，“内承朝廷之风化，外佐丞相统理天下”，②“位次丞相，典正法度，以职相参，总领百官，上下相监临”。③ 说明御史大夫执掌典正法度，参与起草诏令与法律的修订，文帝时废除肉刑的改革，就是御史大夫冯敬与丞相张苍共同议定律令付诸实行的。至于“上下相监临”，其意就是依法举劾百官，察举官吏非法，以整肃朝廷纲纪。黄龙元年，宣帝鉴于“方今天下少事，徭役省减，兵革不动，而民多贫，盗贼不止，其咎安在？上计簿，具文而已，务为欺谩，以避其课，三公不以为意，朕将何任？”为此，特别下诏：令“御史察计簿，疑非实者，按之，使真伪毋相乱”。④ 借以加强对“以不禁奸邪为宽大，纵释有罪为不苛，或以酷恶为贤”⑤的官吏的监察。

正因为御史大夫任重职大，非庸才所能堪，“所以得其人则万姓欣喜，百僚悦服；不得其人则大职堕斁，王功不兴”。⑥ 但至武帝建立中朝

① 《汉书·百官公卿表》。
② 《汉书·薛宣传》。
③ 《汉书·朱博传》。
④ 《汉书·宣帝纪》。
⑤ 同上。
⑥ 《汉书·薛宣传》。

以后，对国家事务的议政权逐渐转向中朝，而以丞相为首和御史大夫为副的朝廷，却逐渐退居到执行政务的地位，御史大夫的监察职权进一步弱化。哀帝元寿二年，“正三公官分职”，改丞相为大司徒，改御史大夫为大司空，由此开始，御史大夫（大司空）渐次脱离了监察职官系统。

（二）御史中丞

御史中丞为御史大夫之副，其禄秩虽仅千石，职责却甚重。《历代职官表》卷十八《都察院上》引李华《御史大夫厅壁记》说：“御史亚长中丞，贰大夫以领其属。汉仪，大夫副丞相，以备其阙，参维国纲，鲜临府事，故中丞专焉。”另据《汉书·百官公卿表》，御史中丞“在殿中兰台，掌图籍秘书，外督部刺史，内领侍御史员十五人，受公卿奏事，举劾按章”，可见御史中丞是御史府行使监察职能的主要官员。由于御史中丞执法殿中，接近皇帝，因而位尊权重。成帝将御史大夫改为大司空以后，御史中丞更一跃而成为御史府的实际长官，如同《通典·职官六》所说：“及御史大夫转为大司空，而中丞出外为御史台率，即今之御史大夫任也。”

如果说御史大夫的职权更多的是行政管理，监察只是其中的一个方面，那么御史中丞的职权则是内领侍御史，外督部刺史，以监察为主。据《汉书·薛宣传》，“宣为中丞……数言政事便宜，举奏部刺史，郡国二千石，所贬退称进，白黑分明，由是知名”。御史中丞不仅对不法公卿群吏负有举劾之责，还与廷尉共同审理诏狱。哀帝时，“廷尉梁相与丞相长史、御史中丞及五二千石杂治东平王云狱”。① 正因为御史中丞“总领州郡奏事，课第诸刺史，内执法殿中”，所以，“公卿以下皆敬惮之”。② 不仅如此，御史中丞还兼掌讨捕盗贼、出督军旅、受命将兵等事

① 《汉书·王嘉传》。
② 《汉书·陈咸传》。

务。《汉书·成帝纪》:“阳朔三年夏六月,颍川铁官徒申屠圣等百八十人,杀长史,盗库兵,自称将军,经历九郡。遣丞相长史、御史中丞逐捕,以军兴从事,皆伏辜。”

此外,御史中丞还掌管殿中图籍秘书,以备履行职责时检索参考之用。

(三)侍御史

根据《汉旧仪》:“御史,员四十五人,皆六百石,其十五人衣绛,给事殿中,为侍御史,宿庐渠门外,二人尚玺,四人持书给事,二人侍前,中丞一人领,余三十人留寺,理百官事也,皆冠法冠。”在御史府的两个系统中,侍御史的职权较为明确,分曹办公,各司其事。共计五曹:“一曰令曹,掌律令;二曰印曹,掌刻印;三曰供曹,掌斋祠;四曰尉马曹,掌厩马;五曰乘曹,掌护驾。”由于侍御史随侍皇帝左右,易获宠信,除察举非法,受公卿郡守奏事,有违失,举劾之;此外,郊庙之祀,及大朝会、大封拜,则一人监威仪,有违失,则劾奏等固定职守外,也常奉命出使,执行临时派遣任务。

在侍御史中,治书侍御史的地位和职权高于其他侍御史。治书侍御史始设于汉宣帝时,“掌选明法律者为之,凡天下诸谳疑事,掌法律当其是非”。① 《历代职官表》说:“汉自成帝以后,中丞为御史台率,其职实如今之都御史,而治书侍御史二人掌以法律,当天下奏谳,定其是非,参主台事,犹其初之有两丞,则亦当如今之副都御史之职也。”

武帝天汉三年,因郡国盗贼蜂起,特设绣衣直指,又称绣衣御史,负责讨奸猾、理大狱。据《汉书·王欣传》:“武帝末,军旅数发,郡国盗贼群起,绣衣御史暴胜之使持斧逐捕盗贼,以军兴从事,诛二千石以下。”另据《汉书·江充传》,江充“拜为直指绣衣使者,督三辅盗贼,禁察逾

① 《后汉书·百官志》。

侈，贵戚近臣多奢僭，充皆举劾，奏请没入车马，令身待北军击匈奴"。可见，绣衣御史之设虽源于镇压农民起义的需要，但也具有纠弹甚至处置二千石以下官吏的权力，是一种临时设置的监察官员。与此相类似，因临时差遣而设立了名目众多的侍御史，如《历代职官表》卷十八所载："御史出使，至西汉而渐多，如绣衣直指、监郡、督运、监军之类，皆以事专行，正如今巡漕、巡察诸差之比。其他随时奉遣者，尚屡见于史，如《汉书·食货志》载，分遣御史治郡国缗钱；《汉书·宣帝纪》载，黄龙元年诏御史察计簿；《汉书·霍光传》载，侍御史五人持节护丧事，皆非常例。而收缚罪人亦多以侍御史为之，盖因其给事殿中，职居亲近，故事之重且急者，往往使之衔命耳。"

（四）监御史

西汉初期，高祖刘邦以刘氏宗亲建立诸侯王国，因而废除了秦时实行的监御史制度，造成地方监察的真空。诸王侯国内虽然仿朝廷设置御史府，但只对诸王侯国负责，而不属于朝廷派出的官员。由于地方缺乏监督，不仅造成了地方吏治的腐败，还削弱了中央政府对地方政权的控制，激化了中央与地方之间的矛盾。因此，惠帝三年，相国曹参奏请派遣御史监察三辅郡——京畿附近的京兆尹、左冯翊、右扶风三郡，并以《监御史九条》为法律依据，监察其不法事。"其后诸州复置监察御史"，①但是并没有扭转地方吏治败坏的局面，甚至出现了监御史与郡守互相勾结鱼肉百姓之事。因此，文帝又派遣丞相史巡行各地，考察地方吏治，并监督御史的执法状况。《通典》说："文帝十三年，以御史不奉法，下失其职，乃遣丞相史出刺并督监察御史。"《汉旧仪》卷上更详细记述此事："及吏不奉法，乘公就私，凌暴百姓，行权相放，治不平正，处官不良，细民不通，下失其职，俗不孝弟，不务于本，衣服无度，出入无

---

① 《通典·职官六》。

时，众强胜寡，盗贼滋彰，丞相以闻。于是乃命刺史出刺并察监御史。”由于“丞相遣史分刺州，不常置”，事毕即还，又无常设治所，因而限制其监察职能的发挥。以致景帝末期，出现了“或诈伪为吏，吏以货赂为市，渔夺百姓，侵牟万民。县丞、长吏也，奸法与盗盗甚无谓也”①的种种现象。基于此，武帝元封元年设十三部刺史取而代之。

汉初，皇帝为了集权，有意识地利用御史大夫、御史中丞牵制和监督丞相，由此御史府官员备受尊崇：“凡三公、列卿、将、大夫、五营校尉，行复道中，遇御史中丞、侍御史，皆避车，预相回避，台官过后，乃得去。”②

二、刺史

武帝即位以后，针对“天下郡太守多为奸利”③，“二千石莫能制”④的现状，下令废除监御史，并于元封五年将全国划分为十三州部，每州为一监察区，专设一名刺史，“掌奉诏条察州，秩六百石”。刺史隶属于御史府，受御史中丞统领，以《刺史六条》为法律依据，负责所驻州部郡国的监察工作。《通典》卷三二记载了汉初地方监察机构所经历的发展演变过程：“秦置监察御史，汉兴，省之。至惠帝三年，又遣御史监三辅郡，……其后诸州复置监察御史。文帝十三年，以御史不奉法，下失其职，乃遣丞相史出刺，并督监察御史。武帝元封元年，御史止，不复监。至五年，乃置部刺史，掌奉诏六条察州。”

刺史虽然秩仅六百石，位下大夫，相当于县令，朝会时，班序远在郡国守相之后，但作为代表朝廷行使监察权的官员，位卑而权重，不受郡国的控制和指挥，不与郡守同衙，另设固定治所。《汉旧仪》说：“初分

① 《汉书·景帝纪》。
② 《汉官典仪》。
③ 《史记·田叔列传》。
④ 《汉书·酷吏传》。

十三州刺史,假印绶,有常治所”,实际权位居于郡守之上,譬如刺史可以直接向皇帝面陈奏事,而“郡守不得面奏”①。

刺史作为皇帝派往地方的监察官,拥有一批属吏,如人事、主簿、书佐等。其主要职权就是“刺举不法”,包括考察郡国的行政、司法和荐举人才等多项职责。汉蔡质所撰《汉官典职仪式选用》说:刺史“周行郡国,省察治状,黜涉能否,断治冤狱,以六条问事,非条所问,即不省”。所谓“省察治状”,就是考察郡国的治理情况,包括地方官吏在垦荒、治安、断狱等多方面的治绩。何武为扬州刺史时,“行部必先即学宫见诸生,试其诵论,问以得失,然后入传舍,出记问垦田顷亩、五谷美恶,已乃见二千石,以为常”。此外,他还“行部录囚徒”,监察司法。

刺史监察的对象不仅是郡国二千石长吏,也包括诸侯王。如青州刺史奏思王“终古使所爱奴与八子及诸御婢奸”②;冀州刺史林“奏年为太子时与女弟子私通”③等,就是例证。

刺史“周行郡国,省察治状”,称之为“行部”。行部的时间于每年八月秋收开始,岁末至京师向皇帝奏报。据《后汉书·百官志》:“诸州常以八月巡行所部郡国,录囚徒,考殿最。初岁尽,诣京都奏事。”刺史的奏报是朝廷对官吏“黜陟能否”的重要依据。元帝时,“荆州刺史奏信臣为百姓兴利,郡以殷富,赐黄金四十斤”。④ 宣帝时,九江太守戴圣“行治多不法,前刺史以其大儒,优容之。及武为刺史,行部录囚徒,有所举以属郡。圣曰:‘后进生何知,乃欲乱人治!’皆无所决。武使从事廉得其罪,圣惧,自免”。⑤ 可见,刺史在建议“黜陟能否”方面是具有较大影响力的。

---

① 《汉书·京房传》。
② 《汉书·高五王传》。
③ 《汉书·文三王传》。
④ 《汉书·循吏传》。
⑤ 《汉书·何武传》。

此外,刺史还有荐举人才的职责。元封五年,“初置刺史部十三州,名臣文武欲尽,诏曰:‘盖有非常之功,必待非常之人,故马或奔踶而致千里,士或有负俗之累而立功名。夫泛驾之马,跅驰之士,亦在御之而已。其令州、郡察吏,民有茂材、异等可为将、相及使绝国者。’”①《汉官旧仪》还记载了刺史荐举人才的程序:“刺史举民有茂材,移名丞相,丞相考召,取明经一科,明律令一科,能治剧一科,各一人。”

刺史对于维护中央集权的君主专制制度,虽然起着重要的作用,但这种位卑权重的制度设置与“用贵治贱”的古制相违背,因而遭到了质疑。成帝时,丞相翟方进和大司空何武对刺史之设提出了异议:“古选诸侯贤者以为州伯,《书》曰:‘咨十有二牧。’所以广聪明,烛幽隐也。今部刺史居牧伯之位,秉一州之统,选第大吏,所荐位高至九卿,所恶立退,任重职大。《春秋》之义,用贵治贱,不以卑临尊。刺史位下大夫,而临二千石,轻重不相准,失位次之序。臣请罢刺史,更置州牧,以应古制。”②这个意见得到了皇帝的认可,下诏:“罢刺史,更置州牧,秩二千石。”③但哀帝建平二年,朱博奏复御史大夫官之后,又奏言:“汉家至德溥大,宇内万里,立置郡县,部刺史奉使典州,督察郡国,吏民安宁。故事:居部九岁举为守相,其有异材功效著者辄登擢,秩卑而赏厚,咸劝功乐进。前丞相方进奏罢刺史,更置州牧,秩真二千石,位次九卿。九卿缺,以高第补,其中材则苟自守而已,恐功效陵夷,奸轨不禁,臣请罢州牧,置刺史如故。”④此议又被皇帝采纳。但至元寿二年,哀帝再次罢刺史,复设州牧,并一直延续到西汉末。此时的州牧,其职权范围和行事方式与旧制的刺史尚无二致。

---

① 《汉书·武帝纪》。
② 《汉书·朱博传》。
③ 《汉书·成帝纪》。
④ 《汉书·朱博传》。

三、司隶校尉

司隶校尉是御史系统以外的特殊监察组织。《通典·职官十四》记述了司隶校尉的设置沿革:"汉武帝征和四年,初置司隶校尉,持节,从中都官徒千二百人,捕巫蛊,督大奸猾。后罢其兵,察三辅、三河、弘农。元帝初元四年,去节,后诸葛丰为司隶又加节,寻复去之,司隶去节,自丰始也。成帝元延四年省,至绥和二年,哀帝复置,但为司隶,冠进贤冠,属大司空,比司直。司隶掌察皇太子以下,行马内事皆主之。专道而行,专席而坐,初除,皆谒两府。"可见,司隶校尉设立之初,主要是率领在京师官府服役的徒隶,治"巫蛊之狱",并非专职的监察官员,只是在巫蛊之祸平息后,才专掌监察三辅(京兆尹、右扶风、左冯翊)、三河(河南、河内、河东)、弘农七郡,成为常设的监察官。

司隶校尉是独立于御史府和丞相府两系统之外的、由皇帝特设的监察官。既负责监察三辅、三河、弘农七郡,又负责监察京畿地区和察举朝廷官吏,可以持节行事。汉蔡质说,司隶校尉"职在典京师,外部诸郡,无所不纠。封侯、外戚、三公以下,无尊卑"。[①] 应劭在《汉官仪》中也指出:"司隶校尉纠皇太子、三公以下,及旁州郡国无所不统,陛下见诸卿,皆独席。"成帝初,司隶校尉王章劾奏丞相匡衡、御史大夫张谭阿谀曲从石显,不敢言其专权擅势。匡衡惭愧,上书谢罪,自交丞相及乐安封侯印绶。后匡衡再次被司隶校尉王骏劾以"专地盗土",免为庶人。[②] 又如,"盖宽饶为司隶校尉,刺举无所回避,……公卿贵戚及郡国吏繇差使至长安,皆恐惧,莫敢犯禁"[③];"鲍永为司隶,鲍恢为都官从

---

① 《汉官典职仪式选用》。

② 《汉书·匡衡传》。

③ 《汉书·盖宽饶传》。

事,并不避强御,诏策曰:贵戚且当敛手以避二鲍"。[①] 然而元帝初元四年,司隶校尉诸葛丰持节逐捕侍中许章,触怒了元帝,因而令司隶校尉去其节。成、哀之际,司隶校尉的地位进一步跌落。成帝元延四年撤销司隶校尉,两年后虽然复置,然而隶属关系已经发生变化,由原来无所属的监察机关改隶大司空,地位与丞相司直相当。朝会时"居中二千石前,与司直并迎丞相、御史",[②]但直至东汉末年,司隶校尉的监察权仍然得到保留。

四、行政监察系统

文帝十三年,"以御史不奉法,下失其职,乃遣丞相史出刺,并督监察御史"。这虽是权宜之举,但它表明监察官员本身也要受到来自行政系统的制约。武帝元狩五年,为了加强监察力量,还在中央和地方的行政机构中设置主管监察的官员。如于丞相府中特设主管监察事务的属官丞相司直,"秩比二千石,掌佐丞相,举不法"。[③] 丞相司直受丞相直接统领,虽属于行政机关系统,却不理行政,只掌监察。秩位比御史中丞高,权也在司隶校尉之上,无论是全国最高监察长官御史大夫、京畿地区监察长官司隶校尉,还是地方最高行政长官州牧、郡守,或是贵戚、封侯,均在其监察之列,而且可以奏劾丞相。例如,宣帝时丞相司直緐延寿奏劾丞相萧望之"多使守史自给车马";"少史冠法冠,为妻先引,又使卖买,私所附益凡十万三千";"不奉法自修,踞慢不逊攘,受所监赃二百五十以上",结果萧望之被迁为太子太傅。[④] 再如,哀帝时丞相司直郭

① 《通典·职官典十四·司隶校尉》。
② 《汉书·翟方进传》。
③ 《汉书·百官公卿表》。
④ 《汉书·萧望之传》。

钦“奏免豫州牧鲍宣、京兆尹薛修等，又奏董贤，左迁卢奴令”。①

御史中丞、丞相司直和司隶校尉三者在组织关系上，丞相司直秩二千石，代表丞相执行监察，属于行政系统；司隶校尉秩比二千石，是皇帝特设的并直接受皇帝控制的监察官；御史中丞秩仅千石，属于独立的御史系统，形成了互不统属的多元化的中央监察体制。但丞相司直与司隶校尉不能妨碍御史中丞监察职能的行使，他们只是中央监察体系的补充。司隶校尉虽然官尊权重，然而序位官秩却屈居丞相司直之下，以免司隶校尉权力过于膨胀。同时为防止丞相司直权力过大，又规定司隶可以监督司直，且特享司直所未有的三独坐的殊荣。通过精心设计的互相制衡的权力关系，使之既分体运行，又互相交叉，以维护专制主义的国家统治。然而这种多元的监察体制，势必妨碍国家专门监察机关——御史府职权的行使，而且三者的平衡状态也很难长期维持。汉末司隶校尉侵权的历史教训，使得汉以后历代不再设置此官职。

西汉时期，地方行政系统内部也设有行使监察职权的官员，主要是郡守及其属吏督邮。郡守沿袭秦时“案行属县”的方式，通过一年一次“行县”，行使对所辖县级官吏的监察权。但郡对属县进行经常监察的官员是督邮，如《汉书·文帝纪》所说：“二千石遣都吏循行，不称者督之”，“都吏，今督邮是也”。

督邮通过定期巡察郡内诸县，并定期向郡守报告的方式行使监察权，督邮的出现，弥补了刺史在监察范围上不能遍及县一级官吏的缺陷，从而形成了互补的监察体系，标志着西汉时期从中央到地方的监察网络的建立和不断完善。

① 《汉书·鲍宣传》。

五、谏官系统

鉴于秦朝以谏议为诽谤,蔑视言谏的作用,以致群臣阿谀、"天下畏罪持禄,莫敢尽忠",①终于招致百姓揭竿而起的教训,汉代统治者对于臣下言谏相当重视,多次颁布诏令,要求推举直言极谏之士,以广视听。因此,汉代监察制度发展的另一个系统,就是以言谏为职责的谏官系统的初步确立。

汉初主要由光禄勋属官诸大夫与议郎承担言谏之责。据《汉书·百官公卿表》记载:"大夫,掌议论,有太中大夫、中大夫、谏大夫,皆无员,多至数十人。武帝元狩五年初置谏大夫,秩比八百石。太初元年更名中大夫为光禄大夫,秩比二千石,太中大夫秩比千石如故。"《唐六典》引《汉书·百官表》云:"谏议大夫属郎中令,无常员,多至数十人,掌议。至武帝元狩六年,始因秦置之,秩比六百石。光武中兴,谏议大夫置十三员。"武帝时任谏议大夫之职者多为一时名贤,如刘辅、王褒、贡禹、王吉、匡衡、何武、夏侯胜、严助等人,都曾担任过谏议大夫之职。可见,汉沿袭秦朝创设的谏官制度,并取得了显著发展。譬如,专职谏官增多,员额与品秩有了明确规定,谏官的职责范围也较为明晰。

汉谏官的主要职责:一是顾问应对,策划方略。史书说:"凡大夫、议郎皆掌顾问应对,无常事,唯诏命所使。"②文帝时,贾谊为太中大夫,上疏陈政事,要求人主以秦朝视忠谏为诽谤、以深计为妖言为诫。又"诸法令所更定其说,皆谊发之"。③ 晁错任中大夫时,上书言事三十篇,建议削夺诸侯王权力,更定法令。④ 武帝时,太中大夫张汤、中大夫

① 《史记·秦始皇本纪》。
② 《后汉书·百官一》。
③ 《汉书·贾谊传》。
④ 《汉书·晁错传》。

赵禹受命论定律令。① 凡此都表现了言谏官在国家重大决策中所起的作用。此外,朝廷集议之际,诸大夫、议郎也有资格陈述己见,有时还得到皇帝的鼓励。哀帝时,夏侯胜为谏大夫,“朝廷每有大议,上知胜素直,谓曰:‘先生通正言,无惩前事。’”②

二是匡正君失,谏言决策。武帝时,汲黯为中大夫,多次直言进谏,“犯主之颜色”,被武帝称为“社稷之臣”。③ 建元三年,武帝以出猎道远辛苦,又为百姓所患,拟围地修建上林苑。东方朔力谏武帝戒奢,指出此举上乏国家之用,下夺农桑之业,坏人冢墓,发人室庐,不可为之。武帝虽未听从,但仍拜东方朔为太中大夫给事中。此后,隆虑公主之子昭平君犯法处死,武帝哀不能止,东方朔则以“诛不择骨肉”乃圣王为政,劝谏武帝判以明是非为重。④ 再如,宣帝即位后,重宫殿楼阁、车马服饰,谏大夫王吉上书谏奢,力主节俭。⑤ 此外,有关职官设置、经济政策的贯彻实施、立嗣立后、封王授爵、选吏、治狱,等等,都成为汉代谏官言事的重点内容。

三是针砭时弊,评论得失。哀帝时,外戚子弟进用,幸臣地位高贵,谏大夫鲍宣上书,抨击时政,指斥奸佞,言辞犀利激烈,切中要害。⑥ 摘引如下:“窃见孝成皇帝时,外亲持权,人人牵引所私以充塞朝廷,妨贤人路,浊乱天下,奢泰亡度,穷困百姓,是以日蚀且十,彗星四起。危亡之征,陛下所亲见也,今奈何反复剧于前乎?朝臣亡有大儒骨鲠、白首耆艾、魁垒之士,论议通古今、喟然动众心、忧国如饥渴者,臣未见也。

① 《汉书·张汤传》。
② 《汉书·夏侯胜传》。
③ 《汉书·汲黯传》。
④ 《汉书·东方朔传》。
⑤ 《汉书·王吉传》。
⑥ 《汉书·鲍宣传》。

敦外亲小童及幸臣董贤等在公门省户下,陛下欲与此共承天地,安海内,甚难。……今贫民菜食不厌,衣又穿空,父子夫妇不能相保,诚可为酸鼻。陛下不救,将安所归命乎?奈何独私养外亲与幸臣董贤,多赏赐以大万数,使奴从宾客浆酒霍肉,苍头庐兒皆用致富!非天意也。及汝昌侯傅商亡功而封。夫官爵非陛下之官爵,乃天下之官爵也。陛下取非其官,官非其人,而望天说民服,岂不难哉!……陛下前以小不忍退武等,海内失望。陛下尚能容亡功德者甚众,曾不能忍武等邪!治天下者当用天下之心为心,不得自专快意而已也。上之皇天见谴,下之黎庶怨恨,次有谏争之臣,陛下苟欲自薄而厚恶臣,天下犹不听也。臣虽愚戆,独不知多受禄赐,美食太官,广田宅,厚妻子,不与恶人结仇怨以安身邪?诚迫大义,官以谏争为职,不敢不竭愚。"①

由于诸大夫与议郎身居宫内,位于皇帝近侧,又多为名儒宿德之士,因此其言谏往往受到皇帝重视。不仅如此,他们还经常被皇帝亲自派遣循行天下,行使监察权。如宣帝元康四年,遣太中大夫等十二人循行天下,"存问鳏寡,览观风俗,察吏治得失,举茂材异伦之士"。② 成帝建始三年,因官吏失职,苛暴深刻,遣谏大夫等人循行天下。③ 鸿嘉元年,遣谏大夫等人监察三辅、三河、弘农七郡,揭发冤案。可见言谏官受命循行州郡时,不仅其监察权明显大于刺史,而且还有权解送犯罪的州郡长官,拘捕案讯县级长官,实际权力及其行使已远超过言谏的范围。

汉朝在一段时间里确实做到了"明主不恶切谏以博观,忠臣不避重诛以直谏",④发挥了言谏对于国家决策的重要作用。不仅如此,通

---

① 《汉书·鲍宣传》。
② 《汉书·宣帝纪》。
③ 《汉书·成帝纪》。
④ 《史记·主父偃列传》。

过谏官面陈君失，而使皇帝成为言谏官的舆论监督对象，开创了专制集权政治制度下的新风气。

西汉除专职谏官光禄大夫、太中大夫、谏大夫外，还因秦制设置加官给事中、散骑、侍中、中常侍等。这些加官构成了“中朝”的基干力量。他们或进言应对，献计上策；或就朝政与“大臣辩论”；或代表天子持节出使，作出了应有的贡献。

综括上述，西汉时期由于监察系统的多元化，使得监察对象分别划归不同的监察主体。如县一级的地方官吏由郡守或其属官督邮监察；朝官基本上由御史府侍御史监察；地方郡国守相即二千石官和地方豪强由刺史监察；京畿地区官吏由司隶校尉监察；而中央和地方的天下百僚，均归御史大夫和御史中丞监察。可见无论三公九卿、皇室外戚、京师百官、地方长吏，均被置于严密的监察网络之中，纵然是“口含天宪”的皇帝，也受到来自清介正直之士的言论监督。即使不同系统的监察官员，彼此之间也互相监督，史载“御史中丞督司隶，司隶督司直，司直督刺史”。① 从中可以窥见西汉统治者建立和完善监察体制的指导思想和良苦用心。

多元而又系统的监察体制、范围广泛而又归属明晰的监察对象，使得西汉的监察形式与监察方法呈现出灵活而又协调的特征。譬如专门监察机关的监察与上级行政机关的监察相互配合；中央监察与地方监察相互衔接；一般性事务监察与专门性事务监察相互协调；固定监察机关设置与临时派遣监察官员互相结合，等等。尽管西汉时期监察权受到行政权的干预，但仍然对整饬吏治，廓清风气，产生了不可低估的作用，造就了西汉政治的稳定和社会经济的发展。如同《汉书·朱博传》所说：“高皇帝以圣德受命，建立鸿业，置御史大夫，位次丞相，典政法度，以

① （汉）卫宏：《汉旧仪》卷上。

职相参,总领百官,上下相监临,历载二百年,天下安宁”,“汉家至德溥大,宇内万里,立置郡县,部刺史奉使典州,督察郡国,吏民安宁”。

六、监察官的管理制度

汉代统治者从实践中认识到作为察吏之官的监察官,本身的素质如何,直接影响到监察职能的发挥,因此,为了保证监察体制的良好运行,十分关注建立和健全监察官的管理制度。

(一) 监察官的选拔方式

监察官的选拔,主要有察举、晋升、辟除、保荐等途径。汉代以察举为选拔官吏的基本方式,除定期察举外,凡遇日食、地震、山崩等自然现象和灾异发生时,也往往诏告天下郡国,举贤良方正、直言极谏之士,作为言官的谏大夫即多由此产生。“盖宽饶……明经为郡文学,以孝廉为郎,举方正,对策高第,迁谏大夫。”①至于司宪之官御史的选举,往往以明法为标准,“薛宣以明习文法诏补御史中丞”。② 于定国也是“少学法于父”,选为御史中丞从事。此外,也有因明经而被选举为监察官的,如鲍宣、郑众均以明经而为司隶校尉和给事中。

汉代普通文官如果奉公守法、劳绩卓著,也有可能晋升为监察官。武帝时,张汤为廷尉,以“古义”决狱,受到武帝赏识,“迁御史大夫”③,“(赵)禹以刀笔吏,积劳迁为御史”。④ 尹齐也是“以刀笔吏稍迁至御史,事张汤”。⑤《历代职官表》说:“前汉御史,多以刀笔吏积劳得之。”

此外,保荐、辟除也是选拔监察官的方式。如《太平御览》记

---

① 《汉书·盖宽饶传》。
② 《汉书·薛宣传》。
③ 《汉书·张汤传》。
④ 《汉书·赵禹传》。
⑤ 《汉书·尹齐传》。

载,梁商病笃,遗言荐周举曰:“臣从事中郎周举清慎高亮,可任谏议大夫。”①马端临在《文献通考·自序》中说:“两汉以来,刺史守相得以专辟召之权。”

（二）监察官任职的条件

其一,忠直亮节,廉洁奉公,敢于惩治强权恶势力。这是任用监察官的首要条件。作为风宪之官的监察官,其监察和弹劾的对象往往是中央和地方的官僚与权贵,因此,时人认为“居官难,居宪司又难,治罪夺职而人弗怨,此尤难”。② 故而非忠诚正直敢言之人不能充当御史。西汉初,御史大夫任敖、周昌、申屠嘉等人,都“为人廉直”,敢于直言抗争。武帝时,田仁为丞相长史,武帝赞其不畏强御,因而拜仁为丞相司直。③ 元帝时,祭祀宗庙,欲乘船,御史大夫薛广德从安全考虑,力谏乘车,帝不从。薛广德曰:“陛下不听臣,臣自刎,以血污车轮,陛下不得入庙矣”,④使得元帝最终改变主意。东汉桓帝时,野王县令(今河南沁阳)张朔倚仗其兄宦官张让权势,贪残无道,横行乡里,被司隶校尉李膺纠察,逃避至京师张让府中。李膺得知后,率人将张朔拿交洛阳狱审后杀之。张让诉于桓帝,桓帝责备李膺不奏而杀张朔。李膺说:“诚自知衅责,死不旋踵,特乞留五日,克殄元恶,退就鼎镬,始生之愿也。”帝无复言。⑤

其二,明法律令,依法判定是非。监察官属于法吏,所谓司宪之官,以纠举非法为基本使命,因此,必须明习法律令。武帝元狩六年,为了

① 《太平御览》卷二二三。

② 《滋溪文稿》卷一〇《王仁墓志铭》,转引自邱永明:《中国封建监察制度运作研究》,上海社会科学院出版社 1998 年版。

③ 《史记·田叔列传》。

④ 《汉书·薛广德传》。

⑤ 《后汉书·李膺传》。

“博选异德名士,称才量能”,命令丞相府设四科之辟,考选人才。其中“明达法令,足以决疑,能案章覆问”,就是选任御史的一个条件。① 严延年“少学法律丞相府,归为郡吏。以选除补御史掾,举侍御史”。② 于定国也是因明法而迁为御史中丞,据《汉书・于定国传》:“定国少学法于父,父死,后定国亦为狱史、郡决曹,补廷尉史,以选与御史中丞从事,治反者狱,以材高举侍御史,迁御史中丞。”

(三) 监察官的考课

汉代对官员的考核称为“考课”,考课的目的在于督励官员恪守职责。监察官的考课与行政官吏同,采取常课与大课两种考核形式。常课一年一次,主要是考核当年工作,作出评语;大课三年一次,根据三次考核结果综合作出“最”“殿”的总评,据此进行奖赏或惩罚。对中央监察官的考课,主要由皇帝或中央监察机关的最高长官负责,刺史则由御史中丞负责。两汉对监察官的考核没有专门的立法规定,大致以其职掌为考核的内容,如考核刺史便以其是否认真执行《刺史六条》为依据。凡忠于职守,纠察百官成就显著者,予以奖励;疲软怠玩者予以罢斥。《汉书・魏相传》载:魏相为扬州刺史,“考案郡国守相,多所贬退……居部二岁,征为谏大夫”。

(四) 监察官的奖惩

汉朝对监察官采取“秩卑而赏厚,咸效功乐进”的政策,以至御史大夫经常是丞相的后补,而刺史“居部九岁,举为守相,其有异材功效著者,辄登擢”。③ 黄霸、陈咸、张敞、王尊、马宫等人,皆由刺史而为太守。对于功绩卓著的监察官,除晋升外,往往还有其他赏赐,以示奖励。

---

① (汉)卫宏:《汉旧仪》卷上。

② 《汉书・酷吏传》。

③ 《汉书・朱博传》。

如黄霸为扬州刺史，治理有方，成绩优异，宣帝下诏："其以贤良高第扬州刺史霸为颍川太守，秩比二千石，赐车盖，特高一丈，别驾主簿车，缇油屏泥于轼前，以章有德。"①凡任事贤劳的监察官退休时，皇帝往往给予重赏。例如御史大夫薛广德致仕之时，皇帝赐安车、驷马、黄金六十斤等。但是对于渎职违法的监察官，或予行政处罚，或予刑事惩处。前者包括左迁降职、免职罢官；后者包括监禁，甚至处死。宣帝五凤二年，御史大夫萧望之因"廉声不闻，傲慢不逊"，迁为太子太傅；②鲍宣为豫州刺史，所察过诏六条，被奏免。③ 成帝时，谏大夫刘辅，因谏诤犯皇帝怒，"上使侍御史收缚辅"。④

总括上述，汉代实行严格的监察官管理制度，对于保证监察官员的素质与认真行使监察职责，具有重要的意义，而且为后世提供了丰富的历史经验。

第三节　东汉政权机构的调整与监察体制的变动

西汉末年，外戚王莽掌握了实权，并于公元 8 年正式代汉称帝，改国号为"新"，建立了新莽政权，结束了西汉王朝两百多年的统治。

王莽建国以后，为了巩固统治、摆脱西汉末年以来严重的社会危机，在古文经学影响下，假托符命，仿照《周礼》进行了一系列的"复古改制"。

新莽王朝的中央监察机关，主要由司命府、大司徒司直和司隶校尉三机构组成。《后汉书·马援传》注说："王莽置司命官，上公以下皆纠察。"由于丞相改名为大司徒，因此，原丞相司直也更名为大司徒司直。

① 《汉书·循吏传》。
② 《汉书·萧望之传》。
③ 《汉书·鲍宣传》。
④ 《汉书·刘辅传》。

至于司隶校尉的职权基本同于西汉。

新莽王朝对地方的监察，大体是京畿地区“分三辅为六尉郡；河内、河东、弘农、河南、颍川、南阳为六队郡”，①置执法左右刺奸之官，负责监察。《汉书·王莽传》说：王莽“置执法左右刺奸，选用能吏侯霸等分督六尉、六队，如汉刺史”。

除此之外，将全国划分为二十五个监察区，或称州，或称部，每州、部各置一人监察，州为州牧，部为部监。他们是中央派出监察郡一级的官员，相当于西汉中后期的刺史，但其地位略高。《汉书·王莽传》说：王莽“置州牧、部监二十五人，见礼如三公。监位上大夫（即两千石官），各主五郡”。

然而，新莽政权从建立之始就处于极不稳定的状态。王莽进行的复古改制，不仅未能缓和社会危机，反而激化了社会矛盾，造成地方上的严重混乱和整个国家的动荡不安，以致人心思汉，天下起兵，新莽政权最终被农民起义军所推翻。公元25年，刘秀在河北即皇帝位，不久定都洛阳，建立起东汉政权。

光武帝刘秀为了巩固东汉政权，开始实施一系列稳定政局、恢复和发展经济的措施。同时，一改王莽遗留下来的复古式的国家体制，重新建立中央和地方的各级管理机构，恢复了西汉时期已逐步完善的监察制度。

东汉政权在承袭西汉旧制的基础上，为了适应东汉初期社会发展和加强专制集权的需要，对政权机构的设置进行了一系列改革。

首先，恢复了三公，但其作用、政治地位和权势均大大下降，由尚书台分割了三公的大部分职权。如《后汉书·仲长统传》所说：“光武皇帝愠数世之失权，忿强臣之窃命，矫枉过直，政不任下，虽置三公，事归台阁。

---

①　《资治通鉴》卷三七。

自此以来,三公之职,备员而已。"在三公的分工上,将西汉末期的大司马列于三公之首,不仅掌管武事,也分管诸多行政事务。大司徒不再具有中枢决策大权,变成了"掌人民及四方民事功课"的管理机构。大司空不再行使监察权,变成了"掌四方水土功课事"的工程管理机构。

其次,尚书台成为中枢决策机构。尚书原是卑微之职,属少府,秦时设立。汉景帝时,只负收藏诏书之责。武帝时,始加重尚书的职权,参与议政,并分曹理事,成为皇帝近侧参政的办事机构。东汉时,光武帝重用尚书,使原属少府的尚书台机构,不仅"主赞奏事,总领纲纪","出纳王命,为王喉舌",①还负责"选举诛赏",权"重于三公"。② 如同李固所说:"今陛下之有尚书,犹天之有北斗也。斗为天喉舌,尚书亦为陛下喉舌。斗斟酌元气,运平四时,尚书出纳王命,赋政四海,权尊埶重,责之所归。"③尚书台实际上已发展成为国家最高行政管理机关。其长官为尚书令,负责"出纳王命,敷奏万机",成为实际的宰相。据《汉官仪》记载:"尚书令主赞奏,总典纲纪,无所不统……朝会下陛奏事,增秩二千石。"光武帝甚至特诏尚书令、御史中丞、司隶校尉于朝会时均专席独坐,京师谓之"三独坐"。

尚书台所属六曹机构,设六曹尚书,秩各六百石,分管六曹所属行政事务,成为实际的行政机构主体。

再次,建立州、郡、县三级地方制度。东汉初,实行郡县二级行政体制,并恢复了十三州部刺史,仍以"监察"为其主要职能。但至灵帝中平五年,为镇压黄巾起义,以州为单位,集中一州所辖各郡之军、财、民力,于是,改刺史为州牧,凡重要之州均由中央九卿官员充任州牧,直接

---

① 《后汉书·周荣传》。

② 《后汉书·陈忠传》。

③ 《后汉书·李固传》。

掌握一州的军事、行政、民事大权。非九卿官员所领之州仍称州刺史。十三州逐渐演变成郡以上的一级行政管理机构，形成了州、郡、县三级地方制度。州级行政机构的设立，曾在一定时期、一定程度上加强了中央政府对地方的管理。但由于州牧拥兵自重，渐次成为地方割据势力。

东汉时期的监察体制，适应形势的变化和中枢机构的变动，也作了一些调整。

光武帝建立东汉政权以后，一方面认识到外戚势力的危险，“不假后党以权”。另一方面为避免三公权重的威胁，实行“虽置三公，事归台阁”。与此同时，进一步加强监察机关的职能。设御史台为中央主要的监察机构，不再称“府”。由于御史大夫更名为大司空，成为专管水土之官，完全脱离了监察系统，由此御史中丞遂正式成为法定的御史台最高长官。《历代职官表》卷十八说：“自东汉省御史大夫，而以中丞为台率，始专纠察之任，其后历代或复置大夫，或设中丞，规制各殊，要皆中丞之互名。”御史中丞不仅在朝会时设专席独坐，御史台也与尚书台、谒者台并称为“三台”，可见其权位之尊。西汉时御史府名义上隶属少府，少府掌管皇帝个人的饮食、医药、衣服、财货以及其他皇室事务。由于少府设在宫内，因此，御史府设在少府衙门，也有便于皇帝随时指挥掌控之意。东汉御史台建立以后，不再隶属少府，从此成为直属于皇帝的独立监察机构，标志着监察制度的重要发展。

御史中丞以下设治书侍御史二人，秩六百石。“掌选明法律者为之，凡天下诸谳疑事，掌以法律当其是非。”①设侍御史十五人，秩六百石，职掌“察举非法，受公卿郡吏奏事，有违失，举劾之。凡郊庙之祀及大朝会、大封拜，则二人监威仪，有违失，则劾奏”。② 此外，御史中丞还

① 《后汉书·百官志》。
② 同上。

督领刺史监察地方,刺史每年八月巡察所部郡国,录囚徒,课殿最,年终至京师御史台奏本言事。

东汉时期司隶校尉的组织机构、权力和地位也有较大的提升,据《后汉书·宣秉列传》:"建武元年,拜御史中丞。光武特诏御史中丞与司隶校尉、尚书令会同并专席而坐,故京师号曰'三独坐'。明年,迁司隶校尉,务举大纲,简略苛细,百僚敬之。"又据蔡质《汉官典职仪式选用》:"司隶诣台廷议,处九卿上,朝贺处公卿下,陪(位)卿上。初除,谒大将军、三公,通谒持板揖。"从中可见司隶校尉地位的尊崇。

就司隶校尉的职权而言,也有扩大的趋势。《后汉书·百官四》本注说:司隶校尉"孝武帝初置,持节,掌察举百官以下,及京师近郡犯法者。元帝去节,成帝省,建武中复置,并领一州"。事实上其监察对象已涉及外戚、高官和宦官。东汉初,鲁郡太守鲍永任司隶校尉,以事劾光武帝叔父大不敬,朝廷肃然。鲍永又任命不避强权的鲍恢为都官从事,为此光武帝常曰:"贵戚且宜敛手,以避二鲍。"①顺帝永建元年,虞诩代陈禅为司隶校尉,数月间连奏太傅冯石、太尉刘熹、中常侍程璜、陈秉、孟生、李闰等人,"百官侧目,号为苛刻"。② 灵帝光和二年,九江太守阳球迁司隶校尉,劾奏中常侍王甫干乱朝政,收捕拷掠王甫父子,令其悉死杖下。复拟惩治大猾豪右,"权门闻之,莫不屏气","京师畏震"。③

不仅如此,司隶校尉还可以奉诏捕杀罪犯,逮捕公卿和外戚。延光四年,顺帝"诏司隶校尉:'惟阎显、江京近亲当伏辜诛,其余务崇宽贷。'"④延熹二年,"大将军梁冀谋为乱,八月丁丑,帝御前殿,诏司隶校

---

① 《后汉书·鲍永传》。
② 《后汉书·虞诩传》。
③ 《后汉书·阳球传》。
④ 《后汉书·顺帝纪》。

尉张彪将兵围冀第，收大将军印绶，冀与妻皆自杀”。[①] 桓帝时，李膺任司隶校尉，时宦官张让弟张朔为野王令，贪残无道，杀害孕妇。随后逃往京师，匿于兄舍。李膺率吏将其抓获，下洛阳狱。由于司隶校尉严于执法，使得“诸黄门常侍，皆鞠躬屏气，休沐不敢复官省。（桓）帝怪问其故，并叩头泣曰：‘畏李校尉。’”[②]安帝初年，邓太后“诏告司隶校尉、河南尹、南阳太守曰：‘每览前代外戚宾客，假借威权，轻薄謥詷，至有浊乱奉公，为人患苦。咎在执法怠懈，不辄行其罚故也。今车骑将军骘等虽怀敬顺之志，而宗门广大，姻戚不少，宾客奸猾，多干禁宪，其明加检敕，勿兼容护。’”[③]这表明，司隶校尉甚至成了东汉后期外戚宦官与皇权之间斗争的倚重力量，可见其权势之重。因此，东汉末权臣竞相争夺这一职位，如镇东将军曹操和远在渤海任太守的袁绍，都自领司隶校尉。[④]

司隶校尉的属官有从事史十二人，假佐二十五人。其具体职责是：“都官从事，主察举百官犯法者；功曹从事，主州选署及众事；别驾从事，校尉行部则奉引录众事；簿曹从事，主财谷簿书。其有军事，则置兵曹从事，主兵事，其余部郡国从事，每郡国各一人，主督促文书，察举非法，皆州自辟除。”假佐主要负责文书、选用、监试、时节祠祀、平法律等事务。[⑤]

在行政监察系统方面：司徒司直主管“助督录诸州事”，[⑥]“州郡所举上奏，司直察能否以惩虚实”，[⑦]可见，其职掌与西汉时期的丞相司直

---

① 《后汉书·桓帝纪》。
② 《后汉书·李膺传》。
③ 《后汉书·皇后纪·邓皇后》。
④ 《后汉书·袁绍传》。
⑤ 《后汉书·百官志》。
⑥ 同上。
⑦ 《后汉书·马严传》。

有所不同。此后，随着御史台与司隶校尉的权重以及司徒职能的转变，司直于建武十八年撤销。至东汉末，献帝建安八年复置，但负责监察京师官员，所谓“督中都官”。① 与东汉初相比，其地位与权力有所回升。次年，献帝诏司直比司隶校尉，坐次同席而在上。《后汉书·献帝纪》注引《献帝起居注》曰：“建安八年十二月，复置司直，不属司徒，掌督中都官，不领诸州。九年十一月，诏司直比司隶校尉，坐同席在上，假传置，从事三人，书佐四人。”

在地方上，郡守及其属官督邮继续行使监察权，《后汉书·百官志五》本注曰：“凡郡国皆掌治民，进贤劝功，决讼检奸。常以春行所主县，劝民农桑，振救乏绝。秋冬遣无害吏（汉代官名，见于《汉律》。亦称“无害都吏”，犹言公平吏。谓能公正执法、主持公道的官吏。）案讯诸囚，平其罪法，论课殿最，岁尽遣吏上计。”可见，每年春季由郡守“行县”，以劝民农桑；秋冬则由督邮巡察诸县，重点是审理刑狱和考课县官。苏谦为右扶风督邮，部内美阳县令李暠勾结宦官具瑗，“贪暴为民患”，苏谦“案得其臧，论输左校”。② 督邮在监察过程中，对违法官吏的惩处必须上报太守，由太守下令执行。太守惩治属县官吏，一般也要由督邮实施。

此外，在县一级设廷掾为监察官，每县将所辖各乡分为五部，每部派一名廷掾负责监察部内各乡吏员。《后汉书·百官志五》本注曰：“五官为廷掾，监乡五部。”廷掾的设置，使得对地方的监察由两级增至三级，地方最低监察官也由监县的郡属官员发展到监乡的县属官员，这是地方监察制度进一步强化的表现。廷掾对基层官员的监察，在整个国家的政治运作中具有极为重要的地位，对于防范地方吏治败坏，维护统治根基，缓和地方各种矛盾起着重要的作用。东汉前期政局稳定，吏

---

① 《后汉书·献帝纪》。
② 《后汉书·苏章列传》。

治清明，基层监察的功绩不可忽视。

东汉初期，仍分天下为十三州，设刺史十二人，各领一州；京畿一州，由司隶校尉兼理。刺史对地方的监察范围不断扩大，并加重了劾奏处分权。虽父母之丧，亦不得去职，可见其职位之重要。

西汉时，刺史奏事须经三公审核案验，之后再呈皇帝裁决；东汉时，刺史可以直接奏事于皇帝。《后汉书·朱浮传》说："旧制，州牧奏二千石长吏不任位者，事皆先下三公，三公遣掾史案验，然后黜退。帝时用明察，不复委任三府，而权归刺举之吏。"随着劾奏权的加重，致使一些刺史滥用职权，因而章帝时御史中丞马严上封事说："臣伏见方今刺史太守专州典郡，不务奉事尽心为国，而司察偏阿，取与自己，同则举为尤异，异则中以刑法，不即垂头塞耳，采求财赂。今益州刺史朱酺、扬州刺史倪说、凉州刺史尹业等，每行考事，辄有物故，又选举不实，曾无贬坐，是使臣下得作威福也。故事，州郡所举上奏，司直察能否以惩虚实，今宜加防检，式遵前制。"①

刺史在行使监察权的同时，其掾属分别主管钱谷、兵马、选举等具体行政事务，表明其职权已日趋行政化。至东汉末年，为了镇压农民反抗，灵帝于中平五年采纳太常刘焉的建议，以九卿重臣出领州牧，大大提高了州牧的地位和权力。据《后汉书·刘焉传》记载："时，灵帝政化衰缺，四方兵寇，焉以为刺史威轻，既不能禁，且用非其人，辄增暴乱，乃建议改置牧伯，镇安方夏，清选重臣，以居其任。焉乃阴求为交址，以避时难。议未即行，会益州刺史郗俭在政烦扰，谣言远闻，而并州刺史张懿、凉州刺史耿鄙并为寇贼所害，故焉议得用。出焉为监军使者，领益州牧，太仆黄琬为豫州牧，宗正刘虞为幽州牧，皆以本秩居职。州任之重，自此而始。"例如，冀州牧袁绍被封为邺侯、拜大将军，兼督冀、青、

① 《后汉书·马严传》。

幽、并四州。以其长子袁谭"出为青州刺史","中子熙为幽州刺史,外甥高干为并州刺史"。① 然而其结果与东汉统治者的预期相反,中央失去对地方的控制,州牧变成了拥兵自重、独霸一方的地方势力,由此开启了东汉末年军阀割据的序幕。

东汉时期还以临时性监察来补充经常性的监察,如天子或亲自或遣使巡视郡国;地方则由郡太守行县。章帝曾说:"朕惟巡狩之制,以宣声教,考同遐迩,解释结怨也。今'四国无政,不用其良',驾言出游,欲亲知其剧易。"②顺帝、桓帝时都曾多次派人巡察郡国。郡太守于每年春季定期行县,有时则派僚属巡视郡内各县。和帝时和敞为汝南太守,每年春天,都"分遣儒术大吏案行属县"。③

东汉时,谏官仍然设在光禄勋之下,有光禄大夫、太中大夫、中散大夫、谏议大夫、议郎等。其职责仍为掌"论议"或"顾问应对"。如《后汉书·百官志二》所说:"凡大夫、议郎皆掌顾问应对,无常事,唯诏命所使。"灵帝建宁三年,蔡邕任议郎,上书评论《三互法》,指出其失。继而又上书论政事七要,揭露州县弊政,直言吏治得失,引起灵帝重视。④此外,谏官也负责选举和循行察举天下。

第四节　两汉法制的发展与监察法的复杂化

汉朝是中国法制重要的历史发展阶段,法律形式逐渐稳定与定型;司法系统进一步确立;尤其是儒家思想开始全面地影响立法与司法,形成了一系列刑法适用原则和司法程式,促进了中华法系的形成。

---

① 《后汉书·袁绍传》。
② 《后汉书·章帝纪》。
③ 《后汉书·和敞传》。
④ 《后汉书·蔡邕传》。

以西汉法制总体发展为依托，监察立法也取得了新发展，表现为专门监察法开始出现。汉代监察法虽仍简单，但它规定了监察活动过程中应遵守的行为准则，以及各级监察官员的职权范围，反映了中国古代监察活动法律化的历史进程。

一、散见于西汉律令中的监察法规

西汉时期由国家制定法和皇帝随时颁布的有关诏令，以及惩治官吏渎职违纪的案例，构成了监察法的法源。

在国家制定法中，律是最基本的立法形式，由丞相萧何“捃摭秦法”所作的《九章律》中，便含有大量的监察法律规范。它所规定的官吏职务犯罪，譬如：《盗律》中受所监临、受财枉法；《贼律》中逾封、矫制；《杂律》中假借、不廉、呵人受钱、使者验赂等，均为察吏的重点。此外，惠帝时叔孙通编撰的《傍章》十八篇中，涉及朝觐、宗庙、婚丧等方面的礼仪制度及法律规定；武帝时张汤编撰的《越宫律》二十七篇中，涉及警卫宫禁的法律规定；赵禹编撰的《朝律》六篇中，涉及诸侯百官朝会制度的法律规定，这些也都为监察官行使监察权提供了依据。

近年发现的《二年律令》中，关于任用官吏的《置吏律》、驿传供给御史属下出巡饭食规定的《传食律》、置邮及邮人行书制度的《行书律》、徭赋制度的《复律》、各种赏赐规定的《赐律》、检效官府物资财产的《效律》、内外各种官员禄秩规定的《秩律》、宗庙祭祀与任官仪式的《大乐律》、有关上计制度的《上计律》，以及规定王侯向国家交纳黄金数量与成色的《酎金律》、贬抑诸侯王国官吏政治权力的《左官律》、禁止朝廷官员与诸侯王交通的《附益法》、强化官吏法律责任的《见知故纵、监临部主法》、督责主管官吏缉捕盗贼的《沈命法》等，形成了一个以正律律典为基础，辅以诸多单行法规的庞大而复杂的法律体系，不仅标志着立法技术的进步，而且使西汉时期的监察活动更有章可循。

在皇帝颁发的诏令中，涉及监察的主要有官吏法定权利监察、选举监察和司法监察等三个方面。在官吏监察方面，如：景帝元年颁布的《惩贪令》规定："吏及诸有秩受其官属所监、所治、所行、所将，其与饮食计偿费，勿论。它物，若买故贱，卖故贵，皆坐赃为盗，没入赃县官。吏迁徙免罢、受其故官属所将监治送财物，夺爵为士伍，免之。无爵，罚金二斤，令没入所受。"①

景帝中六年颁布《禁官吏车服违礼令》规定："夫吏者，民之师也，车驾衣服宜称。吏六百石以上，皆长吏也，亡度者或不吏服，出入闾里，与民亡异。令长吏二千石车朱两轓，千石至六百石朱左轓。车骑从者不称其官衣服，下吏出入闾巷，亡吏体者，二千石上其官属，三辅举不如法令者，皆上丞相、御史请之。"②

景帝后二年颁布的《二千石各修其职令》规定："今岁或不登，民食颇寡，其咎安在？或诈伪为吏，吏以货赂为市，渔夺百姓，侵牟万民。县丞，长吏也，奸法与盗盗，甚无谓也。其令二千石各修其职，不事官职耗乱者，丞相以闻，请其罪。"③

哀帝绥和二年颁布的《禁名田畜奴婢过品令》规定："诸王、列侯得名田国中，列侯在长安及公主名田县道，关内侯、吏民名田，皆无得过三十顷。诸侯王奴婢二百人，列侯、公主百人，关内侯、吏民三十人。年六十以上，十岁以下，不在数中。……诸名田畜奴婢过品，皆没入县官。"④

光武帝建武四年颁布《禁吏卒嫁娶过令》规定："吏三百石、庶民嫁娶毋过万五千，关内侯以下至宗室及列侯子聘聚（娶）各如令，犯者没

---

① 《汉书·景帝纪》。
② 同上。
③ 同上。
④ 《汉书·哀帝纪》。

入所赍奴婢、财物县官。”①

在选举监察方面，如：高祖十一年颁布《惩不举贤令》规定：郡国守相有向中央举荐辖区内人才的义务：“其有意称明德者，必身劝，为之驾，遣诣相国府，署行、义、年。有而弗言，觉，免。”②

武帝元朔元年发布《不举孝察廉有罪令》规定：“不举孝，不奉诏，当以不敬论。不察廉，不胜任也，当免。”③

在司法监察方面，如：高祖七年颁布、景帝中五年和后元年间两次重申的《谳疑狱令》规定：地方疑案各自上报所属二千石长官，二千石不能决断，“皆移廷尉。廷尉所不能决，谨具为奏，傅所当比律令以闻”。④

武帝元狩六年颁布《察冤令》，要求“详问隐处亡位及冤失职者”，举奏“奸猾为害野荒治苛者”。⑤ 宣帝五凤四年再颁《察冤令》，命令“举冤狱，察擅为苛禁深刻不改者”。⑥ 相同之令还见于成帝建始三年诏⑦、鸿嘉元年诏⑧。

宣帝地节四年颁布的《禁拷囚令》，命令“郡国岁上系囚以掠笞若瘐死者，所坐名县爵里，丞相、御史课殿最以闻”。⑨

此外，一些经司法程序确认的惩治官吏渎职违纪的各种案例，也具有监察法源的效力。例如，软弱不胜任免官是汉代流行的处分官吏措

---

① 甘肃省文物考古研究所编：《居延新简》（上册）EPF22·45A（此为汉简编号，后同），中华书局1994年版。

② 《汉书·高帝纪》。

③ 《汉书·武帝纪》。

④ 《汉书·刑法志》。

⑤ 《汉书·武帝纪》。

⑥ 《汉书·宣帝纪》。

⑦ 《汉书·成帝纪》。

⑧ 同上。

⑨ 《汉书·宣帝纪》。

施，也是层出迭见的案例。元帝时，名臣王尊之子王伯任京兆尹，坐软弱不胜任免官。① 元帝永光四年，光禄大夫张谭仲叔为京兆尹，以不胜任免官。② 在居延汉简中此类案例也多次出现，如："贫急软弱不任职，请斥免，可补者如牒"，③"始建国天凤上戊六年七月壬辰，除署第十部士吏，案匡"④，"软弱不任吏职，以令斥免"。⑤ "□兵弩不檠持，案业软弱不任吏职，以令斥免"⑥，等等。

二、专门性的监察法规

西汉时期专门性的监察法规，主要是《监御史九条》与《刺史六条》。

《监御史九条》又称《御史九法》，于汉惠帝三年颁布，据汉卫宏所撰《汉旧仪》卷上说："惠帝三年，相国奏遣御史监三辅郡，察辞诏凡九条。"从内容上看，它是汉初朝廷授权监御史监察地方的法律，也是中国古代第一个性质明确的地方监察法。

《监御史九条》的内容在《唐六典》中有以下记载："相国奏御史监三辅不法事：词讼，盗贼，铸伪钱，狱不直，徭赋不平，吏不廉，苛刻，逾侈及弩力十石以上，作非所当服，凡九条。"宋人王益之所撰《西汉年纪》卷一引《汉仪》作了进一步阐述："惠帝三年，相国奏御史监三辅郡，察以九条，察有司讼者，盗贼者，伪铸钱者，恣为奸诈论狱不直者，擅兴徭赋不平者，吏不廉者，吏以苛刻故劾无罪者，敢为逾越侈及弩十石以上

---

① 《汉书·王尊传》。
② 《汉书·百官公卿表》。
③ 《居延汉简释文合校》231·29。
④ 甘肃省文物考古研究所编：《居延新简》（上册）EPT68·11，中华书局1994年版。
⑤ 甘肃省文物考古研究所编：《居延新简》（上册）EPT68·12，中华书局1994年版。
⑥ 甘肃省文物考古研究所编：《居延新简》（上册）EPF22·689，中华书局1994年版。

者，非所当服者，凡九条。”

《监御史九条》涉及行政、司法、财经、吏治等许多方面，其监察的对象主要是郡县官吏。监察的内容包括渎职、风纪、违制等。渎职包括治安恶化（诉讼、盗贼迭起），经济失控（盗铸伪钱，徭役不均），司法黑暗（断狱不直）；风纪败坏（不廉、苛刻、奢侈）；违制（拥有重兵器，弩力十石以上）、逾制（作非所当服）等。

从历史背景看，《监御史九条》是西汉吸取建国之初因撤销监御史而导致地方吏治败坏的教训，于京畿地区恢复监御史之际制定的。因此它的针对性强，不仅督察官吏种种不法之事，还着意打击拥有重兵器及僭越逾制等觊觎更高权力的阴谋倾向，反映了中央政府对地方的戒备和控制。《监御史九条》虽仅适用于三辅郡，内容也极为简洁，实施的时间也不长，但它是中国古代地方监察立法之滥觞。

如果说《监御史九条》只是一个适用于特定地区的地方性监察法规，那么武帝时制定的《刺史六条》，则是一部全国性的地方监察法规。

公元前154年平定“吴楚七国之乱”以后，虽然采取一系列强有力措施，限制和剪除诸侯王势力，矫正了汉初在中央与地方关系设计上的错误。但是，随着地主经济的进一步发展，地方豪强势力日益增长，土地兼并不断加剧，《汉书·食货志》说：“罔疏而民富，役财骄溢，或至并兼豪党之徒以武断于乡曲”，以至令二千石无法控制。

与此同时，地方吏治败坏，二千石郡守也多为奸利，“室庐车服僭上亡限”。① 中央政府对地方失监失控现象日益明显。惠帝时，已经是“御史不奉法，下失其职”。文帝时，以临时派出的丞相史出刺地方，但

① 《汉书·食货志》。

收效甚微。至景帝时,已发展到“吏以货赂为市,渔夺百姓,侵牟万民。县丞,长吏也,奸法与盗盗”的程度。① 武帝元鼎四年亲赴各地巡行,发现许多郡国守相严重失职,而监郡御史竟隐匿不报,遂下令处决了一批郡守,并诏“御史止,不复监”。② 至元封五年,对监郡御史制度进行改革,分全国为冀、幽、并、兖、徐、青、扬、荆、豫、益、凉、交趾、朔方等十三个监察区——十三部州。每部设刺史一人,负责一州的监察工作。为了避免重蹈监御史失监、虚监的覆辙,武帝亲自参与制定规范十三州部刺史行为准则的立法工作,诞生了《刺史六条》,亦称《刺史六条问事》或《六条察郡法》。《刺史六条》是汉武帝改革地方监察制度的产物,也是加强中央集权、打击地方豪强势力的特定时代的产物。

据《汉书·百官公卿表》记载,“武帝元封五年,初置部刺史,掌奉诏条察州。”此“诏条”即《刺史六条》,其条文见颜师古注引蔡质《汉官典职仪式选用》:“诏书旧典,刺史班宣,周行郡国,省察治状,黜陟能否,断治冤狱,以六条问事,非条所问,即不省。一条,强宗豪右田宅逾制,以强凌弱,以众暴寡。二条,二千石不奉诏书遵承典制,倍(背)公向私,旁诏守利,侵渔百姓,聚敛为奸。三条,二千石不恤疑狱,风厉杀人,怒则任刑,喜则淫赏,烦扰苛暴,剥戮黎元,为百姓所疾,山崩石裂,妖祥讹言。四条,二千石选署不平,苟阿所爱,蔽贤宠顽。五条,二千石子弟恃怙荣势,请托所监。六条,二千石违公比下,阿附豪强,通行货赂,割损政令也。”

从《刺史六条》的内容可以看出,它将二千石官员和强宗豪右列为首要监察对象,借以严防郡守与地方豪强势力相互勾结,形成不利于中

① 《汉书·景帝纪》。
② 《通典·职官典六》。

央集权的地方割据势力。凡低于二千石的官吏如县令等,不在刺史监察的范围之内,所以何武为扬州刺史,所奏举仅限于“二千石长吏”。“二千石有罪,应时举奏,其余贤与不肖敬之如一。”①成帝时,朱博为冀州刺史,外出行部,“吏民数百人遮道自言”,控告地方不法官吏,朱博令属僚对上告者宣布:“欲言县丞尉者,刺史不察黄绶(颜师古注:“丞尉职卑皆黄绶。”),各自诣郡;欲言二千石墨绶长吏者,使者部还,诣治所。”②明末顾炎武考证说:“汉时,部刺史之职,不过以六条察郡国而已,不当与守令事。故朱博为冀州刺史,敕告吏民,欲言县丞尉者,刺史不察黄绶,各自诣郡。鲍宣为豫州牧,以听讼所察过诏条,被劾。而薛宣上疏,言吏多苛政,县教烦碎,大率咎在部刺史或不循守条职,举错各以其意,多与郡县事。”③

由于强宗豪右兼并土地侵渔百姓,使得“富者田连阡陌,贫者无立锥之地”,造成深刻的社会矛盾。为抑制豪强势力的发展,缓和阶级矛盾的激化,将打击强宗豪右列为六察之首。

除此之外,虽不见于《刺史六条》,但实际上作为监察对象的是诸侯王。《汉书·百官表》“监察御史补注”载:“惟一条察强宗豪右,其五条皆察二千石。而历考诸传中,凡居此官者,率以督察藩国为事,如《高五王传》,青州刺史奏淄川王终古罪。《文王三传》,冀州刺史林奏代王年罪。《武五子传》,青州刺史隽不疑知齐王孙刘泽等谋反,收捕泽以闻。又昌邑哀王之子贺既废,为宣帝所忌,后复徙封豫章为海昏侯,扬州刺史柯奏其罪。《张敞传》,拜冀州刺史,既到部,而广川王国群辈不道,贼发不得,敞围王宫搜得之,捕格断头,悬王宫门外,因奏广

---

① 《汉书·何武传》。
② 《汉书·朱博传》。
③ (明)顾炎武:《日知录》。

川王，削其户。刺史以察藩国为事，东京犹然。”

《刺史六条》对监察的范围作出明确的界定，主要是强宗豪右田宅逾制，横行乡里；二千石长吏不奉法令，聚敛私利；刑赏无度，残害百姓；选拔不公，阿附豪强；其子弟倚仗权势，请托地方官等。既涵盖了地方吏治的不法现象，又突出了打击重点。但为防止奉诏行使监察权的刺史超越职权，特别规定“非条所问，即不省”，否则便是“逾越故事，信意举劾，妄为苛刻”，①并须承担越权的处分，鲍宣即因此而被免职。“鲍宣为豫州牧，岁余，丞相司直郭钦奏宣举错烦苛，代二千石署吏听讼，所察过诏条……宣坐免归家。”②

《刺史六条》一事一条，标以数目，条款分明，操作性强，反映了立法技术已达到的水准。

汉代刺史品秩仅为六百石，相当于低级县令，却负责监察品秩二千石的地方长吏，甚至辖区内诸侯王也要受刺史的监察，这体现了中国古代监察法制一贯的“以卑督尊”的原则。由于刺史职虽卑但权重，因此何武为扬州刺史，“所举奏二千石长吏，必先露章，服罪者为亏除，免之而已；不服，极法奏之，抵罪或至死”。③ 刺史还有权“选第大吏，所荐位高至九卿，所恶立退，任重职大”。④ 顾炎武对于“以卑督尊”的监察原则曾作出以下评论：“秩卑则其人激昂，权重则能行志。”⑤

为了有效地实现《刺史六条》的有关规定，汉朝采取行部制和治所制两种监察方式。刺史定期巡察所辖的郡国，称为“行部”，通过行部全面地考察守相的政绩，发现违法失职者，进行弹劾。何武任扬州刺

① 《汉书·薛宣传》颜师古注。
② 《汉书·鲍宣传》。
③ 《汉书·何武传》。
④ 《汉书·朱博传》。
⑤ 《日知录》“部刺史”。

史,“行部必先即学宫见诸生,试其诵论,问以得失,然后入传舍,出记问垦田顷亩、五谷美恶,已乃见二千石,以为常”。[1]“诸州常以八月巡行所部郡国,录囚徒,考殿最;初岁尽,进都奏事。”[2]

此外,刺史在治所随时处理告发二千石的案件。汉初,刺史无固定治所,汉末始渐普遍设治所,《文献通考·职官十五》载:“汉刺史乘传周行郡国,无适所治。中兴,所治有定处。”这二种监察方式相结合更能发挥刺史的监察作用。

综观汉代的监察法,其突出的特点是监察立法步入自觉阶段。《监御史九条》与《刺史六条》的问世,开中国古代专门监察立法之先例,对后世产生了深刻而久远的影响。曹魏的《六条察吏》,两晋的《五条律察郡》《长吏八条》,北朝的《六条诏书》《诏制九条》,唐朝的《巡察六条》,明朝的《宪纲条例》,清朝的《都察院则例》《钦定台规》,莫不一脉相承,习习相因。就此而言,汉代的专门监察法规,堪称是中国古代监察立法的奠基之作。

三、东汉时期的监察诏令

东汉在法制建设上,基本援用西汉法律,而无重大建树,“后汉二百年间,律章无大增减”。[3]但适应加强监察的需要,也颁布了一些具有监察法性质的法令,如光武帝时颁布《惩举荐非其人令》,要求刺史、二千石严格按四科选用人才,“察茂才尤异孝廉之吏,务尽实核,选择英俊、贤行、廉洁、平端于县邑,务授试以职。有非其人,临计过署不便习官事,书疏不端正,不如诏书,有司奏罪名,并正举者”。[4]建武四年颁布《禁

---

① 《汉书·何武传》。
② 《后汉书·百官志》。
③ 《魏书·刑罚志》。
④ (东汉)应劭:《汉官仪》卷上。

吏卒嫁娶过令》,“吏三百石、庶民嫁娶毋过万五千,关内侯以下至宗室及列侯子聘聚(娶)各如令,犯者没入所赍奴婢、财物县官”。[①] 和帝永元十六年颁诏,重申西汉时期颁布的《谳疑狱令》,“一切囚徒,于法疑者无决,以奉秋令”。[②] 章帝建初五年颁诏,重申武帝元狩六年所颁布的《察冤令》,宣称:“今吏多不良,擅行喜怒,或案不以罪,迫胁无辜,致令自杀者,一岁且多于断狱,甚非为人父母之意也。有司其议纠府之。”[③]此外,献帝时应劭对汉律令进行了较大规模的整理,完成阐述律例本意的《律本章句》、汇集尚书政务法令典章的《尚书故事》、规范狱讼原则的《廷尉板令》、提供司徒掌政执法所用的律例汇编《司徒都目》、适用于常侍曹、二千石曹、民曹、主客曹、三公曹职掌的诏书汇编《五曹诏书》等。在上述单行法令和法律汇编中,都含有以察吏为目的的监察法内容。但由于因事立法缺乏总体规划,以致彼此歧异,前后冲突,严重降低了立法的价值,也顿挫了监察法专门化的历史进程。

第五节　两汉监察法的实施

两汉监察法的内容十分广泛,涉及政治、经济、文化、军事以及社会生活等诸多领域,具体表现为立法监察、行政监察、司法监察、人事监察以及仪制监察,等等。

一、立法监察

立法监察既对于国家的重大决策和法令的制定进行事先监察,以

---

① 甘肃省文物考古研究所编:《居延新简》EPT22·45A、B,中华书局1994年版。
② 《后汉书·和帝纪》。
③ 《后汉书·章帝纪》。

防范违失行为的发生，同时也不排除对既定立法进行监察，以适当调整。在君主专制集权的制度下，国家大政方针的最终决定权掌握在皇帝手中。但为了减少决策的失误和不当，在其实施之前广泛征集大臣的意见，讨论优劣得失，成为一种正常程序，监察官特别是谏官是决策监察的重要参与者。例如，晁错任中大夫时，上书言事三十篇，建议削夺诸侯王权力，更定法令。东汉时，司空虽然不再是御史台最高长官，但是“凡国有大造大疑，谏争与太尉同”。①

与此同时，监察官也参与审核制定律令，避免制定的律令不合时宜。由于律令是国家意志的体现，是国家活动的法律依据和民众生命财产的法制保障，因此制定的过程十分严肃、认真。文帝十三年，因齐太仓令淳于公之女缇萦上书愿没为官婢以代父刑事，为此特下诏令，丞相、太尉、御史大夫共同讨论修改刑法，废除肉刑，并“具为令”。② 武帝时，赵禹为御史，“与张汤论定律令，作见知，吏传相监司以法，尽自此始”。③

汉代，御史中丞又称御史中执法，审核律令是其职掌之一。谏官也承担着立法监察职能。灵帝建宁三年，蔡邕任议郎，曾上书评论《三互法》的得失，“初，朝议以州郡相党，人情比周，乃制婚姻之家及两州人士不得对相监临。至是复有三互法，禁忌转密，选用艰难。幽、冀二州，久缺不补。邕上疏曰：伏见幽、冀旧壤，铠马所出，比年兵饥，渐至空耗。今者百姓虚县，万里萧条，阙职经时，吏人延属，而三府选举，逾月不定。臣经怪其事，而论者云‘避三互’。十一州有禁，当取二州而已。又二州之士，或复限以岁月，狐疑迟淹，以失事会。愚以为三互之禁，禁之薄者，今但申以威灵，明其宪令，在任之人岂不戒惧，而当坐设三互，自生

① 《后汉书·百官志》。
② 《汉书·刑法志》。
③ 《汉书·酷吏传》。

留阂邪?昔韩安国起自徒中,朱买臣出于幽贱,并以才宜,还守本邦。又张敞亡命,擢授剧州。岂复顾循三互,继以末制乎?三公明知二州之要,所宜速定,当越禁取能,以救时弊;而不顾争臣之义,苟避轻微之科,选用稽滞,以失其人。臣愿陛下上则先帝,蠲除近禁,其诸州刺史器用可换者,无拘日月三互,以差厥中。"①据李贤注:"三互谓婚姻之家及两州人不得交互为官。"具体说来,所谓"三互",即三种任官限制:其一,地方官须避本籍;其二,婚姻之家不得对相监临;其三,两州之人不得互相监临。据《后汉书·蔡邕传》注引《谢承书》曰:"史弼迁山阳太守,其妻钜野薛氏女,以三互自上,转拜平原相。"

实施"三互法"的主要目的,是防止地方官员在本籍任职,以及婚姻之家因姻亲关系,容易徇私枉法,结党营私,危害国家利益。但是"三互法"的实施,也造成了另一种现象。东汉末,幽、冀两州长官曾"久缺不补","三府选举,逾月不定",原因就在于"'避三互'。十一州有禁,当取二州而已。"②

二、行政监察

行政监察主要表现为以下几个方面:

(一)查处官员专断擅权,非法违失

行政监察主要是监督行政机构贯彻和实施国家的法令与各项政策,查处官员有无专断擅权与违法失职。西汉御史府的重要职掌之一,就是"受公卿群吏奏事,违失举劾之"。东汉时,侍御史"掌察举非法,受公卿群吏奏事,有违失,举劾之";③司隶校尉"掌察举百官以下及京

① 《后汉书·蔡邕传》。
② 同上。
③ 《后汉书·百官志》。

师近郡犯法者”；州刺史“常以八月巡行所部郡国，录囚徒，考殿最”，都体现了对于京师与地方官的行政监察，通过监察对官吏作出称职与否的判断。

汉初，地方官拥权自重的现象十分严重，危及中央集权的统治。因此，无论是《御史九条》还是《刺史六条》，都着重打击二千石高官不奉诏书的专断擅权。武帝元鼎年间，博士徐偃视察各地风土人情，枉称奉命让鲁国和胶东地区铸铁煮盐。此事被御史大夫张汤奏劾，“偃矫制大害法至死”。① 由于皇帝发布的制诏是神圣不可侵犯的，臣下假托皇帝制诏进行非法活动，自然属于大罪，因此“矫制”是行政监察的重点。

此外，行政监察也包括查处官吏贪赃枉法。在《御史九条》《刺史六条》中，都把“吏不廉”作为监察的重点之一。汉代贪污罪已有受所监临、受财物、听请、受财枉法、受赇（“以财求事曰赇”）枉法等名目，并区分主守官与监临官应负的责任，对前者的惩罚重于后者。例如，“主守而盗直十金弃市”，②“监临官受其官属所赠饮食计偿费勿论；受财物，夺爵为士伍，免之；无爵，罚金二斤，令没入所受”。③ 但如“枉法受赇”，则加重处刑。据《汉书·刑法志》：“吏坐受赇枉法，……皆弃市。”汉律除惩罚受赇者外，也兼及行赇者，“临汝侯灌贤坐行赇罪，国除”。④

（二）查处官吏玩忽职守，疲软无能

在一年一度全国性的上计考核活动中，御史参与审查计簿的真实性，以评定官吏是否称职。宣帝黄龙元年二月，诏曰：“上计簿具文而已，务为欺谩，以避其课。三公不以为意，朕将何任？诸请诏省卒徒自

① 《汉书·终军传》。
② 《汉书·陈万年传·汪如淳引律》。
③ 《汉书·景帝纪》。
④ 《汉书·功臣表》。

给者皆止,御史察计簿疑非实者按之,使真伪无相乱。"①另外,汉代传承"任人而所任不善者,各以其罪罪之"②的任官原则,对不称职官员,不仅自身要受惩处,而且举荐人也要承担举荐失误的责任。"有任人以为吏,其所任不廉、不胜任以免,亦免任者。"③

后汉殇帝延平元年,水灾严重,而各郡国为了博得丰收的美名,竟然隐瞒灾害情况,为了整治这种弊端,朝廷告诫司隶校尉和部刺史加强对各郡国的监督,"自今以后将纠其罚,二千石长吏其各实核所伤害,为除田租刍稾。"④

三、司法监察

由于司法是国家运行的重要方面,不仅关系到当事人的生命财产,也关乎社会的稳定和国家的长治久安,因此,历代都把监督法律、法令的实施,维护国家法律、法令的统一,作为监察机关的重要任务。西汉负责司法监察的长官为御史大夫,下设属官治书侍御史二人,"掌以法律当天下奏谳,定其是非";侍御史十五人,负责察举司法官吏违法犯罪,以及弹劾公卿违法等事。武帝时,设置绣衣直指,作为皇帝的特使,也参与地方大案的审理和监察。所谓"出讨奸猾,治大狱"。⑤ 至东汉,御史中丞成为实际上的最高监察官,也是司法监察的最高长官,负责察举不法官吏、举劾违失、典法度、掌律令、理大狱、治疑狱,发挥着重要的司法监督的功能。两汉司法监察主要表现为以下几方面:

① 《汉书·宣帝纪》。
② 《史记·范雎蔡泽列传》。
③ 《张家山汉简·置吏律·第九》。
④ 《后汉书·孝和孝殇帝纪》。
⑤ 《汉书·百官公卿表》。

（一）参与重案、疑案的审理和复核

西汉于定国为御史中丞从事，“治反者狱，以才高举侍御史，迁御史中丞”。[①] 宣帝时，设治书侍御史二人，“掌选明法律者为之，凡天下诸谳疑事，掌以法律当其是非”。[②] 通过参与或干预重大案件的审判，实现对司法的监督。东汉灵帝光和年间，太尉段颎有罪，司隶校尉阳球“就狱中诘责之”，说明司隶校尉也有鞫审诏狱之权。

（二）监督审判，慎待疑案

无论是汉初的“无为而治”，还是武帝以后实行的“德主刑辅”，都强调司法“慎刑”和“恤狱”，多次申明《谳疑狱令》，慎重对待疑案。早在高祖七年，便诏命御史负责上报疑狱：“狱之疑者，吏或不敢就决，有罪者久而不论，无罪者久系不决。自今以来，县道官狱疑者，各谳所属二千石官，二千石官以其罪名当报。所不能决者，皆移廷尉，廷尉亦当报之。廷尉所不能决，谨具为奏，傅所当比律令以闻。”[③]疑狱上报制度被汉以后历朝所传承，成为中国古代司法制度的重要内容之一。而在《刺史六条》第三条也规定了“二千石不恤疑狱，风厉杀人”是刺察的重点。

此外，汉代司法已经形成一套严格的起诉、拘捕和审判程序。司法官审理案件时是否严格按照程序要求进行，也是司法监察关注之点。宣帝地节四年，颁布《禁拷囚令》，明确规定：“郡国岁以上系囚以掠笞若瘐死者，所坐名爵县里，丞相、御史课殿最以闻。”[④]

（三）审录囚徒，平反冤狱

汉代刺史行部的重要任务之一，就是查核所辖郡国狱案，若发现冤

① 《汉书·于定国传》。
② 《后汉书·百官志》。
③ 《汉书·刑法志》。
④ 《汉书·宣帝纪》。

狱，即责令郡太守纠正。《后汉书·百官志五》载："诸州常以八月巡行所部郡国，录囚徒。"胡广注曰："县邑囚徒皆阅录视参考辞状，实其真伪，有侵冤者即时平理也。"武帝以后，董仲舒糅合诸家学说，提出的"天人感应"说，对于汉代的司法监察有着极为重要的意义。董仲舒认为："凡灾异之本，尽生于国家之失。"①据此每当出现一些怪异的自然现象时，统治者往往以为是政治上的过失或冤狱繁多所致。后汉明帝永平十三年，发生日食，明帝要求刺史、太守"详刑理冤，存恤鳏孤"。②同样，后汉和帝永元十六年，秋大旱，皇帝诏曰："今秋稼方穗而旱，云雨不沾，疑吏行惨刻，不宣恩泽，妄拘无罪，幽闭良善所致。其一切囚徒，于法疑者无决，以奉秋令。"③同时，要求对违法惨刻的官吏立予查处。后汉灵帝熹平五年，天下大旱，"使侍御史行诏狱亭部，理冤枉，原轻系，休囚徒"。④ 通过对囚徒的审录，发现冤狱即时予以平反，体现了司法监察的重要作用。

四、人事监察

人事监察的重点在于监督审查官吏选任的过程是否公平，是否有非法任用、徇私舞弊、朋党相荐的现象存在。

汉代已经建立了相对完善的职官管理制度，从官员的选拔、任命、考核等各方面作了严格、系统的规定。违反规定，轻则免官，重则受刑。成帝元延元年，"诏举方正直言之士，红阳侯立举咸对策，拜为光禄大夫给事中。方进复奏，咸前为九卿，坐为贪邪免，自知罪恶暴陈，依托红阳侯立徼幸，有司莫敢举奏，冒浊苟容。不顾耻辱，不当蒙方正举，备内

① 《春秋繁露·必仁且智》。
② 《后汉书·明帝纪》。
③ 《后汉书·和帝纪》。
④ 《后汉书·灵帝纪》。

朝臣。并劾红阳侯立,选举故不以实。有诏免咸,勿劾立”。① 可见即使对于重臣红阳侯许立,监察官翟方进也有权奏劾其违法保举陈咸的行为。

诸侯国内官员的任免权,一度成为中央与诸侯王争夺的焦点。文帝时,针对淮南厉王刘长驱逐中央设置于侯国内的诸侯相和二千石官,欲自置官吏的不法行为,重申中央政令:“汉法,二千石缺,辄言汉补。”②武帝以后,面对地方郡国权势渐大,日益危及中央集权统治的情况,要求监察官对郡国选任官吏进行严格监督。又制定“左官”“阿党”“附益”等法。所谓“阿党”是指派驻诸侯国的官员和诸侯结党营私,包庇犯罪的行为。《汉书·高五王传》注引张晏语曰:“诸侯有罪,傅相不举奏,为阿党。”另据《刺史六条》凡“二千石选署不平,苟阿所爱,蔽贤宠顽;二千石子弟恃怙荣势,请托所监”等行为,均需严加监察。

西汉初年,由于郡县势力尚不妨碍中央集权,所以地方长官郡守、县令均可由本郡人担任。武帝以后,鉴于地方势力坐大,郡守、县令等主要长官概不用本籍人,只有郡县属官、佐吏可用本籍人。为使官员任用回避制度化、法律化,专门制定了“三互法”。回避制度的主要目的是防止地方官员在本籍任职徇私枉法,结党营私,危害国家利益。

此外,监察官还有权对郡国举荐责任进行监察。按汉制,地方郡国有向中央举荐辖区内人才的义务,违反者要承担相应的责任。高祖时颁布《惩不举贤令》规定:“其有意称明德者,必身劝,为之驾,遣诣相国府,署行、义、年。有而弗言,觉,免。”③汉代人事监察有助于国家用得其人,借以保障政令的顺畅贯彻。

---

① 《汉书·翟方进传》。
② 《汉书·淮南王传》。
③ 《汉书·高帝纪》。

五、仪制监察

中国古代的法律是等级特权法，是以维护不平等的社会关系为特征的。它严格规定了各阶级、阶层的行为规范，对不同的社会角色，各有与其相应的制度要求。如臣下和一般百姓的衣食住行必须遵照礼典政令的规定，不得非分逾制，超出规定要受到法律的严惩。特别是冒渎君主权威的一些行为，更是监察与惩罚的重点。

作为御史不但对朝堂上百官的行为举止进行监察，而且在一些重要的典礼场合，如国家祭祀、新皇帝登基等，也负有重要的监察职责。东汉时，侍御史“凡郊庙之祠及大朝会、大封拜，则二人监威仪，有违失，则劾奏”。成帝永始四年诏：“圣王明礼制以序尊卑，异车服以章有德，虽有其财，而无其尊，不得逾制。”①东汉殇帝驾崩后，顺帝即位，梁太后临朝摄政，下诏说，殇帝年幼去世，太庙祭祀时，位次应排在顺帝之下。大臣对此争执不一，周举认为：“今殇帝在先，于秩为父，顺帝在后，于亲为子，先后之义不可改，昭穆之序不可乱。”②梁太后最终接受了周举的意见。说明统治集团内部违反礼制的行为，也要接受监察官的监督，从而体现了监察的严肃性。

总括前述，作为中央监察机关的御史台，在脱离少府之后，已成为日益独立的监察机关，直接归属于皇帝，这不仅对于创设独立的监察机构体系提供有力支持，也有利于排除握有一定监察权的行政官员干涉御史台独立行使监察权。至此，中国古代监察制度才在真正意义上得到确立。但作为谏诤之官的谏议大夫，仍隶属于九卿之一的光禄勋，还没有独立的机构。

---

① 《后汉书·百官志》。
② 《后汉书·周举传》。

两汉监察体制的多元化所表现出的多层次交叉监督,对于吏治的澄清起了重要的作用。尤其是地方专门监察法规的出现,不仅是两汉监察立法的重大成就,也为后世监察立法的制定提供了先验。两汉监察法的实施,巩固了大一统的专制主义中央集权的政治体制。

第六章　三国两晋南北朝的监察法制

三国两晋南北朝是中国历史上大动荡、大变乱、大分裂和民族大迁移、大融合时期。在近四百年的时间里，阶级矛盾与民族矛盾交织在一起，形成尖锐复杂的形势，致使政权更迭频仍，战乱不息。先有魏、蜀、吴的三分天下，至西晋虽形成了短暂的统一，而后又发生了东晋和南北朝的对峙。南方士族门阀地主势力秉权窃位，垄断朝政，先后建立起东晋、宋、齐、梁、陈各朝。北方少数民族进入中原地区以后，也建立了北魏、北齐、北周等地方政权。北方少数民族统治者为适应统治广大汉族地区的需要，采取汉化的政策，并在民族文化大融合的背景下，缔造了超越秦汉的监察法制，并为隋唐监察法制的走向成熟和定型提供了条件。

这一历史时期政权的更替虽然频繁，但每个王朝建立以后，都力图运用行政的、法律的各种手段强化国家的运行机制，以维护各自的统治。由于各朝所处的历史条件和面对的政治形势不同，所以中枢行政机构也在不断变化中表现出了各自的特点。掌握国家政权的士族门阀势力，为了控制官僚机构，发挥官僚在施政、执法、驭民各方面的作用，以确保士家大族的整体利益，都十分重视监察机关的设置与监察体制的完善，南北朝在这一点上具有共同性。但是，皇帝与士族权贵在基本利益一致的前提下，也存在着权力分配上的矛盾与冲突。为了维护皇权，防止士族权贵日益恣肆，以及宗室、外戚、宦官擅权秉政，南朝皇帝都十分注意运用监察机关强化制衡力量，对百官的行政行为进行广泛的监察。特别是皇帝控制军队的加强与寒族的崛起，使得专制主义的中央集权制度由弱趋强。皇帝与士家大族的权力冲突,以及双方力量对比的消长,决定着监察体制的调整。北朝面对广大的汉官群体以及传统旧势力的干政,不断扩大监察机关的职掌和范围,成为这一时期监察法制发展的特点。

除此之外,各朝为了生存与发展都较为重视纳谏,以减少决策的失误。因此,言谏机构有所发展,创立了"尽规献纳"的侍中寺、门下省和集书省。言谏机构的独立存在和专职言谏官员队伍的形成,在一定程度上制约了皇权的任意行使。

这一历史时期立法活动也取得了重大成就,《晋律》和《北齐律》都在中国法制史上占有承前启后的历史地位。监察法律虽然散见于律典和诏令之中,但它的适用范围却在不断扩大。不仅如此,中枢机构由丞相制向三省制转化,也是这一时期国家治理上的重大发展,其影响深远。

第一节　割据对峙的政治形势与监察思想的复杂化

一、魏蜀吴三国鼎立与依法监察的强调

西汉以来,礼法结合、德主刑辅的治国方略,对于三国时期虽仍具有重要的影响,但在当时在割据对峙互相兼并的尖锐条件下,更强调依法监察的作用,以维持各自偏安的局面。如魏国曹操提出"治定之化,以礼为首;拨乱之政,以刑为先",表示尊重儒家德主刑辅的理念。同时,他十分重视监察机关的建设,在援用旧制的基础上增设了校事、刺奸等监察官,以发挥监督机制的作用。

魏明帝时,光禄勋高堂隆提出,君主如要"……移风易俗,宣明道化,使四表同风,回首面内,德教光熙,九服慕义",则"宜崇礼乐,班叙明堂,修三雍、大射、养老,营建郊庙,尊儒士,举逸民,表章制度,改正

朔,易服色,布恺悌”。并且提出“可命群公卿士通儒,造具其事,以为典式”,①并且建议由监察官监督实施,以巩固儒家思想的统治地位。散骑常侍刘劭还奉诏“辄作《都官考课》七十二条,又作《说略》一篇”,②作为考课与监督百官的法律依据,表现了皇权与士族门阀特权的冲突。

蜀汉诸葛亮坚持以法治蜀,他为监察官制定了一条基本原则,就是“尽忠益时者,虽仇必赏;犯法怠慢者,虽亲必罚”。③ 其结果“刑政虽峻而无怨者,以其用心平而劝戒明也”。④ 这也是他一生奉行的行为准则。

孙吴向以重刑著称,丞相陆逊曾劝谏孙权说:“夫峻法严刑,非帝王之隆业;有罚无恕,非怀远之弘规也。”⑤孙权“于是令有司尽写科条,使郎中褚逢赍以就逊及诸葛谨,意所不安,令损益之”,⑥由此监察官得以依法监察。

二、晋朝重巡守,提高监察的职掌

晋朝在统一全国以后,面对多年分裂、割据的政治影响,晋武帝提倡仿古时巡行之制,借以了解各地的民情风俗以及政令是否统一实施,就便加强对蜀、吴残余势力的镇抚,维护政权的稳定。泰始四年,武帝诏刺史二千石长吏曰:“古之王者,以岁时巡狩方岳,其次则二伯述职,不然则行人顺省。故虽幽遐侧微,心无壅隔,下情上通,上指远谕,至于鳏寡,罔不得所,用垂风遗烈,休声犹存。朕在位累载,如临深川,夙兴

① 《三国志·魏志·高堂隆传》。
② 《三国志·魏书·刘劭传》。
③ 《三国志·诸葛亮传》。
④ 同上。
⑤ 《三国志·陆逊传》。
⑥ 《三国志·孙权传》。

夕惕,明发不寝,坐而待旦,思四方水旱灾眚,为之怛然。勤躬约己,欲令事事当宜。常恐众吏用情,诚心未著,万机兼猥,虑有不周,政刑失谬,而弗获备览。百姓有过,在予一人。惟岁之不易,未遑卜征巡省之事,下之未乂,其何以恤之。今使使持节侍中、副给事黄门侍郎衔命四出,周行天下,亲见刺史二千石长吏,申谕朕心,访求得失损益诸宜,观省政教,问人间患苦。周典有之曰:'其万姓之利害为一书,其礼俗政事刑禁之逆顺为一书,其暴乱作慝犯令为一书,其札丧凶荒厄贫为一书,其康乐和亲安平为一书,每国辨异之,以返命于王。'旧章前训,今率由之。还具条奏,俾朕昭然鉴于幽远,若亲行焉。大夫君子,其各悉乃心,敬乃事,嘉言令图,苦言至戒,与使者尽之,无所隐讳。方将虚心以俟,其勉哉勖之,称朕意焉。"①

又针对郡国守相下诏:"郡国守相,三载一巡行属县,必以春。此古者所以述职宣风展义也。见长吏,观风俗,协礼律,考度量,存问耆老,亲见百年。录囚徒,理冤枉,详察政刑得失,知百姓所患若,无有远近,便若朕亲临之。敦喻五教,劝务农功,勉励学者,思勤正典,无为百家庸末,致远必泥。士庶有好学笃道,孝悌忠信,清白异行者,举而进之。有不孝敬于父母,不长悌于族党,悖礼弃常,不率法令者,纠而罪之。田畴辟,生业修,礼教设,禁令行,则长吏之能也。人穷匮,农事荒,奸盗起,刑狱烦,下陵上替,礼义不兴,斯长吏之否也。若长吏在官公廉,虑不及私,正色直节,不饰名誉者,及身行贪秽,谄黩求容,公节不立,而私门日富者,并谨察之。扬清激浊,举善弹违,此朕所以垂拱总纲,责成於良二千石也。於戏戒哉。"②七月又"遣使者侯史光循行天下"。③

---

① 《晋书·礼下》。
② 《晋书·武帝纪》。
③ 同上。

除此之外，提高了监察官的职掌，御史中丞在行马内有权监督太子的行事，司隶校尉有权监督尚书令，借以肃正纲纪，震慑百僚。

但西晋时期代表士族利益的大官僚竟然上言取消御史台。如西晋咸宁年间中书荀勖就曾提议取消御史台设置，“兰台宜省付三府”①；东晋简文帝即位时，京城未解除严禁，时为大司马的桓温屯兵禁中，夜吹警角，被御史中丞王恬奏劾。桓温见奏事，叹曰：“此儿乃敢弹我，真可尚。”②显露了士族势力对监察制度的一种轻蔑。

而皇帝对士族的宽纵，使后者在事实上也能摆脱监察制度的控制。如晋武帝泰始三年(267 年)，司隶校尉李憙曾任立进县令的刘友、前任尚书山涛、中山王司马睦以及已故的尚书仆射武陔各占公家三更稻田，武帝以“涛等不贰其过者，皆勿有所问”为由，不予追究。③

可见，魏晋时期，在皇帝与士族的冲突中，迫于士族势盛，皇帝所赖以约束士族的监察机关呈现出弱化的趋势。

魏晋时期，在思想界出现了玄学与儒家经学的论辩，但并没有动摇儒家的正统地位，特别需要指出的是，着这个思想大融合的过程中，法学竟然异军突起，出现了刘颂等人的以法为治、依法断狱的法律观，为依法察吏提供了理论基础。

西晋著名律学家刘颂认为，要加强对官员的监督，首先法律必须统一，以便官吏遵守。他说：“自近世以来，法渐多门，令甚不一……是法多门，令不一，则吏不知所守，下不知所避。奸伪者因法之多门，以售其情，所欲浅深，苟断不一，则居上才难以检下……法轨既定则行之，行之信如四时，执之坚如金石，群吏岂得在成制之内，复称随时之宜，傍引因

---

① 《晋书》卷三九《荀勖传》。

② 《通典》卷二四《职官六》。

③ 《晋书》卷四一《李憙传》。

人设教,以乱政典哉……夫人君所与天下共者,法也。已令四海,不可以不信为教,方求天下之不慢,不可绳以不信之法,且先识有言,人至愚而不可欺也。不谓平时背法意断,不胜百姓愿也……又律法断罪,皆当以法律令正文。若无正文,依附名例断之,其正文名例所不及,皆勿论。法吏以上,所执不同,得为异议,如律之文,守法之官,惟当奉用律令。至于法律之,所见不同,乃得为异议也。今限法曹郎令史,意不同为驳,惟得论释法律,以正所断,不得援求诸外,论随时之宜,以明法官守局之分。”①

曾任尚书左仆射的刘毅也以简洁的语言表述了礼法杂糅的理念,他说:“王法赏罚,不阿贵贱,然后可以齐礼制而明典刑也。”②

三、南朝遣使出巡,观政听谣,理冤荐贤

南朝是士族门阀统治盛行的时代,士族可以通过九品中正的选官制度进入官场,因此,士族一般不屑于担任监察官,而出身庶族的监察官又对士族难以实行监察的职掌。总的看来,南朝监察官出现了式微的倾向。南朝宋建立以后,孝武帝仍按旧制,多次遣大使出巡,特别是针对尚书左丞荀万秋(后任御史中丞)弹劾顾琛一案,特别下诏司宪之官,不得任意轻重,“敕违纠慢,宪司之职,若理有不公,自当更有厘正。而自顷刻无轻重,辄致私绝。此风难长,主者严为其科”。③

梁武帝还经常分遣内侍,周省四方,“观政听谣,访贤举滞。其有田野不辟,狱讼无章,忘公殉私,侵渔是务者,悉随事以闻。若怀宝迷邦,蕴奇待价,蓄响藏真,不求闻达,并依名腾奏,罔或遗隐。使辅轩所届,如朕亲览焉”。④ 特别是重视司法监察,“其有深冤钜害,抑郁无

① 《全晋文》卷四一。
② 《晋书》卷五九《赵王伦传》。
③ 《宋书·顾琛传》。
④ 《梁书·武帝纪》。

归，听诣使者，依源自列。庶以矜隐之念，昭被四方，枲听远闻，事均亲览”。①

四、北朝加强监察职掌，慎重御史人选

以少数民族为主体的北朝进驻中原地区以后，为了整饬纲纪，明确官僚职掌，借以稳定统治广大中原地区，因此非常重视发挥监察机关的作用，提高了监察官的职掌，并且严格监察官的人选，发挥监察官与司法官之间的互监作用。按《通典·职官六》记载，孝文帝时，御史台长官御史中尉，位高权重，可“督司百僚”，“其出入千步清道，与皇太子分路，王公百辟咸使逊避，其余百僚下马驰车止路旁，其违缓者以棒棒之”。

孝明帝时，元晖尚书左仆射，在上疏中特别强调御史的人选，他说：“御史之职，鹰鹯是任，必逞爪牙，有所噬搏。若选后生年少、血气方刚者，恐其轻肆劲直，伤物处广。愚谓宜简宿官经事、忠良平慎者为之。”“御史之职，务使得贤。必得其人，不拘阶秩，久于其事，责其成功。”②高恭之为御史，鉴于御史的司法失职行为，上疏请求恢复太和时期的廷尉司直，与御史并行，审理冤狱，以达到互相监督的效果。他说：“高祖太和之初，置廷尉司直，论刑辟是非，虽事非古始，交济时要。窃见御史出使，悉受风闻，虽时获罪人，亦不无枉滥。何者？得尧之罚，不能不怨。守令为政，容有爱憎，奸猾之徒，恒思报恶，多有妄造无名，共相诬谤。御史一经检究，耻于不成，杖木之下，以虚为实。无罪不能自雪者，岂可胜道哉！臣虽愚短，守不假器，绣衣所指，冀以清肃。若仍更踵前失，或伤善人，则尸禄之责，无所逃罪。如臣鄙见，请依太和故事，还置司直十人，名隶廷尉，秩以五品，选历官有称，心平性正者为之。御史若

① 《梁书·武帝纪》。
② 《魏书·元晖传》。

出纠劾，即移廷尉，令知人数。廷尉遣司直与御史俱发。所到州郡，分居别馆。御史检了，移付司直。司直覆问事讫，与御史俱还。中尉弹闻，廷尉科案，一如旧式。庶使狱成罪定，无复稽宽，为恶取败，不得称枉。若御史、司直纠劾失实，悉依所断狱罪之。听以所检，迭相纠发。如二使阿曲，有不尽理，听罪家诣门下通诉，别加案检。如此，则肺石之傍，怨从可息；聚棘之下，受罪吞声者矣。"孝明帝诏从之，复置司直。

五、明治道，正君失，重纳谏

在这一历史时期，作为最高统治者的皇帝，或出于巩固政权维持相安局面的考虑，或为了打击政敌的需要，或服务于进取中原的宏图大业，都要求臣下进谏，并表示纳谏的诚意。魏文帝说："轩辕有明台之议，放勋有衢室之问，皆所以广询于下也。百官有司，其务以职尽规谏，将率陈军法，朝士明制度，牧守申政事，缙绅考六艺，吾将兼览焉。"①其后，魏明帝要求公卿进谏，他说："盖闻人主政有不得，则天惧之以灾异，所以谴告，使得自修也，故日月薄蚀，明治道有不当者。朕即位以来，即不能光明先帝圣德，而施化有不合于皇神，故上天有以寤之，宜励政自修，以报于神明。天之于人，犹父之于子，未有父欲责其子，而可献盛馔以求免也。今外欲遣上公与太史令具禳祠，于义未闻也。群公卿士，其各勉修厥职，有可以补朕不逮者，各封上之。"②

南朝，梁武帝鉴于"治道不明，政用多僻，百辟无沃心之言，四聪阙飞耳之听，州辍刺举，郡忘共治，致使失理负谤，无由闻达，侮文弄法，因事生奸。肺石空陈，悬钟徒设"，因而提出："凡厥在朝，各献谠言，政治不便于民者，可悉陈之；若在四远，刺史二千石长吏，并以奏闻；细民有

---

① 《三国志·魏志·文帝纪》。

② 《全三国文》卷九。

言事者，咸者申达，朕将亲览，以纾其过；文武在位，举尔所知，公侯将相，随才擢用，拾遗补阙，勿有所隐。”①

北魏孝文帝厉行改制，推进汉化，为了构建较为完善的典章法制，强调“自今已后，群官卿士，下及吏民，各听上书，直言极谏，勿有所隐。诸有便宜，益治利民，可以正风俗者，有司以闻。朕将亲览，与三事大夫论其可否，裁而用之”。② 尤其是每当灾异发生上天示警之时，更要求百官进谏，魏书有以下记载：“春旱至今，野无青草，上天致谴，实由非德，百姓无辜，将罹饥馑。寤寐思求，罔知所益，公卿内外股肱之臣，谋猷所寄，其极言无隐，以救民瘼。”③除百司卿士外，他甚至要求“工商吏民，其各上书极谏，靡有所隐”。④

与东晋对峙的前秦氐族政权的领袖符坚称帝以后，下令：“其自公卿已下，岁举贤良方正、孝廉、清才、多略、博学、秀才、异行各一人。”要求他们“或献书规谏，或面陈朕过，其悉以闻，勿拘贵贱”。⑤

由于皇帝表达了纳谏的诚意，因此也不乏臣下进谏的事例。如魏明帝时，司徒军议掾董寻进谏说：“臣闻古之直士，尽言于国，不避死亡。故周昌比高祖于桀纣，刘辅譬赵后于人婢。天生忠直，虽白刃沸汤，往而不顾者，诚为时主爱惜天下也。建安以来，野战死亡，或门殚户尽，虽有存者，遗孤老弱。若今宫室狭小，当广大之，犹宜随时，不妨农务。况乃作无益之物，黄龙凤皇，九龙承露盘，土山渊池，此皆圣明之所不兴也，其功参倍殿舍。三公九卿，侍中尚书，天下至德，皆知非道，而不敢言者，以陛下春秋方刚，心畏雷霆。……孔子曰：‘君使臣以礼，臣

---

① 《梁书·武帝纪》。

② 《魏书·孝文纪》。

③ 同上。

④ （北魏）《魏书·孝文纪》。

⑤ 崔鸿：《十六国春秋别传》卷四“前秦录”。

事君以忠。'无忠无礼,国何以立。故有君不君,臣不臣,上下不通,心怀郁结,使阴阳不和,灾害屡降。凶恶之徒,因间而起。谁当为陛下尽言事者乎？又谁当千万乘以死为戏乎？臣知言出必死,而臣自比于牛之一毛,生既无益,死亦何损,秉笔流涕,心与世辞。臣有八子,臣死之后,累陛下矣。"将奏,沐浴。既通,帝曰:"董寻不畏死邪!"主者奏收寻,有诏勿问。后为贝丘令,清省得民心。①

魏明帝时,太子舍人张茂以"吴、蜀数动,诸将出征,而帝盛兴宫室,留意于玩饰,赐与无度,帑藏空竭;又录夺士女前已嫁为吏民妻者,还以配士,既听以生口自赎,又简选其有姿色者内之掖庭",上书谏曰:"臣伏见诏书,诸士女嫁非士者,一切录夺,以配战士,斯诚权时之宜,然非大化之善者也。臣请论之。陛下,天之子也,百姓吏民,亦陛下之子也。礼,赐君子小人不同日,所以殊贵贱也。吏属君子,士为小人,今夺彼以与此,亦无以异於夺兄之妻妻弟也,於父母之恩偏矣。又诏书听得以生口年纪、颜色与妻相当者自代,故富者则倾家尽产,贫者举假贷贳,贵买生口以赎其妻;县官以配士为名而实内之掖庭,其丑恶者乃出与士。得妇者未必有懽心,而失妻者必有忧色,或穷或愁,皆不得志。夫君有天下而不得万姓之懽心者,鲜不危殆。且军师在外数千万人,一日之费非徒千金,举天下之赋以奉此役,犹将不给,况复有宫庭非员无录之女,椒房母后之家,赏赐横兴,内外交引,其费半军。昔汉武帝好神仙,信方士,掘地为海,封土为山,赖是时天下为一,莫敢与争者耳。自衰乱以来,四五十载,马不舍鞍,士不释甲,每一交战,血流丹野,创痍号痛之声,于今未已。犹强寇在疆,图危魏室。陛下不兢兢业业,念崇节约,思所以安天下者,而乃奢靡是务,中尚方纯作玩弄之物,炫燿后园,建承露之盘,斯诚快耳目之观,然亦足以骋寇雠之心矣。惜乎,舍尧舜

① 《三国志·魏书·明帝纪》。

之节俭，而为汉武之侈事，臣窃为陛下不取也。原陛下沛然下诏，万几之事有无益而有损者悉除去之，以所除无益之费，厚赐将士父母妻子之饥寒者，问民所疾而除其所恶，实仓廪，缮甲兵，恪恭以临天下。如是，吴贼面缚，蜀虏舆榇，不待诛而自服，太平之路可计日而待也。陛下可无劳神思於海表，军师高枕，战士备员。今群公皆结舌，而臣所以不敢不献瞽言者，臣昔上要言，散骑奏臣书，以听谏篇为善，诏曰：'是也'，擢臣为太子舍人；且臣作书讥为人臣不能谏诤，今有可谏之事而臣不谏，此为作书虚妄而不能言也。臣年五十，常恐至死无以报国，是以投躯没命，冒昧以闻，惟陛下裁察。"明帝恣肆如故。①

上述有关进谏纳谏的文献记载，反映了这一历史时期的君臣关系。

综括上述，三国两晋南北朝是中国历史上承上启下的重要历史时期，由于阶级矛盾、民族矛盾以及统治集团内部的矛盾相互交织在一起，造成了纷繁复杂的政治史和法制史，政权的不断兴替以及民族间政治倾向的不同，决定了监察思想的多样性，为这一时期监察制度的发展，与监察法制的逐渐走向成熟提供了理论支持。由于北朝富于进取精神，无论监察思想和监察体制建设都优于南朝。

第二节　各朝的监察体制

三国两晋南北朝是中国历史上仅有的门阀政治时代，士家大族把持政权，决定着国家的运行方向。因此，凡是在士家大族势盛的时期，监察机关难以发挥监督百官的应有作用。但是这一历史时期的政治体制，依然是皇权至上的专制体制，作为最高统治者的皇帝，在依靠士家大族支持的同时，也设法抑制士家大族的权势，避免对皇权构成威胁，

---

① 《三国志·魏书·明帝纪》。

因此,强化监察便是皇帝经常采用的最有效的方法。皇帝与士族门阀的权力冲突决定着这一时期监察制度发展的具体走向,而皇权与士族力量对比关系的变化,也决定着监察制度的兴衰。随着历史的发展,士族门阀势力逐渐衰落,皇权明显上升,遂使依附于皇权的监察体制得到较大的发展,监察法制也相应地有所进步。

一、三国时期的监察体制

曹魏监察体制草创于曹操当政之时,它源于两汉,又不同于两汉,一定程度上体现了曹操的变革精神。曾任司隶校尉的曹操在他执政期间,为了扩张权势,震慑百僚,同时,也鉴于"大业草创,众官未备,而军旅勤苦,民心不安"①的严峻形势,于法定的监察机关之外,另设校事作为特殊的监察官。校事最初是设在军队中监督犯罪的临时性质的监察官,所谓"此霸世之权宜,非帝王之正典"。② 后为巩固曹魏政权,遂发展成正式监察官。校事主要职掌侦察、刺探官民情事、纠举不法,所谓"上察官庙,下摄众司",史载"校事刘慈等,自黄初数年之间,举吏民奸罪以万数"。③ 校事秩比二千石,只对曹操负责,权力极大,而且经常任意侦察,以"憎爱"而"擅作威福",④遭到权贵们的忌恨。高柔曾力谏曹操:"设官分职,各有所司。今置校事,既非居上信下之旨,又达等数以憎爱擅作威福,宜检治之。"⑤因此,围绕着校事的存与废,产生了激烈的斗争。但曹操没有接受高柔的建议,仍坚持设置校事,只是为了取得某种平衡,被迫杀掉擅作威福的校事赵达。

---

① 《三国志·魏书·程昱传》。
② 同上。
③ 《三国志·魏书·高柔传》。
④ 同上。
⑤ 同上。

魏明帝时,卫臻上奏说:“古制侵官之法,非恶其勤事,诚以所益者小,所堕者大也。臣每察校事,类皆如此。”①杜恕更是谴责校事“不顾道理而苟求容进也”。②

齐王曹芳时,司马氏专政,为削弱曹氏势力,迫使其接受黄门侍郎程晓的建议,于嘉平年间废除了校事。

除此之外,曹魏政权仍沿袭东汉以来的监察机构体系,但机构有所膨胀。中央监察机关为御史台,掌国家监察要务。御史台长官为御史大夫,但实际上由御史中丞掌理一切台事,其官秩四品,一度称为“宫正”。史载:“黄初四年,尚书令陈群、仆射司马宣王并举勋为宫正,宫正即御史中丞也。帝不得已而用之,百僚严惮,罔不肃然。”③曹魏时相继任御史中丞之职者,有陈群、崔林、徐宣、司马懿、鲍勋、荀俣、徐庶、诸葛诞、杜恕、鲁芝、钟毓、陈骞、李喜、石鉴等。御史中丞出行,百官避道,以彰显其权重职要。鲍勋为宫正时,“百僚严惮,罔不肃然”。④

御史中丞下辖治书执法、治书侍御史等属官。治书执法“掌劾奏”;治书侍御史“掌律令”,二者是御史台的主要官员。魏文帝时,高柔为治书侍御史,同时兼治书执法,以严格执法监督著称于世。刘慈“举吏民奸罪以万数,柔皆请惩虚实;其余小小挂法者,不过罚金”。⑤

此外,台中侍御史分八曹理事,如治书曹掌度支,课第曹掌考课等。有时还“遣二御史居殿中察非法”,是隋唐时殿中侍御史的前身。另有“中廷御史”“禁防御史”“督军粮御史”“督军粮治书侍御史”“督军粮

---

① 《三国志·魏书·卫臻传》。

② 《资治通鉴》卷七二“魏纪四·列祖明皇帝之上”(太和六年)。

③ 《三国志·魏书·鲍勋传》。

④ 同上。

⑤ 《三国志·魏书·高柔传》。

执法”等专职侍御史。可见曹魏时期，御史台专门职掌监察的职官明显增多，在官僚体系中日益成为重要的部门。

由于御史系统的职官众多，以至魏文帝不能尽识御史为何物。如魏文帝曹丕即位之始，“帝尝大会，殿中御史簪白笔，侧阶而坐，上问左右，‘此为何官？何主？’左右不对。辛毗曰：‘此谓御史，旧时簪笔，以奏不法；今直备官，但珥笔耳。’”①

除御史台外，京畿地区仍设司隶校尉，“及魏晋，乃以京辅所部定名，置司州，以司隶校尉统之”。② 司隶校尉掌举劾纠察，兼管京城附近犯罪案件的审理，所谓“掌察举百官及京师近郡犯法者，并领司州”。③ 司隶校尉位高、权大，并有众多属官，如参军都官从事、功曹从事、诸曹从事、部郡从事、武猛从事、督军从事、主簿、录事、门下书佐、省事、记乃书佐、诸曹书佐等，形成了庞大的官僚机构。

御史台和司隶校尉参加朝廷重案、要案的审理，一方面体现了监察机关的司法职能；另一方面也可以对审判过程加以监督，此制对后世颇有影响。但由于这一历史时期皇帝与士族之间在权力上发生冲突，以至御史中丞、司隶校尉虽任其职，但难以发挥监察作用。如魏明帝时，黄门侍郎杜恕曾上奏说：“骑都尉王才，幸乐人孟思所为不法，震动京都，而其罪状发于小吏，公卿大臣初无一言。自陛下践阼以来，司隶校尉、御史中丞宁有举纲维以督奸宄，使朝廷肃然者邪？”④

曹魏还仿东汉旧制，于十三州设州牧、刺史，“巡行所部郡国，录囚徒，考殿最，每岁遣记吏诣京都奏事”。⑤ 魏文帝时，贾逵为豫州刺

① 《初学记》卷一二，引《魏略》。
② （宋）马端临：《文献通考》卷六一“职官考十五”。
③ （清）杨晨：《三国会要》卷一〇《职官下》。
④ 《三国志·魏书·杜恕传》。
⑤ （清）杨晨：《三国会要》卷一〇《职官下》。

史，认为："州本以御史出监诸郡，以六条诏书察长吏二千石以下，故其状皆言严能鹰扬，有督察之才，不言安静宽仁有恺悌之德也。今长吏慢法，盗贼公行，州知而不纠，天下复何取正乎？"于是他对"二千石以下阿纵不如法者，皆举奏免之"。此举受到文帝称赞："逵真刺史矣"，并布告天下，要求以豫州贾逵"为法"。① 但是，由于战争频繁，地方军务繁忙，刺史领兵大都不能专心于监察，造成地方监察的废弛。黄门侍郎杜恕为此上书说："古之刺史，奉宣六条，以清静为名，威风著称，今可勿令领兵，以专民事。"②然而在当时的形势下杜恕的建议难以实现。由于州牧、刺史集军政监察大权于一身，因此也有众多属官。

曹魏时，谏官系统也发挥着一定的作用。隶属于光录寺的侍中寺，所属侍中、给事黄门侍郎、散骑常侍、给事中、谏议大夫等具有专职谏官的性质。杜恕为黄门侍郎时，"不结交援，专心向公。每政有得失，常引纲维以正言，于是侍中辛毗等器重之"。③ 魏文帝时，"帝欲徙冀州士家十万户实河南"，"时连蝗民饥，群司以为不可"，但魏文帝坚执己见，辛毗极力进谏，魏文帝"曰：'卿谓我徙之非邪？'毗曰：'诚以为非也。'帝曰：'吾不与卿公议也。'毗曰：'陛下不以臣不肖，置之左右，厕之谋议之官，安得不与臣议邪！臣所言非私也，乃社稷之虑也，安得怒臣！'帝不答，起入内，毗随而引其裾，帝遂奋衣不还，良久乃出，曰：'佐治（辛毗字），卿持我何太急邪？'毗曰：'今徙，既失民心，又无以食也'。"魏文帝终于作出让步，"遂徙其半"。④

除谏诤、规谏政治得失外，侍中、黄门侍郎与散骑常侍还沿袭两汉

---

① 《三国志·魏书·贾逵传》。
② 《三国志·魏书·杜恕传》。
③ 同上。
④ 《三国志·魏书·辛毗传》。

时期给事中行使的“平尚书奏事”权，对诸尚书奏章进行审核。

以上可见，曹魏时监察体制的发展是和皇权与士族之间的权力冲突密切联系着的。为了使监察官恪尽职责，曹魏统治者较为重视刺史的人选，既倚重刺史，但又防止其权力过大，反映了监察体制下无法克服的矛盾。

孙吴政权初期也设有校事，隶属于中书，负责刺探民间隐情，向皇帝奏报。任此职者有吕壹、秦博、钱钦等人。由于校事握有很大的权力，而吕壹等人又“作威用事，诋毁重臣，排陷无辜”，①甚至“操弄威柄，奏按丞相顾雍、左将军朱据等，皆见禁止”。② 因而受到顾、陆、朱、潘等江东大族的激烈攻击，孙权不得不杀吕壹以平息不满。孙权死后，建兴元年孙亮即位，权臣诸葛恪曾一度取消校事，至孙皓即位，作为打击世族、巩固皇权工具的校事又被恢复。

孙吴的中央监察机关为御史台，以御史大夫为长官。史载：“吴亦有御史大夫，后又置左右御史大夫。”③但实际掌握最高监察权的是御史中丞，有时也称为执法。“至吴之中执法、左执法，其职较崇，当亦即中丞之改名也。”④孙休时，选曹尚书兼太子少傅薛综子薛莹为散骑中常侍，⑤说明孙吴政权亦设有规谏之官。

刘蜀政权中央监察机关为御史台，多仿汉制。史载“孙吴、刘蜀多依汉制，虽复临时命氏，而无忝旧章”。⑥ 刘蜀也设谏议大夫，地位较魏为高，名臣费诗、杜微、尹默都曾任职谏议大夫。

---

① 《晋书·五行志下》。
② 《三国志·吴书·潘濬传》。
③ 《册府元龟·宪官部》。
④ 《历代职官表》卷一八。
⑤ 参见《三国志·吴书·薛综传》。
⑥ 《晋书·职官志》。

二、两晋的监察体制

西晋政权建立以后,掌权的司马氏对于士族大家既依赖又放纵,致使监察机关职能遭到很大削弱,中书监荀勖为了维护权贵的利益,竟然建议取消御史台之制。但是,随着司马氏地位的巩固,为了平衡士族大家的权力需要,监察官的价值又受到重视,监察制度也有所发展。

两晋最高监察机关为御史台,又称"宪台",与尚书台、谒者台合称"三台"。御史台长官为御史中丞,职掌"督司百僚,皇太子以下,其在行马内有违法宪者,弹纠之。虽在行马外,而监司不纠,亦得奏之"。①而且"外督部刺史,内领侍御史,受公卿奏事,举劾按章"。②

御史中丞以下设有治书令史,"掌威仪禁令,领受写书,缣帛笔墨"③;治书侍御史四人(太康年间简化为二人),掌管律令;侍御史九人。另设殿中侍御史四人(东晋简化为二人),察殿中不法行为。此外,还有监搜御史、符节御史、令史、禁防御史等多人。值得提出的,一是设有黄沙狱治书侍御史一人,与御史中丞俸禄相同,具有较高的地位,"掌诏狱及廷尉不当者皆治之",④可见主要行使司法监察职权。二是侍御史下辖职能部门十三曹,分别为吏曹、课第曹、直事曹、印曹、中都督曹、外都督曹、媒曹、符节曹、水曹、中垒曹、营军曹、法曹、算曹等。这不仅说明御史台机构的扩大,更说明监察职能分工的细化,涉及国家财政、人事、经济、司法、军事等各个方面。

西晋仿汉魏之制,京畿地区设司隶校尉,其属官众多,有"功曹、都官从事、诸曹从事、部郡从事、主簿、录事、门下书佐、省事、记室书佐、诸

---

① 《晋令辑存》卷四。
② 同上。
③ 同上。
④ 《晋书·职官志》。

曹书佐守从事、武猛从事等，凡吏一百人，卒三十二人”。[①] 而且握有很大的监察权，刘毅为司隶校尉时，“皇太子朝鼓吹将入东掖门，毅以为不敬，止之于门外，奏劾保傅以下”。[②] 由于监察权的分散，不可避免地造成职能上的重叠与冲突。譬如御史台与司隶校尉的职掌划分是：御史中丞专纠行马内，司隶校尉专纠行马外。“行马”指宫廷、官署前拦阻人马通行的木栅，“行马内”即宫廷之中，“行马外”即宫廷以外，然而在实施中两者经常发生冲突。傅咸任司隶校尉时，曾弹劾属行马内的仆射王戎，为此遭到御史中丞的诘难。傅咸自辩说：“按令，御史中丞督司百僚。皇太子以下，其在行马内，有违法宪者，弹纠之。虽在行马外，而监司不纠，亦得奏之。”“既云中丞督司百僚矣，何复说行马之内乎！……司隶所以不复说行马内外者，禁防之事已于中丞说之故也。中丞、司隶俱纠皇太子以下，则共对司内外矣，不为中丞专司内百僚，司隶专司外百僚。自有中丞、司隶以来，更互奏内外众官，惟所纠得无内外之限也。”[③]

既然御史中丞与司隶校尉可以纠察皇太子，因而要求改变晋初监察机关无权监督尚书的规定。傅咸提出：“司隶与中丞俱共纠皇太子以下，则从皇太子以下，无所不纠也。得纠皇太子，而不得纠尚书，臣之暗塞，既所未譬……皇太子在行马之内耶，而得纠之，尚书在行马之内，而不得纠，无有此理。……今臣裁纠尚书，而当有罪乎。”[④]傅咸的建议被皇帝采纳，尚书等高级官吏也被纳入御史监察的范围。

武帝时，奏劾三公已蔚然成风，侍御史刘毅上疏弹劾司徒王浑说：“谨按司徒王浑，蒙国厚恩，备位鼎司，不能上佐天子调和阴阳，下

---

① 《晋书·职官志》。
② 《晋书·刘毅传》。
③ 《晋书·傅咸传》。
④ 同上。

遂万物之宜，使卿大夫各得其所，敢因刘舆距扞诏使，私欲大府兴长狱讼。”①

至惠帝时，御史中丞傅咸曾上疏弹劾仆射兼吏部尚书王戎说：“戎备位台辅，兼掌选举，不能谧静风俗，以凝庶绩，至今人心倾动，开张浮竞”，②请求罢去王戎的官职。

西晋时，司隶校尉不仅掌握京畿地区的监察权，而且兼掌行政权、军事权，向着京畿地区行政长官转化。

除御史中丞、司隶校尉以外，设置在尚书台中的尚书左丞，也主管台内监察事务。随着尚书台地位的提高，其权日重，开始纠弹台外之官。但尚书左丞的监察权力小于御史中丞和司隶校尉，其纠弹的对象多为官员的行政违法和轻微刑事犯罪。

监察权的分散，虽然可以起到互相监督，互相制约的作用，但是，监察职掌的重合，终究会引起监察机关之间的消长之势，司隶校尉性质的演变，就是一例。

由于皇帝支持监察官行使弹劾职能，因而出现了许多刚正不阿的监察官。如“傅玄为司隶校尉……每有奏劾或值日幕，捧白简整簪带竦踊不寐，坐而侍旦。于是贵族慑服，台阁生风”。③ 刘毅为司隶都官从事，后为司隶校尉，“纠正豪右，京师肃然，司部守令望风投印绶者，甚众。时人以毅方今之诸葛丰、盖宽饶”。④ 可见监察官的活动对肃清吏治的确发挥了一定的作用，但监察官是依附于皇权的，其职权能否充分发挥，常受帝意所左右。例如，外戚羊琇犯法，“司隶校尉刘毅劾之，

① 《晋书·刘毅传》。
② 《晋书·傅咸传》。
③ 《册府元龟》卷五一二。
④ 同上。

应至重刑。武帝以旧恩,直免官而已”。[1] 张辅任御史中丞时,曾弹劾义阳王司马威,后“孙秀执权,威构辅于秀,秀惑之,将绳辅以法”。[2] 周处为御史中丞,不避宠戚得罪了梁王司马肜,后被派往前线,命以五千人抵挡七万之众,最后战死。[3] 类似的监察官因行使职权而受到贵戚豪门打击报复之事,史不绝书。

对于汉代以刺史监郡的刺察制度,魏晋的思想家和统治者仍然表示推重。大鸿胪夏侯玄说:“刺吏职存,则监察不废”,[4]可以保证郡吏忠于职守。晋武帝鉴于西晋统一后的新形势,为了加强皇权,提出削减州牧的兵权,恢复刺史监察地方的旧制。他说:“上古及中代,或置州牧,或置刺史,置监御史,皆总纲纪而不赋政。治民之事,任之诸侯、郡守。昔汉末四海分崩,因以吴蜀自擅,自是刺史内亲民事,外领兵马,此一时宜尔。今赖宗庙之灵,士大夫之力,江表平定,天下合之为一。当韬戢干戈,与天下休息,诸州无事者罢其兵,刺史分职,皆如汉氏故事,出颁诏条,入奏事京城。二千石专治民之重,监司清峻於上,此经久之体也,其便省州牧。”[5]但至惠帝永宁年间政治腐败,社会动乱,被迫恢复州刺史掌兵民之政。

东晋的监察体制沿袭西晋,中央监察机关设御史台、尚书左丞。御史台长官为御史中丞,领有治书侍御史四人,殿中侍御史二人,侍御史九人。但东晋罢司隶校尉,并其行政权于扬州刺史,并其监察权于御史台,由御史中丞纠察行马内外的不法官吏,实现了监察权的相对集中。

---

① 《晋书·外戚羊琇传》。
② 《晋书·张辅传》。
③ 参见《晋书·周处传》。
④ 《全三国文》卷二一。
⑤ 《全晋文》卷六。

东晋也出现了一些坚持监察职能的监察官。如卞壶为御史中丞时,“忠于事上,权贵屏迹”。① 熊远为御史中丞时,尚书刁协把持朝政,熊远不畏权贵,上奏免刁协之官。② 晋文帝即位时,大司马桓温“屯中堂,夜吹警角”,御史中丞敬王司马恬“奏劾温不敬,请理罪”。桓温见到奏章后也十分感慨:“此儿乃敢弹我,真可畏也。”③

可见,两晋监察官在一定程度上,约束了士族豪门权贵的恣意妄为,维持了起码的吏治。但御史权力的发挥最终依靠皇帝,对于御史的弹劾,皇帝可以择而用之。也往往以监察官为替罪羊,成为皇权与士族权力斗争的牺牲品。

至于言谏机关,西晋时由门下省取代侍中寺。《通典·职官三》:“《晋志》曰:给事黄门侍郎与侍中俱管门下众事,或谓之门下省。”《唐六典》亦称:“自晋始有门下省。”门下省以侍中、黄门侍郎为正副长官,下设散骑常侍、给事中等多名专职言谏官员。统治者从施政实践中感觉到需要有专官侍从左右,献纳得失,随事封驳,进行规谏,以避免决策失误。晋武帝时任命任恺为侍中,总门下枢要,“恺有经国之才,万机大小多管综之。性忠直,以社稷为己任,帝器而昵之,政事多咨焉”。④

东晋时,门下省职官建制与西晋基本相同,只是职权有了更大的发展。“东晋以来,天子以侍中常在左右,多与之议政事,不专任中书,于是又有门下,而中书权始分矣。”⑤东晋还创立了诏书必须经门下省审署与下达的制度,以便于门下省通过“驳诏”行使其谏诤权,说明门下省封驳制度在东晋时已经初步形成。

---

① 《晋书·卞壶传》。
② 《晋书·熊远传》。
③ 《晋书》列传七“宗室”。
④ 《晋书·任恺传》。
⑤ 《文献通考·职官四》。

三、南朝的监察体制

南朝政权经常处于风雨飘摇之中，皇帝为巩固统治，不得不采取各种方法，强化官僚机构，维持国家机器的运行，而加强对官员的监察则是其中重要的方法之一。

南朝中央监察机关为御史台，亦称南司，大体沿袭晋制，但各朝台官的设置稍有变化。宋时，设侍御史十人，分理诸曹事；①宋与齐均不设殿中侍御史；②梁、陈设侍御史九人，另设殿中侍御史四人。③

南齐为加强对政务的监督，明帝曾下诏，“上览易遗，下情难达，是以甘棠见美、肺石流咏。自月一视黄辞，如有含枉不申，怀直未举者，莅民之司，并任厥失”。④ 由此监察官的权势有所提高，御史中丞“职无不察”，威仪甚盛，得专道而行。

南梁是南朝较为重视监察的王朝，武帝又是重视发挥监察官职能的皇帝。针对“成务弘风，肃厉内外，实由设官分职，互相惩纠。而顷一拘常式，见失方奏，多容违惰，莫肯执咎，宪纲日弛，渐以为俗”的状态。武帝于天监元年下令：“今端右可以风闻奏事，依元熙旧制。”⑤

与此同时，提高了御史中丞的职掌与地位，不仅沿袭专道而行的南齐旧制，而且“给威仪十人”，⑥以示钦重。御史中丞对“皇太子以下其在宫门行马内违法者皆纠弹之，虽在行马外，而监司不纠，亦得奏之”⑦。在皇帝的支持下，梁朝出现了一批敢于弹劾权贵的监察官，如

---

① 参见《宋书·百官志下》。
② 参见《册府元龟》卷五一二《宪官部序》。
③ 参见《隋书·百官志上》。
④ 《南齐书·武帝纪》。
⑤ 《梁书·武帝纪》。
⑥ 《隋书》卷二六《百官上》。
⑦ 同上。

御史中丞江淹"弹中书令谢朏、司徒左长史王绩、护军长史庾弘远；并以久疾不预山陵公事"，又弹劾"前益州刺史刘俊、梁州刺史阴智伯，并赃贷巨万"，使朝野"内外肃然"。武帝称之为"严明中丞"，"近世独步"。① 此外，御史中丞张绾"弹纠无所回避，豪右惮之"②；御史中丞孔休源"正色直绳，无所回避，百僚莫不惮之"③；御史中丞江革"弹奏豪权，一无所避"④。

南陈面对末世，也希望通过发挥监察机关的作用以挽救危亡的局面。宣帝在位时，痛感司法黑暗，特别下诏监察官对于案件的审判要进行监督："凡诸辩决，务令清义，约法守制，较若画一，不得前后舛互，自相矛盾，致有枉滞，纡意舞文，纪听所知，靡有攸赦。"⑤由于皇帝的提倡，陈朝御史官弹劾之风亦甚盛。陈世祖初年，御史中丞孔奂"多所纠劾，朝廷甚敬惮之"⑥。天嘉六年，陈世祖的弟弟安成王顼为司空，"以帝弟之尊，势倾朝野，直兵鲍叔睿假王威权，抑塞词讼，大臣莫敢言者"。御史中丞徐陵率领御史台属官，"引奏案而入……（徐）陵进读奏版时，安成王殿上侍立，仰视世祖，流汗失色"。"随劾免侍中、中书监，自此，朝廷肃然。"⑦太建三年，"豫章王叔英不奉法度，逼取人马"，御史中丞袁宪"依事劾奏，叔英由是坐免黜，自是朝野皆严惮焉"。⑧ 宣帝时，武陵王为吴兴太守，恣意妄为，遭到官员弹劾，为此，宣帝下诏，一方面指出"王年少，未达治道，皆由佐史不能匡弼所致，特降军号，后若更

① 《梁书》卷一四《江淹传》。
② 《梁书》卷三四《张缅传附张绾传》。
③ 《梁书》卷三六《孔休源传》。
④ 《梁书》卷三六《江革传》。
⑤ 《陈书·宣帝纪》。
⑥ 《陈书》卷二一《孔奂传》。
⑦ 《陈书》卷二六《徐陵传》。
⑧ 《陈书》卷二四《袁宪传》。

犯,必致之以法,有司不言与同罪”。[①] 另一方面“御史中丞王政,以不举奏免官”[②]。此后,多次颁诏要求加强对职官的监督,力求“在事百僚,辩断庶务,必去取平允,无得便公害民,为己声绩,妨紊政道”。[③]

南朝御史弹事,沿用晋以来风闻言事的传统,即使弹劾有误,也不加以追究。更兼御史督司百僚的工作性质,决定了他们不可避免地得罪当朝的权贵,以至御史中丞更动频繁,难于久任。“宋世载祀六十,历职斯任者五十有三,校其年月,不过盈岁。”[④]

监察官虽然受到皇帝尊宠,但品级低下,士家大族很少有出任御史中丞者。“甲族由来多不居宪台”,[⑤]更无论治书侍御史、殿中侍御史等监察官员,“旧郎官转为此职者,世谓之‘南奔’。几卿颇失志,多陈疾,台事略不复理”[⑥],因此多由出身寒门者担任。

南朝传承遣使出巡,加强地方监察的旧制,并逐渐成为定制。宋武帝永初元年六月颁诏:“遣大使分行四方,旌贤举善,问所疾苦。其有狱讼亏滥,政刑乖愆,伤化扰治,未允民听者,皆当具以事闻。”[⑦]文帝元嘉三年五月颁诏:“可遣大使巡行四方,其宰守称职之良,闺荜一介之善,详悉列奏,勿或有遗。若刑狱不恤,政治乖谬,伤民害教者,具以事闻。”[⑧]南梁武帝也在诏中提出:“可分遣内侍,周省四方,观政听谣,访贤举滞。其有四野不辟,狱讼无章,忘公徇私,侵渔是务者,悉随事以闻。”[⑨]

---

① 《南朝陈会要·刑·律名》。
② 同上。
③ 《南朝陈会要·职官》。
④ 《南齐书·刘休传》。
⑤ 《南齐书·王僧虔传》。
⑥ 《梁书·文学下·谢几卿传》。
⑦ 《南朝宋会要·民政》。
⑧ 同上。
⑨ 《南朝梁会要·遣大使》。

需要指出，遣使巡查与典签制相结合，是南朝地方监察的特点之一。典签制是南朝宋齐两代为监视控制诸王刺史而实行的制度。典签本为处理文书的小吏。刘宋初期，鉴于东晋方镇势强，威胁中央，便多以宗室子弟为州镇军政长官，并以寒人为典签进行监视。宋孝武帝以后，异姓大臣出镇，也有典签监督。在诸王年幼时，典签还负有教导与辅佐的责任。典签职微权重，“一方之事，悉以委之”，州镇要事，须典签签署方能实行。典签每年数次回京，向皇帝汇报方镇刺史的政绩，“刺史行事之美恶，系于典签之口”。因此，诸王刺史都敬畏典签。由于典签权势很大，人称签帅，以至“诸州惟闻有签帅，不闻有刺史”。齐时，典签权势尤重，甚至诸王一举一动，都由典签来决定，使诸王几成傀儡。齐明帝杀害诸王，也借用典签。梁武帝时，鉴于宋、齐两朝典签权重，造成皇室骨肉相残，政权为素族干预，因而废除典签制度。

除御史监察系统外，刘宋尚书左丞也行使监察权，而且权力较大。如益州刺史刘瑀“夺士人妻为妾”，被尚书左丞羊希弹劾，刘瑀因此而被免官。①

南朝谏官组织门下省的建制进一步扩大，职掌也有所增加。刘宋时，原属门下省的散骑省分出，改组为集书省。门下省则沿袭东晋，置侍中四人，给事黄门侍郎四人，侍中秩比二千石，黄门侍郎六百石。由于侍中职任机密之司，被视之为宰相。

南陈时，皇帝要求直言极谏，太建四年下诏：“外可通示文武，凡厥在位，风化乖殊，朝政纰蠹，正色直辞，有犯无隐。”②太建十四年诏：“内外卿士文武众司，各进忠党，无所隐讳。”③

---

① 《宋书·羊玄保附兄子希传》。

② 《南朝陈会要·民政·求谠言》。

③ 同上。

综上所述，南朝的监察体制源于东晋，但监察官在复杂的权力冲突中受到皇帝的重视，无论地位与权势都有所提高，在弹劾权贵时也往往得到皇帝的支持。因此，这一时期出现了许多刚正不阿，执法严明的监察官，如宋孔琳之、齐江淹、陈徐陵等。南朝皇帝的重视，给了御史以很大的活动空间，而中丞专道、设立仪仗等等，又增加了御史的威仪。但若御史失职，惩处也较为严厉。

御史作为皇权的工具，其职能的发挥取决于皇帝。由于皇帝与士族贵胄之间的矛盾毕竟是统治集团内部的矛盾，因此御史对他们劣行的弹劾，有时便成了无效的举动。例如，宋孝文帝时，营浦侯遵考“为政严暴，聚敛无节，为有司所纠，上寝不问”①；齐武帝时，柳世隆“在州立邸兴生，为中丞庾杲所奏，诏不问”。②

四、北朝的监察体制

北魏是少数民族建立的王朝。魏太祖道武帝时，仿魏晋旧制设御史台，称“兰台”，以御史中丞为长官，下设侍御史等职官，但旋即遭到反对。天兴四年，道武帝“罢外兰台御史，总属内省”，③代之以鲜卑旧制。北魏统治者虽然注意借鉴汉族统治经验，引入汉族王朝的行政体制，但这是一个长期的过程，中间出现过多次反复，一直到孝文帝强力推行汉化政策，中央御史台、门下省、尚书左丞等监察机关才真正确立，并且强化了监察机关的职能，提高了监察官员的地位。而且北魏在监察体制上并不拘泥于旧制，在许多方面均有创新。

孝文帝太和十五年改制以后，重新确立御史台为最高监察机关，台

① 《南史·营浦侯遵考传》。
② 《南史·柳世隆传》。
③ 《魏书·官氏志》。

主称御史中尉，正三品上，位高权重，可“督司百僚”，“其出入千步清道，与皇太子分路，王公百辟咸使逊避，其余百僚下马驰车止路旁，其违缓者以棒棒之”。① 其后将御史中尉改为从三品；治书侍御史，正六品上；侍御史，正八品下；殿中侍御史，从八品上；检校御史，正九品上。可见孝文帝改革之后，中央形成了较为严整的监察体制。

北魏的监察方式，一是由皇帝出巡地方，就便视察农桑、刑狱、人口、赋税等，以实现对地方官的政务监督。皇帝也经常以颁诏的形式，要求各级官员尽忠职守，并为监察官察吏提供合法性的依据。如世祖在诏中说：“若有发调，县宰集乡邑三老计赀定课，裒多益寡，九品混通，不得纵富督贫，避强侵弱。太守覆检能否，核其殿最，列言属州。刺史明考优劣，抑退奸吏，升进贞良，岁尽举课上台。牧守荷治民之任，当宣扬恩化，奉顺宪典，与国同忧。直道正身，肃居官次，不亦善乎？”②太延三年，还“诏天下吏民，得举告牧守之不法”。③ 显祖也曾颁诏：“诸监临之官，所监治受羊一口、酒一斛者，罪至大辟，予者以从坐论。纠告得尚书已下罪状者，各随所纠官轻重而授之。”④此类诏书不仅为监察官提供了重要的察吏依据，较之一般的国家制定法更具有权威性。

二是分派巡检，出巡地方，世宗在诏书中说：“今分遣大使，省方巡检，随其愆负与风响相符者，即加纠黜，以明雷霆之威，以申旌轩之举，因以观风辨俗，采访功过，褒赏贤者，纠罚淫慝，理穷恤弊，以称朕心。”⑤

---

① 《通典·职官六》。
② 《魏书·世祖纪》。
③ 《魏书·刑罚志》。
④ 《魏书·张衮传》。
⑤ 《魏书·世宗纪》。

除御史台所属监察系统外，北魏初期，还设有负监察之责的尚书左丞，贾彝、祖敏、张蒲等人曾任此职，①后遭撤废，太武帝年间再次设置。孝文帝改制时，于尚书省设职掌监察的尚书左丞，权力较大，其地位可比御史中丞。②

北魏分裂为东魏与西魏以后，御史台的设置与作用各有不同。东魏仍设御史台，长官为御史中尉，北齐因之。高欢初执政时需要拉拢权贵，因而压制监察机关的活动，致使"文武在位，罕有廉洁"。③ 后其子高澄掌权，为打击旧权贵，又加强了监察机关的职能。他任用崔暹为御史中尉，而且有意令崔暹"高视徐步，两人掣裾而入"，"分庭对揖，暹不让席而坐"。④ 由于得到最高统治者的积极支持，崔暹先后弹劾尚书令司马子如、尚书元羡、雍州刺史慕容献、太师咸阳王坦、并州刺史朱浑元，使得东魏上下"风俗更始，私枉路绝"。⑤ 对此，高欢表示咸阳王坦、司马子如等虽是"吾对门布衣之旧"，但遭弹劾，"吾不能救"。因此他告诫说："诸君其慎之。"⑥

随着御史中尉位高权重，此职也经常被豪门贵族所占据，东魏先后任御史中尉者有窦泰、綦隽、刘贵、高琛、高慎、崔暹、宋游道等人。但在御史队伍中也不乏寒门出身的直言敢谏之士，如毕义云、卢潜等人，他们对东魏政权的巩固发挥了一定的作用。

除御史监察系统外，也仿北魏，于尚书省设尚书左丞，掌监察。尚书左丞宋游道，曾"劾太师咸阳王坦、太保孙腾、司徒高隆之、司空侯景

① 参见《魏书·贾彝传》《魏书·张蒲传》《魏书·祖莹传》。
② 参见《魏书·官氏志》。
③ 《北齐书·杜弼传》。
④ 《北齐书·崔暹传》。
⑤ 《北齐书·文襄纪》。
⑥ 《北齐书·崔暹传》。

录、尚书元弼、尚书令司马子如”，①权力极盛。崔昂为开府长史时，弹劾权贵，“未几之间，内外齐肃”，后迁尚书左丞，兼度支尚书，“左丞兼尚书，近代未有，唯昂独为冠首，朝野荣之”。②

西魏最高统治者积极推行汉化政策，恭帝三年任用汉人苏绰总掌朝政，进行较大改革。苏绰仿《周礼》设立六官体制，于秋官府设司宪中大夫二人，为最高监察官。至于担负言谏之责的门下省则归天官府。西魏虽然也进行了一系列强化监察制度的改革，但由于政权长期处于动荡之中，难以真正发挥作用。

北齐的监察体制多沿北魏，仍设御史台，又称南台，掌监察百官之事。以御史中丞为长官，从三品，领有治书侍御史二人，侍御史八人，殿中侍御史各十二人，录事四人，领符节署令一人，符玺郎中四人，③分掌台内各项监察事务。御史中丞拥有极大的权力，东魏时一度取消的御史中丞出行清道之制又加以恢复。史载：“武成欲雄宠俨，乃使一依旧制，初从北宫出将上中丞，凡京畿步骑领军之官属，中丞之威仪，司徒之卤薄，莫不毕备。帝与胡后在华林园东门外张幕，隔青纱步障观之，遣中贵骤马趣仗不得入，自言奉敕，赤棒应声碎其鞍，马惊人坠。帝大笑，以为善。更敕令驻军，传语良久，观者倾京邑。”④北齐皇帝不仅赋予御史中丞极大的权力，还经常任用自己的亲贵为中丞，以加强皇权。但为防止御史中丞行使权力时无所顾忌，不仅使尚书左仆射、尚书令与御史中丞之间互相监督，而且定制：御史中丞在弹劾之前，须先经廷尉审核。如毕义云任御史中丞时，所纠弹者“理官忌惮，莫敢有违”。但廷尉苏

---

① 《北齐书·酷吏传·宋游道传》。
② 《北齐书·崔昂传》。
③ 参见《隋书·百官志》。
④ 《北齐书·琅琊王俨传》。

琼则多有昭雪，“寺署台案，始自于琼”。① 后宋世轨为廷尉，也对御史台所弹不当之人予以昭雪。② 北齐“寺署台案”的体制，无疑是对御史权力的干涉，但在一定程度上也保证了御史纠弹的准确性。然而有时也被统治集团的权力之争所利用，如文宣帝时，阳翟太守张善为非作歹，被御史魏辉俊弹劾下狱，但张善在狱中使人诬告，尚书令卢裴拟成罪状，反而将魏辉俊斩决。

北周取代西魏以后，周武帝宇文邕积极进取，根据《周礼》对政治体制进行重大改革，中央设三公、三师、六卿等。御史台属于六卿之一的秋官，称司宪，掌监察职能，其长官为司宪中大夫，领有司宪上士二人，司宪中士若干人，司宪下士八人。司宪中大夫不仅掌监察，还掌立法、断案等司法事务，多次分遣使者，纠举地方上的贪枉官吏，起到了一定作用。

北朝皇帝出于巩固统治、进取中原的考虑，也要求臣下进谏。北魏高祖多次颁诏，要求“自今群官奏事，当献可替否，无或面从，俾朕之过，彰于远近”。“自今已后，群官卿士，下及吏民，各听上书，直言极谏，勿有所隐。”③“今制百辟卿士，工商吏民，各上便宜，利民益治，损化伤政，直言极谏，勿有所隐，务令辞无烦华，理从简实。朕将亲览，以知世事之要，使言之者无罪，闻之者足以为戒。”④他还以“昔之哲王，莫不博采下情，勤求箴谏，建设旌鼓，询纳刍荛”为榜样，承认自己“班禄删刑，虑不周允”。因此，鼓励“百司卿士及工商吏民，其各上书极谏，靡有所隐”。⑤ 高祖的求谏诏，对于北魏一朝有着深远影响。高宗时曾赞

---

① 《北齐书·循吏·苏琼传》。

② 参见《北齐书·循吏·宋世良附弟世轨传》。

③ 《魏书·高祖纪》。

④ 同上。

⑤ 同上。

扬高允直言面谏，说："朕有是非，常正言面论，至朕所不乐闻者，毕侃侃言说，无所避就。朕闻其过，而天下不知其谏，岂不忠乎！"①肃宗时还颁诏，令"其有直言正谏之士，敢决徇义之夫，二十五日悉集华林东门，人别引见，共论得失"，而且"班告内外，咸使闻知"。②

北朝皇帝不仅要求臣下进谏、极谏，而且注意纳谏。例如显祖时曾下诏："诸监临之官，所监治受羊一口、酒一斛者，罪至大辟，予者以从坐论。纠告得尚书已下罪状者，各随所纠官轻重而授之。"对此"白泽上表谏曰：'伏见诏书，禁尚书以下受礼者刑身，纠之者代职。'伏惟三载考绩，黜陟幽明，斯乃不易之令轨，百王之通式。今之都曹，古之公卿也，皆翊扶万几，赞徽百揆，风化藉此而平，治道由兹而穆。且周之下士，尚有代耕，况皇朝贵仕而服勤无报，岂所谓祖袭尧舜，宪章文武者乎？羊酒之罚，若行不已，臣恐奸人窥望，忠臣懈节。而欲使事静民安，治清务简，至于委任责成，下民难辩。如臣愚量，请依律令旧法，稽同前典，班禄酬廉，首去乱群，常刑无赦。苟能如此，则升平之轨，期月可望，刑措之风，三年必致矣。"对于白泽的进谏"显祖纳之"。③

由于北朝皇帝重视言谏，使得谏官系统也较为发达，天兴三年，设置训士，"职比谏议大夫，规讽时政，匡刺非违"。④ 孝文帝改革之后，仿汉制将言谏官设于门下省和集书省。门下省置侍中、黄门侍郎各四人，负责言谏。据《文献通考》卷四十九载："后魏尤重门下官，多以侍中辅政，则侍中又为枢密之任矣。"宜都王穆寿、广平公张黎，都以兼任侍中的身份辅政，可见其地位的显要。门下省不仅出纳诏命，还行使"封驳

① 《魏书・高允传》。
② 《魏书・肃宗纪》。
③ 《魏书・张衮传》。
④ 《魏书・官氏九》。

权”。由于政归门下,所以侍中、黄门有“小宰相”之称。①

北魏于孝文帝太和十五年正式组建集书省,由散骑侍郎、通直散骑侍郎、谏议大夫负责献纳得失,备皇帝顾问。

北齐门下省编制扩大,置侍中、给事中侍郎各六人,及众多属吏,职掌“献纳谏正,及司进御之职”。② 侍中除在皇帝身边典掌机密,行使谏诤外,还沿后魏之制行使封驳权。北齐集书省设散骑常侍,“掌讽议左右,从容献纳”。散骑常侍的品级在中书之下,其属官有散骑常侍郎、谏议大夫、给事中等。北齐庞大的谏官队伍,显示了统治者对于言谏制度的重视以及谏官作用的加强。

北周仿古制设置六官,谏官归属于天官府,置御伯中大夫、下大夫各二人,中大夫相当于侍中,掌出入侍从,下大夫为中大夫的副职,职同给事黄门侍郎。武帝保定四年,改“御伯”为“纳言”,另设给事中士六十名,掌理六经,侍从于皇帝左右,以备答问。后给事中单独设置,不属六官之列。地官府中还设有保氏下大夫,也掌谏议之责。

五、监察官的管理制度

三国两晋南北朝时期,由于士族门阀垄断朝政,实行九品中正制的任官制度。由州郡的中正官对辖区内家世、才能、德行不同的人才,分别列为九品——上上、上中、上下、中上、中中、中下、下上、下中、下下,由朝廷按品第高下任官。九品中正制的实行,巩固了在大土地所有制基础上形成的士族门阀制度,使士族门阀垄断国家政权的特权地位制度化。至南北朝后期,在各族人民起义的不断打击下,士族势力逐渐衰微,九品中正制丧失了存在的基础。隋朝建立以后,以科举

① 参见《魏书·王慧龙附重孙遵业传》。

② 《隋书·百官志中》。

制取代九品中正制。

北朝虽无确定的任官制度，但贵族和士族同样拥有优越的权利。

在这一历史时期，官吏考绩制度有所发展。曹魏初期，实行三年一考绩，以决定黜陟。明帝时，为了整饬吏治，令谏官散骑常侍刘劭作都官考课法七十二条。考课法七十二条早已佚失，但从当时任散骑黄门侍郎杜恕的议论中可以窥见它所涉猎的内容："其有夙夜在公，恪勤特立，当官不挠贵势，执平不阿所私，危言危行以处朝廷者，自明主所察也。若尸禄以为高，拱默以为智，当官苟在于免负，立朝不忘于容身，洁行逊言以处朝廷者，亦明主所察也。"①

西晋泰始四年六月，以颁诏的形式宣布了杜预奉命制订的《考课之法》："郡国守相三载一巡行属县，必以春，此古者所以述职宣风展义也。见长吏，观风俗，协礼律，考度量，存问耆老，亲见百年。录囚徒，理冤枉，详察政刑得失，知百姓所患苦。无有远近，便若朕亲临之。敦喻五教，劝务农功，勉励学者，思勤正典，无为百家庸末，致远必泥。士庶有好学笃道，孝悌忠信，清白异行者，举而进之。有不孝敬于父母，不长悌于族党，悖礼弃常，不率法令者，纠而罪之。田畴辟，生业修，礼教设，禁令行，则长吏之能也。人穷匮，农事荒，奸盗起，刑狱烦，下陵上替，礼义不兴，斯长吏之否也。若长吏在官公廉，虑不及私，正色直节，不饰名誉者；及身行贪秽，谄黩求容，公节不立，而私门日富者，并谨察之。扬清激浊，举善弹违，此朕所以垂拱总纲，责成于良二千石也，于戏戒哉。"②

南朝宋文帝实行六年一考绩，后以"六年过久，乃以三年为断，谓之小满"。③ 其考课的内容，见于宋文帝元嘉二十年诏书："以耕桑未

① 《三国志·魏书·任苏杜郑仓传》。
② 《晋书·武帝纪》。
③ 《文献通考》卷三九《选举一二》。

广,地利多遗……有司其班宣旧条,务尽敦课;游食之徒,咸令附业;考核勤惰,行其诛赏;观察能殿,严加黜陟。”①至宋孝武帝大明七年,再次颁诏:“行幸所经,莅民之职,功宣于德,即加甄赏。若废务乱民,随譽议罚,主者详察以闻。”②

南齐,改三年一考为一年大考。南齐武帝永明三年下诏,对地方考绩作出明白晓喻:“守宰亲民之要,刺史案部所先,宜严课农桑,相土揆时,必穷地利。若耕蚕殊众,足厉浮惰者,所在即便列奏。其违方骄矜,佚事妨农,亦以名闻,将明赏罚,以劝勤怠,校核殿最,岁竞考课,以申黜陟。”③南齐明帝于建武二年诏中再次强调:“守宰亲民之主,牧伯调俗之司,宜严课农桑,罔令游惰,揆景肆力,必穷地利,固修堤防,考校殿最,若耕蚕殊众,具以名闻;游怠害业,即便列奏,主者详为条格。”④

南梁武帝于天监十五年,诏申考绩纲要:“守宰若清洁可称,或侵渔为蠹,分别奏上,将行黜陟;长吏劝课,躬履堤防,勿有不修,致妨农事;关市之赋,或有未允,外时参量,优减旧格。”⑤并且提出“小县有能,迁为大县;大县有能,迁为二千石”,⑥以示课能信赏。

南陈宣帝于太建四年诏中提出:以“其莅政廉秽,在职能否”作为官吏黜陟的条件,并设定了“最”“殿”要目。但南陈皇帝多为无能腐败之君,政治上无所建树,考绩制度难以实施。

与南朝相比,北魏充满改革进取精神,建立了一套严格考核官吏的制度。魏孝文帝太和十八年制定的《三等黜陟法》是最具有代表性

---

① 《宋书·文帝本纪》。
② 《宋书·孝武帝本纪》。
③ 《南齐书·武帝本纪》。
④ 《南齐书·明帝本纪》。
⑤ 《梁书·武帝本纪》。
⑥ 《梁书·良吏传序》。

的。“三载考绩，自古通经；三考黜陟，以彰能否。今若待三考然后黜陟，可黜者不足为迟，可进者大成赊缓。是以朕今三载一考，考即黜陟，欲令愚滞无妨于贤者，才能不壅于下位。各令当曹考其优劣，为三等，六品以下，尚书重问；五品以上，朕将亲与公卿论其善恶。上上者迁之，下下者黜之，中中者守其本任。”①为保证考课的实施，魏孝文帝亲临朝堂，考课五品以上官和尚书省诸官。自尚书令、仆射以下，因失职、乖礼，分别处以黜官、夺禄、解任等处罚；“黜退者二十余人”。②太和十九年，再次颁令：“诸州牧精品属官，考其得失，为三等之科以闻，将亲览而升降焉。”③由于“廷尉者，天下之平，民命之所悬也”，因此，孝文帝考课司法官尤为严格，只有“心平性正，抑强哀弱，不避贵势，直情折狱者可为上等”。同时，他还亲考廷尉五官司直，“迟迥三复”以示慎重。④

太和时期考绩的重心，在于官吏是否违法失职以及施政实效，从而形成了“肃明纲纪，赏罚必行，肇革旧轨，时多奉法”⑤的风尚，为史书所称道。

上述职官选任与考绩制度基本适用于监察官。

由于这一时期监察官拥有“震肃百官”的权威，御史中尉甚至“出入千步清道，与皇太子分路，王公百辟咸使逊避，其余百僚，下马驰车止路旁，其违缓者，以棒棒之”。⑥ 因此，要求监察官“既直其道，爰顾其身；身之不顾，孰有弗震”。⑦ 只有如此，监察官才能成为“百官之箴，

① 《魏书·高祖纪》。
② 《通典第一五·选举三·考绩》。
③ 《魏书·高祖纪》。
④ 《魏书·列传第九上·献文六王》。
⑤ 《魏书·良吏传序》。
⑥ 《通典·职官六》。
⑦ 《初学记》卷一二。

以箴王阙”,“执宪之纲,秉国之宪”。出身鲜卑贵族,曾任北魏尚书左仆射的元晖,强调监察官一定要得人,他说:“御史之职,务使得贤,必得其人,不拘阶秩,久于其事,责其成功。”①北齐文宣帝更是高度重视监察官的选拔任用,“有能直言正谏,不避罪辜,謇謇若朱云,谔谔若周舍,开朕意,沃朕心,弼于一人,利兼百姓者,必当宠以荣禄,待以不次”。②

北魏时御史的人选,初由皇帝亲选,“必以对策高第者补之”。当时出任中尉(御史中丞)者,既有鲜卑王公,也有中原名门,不存在南朝门阀士族对御史鄙视的现象。北齐时,曾以皇子为御史中丞,其位之显重可知。《通典·职官六》:“(北齐)有御史八人,亦重其选。”

为了使监察官选任得人,北朝规定:台内御史的选拔皆由御史中尉负责,而不属于吏部。高道穆任御史中尉时,孝庄帝曾颁诏谕:“自今日后,当得精选御史。”③经由高道穆选拔的御史,“皆当世名辈李希宗、李绘、阳休之、阳斐、封君义、邢子明、苏淑、宋世良等四十人”。郦道元以“秉法清勤”被御史中尉李彪选任为治书侍御史,“台中弹文皆委焉”。④

孝明帝熙平初,御史中尉东平王元匡,“博召辞人以充御史,同时射策者八百余人,子升与卢仲宣、孙搴等二十四人为高第。于时,预选者争相引决,匡使子升当之,皆受屈而去。搴谓人曰:‘朝来靡旗乱辙者,皆子升逐北。’遂补御史”。⑤ 为补一个御史,竟有近千人应试竞争,御史的社会政治地位于此可见。元匡选拔御史时,高道穆自荐,“匡大

① 《魏书·元晖传》。
② 《北齐书·文宣帝纪》。
③ 《魏书·高崇附道穆传》。
④ 《魏书·郦道元传》。
⑤ 《魏书·温子升传》。

喜曰:‘吾久知其人,适欲召之。’遂引为御史。其所纠摘,不避权豪,台中事物,多为匡所顾问”。①

如果监察官选非其人,则要遭到指责,如王显“以中尉属官不悉称职,讽求更换。诏委改选务尽才能,而显所举或有请属,未皆得人,于是众口喧哗,声望致损”。② 御史选拔制度,有助于监察官素质的提高,对于监察职能的发挥起着重要的作用。

北魏御史虽然职高权重,但也加重了责任,如有犯违,从重处理。北魏孝文帝时,御史中尉李彪“自谓身为法官,莫能纠劾已者,遂多专恣”,遭到治书侍御史郦道元弹劾,遂被罢去职务,并“付廷尉治狱”。③ 不仅如此,由于监察官经常是统治集团内部政治斗争的工具,以致刚正不阿的御史往往成为报复的对象。魏孝明帝时,李世哲为相州刺史,为高道穆所劾,“毁发其宅,表其罪过”。但李世哲之弟李神轨借机诬高道穆兄高谦之“压良为贱”,高谦之被下狱处死。④ 郦道元为御史时,素有严猛之称,但因弹劾汝南王元悦,元悦遂奏遣郦道元巡察雍州刺史萧宝寅,致使道元为萧宝寅所杀。⑤

第三节　监察法的发展

三国两晋南北朝时期虽然征战不绝,政权不断更替,但各朝统治者为了生存与发展,都注意发挥法律的作用,因而立法也有所发展。魏明帝时,制定新律十八篇,代表了三国时期的立法成就。晋武帝泰

---

① 《魏书·高崇附道穆传》。
② 《魏书·王显传》。
③ 《魏书·李彪传》。
④ 《魏书·李世哲传》。
⑤ 《魏书·郦道元传》。

始四年制定的《泰始律》是对两汉法律进行大总结的产物，深刻影响了南朝法律的发展。北朝《北魏律》《北齐律》都是中国法制史上著名的法典，是隋唐律的重要法源。上述法典对官吏职务犯罪都作出了规定。除此之外，在科、比、格、式等法律形式中，也有大量职官犯罪与处罚方面的内容，从而为监察法的专门化发展提供了重要的基础。譬如，经济监察有关市令、仓库令、盐铁令、酤酒令等；[①]军事监察有军法令；[②]人事监察有贡士上下，[③]《九朝律考·晋律考》中还列有司法监察的内容。

三国时期，曹魏以汉《刺史六条》为基础，由豫州刺史贾逵创立《察吏六条》，其内容如下："察民疾苦冤失职者；察墨绶长吏以上居官政状；察盗贼为民之害及大奸猾者；察犯田律四时禁者；察民有孝悌廉洁行修正茂才异等者；察吏不簿入钱谷放散者。所察不得过此。"[④]

《察吏六条》与汉《刺史六条》的内容显著不同。《察吏六条》的对象主要是二千石长吏以下的政绩以及司法冤滥与经济犯罪，同时将察纠违法与荐举人才合于一法，这是曹魏监察法制的一个独创，反映了时代的新发展。然而，魏文帝虽将豫州《察吏六条》诏颁全国，但却由于当时刺史已成为地方一级行政长官，因此一纸《察吏六条》并没有发挥应有的作用。

晋武帝于泰始四年六月诏中提出了察吏的标准，即《察长吏八条》："若长吏在官公廉，虑不及私，正色直节，不饰名誉者，及身行贪秽，谄黩求容，公节不立，而私门日富者，并谨察之。"[⑤]同年十二月，又

① 参见《晋律辑存》。
② 同上。
③ 同上。
④ 《九朝律考》转引《文选·齐故安陆昭王碑文》。
⑤ 《晋书·武帝纪》。

颁《五条律察郡》:“一曰正身,二曰勤百姓,三曰抚孤寡,四曰敦本息末,五曰去人事。”①这五条律是适用于郡守的监察条例,其重点是为官要身正清廉,忠于国家;重农敦本,抚民安民。至太康九年春,再颁察二千石长吏诏:“二千石长吏不能勤恤人隐,而轻挟私故,兴长刑狱,又多贪浊,烦扰百姓。其敕刺史二千石纠其秽浊,举其公清,有司议其黜陟。”②在这里既列举二千石长吏种种劣迹,也明确了刺史应负的监察之责。

由于晋朝继续实行魏时所创的九品中正选官制度,晋武帝特颁《中正六条举淹滞》诏,提出了中正官评品官员的标准:“一曰忠恪匪躬,二曰孝敬尽礼,三曰友于兄弟,四曰洁身劳谦,五曰信义可复,六曰学以为己。”③此外还颁发考查官员政绩的《能否十条》:“田畴辟,生业修,礼教设,禁令行,则长吏之能也。人穷匮,农事荒,奸盗起,刑狱烦,下陵上替;礼仪不兴,斯长吏之否也。”

综括上述,《五条律察郡》和《察长吏八条》是以诏书为形式的具有最高权威的监察法,其对郡守和二千石高官的严格要求,显示了当时地方监察所针对的主要对象,在晋朝监察法中是较有代表性的。此外,无论是《中正六条举淹滞》,还是长吏《能否十条》,也都带有据以察吏的监察法的性质。

南朝时期,统治者崇尚清谈,率多优于词章,而疏于律学,法制建设无大进展,监察立法也无所建树。相反,北朝统治者适应统治广大中原地区的需要,比较重视运用法律的手段治国理政,察吏安民;因而北朝监察法,是这一时期监察法发展的热点。

---

① 《晋书·武帝纪》。
② 同上。
③ 同上。

北朝具有代表性的监察法规：一是西魏的《六条诏书》，二是北周的《诏制九条》。西魏大统十年九月，度支尚书苏绰奉命制定《六条诏书》，其主要内容是："其一，先治心。……心者一身之主，百行之本……是以治民之要在清心而已……率至公之理以临其民，则彼下民孰不从化。……其二，敦教化……教之以孝悌，使民慈爱；教之以仁顺；使民和睦，教之以礼义，使民敬让……三者既备则王道成矣。其三，尽地利……夫衣食所以足者在于地利尽"，地利尽在于牧守令长"劝课有方"。"其四，擢贤良……得贤则治，失贤则乱……求贤之路自非一途。"必"任而试之，考而察之……则人道明矣，贤与不肖别矣"。"其五，狱讼……赏罚得中，则恶止而善劝，赏罚不中，则民无所措手足……唯当率至公之心，去阿枉之志，务求曲直，念尽平当。""其六，均赋役……若斟酌得所则政和而民悦，若检理无方则吏奸而民怨。"《六条诏书》最后强调指出："牧守令长非通六条及计帐者，不得居官。"①

从《六条诏书》的基本内容可以看出它要求官员从清心修身出发，发展经济，均平赋税，选拔人才，讲求教化，以此作为考核官员政绩的标准和对官员加强监督的依据。特别是强调牧守令长非通六条不得居官，显示了统治者对于六条的高度重视以及六条在治吏方面的积极作用。

北周武帝宣政六年，"遣大使巡察诸州，诏制九条，宣下州郡，一曰决狱科罪，皆准律文；二曰母族绝服外者，听婚；三曰以杖决罚，悉令依法；四曰郡县当境贼盗不擒获者，并仰录奏；五曰孝子顺孙义夫节妇，表其门闾，才堪任用者，即宜申荐；六曰或昔经驱使，名位未达，或沉沦蓬荜，文武可施，宜并采访，具以名奏；七曰伪齐七品以上，已敕收用，八品以下，爰及流外，若欲入仕，皆听预选，降二等授官；八曰州举高才博学

---

① 《周书·苏绰传》。

者为秀才，郡举经明行修者为孝廉，上州、上郡岁一人，下州、下郡三岁一人；九曰年七十以上，依式授官，鳏寡困乏不能自存者，并加禀恤”。① 诏制九条也称《九条监诸州》，其重点是断罪决罚，皆准律文，用以纠正州郡县长官任意断罪决罚的弊端，这是监察州郡长官的主要之点。除此之外，擒拿贼盗是否坚定、举才荐能是否认真、体恤社会弱势群体是否有力，也都在考察之列。

另据《唐律疏议》等文献记载，北魏律中列有“违制律”，凡属违制的行为均为监察的范围。例如：按律禁止“买良人为婢”，据此，“御史中尉王显，奏志在州日，抑买良人为婢，会赦免”。② “继在青州之日……又以良人为婢为御史所弹，坐免官爵。”③又如按律“居丧听乐饮戏”处以不同惩罚，而“谧在母丧，听音声饮戏，为御史中尉李平所弹”④。世祖时，除重视发挥监察官的作用外，还颁诏号召“吏民举告守令”。太延三年夏五月己丑诏曰：“夫法之不用，自上犯之，其令天下吏民，得举告守令不如法者。”⑤吏民得举告守令的不法行为，是对守令最有效的监督。

第四节　监察法的实施

三国两晋南北朝时期所制定的各种形式的监察法，虽然限于政权的不稳定性而没有完全实施，但不同时期的不同王朝也都不同程度地对立法、行政、人事、经济、司法等各个方面进行监察。

---

① 《周书·宣帝纪》。
② 《九朝律考》引《神元平文诸帝子孙列传》。
③ 《九朝律考》引《昭成子孙列传》。
④ 《九朝律考》引《赵郡王传》。
⑤ 《九朝律考》引《魏书·世祖纪》。

一、立法监察

立法监察是指监察官如发现国家现行法律、法令有违时宜，或宽严不当，可以奏请修改。例如，南朝刘宋孝武帝大明初，羊希为尚书左丞。时扬州刺史西阳王子尚上言："山湖之禁，虽有旧科，民俗相因，替而不奉，熂山封水，保卫家利。自顷以来，颓弛日甚，富强者兼岭而占，贫弱者薪苏无讬，至渔采之地，亦又如兹。斯实害治之深弊，为政所宜去，绝损益旧条，更申恒制。"据此上言，有司检阅"壬辰诏书"，其中规定"占山护泽，强盗律论，赃一丈以上，皆弃市"。对此，羊希认为："壬辰之制，其禁严刻，事既难遵，理与时弛。而占山封水、渐染复滋，更相因仍，便成先业，一朝顿去，易致嗟怨。"为此他提出"今更刊革，立制五条。凡是山泽先常熂，种养竹木杂果为林，及陂湖江海鱼梁鳝场，常加功修作者，听不追夺。官品第一、第二，听占山三顷；第三、第四品，二顷五十亩；第五、第六品，二顷；第七、第八品，一顷五十亩；第九品及百姓，一顷。皆依定格，条上赀簿。若先已占山，不得更占；先占阙少，依限占足。若非前条旧业，一不得禁。有犯者，水上一尺以上，并计赃，依常盗律论。停除咸康二年壬辰之科"。对于羊希改革旧有立法的意见，帝"从之"。①

又如，文帝时，羊玄保补宣城太守，此前，"刘式之为宣城，立'吏民亡叛制'，一人不禽，符伍里吏送州作部，若获者赏位二阶。玄保以为非宜，陈之曰：'臣伏寻亡叛之由，皆出于穷逼，未有足以推存而乐为此者也。今立殊制，于事为苦。臣闻苦节不可贞，惧致流弊。昔龚遂譬民于乱绳，缓之然后可理；黄霸以宽和为用，不以严刻为先。臣愚以谓单身逃役，便为尽户。今一人不测，坐者甚多，既惮重负，各为身计，牵挽逃窜，必致繁滋。又能禽获叛身，类非谨惜，既无堪能，坐陵劳吏，名器

① 《宋书·羊玄保传》。

虚假,所妨实多,将阶级不足供赏,服勤无以自劝。又寻此制,施一邦而已,若其是邪,则应与天下为一;若其非邪,亦不宜独行一郡。民离忧患,其弊将甚。臣忝守所职,惧难遵用,致率管穴,冒以陈闻。'""由此此制得停"。①

二、行政监察

魏晋以来所颁布的监察法规,主要是行政监察的法律依据,监察官可以依法纠弹官僚的行政行为是否违法失职;察纠居官不以政事为意,行政效率低下,贪酷病民、枉法受赃,等等。魏文帝时,高柔为治书侍御史兼治书执法,严格执法监督,百官整肃。贾逵为豫州刺史时,对"二千石以下阿纵不如法者,皆举奏免之"。② 晋朝刘毅为司隶校尉,纠正豪右,京师肃然。

对于地方官吏除固定设置的监察官随时纠弹行政违失外,还由皇帝临时遣使巡视地方进行不定期监察。如:"武帝永初元年六月丁丑诏:'遣大使分行四方'";文帝元嘉三年五月乙巳诏:"可遣大使巡行四方"。遣使巡行天下的目的在于"旌贤举善,问所疾苦。其有狱讼亏滥,政刑乖愆,伤化扰治,未允民听者,皆当具以事闻"。其"宰守称职之良,闺荜一介之善,详悉列奏,勿或有遗。若刑狱不恤,政治乖谬,伤民害教者,具以事闻。其高年、鳏寡、幼孤、六疾不能自存者,可与郡县优良赈给。博采舆诵,广纳嘉谋,务尽衔命之旨"。通过遣使巡行,可以"亲见刺史二千石官长,申述至诚,广询治要,观察吏政,访求民隐,旌举操行,存问所疾"。③

① 《宋书·羊玄保传》。
② 《三国志·魏书·贾逵传》。
③ 《南朝宋会要·民政》。

有时皇帝也亲自巡行地方，考察吏治，或赏或罚。“宋孝武帝元明七年冬十月戊申，车驾巡南豫州。丙寅，诏曰：‘行幸所经，莅民之职，功宣于听，即加甄赏。若废务乱民，随愆议罚，主者详察以闻。’八年二月壬寅，诏赡恤东境，若济拯不时，以至捐弃者，严加纠劾。”①

三、人事监察

人事监察主要是监督考查官吏铨选与考课是否依法，有无失实、舞弊等行为。如魏文帝黄初三年发布诏令：“今之计考，古之贡士也。十室之邑，必有忠信，若限年然后取士，是吕尚、周晋不显于前世也。其令郡国所选，勿拘老幼，儒通经术，吏达文法，到皆试用，有司纠故不以实者。”②这里所说，“纠故不以实者”的“有司”，显然是指监察官而言。魏晋以来实行的九品选官法中也明确规定：“中正检定人才，每三年更行铨论。小中正礼教有亏者，司徒、州郡大中正不加贬黜者，均免官。”至于郡中正“以六条举淹滞：一曰忠恪匪躬。二曰孝敬尽礼。三曰友于兄弟。四曰洁身劳谦。五曰信义可复。六曰学以为己”，③这些都为人事监察提供了依据。

四、经济监察

经济监察涉及面较宽，但以察农桑为主。曹魏制定的《察吏六条》之中就有“察犯田律四时禁者”，亦即有违农时。南齐武帝永明三年正月辛卯诏中要求：“守宰亲民必要，刺史案部所先，宜严课农桑，相土揆时，必穷地利。若耕蚕殊众，足励浮堕者，所在即便列奏。其违方骄矜，

---

① 《南朝梁会要·职官》。
② 《三国志·魏书·文帝纪》。
③ 《晋书·武帝纪》。

佚事妨农，亦以名闻。将明赏罚，以劝勤怠，校核殿最，岁竟考课，以申黜陟。”①南齐明帝建武二年正月己卯诏中所载尤为具体：“守宰亲民之主，牧伯调俗之司，宜严课农桑，罔令游惰，揆景肆力，必穷地利，固修堤防，考校殿最。若耕蚕殊众，具以名闻；游怠害业，即便列奏。主者详为条格。”②在北朝制定的《六条诏书》关于尽地利部分强调，地利尽在于牧守令长“劝课有方”，这些诏令法规都反映了农本主义的经济特色。

除察农桑外，晋朝还颁布一系列经济法令，如关市令、仓库令、盐铁令、酤酒令、擅兴令等，作为经济监察的法律依据。在关市令中，规定关津有税、盐铁出边关有禁、铜出关有禁，等等。而且明确规定“诸津渡二十四所，各置监津吏一人”，进行监察。③ 在仓库令中，规定州郡设尚书御史负责监仓事宜。在盐铁令中，规定“凡民不得私煮盐，犯者四岁刑，主吏二岁刑”。在酤酒令中，规定“凡民皆不问私酿酒酤，其有婚姻及疾病，听之。有犯罚酿药酒，皆金八两”。在擅兴令中，规定“州郡岁饥，不待报而擅开仓者，有罚；擅兴造者，吏免官；私役府寺人者，免官”。④ 以上经济法令所列监察内容较为具体，便于操作。

北魏高祖时，豪右多占有民田，造成百姓困饥流散，监察官李安世上疏提出解决办法，他说：“臣闻量地画野，经国大式。邑地相参，致治之本……窃见州郡之民，或因年俭流移，弃卖田宅，漂居异乡，事涉数世。三长既立，始返旧墟，庐井荒毁，桑榆改植。事已历远，易生假冒，强宗豪族，肆其侵凌，远认魏晋之家，近引亲旧之验。又年载稍久，乡老所惑，群证虽多，莫可取据。各附亲知，互有长短，两证徒具，听者犹疑，争讼迁延，连纪不判。良畴委而不开，柔桑枯而不采，侥幸之徒兴，繁多

① 《南朝齐会要·职官》。
② 同上。
③ 《晋令辑存》卷三。
④ 以上引文均见《晋令辑存》卷四。

之狱作。欲令家丰岁储，人给资用，其可得乎！愚谓今虽桑井难复，宜更均量，审其径术，令分艺有准，力业相称，细民获资生之利，豪右靡余地之盈。则无私之泽，乃播均于兆庶，如阜如山，可有积于比户矣。又所争之田，宜限年断，事久难明，悉属今主。然后虚妄之民，绝望于觊觎；守分之士，永免于凌夺矣。”对于李安世的建议，“高祖深纳之，后均田之制起于此矣”。①

北魏高宗时，“给事中郭善明性多机巧，欲逞其能，劝高宗大起宫室”，御史高允谏曰：“臣闻太祖道武皇帝既定天下，始建都邑。其所营立，非因农隙，不有所兴。今建国已久，宫室已备，永安前殿足以朝会万国，西堂温室足以安御圣躬，紫楼临望可以观望远近。若广修壮丽为异观者，宜渐致之，不可仓卒。计斫材运土及诸杂役须二万人，丁夫充作，老小供饷，合四万人，半年可讫。古人有言：一夫不耕，或受其饥；一妇不织，或受其寒。况数万之众，其所损废，亦以多矣。推之于古，验之于今，必然之效也，诚圣主所宜思量。”御史高允的谏言，高宗纳之。②

五、司法监察

在这一历史时期的监察立法中，司法监察均为重点。曹魏贾逵制定《刺史六条》时，特别指出：“今长吏慢法……天下复何取正乎。”所以要“考竟其二千石以下阿纵不如法者，皆举奏免之”。在晋朝考察官员政绩的《能否十条》中，以“刑狱烦，下陵上替”作为长吏“否”之一端。西魏《六条诏书》第五条即为“狱讼”。北周《诏制九条》之一就是“以杖决罚，悉令依法”。传承了西晋初援法定罪的“法治”精神。

在北朝的司法监察中，发生了两起具有典型意义的案例，其一：

---

① 《魏书》卷五三《李孝伯传》。

② 《魏书》卷四八《高允传》。

[北魏]太和初，怀州民伊祁、苟初三十余人谋反，将杀刺史。文明太后欲尽诛一城之民。白泽谏曰："臣闻上天爱物之生，明王重民之命，故杀一人而取天下，仁者不为。且《周书》父子兄弟，罪不相及，今群凶肆虐，轘裂诛尽，合城无辜，奈何极辟。不诬十室，而况一州？或有忠焉，或有仁者，若淫刑滥及，杀忠与仁，斯乃西伯所以叹息于九侯，孔子所以回轮于河上。伏惟圣德昭明殷鉴，水镜前礼，止迅烈之怒，抑雷霆之威，则溥天知幸矣。昔厉防民口，卒灭宗姬；文听舆颂，终摧强楚。愿不以人废言，留神省察。""太后从之。"①

其二：[北魏]世祖诏以奸吏逃刑，悬配远戍，若永避不出，兄弟代之。（郭）祚奏曰："慎狱审刑，道焕先古；垂宪设禁，义纂惟今。是以先王沿物之情，为之轨法，故八刑备于昔典，奸律炳于来制，皆所以谋其始迹，访厥成罪，敦风厉俗，永资世范者也。伏惟旨意博远，理绝近情，既怀愚异，不容不述。诚以败法之原，起于奸吏，奸吏虽微，败法实甚。伏寻诏旨，信亦断其逋逃之路，为治之要，实在于斯。然法贵止奸，不在过酷，立制施禁，为可传之于后。若法猛而奸不息，禁过不可永传，将何以载之刑书，垂之百代？若以奸吏逃窜，徙其兄弟，罪人妻子复应徙之。此则一人之罪，祸倾二室。愚谓罪人既逃，止徙妻子，走者之身，悬名永配，于眚不免，奸途自塞。""诏从之。"②

总括前述，三国两晋南北朝近四百年间是一个大分裂的割据对峙时期，也是中华民族大融合的历史时期，也是中国历史上少有的士族门阀政治时期。东晋政权的建立就是在王谢大士族的支持下实现的。东晋以后，南朝各朝，士族继续控制政权。由于士族集权的腐朽性，也使得玄学兴起，清谈之风遍及朝野。因而无论经济、政治、文化各方面基

① 《魏书·张衮传》。
② 《魏书·郭祚传》。

本沿袭汉魏晋制,缺乏创造性的改革。需要指出的是,皇帝一方面依靠士族的支持得以建立统治,但专制制度下的皇帝又惧怕士族过于势盛,威胁到皇权的权威,因而在相互依存,互相支持的同时,也存在着权力分割上的矛盾。皇帝借以抗衡士族的力量,主要就是寒门出身的监察官。通过风闻言事、纠弹不法等活动,遏制士族权力的过度膨胀。

与南朝相反,北朝少数族进入中原地区以后,正像马克思所说的那样:“野蛮的征服者总是被那些他们所征服的民族的较高文明所征服,这是一条永恒的历史规律。”①为了适应中原先进的经济、文化,不得不在国家机构的设置和治国理政上取其所长。在这方面,北魏孝文帝坚决推行汉化政策,使北魏迅速发展。北朝统治者重用通晓汉魏晋律的律学家起草法律,完成了卓有成绩的《北魏律》《北齐律》。这两部法典融合了中华各民族的法律智慧,成为中国法律史上承上启下的重要成果。

在监察制度的建设与实施上,北朝也是充满生气的。北朝统治者不仅运用监察机关维持初建的纲纪,监督汉官的政治作为,同时也借以削除和约束本民族所带来的落后的积习。因此,南北朝监察体制上多有不同,而且变化迅速。监察官的纠弹奸邪、整顿吏治的效能也各有差异。这一切,都和割据对峙的、既相互联系、又各有区别的历史背景分不开。在这个大变动、大整合的时期,各个王朝都缺乏维持长久统治的能力,或苟安一时,或偏安一隅。

为了维持不安定的政权,在治国理政和政策的制定上,都需要智者提供必要的谏言,借以弥补皇帝经历的不及和治国经验的缺乏。由此推动了言谏制度的发展,创立了侍中寺、门下省、集书省等独立的机构和专职言谏官员,使得谏官体系走向系统化、规范化。言谏机关与御史监察机关共同构成国家监察系统,一者谏诤皇帝,以广其视听;一者监察百

---

① 《马克思恩格斯选集》第二卷。

官，以维系国家纲纪。二者并行不悖，成为中国古代监察体制的一大特色。

除御史台系统外，司隶校尉以及尚书左丞等，也是这一时期职掌监察权的官员；而且在不同王朝、不同时期，扮演着权力斗争的角色，因而其权力及地位也不尽相同。随着御史台职能的扩张，司隶校尉以及尚书左丞所职掌的监察权处在不断调整之中，或被裁撤，或被搁置，基本上不再发挥重大的作用，从而为隋唐时期御史台独揽监察权奠定了基础。

这一历史时期，地方监察机构随着行政体制演变为州、郡、县三级制而有所变化。州刺史本为监察官，但这时已演变成地方的一级行政长官。为加强对地方官吏的监督，采取遣使巡省，设立检校御史等措施。南朝还在地方设置了典签官。总的来说，地方上还没有形成固定的监察体制，与中央监察体制相比较，还处于不成熟的状态。

这一时期的监察立法，随着国家立法的展开，有些已载入刑律之中，如《晋律》《北齐律》分纂"职制篇"，专书官吏职务犯罪，表明在吏治立法上的长足进步，同时也为监察活动提供了法律依据。除律令外，还有科、比、格、式等法律形式，其中也载有监察方面的法律内容。加之以诏令形式出现的专门监察法，所调整的范围相当广泛，表现了这一时期监察立法的成就。

北魏作为一个僻居漠北的少数民族政权，能在短短五十余年中迅速崛起，先后攻灭大夏、北燕和北凉，重新统一中国北方，是与贯彻汉化政策，建立仿中原王朝的典章制度分不开的。为了管束庞大的汉官队伍，消除传统贵族的特权，巩固皇权，促进了监察体制的汉化与强化，由此而出现了"郡国肃然"，"贵戚敛手"，①"牧守颇改前弊，民以安业"②的局面。

---

① 《资治通鉴》卷一四〇。

② 《魏书·食货志》。

第七章　唐朝的监察法制

经过三国两晋南北朝数百年的统治，南北经济联系日益密切，各族之间的融合不断加强，加之门阀势力受到农民起义的不断打击而陷于衰颓，因此在割据对峙的形势下，逐渐酝酿成熟了重建统一中国的条件。公元581年，掌握北周军政实权的关陇大地主大官僚集团的代表杨坚，篡夺了北周政权，自立为帝，建立隋朝。至公元589年灭南陈，终于结束了自西晋末年以来，持续二百七十余年的南北分裂对峙，重新统一了中国。

隋朝是上承魏晋、下启唐宋的著名王朝。在隋朝统治期间，由尚书省、内史省①、门下省分掌中枢政务。尚书省以下分设吏、户、礼、兵、刑、工六部，是管理行政、经济、军事、司法、文化等各项政务的执行机关。六部分辖四司，共二十四司。隋朝创立的三省六部二十四司的行政管理体制，是秦汉以来历时七百余年的重大发展，而且为隋以后迄至明清的中央行政管理体制提供了范式。中央监察机关仍为御史台。

隋朝为了加强中央对地方的控制，同时也由于魏晋以来，战争频繁，设置常变，行政区划不断缩小，一州仅及汉时一郡。因此，根据"存要去闲，并小为大"的原则，将州、郡、县三级制度改为州、县二级制度(炀帝时改州为郡)，并将任免地方重要属吏的权力收归中央，凡九品以上的地方官，一律由吏部任免。特别是仿北魏例收回了地方官对死罪的处决权，

---

① 隋文帝时，杨坚为避其父杨忠之讳，将中书省改名为内史省。

“诸州死罪不得便决,悉移大理案复,事尽然后上省奏裁”。①

与此同时,废除了魏晋南朝为巩固士族特权而建立的九品中正制的任官制度,代之以科举选官制度。由国家设立各科,定期进行统一考试,考中之后授给官职。

不仅如此,隋朝还兼取南北立法之所长,制定了著名的《开皇律》,成为唐律的蓝本。

然而赫赫不可一世的隋朝却仅存在三十八年,成为中国历史上的短命王朝。它给唐初统治者以深刻的教训和警示,以致成为唐初君臣论政的不朽话题。

由于炀帝后期法制败坏,盘剥百姓,终于激起农民大起义,推翻了隋朝。公元618年,唐朝建立。

唐朝是中国历史上政治、经济和文化高度发展和繁荣的时代,出现了历史上少有的贞观之治、开元之治。唐朝的典章制度是中国古代的成熟形态和完备形态,如同《唐律疏议》序所说:“盖姬周而下,文物仪章,莫备于唐”,因而在当时的世界上占有很高的地位。唐朝的法律作为母法,在相当长的时间里影响着周边的国家。唐朝的监察体制与监察法也达到了成熟和定型,对后世极有影响。

第一节　开明政治下的监察思想

唐初,为了重建统一强盛的帝国,力戒隋末炀帝毁法乱刑,政治严酷之弊,实行较为开明的政治,太宗李世民常对臣下说:“天子者……无道则人弃而不用,诚可畏也。”②太宗在推行开明政治的同时,还鉴于

① 《隋书·刑法志》。
② 《贞观政要》卷一《政体》。

隋末“万户则城郭空虚，千里则烟火断灭”①的残破局面，实行一系列与民休息的政策。坚持推行均田法，使民获得生产生活的必要条件；实行租庸调法，减轻徭役和赋税。同时，明法慎刑，讲求法治。太宗在与群臣论政时，提到隋朝之亡，亡于“宪章遐弃”，“官人不以违法为意”，为了重整法制，他率先奉法遵法，因而，对于执掌以法察官治吏的御史极为重视，期望通过御史执宪，整饬纲纪，使国家机器的运行纳入正常的法治轨道。

一、德法兼施，共理监察

唐朝是中国历史上著名强盛的朝代，也是中华法制文明高度发展、中华法系臻于定型，并对国内外法制发展影响巨大的朝代。《唐律疏议》，开宗明义便在“名例”篇的序言中宣布：“德礼为政教之本，刑罚为政教之用。”②这是周初明德慎罚的指导原则经过两汉德主刑辅的补充发展至唐朝，可以说是德法共治的最后形态，也是最完整的形态。它不仅是治国理政的方略和缔造法制的基本原则，也是治官察官的重要指导思想。

唐初统治者鉴于隋之亡，亡于吏治败坏，为了整饬吏治、振兴纲纪，严监察之职，严考课之任，视为关系国家政之理乱的大计。唐睿宗在《令御史录奏内外官职事诏》中说：“彰善瘅恶，激浊扬清，御史之职也。政之理乱，实由此焉。”③玄宗在《遣陆象先等依前按察制》中强调：“古者协和万邦，畴咨四岳，柔远能迩，明目达聪，以于变黎人也。自朴散醇醨，割方回直，失于德者格之以礼，失于礼者助之以刑，故惧文网而畏简

① 《旧唐书·李密传》。
② 《唐律疏议·名例》。
③ 《唐大诏令集》卷一〇〇。

书,必振其纲而又操其柄,庶乎政之要也。”①

为了做到依法察官,黜陟有据,唐朝明确规定了“四善二十七最”的标准,以德义有闻列为四善之首,同时,还规定了“扬清激浊,褒贬必当,为考校之最;决断不滞,与夺合理,为判事之最;推鞫得情,处断平允,为法官之最;访察精审,弹举必当,为纠正之最”。②

以上可见,德法兼施,共理监察,是唐朝监察思想的重要内容,同时也引领着监察体制的重大改革和监察法的制定。

二、御史执宪、正人正己

高祖时,视御史为清要之官,史载李素立“丁忧”,高祖令所司夺情,授以七品清要官,所司拟雍州司户参军,高祖曰:“此官要而不清。”又拟秘书郎,高祖曰:“此官清而不要。”遂擢授侍御史,高祖曰:“此官清而复要。”③

太宗时,一方面修法定制,严明法治;另一方面,重视吏治,重察官之任,史书说,唐初“以法理天下,尤重宪官,故御史复为雄要”。④ 为了进一步整饬吏治,他将都督、刺史的名字写在屏风上,“坐卧恒看”,以随时考核其政绩。不仅如此,他还不定期地遣使巡察天下,监察州县官吏,以定奖惩。贞观八年正月二十九日,诏曰:“昔者明王之御天下也,内列公卿,允厘庶绩。外延侯伯,司牧黎元。唯惧淳化未敷,名教或替,故有巡狩之典。黜陟幽明,行人之官,存省风俗。时雍之化,率由兹道。宜遣大使,分行四方,申谕朕心,延问疾苦,观风俗之得失,察政刑之苛

① 《唐大诏令集》卷一〇四。

② 《唐六典》卷二《吏部》。

③ 《全唐文》卷一八。

④ 《通典·职官六》。

弊。务尽使乎之旨,俾若朕亲观焉。”①

睿宗在《访察官司请托制》中指出:“御史宪司,绳劾斯举。自今已后,王公朝士有嘱请者,所繇官密奏闻,若苟相容隐,御史访察弹纠。”②

玄宗在《敕御史、刺史、县令诏》中强调:“御史执宪,纲纪是司。”如果御史面对“在外官人,罕遵法式,孤弱被抑,冤不获申,有理之家,翻遭逼迫,侵刻之吏,务欲加诬”的现象,却“多惜人情,未闻正色”,不仅要受到“何致至公”的谴责,并且要遵令“按其有犯弹奏”。③

唐朝御史不仅握有风闻言事权,而且独立行使弹奏权,即使御史台长官也无权事先询问弹奏的内容。史载:“御史为风霜之任,弹纠不法,百僚震恐,官之雄峻,莫之比焉。”④

正因为如此,对监察官的选任是很严格的。玄宗在《诫敕御史制》中强调“御史之职,邦宪是司,先正其身,始可行事。当须举直错枉,不避亲仇,纠慝绳违,务从公正。如闻愆过,阴自鼓动,不即弹射,自树私恩,曾无顾忌,仍有请托,将何以寄朕之耳目,以用屏豺狼!如此当官,深负所委,自今以后,不得更然”。⑤又在《遣使巡按天下诏》中说:“黜幽陟明,所以察风俗,求瘼恤隐,所以慰黎蒸,不有其人,孰可将命?礼部尚书席豫等,亮直清节,经通大才,多识前言,备闲时政,或久膺任使,尝参八使之列;或夙蕴公忠,必副四方之委。永怀兆庶,用寄澄清。豫巡河北道,鉷巡京畿、关内及河东道;隐之巡东畿及河南道;见素巡山南东道、江南西道、黔中、岭南等道;麟巡河西、陇西、碛西等道;翘巡剑南及山南西道,光誉巡淮南及江南东道。其百姓之间及官吏之辈,如事或

---

① 《唐会要》卷七七。
② 《全唐文》卷二九。
③ 《全唐文》卷二九《元宗皇帝》。
④ 《文献通考》卷五三《职官七·御史台》。
⑤ 《唐大诏令集》卷一百。

未该，须有厘革者，仍委量事处置，回日奏闻。其岭南、黔中、碛西，途路遥远，若使臣一一自到，虑有稽迟，任各精择判官，准旧例分往。”①

昭宗在《赐御史大夫史实制》诏中，一方面论证了御史是皇帝的耳目，另一方面又强调必任惟其人。他说：“古置御史，绳愆纠察，为朕耳目，董正朝纲，厥任非轻，必惟其人。尔御史大夫史实，风裁严毅，学识渊源，劲正之气，足以配昔人之贤，明敏之才，足以周当世之务。今朕丕承鸿绪，值造多艰，外有侵侮之虞，内赖修攘之略，特简命尔，尔宜益励初心，毋荒朕命。”②

唐代一般选官，皆由吏部注拟，五品以上皇帝敕授，六品以下奏授。但侍御史、殿中侍御史、监察御史虽为六至八品官，却因地位特殊，职责重要，故多为敕授。正是由于御史绳愆纠察、董正朝纲，所以要求御史首先正身才能正人，如有作威作福等事，要受到处罚。玄宗在《戒州县祗候御史诏》中严肃指出：“御史出使，举正不法，身苟不正，焉能正人。如闻州县祗迎，相望道路；牧宰祗候，僮仆不若，作此威福，其正人何。自今以后，宜申明格敕，不得更尔，违者州县科罪，御史贬降。”③

三、严治地方，设官分察

唐朝作为中国古代盛世，疆域辽阔，经济繁荣，户口增殖，政务繁多，尤其在地方形成了相当规模的官僚机构，统治者为了督察地方官吏勤于治事，消除贪酷，不仅于地方各道设置专职监察官巡察使，而且监察御史也负责巡按郡县，甚至朝廷御史中丞也兼任巡察使，致使监察权力叠加。

---

① 《全唐文》卷三二《元宗皇帝》。
② 《全唐文》卷九〇《昭宗皇帝》。
③ 《全唐文》卷二九《元宗皇帝》。

按唐制，监察御史掌分察百僚，巡按郡县，紏视刑狱，肃整朝仪。按六察法巡按地方，“凡十道巡按，以判官二人为佐，务繁则有支使。其一，察官人善恶；其二，察户口流散，籍帐隐没，赋役不均；其三，察农桑不勤，仓库减耗；其四，察妖猾盗贼，不事生业，为私蠹害；其五，察德行孝悌，茂才异等，藏器晦迹，应时用者；其六，察黠吏豪宗兼并纵暴，贫弱冤苦不能自申者。凡战伐大克获，则数俘馘、审功赏，然后奏之。屯田、铸钱，岭南、黔府选补，亦视功过纠察。决囚徒，则与中书舍人、金吾将军莅之。国忌斋，则与殿中侍御史分察寺观。莅宴射、习射及大祠、中祠，视不如仪者以闻”。①

另于贞观时期设地方监察区十道，开元时期增至十五道，每道设巡察使，后又称按察使、采访使、采访处置使、观察使、观察处置使等，以“察所部善恶，举大纲”为职掌。据《新唐书·百官志》记载，“观察处置使，掌察所部善恶，举大纲。凡奏请，皆属于州（贞观初，遣大使十三人巡省天下诸州，水旱则遣使，有巡察、安抚、存抚之名。神龙二年，以五品以上二十人为十道巡察使，按举州县，再周而代。景云二年，置都督二十四人，察刺史以下善恶，置司举从事二人，秩比侍御史。扬、益、并、荆四州为大都督，汴、兖、魏、冀、蒲、绵、秦、洪、润、越十州为中都督，皆正三品；齐、鄜、泾、襄、安、潭、遂、通、梁、夔十州为下都督，从三品。当时以为权重难制，罢之，唯四大都督府如故。置十道按察使，道各一人。开元二年，曰十道按察采访处置使，至四年罢，八年复置十道按察使，秋、冬巡视州县，十年又罢。十七年复置十道、京都、两畿按察使，二十年曰采访处置使，分十五道，天宝末，又兼黜陟使，乾元元年，改曰观察处置使）。”

各道巡察使不得超过职掌权限，如天宝九载三月敕，“本置采访

① 《唐六典·御史台》。

使,令举大纲。若大小必由一人,岂能兼理数郡。自今已后,采访使但察访善恶,举其大纲。自余郡务所有奏请,并委郡守,不须干及”。① 由于巡察使权重,有时竟由御史中丞兼任,如开元二十二年二月十九日,“初置十道采访处置使,以御史中丞卢绚等为之”。② 代宗大历十四年七月“以吏部郎中房宗偃,为御史中丞,仍东都留台,充东都畿汝观察黜陟使”。③ 德宗建中二年六月,“以检校秘书少监永平军节度副使郑叔则,为御史中丞,东都留台,充东都畿汝观察黜陟使”。④ 除此之外,巡察使还与刺史互监,“大中二年二月,刑部起请节文:‘自今已后,县令有赃犯,录事参军不举者,请减县令二等结罪。其录事参军有罪,刺史不举者;刺史有罪,观察使不举者。并所司奏听。’敕旨:‘宜依。’”⑤

唐朝地方监察权的重叠,是汉代地方部刺史监察体制的新发展,反映了统治者强化地方监察的思想,这是和疆域的扩大,地方兵、刑、钱、谷事务的繁杂,官吏贪渎现象的时有发生密不可分的。

四、律法断罪,加强监察

唐朝是历史上崇尚法治的朝代,尤其重视依法审判,《唐律疏议》明确规定:“诸断罪皆须具引律、令、格、式正文,违者笞三十。”⑥因此,司法监察是统治者关注的重点。

其一,监察官会同司法官共同审理大案、要案。按唐制,大理寺为最高审判机关,负责审理朝廷百官犯罪及京师徒刑以上案件。对徒流

---

① 《唐会要》卷七十八。
② 同上。
③ 《唐会要》卷六十。
④ 同上。
⑤ 《唐会要》卷六十九。
⑥ 《唐律疏议·断狱律》。

刑罪的判决，须送刑部复核。刑部为最高司法行政机关，掌“天下刑法及徒隶勾覆关禁之政令”，并负责复核大理寺流刑以下及州、县徒以上案件。御史台为最高监察机关，职掌弹劾百官，“肃正朝列”，同时负责监督大理寺和刑部的司法审判活动。每遇重大案件，由大理寺卿会同刑部尚书、御史中丞共同审理，称作“三司推事”。《通典》载：“其事有大者，则诏尚书刑部、御史台、大理寺同案之，亦谓此为三司推事。”①对于地方未解至中央的重大案件，则派监察御史、刑部员外郎、大理评事，充当“三司使”前往审判。有时还由门下省给事中、中书省中书舍人和御史台御史，共同组成特别法庭，称为“小三司”，负责审理申诉案件。《唐会要》载：“有大狱即命中丞、刑部侍郎、大理卿鞫之，谓之大三司使。又以刑部员外郎、御史、大理寺官为之，以诀疑狱，谓之三司使。”②中央司法机关由一分为三，至唐代已经定型，三者之间互相制衡，以加强司法效能。

其二，监察官通过审录囚徒，或奏请开释，或监督处决。文宗太和元年十二月，“御史台奏：‘伏以京城囚徒，准敕科决者，臣当司准旧例，差御史一人监决。如囚称冤，即收禁闻奏。便令监决御史覆勘者。伏虑监决之时，各怀疑惮，务求省便，难究冤辞，恐至无告屈之人，失陛下好生之治。且台司本定四推，以谳疑狱，六察职事以重，不合分外领推。伏请自今以后，有囚称冤者，监察御史闻奏。敕下后，便配四推。所冀狱无冤滞，事得伦理。’从之”。③ 宣宗大中四年九月十六日，“御史台奏：‘准旧例。京兆府准敕科决囚徒，合差监察御史一人到府门监决。御史未至，其囚已至科决处。纵有冤屈，披诉不及。今后请许令御史到

① 《通典》卷廿四。
② 《唐会要》卷七八。
③ 《唐会要》卷六十。

府引问。如囚不称冤,然后许行决。其河南府准此。诸州有死囚,仍委长官差官监决。并先引问’。从之”。①

其三,监察官可以依法谏阻皇帝以意为法的做法。如太宗时,“鄃令裴仁轨私役门夫,太宗欲斩之,乾祐奏曰:‘法令者,陛下制之于上,率土尊之于下,与天下共之,非陛下独有也。仁轨犯轻罪而致极刑,是乖画一之理。刑罚不中,则人无所措手足。臣忝宪司,不敢奉制。’太宗意解,仁轨竟免。乾祐寻迁侍御史。……擢拜御史大夫”。②

五、兼听纳下,有失辄谏

唐初,统治者在总结隋朝覆亡教训的基础上,认识到君主拒谏饰非、独断专横、任意毁法是导致隋朝迅速败灭的主要原因之一,因而力求广开言路,虚怀纳谏,以谋求长治久安。武德元年,万年县法曹孙伏伽向唐高祖上奏说:“臣闻天子有诤臣,虽无道不失其天下;父有诤子,虽无道不陷于不义。故云子不可不诤于父,臣不可不诤于君,以此言之,臣之事君,犹子之事父故也。隋后主所以失天下者何也?止为不闻其过。当时非无直言之士,由君不受谏,自谓德盛唐尧,功过夏禹,穷侈极欲,以恣其心。天下之士,肝脑涂地,户口减耗,盗贼日滋,而不觉知者,皆由朝臣不敢告之也。”高祖览奏甚喜,赞扬孙伏伽“至诚慷慨,词义恳切,指陈得失,无所回避”。③

高祖在《颁示孙伏伽谏书诏》中说:“秦以不闻其过而亡。典籍岂无先诫,臣仆谄谀,故弗之觉也。汉高祖反正,从谏如流。洎文景继业。宣元承绪,不由斯道,孰隆景祚。周隋之季,忠臣结舌,一言丧邦,良足

① 《唐会要》卷六十。
② 《旧唐书·李昭德传》。
③ 《旧唐书》卷七五《孙伏伽传》。

深戒,永言于此。"①

太宗从隋末农民大起义的切身经历中,更是"动静必思隋氏",他清醒地认识到"君,舟也,人,水也;水能载舟,亦能覆舟",②因而强调"国以民为本"。贞观初,他曾对侍臣说:"为君之道,必须先存百姓,若损百姓以奉其身,犹割股以啖腹,腹饱而身毙。若安天下,必须先正其身,未有身正而影曲,上理而下乱者。朕每思伤其身者不在外物,皆由嗜欲以成其祸。若耽嗜滋味,玩悦声色,所欲既多,所损亦大,既妨政事,又扰生人。且复出一非理之言,万姓为之解体,怨言既作,离叛亦兴,朕每思此,不敢纵逸。"③可见,太宗在君民关系上表现出了儒家所倡导的"民为贵,君为轻"的"仁政"思想。

在君臣关系上,太宗主张君臣合体,臣为君之"耳目股肱"。贞观五年,他对侍臣说:"今天下安危,系之於朕,故日慎一日,虽休勿休。然耳目股肱,寄於卿辈,既义均一体,宜协力同心。事有不安,可极言无隐。倘君臣相疑,不能备尽肝膈,实为国之大害也。"④又说:"人欲自照,必须明镜;主欲知过,必借忠臣。主若自贤,臣不匡正,欲不危败,岂可得乎?"⑤他希望臣下能够充分发挥耳目股肱与明镜的作用,说:"看古之帝王,有兴有衰,犹朝之有暮,皆为蔽其耳目,不知时政得失。忠正者不言,邪谄者日进,既不见过,所以至於灭亡。联既在九重,不能尽见天下事,故布之卿等,以为朕之耳目。莫以天下无事,四海安宁,便不存意。"⑥他还举隋炀帝时的君臣关系为例,告诫臣下说:"炀帝之世,内外庶官,务相顺从,当是之时,皆自谓有智,祸不及身。及天下大乱,家国

① 《全唐文》卷一《高祖皇帝》。
② 《贞观政要》卷一《政体》。
③ 《贞观政要》卷一《君道》。
④ 《贞观政要》卷一《政体》。
⑤ 《贞观政要》卷二《求谏》。
⑥ 《贞观政要》卷一《政体》。

两亡，虽其间万一有得免者，亦为时论所贬，终古不磨。卿曹各当徇公忘私，勿雷同也！”①正是在重民而又力图发挥臣下进谏辅君的总体思想指导下，形成了唐初求谏纳谏的一代风气。

贞观元年，王珪为谏议大夫，“尝有谏论，太宗称善。遂诏：‘每宰相入内平章大计，必使谏官随入，与闻政事。’”②“自是，中书门下及三品以上入内平章国计，必使谏官随入，得闻政事。有所开说，太宗必虚己以纳之。”③贞观二年，太宗问魏征曰：“何谓为明君暗君？”征曰：“君之所以明者，兼听也；其所以暗者，偏信也。……昔唐、虞之理，辟四门，明四目，达四聪。是以圣无不照，故共、鲧之徒，不能塞也；……隋炀帝偏信虞世基，而诸贼攻城剽邑，亦不得知也。是故人君兼听纳下，则贵臣不得壅蔽，而下情必得上通也。”太宗甚善其言。④

为了使谏官敢于进谏，太宗于贞观八年对侍臣说：“朕每闲居静坐，则自内省，恒恐上不称天心，下为百姓所怨。但思正人匡谏，欲令耳目外通，下无怨滞。又比见人来奏事者，多有怖慴，言语致失次第，寻常奏事，情犹如此，况欲谏诤，必当畏犯逆鳞。所以每有谏者，纵不合朕心，朕亦不以为忤。若即嗔责，深恐人怀战惧，岂肯更言。”⑤

贞观十五年，太宗与侍中魏征论证“守天下难易？”魏征以守天下难回应，太宗认为君主贤能“受谏诤，即可，何谓为难”？魏征对曰：“观自古帝王，在於忧危之间，则任贤受谏，及至安乐，必怀宽怠，言事者惟令兢惧，日陵月替，以至危亡。圣人所以居安思危，正为此也，安而能惧，岂不为难？”⑥魏征的论断可以说是历史经验的总结，而且在当时也

---

① 《资治通鉴》卷一九二《唐纪八》“太宗贞观元年”条。
② 《通典》卷二一《职官三·谏议大夫》注文。
③ 《唐会要》卷五五《谏议大夫》。
④ 《贞观政要》卷一《君道》。
⑤ 《贞观政要》卷二《求谏》。
⑥ 《贞观政要》卷一《君道》。

是具有一定针对性的。

为了求谏，太宗视谏官为师友，他说：“每思臣下有谠言直谏，可以施于政教者，当拭目以师友待之。”①这对于一个帝王说来确实是难能可贵的。魏征死后，他十分痛惜，亲自为魏征撰写悼诗和碑文。正因为唐初最高统治者求谏纳谏，体现了开明政治的价值取向，形成了良好的“民主性”的氛围，以致谏官组织和制度在贞观年间得到迅速发展，至玄宗时已经形成一套较为完整的体系和法律化的制度。

第二节　趋于定型的监察体制

唐朝的监察体制与中枢三省制度及文官政治的发展相适应，逐渐走向系统化、定型化。就御史台而言，创建了比较完备的一台三院制度，成为唐代监察制度发展的重要标志之一。此外，封驳、言谏各有专官职掌其事，谏官地位显赫。在地方还创建了“道”一级行政监察区划。开元二十一年，分天下为十五道，并改按察使为采访处置使，为此发布敕文如下：“其天下诸道，宜依旧逐要便置使，令采访处置。若牧宰无政，不能纲理；吏人有犯，所在侵渔；及物土异宜，人情不便；差科赋税，量事取安。朕所责成，贵在简要，其余常务，不可横干。其便宜令中书门下即简择奏闻，朕将亲览。”②

一、中央监察机关

（一）御史台系统

唐袭隋制以御史台为最高监察机关，以御史大夫（从三品）一人为

---

①《贞观政要》卷一《君道》。

②《唐大诏令集》卷一〇〇。

台长，率领群僚行使监察权。武则天光宅元年，为加强对地方的控制，监视和打击反对派，改置左、右肃政台。以左肃政台“专知在京百司”，“以察朝廷”；右肃政台“专知按察诸州”，“以澄郡县”，并且使“二台迭相纠正”，各置左右肃政大夫一人。神龙元年，复改为左右御史台，睿宗时，左台大夫窦怀贞表请废右台，遂恢复唐初旧制，以御史台纠察中外百司，仍以御史大夫为台长，同时又置御史中丞二人，秩正五品上，为御史大夫之副。

玄宗时期一台三院的体制不断规范与完善，直至唐末无大变动。

台院，设侍御史四人，秩从六品下，另有内供奉二人，共六员，“掌纠举百僚，推鞫狱讼”。侍御史中以年资最长者一人总判台院事，掌殿中监察以下职事及进名、改转之事，为台内总管，号为“台端”。此外，侍御史中一人“知公廨”，常驻台院值事；一人“知弹”，掌弹奏之事；一人“知西推”，掌推京城诸司事及赃赎、三司之事；一人“知东推”，掌推诸州及理匦之事；余一人分司东都御史台，为御史台派驻东都洛阳的监察官。

殿院，设殿中侍御史六人，内供奉三人，共九员，秩从七品上，“掌殿庭供奉之仪式。凡冬至、元正大朝会，则具服升殿。若皇帝郊祀、巡省，则具服从，于旌门往来检察，视其文物之有亏阙则纠之”。“凡两京城内则分知左、右巡，各察其所巡之内有不法之事。”①

察院，武德初年，设监察御史八人，贞观二十二年增至十人，秩正八品上，掌“分察百僚，巡按郡县，纠视刑狱，肃整朝仪”。② 此外，还掌祭祀、监南选、监习射、监决狱、分察尚书省六部等职责，据《新唐书》记载：“监察御史十五人，正八品下。掌分察百寮，巡按州县，狱讼、军戎、

---

① 《唐六典》卷一三《御史台》。
② 同上。

祭祀、营作、太府出纳皆莅焉；知朝堂左右厢及百司纲目。……监察御史分察尚书省六司，繇下第一人为始，出使亦然。兴元元年，以第一人察吏部、礼部，兼监祭使；第二人察兵部、工部，兼馆驿使；第三人察户部、刑部。岁终议殿最。元和中，以新人不出使无以观能否，乃命颛察尚书省，号曰六察官。”①不仅如此，监察御史还根据皇帝随时颁发的敕令和六条巡按州县，分巡时威仪显赫，“州县祇迎相望道路，牧宰祗候，僮仆不若”。② 可见，监察御史在御史台中品秩虽低，但“职务繁杂，百司畏惧”，是皇帝的耳目之司。察院是御史台三院中最重要的职能部门。

综上所述，台院侍御史以弹奏为基本职责，重点在纠弹职位较高的官员。殿中侍御史以纠察百官班序为主要职责，“百僚班序有离立、失列，言嚣而不肃者，则纠罚之”。③ 察院监察御史除分察百僚外，还奉敕出使巡按。但三者之间互有交叉，譬如弹奏之责，三院御史皆可行使；出使巡按侍御史也可以担承。史载：“州县官有罪，品高则侍御史、卑则监察御史按之。”④

唐初，“凡中外百寮之事，应弹劾者，御史言于大夫，大事则方幅奏弹之，小事则署名”⑤。但至武则天统治时期，为了充分发挥监察御史的弹劾功能，允许不经御史大夫独立弹劾。长安四年，监察御史萧至忠直接弹劾宰相苏味道贪污，招致御史大夫李承嘉的不满，谴责说：“公等奏事，须报承嘉知，不然，无妄闻也。”但萧至忠反驳说：“御史，人君耳目，俱握雄权，岂有奏事先咨大夫？台无此例，设弹中丞，大夫岂得奉

---

① 《新唐书》卷四十八《百官志三》。

② 《唐会要》卷六二《御史台下·出使》。

③ 《通典》卷二四《职官六·殿中侍御史》。

④ 《资治通鉴》卷二〇七《唐纪二十三》“则天后长安四年”条。

⑤ 《唐会要》卷六一《御史台中·弹劾》。

咨耶?"①肃宗时,特别下诏:"御史弹事,自今以后,不须取大夫同置。"②并且敕令御史台,"所欲弹事,不须先进状"。③ 德宗时,进一步明确"御史得专弹劾,不复关白于中丞、大夫"。④

由于唐时宰相掌握御史的升迁及贬黜之权,因此很少发生御史弹劾宰相之事。即使"三院御史由大夫、中丞自辟",也还须经过请命于朝,⑤即宰相同意的选任程序。

在实际政治生活中,御史的纠弹权是皇帝赋予和支持的,否则对百官的监察只能是一句空话。睿宗说得好:"鹰搏狡兔,须急救之,不尔必反为所噬,御史绳奸慝亦然,苟非人主保卫之,则亦为奸慝所噬矣。"⑥例如,玄宗前期,御史的权威受到皇帝的推重,以至开元四年,皇后妹婿长孙昕与其妹婿杨仙玉在里巷殴打御史大夫李傑,玄宗大怒,下诏斥责长孙昕等人"恣行凶险,轻侮常宪,损辱大臣,情特难容"⑦,并处以死刑。然而同样是玄宗皇帝,开元二十五年四月,当监察御史周子谅弹劾"牛仙客非才,引谶书为证"时,竟令左右杖打周子谅"绝而复苏;仍杖之朝堂,流瀼州,至蓝田而死"⑧。

御史既然是皇帝的耳目之司,所以职虽卑而权重,而且是升迁高官的阶梯。贞观时监察御史高季辅,"多所弹纠,不避权要",后累迁至"中书令,兼检校吏部尚书,监修国史"⑨;又如殿中侍御史张行成,"纠

① 《大唐新语》卷四《持法第七》。
② 《唐会要》卷六一《御史台中·弹劾》。
③ 同上。
④ 同上。
⑤ 《旧唐书》卷一六八《独孤郁传》。
⑥ 《资治通鉴》卷二一〇《唐纪二十六》"睿宗景云元年"十二月条。
⑦ 《旧唐书》卷一〇〇《李杰传》。
⑧ 《资治通鉴》卷二一四《唐纪三十》"玄宗开元二十五年"四月条。
⑨ 《旧唐书》卷七八《高季辅传》。

劾不避权戚,太宗以为能”,“迁侍中,兼刑部尚书”①。玄宗一朝,御史大夫升至宰辅者十余人。

唐朝一般选官皆由吏部注拟,五品以上皇帝敕授,六品以下奏授。侍御史、殿中侍御史、监察御史虽为六至八品官,但以职责攸关,故多为敕授。朝中高官荐举御史需负连带责任。如张九龄为宰相时曾荐周子谅为监察御史,后因周子谅弹劾牛仙客,触怒玄宗,李林甫言:“子谅,张九龄所荐也。”故张九龄“坐引非其人”,贬为荆州长史。

玄宗后期,御史大夫常作为著名将军的兼官,如开元二十三年张守珪以“辅国大将军、右羽林大将军、兼御史大夫”②。天宝八年,哥舒翰因战功“加摄御史大夫”③。安史之乱以后“方镇重任,必兼台省长官”,④这是对监察体制的严重破坏,反映了藩镇恃强的趋势和中央集权政治的衰落。

（二）谏官系统

谏官以规谏皇帝言行与决策为职责,如同王夫之所说:“谏官职在谏矣。谏者,谏君者也,征声逐色、奖谀斥忠、好利喜功、狎小人、耽逸豫,一有其几,而必犯颜以诤。大臣不道,误国妨贤,导主贼民,而君偏任之,则直纠之而无隐。”⑤

隋时,承袭南北朝将言谏机构隶于门下省,负责“讽议左右,以匡人君”及纠正奏章得失的旧制。大业三年,门下省成为与中书、尚书二省并行的宰相机构,主要职掌封驳,封即封还诏书,驳即驳正百司奏抄公文。门下省长官侍中“总判省事”,由其属官给事中行使封驳权。但

---

① 《旧唐书》卷七八《张行成传》。
② 《旧唐书》卷一〇三《张守珪传》。
③ 《旧唐书》卷一〇四《哥舒翰传》。
④ 《旧唐书》卷一二《德宗纪上》。
⑤ （明）王夫之:《读通鉴论》卷二〇《唐太宗》。

炀帝任性拒谏,竟然废除了谏议大夫,以致政治败坏,不可收拾。

唐朝建立以后,由于皇帝重视求谏、纳谏,因此谏官系统得到显著发展。谏官隶属于门下、中书两省,门下谏官曰左,中书谏官曰右,有左、右散骑常侍各二人,秩从三品,掌侍奉规讽顾问应对。左、右谏议大夫四人,秩五品上,掌侍从赞相规谏讽谕。据《唐六典》引《白虎通》曰:"人怀五常之性,故有五谏也。一曰讽谏,风之以言谓之讽谏,孔子曰谏有五,吾从风。二曰顺谏,谓其所不可、不敢逆而谏之,则顺其君之所欲以启动之,若尤旃之比。三曰规谏,谓陈其规而正其事。四曰致谏,谓致物以明其意。五曰直谏,直言君之过失,必不得已然后为之者。"同时,仿隋制于门下省设置给事中掌封驳。

此外,武则天垂拱元年二十九日,设左右补阙与左右拾遗。武则天在诏中说:"记言书事,每切于旁求;补阙拾遗,未弘于注选。瞻言共理,必藉众才,寄以登贤,期之进善。宜置左右补阙各二员,从七品上,左右拾遗各二员,从八品上。"①左(右)补阙拾遗"掌供奉讽谏,扈从乘舆。凡发令举事有不便于时,不合于道,大则廷议,小则上封。若贤良之遗滞于下,忠孝之不闻于上,则条其事状而荐言之"。② 左右补阙、左右拾遗品级虽低,但它是强化规谏体制的产物,因而职能重要。白居易在出任左拾遗以后的上书中说:"臣谨按《六典》,左右拾遗,掌供奉讽谏,凡发令举事,有不便于时、不合于道者,小则上封,大则廷诤。其选甚重,其秩甚卑,所以然者,抑有由也。大凡人之情,位高则惜其位,身贵则爱其身;惜位则偷合而不言,爱身则苟容而不谏,此必然之理也。故拾遗之置,所以卑其秩者,使位未足惜,身未足爱也;所以重其选者,使下不忍负心,上不忍负恩也。夫位不足惜,恩不忍负,然后能有阙必

---

① 《旧唐书》卷四三《职官志二》。

② 《唐六典》卷八《门下省》。

规,有违必谏。朝廷得失无不察,天下利病无不言,此国朝置拾遗之本意也。由是而言,岂小臣愚劣暗懦所宜居之哉?”①

武则天执政时,为广开言路和奖励告密,置四铜匦于朝堂,以“申天下之冤滞,达万人之情状”。常以谏议大夫及补阙、拾遗一人充使,负责接纳投诉状。据《新唐书》卷四七《百官志》:“武后垂拱二年,有鱼保宗者,上书请置匦以受四方之书,乃铸铜匦四,涂以方色,列于朝堂。青匦曰‘延恩’,在东,告养人劝农之事者投之;丹匦曰‘招谏’,在南,论时政得失者投之;白匦曰‘伸冤’,在西,陈抑屈者投之;黑匦曰‘通玄’,在北,告天文、秘谋者投之。以谏议大夫、补阙、拾遗一人充使,知匦事;御史中丞、侍御史一人为理匦使。其后,同为一匦。天宝九载,玄宗……改理匦使为献纳使,至德元年复旧。宝应元年,命中书门下择正直清白官一人知匦,以给事中、中书舍人为理匦使。建中二年,以御史中丞为理匦使,谏议大夫一人为知匦使。投匦者,使先验副本。开成三年,知匦使李中敏以为非所以广聪明而虑幽枉也,乃奏罢验副封。”

综上所述,太宗时谏官组织和制度得到了明显的发展,形成了一整套较为稳定的谏官系统,并在皇帝的积极支持下发挥着重要的作用。譬如,贞观元年,太宗因谏议大夫王珪的谏诤而下诏:“自今中书、门下及三品以上入阁议事,皆命谏官随之,有失辄谏。”②“每宰相入内平章大计,必使谏官随入,与闻政事。”③从而确立了谏官随相入阁“与闻政事”,“有失辄谏”的制度,借以减少决策的失误。对此,王夫之曾给予肯定的评价,他说:“太宗制谏官随宰相入阁议事,故当时言无不尽,而治得其理。”④

① 《旧唐书》卷一六六《白居易传》。
② 《资治通鉴》卷一九二“太宗贞观元年”条。
③ 《通典》卷二一《职官三·谏议大夫》注文。
④ (明)王夫之:《读通鉴论》卷二〇《唐太宗》。

贞观三年,太宗在诏中强调:“中书、门下,机要之司,擢才而居,委任实重,诏敕如有不稳便,皆须执论”①,从而有力地推动了言谏风气的发展。

在谏官系统中职掌封驳的给事中,是门下省参与决策的重要官员。按唐制:凡军国大事要由六名中书舍人讨论,并且署名,……谓之“五花判事”。制敕草成,经由中书侍郎、中书令审查,交门下省给事中、黄门侍郎驳正之。诏敕可行者,经门下省签发给尚书省,由六部分头执行。如有不合时宜者,则由门下省给事中驳回。据《唐六典》,“给事中四人,正五品上。……凡百司奏抄,侍中审定则先读而署之,以驳正违失。凡制敕宣行,大事则称扬德泽,褒美功业,覆奏而请施行;小事则署而颁之。凡国之大狱,三司详决,若刑名不当、轻重或失,则援法例退而裁之。凡发驿遣使,则审其事宜,与黄门侍郎给之,其缓者给传,即不应给,罢之。凡文武六品已下授职,所司奏拟,则校其仕历深浅、功状、殿最,访其德行,量其才艺,若官非其人,理失其事,则白侍中而退量焉。若文武进级至于三品、五品,则覆其入仕之阶,考会所由之状,而奏裁之。凡制敕文簿、授官甲历,皆贮之于库,监其检覆以出入焉”。

为了确保谏官随时上封言事,以便及时纠正决策失误,开元十二年玄宗下诏:“自今以后,谏官所献封事,不限旦晚,任封状进来,所由门司不得有停滞。如须侧门论事,亦任随状面奏,即便令引对。如有除拜不称于职,诏令不便于时,法禁乖宜,刑赏未当,征求无节,冤抑在人,并极论失,无所回避,以称朕意。”②肃宗时,令“两省谏官十日一上封事”,从制度上督励谏官按时上封言事,减少朝廷的过失。谏官系统权力的行使,对于匡正君失,减少决策失误,确实起了一定的作用,是唐朝较长时期维持稳定统治的一个重要因素。

---

① 《贞观政要》卷一《政体》。

② 《唐会要》卷五五《谏议大夫》。

除谏官外，御史台官员也有言事谏诤权，但御史和谏官的权限和进谏方式有所不同。概言之，御史兼有监察弹劾权和言事谏诤权，谏官惟有谏诤权，无弹劾权；谏官的谏诤一般在错误萌发之前，御史的谏诤往往于过失铸成以后。

从有唐一代的历史来看，唐初，由于对谏官的高度重视，建立了各种制度以确保其作用的发挥，不仅减少了决策的失误，也有助于建立新的君臣关系，烘托出了政治开明的景象。但是，言谏的落实和实施重要的不在于法律形式上如何规定，而在于皇帝是否真正重视求谏纳谏。初唐的历史雄辩地证明了这一点。至唐后期皇帝昏庸所带来的政治腐败，使谏官的地位显著下降，因谏诤而遭杀身之祸者比比皆是。僖宗广明元年，"左拾遗侯昌业以盗贼满关东，而上不亲政事，专务游戏，赏赐无度，田令孜专权无上，天文变异，社稷将危，上疏极谏。上大怒，召昌业至内侍省，赐死"。① 甚至僖宗宠信的宦官竟公然杀害谏官。如僖宗中和元年，"上（僖宗）日夕专与宦者同处，议天下事，待外臣殊疏薄。庚午，左拾遗孟昭图上疏，以为：'治安之代，遐迩犹应同心；多难之时，中外尤当一体。……岂天子与宰相了无关涉，朝臣皆若路人！如此，恐收复之期，尚劳圣虑，尸禄之士，得以宴安。'"疏入，宦官不仅不奏，而且"矫诏贬昭图嘉州司户，遣人沉于蟇颐津，闻者气塞而莫敢言"。胡三省在《资治通鉴》注中说："天子杀谏臣者，必亡其国。以阉官而专杀谏臣，自古以来未之有也，此不特害于而国，实亦凶于而身。"②

二、地方监察体制

地方行政体制沿承隋制，设郡（后改为州）、县二级，州长官为刺

① 《资治通鉴》卷二五三《唐纪六十九》"僖宗广明元年"条。

② 《资治通鉴》卷二五四《唐纪七十》"僖宗中和元年"条。

史，县长官统称令。肃宗以后，凡大将充任刺史的州，兼治军旅，掌兵权。

唐朝是一个疆域辽阔的王朝。《旧唐书》卷三八《地理一》曾有以下描述："然举唐之盛时，开元、天宝之际，东至安东，西至安西，南至日南，北至单于府，盖南北如汉之盛，东不及而西过之。"为了实现对全国的统治，唐朝采取"设官以经之，置使以纬之"的方略，①既设立管理地方的各级官吏，定期不定期地向中央述职，又由中央派出监察御史和各种使臣到各地了解和监察州县官的施政情况。

贞观元年，太宗依"山河形便"将全国分为十道，即关内道、河南道、河东道、河北道、山南道、陇右道、淮南道、江南道、剑南道、岭南道。道为监察区，十道即十个监察区。玄宗开元二十一年，增设京畿道、都畿道、黔中道，并将山南道分为山南东道和山南西道；将江南道分为江南东道和江南西道，"凡十五道，各置采访使，以六条检查非法；两畿以中丞领之。余皆择贤刺史领之"。② 肃宗至德之后，改采访使为观察使，并领都团练使，分天下为四十余道，大者十余州，小者二三州。唐后期，道由监察区向行政建制转变，州、县二级制发展为道、州、县三级制。

唐朝对地方的监察采取两种方式：一为监察御史巡按郡县。据《唐六典》卷一三《御史台》载："监察御史，掌分察百僚，巡按郡县，纠视刑狱，肃整朝仪。凡将帅战伐，大克杀获，数其俘馘，审其功赏，辨其真伪；若诸道屯田及铸钱，其审功纠过亦如之。"御史巡按，一般是"持有制命"，"奉制巡按"，③因而具有较高的权威。监察御史韦思谦说："御史出使，不能动摇山岳，震州县，为不任职。"④宪宗时，元稹为监察御史

① 《通典》卷一九《职官一·职官总叙》。

② 《资治通鉴》卷二一三《唐纪二十九》"玄宗开元二十一年"条。

③ 《唐会要》卷六〇《御史台上》。

④ 《新唐书》卷一一六《韦思谦传》。

出使东蜀，劾奏故节度使严砺“违制擅赋”，严砺“虽死，其属郡七州刺史，皆坐责罚”。① 为便于皇帝直接控制地方，“事无巨细得失，皆令访察回日奏闻，所以明四目、达四聪也”。②

除监察御史外，还不定期的派出使臣巡察地方。贞观八年正月，太宗颁发《遣使巡行天下诏》，分遣萧瑀、李靖、杨恭仁、窦静等人，“巡省天下”。诏中说：“昔者明王之御天下也，内列公卿，允厘庶绩；外建侯伯，司牧黎元。唯其淳化未敷，名教或替，故有巡狩之典。黜陟幽明，存省方俗，遐迩遂性，情伪无遗。时雍之宜，率由兹道。朕祗膺宝命，临御帝图。禀过庭之义方，荷上玄之嘉祉，四荒八表，无思不服。而夙兴夕惕，勤躬约已，日慎一日，虽休勿休。欲万国欢心，兆民有赖，推诚待物，近取诸身。实谓群官受拜，咸能自励。乃闻连帅刺举，或乖共治之寄；县司主吏，尚多黩货之罪。有一于此，责在朕躬。是用中夜忼然，旰景辍食。宜遣大使，分行四方，申谕朕心，延问疾苦，观风俗之得失，察政刑之苛弊。耆年旧齿、孝悌力田；义夫节妇之家、疾废茕嫠之室，须有旌贤赈赡，听以仓库赖赐之。若有鸿才异等，留滞末班；哲人奇士，隐沦屠钓，宜精加搜访，进以殊礼，务尽使乎之旨，俾若朕亲觌焉。”③高宗时，冯元常为剑南道巡察使，“兴利除害，蜀人顺赖”。④ 中宗“选左、右台及内外五品以上官二十人为十道巡察使，委之察吏抚人，荐贤直狱”。⑤

开元八年八月，玄宗在《遣御史大夫王晙等巡按诸道制》中指出：“开元之初，分道遣使按部，纠摘奸犯，颇闻惩息。以其事久则烦，寻亦从其停废，绵以岁月，浸成宽弛。今闻在外具寮，多违宪法，牧守则寄任

---

① 《唐会要》卷六二《御史台下·出使》。
② 《旧唐书》卷一二八《颜真卿传》。
③ 《唐大诏令集》卷一〇三《政事·按察上·遣使巡行天下诏》。
④ 《新唐书》卷一一二《冯元常传》。
⑤ 《资治通鉴》卷二〇八《唐纪二十四》“中宗神龙二年”条。

滋重,令长则禄秩且优。亟闻侵窃,屡有章奏,虽赐金为惠,未愧张武之心,还珠表德,罕见孟尝之政。岂敦谕之意,未孚于就列,将贞高之节,有谢于前修?永怀于此,良用深叹。且政宽而慢,法弊则穷,弛而张之,其可致理。御史大夫王晙等,并识通政要,位以才达,茂其声实,宏此宪章,宜分命巡按,以时纠察。巡内有长吏贪扰,狱讼冤抑,暗懦尸禄,苛虐在官,即仰随事按举所犯状,并推鞫准格断覆讫闻奏,仍便覆囚。夫牧宰之职,教道是先;录曹之任,纲纪斯在。其有政理殊尤清直独立者,咸以名荐,余官有清白著称及诸色不善,各别为科目,同状奏闻。其寻常平状,并不须通。俾夫善取其尤,罚无所滥,疏而不漏,察不为苛。必将正其源流,宏彼纲目。不可总此烦碎,扰其吏人。应是州县当务,事非损益者,使人更不干预。其百姓有不支济,应须处置。有不便于人,须厘革者,与州县商量,处分讫奏闻。宜体虚伫之怀,以光澄清之举。"①

为使遣使巡察制度化,并防止巡按使久留于任与地方官情洽,影响监察效能,中宗神龙二年二月,颁发《遣十使巡察风俗制》,明确规定:"分为十道巡察使,二周年一替,以廉按州部,俾其董正群吏,观抚兆人,议狱缓刑,扶危拯滞,皆能抗词直笔,不惮权豪。仁恕为怀,黜陟咸当,别加奖擢,优以名器。如脂韦苟全,蘧蒢戚施,高下在心,顾望依附者,将迁削屏弃,肃以宪章。咸竭乃心,以副朕意。"②

另一种的方式,是设在地方监察区——道上的采访使为地方较为固定的监察官。开元二十一年,玄宗"分天下为十五道,每道置采访使,检察非法,如汉刺史之职"③。改巡察使为采访处置使之后,使得各道采访使和判官等共同组成地方一级监察机构,并于各道设有治所。

---

① 《唐大诏令集》卷一〇四《政事·按察下·遣御史大夫王晙等巡按诸道制》。

② 《唐大诏令集》卷一〇三《政事·按察上·遣十使巡察风俗制》。

③ 《旧唐书》卷三八《地理志一》。

为使采访使忠于职守，玄宗曾下令："诸道采访使考课官人善绩，三年一奏，永为常式。"采访使按察所部时，"事须周细，不可匆遽，徒有往来"，由此而使采访使的权力有所膨胀。为了防止采访使权力过大，天宝九年三月又下令："自今已后，采访使但察访善恶，举其大纲。自余郡务所有奏请，并委郡守，不须干及。"①随着地方行政体制由州县二级制向道州县三级制演化，采访使也演变为地方行政长官。乾元元年，采访使改曰观察黜陟使。但在安史之乱以后，节度使多成为道的军事、行政长官，使臣巡察地方的监察制度也因之受到破坏。

三、监察职官的管理制度

（一）监察官的选任

监察官作为维系国家纲纪的察官之官，其选任受到统治者的高度重视。首先以刚正疾恶的品质为选任的标准。《唐会要》卷六《御史台上》记载，御史中丞裴度奏："凡所取御史，必先质重勇退者"，即敢于弹劾权贵，不恋官位。高祖时，以万年县法曹孙伏伽"诚直"，"指陈得失，无所回避"，升为侍御史。太宗以权万纪"性强直，好直言"，授为治书侍御史。玄宗时，崔隐甫为御史大夫，玄宗曾对他说："卿为御史大夫，海内咸云称职，甚副朕之所委也。"②时人李华在《尚书崔孝公丐文集序》中说："朝廷以公正躬直词，擢左补阙，以公疾邪愤奸，除殿中侍御史。"③宪宗时，薛存诚敢于执法，"由是擢拜御史中丞"；④李中敏"性刚直敢言"、徐晦"不顾犯难"，并选任为监察御史。

其次，学识高雅。高宗以杜求仁"有雅才"，授监察御史。武后以

① 《唐会要》卷七八《诸使中·采访处置使》。
② 《旧唐书》卷一八五《崔隐甫传》。
③ 《唐文粹》卷九二《唐赠礼部尚书孝公崔丐集序》。
④ 《册府元龟》卷五一二《宪官部·选任》。

张仁愿有文武才,擢为殿中侍御史。肃宗以吕湮勤于学业,颇有才干,“超拜御史中丞”。德宗时,穆赞为刑部郎中,“因次对,德宗嘉其才,擢为御史中丞”。① 高元裕任御史中丞后,鉴于监察御史中有才识不足者,因而上言:“御史府纪纲之地,官属选用,宜得实才,其不称者,臣请出之。”于是将无才不称职的监察御史杜宣猷、柳环、崔郢和侍御史魏中庸、高弘简“出为府县之职”。② 由于唐代盛行科举选官制,长庆二年以举人授御史、拾遗、补阙者,百余人。他如褚擢、李义深、杜威、陆元方、卢虔、薛存庆、王正雅等人,都是在中进士后直接被选任为监察御史的。

除品德学识外,实际经历也是选任监察官的条件之一。《文献通考》记载:唐“监察选拜,多自京畿县尉”。另据《新唐书》卷四五《选举下》:玄宗时规定,“凡官,不历州县不拟台省”。肃宗至德元年重申:“风宪之地,百僚准绳,顷者有司,殊非慎择,其御史须曾在州县理人官者,方得荐用。”③从县级属官中选任御史,因其熟悉地方行政工作,了解官场陋习,所以有助于实现有效的监察。

按唐制,不仅御史台长官御史大夫和御史中丞由皇帝直接选任,即使一般监察官的任命,也多由皇帝敕授。史载:“监察御史自永徽以后,多是敕授,虽有吏部注拟,门下过覆,大半不成。”④但至中宗时期,为革除武则天自选御史之弊,于景龙元年颁发敕令:选择御史由御史台长官与尚书、门下两省共同商定。玄宗、肃宗时,改为宰相自择,皇帝敕授。德宗建中三年又令御史大夫、御史中丞奏授御史。从对御史荐选权的变化中,反映了宰相和御史台的权力争夺。由宰相荐选御史,不利

① 《旧唐书》卷一五五《穆宁附子赞传》。
② 《旧唐书》卷一七七《高元裕传》。
③ 《唐会要》卷六二《御史台下·杂录》。
④ 《唐会要》卷六〇《御史台上·监察御史》。

于御史对宰相的监督，往往出现“宰相自用台官，则宰相过失无敢言者”①的弊病。而由御史台长官自选御史，有时也难免“皆有情故，或受货赂，不得实才”②的问题。这种权力争夺所产生的矛盾，最终仍回归于敕授的方式，即由皇帝亲自掌握御史的选用权加以解决，尽管皇帝选任的御史也难免有“庸鄙之士”。

唐时，经朝中高官荐举也可以充当御史，但荐举者需负连带责任。如前所述，张九龄为宰相时曾荐周子谅为监察御史，后以“坐引非其人”，贬为荆州长史。

（二）监察官员的考课与升转

唐朝为了使官吏称其职，实行严格考绩，无论考绩的内容和程序都进一步完备。考课官吏由吏部考功司负责，据《唐六典》：“考功郎中、员外郎之职，掌内外文武官吏之考课。”③但吏部考课只限四品以下官，三品以上由皇帝亲自考课，所谓“岁进名听内考，非有司所得专”。④至于考课的年限，每年一小考，称为“岁课”，由本司或州县长官主持；每四年一大考，称为“定课”。

唐朝考课官吏的标准相当规范，以流内官为例，实行“四善二十七最”的考课法。所谓“四善”是德义有闻、清慎明著、公平可称、恪勤匪懈。所谓“二十七最”是献可替否，拾遗补阙，为近侍之最；铨衡人物，擢尽才良，为选司之最；扬清激浊，褒贬必当，为考校之最；决断不滞，与夺合理，为判事之最；推鞫得情，处断平允，为法官之最；访察精审，弹举必当，为纠正之最；赏罚严明，攻战必胜，为将帅之最；等等。经过考课，定出上中下三等九级：四善一最以上为上上，三善一最以上

---

① 《资治通鉴》卷三九“仁宗明道二年”条。

② 《资治通鉴》卷二三四《唐纪五十》“德宗贞元八年”条。

③ 《唐六典》卷二《尚书吏部》。

④ 《新唐书》卷一一八《李渤传》。

为上中，二善一最以上为上下，无最而有二善为中上，无最而有一善为中中，职事粗理，善最不闻为中下，爱憎任情，处断乖理为下上，背公向私，职务废阙为下中，居官谄诈，贪浊有状为下下。① 对于地方州县的考课，除"四善二十七最"外，户口的增减，农田的耕垦收获，也是考课的重要内容。

对于流外官，则按四等考课："清谨勤公，勘当明审为上，居官不怠，执事先私为中；不勤其职，数有衍犯为下；背公向私，贪浊有状为下下。"②与考课相联系的是对官吏的奖赏，《考课令》规定：考在中上以上者可加禄，中中者守本禄，中下以下则"夺禄"。

对于监察官的考课，除适用一般官吏的考课法之外，另有一些特殊规定。譬如，监察御史的考限通常是 25 个月，殿中侍御史 15 个月，侍御史 10 个月。在考课的内容上，如能对制敕不当，执奏指出并被采纳者，可以提高等级、迅速擢升。其升迁的阶梯是监察御史升为殿中侍御史，殿中侍御史升为侍御史。若御史调任其他部门，则多为郎中、员外郎。其中，侍御史迁转尤为迅速，据《通典》："凡侍御史之例，不出累月则迁登南省。"

至于御史大夫的晋升往往多为宰相，如太宗朝七位御史大夫，有五位升至宰相。李华《御史大夫壁记》云：御史大夫自"义宁至先天登宰相者十二人，以本官参政者十三人，固相任者四人。开元、天宝中至宰辅四人，宰辅兼一人"。③ 另据《新唐书・宰相表》，由御史大夫升为宰相者二十一人，由御史中丞升为宰相者十一人。凡此都说明皇帝对监察官的钦重，以使之勇于谏诤，敢于弹劾，既有利于维系国家纲纪，也对

① 《旧唐书》卷四三《职官志二》。

② 同上。

③ 《玉海》卷一三一引李华：《御史大夫厅壁记》。

吏治有所禅益。

需要指出,唐朝的监察官虽是“人君耳目,俱握雄权”,①但如违纪触法则要受到严肃制裁。据《通鉴》,贞观五年监察御史权万纪因滥用职权,为非作歹,魏征弹奏之:“万纪等小人,不识大体,以奸为直,以谗为忠…… 挟恩依势,逞其奸谋,凡所弹射,皆非有罪。”后又受到太宗“卿未尝进一贤,退一不肖”的谴责,终被罢职。玄宗时,御史大夫崔隐甫、御史中丞宇文融因与右丞相张说争权夺利,崔隐甫被“免官侍母”,宇文融被贬为魏州刺史。

监察御史在巡按地方时,须严格遵照《监察六法》和武则天时期制定的“风俗廉察四十八条”行事(“风俗廉察四十八条”在武则天延载年间被停止执行)。若利用职权,挟私诬陷他人,按诬告反坐律处以刑罚。《唐律疏议》规定:“诸诬告人者,各反坐。即纠弹之官,挟私弹事不实者,亦如之。”

第三节　监察法的不断充实

唐朝法制是中华法系成熟形态,以《唐律疏议》为代表的唐初立法,集汉魏晋以来法律发展之大成,也是唐以后历代立法的范本,其影响也广及于海外。

唐朝的法律形式,以律为主,之外还有令、格、式。

“令”是国家组织制度与行政管理活动的法规,属行政法范畴,涉及“设范立制”与“尊卑贵贱之等数”等诸多方面,范围比较广泛。

“格”是皇帝针对“百官有司之所常行之事”,临时颁发的各种单行敕令,经过汇集编录之后上升为法律,即所谓“永为法则”。“格”的内

---

① 《大唐新语》卷四《持法第七》。

容除少部分为刑事法规外,均为行政法规,它所调整的事项具体而又广泛,效力也最高。

“式”是国家机关的公文程式和活动细则,具有行政法规的性质。

此外,玄宗时还编成了官修行政法规汇编的《唐六典》。

作为唐代立法重要构成部分的监察法也取得了明显的发展。除专门性的《六察法》外,更多地散见于《唐律疏议》《唐六典》和令、格、式中。《唐律疏议》职制门五十九条,基本上适用于职官监察,是据以察吏的法律根据。其他卫禁、户婚、厩库、擅兴、贼盗、斗讼、诈伪、杂律、断狱各篇,也含有监察官执行职务的法律根据。

在《唐六典》卷一三《御史台》部分,详叙了御史台官的由来、编制、职掌、品级等规定。

玄宗开元年间,正式颁行仿汉《刺史六条》的《监察六法》。它是唐朝道察体制的产物,也是地方监察法规的集中代表。

此外,属于监察法的诏令大抵可分为二类:

一为言谏及出使诏敕。其中属于言谏监察诏敕的,如《令群臣直言诏》《听百寮进状及廷争敕》《令台省详议封事诏》《令百官言事诏》《许刺史言事敕》《加散骑常侍员品诏》等。属于出使巡察的诏敕,如《遣使巡行天下诏》《遣十使巡察风俗制》《处分朝集使敕八道》《处分朝集使敕五道》《遣陆象先等依前按察制》《遣王志愔等各察本官内制》《遣使河南河北道观察利害诏》《诫励京畿县令敕》《遣御史大夫王晙等巡按诸道制》《遣使黜陟诸道敕》《席建侯等巡行诸道敕》《黜陟杨懋等诏》《察访刺史县令诏》《遣诸道黜陟使敕》等。

一为监察官制立法。如《择刺史诏》《令御史录奏内外官职事诏》《诫饬御史诏》《简京官为都督刺史诏》《诫励诸州刺史敕》《刺史令久在任诏》《京官都督刺史中外选用敕》等。

至于专门性的监察法规,主要如下:

一、《监察六法》

隋炀帝时,开始建立察郡县的监察机构——司隶台,并仿汉《刺史六条》形成《司隶六条》,①作为巡察京畿内外的法律根据。其内容是:"一察品官以上理政能不;二察官人贪残害政;三察豪强奸猾,侵害下人,及田宅逾制,官司不能禁止者;四察水旱虫灾,不以实言,枉征赋役,及无灾妄蠲免者;五察部内贼盗,不能穷逐,隐而不申者;六察德行孝悌,茂才异行,隐不贡者。"②

至唐代,监察御史职掌"巡按郡县",多为衔君命临时出使,属于部察。其主要任务是理冤滞,处理地方上一些大案要案、冤案、疑案。例如,颜真卿奉使陇右,"五原有冤狱,久不决,真卿至,立辩之"。③ 此外,设于十道(后增至十五道)监察区的按察使,是固定的地方监察官,多由地方五品以上官员兼任,负责经常性的地方监察,称为道察。

唐代建立以后,太宗贞观二十年(646 年),"遣大理卿孙伏伽等二十二人,以六条巡察四方,多所贬黜举奏。太宗命褚遂良一其类,具状以闻。及是,亲自临决,牧宰以下,以能官进擢者二十人,罪死者七人,流罪以下及免黜者数百人"。④ 此处所引"六条",按《资治通鉴》胡三省注,"用汉六条也"。⑤ 也就是汉武帝时的《刺史六条》。垂拱三年(686 年),凤阁舍人李峤奏曰"今之所察,但准汉之六条,推而广之,则无不包矣"。"则天善之。"⑥武则天长安三年(703 年),"分命使者以六

---

① 《隋书》卷二八《百官志》下。
② 同上。
③ 《旧唐书》卷一二八《颜真卿传》。
④ 《唐会要》卷七七。
⑤ 《胡三省注资治通鉴》卷一九八。
⑥ 《旧唐书》卷九四《李峤传》。

条察州县”。[1] 此前，武则天光宅元年(684 年)，曾“以四十八条察州县”[2]。先天二年七月二十四日，玄宗在《命新除牧守面辞敕》中说："顷者都督刺史，惟良是求，而寂寞厥声，孰副虚想！岂六条察举，未询事以考言；将三载黜陟，不责实而求当。”[3]开元二十二年二月十九日，玄宗在《置十道采访使敕》中说:“且十道为率，六察分条。”[4]但这一时期的“六条”已经不是汉之六条，而是根据唐代地方豪强实力的衰弱以及地方官僚制度的发展，旁及地方的经济、文教等事宜而制定的新“六条”，即《监察六法》，其内容如下:“其一，察官人善恶；其二，察户口流散，籍帐隐没，赋役不均；其三，察农桑不勤，仓库减耗；其四，察妖猾盗贼，不事生业，为私蠹害；其五，察德行孝悌，茂才异等，藏器晦迹，应时用者；其六，察黠吏豪宗兼并纵暴，贫弱冤苦不能自申者”。[5]

《监察六法》是唐初实行的地方监察法的发展，是唐朝道察体制的产物。《监察六法》基于唐朝的特定历史条件，较之汉隋均有所不同：首先，首列察官人善恶，并且扩大了监察范围。汉时刺察限“二千石以上”的地方长吏，隋时扩大到“品官以上”，不入品阶的小吏不在限内。而唐的“六法”纠察对象，不论官品，是官皆察，以惩治贪官污吏、察举为官优劣作为重点，旁及官吏的品德、政绩、文才、修养等，反映了统治者对地方吏治的重视。如果说汉代由于地方豪强势力强大，以至刺察重点首先是强宗豪右“田宅逾制”，其次是纠察二千石郡守“阿附豪强”，那么在隋《司隶六条》中察豪强奸猾已列为第三位，而在唐《监察六法》中察黠吏豪宗则降为最后一条。历史条件的变化决定了地方监

---

① 《资治通鉴》卷二百七。
② 《新唐书》卷四八《百官志三》。
③ 《唐大诏令集》卷一〇〇。
④ 同上。
⑤ 《新唐书》卷四八《百官志三》。

察主要对象的调整。

其次,《监察六法》将户口、赋役、农桑、库存作为监察的重要内容,反映了唐代社会处于相对稳定和谐的状态,国家以发展经济为目标,而地方临民之官在这方面承担着至关重要的任务。将经济指标列为监察的重点内容,是与汉隋六察不同的。

再次,为了网罗人才,《监察六法》中列入"察德行孝悌,茂才异等,藏器晦迹,应时用者",不仅重德才,而且讲时用。同时也表现了对监察官举荐权的认可。

最后,司法是否公平,不仅涉及贫弱百姓的切身利益,也关系到社会的稳定,国家的安危。因此,察贫弱冤苦不能自申者,反映了统治者对于司法监察的重视和对黠吏豪宗兼并纵暴行为的抑制。由皇帝派出巡按地方的监察御史多奉命察大案、要案、冤案,充分说明了这一点。

由汉代的《刺史问事六条》到隋的《司隶六条》,再到唐的《监察六法》,虽然均为六条,但监察的重点对象、具体的要求、涉及的范围多有不同。反映了不同时代的背景条件加给它的烙印,以及地方监察法规的逐渐走向成熟。

由汉迄唐地方监察法取得了明显的发展,而且不断走向专门化,这不是偶然的。它反映了在辽阔的疆域内,建立专制主义中央集权国家统治的需要。隋唐统治者鉴于长达近四百年的分裂割据,在深刻反思的基础上痛感加强中央对地方控制与监督的重要性。因此,隋唐制定的《司隶六条》《监察六法》,所关注的不在于立法形式、立法技术的传承,而在于强化中央控制地方政策的延续。

二、出使巡察法

除上述监察法外,皇帝临时遣使出巡所颁发的诏敕,也是使臣进行监察的重要法律依据。

太宗贞观八年正月，发布《遣使巡行天下诏》，派遣大臣萧禹等“分行四方，申谕朕心，延问疾苦，观风俗之得失，察政刑之苛弊”。① 玄宗开元二十九年十月在《遣使黜陟诸道敕》中说：“卿等所到之州，宜宣朕意，其百姓间事，或有须厘革者，宜与所管商量处置，回日闻奏。其官吏中贪冒赃私及犯名教，或衰老疾病，或无政理者，刺史以下，宜停务闻。其守职公清，为政尤异，事堪激劝，远近知者，具以名闻。”②肃宗至德二年二月八日，在《遣使安抚制》中指出：“夫人君高居天位，非可以目遍四海，耳周八极，必仗贤能，以广视听。顷之使臣未称，咸多俯仰，经略未尽，遂令远人冤不上达，弊不下去。今择朝端忠贞仁惠之士，饮水乘驿，巡抚四方。其有政教烦苛，敕令不便，妨于耕稼，害于蚕桑，征损于人，无令小大，咨尔兆庶，必闻于朝。又有官吏科虐，豪猾侵渔，扰于黎庶，冒于货贿，上无隐也，当悉惩之。”③

上述诏制不仅表明了遣使出巡的必要性，标示了监察所及的广泛范围，而且要求负责巡察的遣使要发挥皇帝耳目之寄的作用，务求下情上通，上旨下达。据《旧唐书》卷一二八《颜真卿传》记载：“故其出使天下，事无巨细得失，皆令访察奏闻，所以明四目，达四聪也。”

唐朝后期社会矛盾加剧，国家面对藩镇割据所造成的种种财政困难，因此遣使巡察特别着重对财经的监督，严防地方截留。武宗会昌元年下制，严肃指出“本道观察使每年秋成之时，具管内垦辟田地顷亩，及合征上供留州若使斛数，分析闻奏。如所奏数外，有纳人户斛，刺史已下，并节级重加惩贬，观察使奏听进止，仍令出使郎官御史及度支盐铁知院官访察闻奏”。④

---

① 《全唐文》卷二七。

② 《唐大诏令集》卷一〇四《政事》。

③ 《唐大诏令集》卷一一五《政事》。

④ 《唐会要》卷八四《租税下》。

出使巡察立法虽以相对稳定性的《监察六法》为基本依据，但是皇帝临时发布的诏敕，对每次巡行的监察重点都作出明确指示，这对规范和指导特定的监察活动，具有重要的意义。将稳定性的《监察六法》与因事而发的临时性的皇帝制诏相结合，形成了较为严密的地方监察法网，对于维持地方的吏治以及推动各种地方政务的实施，起了积极的作用。在皇帝的诏制中，除设定具体的监察任务外，还力图借以改善政教风俗、宣扬德化，如同《遣十使巡察风俗制》所说："以彰善瘅恶，激浊扬清，散皇明以烛幽，扬仁风以被物。"

三、言谏的法律依据——诏敕

唐朝尤其是中唐以前，言谏制度盛行一时，其重要的依据是皇帝颁发的诏敕，由于诏敕具有最高的法律效力，因此此类诏敕也可以视为特殊形式的法律，它确立言谏官的职掌与各种相应的制度：

其一，确认谏官随宰相入阁议事。贞观初年，太宗接受谏议大夫王珪的意见，下诏谏官随宰相入阁议事，"有失辄谏"。① 此制延至唐末未废。穆宗时，吐蕃寇边，穆宗宴乐畋游如故。一次阁中议政时，郑覃等谏官五人进言，谏劝穆宗省宴乐畋游，爱惜民力，节省财用，以备边事。"穆宗初不悦其言，顾宰相萧俛曰：'此辈何人也？'俛对曰：'谏官也。'帝意乃解曰：'朕之过失，臣下尽规，忠也。'召覃谓曰：'阁中奏事，殊不从容，今后有事面陈，延英相见。'时人无阁中奏事，覃等抗论，人皆相贺。"②

其二，允许谏官随时进封事，"不限旦晚"，而且"不须令宰相先知"，以保证谏官的独立谏诤权。肃宗在《令百官言事诏》中严肃指出："顷以任非其人，事多壅蔽。自今以后，谏官所献封事，不限早晚，任进

---

① 《资治通鉴》卷一九二《唐纪八》"太宗贞观元年"条。
② 《唐会要》卷五五。

状来。所由门司，不得辄有停滞。如须侧门论事，亦任随状面奏，即便令引对。如有除拜不称于职，诏令不便于时，法禁非宜，刑赏未当，征求无节，冤滥在人，并宜极论得失，无所回避，以称朕意。其常朝参六品以上，亦宜准此。”①其后又诏令谏官“每月一上封事”，后又改为“十日一上封事”。

其三，赋予谏官封驳权。如给事中有权在诏书上涂改不当的内容，然后奏还，谓之“涂归”；也可在黄敕后粘连白纸批语，谓之“批敕”。但在封驳诏书时，须附有表奏说明封驳理由，以便皇帝改正。

其四，鼓励谏官直谏。贞观二十年太宗颁《令群臣直言诏》，表示：“朕登摄宇内，字育黔黎，恐一德之或亏，惧小瑕之有累……昔惟魏征，每显余过。自其逝也，虽过莫彰……自斯以后，各悉乃诚。若有是非，直言无隐。”②代宗广德二年在《加散骑常侍员品诏》中说：“朕欲左右有人，朝夕进善，发自中禁，刑于四方。献替于可否之间，思论于密勿之际，通天下之志，断天下之疑，作而行之，道不远矣。与我共此者，唯左右常侍乎！……重其任者崇其秩，劝其善者厚其禄。中书门下省，各加置散骑常侍四员，其官并为正三品。”③唐代谏官制度的发展，特别是给事中封驳权的行使，是中国古代政治、法律史上所少有的，最足以表现唐代的开明政治，在相当长的时间里发挥了权力制衡的作用，是监察法史上最光辉的一页。

但至唐中后期，整个政治形势的逆转使得言谏制度逐渐失去昔日的尊荣，有些谏官不尽言责，形同虚设。穆宗时，谏议大夫李渤面对散骑常侍久不举职，愤懑地上奏。他说：“据《六典》常侍奉规讽，其官久

---

① 《唐大诏令集》卷一〇五《政事·求直·令百官言事诏》。
② 《唐大诏令集》卷一〇五《政事·求直·令群臣直言诏》。
③ 《唐大诏令集》卷一〇一《政事·官制下·加散骑常侍员品诏》。

不举职，习以成例。若设官不责其事，不如罢之，以省其费。苟未能罢，臣请特敕，令准故事行其职业。”从之。① 但是穆宗虽从之，却无力改进言谏制度的衰微。

第四节　监察法的实施

唐初统治者不仅重视立法，尤其重视法律的实施，对于监察法而言，同样是如此。

一、立法监察

唐朝是法制文明高度发展的时代，贞观时期君臣更以明法、重法、执法而著称于世。魏征曾向太宗进言：“且法，国之权衡也，时之准绳也。权衡，所以定轻重，准绳，所以正曲直。”作为“万乘之主”，如果“任心弃法”，无异于“舍准绳以正曲直，弃权衡而定轻重”，“不亦惑哉”？② 魏征的进言得到太宗的肯定，他多次表示：“法者，非朕一人之法，乃天下之法”，不可以因私而“挠法”。③ 正因为如此，太宗多次强调保持法律稳定的必要性，他说：“法令不可数变，数变则烦，官长不能尽记，又前后差违，吏得以为奸。”④“诏令格式，若不常定，则人心多惑，奸诈益生。”⑤在这种思想的指导下，自房玄龄等更定律、令、格、式，太宗一朝，用之无所变改。

太宗的法律思想对有唐一代的监察法制有着深远影响。

---

① 《唐会要》卷五四《左右散骑常侍》。

② 《贞观政要》卷五《公平》。

③ 同上。

④ 《册府元龟》卷一五一《帝王部》。

⑤ 《贞观政要》卷八《赦令》。

贞观元年，太宗谓侍臣曰："中书门下，机要之司，擢才而居，委任实重，诏敕如有不便，皆须执论。比来唯觉阿旨顺情，唯唯相尚，遂无一言谏诤者，岂是道理？若唯署敕文书而已，人谁不堪？何须简择，以相委付？自今以后，诏敕疑有不稳，必须执之。"①诏敕是最具权威的法律形式，诏敕不便者允许"执论"，就是以上命敦促有司进行立法监察。

贞观七年，贝州鄃县令裴仁轨私役门夫，上欲斩之。殿中侍御史李干佑奏曰："法令者，陛下制之于上，率土尊之于下，与天下共之，非陛下独有也。仁轨轻罪而致极刑，是乖画一之理。刑罚不中，则人无所措手足。臣忝宪司，不敢奉制。"太宗意解，仁轨竟免。②

贞观十六年，刑部奏请，反叛者兄弟并坐。给事中崔仁师驳之曰："诛其父子，足警其心，此而不恤，何忧兄弟。"议遂寝。③

永徽二年九月一日，左武侯引驾卢文操，逾垣盗左藏库物。上以引驾职在纠绳，而身行盗窃，命有司诛之。谏议大夫萧钧进曰："文操所犯，情实难原，然准诸常法，罪未至死，今致之极刑，将恐天下闻之，必谓陛下轻法律，贱人命，任喜怒，贵财物。臣之所职，以谏为名，愚臣所怀，不敢不奏。"上纳之，谓钧曰："卿职在司谏，遂能尽规，特为卿免其死。"并顾侍臣曰："真谏议也。"④

永徽五年八月十七日，太常乐工宋四通为宫人通传消息，上令处斩，仍遣附律。萧钧奏曰："四通等所犯，在未附律前，不合至死。"上曰："今喜得萧钧之言，特免死，配流远处。"⑤这里体现了唐时断罪以当时法律为准，不以后法追究前罪的原则，此原则对后世亦有影响。

---

① 《唐会要》卷五四《中书省》。
② 《旧唐书》卷八七《李昭德传》。
③ 《唐会要》卷五四《给事中》。
④ 《唐会要》卷五五《谏议大夫》。
⑤ 《唐会要》卷五五。

武则天时期，御史中丞宋璟常论时政得失，引起武则天的反感，“寻敕璟扬州推按，又敕璟按幽州都督屈突仲翔赃污，又敕璟副李峤安抚陇、蜀”。璟皆不肯行，并上奏：“故事，州县官有罪，品高则侍御史、卑则监察御史按之，中丞非军国大事，不当出使。今陇、蜀无变，不识陛下遣臣出外何也？臣皆不敢奉制。”①素以果决著称的武则天，对宋璟的三不奉制也只能不了了之。

以上数例，都是监察官依法谏诤的例证，阻止了皇帝以己意改成法的恣意行为，体现了立法监察在唐朝实施的情况。

二、行政监察

行政监察是监察职掌的重要内容，一者监察国家的行政机关的施政过程，无论是行政决策还是行政执行过程与决策反馈，均有专职监察官从事监察，其对象涉及朝官和地方官；再者监察行政官员是否有所违失，贻误国家事务；最后，检查行政效率，避免国家公文壅滞。

譬如，为使国家大政方针避免失误，唐朝实行封驳制度，门下省给事中独立行使封驳权，可以封还皇帝失宜的诏敕，因而也将皇权的行使纳入行政监察的范围，并且保留到唐朝后期。据《唐会要》卷五四，太和三年八月敕：“凡制命颁行，事有不可，给事中职合封进，省审既毕，宣布百司。稽停晷刻，皆著律令。自今尚书省、御史台，所有制敕及官属除不当，宜封章上论，其事状分明，亦任举按。”

为了督率行政官员恪尽职守，避免违失，以监察御史六人为六察官，“分察尚书之司，纠其过失”，称为部察。根据六察官人员的变动情况，及时调整所监察的对象。

宪宗元和四年五月，御史台奏：“准旧例，监察御史从下第六人，各

---

① 《资治通鉴》卷二〇七《唐纪二十三》“则天后长安四年”条。

察尚书省一司。又准兴元元年十月敕，令监察御史从上第一人，察吏部、礼部，第二人察兵部、工部，第三人察户部、刑部。伏以监察第一、第二人，已允监察御史及馆驿等使，新人出使外，并无职掌，无以观其能否。今请守旧制，以新人分察。”从之。①

文宗太和八年九月，御史台奏：“当司应六察官，伏准元和四年五月二十日敕，监察御史六人分察尚书省，从下一人察吏部，其次察兵部省。伏以监察在台，职当使役，或有出入推按，例合差遣新人。每因一人奉使，须数员转职，既频移易，使致因循，举察之务，难得精审。今请除监察馆驿两处，以次人便专察吏部，其下便依次转差。所冀察务有常，公事知守。”敕旨依奏。② 除部察外，监察御史巡按州县对地方的监察称为道察。或由察院临时派出，或者定期巡视。

由于御史台长官“掌邦国刑宪、典章之政令，以肃正朝列”，“掌以刑法典章，纠正百官之罪恶”。③ 因此，在行政监察中以察举弹劾官吏的违法失职、怠于政事为法定的常规职掌。太宗在《纠劾违律行事诏》中严肃指出：“自今以后，官人行事与律乖违者，仰所司纠劾，具以名闻。”④为了查核官僚的治绩，纠弹不法，为黜陟奖惩提供依据，监察官还参加对百官的定期考课，事实上内外百官的政务实绩早由监察官定期不定期上报，并记录在案。

开元二十五年十二月二十四日，玄宗命诸道采访使考课官人善绩，三年一奏，永为常式。至二十七年二月七日，又颁敕文：“三载考绩，黜陟幽明，允计大猷，以劝天下。比来诸道所通善状，但优仕进之辈，与为选调之资，责实徇名，或乖古义。自今以后，诸道使更不须善状。每三

---

① 《唐会要》卷六〇《御史台上·监察御史》。

② 同上。

③ 《唐六典》卷一三《御史台》。

④ 《唐大诏令集》卷八二《政事·刑法·纠劾违律行事诏》。

年，朕当自择使臣，观察风俗，有清白政理著闻者，当别擢用。”①

为了提高行政效率，使中央政令迅速下达，避免公文壅滞，专门制定了有关文书收发、执行与管理的法律，并且建立了公文勾检制度。各行政部门均设勾检官，而以尚书都省左、右丞为最高勾检官，其左丞正四品上，右丞正四品下。勾检官是独立于御史台之外的监察部门，但由于尚书左丞是行政系统的监察官，因此勾检系统也纳入行政监察之列。尚书左丞“掌管辖诸司，纠正省内，勾吏部、户部、礼部十二司，通判都事，若右丞阙，则并行之。右丞管兵部、刑部、工部十二司，若左丞阙，右丞兼知其事。御史有纠劾不当，兼得弹之”。② 勾检制度对后世颇有影响。

三、人事监察

唐朝虽然科举制盛行，但仍沿袭传统的举荐制度，所荐之官需要考试，由御史监试。贞观九年十一月二十九日，敕文如下：“每年冬荐官，吏部准式检勘或成者，宜令诸司尚书、左右丞、本司侍郎引试都堂，访以理术，兼商量时务，状考其理识通者，及考第事迹，定为三等，并举主姓名录奏。试日，仍令御史一人监试。”③御史对荐官考试的监试，体现了人事监察的职掌。但更重要的是通过参与对官员的考课，实行必要的人事监察。

唐朝对官吏考核极为重视，每年一小考，四年一大考。大考时，皇帝亲任最高主考官，特派德高望重的宰相二名充任内、外官考使，御史大夫或其他高级官员为监考使，主管官吏考核的机关则是吏部考功司。

① 《唐会要》卷七八《诸使中·采访处置使》。
② 《旧唐书》卷四三《职官二·尚书都省》。
③ 《唐会要》卷八二《冬荐》。

按唐制，四品以下官由吏部负责考核，三品以上官则自陈政绩，呈报宰相，并报请皇帝亲自考核。

考核官吏的标准分为"四善"与"二十七最"。"四善"是国家对各级官吏提出的四条共同要求："一曰德义有闻，二曰清慎明著，三曰公平可称，四曰恪勤匪懈。"德、廉、公、勤四条，都要有具体的政绩。"二十七最"则是根据各部门职掌的不同，分别提出的二十七条具体要求。据《旧唐书·职官二》："其一曰献可替否，拾遗补阙，为近侍之最。其二曰铨衡人物，擢尽才良，为选司之最。其三曰扬清激浊，褒贬必当，为考校之最。其四曰礼制仪式，动合经典，为礼官之最。其五曰音律克谐，不失节奏，为乐官之最。其六曰决断不滞，与夺合理，为判事之最。其七曰都统有方，警守无失，为宿卫之最。其八曰兵士调习，戎装充备，为督领之最。其九曰推鞫得情，处断平允，为法官之最。其十曰雠校精审，明为刊定，为校正之最。其十一曰承旨敷奏，吐纳明敏，为宣纳之最。其十二曰训导有方，生徒充业，为学官之最。其十三曰赏罚严明，攻战必胜，为将帅之最。其十四曰礼义兴行，肃清所部，为政教之最。其十五曰详录典正，辞理兼举，为文史之最。其十六曰访察精审，弹举必当，为纠正之最。其十七曰明于勘覆，稽失无隐，为勾检之最。其十八曰职事修理，供承强济，为监掌之最。其十九曰功课皆充，丁匠无怨，为役使之最。其二十曰耕耨以时，收获成课，为屯官之最。其二十一曰谨于盖藏，明于出纳，为仓库之最。其二十二曰推步盈虚，究理精密，为历官之最。其二十三曰占候医卜，效验居多，为方术之最。其二十四曰讥察有方，行旅无壅，为关津之最。其二十五曰市廛不扰，奸滥不作，为市司之最。其二十六曰牧养肥硕，蕃息孳多，为牧官之最。其二十七曰边境肃清，城隍修理，为镇防之最。"

一最四善为上上，一最三善或无最四善为上中，一最二善或无最三善为上下；一最一善或无最二善为中上，一最无善或无最一善为中中，善最皆无，职事粗理为中下；爱憎任情，处断乖理为下上，背公向私、职务废阙为下中，居官谄诈、贪浊有状为下下，共分九等。考核等级的评定是以考功司掌握的官吏政务实绩为基础，而官吏的政务实绩则是以御史的日常考察为依据的。据宝应二年敕，“御史台分察使及诸道观察使，访察官吏善恶功过，稍大事当奏闻者，每年九月三十日具状报考功，至校日参验事迹，以为殿最。伏以近日功过，都不见牒报。今后诸司不申报者，州府本判官便与下考，在京诸司追节级纠处，本判官敕课日量事大小黜陟”。①

对于任命官员的年龄、数额、出身和离任官员的政绩、官声的察核、审计和评判均由监察官负责，并且是人事监察的重点。大中三年三月，中书门下奏：“伏准太和六年六月御史台奏，本置官员，藉其任守，吏曹注拟，皆是职司。况调选须有出身，合年十五以上，比及于选，入以十年，则二十五，可以为成人矣。今则皆称年小，奏请句当，所在相承，积习成例。若实年小，即不合早补身名。若补实当年，又何虑为官不了。合请诸道方镇子孙，应选授及奏授官，一切勒归本任，不得辄有奏留。如或恩出殊常，赐及一子者，年十三以下，即任奏听进止。奉敕宜依者。臣等谨详敕前约勒，非不丁宁。近日不守敕文，例皆请奏，臣等商量，自今已后，诸道节度、观察、防御、经略等使，如或特降恩赐制，及一子官年十五以下者，即望许奏请句当留除外，其余并望准前敕处分。”②

太和七年七月，中书门下奏：“应诸州刺史除授序迁，须凭显效。若非责实，无以劝人。近者受代归朝，皆望超擢，在郡治绩，无由尽知。或自陈制置事条，固难取信。或别求本道荐状，多是徇情。将明宪章，在覈名实。伏请自今已后，刺史得替代，待去郡一个月后，委知州上佐

① 《唐会要》卷八一《用荫》。

② 《唐会要》卷七九《诸使下·诸使杂录下》。

及录事参军,各下诸县,取耆老百姓等状。如有兴利除害,惠及生民,廉洁奉公,肃清风教者,各具事实,申本道观察使检勘得实,具以事条录奏,不得少为文饰,其荐状仍与观察使判官连署。如事不可称者,不在荐限。仍望委度支、盐铁分巡院内官同访察,各申报本使录奏。如除授后,访知所举不实,观察、判官、分巡院官,及知州上佐等,并停见任,一二年不得叙用。如缘在郡赃私事发,别议处分,其观察使奏取进止。"敕旨"依奏"。①

在人事监察中,除对政绩显著者予以申报奖励外,对于玩忽职守、违纪触法应予行政制裁者,均可表达意见。唐朝的行政制裁主要有:

罚俸。也称夺禄,即剥夺官吏一月至一年的俸禄,以示惩戒,是最轻的行政制裁方式,一般用于单独科处。如上文所述官吏考核等级在中下、下上、下中、下下者,分别罚俸一季、二季、三季以至一年。

解任。即罢黜职事官,保留散官、勋官、爵位等。《新唐书·百官志》:"有下下考者,解任。"

免所居官。即罢黜官吏之职事官与散官,保留勋官与爵位。

免官。即罢黜官吏之职事官、散官与勋官,保留爵位。

除名。即罢黜官吏之职事官、散官、勋官、爵位等一切名号职衔,为行政制裁之最重者。

四、经济监察

唐朝是中国古代经济高度发展的时期,农业、手工业、商业、对外贸易都取得了前所未有的进步。如何保证农业生产、户口增殖、减少灾荒、增加财赋,多见于监察法的规定,无论是在监察六法还是皇帝颁发的诏令中都有经济监察方面的内容,而且除一般性的经济监察外,还分

① 《唐会要》卷六八《刺史上》。

派御史进行专门性的经济监察。以下仅就仓库、赋税、盐铁、钱币四个方面加以阐述。

唐朝对于仓库(尤其是太仓)的管理、安全与收支等是高度重视的,指派殿中侍御史及其他御史实行定期、定员监察,称为"监库御史"。开元十九年正月二十八日敕:"左右藏太仓署,差御史监知出纳。"二十一年三月十九日,敕:"监仓库各定御史一人,一年一替,左右巡御史,亦各定一人,一季一替,并不得改换及差使。"①太和元年六月,御史大夫李固言奏:"监太仓殿中侍御史一人;监左藏库,殿中侍御史一人。台中旧例,取殿中侍御史从上第一人充监大仓使,第二人充监左藏库使,又各领制狱。伏缘推事,皆有程限,所监遂不专精,往往空行文牒,不到仓库,动经累月,莫审盈虚。遂使钱谷之司,狡吏得计,至于出入,多有隐欺。臣今商量,监仓御史,若当出纳之时,所推制狱稍大者,许五日一入仓;如非大狱,许三日入仓;如不是出纳之时,则许一月两入仓检校。其左藏库公事,寻常繁闹,监库御史所推制狱,大者亦许五日一入库;如无大狱,常许一旬内计会,取三日入库句当。庶使当司公事,稍振纲条,钱谷所由,亦知警惧。"敕旨"依奏"。② 由此可见太仓等仓库重地对经济生活的重要意义。

在赋税监察方面,由于唐中期以后,中央财政收入急剧减少,而朝廷的支出又有增无已,为了保证"两税法"的实施,以满足中央的财政收入,防止擅加科配杂榷,监察官所承担的赋税监察任务受到了重视。

天宝九年十二月敕:"自今已后,天下两税,其诸色输纳官典受一钱已上,并同枉法赃论。官人先解见任,典正等先决四十,委采访使巡察。若不能举按者,采访使别有处分。"③太和七年四月,御史台奏:"伏

---

① 《唐会要》卷六二《御史台下·杂录》。

② 《唐会要》卷六〇《御史台上·侍御史》。

③ 《唐会要》卷八三《租税上》。

准太和三年十二月十八日敕文,天下除两税外,不得妄有科配,其擅加杂榷率,一切宜停,令御史台严加察访者。臣伏以方今天下无事,圣政日修,务去烦苛,与人苏息。臣昨因岭南道擅置竹练场,税法至重,害人颇深。博访诸道,委知自太和三年准敕文两税外停废等事,旬月之内,或以督察不严,或以长吏更改,依前即置,重困齐民。伏望起今后,应诸道自太和三年准敕文所停税外,科配杂榷率等复已却置者,仰敕到十日内,具却置事由闻奏,仍申报台司。每有出使郎官御史,令严加察访,苟有此色,本判官重加惩责,长吏奏听进止。"敕旨:"宜依。"①在中国古代社会,盐、铁生产是社会生产的重要支柱和繁荣经济的基石,而流通领域的钱币是否稳定,更关系到社会的安定和百姓的生产、生活。因此,设于诸道的观察使负责对盐铁生产和钱币流通进行监察。通过监察,加强了对私铸钱币的打击,改变了中央专营盐业的做法,平衡了中央和地方在盐业收入上的悬殊差距。

长庆二年五月敕:"兵革初宁,实资榷筦,闾阎重困,则可蠲除。如闻淄青、兖、郓三道,往年粜盐价钱,近收七十万贯,军资给费,优赡有余。自盐铁使收管已来,军府顿绝其利,遂使经行陈者有停粮之怨,服陇亩者兴加税之嗟。虽县官受利,而郡府益空。俾人获安宁,我能节用,其盐铁使先于淄青、兖、郓等道管内置小铺粜盐,及巡院纳榷,起长庆二年五月一日以后,一切并停,仍委薛平、马总、曹华约校比年节度使自收管,充军府州县逐急用度,及均减管内贫下百姓两税钱数,兼委节度、观察使。至年终各具粜盐所得钱,并减放贫下税数闻奏。"②

建中二年八月,诸道盐铁使包佶奏:"江淮百姓近日市肆交易钱,

---

① 《唐会要》卷八四《杂税》。
② 《唐会要》卷八八《盐铁》。

交下粗恶,拣择纳官者,三分才有二分,馀并铅锡铜汤,不敷斤两,致使绢价腾贵,恶钱渐多。访闻诸州山野地窖,皆有私钱,转相货易,奸滥渐深。今委本道观察使明立赏罚,切加禁断。"①太和五年二月,盐铁使奏:"湖南管内诸州百姓,私铸'造到'钱,伏缘衡、道数州,连接岭南,山洞深邃,百姓依模监司钱样,竞铸'造到'脆恶奸钱,转将贱价博易,与好钱相和行用。其江西、鄂岳、桂管、岭南等道,应有出铜锡之处,亦虑私铸滥钱,并请委本道观察使条流禁绝。"敕旨:"宜依。"②

五、司法监察

唐初在司法上继续强调"明德慎罚",并将这一原则用于对司法官的考核,要求司法官在审理案件时"得使平允"。贞观元年,太宗谓侍臣曰,"死者不可再生,用法须务存宽简"③,"古人云,鬻棺者,欲岁之疫,非疾于人,利于棺售故耳。今法司核理一狱,必求深劾,欲成其考课。今作何法,得使平允?"④他听从谏议大夫王珪"但选公直良善人,断狱允当者,增秩赐金,即奸伪自息"的谏言⑤,慎重司法官的人选。此外,在司法体制上,大理寺是最高审判机关;刑部是最高司法行政机关;御史台是最高监察机关,同时负责监督大理寺和刑部的司法审判活动,遇有重大疑案,也参与审判,或受理有关行政诉讼的案件。

中央司法机关由一分而为三,使三者互相制衡,这种司法体制,为监察官的司法监察提供了制度保证。

除上述制度建设外,唐统治者还力图发挥监察官的司法监察作用。

---

① 《唐会要》卷八九《泉货》。
② 同上。
③ 《贞观政要》卷八《刑法》。
④ 同上。
⑤ 同上。

如,台官有权参加刑部的官员会议,以就便执行监察。《唐六典》明确规定:“尚书省诸司七品以上官员会议,皆先牒报台,依一人往监。若具状有违及不委议意而署名者,纠弹之。凡有敕令,一御史往监,则监察受命而行。”

唐初,御史台不直接受理诉讼,但自贞观末年始,御史台也开始审理案件。《通典·职官六》载:“旧例,御史台不受诉讼,有通词状者,立于台门候御史,御史竟往门外收采,如可弹者,略其姓名,皆云风闻访知。……贞观末,御史中丞李乾祐以囚自大理来往滋其奸故,又案事入法多为大理所反,乃奏于台中置东西二狱,以自系劾。”永徽中,御史大夫崔义元又规定由御史轮流值班,受理词讼。从此,“罕有闻风弹举之事,多受词讼推覆理尽,然后弹之”。①

唐朝统治者从实践中体验到,司法是否公正关系到社会的稳定和国家的盛衰,因此多次颁制强调申冤理屈的重要性。如:

高宗仪凤二年十一月十三日颁发《申理冤屈制》,宣称:“朕袛膺宝历,寅奉璇图,常居安以戒危,每在得而思失。虑一夫之勿获,忧万方之罪己。以为承平既久,区宇至广,州邑相望,众庶殷阜。事繁则诈起,法弊则奸生,念兹冤滞,载怀怆恻。是以频发诏书,庶几息讼,比命申理,未副朕怀。百姓虽事披论,官司不能正断。及于三司陈诉,不为究寻,而省告言,又却付州县。至财物相侵,婚田交争。或为判官受嘱,有理者不申;或以按主取钱,合得者被夺;或积嫌累载,横诬非罪;或肆忿一朝,枉加杀害,频经行阵,竟无优赏;或不当矢石,便获勋庸,改换文簿,更相替夺;或于所部,频倩织作,少付丝麻,多收绢布;或营造器物,耕事田畴,役即伍功,雇无半直。又境由市买,无所畏惮,虚立贱价,抑取贵物。实贪利以侵人,仍据占以防罪。或进退丁户等色,多有请求;或解

① 《通典》卷二四《职官六·御史台》。

补省佐之流，专纳贿赂；或征科赋役，差点兵防，无钱则贫弱先充，行货则富强获免。亦有乡邑豪强，容其造请，或酒食交往，或妻子去还，假托威恩，公行侵暴。凡如此事，固非一绪。经历台省，往来州县，动淹年岁，曾无与夺。欲使元元，何所控告？见在京诉讼人，宜令朝散大夫守御史中丞崔谧、朝散大夫守给事中刘景先、朝请郎守中书舍人裴敬彝等，于南衙门下外省，共理冤屈。所有诉讼，随状为其勘当。有理者速即奏闻，无理者示语发遣。其有虚相构架，浪扰官方，若经处分，喧诉不绝者，宜即科决，使知劝。仍限今年十二月内使了。其在外州县，所有诉讼冤滞文案，见未断绝者，并令当处速为尽理勘断，务使甘服，勿使淹滞。若处断不平，所司纠察得实者，所由官人，随即科附。可布告遐迩，使知朕意。"①在这个《申理冤屈制》中，高宗以皇帝的至尊身份相当全面和深刻地揭露了种种司法弊端，并且要求御史中丞、给事中充当申理冤屈的主要司法官，表现了他对监察官执行司法监察的信任。

中宗神龙元年二月二十七日颁发《申冤制》，提出："门下：九重深邃，非闾阎之可闻。万邦遐旷，因表疏而方达。朕尊居黄屋，心念苍生。微物不安，每切纳隍之虑。一人失业，更萦宵旰之怀。思欲下情上通，无令壅隔，所以明四聪者也。其官人百姓等，有冤滞未申，或狱讼失职，或贤才不举，或进献谋猷，如此之流，任其投匦。凡百士庶，宜识朕怀。"②由于知匦使均为谏官担任，由知匦使负责接收及处理因冤滞未申、狱讼失职而进行的投匦，体现了监察官对司法的监察。

在唐朝，皇帝握有最高的司法权，但其行使也受到监察官的制约甚至抵制。宪宗时，御史中丞薛存诚依法判处犯法作恶的僧人鉴虚，但是"上宣令释放，存诚不奉诏。明日，又令中使诣台宣旨曰：'朕要此僧面

① 《唐大诏令集》卷八二《政事·刑法·申理冤屈制》。

② 同上。

诘之，非赦之也。'存诚附中使奏曰：'鉴虚罪款已具，陛下若召而赦之，请先杀臣，然后可取。不然，臣期不奉诏。'"最后，"上嘉其有守，从之"。① 穆宗初，"宿州刺史李直臣坐赇当死，赂宦侍为助，具狱上。帝曰：'直臣有才，朕欲贷而用之。'"御史中丞牛僧孺曰："彼不才者，持禄取容耳。天子制法，所以束缚有才者。禄山、朱泚以才过人，故乱天下。""帝异其言，乃止。"②

最具代表性的是，宪宗时御史李元素为昭雪东都按大将令狐运冤案一事而反复向皇帝陈词，具体如下：

宪宗"元和五年四月，命监察御史杨宁往东都按大将令狐运事。时杜亚为东都留守，素恶运。会盗发洛城之北，运适与其部下畋于北邙，亚意为盗，遂执讯之，逮系者四十余人。宁既按其事，亚以为不直，密表陈之，宁遂得罪。亚将逞其宿怒，且以得贼为功，上表指明运为盗之状，上信而不疑。宰臣以狱大宜审，奏请覆之，命侍御史李元素就覆焉。亚迎路以狱成告，元素验之五日，尽释其囚以还。亚大惊且怒，亲追送马上责之，元素不答。亚遂上疏，又论元素。元素还奏言未毕，上怒曰：'出，俟命。'元素曰：'臣未尽词。'上又曰：'且去。'元素复奏曰：'臣一出，不复得见陛下，乞容尽词。'上意稍缓。元素尽言运冤状明白，上乃悟曰：'非卿，孰能辨之？'后数月，竟得真贼。元素由是为时器重，累迁给事中，每美官缺，必指元素焉"。③

在古代专制制度下，皇帝执掌生杀予夺之权，监察官敢于依法纠正皇帝在司法上的错误意见，可以说是唐朝司法监察的最高体现，这是和唐初开创的开明政治、重视法制的遗风密切联系着的。

---

① 《旧唐书》卷一五三《薛存诚传》。
② 《新唐书》卷一七四《牛增孺传》。
③ 《唐会要》卷六二《御史台下·推事》。

唐朝的司法监察更多更主要的是对地方政权司法活动的监察。除监察御史、采访使经常执行此项工作外，皇帝还随时遣使考察，或由殿中侍御史按验冤假错案。例如，太宗时，唐临“迁侍御史，奉使岭外，按交州刺史李道彦等申叩冤系三千余人”。[①] 又如，肃宗时“华原令卢枞以公事谯责邑人齐令诜。令诜，宦人也，衔之，构枞罪”。时任殿中侍御史的张镒按验此案时，认为“当免官，有司承风以死论。镒不直之，乃白其母曰：‘今理枞，枞免死而镒坐贬。嘿则负官，贬则为太夫人忧，敢问所安？’母曰：‘儿无累于道，吾所安也。’遂执正其罪，枞得流，镒贬抚州司户参军”。[②]

除监察官系统外，执掌监察权的尚书左丞也拥有司法监督权。德宗时吕元膺为尚书左丞，对地方上报的案件认真进行监督，及时纠正错案。如：“江西观察使裴堪奏虔州刺史李将顺赃状，朝廷不复按，遽贬将顺道州司户。元膺曰：‘廉使奏刺史赃罪，不复检即谪去，纵堪之词足信，亦不可为天下法。’又封诏书，请发御史按问，宰臣不能夺。”[③]宪宗时孔戣为尚书左丞，曾纠正信州刺史被诬一案如下：“（元和）九年，信州刺史李位为州将韦岳谗谮于本使监军高重谦，言位结聚术士，以图不轨。追位至京师，鞫于禁中。（孔）戣奏曰：‘刺史得罪，合归法司按问，不合劾于内仗。’乃出付御史台，戣与三司讯鞫得其状……以岳诬告，决杀，贬位建州司马。时非戣论谏，罪在不测。”[④]穆宗时韦弘景为尚书左丞，“（韦）弘景素以鲠亮称，及居纲辖之地，部吏望风修整。会吏部员外郎杨虞卿以公事为下吏所讪，狱未能辨，诏下弘景与宪司就尚书省详谳。虞卿多朋游，人多向附之，弘景素所不悦，时已请告在第，及

① 《旧唐书》卷八五《唐临传》。

② 《新唐书》卷一五二《张镒传》。

③ 《旧唐书》卷一五四《吕元膺传》。

④ 《旧唐书》卷一五四《孔戣传》。

准诏就召，以公服来谒。弘景谓之曰：'有敕推公。'虞卿失容自退"。①

总括前述，唐初为了建设繁荣昌盛的帝国，比较重视台谏官的纠弹谏诤作用，使其在澄清吏治、"纠弹不法"、振肃纲纪、安定社会、维护国家统一方面，发挥了良好的作用。尤其是太宗时期，虚心纳谏，重视法制，台谏官充分发挥了依法察吏的效能。即使在高宗时期，也较为尊重御史对于恶吏的纠弹，如：凤仪年间，左司郎中王本立恃宠用事，朝廷群臣畏惧，侍御史狄仁杰弹劾之，请付法司推鞫，"有诏原之"。狄仁杰奏曰："陛下惜有罪亏成法……臣愿先斥为群臣戒。"由于狄仁杰坚持维护朝廷纲纪，王本立被判罪，"朝廷肃然"。② 玄宗在安史之乱以前，尚能支持御史弹劾不法。开元二年，御史弹奏薛王业之舅王仙童侵暴百姓。薛王业为之关说，玄宗敕紫微、黄门复按。姚崇、卢怀慎等奏曰："仙童罪状明白，御史所言无所枉，不可纵舍。"玄宗从之，"由是贵戚束手"。③ 玄宗后期，由于李林甫、杨国忠相继专权，御史直言弹劾不仅得不到支持，反而受辱于朝堂之上。开元二十五年，监察御史周子谅上书言牛仙客非宰相器。"忤旨，扑之殿庭，朝堂决杖而死之。"④可见，唐初以来"尤重宪官"的风气至玄宗中期以后已经发生重大变化。据《资治通鉴·唐纪》三一卷，玄宗天宝二年三月条"上以右赞善大夫杨慎矜，知御史中丞事。时李林甫专权，公卿之进，有不出其门者，必以罪去之；慎矜由是固辞，不敢受"。尤其唐后期，宰相控制了监察官吏的任用权，以至有些监察官顺从宰相、权臣，成了他们的附庸。

唐朝的监察立法传承汉朝的监察立法，其重心仍在对地方官吏的监察。玄宗时制定的《监察六法》就是这一政策思想的产物。《监察六

① 《旧唐书》卷一五七《韦弘景传》。
② 《新唐书》卷一一五《狄仁杰传》。
③ 《资治通鉴新注》第七册，七〇六七页。
④ 《旧唐书》卷九《玄宗本纪》。

法》虽以汉《六条问事》为宗，但汉唐历史背景不同而有所变化。开元二十二年二月十九日玄宗在《置十道采访使敕》中，明确指出了这一点："且十道为率，六察分条。周汉已还，事有因革，帝王之制，义在随时。其天下诸道，宜依旧逐安便置使，令采访处置。若牧宰无政，不能纲理；吏人有犯，所在侵渔，及物土异宜，人情不便，差科赋税，量事取安。朕所奏成，贵在简要，其余常务，不可横干。"①可见唐《监察六法》虽传承了汉刺史《六条问事》的传统，但根据"义在随时"的原则作了重大发展。如：汉设十三部州监察区，唐改为十道（后增为十五道）；汉以强宗豪右、二千石及其子弟为监察重点，唐以牧宰与吏人列为六察之首，反映了官僚制度的发展与朝廷对地方官的倚重。至于强宗豪右、士家大族，经由隋末农民大起义的沉重打击，加之地主经济的发展，已经急遽没落，不再是中央集权的主要威胁，因此列于六察之末。此外，在延续汉以来以地方官吏的品德、政绩、文才修养列为监察基本要素的同时，还把户口、赋役、农桑、库存作为重要的经济监察目标，表明监察范围的扩大。《监察六法》既使出巡御史及采访使的活动有章可循，也是对位卑权重的监察官员的一种约束。

唐朝的监察立法不仅见于《监察六法》，更多的是皇帝临时颁发的具有特定指向的有关监察的制、敕、诏、令，其数量之多，基本满足了各项监察活动的需要；此外，在《唐律疏议》及有关格、式中，也含有监察法的内容。由此初步形成了一道监察法制网络。

唐朝统治者不仅重视立法，尤其严于执法，强调法律的统一适用。在监察法律的适用上，也体现了这种精神，自太宗迄至玄宗时期维系了百余年之久。

唐朝一台三院的监察体制的确立，克服了秦汉以来监察机构及御史

---

① 《唐大诏令集》卷一〇〇《政事》。

名目繁多、职权不清、统属紊乱的弊病,对后世产生了深远的影响。而对尚书省六部的分察制度,也为明清时期的六科制度提供了历史的先验。特别是唐朝实行的封驳制度,对于制衡君权也起到了一定的作用。

唐朝的御史系统主要是对行政、司法机关的运作和流程进行监督。而谏官系统则是对决策起着某种修正的作用,形成了台谏并立的格局。御史进行弹劾可以直接呈报皇帝,谏官陈述政事也可以不先告之于宰相。这种相对的独立权的赋予,造就了一批刚直不阿、犯颜直谏的监察官员,促进了盛唐时期政治的清明和国势的昌盛。

由于监察官是"百官之率",被称作"宪官"或"法吏",他们在督察百官时是"依法理官"的。因此,唐朝十分重视通过法制化的形式来规范监察官员的活动,并完善了监察官员的选任、考课与奖惩制度。

但是中国古代专制主义的体制决定了监察官只能是皇帝的耳目,是皇权的附庸,没有皇帝的支持不仅不能发挥应有的作用,甚至难以保全自身。睿宗曾明确表示:"鹰搏狡兔,须急救之,不尔必反为所噬。御史绳奸慝亦然。苟非人主保卫之,则亦为奸慝噬矣。"①

---

① 《资治通鉴》卷二一〇《唐纪二十六》"睿宗景云元年"条。

第八章　宋朝的监察法制

宋朝是经过五代十国的大分裂和百年藩镇割据之后建立起来的汉族政权。宋初，统治者深感大分裂和藩镇割据给华夏民族和统一的国家造成的灾难和威胁，因此，将巩固统一，加强中央集权，防止“方镇太重、君弱臣强”①局面的再现，作为基本国策，形成了远比唐朝强化的专制主义中央集权制度。随着专制主义的发展，中枢体制并三省为一省，形成宰相职权收缩的趋势。监察体制也开始向台谏合一转型。

宋朝统治者从总结隋唐以来的历史经验中认识到“法制立，然后万事有经，而治道可必”。② 所以宋人陈亮说：“汉，任人者也；唐，人法并行者也；本朝，任法者也。”③宋朝法制以唐为基础，但突出了经由皇帝批准颁发的“敕”的作用，反映了专制主义强化的时代特点。

“敕”既具有权威性，也具有灵活性，可以弥补律文的不足，因而得到广泛的应用。朝廷之外，“一司、一路、一州、一县，又别有敕”。④ 敕指导着国家的各种活动和司法实践，具有最高的法律效力。为了把数量众多而又驳杂矛盾的敕令分类整理加以编订，使之成为一种稳定的法律形式，建隆四年完成《建隆编敕》，与《刑统》并颁天下。此后，编敕成为宋朝经常的一项立法活动，《宋史・刑法志》说：“宋法制因唐律、

---

① （宋）李焘：《续资治通鉴长编》卷二。

② （宋）李焘：《续资治通鉴长编》卷一三四。

③ 《陈亮集》卷一一《人法》。

④ 《宋史・刑法志一》。

令、格、式，而随时损益则有编敕。”在律和敕的关系上，神宗以前，律、敕并行，以律为主；神宗以后，敕的地位开始上升“……律不足以周事情，凡律所不载者，一断以敕”，①进入了以敕破律、以敕代律、以敕辅律的时期。宋朝的监察法散见于《宋刑统》《宋会要》《庆元条法事类》以及众多的敕令当中，虽仍零乱，但内容丰富，而且专门化的程度有所加强。

第一节　强化中央集权的监察思想

宋初，根据国家占有土地的实际状况，已无力推行唐时的均田制度，只能因势利导实行比较彻底的地主土地所有制。而且采取“不立田制”“不抑兼并”的政策，允许土地自由买卖，使得土地的转移空前加快，中小地主与自耕农数都不同程度地增长。特别是佃农摆脱了部曲制下依附于主人的私属身份，成为租佃制下的国家“编户”。他们的人身是自由的，可以按时“起移”，并与地主约定按期缴纳定额地租，从而大大提高了生产积极性，有力地推动了农业的恢复和发展，而农业的发展又为手工业和商业提供了必要的物质基础。宋时，无论矿冶、造船、纺织、制瓷、造纸都取得了前所未有的成就。手工业的发展又促进了商业的繁荣，出现了十分繁华的商业城市。以宋都开封为例，店铺多达六千四百余家，城镇农村集市贸易也蓬勃兴起，以致商税成为宋朝财政的一大来源。尤其是海外贸易达到了空前的发展程度，由晋江开出的商船经过海上丝绸之路远达非洲好望角。外国商人经常留住宋都，由此也发生了一系列新的法律关系。

社会经济的发展和相对宽松的政治环境，使得学术思想十分活跃，

---

① 《宋史·刑法志一》。

既有以程朱理学为宗的宋学，又有陈亮、叶适的重商学派，它们不仅对当时，也对后世发挥着重要的影响。但是，有宋一代一直是以加强专制主义中央集权为基本国策，这对监察思想有着直接的影响。同时，宋朝长期与北方辽、金对峙，宋统治者对外采取守势，不惜输币、输帛以求和，从而加重了百姓的负担，使得阶级矛盾和民族矛盾不断激化。由此更加依赖官僚机构的支撑，也更加着意发挥监察机关察吏纠吏的作用，以维护国家的纲纪，这在监察思想中有着明显的体现。

一、“振举纲纪，纠逖奸邪”

经历了五代十国的纷争、混乱，使国家纲纪荡然无存，因此，宋朝建立以后，在加强中央集权制的背景下，君臣都非常重视并且充分论证了重振纲纪的重要，监察官在这方面尤应发挥重要的作用。北宋名臣包拯指出：“且国家置御史府者，盖防臣僚不法，时政失宜。朝廷用之如纪纲，人君委之如耳目。”①与包拯同时代的蔡襄也持同样的看法，认为台谏官负有维护朝廷纲纪，纠正偏失之责：“台官谏臣，科正朝纲，箴补失阙。”②北宋末年，欧阳彻更强调：“盖御史台为朝廷纪纲，台纲正则朝廷理，朝廷理则天下理矣。”③

南宋时期，国家形势的窘迫，政治的腐败，使得统治者更加感到整饬国家纲纪的重要。高宗赵构于绍兴二十五年十二月一日诏中，特别强调振兴纲纪是监察官的职责：“台谏风宪之地，振举纲纪，纠逖奸邪，密赞治道。”④著名的理学家朱熹不仅阐述了何谓纲纪对于国家的重要性，还充分论证了如何建立纲纪，以及台谏督察的作用，他说：“夫所谓

① 《历代名臣奏议》卷二〇二《听言》。
② 《历代名臣奏议》卷三二《治道》。
③ 《历代名臣奏议》卷八三《经国》。
④ 《宋会要辑稿·职官三》。

纲者，犹网之有纲也；所谓纪者，犹丝之有纪也。网无纲则不能以自张，丝无纪不能以自理。故一家则有一家之纲纪，一国则有一国之纲纪，若乃乡总于县，县总于州，州总于诸路，诸路总于台省，台省总于宰相，而宰相兼统众职，以与天下相可否而出政令，此则天下之纲纪也。而纲纪不能自立，必人主之心术公平正大、无偏反侧之私，然后纲纪有所系而立。君心不能以自正，必亲贤臣，远小人，讲明义理之归，闭塞私邪之路，然后乃可得而正也。"[①]又说："何谓纲纪？辨贤否以定上下之分，核功罪以公赏罚之施也。何谓风俗？使人皆知善之可慕而必为，皆知不善之可羞而必去也。"为要正纲纪，美风俗，"则以宰执秉持而不敢失，台谏补察而无所私，人主又以其大公至正之心，恭己于上而照临之。是以贤者必上，不肖者必下；有功者必赏，有罪者必刑，而万事之统无所缺也。纲纪既振，则天下之人，自将各自矜奋，更相劝勉，以去恶而从善。盖不待黜陟刑赏一一加于其身，而礼义之风，廉耻之俗已丕变矣"。[②]

二、制衡相权，防范臣下结党

由于宋太祖经过陈桥兵变黄袍加身取得天下，因此即位以后，严防臣下结党，避免产生不利于专制主义中央集权的事态发生，即使宰相也纳入监察官纠弹之列，务使各级官僚之间互相监督，相互制约，以利于中央集权的全面强化。对于这个原则，太宗概括为"事为之防，曲为之制"，这可以视为宋统治者历代相承的家法，"谨当遵承，不敢逾越"。[③]鉴于五代时期朋党之害，仁宗曾嘱咐辅臣说："所下诏，宜增朋党之戒"，[④]表明他严防大臣之间结成朋党，成为中央集权的离心力量。为

① 《朱文公文集》卷一二《己酉拟上封事》。
② 同上。
③ (宋)李焘:《续资治通鉴长编》卷一七。
④ 同上。

了使大臣之间互相牵制，早在真宗时便推行“异论相搅”的政策，具体表现为既重用丁谓、王钦若，又用其政敌寇准，目的就是“且要异论相搅，即各不敢为非”。① 除臣下朋党构成君权的威胁外，相权也常是与君权相矛盾的重要方面，因此，利用台谏制衡相权，加强对宰相的监督，成为宋朝监察思想中的一个要点。在宋人的政治观念中，宰执与台谏是平列的，相互为用的。欧阳修说：“若天下之失得，生民之利害，社会之大计，唯所见闻而不系职司者，独宰相可行之，谏官可言之尔。故士学古怀道者仕于时，不得为宰相，必为谏官。谏官虽卑，与宰相等。宰相尊，行其道，谏官卑，行其言，言行道亦行也。九卿百司郡县之吏守一职者，任一职之责，宰相谏官系天下之事，亦任天下之责。”②英宗时，吕公弼更以简洁的语言表述说：“谏官、御史，为陛下耳目，执政为股肱。股肱耳目，必相为用，然后身安而元首尊。”③

自秦朝建立宰相制度以来，历经汉唐，宰相在国家政务中都起着举足轻重的作用，因此，相权与皇权的权力冲突经常是统治集团内部矛盾的焦点。虽然早在秦朝就已经建立了监察制度，但对宰相的监督一直比较薄弱。宋朝宰相的权力虽较前代有所削弱，但在国家管理中仍然拥有很大的权限，成为皇权的潜在威胁。为此，在“异论相搅”的理论指导下，加强了对宰相的监督，以防范宰相滥用权力。神宗熙宁四年，苏轼在《上神宗皇帝书》中深入分析了对宰相加强监督的重要性，他说：“古者建国，使内外相制，轻重相权。如周如唐，则外重而内轻；如秦如魏，则外轻而内重。内重之弊，必有奸臣指鹿之患。外重之弊，必有大国问鼎之忧。圣人方盛而虑衰，常先立法以救弊。我国家租赋籍

① （宋）李焘：《续资治通鉴长编》卷二一三。

② （宋）欧阳修：《欧阳文忠公集》卷六六《上范司谏书》。

③ 《宋史·吕夷简传》附公子弼传。

于计省，重兵聚于京师，以古揆今，则似内重。恭惟祖宗所以深计而预虑，固非小臣所能臆度而周知。然观其委任台谏之一端，则是圣人过防之至计。历观秦汉以及五代，谏诤而死，盖数百人。而自建隆以来，未尝罪一言者，纵有薄责，旋即超升，许以风闻，而无官长，风采所系，不问尊卑，言及乘舆，则天子改容，事关廊庙，则宰相待罪。故仁宗之世，议者讥宰相但奉行台谏风旨而已。圣人深意，流俗岂知。台谏固未必皆贤，所言亦未必皆是，然须养其锐气而借之重权者，岂徒然哉，将以折奸臣之盟，而救内重之弊也。夫奸臣之始，以台谏折之而有余，及其既成，以干戈取之而不足。今法令严密，朝廷清明，所谓奸臣，万无此理；然而养猫所以去鼠，不可以无鼠而养不捕之猫；畜狗所以防奸，不可以无奸而畜不吠之狗。陛下得不上念祖宗设此官之意，下为子孙立万一之防？朝廷纪纲，孰大于此。臣自幼小所记，及闻长老之谈，皆谓台谏所言，常随天下公议。公议所与，台谏亦与之，公议所击，台谏亦击之。”①苏轼文中所言及其指向极为明晰，即为了防患“奸臣指鹿之患”的“内重之弊”，必须养台谏之锐气而付之以重权，借以达到制衡宰执大臣的目的。

哲宗元祐初年，秦观以仁宗时期宰相权重，“天下之事一切委之执政，群臣无得预者”的历史事实，来说明要免除汉唐宰相专权之弊，“政事之臣得以举其职，议论之臣得以行其言”，就应“常使两者之势适平足以相制，而不足以相胜”，亦即保持执政官与台谏官彼此制衡之势，如此，“则陛下可以弁冕端委而无事矣”。②

钦宗时，胡安国在奏疏中也论证了两府大臣（中书省和枢密院长官）接受台谏监督制衡的必要。他说：“陛下所任为股肱心膂者，两

---

① 《苏轼文集》卷二五，第二册，岳麓书社 2000 年版，第 740 页。

② 《历代名臣奏议》卷四〇《治道》。

府大臣也。所信为耳目聪明者,谏官御史也。”他建议钦宗“特诏两府大臣,询以救方今之弊,修政事,攘夷狄之方,各令展尽底蕴,具为划一进呈。先次宣示台谏臣僚,如有不合者,使得逐件疏驳。若大臣议诎,则参用台谏之言;疏驳不当,则专守大臣之策”。① 由于皇帝支持台谏官对宰执大臣的监督,因此在宋朝不乏宰执大臣因台谏弹劾而去职之事。宝元元年,谏官韩琦连章弹奏宰相王随、陈尧佐和参知政事韩亿、石中立,四人均被罢免。② 庆历三年,谏官孙沔在朝廷列举宰相吕夷简“黜忠言”“废直道”,“谋身忘公,养成天下之患”③等罪状,迫使吕夷简请辞。④ 同年,谏官欧阳修、余靖、蔡襄一起弹劾参知政事王举正,王被罢免。⑤ 皇祐三年,谏官包拯、陈旭上言宰相宋庠“不戢子弟”,宋庠去职。⑥ 徽宗大观年间,蔡京因御史中丞石公弼与殿中侍御史张克公的弹劾而罢相。⑦ 绍兴二年,殿中侍御史黄龟年奏劾右仆射秦桧专主和议,“且植党日众,将专国自恣”。⑧ 致秦桧罢相。另据《宋史》记载,“黄龟年始劾桧专主和议,沮止恢复,植党专权,渐不可长,至比桧为莽、卓。八月,桧罢。”⑨以上可见,在制衡相权、严防臣下结党的监察思想和政策导向下,确实在一定程度上抑制了权臣的出现,减轻了相权与皇权的矛盾,有利于国家政治的稳定,但也增加了宰相与监察官的矛盾。仁宗嘉祐元年,“深疾言事官”的宰相

① 《历代名臣奏议》卷四五《治道》。
② (宋)李焘:《续资治通鉴长编》卷一二一。
③ (宋)李焘:《续资治通鉴长编》卷一三九。
④ (宋)李焘:《续资治通鉴长编》卷一四〇。
⑤ (宋)李焘:《续资治通鉴长编》卷一四二。
⑥ (宋)李焘:《续资治通鉴长编》卷一七〇。
⑦ 《宋史·石公弼传》。
⑧ 《宋宰辅编年录》卷一五。
⑨ 《宋史·秦桧传》。

刘沆说:“自庆历后,台谏用事,朝廷命令之出,事无当否悉论之,必胜而后已”,①刘沆一语道出了宰执集团对台谏用事的愤懑之情。

三、御史之职,无所不察

宋朝统治者出于加强中央集权的统治,更倚重于御史,扩大了御史的职掌,并在诏敕中明确宣布御史是皇帝的耳目之司,提高了御史的地位,是百官震慑,以利于御史举台纲,肃官邪。政和元年(1111 年)十二月二十一日《训饬百司诏》中说:“御史,耳目之官也,举台纲,肃官邪。”②同年,在《诫饬台官言事御笔手诏》中进一步指出:“耳目之寄,台谏是司。古之明王,责以言事,罔匪正人,故能雍容无为,端拱于一堂之上,广览兼听,信赏必罚,以收众智,以驭群吏,百官向方而万事理。”

宋朝统治者为使汉唐党锢之祸不再重现,尽量发挥“曲为之防”的既定政策,以致淳化三年(992 年)五月《三司判官见本使仪范诏》中说:三司判官“朝罢各赴本司视事”,不得私谒本使,违者,御史台专纠之。③

为防官员因私荐官不以实,举荐枉滥,相互勾结,皇祐五年(1053 年)七月《诫饬举荐非其人诏》中说:“其令御史台察访中外臣僚奏荐,如有所举非其人者,立须弹奏,必行之罚。”④此诏口气之严厉,处罚之坚决,为诏敕中所少见,而令御史台察访中外臣僚,表现了对御史台委任之重。

对于新任命的省台寺监官,如不循分守,也由御史台严加弹奏,元丰五年(1082 年)五月《赐门下诏》中说:“新除省台寺监官,详定官制,

---

① (宋)李焘:《续资治通鉴长编》卷一八四。
② 《宋大诏令集》卷一九七。
③ 《宋大诏令集》卷一六〇。
④ 《宋大诏令集》卷一六八。

所以著所掌职事。如被选之人,不循分守,敢有僭紊,其申谕中外,违是令者,执政官委御史台弹奏。"①

除此之外,参加斋戒不恭,朝会喧哗,趋朝违慢,居室冠服违制,以御前钱物计置到物为己有,统由御史台纠劾以闻。

太平兴国六年(981年)十一月《诫饬郊庙行事官虔肃诏》中说:对于郊庙行事文武官,"于致斋日,并须沐浴浣濯衣服,务于虔肃。以供祀事。敢有违者,并以不恭论。宜令御史台专行纠察。"②

景德二年(1005年)九月《诫约朝会端肃诏》中说:朝会时,由御史台"预定位次告示,各令端肃,不得喧哗"③。

大中祥符五年(1012年)十一月《诫饬文武官立班不得违慢诏》中说:"应文武群臣,趋朝立班,及崇政殿引见官员使臣,自今违慢者,仰合门御史台弹奏。"④

嘉祐四年(1059年)五月十日《诫僭奢诏》中说:"凡居室之制,器用之度,冠服之章,妾媵之数,其令中外臣庶,遵守前后条诏。如有违犯,仰御史台及开封府纠察闻奏。"⑤

政和八年(1118年)二月二十六日《臣僚上言供贡御笔诏》中说:"监司敢以御前钱物计置到物为己有,以充苞苴馈献,……以大不恭论,不以赦降去官原减。违者,御史台纠劾以闻。"⑥

特别是嘉祐二年(1057年)四月,仁宗在《诫励提转诏》中指出,"比年以来,郡县官吏,多不奉法。……岂非转运使提点刑狱务为简易

---

① 《宋大诏令集》卷一六二。
② 《宋大诏令集》卷一九〇。
③ 《宋大诏令集》卷一四四。
④ 同上。
⑤ 《宋大诏令集》卷一四八。
⑥ 《宋大诏令集》卷一四五。

因循以至此乎。……仍令御史台常加采访弹奏以闻。”①转运使与提点刑狱都是省级执掌财政和司法的官员，御史台奉命有权常加采访弹奏，以达帝听。

四、重视纳谏，以广圣聪

有宋一代，君臣对于如何发挥谏官广圣聪、开言路的职能与价值，多有论述。太宗端拱元年二月诏曰：“补阙拾遗，位居谏省，荣践清华之列，是为献替之臣，朝廷之得失须论，刑政之烦苛必举，眷兹职业，寄任非轻。则辅大臣，次则公卿，庶尹历朝选任，何莫由斯。苟或但务因循，止思慎点，忠言谠议寂寥无闻，有乖申讽之规，曷副建官之意？宜更旧号，特立新名，庶明立制之文，咸励匪躬之节。其左右补阙宜改为左右司谏，左右拾遗宜改为左右正言。”②

真宗时，曾任刑部侍郎的陈彭年鉴于“今虽有谏官，且无言责，或出居外任，或兼领余司，常箝口以自安，少危言而替否，是同虚器，何补圣猷”？他在奏疏中一方面指出：“夫置谏诤之官，开献替之路，尧舜汤武所共然也。何者？以正直之臣，忠信之士，参立左右，专奉箴规。有事必言，有阙必谏，足以达四方之壅蔽，资圣主之聪明。”另一方面“请依《六典》员数，置谏议大夫、司谏正言，并选孤立无党、忠直不欺、言行相符、名实相称者为之。俱以才授，不以叙迁，使其常立明庭，专居谏省，入观朝政，出听舆辞。或作事失中，或出令未当，或选举无状，或狱讼有冤，小则上章，大则廷诤，然后圣主察其所言，可者从之，否者罢之。岁终以言事之多少，为课最之高卑，忠谠尽规者甄升，依阿固位者惩责。自然人皆竭节，政必无邪”。③ 为了使皇帝重视纳谏，仁宗时，天章阁待

---

① 《宋大诏令集》卷一九三。

② 《宋会要辑稿·职官三》。

③ 《历代名臣奏议》卷二九《治道》。

制、知谏院包拯将唐魏征撰写的三疏札子进献给皇帝，并说："臣闻，唐太宗，英明好谏之主也。魏元成，忠直无隐之臣也。故君臣道合，千载一时，事无不言，言无不纳。太宗尝谓左右曰：'朕即位之初，或言人主必须威权独运，不得委任群下。或欲耀兵振武，摄服四夷。惟有元成劝朕偃革兴文，布德施惠。中国既安，远人自服。朕从其语，天下大宁，绝域君长皆来朝贡，此皆元成之力也。'是叙贞观之风，与三代比盛，垂三百年，抑有由矣，所上谏疏具在史册。臣窃谓元成虽言于当日，亦可行于方今，谨条其三疏，备录于左，皆词理切直，可为龟鉴。伏望陛下万机之暇，特赐观览。传说曰：'知之非艰，行之惟艰。'惟陛下少留圣意，天下幸甚。"①

神宗时，宰相富弼从"君者，元首也。执政者，股肱心膂也。谏官、御史、侍从论思者，耳目也"的认识出发，强调"谏官者，天下之得失，一时之公议系焉。谏官虽卑，与宰相等。天子曰是，谏官曰非；天子曰必行，谏官曰必不可行，立殿陛之间，与天子争是非者，谏官也"。② 持此论者还有侍御史吕诲，他认为"台谏者，人主之耳目，期补益聪明，以防壅蔽"。③

徽宗即位初，李新针对当时台谏不受重视的情况，在奏章中首先指出台谏职位的重要："何谓台谏之职轻？古者御史大夫次丞相，司谏亚九卿，皆天子得自除授，非以时荐而时用之也，非限乎资格也。故名其居，则曰御史府，或曰肃政台。名其官，则曰中执法，或曰大司宪。严其任，则为风霜也；端其本，则曰纲纪也。分左右谏诤，辅人主，格非心，纠官不如法，如豸之触邪，如草之指佞。劾容其批也，诏书许其封还也，裾

① 《历代名臣奏议》卷二〇二《听言》。
② 《宋文鉴》卷四五《论辨邪正》。
③ 《宋史·吕诲传》。

容其牵而止也，槛容其折而勿治也。”继而论证了重视台谏的目的，是为了“使下之情上达，上之过失以时而闻。元首之耳目不壅蔽，而无饰非遂事之失，假之以疾恶之权，而实自以为助者也”。最后他警告说如果皇帝“自圣于不谏”，则将产生十分严重的后果：“而宰相怙升沉之手，以闭拒公议，则台谏之官，结舌饮忠，约时情以去就。殆未免过屠门而大嚼，立仗马者不嘶，尚可希片言之助，以宠进君子、沮排小人也哉。然用之非其人，则将据要津以自保，而一切观望，假道乌府，以为清要之津，委委备位。否则怀怨陷慝，席风闻以报其私，而为之地者，又安其说而不疑。是非寄雌黄于区夫之齿牙，此被绣仗斧者，所以不厌其心，而至公之柄，反困于倒持者也。”①

孝宗于乾道六年五月二十八日诏中，要求台谏官除封驳章疏外，尤应随时进谏直言：“旧制设两省言路之臣，所以指陈政令得失，给舍则正于未然之前，台谏则救于已然之后，故天下事无不理。今任是官者，往往以封驳章疏太频，惮于论列，深未尽善。自今后，给、舍、台、谏凡封驳章疏之外，虽事之至微，亦毋致忽，少有未当，可更随时详具奏闻，务正天下之事。”②理宗时，三度入相的李鸣奏曰：“君道以听言为急，陛下广开言路，日览奏篇，虽汉高祖之从谏，唐太宗之导人使谏，未足与此。犯颜逆耳之后，亦自隐括，见之施行之乎。若犹未也，是听言之道未尽也。”③

可见，宋人曾经提出“考宋之立国，元气在台谏”的论断④，不是偶然的。

台谏的监督范围除涵盖宰执以下的文武百官外，也扩及皇帝。太

---

① 《历代名臣奏议》卷四三《治道》。

② 《宋会要辑稿·职官一》。

③ 《历代名臣奏议》卷九九《经国》。

④ 《宋史》卷三九〇附论。

宗太平兴国八年,左拾遗田锡在奏章中说:"臣伏读去年九月十一日所降制敕条贯,百官仍于朝堂习仪,又委宪司申举,此则陛下思复古道,大振朝纲。臣唯见所习者仪,未见所举者职,如职业各举,则威仪自严。君有君之威仪,臣有臣之礼法,何患百官不整肃?何患庶政不允厘?臣乞今后给事中得以封驳诏书,起居郎、起居舍人得以纪录言动,御史得以弹奏,谏官得以抗言,左右丞得以纠辖台司,中书舍人得以祗膺顾问。中书舍人得备问,则皇猷日新;左右丞得辖台司,则风宪益整;谏官抗言,则陛下闻所未闻,知所未知;御史弹奏,则百僚震悚,一人尊严;起居郎、起居舍人得在左右,则盛事无遗,国史大备;给事中得以封驳,则诏敕无误出,政事无错行。"①仁宗时,太子中允石介明确地阐述了只有皇帝与宰相都接受监察机关的监督,才能充分发挥其察吏的作用:"君有佚豫失德、悖乱亡道、荒政咈谏、废忠慢贤,御史府得以谏责之;相有依违顺旨、蔽上罔下、贪宠忘谏、专福作威,御史府得以纠绳之;将有骄悍不顺、恃武肆害、玩兵弃战、暴刑毒民,御史府得以举劾之。君,至尊也,相与将,至贵也,且得谏责纠劾之,余可知也。"②既然监察官对皇帝和宰相都可以谏责纠劾,其余的文武百官被纳入纠劾之列,也就"可知也"。

有宋一代监察官规谏皇帝疏失的记载,史不绝书。例如,仁宗时,包拯上书对皇帝朝令夕改的行事,提出了严肃的谏诤。指出:"臣窃见朝廷凡降诏令,行之未久,即有改张,故外议纷纭,深恐于体不便。且诏令,人主之大柄,而国家治乱安危之所系焉,可无慎乎!缘累年以来,此弊尤甚;制敕才下,未逾月而辄更;请奏方行,又随时而追改。民知命令之不足信,则赏罚何以沮劝乎?臣欲乞今后朝廷凡处置事宜,申明制度,不可不慎重。"只有"法存划一",才能"国有常格"③。还是仁宗朝,

① (宋)田锡:《论军国要机》,引自《历代名臣奏议》卷八一《经国》。
② (宋)石介:《徂徕石先生文集》卷一三《上孔中丞书》。
③ 《孝肃包公奏议》卷二《论诏令数改易》。

以废郭皇后事，知谏院孙祖德、左正言宋祁、右正言刘涣，以及御史中丞孔道辅、御史蒋堂、郭劝、段少连等人皆谏诤不当废。① 英宗治平年间，尊生父濮安懿王为亲，御史中丞彭思永谏诤说："濮王生陛下，而仁宗以陛下为嗣，是以仁宗为皇考，而濮王于属为伯，此天地大义，生人大伦。如乾坤定位，不可得而变也。陛下为仁庙子，曰考曰亲，乃仁庙也；若更施于濮王，是有二亲矣。使王与诸父夷等，无有殊别，则于大孝之心亦为难安。"②知谏院傅尧俞与侍御史吕诲等人也都谏诤英宗不当尊濮王为皇考。③

最典型的是徽宗时期，蔡京、童贯等奸臣擅权，为非作歹，并与徽宗引为心腹的内侍黄经臣狼狈为奸，败乱朝政，致使大多数朝官明哲保身，噤若寒蝉，只有右正言陈禾不畏权势，上疏弹劾黄经臣"怙宠弄权，夸衔朝列，每云诏令皆出其手，言上将用某人，举某事，已而诏下，悉如其言。夫发号施令，国之重事，黜幽陟明，天子大权，奈何使宦寺得与？臣之所忧，不独经臣，此涂一开，类进者众，国家之祸，有不可遏，愿亟窜之远方"。此时，宋徽宗正对黄经臣宠信有加，不仅不采纳陈禾的意见，甚至不待陈禾奏毕，便拂衣而起。然而陈禾却扯住徽宗的龙袍，继续陈述，竟将龙袍扯破。徽宗因此大呼："正言碎朕衣矣。"陈禾却毫不畏惧地说："陛下不惜碎衣，臣岂惜碎首以报陛下？此曹今日受富贵之利，陛下他日受危亡之祸。"陈禾的忠直之言，使徽宗也为之感动，并将撕碎的衣服"留以旌直臣"。但是不久徽宗又为童贯等人所惑，把陈禾贬官。陈禾的作为受到后人的高度评价，称其"引裾尽言，有古谏臣之风"。④

然而有的大臣在肯定言谏的同时，也提出了谏议的是否可行，应由

① （宋）李焘：《续资治通鉴长编》卷一一三。
② 《宋史·彭思永传》。
③ 《宋史·傅尧俞传》。
④ 《宋史·陈禾传》。

圣意裁定。司马光说："朝廷政事皆大臣相与裁定，然后施行，而台谏或以异议干之。陛下当自以圣意察其是非，可行则行，可止则止。"①

唐朝贞观之治多由于谏官进谏，太宗纳谏，避免了政策上的失误，约束皇权的滥用，缔造了少有的盛世。史鉴俱在，对宋朝的统治者不无影响。特别是宋朝以加强中央集权为要务，在治国理政上，推行较为开明的政治，从宋初便立下"不罪大臣"的祖制，因此，很少严惩文官。正是这种较为宽松的政治气候使得言谏之官敢于直陈政策得失，而国家所面临的内外严峻的形势，也使得皇帝迫切需要言谏官进规献纳，以广视听，以便振朝纲，黜奸邪，明是非，举政事。因此，在宋朝的监察法制史上，言谏的作用以及御史台的职司监察，均为史书所称道。

第二节　监察体制的变化

宋朝的监察体制大体上沿袭唐制，但适应中央集权的强化，也发生了明显的变化。

一、中央监察体制

宋朝中央监察体制由御史台和谏院两部分组成。

（一）御史台

宋以御史台为最高监察机关，职掌"纠察官邪，肃正纲纪，大事则廷辩，小事则奏弹"。② 御史台以御史大夫为长官，但向无实任，御史中丞是实际上的台长。御史台以下分设台院、殿院、察院。台院置侍御史，殿院置殿中侍御史，察院置监察御史。

---

① （宋）李焘：《续资治通鉴长编》卷二〇六。

② 《宋史·职官志》。

由于北宋任官实行差遣制,三院官员多兼任他职,其他官员也往往兼领三院之职,以致三院的管理与监察权的履行都极为混乱。神宗元丰三年,对宋初以来的官僚制度进行了一次较大的改革,史称“元丰改制”。御史台的组织结构也随之而有较大的调整。据《宋会要辑稿》职官十七之三记载:“御史台,大夫从二品,中丞从三品,侍御史从六品,各一人。大夫掌肃正朝廷纲纪及以仪法,纠治百官之罪失,而中丞、侍御史为之贰。”

台院,置侍御史一人,秩从六品,负责助理台政。

殿院,置殿中侍御史二人,秩正七品,主要负责纠察百官在朝仪中的失礼行为。

察院,置监察御史六人,秩从七品,主要负责监察六部及朝廷行政、司法等工作。

经过元丰改制,台院侍御史纠察百僚并入阁承诏治狱之职,已被殿院和察院取代。但提高侍御史的地位,不再是御史台的属官,台院实际上名存职废,使得唐朝以来御史台三院的组织结构出现了合并的趋势,为元明清三院合一的体制改革提供了先验。清朝纪昀等人在《历代职官表》卷一八的按语中说,“谨案:宋初以知杂御史副丞判台事,及元丰改制,遂以侍御史为中丞之贰。当时虽名三院,其实侍御史班位特崇,盖今副都御史之职任也。”由于御史台三院御史的职掌逐渐集中于察院,致使监察御史事务繁杂,“常有日不暇给之忧”。①

在御史台机构中另设检法一人,秩从八品,掌详检法律,参与定刑,并有推直官、推勘官负责案件的审察;主簿一人,秩从八品,负责文书管理、审核簿书钱谷等事宜。

元丰改制的另一重大措施,就是恢复六察制度。唐代御史台有六

① 《宋会要辑稿·职官五五》。

监司,宋依唐制“始置六察司于御史台”,[①]“察在京官司”,具体如下:“以吏部及审官东西院、三班院等隶吏察;户部、三司及司农寺等隶户察;刑部、大理寺、审刑院等隶刑察;兵部、武学等隶兵察;礼祠部、太常寺等隶礼察;少府、将作等隶工察。”[②]同时,“以户察察转运、提举官,以刑察察提点刑狱”。[③] 由于六察司按察诸路监司,职掌过于繁多,元丰五年十一月,“罢(监察)御史察诸路官司,如有不职,令言事御史弹奏”,且“著为令”。[④] 神宗以后,六察制度几经兴废,直至南宋高宗绍兴初年始下诏恢复。

宋初,每以谏官兼领御史职,遂导致真宗天禧元年言事御史之设。仁宗时,以殿中侍御史梅挚、监察御史李京并为言事御史。元丰改制时,谏官兼领御史之职,御史也兼领言谏之责。元丰五年,命殿中侍御史兼言事官,元丰八年,又“诏监察御史兼言事,殿中御史兼察事”。[⑤]

御史不仅权限大,而且地位尊崇。仁宗庆历四年命御史中丞贾昌兼讲官,专为皇帝讲说经义。自此,台臣兼侍讲。

（二）谏院

宋初,谏官组织沿袭唐制隶属于中书、门下两省,真宗天禧元年二月,于门下省内正式设置谏院,铸造谏院官印,至此谏官脱离宰相而独立。谏院以谏议大夫为长官,属官有司谏、正言,员额六人,多从唐代补阙、拾遗演变而来。由于实行差遣制,常以他官知院事,而司谏、正言也常被差遣至其他部门,往往出现“谏议(官)无言责”的局面,至仁宗时,谏院制度始逐渐完善。神宗元丰改制时,撤销只拥有

① 《宋会要辑稿·职官一七》。
② (宋)李焘:《续资治通鉴长编》卷三〇三。
③ 《宋会要辑稿·职官一七》。
④ (宋)李焘:《续资治通鉴长编》卷三三一。
⑤ 《文献通考》卷五三《职官七》。

空名的官职，遂废去谏院，谏官依旧设于中书、门下二省。共有“左右散骑常侍一人，正三品；左右谏议大夫各一人，从四品；左右司谏各一人，正七品；左右正言各一人，从七品；同掌规谏讽谕，凡朝廷有缺失，大事则廷诤，小事则论奏”。① 南宋初，谏官组织仍隶属于门下后省与中书后省。至建炎三年高宗下诏：“谏院别置局不隶两省。”绍兴元年又下诏：“谏院许于行在所都堂相近置局。”②此后谏院作为独立机构存在，直至南宋灭亡。

谏院以下，分设鼓院和检院。

鼓院，又称登闻鼓院。唐武则天时，曾设铜匦，收天下臣民密奏，并设理匦使，宋登闻鼓院即由此演变而来。初设于太宗淳化年间，置于禁门之外，名“鼓司”，真宗景德四年改为登闻鼓院。鼓院由司谏、正言统辖，受理百官及臣民章奏，“凡言朝政得失，公私利害，军期机密，陈乞恩赏，理雪冤滥，及奇方异术，改换文资，改正过名，无例通进者，先经鼓院进状；或为所抑，则诣检院”。③

检院，又称登闻检院，隶属于谏议大夫。如臣民进状于登闻鼓院而未能受理，可再上检院，如检院仍不受理，可更上御史台。御史台认为两院审理委实不当，可“邀车驾进状”给皇帝。

此外，与言谏有关的部门，还有门下后省所属通进司和进奏院。

通进司，又称银台通进司，隶属于给事中，初设于太宗时，职掌审查三司、枢密院、六部、寺、监各部门的章奏、文武百官的表疏，以及章奏司所领天下章奏案牍，经认可后方能进呈或颁布。有宋一代，通进司的地位都很尊显，真宗时，吏部侍郎陈恕知通进司，请求铸印，“命取门下印

① 《宋会要辑稿·职官三》。
② 《建炎以来系年要录》卷五〇《绍兴元年十二月甲申》。
③ 《宋史·职官志》。

用之，因改其名为门下封驳司”。但至神宗元丰年间，封驳之权复归于给事中。

进奏院，隶属于给事中，“掌受诏敕及三省、枢密院宣札，六曹、寺、监百司符牒颁于诸路。凡章奏至，则具事目上门下省，若案牍及申禀文书，则分纳诸官司；凡奏牍违戾法式者，帖说以进”。①

宋朝谏院的设置虽屡有变动，但谏官的职能却因专制主义的强化以及官僚队伍的庞大与官制的复杂化，而较前代更为广泛。除沿袭谏官谏诤皇帝的传统职能外，在天禧元年二月真宗下诏允许谏官论奏“官营涉私”②后，“自宰臣至百官，自三省至百司，任非其人，事有失当”，“皆得谏正”。③ 如宝元元年三月，谏官韩琦弹奏宰相王随、陈尧佐和参知政事韩亿、石中立，“疏凡十上”④，“四人同日罢”⑤。仁宗时，钱明逸为谏官，“首劾范仲淹、富弼更张纲纪，纷扰国经，凡所推荐，多挟朋党”，范、富“二人皆罢”⑥。哲宗时，右司谏王觌所说：“谏官职事，凡执政过举，政刑差谬皆得弹奏”，⑦说明谏官的职权已扩展到御史的职掌范围。与此相对应的御史也参与对皇帝的谏诤行列。如明道二年，知谏院孙祖德、左正言宋郊、右正言刘涣与御史中丞孔道辅、侍御史蒋堂共同谏诤仁宗不应废去郭皇后。⑧ 除此之外，谏官之职也涵盖拾遗、补阙，“凡朝政阙失，悉许论奏”⑨，凡军国大事、财经改革、荐举官僚、受

① 《宋史·职官志》。
② 《宋会要辑稿·职官三》。
③ 同上。
④ （宋）李焘：《续资治通鉴长编》卷一二一。
⑤ 《宋史》卷三一二《韩琦传》。
⑥ 《宋史》卷三一七《钱惟演传附钱明逸传》。
⑦ 《宋会要辑稿·职官三》。
⑧ （宋）李焘：《续资治通鉴长编》卷一一三。
⑨ 《宋会要辑稿·职官一七》。

理章奏等等,谏官都参与议论。嘉定十一年五月,宁宗令"侍从、台谏、两省官集议平戎、御戎、和戎三策"。① 宁宗还曾经"命侍从、台谏、两省集议江南沿江诸州行铁钱利害"。② 谏官也拥有荐举权,除监司、郡守外,扩及军事将领。

(三) 台、谏职能混同——监察体制的重大变化

宋朝以前,台谏本属两个系统,各行其事,职责分明:御史主弹纠官邪,肃正纪纲;谏官主规谏讽喻,献可替否。御史弹劾的对象是文武百官,谏官谏诤的对象是皇帝。至宋朝,台谏机构虽仍属于两个系统,但在职权上开始相混,趋向合一。其表现是谏官开始纠弹宰相和百官,"往往并行御史之职"。真宗天禧元年规定:"或诏令不允,官曹涉私,措置失宜,刑赏逾制,诛求无节,冤滥未伸,并仰谏官奏论,宪臣弹奏。"③神宗元丰年间规定:谏官"同掌规谏讽喻,凡朝政缺失,大臣至百官任非其人,三省至百司事有违反,皆得谏正"。④ 与此同时,御史也开始兼领言谏之责。神宗元丰十三年,"诏御史六员,三分察,三言事"。八年又诏:"监察兼言事。"⑤至此,已从制度上确认御史的言事谏诤权。乾道三年十一月,孝宗"诏台谏、侍从、两省"官共同"指陈阙失"⑥。

谏官兼行台官的劾奏权后,遂将锋芒指向百官。仁宗庆历年间,谏官右正言余靖"尝论夏竦奸邪,不可为枢密使,王举正不才,不宜在政府"。又"尝劾奏太常博士茹孝标不孝,匿母丧"。⑦ 哲宗时,进一步允许谏官与台官共同上殿,皆以弹奏为主要职任。此后,至南宋灭亡,台

---

① 《宋史》卷四〇《宁宗四》。
② 《宋史》卷三七《宁宗一》。
③ 《宋会要辑稿·职官三》。
④ 《宋史·职官志》。
⑤ 《历代职官志》卷一八都察院上,转引王应麟《玉海》。
⑥ 《宋史》卷三四《孝宗二》。
⑦ 《宋史·余靖传》。

谏往往相提并论，同称“风宪之地”，皆以纠察官邪为职任。

由于台谏官在最主要的职掌——谏诤皇帝和监察百官上已经混而不分，因此也可以相互兼领。太宗时，右谏议大夫张宏、王化基，仁宗时，谏官韩绛、王畴，英宗时，右谏议大夫邓润甫、唐介，神宗时，谏议大夫吕诲、蔡确都曾兼领御史中丞。而仁宗时王素也以侍御史知谏院，高允讷以监察御史知谏院，吴中复以侍御史知杂事同知谏院；神宗时，御史中丞邓绾、监察御史黄履皆知谏院，均为台官兼掌谏院的实例。

宋朝台谏职掌相混与趋同的发展趋势，是和加强君主专制制度，防范臣下擅权，特别是为了加强对宰相的监督分不开的。由此而在朝堂上形成了一股敢于和宰相抗争的政治势力。宰相动辄遭到台谏官的弹劾，行政权受到监察权的严重制衡，这正是宋朝皇帝所苦心设计的，所谓“圣人深意，流俗岂知”？① 从发展过程来看，宋初谏院尚未形成，谏官无言责，只以谏诤皇帝为职掌。然而发展至真宗天禧元年，明确下诏：“置谏官御史各六员，每月一员奏事，有急务听非时入对。”②可见谏官与台官同被视为皇帝的耳目之司。至徽宗崇宁二年，谏官虽然职在拾遗补缺，但是，自三省至百司，不循法守，有罪当劾，皆得纠正。至此，谏官与台官的职掌只是执行的方式和强度上略有差别而已，如谏官用“课正”，台官用“纠正”，台官可以弹劾违法之臣僚，谏官只能论奏，或曰弹奏，请旨定夺。

台谏官共同行使纠弹权，不仅在制度上得到了充分认可，而且在实践中也被广泛实施。例如，庆历三年，仁宗任命枢密副使夏竦为枢密使，御史中丞王拱辰、侍御史席平和沈邈、谏官欧阳修和余靖等连上十数章，指斥夏竦种种罪状，夏竦最终被罢免。③

---

① 《苏轼文集》卷二五，第二册，岳麓书社 2000 年版，第 740 页。

② 《宋史·真宗纪》。

③ （宋）李焘：《续资治通鉴长编》卷一四〇。

宋朝台谏职权混同，可以说开明清两代科道合一的先河。近人钱穆在论及宋代谏官职权的转变时有以下评论："皇帝用宰相，宰相用谏官，谏官的职责是专门谏诤皇帝的过失，这和御史不同。……唐代的台官，虽说是天子的耳目，而唐代的谏官，则是宰相的唇舌。御史监察权在唐代已离相权而独立，但谏诤权则仍在宰相之手。这一制度，到宋代又变了。谏官本隶属于门下省，而宋代则谏垣独立，并无长官。换言之，这些谏官现在是不直接属于宰相了。而且宋制，谏官不准由宰相任用，于是台官谏官同须由皇帝亲擢了。本来谏官之设，用意在纠绳天子，并不是用来纠绳宰相。对皇帝才称谏。而且谏官也明明是宰相的属官。现在谏官脱离了门下省，就变成了秃头的、独立的，不隶属于宰相了。而又是由皇帝所亲擢，不得用宰相所荐举，于是谏官遂转成并不为纠绳天子，反来纠绳宰相。于是谏垣遂形成与政府对立之形势。"①

二、地方监察体制

宋朝建立以后，太祖、太宗都深感"内忧外患"的压力。尤其是太祖"黄袍加身"即帝位，始终担忧他人步其后尘。这种忧虑在与石守信等人的对话中，表露得十分清楚。上曰："我非尔曹之力，不得至此，念尔曹之德，无有穷尽。然天子亦大艰难，殊不若为节度使之乐，吾终夕未尝敢安枕而卧也。"守信等皆曰："何故？"上曰："是不难知矣，居此位者，谁不欲为之？"守信等皆顿首曰："陛下何为出此言？今天命已定，谁敢复有异心？"上曰："不然，汝曹虽无异心，其如麾下之人欲富贵者，一旦以黄袍加汝之身，汝虽欲不为，其可得乎？"②

---

① 钱穆：《中国历史政治得失》，生活·读书·新知三联书店2001年版，第82页。

② （宋）李焘：《续资治通鉴长编》卷二建隆二年七月戊辰条。

太宗时也曾忧心忡忡地表示:"国家无外忧,必有内患。外忧不过边事,皆可预防;奸邪共济为内患,深可惧也。"①正是基于此,宋朝从一开始便竭力强化专制主义的中央集权制度。

(一) 监司

宋初,因袭唐朝设道的旧制,太宗淳化四年分天下为十道,至道三年改为十五路。② 仁宗天圣中分为十八路,神宗元丰八年增至二十三路,宣和四年再析为二十六路。③ 路是地方最高行政区划,路设经略安抚使,"掌一路兵民之事"④,即除掌一路军政外,还兼理民政,但以军事为主,故又称"帅司";设转运使,掌一路财赋,宋时各州除必要的经费支出外,各种税收都经由转运使送交中央,其后转运使职权扩大,兼理边防、治安、钱粮、监察等事务,成为府州之上的行政长官;设提点刑狱使,掌司法;设提举常平使,掌赈灾或盐铁专卖。路所设四官都是中央派到地方监督指挥地方军、政、刑、财事务,故称为"监司"。监司之间互不统属,互相监督,直接对皇帝负责,借以防止地方长官权力独揽。这种上下相维的地方分权的行政监察体制,是宋朝统治者吸取唐末五代藩镇割据的教训,推行内重外轻、强化中央集权基本国策的重要措施。

监司体制一直沿用至南宋,南宋时人林駉说:"我朝监司,始则有转运使、转运判官;后则有提点刑狱、武臣提刑;又其后则有提举茶盐、提举常平。"⑤

转运司是最先设立的路级监司,其长官为转运使。乾德元年,以沈

---

① 《宋史》卷二九一《宋绶传》。
② 《文献通考》卷三一五《舆地一》。
③ 《宋史·地理志》。
④ 《宋史·职官志》。
⑤ (宋)林駉:《古今源流至论·续集》卷七《监司》。

义伦为京西道转运使，韩彦卿为淮南道转运使，是基于战事的需要而设置的临时性差遣。"其始除转运使，止因军兴，专主粮饷，至班师即停罢"①，而且没有监察与司法审判方面的职能。太宗太平兴国二年，罢除节度使领知郡之制，"自是而后，边防、盗贼、刑讼、金谷、按廉之任，皆委于转运使。又节次以天下土地形势，俾之分路而治矣。继增转运使判官，以京官为之，于是转运使于一路之事，无所不总也"，②成为一路的常设机构。各路转运使既是掌地方财赋及漕运钱谷的行政官，也是按察州县的监察官。太宗太平兴国六年三月诏曰："诸路转运使察部下官吏，有罢软不胜任、怠惰不亲事及黩货扰民者，条其事状以闻。"③

提点刑狱司简称提刑，是继转运司之后设置的监司，又称宪司。提点刑狱司设立之前，各路司法审判归转运司主管。随着转运使权力的增多，遂与宋初确立的分权制衡的方略发生矛盾，于是太宗淳化二年，分派员外郎董循等十人充当诸路转运司提点刑狱公事，以分其司法权，但仍为转运司属官，并非独立机构。淳化四年十月，太宗因诸路提点刑狱未尝有所平反，于是下诏省罢，复归其事于转运司④。景德四年七月，诸路设置提点刑狱司，不再隶属于转运司，成为监司中主要负责司法的机构。其后在仁宗和英宗两朝，提点刑狱司时置时废，直至神宗熙宁元年恢复以后，延至南宋末年，一直存而不废。

提点刑狱司以"提点刑狱公事"为长官，"掌察所部之狱讼而平其曲直，所至审问囚徒，详复案牍，凡禁系淹延而不决，盗窃逋窜而不获，皆劾以闻，及举刺官吏之事"⑤。各路提刑除察访本路刑狱、审问囚徒、

---

① 《文献通考》卷六一《职官一五》。
② 同上。
③ (宋)李焘:《续资治通鉴长编》卷二二。
④ (宋)李焘:《续资治通鉴长编》卷三四。
⑤ 《宋史》卷一六七《职官七》。

复核案牍之外，还兼领对违法官吏的纠举监察。嘉祐三年，仁宗诏令："案督守令，付之转运使、提点刑狱。"①

提举常平司简称仓司。神宗熙宁二年，差官分诣各路"提举常平广惠仓兼管勾农田水利差役事"，②是为设置提举常平之始。此后，历经改动，直至绍兴十五年八月，诏诸路提举茶盐官改充提举常平茶盐公事，提举常平司始恢复了监司的地位和职能，一直延至南宋末年。

提举常平司"掌常平、义仓、免役、市易、坊场、河渡、水利之法，视岁之丰歉而为之敛散，以惠农民。凡役钱，产有厚薄则输有多寡；及给吏禄，亦视其执役之重轻难易以为之等。商有滞货，则官为敛之，复售于民，以平物价。皆总其政令，仍专举刺官吏之事"。③ 提举官也负有对地方官吏的监察职责。

为了督励监司察举贪赃枉法及不堪任职的地方官，历朝皇帝多颁发明诏，如太平兴国六年三月，太宗下诏："诸路转运使察举部下罢软不胜任、怠惰不亲事者。"④咸平六年十一月，真宗下诏："监司之职，刺举为常。"⑤宝元二年八月，仁宗下诏：转运使、转运副使、提点刑狱至所部百日，如果部下有犯赃者，则"坐失按举之罪"。⑥ 熙宁四年三月，神宗下诏：河北、京东路转运司和提点刑狱司，"察所部知州、通判、都监、监押、巡检、知县、县令不职者以闻"⑦。绍兴九年四月，高宗诏令新复诸路监司、帅臣"按劾官吏之残民者"。⑧ 绍兴十五年七月，高宗命监司

---

① （宋）李焘：《续资治通鉴长编》卷一八七。
② 《宋会要辑稿·职官四三》。
③ 《宋史》卷一六七《职官七》。
④ （宋）李焘：《续资治通鉴长编》卷二二。
⑤ （宋）李焘：《续资治通鉴长编》卷五五。
⑥ （宋）李焘：《续资治通鉴长编》卷一二四。
⑦ （宋）李焘：《续资治通鉴长编》卷二二一。
⑧ 《宋史》卷二九《高宗六》。

“审察县令治状显著者及老懦不职者，上其名以为黜陟”。① 乾道元年七月，孝宗下诏：“诸路监司：将见任老、病守臣，限一月公共铨量闻奏”，如果“监司、守臣互为容隐，御史台觉察以闻”。②

由于得到皇帝的支持，监司在维护地方秩序的稳定、制约地方长吏的滥权、防范腐败等方面都起到了重要的作用。一些贪赃或庸懦的地方官，往往因监司的纠劾而受到罢职或惩处。如北宋太平兴国三年，著作佐郎卢佩贪赃钱一百九十贯，被转运使樊若冰按劾，受到法律的制裁③。天圣二年六月，梓州路提点刑狱王继明按劾知梓州王世昌“昏耄不治”，王世昌被罢④。至和年间，淮西地区发生蝗灾，百姓请求治蝗，反受山阳县尉李宗残害，为此提点刑狱孙锡奏劾李宗，李宗罢职⑤。元丰七年，知澶州吕西道“郡事不治，境内贼盗充斥”，被河北转运司奏劾⑥。高宗绍兴年间，瑞昌县令因收受贿赂而被江西转运判官陈橐按劾⑦。宋人叶适曾对监司的监察职能作出过积极评价：“州郡众而监司寡，谓州郡之事难尽察也，故置监司以察之。谓州郡之官难尽择也，故止于择监司亦足以寄之。……奉行法度者，州郡也；治其不奉行法度者，监司也。故监司者，操制州郡者也。”⑧

宋代路级监察体制，上承唐代的道制，下启元的行省制，具有很大的创新性，在地方监察制度史上，居于承前启后的历史地位。

---

① 《宋史》卷三〇《高宗七》。
② 《宋会要辑稿·职官四五》。
③ （宋）李焘：《续资治通鉴长编》卷一九。
④ （宋）李焘：《续资治通鉴长编》卷一〇二。
⑤ （宋）孙逢吉：《职官分纪》卷四二《县尉》。
⑥ （宋）李焘：《续资治通鉴长编》卷三四八。
⑦ 《宋史·陈橐传》。
⑧ 《水心文集》卷三《监司》。

（二）走马承受公事与通判

为了加强对州县官吏的监察，还设置了走马承受公事和通判。

走马承受公事简称走马承受，是在河北、河东、陕西、川峡等沿边诸路和发生战争地区特设的监察官。负责监察军队和封疆大臣的行动，同时也收集边境军事情报，为皇帝指挥军事提供依据。走马承受一般以接近皇帝的三班使臣或宦官充任，品秩地位都不高。名义上隶属于经略安抚司，实际上是天子派驻各路的耳目，“诏许风闻言事”。一般每年向皇帝奏报一次，遇有紧急情况，可随时乘驿传飞报皇帝。走马承受不仅监督军队，“预闻边要诸帅机宜公事”，而且还兼管地方监察，凡“民生之利弊，法令之废举，吏治之清污、能否，凡郡邑之政”，均属走马承受的监察范围。仁宗景祐元年，右正言刘涣因丰州路走马承受张承震奏言其监并州诸仓时，“多作违非、颇为逾滥”而被降职①。神宗元丰元年，祁州、定州因差禁军押送罪人，“有违配法”，遭到定州路走马承受陆中奏劾②。

通判之设始于太祖乾德元年，是年平定荆南、湖南，令刑部郎中贾玭等通判湖南诸州。乾德二年以后，在其他区域内也逐渐设置了通判。通判与知州同领州事，共同裁处州内兵民、钱谷、户口、赋役、狱讼审理等事。但其地位较为特殊，既非地方副长官，又非地方长官的属官，实际上是皇帝派驻地方专事监察知州的监察官，因此有“监州”之称。凡诸州行文公事，必须知州、通判联署才能生效。仁宗时定制：“州郡设通判，本与知州同判一郡之事，知州有不法者，得举奏之。”③神宗元丰改制，正式定通判为州的副长官，其职责为：“凡兵民钱谷赋役狱讼听

---

① 《宋会要辑稿·职官六四》。

② （宋）李焘：《续资治通鉴长编》卷三三八。

③ （宋）李焘：《续资治通鉴长编》卷二二。

断之事可否裁决，与守臣通签书施行。所部官有善否及职事修废，得刺举以闻。”①这表明通判不仅具有与知州“通签书”的权力，并且可以监察所部官吏，从而有助于中央对地方官吏的监控。

综括上述，宋朝地方监察机构呈现多元化的发展趋势，各级官吏都受到了不同级别的监察官的严密监督，从而有效地维护了中央集权，消除了地方的离心力，使之无法形成影响全局的地方权力中心。

三、监察官的管理制度

（一）监察官的选任

由于台谏官“朝廷用之为纪纲，人君视之如耳目。……令其审臣下之非，言时政之得失，防微杜渐，无出于兹”，②因此，宋立国后为了强化皇权，抑制相权，防止台谏官为高官权贵所控制，废除了唐代由宰相推任御史、谏官的制度，改由皇帝亲自任命。凡曾经宰相荐举为官以及宰相的亲戚故旧均不得为御史。明道年间，宰相李迪直接除授张沔为侍御史、韩渎为殿中侍御史，违反了台官须由皇帝任命的“祖宗之法”，仁宗遂罢去张沔、韩渎的台职，出知外州，并指责宰相李迪说：“祖宗之法不可坏也，宰相自用台官，则宰相过失无敢言者矣。”同时下诏：“自今台官有缺，非中丞、知杂保荐者，毋得除授。”③庆历四年八月，再次下诏：“自今除台谏官，毋得用见任辅臣所荐之人。”④元祐八年哲宗宣布：“执政亲戚不除谏官。”⑤钦宗靖康元年也规定：“台谏者，天子耳目之臣，宰执不当荐举，当出亲擢，立为定制。”⑥但是此制在南宋时难以贯

---

① 《宋会要辑稿·职官四》。
② 《宋会要辑稿·职官三》。
③ （宋）李焘：《续资治通鉴长编》卷一一三。
④ （宋）李焘：《续资治通鉴长编》卷一五一。
⑤ 《宋会要辑稿·职官三》。
⑥ 《宋会要辑稿·职官五五》。

彻,以致高宗在绍兴二十五年诏中重申:“年来(台谏)用人非据,与大臣为党,而济其喜怒……朕今亲除公正之士,以革前弊。”①

为了防范台谏官为权臣所控制,使其得以发挥对中枢机构的监督作用,皇帝往往直接从官员中挑选合适的人选充当台谏官。例如,庆历三年,仁宗任命王素和欧阳修“并知谏院”,任命余靖于“谏院供职”。②或者由侍从官荐举,宰执进拟,皇帝亲定。总之,台谏官由皇帝亲自任命后,完全脱离了相权的控制,因而能够以三省宰执为主要对象,更能有成效地监察宰相以下的各级官员,由此形成了台谏与百官之间的水火之势。太宗时,刑部尚书柴成务笞责倨慢的本司小吏,遭到谏官奏劾,皇帝诏问,柴成务深感无颜,“乃求解职”。③ 神宗时,参知政事王安石主持变法,御史中丞吕诲、同知谏院范纯等相继对王安石提出弹劾。宋代因台谏弹劾而罢官的宰执有王随、陈尧佐、韩亿、石中立、宋庠、贾昌朝、梁适、陈执中、文彦博、庞籍、陈旭等。

在监察机制的实际操作与运行中,监察官员的素质和能力起着重要的作用,因此,加强监察就必须选拔和任用称职的监察官,已成为统治集团的共识。宋朝科举制度的发展,为台谏官的选拔提供了充分的人才来源。科举出身的官员在当时受到朝野的普遍推重,尤其是进士科出身的官员,更为人们所钦崇。至道二年二月,“宰臣因对台谏官不可令与他官循资选授,诸科举人及无出身人亦不合在除授之限。唯登进士第及器业有文学者,可膺是选”。对于宰臣的这一建议,太宗表示赞同:“朝廷清望名,亦当择材而授,不可易也。”④

除此之外,也重视品德与工作能力,咸平四年二月二十一日,真宗

---

① 《建炎以来系年要录》卷一七〇。

② (宋)李焘:《续资治通鉴长编》卷一四〇。

③ 《宋史·柴成务传》。

④ 《宋会要辑稿·职官三》。

谕宰相曰："今后凡求谏官，并须精择。"①大中祥符四年八月，下诏："自今御史须文学优长、政治尤异者，特加擢拜。"②仁宗皇祐三年十月，宣谕宰臣："谏官、御史必用忠厚、淳直、通明治体之人，以革浇薄之弊。"③宝元二年十一月，还在手诏中提出："自今御史阙官，并依先朝旧制具两省班簿来上，朕自点一名令充御史，免宪司朋党之欺。"④神宗元丰二年四月一日，要求台臣"必试之六察，度其可用，方敢除言事官"。⑤

名臣司马光认为选择谏官应"以三事为先，第一不爱富贵，次则重惜名节，次则晓知治体"。⑥ 而且只有"孤立无党，忠直不欺，言行相符，名实相称者为之"。⑦ 北宋末年，权奸蔡京误国，金兵入侵，天下大乱，欧阳彻总结其原因时指出，这与蔡京当国时任用私人控制台谏有关。他说："君以兼听博照为德，臣以献可替否为忠。尊己者孤，拒谏者塞，孤塞之政，亡国之风。"尧舜禹汤之所以昌盛，就在于"立敢谏之鼓，置诽谤之木，开言者之路，来天下之策"。而桀纣之所以败亡，恰恰是因为不听谏言，"折直士之节，结谏臣之舌"所致。事实上蔡京专权之时，深忌御史纠弹和言官切谏，遂使"谏官久虚不除，台官取庸以充位"，⑧"以致苛吏徭役，民失农桑之时，狱官深刻，民受诬杀之辜，守令奸赃，残民害民，而朝廷大臣方且愚弄纲纪，有同儿戏。阴怀叛逆，欲分天下而有之，无有为上皇言者。浸淫日久，遂致大乱"。⑨

在动乱之后登上皇位的高宗，对于选拔优秀台谏官的认识比较

---

① 《宋会要辑稿·职官三》。
② 《宋会要辑稿·职官一七》。
③ 同上。
④ 同上。
⑤ 同上。
⑥ 《文献通考》卷五〇。
⑦ （宋）李焘：《续资治通鉴长编》卷四八。
⑧ 《宋会要辑稿·职官三》。
⑨ 《历代名臣奏议》卷八三《经国》。

明确。绍兴二十五年十二月一日，他在诏书中强调："台谏风宪之地，振举纲纪，纠逖奸邪，密赞治道。年来用人非据，与大臣交党而济其喜怒，甚非耳目之寄。朕亲除公正之士，且革弊由。此者宜尽心乃职，惟诰主知，无使合党缔交，败乱成法。当谨兹训，毋致贻咎。"孝宗乾道二年，还规定："自今非曾经两任县令，不得除监察御史，著为条令。"①有宋一代监察体制的重要发展，主要表现在路一级诸监司不但承担相关的行政事务，而且负责对州县官的监察，权责均重。如何使监司得其人，关系到地方政权的廉洁与稳定，因而受到高度重视。哲宗元祐元年，御史中丞刘挚上言："臣自待罪风宪，屡曾以天下监司为言，乞澄汰选择，诚以朝廷政令使监司得其人，则推行布宣可以谕上指而究惠泽。苟非其人，则所谓徒善而已，终于民不得被其利。"他还举出监司害民的事例说明监司人选的重要性："昨差役之法初行，监司已有迎合争先，不量可否，不校利害，一概定差，骚动一路者，朝廷察其意，固已黜之矣。推此以观人情，大约类此。且天下之事散在诸路，总制于监司，其大者治财赋、察官吏、平狱讼、考疾苦，苟使者皆务为和缓宽纵，苟於安静，则事之委靡不振，世之受滋不胜言也。向者黜责数人者，皆以其非法掊敛，意在市进害民甚者，亦非欲使之漫然不省其职，废所宜治之事，谓之宽厚也。昧者不达，故矫枉或过其正，臣谓此俗不可滋长，要须大为之禁。"②

（二）考绩与黜陟

为了督励百官忠于职守，推行严格考绩与黜陟之法。从宋初起，便"置审官院，考课中外职事"，③以发挥中央与地方各级官吏的作用，并

---

① 《文献通考》卷五三《职官七》。

② 《历代名臣奏议》卷一七二《考课》。

③ 《宋史·选举志》。

形成了磨勘与历纸制度。凡由朝廷指定特别官员或官署考核百官功过,称为“磨勘”。各部院长官平时记录所属政绩优劣的考状,称为“历纸”。据《宋史·选举志》:真宗咸平四年,“命审官院考京朝官殿最,引对迁秩,京朝官引对磨勘自此始”。而对州县官的磨勘引对,大约始于大中祥符七年。

为了保证磨勘制度的贯彻实施,《庆元条法事类》卷十三所载《磨勘升改》敕令中规定:“诸被差点对应磨勘及关升人,录白、告敕、宣札、印纸而漏落不如式者,杖一百。所属官司,不保明缴申尚书吏部者,罪亦如之。”

真宗时考课地方官分为三等。“公勤廉干惠及民者为上,干事而无廉誉,清白而无治声者为次,畏懦贪猥为下。”①

神宗熙宁元年首次颁行《守令四善四最》课法。四善仍为唐时的“德义、清谨、公平、勤恪”。四最是“断狱平允、赋入不扰,均役屏盗、劝课农桑,振恤饥穷、导修水利,户籍增衍、整治簿书”。南宋在《庆元条法事类》中对四善四最又作了进一步的规定:凡“德义有闻,清谨明著,公平可称,恪勤匪懈”为四善。“民籍增益,进丁入老,批注收落,不失其实”为“生齿之最”;“狱讼无冤,催科不扰”为“治事之最”;“农桑垦殖,水利兴修”为“劝课之最”;“屏除奸盗,人获安居”,“赈恤困穷,不致流移”为“养葬之最”。②

宋朝一般的考官之法也适用于台谏监察官,但对于监司的考绩尤为重视,并另定考法。哲宗时御史中丞刘挚建言朝廷加强对监司的考核与监督。他说:“伏乞圣慈诏执事申立监司考绩之制,以常赋之登耗、郡县之勤惰、刑狱之当否、民俗之休戚,为之殿最,每岁终以诏诛赏,

① 《宋史·选举志》。

② 《庆元条法事类》卷五《职制门》。

仍自今岁始焉，庶几有所隐括裁制之。使循良者不入于弛，肃给者不入于簿，然后上副圣明制治用中之意。夫察时之宽猛缓急、观俗之过与不及，而张弛其政，正今日事也。”①高宗时，于四善四最之外，又专定考课监司令守的“八事”之法。所谓八事即：举官当否、劝课农桑、增垦田畴、户口增损、兴利除害、事失案察、校正刑狱、盗贼多寡。

在《庆元条法事类》中，还载有考课监司的一些敕令格式，举例如下：“转运提点刑狱提举常平依下项：奉行手诏，有无违戾；兴除利害；有无朝省行下本路过失已上簿，及责罚不了过犯；受理词讼，及指挥州县，与夺公事，有无稽滞不当；有无因受理词讼，改正州郡结断不当事；应干职事，有无废弛，措置施行，有无不当；奏请及报应朝省文字，有无卤莽乖谬。以上应上簿责罚，废弛不当，卤莽乖谬事件，并逐一名件，分明开说；按察并失按察所部官犯脏流以上罪，及按察不当；荐举所部官有无不当；劝农桑；招流亡，增户口；分定巡历，是何州县，自甚月日起，离至某处，至何月日还本司，有无分巡，不遍去处，如有开具缘由；逐年合上供钱物，有无出限违欠；所部刑狱，有无平反，及驳正冤滥，并淹延稽滞；稽察贼盗已获未获各若干。”②

与考课密切相联系的是根据治绩定赏罚，如同苏洵所说：“有官必有课，有课必有赏罚。”③神宗时，厉行考课，“凡职皆有课，凡课皆责实……其人优劣者，赏罚尤峻”。④ 对于考课不实者，处以刑罚，据《庆元条法事类·职制敕》：“诸监司考课事应互申而不申，若增减者，各徒二年。诸考知州县令课绩不实者，优劣等徒二年，上等减二等，中下者又减一等。有所请求而不实，及官司各以违制论。以上若该赏罚者，官吏一等科罪，即

---

① 《历代名臣奏议》卷一七二《考课》。

② 《庆元条法事类》卷五《职制门》。

③ 《嘉祐集》卷九《上皇帝书》。

④ 《宋史·选举志》。

保奏违限者,吏人杖一百,当职官减三等。诸监司每岁审择保奏知州县令,功状不公不实,或附会观望权势若干请者,各以违制论加一等。”

真宗时,台谏官如政绩显著可以破格提升。按制:三院御史三年为满。但“自今在台供职并止二年,若曾纠弹公事,显得修职,修满日特升陟”。[①] 对监察官的考绩由御史台负责,真宗时“仍令本台勘会在职事状,及有无功过,诘实以闻”。[②] 由于宋朝重视对台谏官的选拔与监督,因此,有宋一代台谏官颇以品德和能力著闻,如欧阳修、包拯、孙沔、韩绮、余靖、蔡襄、杨畏、孙杭、陈旭、司马光、王陶、苏辙、朱光庭、王岩叟、刘挚、唐介、陈禾等人都是彪炳史册的著名监察官。如包拯知谏院时,“数论斥权幸大臣”,“立朝刚毅,贵戚宦官为之敛手,闻者皆惮之”。[③] 时仁宗拟重用宠妃张贵妃的伯父张尧佐为三司使,包拯坚决反对,上疏说:“三司使张尧佐凡庸之人,徒缘宠私,骤阶显列”,“亲昵之私,圣人不免,但处之有道,进入合宜,使不践于危机,而常保于安地,斯为得矣。若不恤人言,罔顾天戒,祸不止其人,又贻患于国家,前古得丧之迹甚多,愿陛下留神究观焉”。[④] 仁宗对此初不予理睬,包拯又连上两章加以反对,终于迫使仁宗取消对张尧佐的任命。

与包拯同时代的唐介,于仁宗皇祐年间曾任殿中侍御史,以敢于直陈时事与吏治,“其言无所避”著称。曾面劾宰相文彦博,后虽被贬英州,但“直声动天下,士大夫称真御史”。[⑤]

（三）严申监察官的法定责任,推行互察法

在宋朝的监察法中,系统规范了监察官的法律责任,以防止监察官

---

① 《宋会要辑稿·职官一七》。
② 同上。
③ 《宋史·包拯传》。
④ （宋）李焘:《续资治通鉴长编》卷一六八。
⑤ 《宋史·唐介传》。

失察和自身贪赃枉法。如,详定监司出巡之法,据《庆元条法事类》“职制令”“考课令”,诸监司每岁分上下半年巡按州县,并量地里远近,每年按期遍巡各地;提点刑狱则二年巡察一遍,须在次年正月将已巡的地方按时申报尚书省;诸监司每岁须巡视的地方,限五月下旬起发,至七月十五日以前巡遍,并持所到去处按时申报尚书省;凡巡历所至检察知州、县令劝农之勤惰,岁终较其尤著者,上报朝廷,限次年正月底保奏。同时,诸监司巡历所至,只据公案、簿书点检,非有违法及事节不清者,不得滞留供所,无公事不得住过三日。另据《宋会要·职官》四五之二四,“监司出巡,除依条令带吏人二名,客司书表一名,当值兵级十名。不得以承局茶酒等为名别差人数,及不得令随行人吏、兵级于合任人数外借支食钱等乞取钱物,如违,许人越诉,监司不互觉察与同坐”。诸路监司官与走马承受出巡中的生活待遇,均有规定。监司官依“所批之券食”,“除批券之外,其余馈送并不许接受,分文皆以赃论”。[①] 走马承受“所到留一日,不得饮宴,仍著为令”。[②]

监察官如违反法纪加重处罚。崇宁五年《诫约监司体量公事怀奸御笔手诏》中指出:“监司分按诸路,为耳目之任,近降指挥,体量公事,而观望顾避,附下罔上,隐庇灭裂,变乱事实,使朝廷刑罚失误,其罪莫大。除已究正,量行黜责外,自今敢有怀奸挟情,不实不尽者,流二千里,斥之远方,永不收叙,仍不以去官赦降原减,布告诸路,咸使闻知。”

此外,《庆元条法事类》所载《职制敕》《厩库敕》中,都有监司违纪重罚之法。如诸监司巡历所部不遍者,杖一百,遍而不申,减二等;诸监司巡按,巧作名目,追呼巡、尉、弓兵,将带出本界者,杖一百;诸监司官巡按般担人,有人应差而和雇者,徒二年;诸监司每岁巡历所部州县,若

---

① 《宋会要辑稿·职官七九》之二五。

② 《宋会要辑稿·职官四一》之一二三。

承指挥,非泛干办,及因疾故,未遍复出,辄再受到发酒食供馈,并依例外受馈送法;诸监司每岁诣所部点检、催促结绝见禁罪人,于令不应委官而辄委者,徒二年。诸发运监司巡历,随行吏人,所在受例外供馈,以受所监临财物论。诸监司巡按,随行公吏、兵级于所部受乞财物者,许人告。诸州县公吏,因监司巡历点检,辄逃避者,杖一百;因追呼整会事节者,加一等,并勒停,永不收叙。诸发运监司巡按,随行公吏,违法出给驿券,及所给官司,各徒二年;诸发运监司巡按,以所得酒卖易,杖一百;诸军无家属因差出逃亡,应申官注籍关报,开阁举催,而于令有违者,各徒二年。发运监司所至,不检察与罪同。① 可见监司官应作为而不为为失察,不应作为而为为失职,二者都要追究应负的法律责任,按情节给予罢黜、杖一百、徒二年、流二千里、永不收叙等不同的处罚。

在严申监察官法律责任的同时,也推行各个层次的互察法。譬如既确定台谏官有权弹劾宰执百官,也规定台谏官应接受尚书省的监督,尚书省有掌奏御史失职之权。真宗景德四年五月,诏令台谏官“务遵职业,无或懈慢,令尚书都省纠举之”。② 仁宗初年,宰相王钦若弹奏御史鞫咏,责其对“百僚失仪多不弹举”,鞫咏因而被免职。③ 神宗元丰三年,“诏御史台六察按官,以所纠劾官司稽违失职事多寡为殿最,中书置簿以时书之,任满取旨升黜”。④ 元丰六年正月,于都司置御史房,“主行弹纠御史察按失职”。⑤ 都司御史房并备有登记御史纠劾事项的簿籍,“稽其多寡当否,岁终条具殿最,以诏黜陟”。⑥ 专置都司御史房

---

① 《庆元条法事类》卷七《职制门》。

② (宋)李焘:《续资治通鉴长编》卷六五。

③ 《宋会要辑稿·仪制八》。

④ 《宋史·选举志》。

⑤ 《宋会要辑稿·职官一七》。

⑥ 《宋史·职官志》。

负责“弹纠御史察按失职”，不仅使台省相互牵制，而且便于皇帝居中操纵。徽宗宣和三年五月诏“三省觉察台谏罔上背公者，取旨谴责”。① 直到南宋咸淳元年，仍然“置籍中书，记谏官、御史言事，岁终以考成绩”。② 再如，在台谏官之间推行互相监察。仁宗时，谏官欧阳修纠弹御史王砺“阴徇朋党，挟私弹事”，王砺被降官。③ 知谏院唐介、右正言王陶、侍御史知杂事范师道、御史陈经和吕诲、里行陈洙等六人，弹劾御史韩绛“论事不当，又失于举错”，韩绛被免职。④ 御史中丞王拱辰弹劾侍御史席严“议论无取”，席严被罢职。⑤ 神宗时，知谏院蔡确弹劾中丞邓润甫和里行上官均，邓润甫和上官均皆被免职，出任外官。⑥ 在监司之间还专门制定了监司互监法，使之互相监督。知而不察不举者，各以其罪罪之。

以上可见，宋朝整个官僚系统都处于互相监督之中，唯恐其擅权而自用，这是宋朝皇帝驾驭大臣的统治权术，也是“异论相搅”理论的具体应用。

第三节　以地方为重点的监察立法

宋朝是一个比较重视法制的时代。建国之初便制定了兼有稳定性与统一性的基本法典——《宋刑统》。宋朝又是专制主义中央集权强化的时代，皇帝颁发的敕是最重要的法律形式。敕与令、格、式相互配

① 《宋史·徽宗纪》。
② 《宋史·度宗纪》卷四六。
③ 《宋会要辑稿·职官六四》。
④ 《宋会要辑稿·职官六五》。
⑤ （宋）李焘：《续资治通鉴长编》卷一四一。
⑥ 《宋会要辑稿·职官六六》。

合构成了较为严密的法律体系。《宋史·刑法志》说:“神宗以律不足以周事情,凡律所不载者一断以敕,乃更其目曰敕、令、格、式,而律恒存乎敕之外。熙宁初,置局修敕,诏中外言法不便者,采议更定,择其可采者,赏之。”

随着宋朝法律的不断细化,国家的各个机构在行使职权时,一般都有相应的法律规定。作为中央监察机构的台谏,尤须严格依法办事。《宋刑统》中有关职制律的法条,就是监察官行使监察职权最重要的依据。如署置官过限,及不应置而置;贡举非其人,应贡举而不贡举;刺史县令私出界;在官应直不直;无故不上及当番不到;限满不赴任;从驾稽违;大祀不预申期,不领所司;祭祀、朝会违失仪式;漏泄大事;制书稽缓错误;应奏而不奏,不应奏而奏;出使不返制命;公事稽程及误题署;请求公事,枉法赃不枉法赃,等等,均为监察官察举弹劾的关注之点。它如户婚律、厩库律、擅兴律、诈伪律、杂律、断狱律各律中有关官吏违失的处罚规定,也是监察官察吏的法律依据。

此外,还有专门适用于御史监察活动的法规。如太宗时,开始将与御史台有关的敕令格式和例,编为御史的专门法规。① 真宗时,编成《御史台仪制》六卷②。徽宗时,编纂《崇宁重修御史台令》③,宣和六年又依据臣僚奏请,编修御史台格目。据《宋会要辑稿·职官五五》记载:“六年四月一日臣僚言,窃见御史台每被诏旨令觉察弹奏,有牒言官之文,有揭榜长贰之法,阅岁寖久被受滋多,而无成书可以总括,诏旨遂为虚文,乞令台臣搜阅修成格目,以备稽考。从之。”④孝宗淳熙四年,编成《重修淳熙类编御史弹奏格》三〇五条,按照六察御史分类,发

① 《宋会要辑稿·职官五五》。
② 《宋史·艺文志》。
③ 《宋会要辑稿·仪制八》。
④ 《宋会要辑稿·职官五五》。

给御史台遵照执行。据《建炎以来朝野杂记》乙集卷十一记载:"御史台弹奏格,旧无有。淳熙初,柴叔怀瑾为殿中侍御史,奏言:'本台觉察弹劾事件,前后累降指挥,经今岁久,各件数多,文辞繁冗,又有止存事目,别无可考,恐奉行致有牴牾,乞下敕令所逐一删修成法,各随事宜,以六察所掌,分门别类,缴申朝廷取旨,降下本台遵守。仍令刑部镂板,颁降中外。'单夔时以户部侍郎兼敕局详定,被旨编写成册,送台审覆。会谢廓然新除殿中侍御史,与其寮审覆,凡三百五条具奏,乞以弹奏格为名行下。从之,四年七月丙午也。绍熙元年二月,刘德修为御史,又摘其有关于中外臣寮、握兵将帅、后戚、内侍与夫礼乐讹杂,风俗奢僭之事,凡二十余条以奏,乞付下报行,信知谨恪。上从之。"

在宋朝的监察立法中,地方性的监察立法最有成就。地方性监察立法以诏、敕、令为主要的法律形式,散见于《庆元条法事类》《宋会要辑稿》与《宋大诏令集》之中。

见于《宋大诏令集》的为一般性监察立法,如《置纠察在京刑狱诏》《令两省史台不得以他官转入诏》《令录簿尉诸色职官不任公事令判官录参申兴长吏同署上言诏》《令转运司廉访官吏能否诏》《责路宪郗士尧、张化后令转运司察访内官吏诏》《令长吏判官录参察访县令主簿政治善恶诏》《令转运县知州等官能否诏》《诫饬转运使副诣管内检察金谷刑讼察访公私利害诏》《诸路官吏有逾越害民本路转运提刑不曾觉察并行朝典诏》《令朝修使王旦自京至衮州省察官吏访求民隐诏》《诫约川峡广南福建转运提刑司体察官吏违越贪浊非法用刑诏》《令庆成使向敏中经田访里闾疾苦官吏否藏诏》《令奉上宝册使玉旦所过察风俗诏》《御史台弹劾三省举察丑正明邪附下罔上诏》《监司悉力奉行法令御笔手诏》《逐路监司探访民间疾苦诏》《监司觉察托请害民诏》《监司互察诏》,等等。

需要指出,《宋大诏令集》中虽收有诏令名称,但该载的内容较少。

而在《庆元条法事类》所载《名例敕》《职制令》《职制敕》《厩库敕》《杂敕》《诫饬台官言事御笔手诏》《考课令》《监司互察法》中，却对地方监察官的职权范围，以及违法处置办法等，规定得十分具体。如，《职制令》对监司出巡主要规定如下：

“诸监司每岁分上下半年巡按州县，具平反冤讼，搜访利害，及荐举循吏，按劾奸赃以闻。

诸监司岁以所部州县，量地里远近，更互分定，岁终巡遍，提点刑狱仍二年一遍，并次年正月，具已巡所至月日，申尚书省。

诸监司巡历所至，应受酒食之类，辄受折送钱者，许互察。

诸监司巡按许接见宾客，唯不报谒。

诸监司巡历所至，止据公案，簿书点检，非有违法，及事节不圆，不得分令供析，无公事不得住过三日。

诸监司准指挥分诣本路州干办者，各依本年已分巡历处。

诸州县禁囚，监司每季亲虑，若有冤抑，先疏放讫，具事因以闻。

诸监司每岁被旨分诣所部点检、催促结绝见禁罪人者，各随置司州地里远近，限五月下旬起发，至七月十五日以前巡遍，仍具所到去处月日，申尚书省。

诸监司巡按遇诸州州院、司理院，并县禁罪人及品官、命妇公事，各徒以上者，虽非本司事，听审问。若情涉疑虑，或罪人声冤，或官司挟情出入，而应移推者，牒所属监司行，若承报不行，或虽行而不当者，具事因奏。

诸监司每岁点检州县禁囚，淹留不决，或有冤滥者，具当职官、职位、姓名，按劾以闻。

诸察访所至，采访在任官，能否奏，仍以知州通判治状申尚书省，武臣申枢密院。

诸监司按察官，每岁终，具发摘过赃吏姓名，置籍，申尚书省。

诸监司分上下半年，具所部县令，有无善政显著，及谬懦不职之人，申尚书省。

诸监司每岁分上下半年，巡按州县，具平反冤讼，搜访利害，及荐举循吏，按劾奸赃以闻。

诸监司知所部，推行法令违慢，虽非本职，具事因牒所属监司施行，其命官，老病不职而非隶本司者，准此。仍听具奏，即辞讼事，属本司听受理。已经本司理断，其余监司方许受理。

诸按察官知所部官有犯，若事理重者，躬亲廉察，余事听先委，不干碍清强者，体究有无实迹，结罪保明，申所委官司，于按章内明坐，所差官体究到事因，并不得出榜召人首告，即犯赃私罪，虽已离任，被告论或因事彰露者，听按治。

诸官司无按察官而有违法及不公事者，发运监司按察，奏发运监司互相觉察，其经略按抚发运监司属官，听逐互行按举。

诸所部官有犯，监司郡守依法按治，不得倚阁俸给，仍许诸司互察。……"①

为了防止监司利用出巡之机贪污勒索、骚扰百姓，不仅限定监司所带随从仆役、巡察州县逗留的时间和生活待遇，而且规定监司出巡前，不得"前期移文"州、县，以防止州、县"官吏承报，必预为备"的弊病。监司巡按所至，必须"各具所隶事目，不以巨细，临时摘取点检，不得预行刷牒，州县既莫知所备，则必事为之戒，当使庶务毕举，罔有缺遗"②。

由于司法监察是监司巡历的重点，除上述《职制令》中有所规定外，还于《断狱令》中作出补充规定：

"诸监司有所按劾，限三十日具所按事状及应推治人录奏，仍申尚

① 《庆元条法事类》卷七《职制门》。

② 《宋会要辑稿·职官四五》。

书刑部。

……

诸州县官在官犯公罪，杖以下本州断罪，讫奏。

诸命官犯罪应本州断罪，而情轻者断讫，申提点刑狱司审察，如情法允当，即具申尚书吏部刑部大理寺。

诸断狱无正条者，比附定刑，虑不中者奏裁。”①

对于监司巡按玩忽职守、违法违纪者依法惩处。

《职制敕》主要规定如下：

“诸监司，巡历所部不遍者，杖一百，遍而不申，减二等。

诸监司巡按，巧作名目，追呼巡尉弓兵，将带出本界者，杖一百。

诸监司官巡按般担人，有人应差而和雇者，徒二年。

诸监司，每岁巡历所部州县，若承指挥，非泛干办及因疾故，未遍复出，辄再受到发酒食供馈，并依例外受馈送法。诸监司，每岁诣所部点检、催促、结绝见禁罪人，于令不应委官而辄委者，徒二年。

诸发运监司，巡历随行吏人，所在受例外供馈，以受所监临财物论。

诸监司巡按，随行公吏、兵级于所部，受乞财物者，许人告。

诸州县公吏，因监司巡历点检，辄逃避者，杖一百。因追呼整会事节者，加一等，并勒停，永不收叙。

诸监司知所部推行法令违慢，非本职而已，具事牒所属监司，若承报不即按举，或施行阔略而元牒之司不举奏者，减所属监司应得之罪一等，即监司于职事违慢，诸司不互察者，准此。若犯赃，私罪庇匿不举者，以其罪罪之。

诸所部违法，监司及知州通判失按举，并奏裁。

诸应避亲而辄之官者杖一百……诸州推法司与提点刑狱司吏人，

---

① 《庆元条法事类》卷七《职制门》。

有系亲戚而不自陈乞回避者，杖一百。

诸受圣旨宽恤事件奉行不虔及隐匿晓示者，徒一年，监司知而不按劾与同罪。

诸议公事不协和者，杖八十。应连书而独行者罪亦如之。官司受而行者减二等。

诸公事有疑，或不可专行，应申所属与决而不与决，或持两端及泛言依条例行下者，各杖八十。”①在《厩库敕》中还规定：

“诸发运监司巡按，随行公吏违法出给驿券，及所给官司，各徒二年。

诸发运监司巡按，以所得酒卖易，杖一百。

诸军无家属因差出逃亡，应申官注籍关报，开阁举催，而于令有违者，各徒二年。发运监司所至，不检察与罪人同。”②

不仅如此，从徽宗朝起实行监司互相监察，以督励监司尽职尽责。徽宗崇宁四年，诏“诸监司互相察举如法”。③ 政和六年，臣僚上言：“法有监司互察文”。④ 可见，在徽宗朝已有各监司“互相举察”的条法，在此基础上不断完善，形成《监司互监法》四条：

“诸官司无按察官而有违法，及不公事者，发运监司按察奏，发运监司互相觉察，其经按抚、发运、监司属官，听逐互行按举。

诸所部官有犯，监司郡守依法按治，不得倚阁俸给，仍许诸司互察。

诸灾伤，路分安抚司，体量措置，转运司检放展阁，常平司粜给借贷，提点刑狱司觉察妄滥，如或违戾许互相按举，仍各具已行事件申尚书省。

诸监司知所部推行法令违慢，非本职而已，具事牒所属监司，若承

---

① 《庆元条法事类》卷七《职制门》。

② 同上。

③ 《宋会要辑稿・职官四五》之三。

④ 《宋会要辑稿・职官四五》之五。

报不即按举，或施行阔略而元牒之司不举奏者，减所属监司应得之罪一等，即监司于职事违慢，诸司不互察者，准此，若犯赃，私罪庇匿，不举者，以其罪罪之。"①

《监司互监法》要求监司除履行己身职责外，有义务横向监察其他监司，否则按"失察""失按"负法律责任。监察官互监是宋代监察法规中最具特色的部分，是使大臣相互监视，相互纠讦的"异论相搅"论在法律上的体现。

此外，《庆元条法事类》其他卷中还记载有不少地方监察法的内容；如：

诸监司守臣到任及半年以上，见的实民间利病，或边防事件以闻。

诸监司、郡守及诸路厘务、总管、钤辖应上殿奏事，辄讫故避免者，以违制论。

诸监司属官辄离本身出诣所部，若行移文书下州县，及差委干办公事不经诸所差处，并缘路见州县官，若受馈送者，各徒二年。

诸发运监司事非所职而辄主管者，徒一年(监司应措置及申请而事干他司，不先关报者准此)。州县官司申禀违所属者，减一等。

诸州押队不得兼管他职。如违，仍安抚司申枢密院取旨，仍许提点刑狱司觉察。② 诸守臣因事罢黜，指挥已到，就当日将牌印交以次官，批罢离任。如违，监司觉察以闻。

诸监司考课事应互申而不申，若增减者，各徒二年。③ 诸转运司主管文字，提点刑狱司检法官，不得随本司巡按。遇有要切事，许暂差干办。检法官不许差出，两员处听差一员，并次年正月具事因以闻。④

---

① 参见《庆元条法事类》卷七《职制门》《职制敕》。

② 《庆元条法事类》卷七《职制敕》。

③ 《庆元条法事类》卷四《职制门》。

④ 《庆元条法事类》卷五《职制门》。

绍兴五年十月九日敕,州军按发属吏,已申监司,如有陈诉,监司不作妨碍。其监司按发官吏,除初发一司外,余司并不作妨碍。

诸监司、按察官每岁终具发摘过赃吏姓名,置籍申尚书省。

诸按察官知所部官有犯,若事理重者,躬亲廉察,部民论诉县令同。余事听先委不干碍清强者,体究有无实迹,结罪保明,申所委官司,于按章内明坐。所差官体究到事因,并不得出榜召人首告。即犯赃私罪,虽已离任,被告论或因事章露者,听按治。

诸按察官体量所部官,各以实犯罪状具奏,诸司不许互相关白。知州、通判仍须连状,文臣太中大夫以上知州者,听独衔。其被旨体量,虽先失按举,但事得实者,除其罪,若其体量事无实者,俱状保奏。

淳熙四年九月二日敕:监司巡历,不得科差乡民充夫。依条计日支给人吏券食。仍令诸州常平主管官,岁终将诸司公吏借请批券支过常平等钱,别账申缴,户部委官驱磨,其有过数取予及违戾者,并重置典宪。① 诸发运监司、经略安抚、总管、钤辖司人吏漏泄本司公事,杖八十。重害者加二等。即机密事情理重者,仍奏裁,并许人告。②

诸发运监司预妓乐宴会(自用或作名目邂逅,或使令及过茶汤之类同),或受迎送般担人船及带公人、兵级过数,若为系公之人差借人马者,各徒二年。即赴所部及寄居官用家妓宴会者,加二等(知州、县令准此)。不应赴酒食而辄赴,及受所至在任官、诸色人早晚衙,并出城迎送,若迎送之者(以职事为名而往亦是),各杖一百(近城安泊因公事往彼会议者非)。其辖下官司各减犯人罪三等。

诸监司遇朝廷遣使按察本路,而辄以出巡为名至界首迎候者,徒二年。

---

① 《庆元条法事类》卷七《职制门》。

② 《庆元条法事类》卷八《职制门》。

诸发运监司若提、总之官，遇圣节，辄以本司钱排办宴设者，以违制论。①

诸之官留接人及在任应差人若般取送家属（行李同），辄借人者，杖一百。借之者系按察官与同罪，余减二等。②

诸命官罢任合差送还人兵，辄令妄指远地，冒借请受者，徒二年。按察官加一等。

淳熙九年八月八日敕：诸路训练、路钤每岁按季不许多带人从、过批驿券差雇夫脚等。仰帅臣、监司常切觉察。如有违戾，按劾以闻。

淳熙九年十一月十二日敕：今后通判不得以季点为名辄行下县。或因诸司须管，量带人从，严加禁戢，无得夤缘骚扰。仍令监司常切觉察按劾。

诸命官在任不得以不妨本职在假，监司常切稽考。

诸通判下县季点者，许将带本厅当直人从二十人、吏人一名，仍每县任不得过三。③

诸臣僚不许举提点刑狱以上官，知州不得举本州通判。④

诸帅司若监司辄奏辟知州、通判者，以违制论。即知州奏辟通判者，罪亦如之。⑤

诸监司属官辄离本司出诣所部，若行移文书下州县者，徒二年。⑥

综括上述，宋代的地方监察立法，虽然多以诏、敕、令等形式出现，还较为零散，没有形成一部完整的地方性单一监察法规，但其内容较之

---

① 《庆元条法事类》卷九《职制门》。
② 《庆元条法事类》卷一〇《职制门》。
③ 《庆元条法事类》卷一一《职制门》。
④ 《庆元条法事类》卷一四《选举门》。
⑤ 《庆元条法事类》卷一五《选举门》。
⑥ 《庆元条法事类》卷一六《文书门》。

汉唐远为充实，立法技术也有所进步。如监察主体根据其职权而有明确的划分："诸称监司者，为转运、提点刑狱、提举常平司；称按察官者，谓诸司，通判以上之官及知州通判各于本部职事相统摄者。"①在程序上也日趋严密，无论出巡监察官期限、任务、随行人员数目及生活待遇等，都有较为细密的规定。此外，详定监司与按察官的职掌与违法处置办法；赋予监司巡历所至"点检"属下公文运行情况，有无差失之权；重视司法监察；维护重农国策；严申监司的法定责任；推行互察法等等，都构成了宋朝地方监察法的明显特点。总之，宋朝地方监察法在中国监察法制史上具有重要的地位和价值。

第四节　监察法的实施

一、行政监察

宋朝御史行政监察权的扩大，主要表现在两个方面。

其一，为防止宰相职权侵凌皇权，因而加强对宰相的监察。特别是防止朝臣结党营私，形成不利于中央集权的形势，加强了对官员结党的防范和制裁。

据《宋名臣奏议》卷五十七，刘挚《上哲宗乞议经历付受官吏之罪以正纪纲》中说："肃正纪纲，纠劾不法，自朝廷至州县，由宰相及于百官，不守典法，皆合弹奏。"

宋初，宰相权力虽比较大，但在加强专制主义中央集权政策的推动下，御史弹劾宰相的事件也已不断发生。太祖时，殿中侍御史雷德骧竟

① 《庆元条法事类》卷一七《职制门》。

然弹劾开国功臣宰相赵普“强市人第宅,聚敛财贿”。[①] 至仁宗朝以后,御史弹劾宰相层出迭见,不足为奇。如皇祐三年,殿中侍御史唐介弹劾宰相文彦博“守蜀日造间金奇锦,缘阉侍,通宫掖,以得执政”。[②] 至和元年,殿中侍御史里行吴中复“上殿弹宰相梁适奸邪”。[③] 至和二年,御史中丞孙抃弹劾宰相陈执中“务徇私邪,曲为占庇”[④]。治平四年,御史中丞王陶“奏弹宰相不押常朝班”[⑤]。元丰五年,神宗在诏中明确宣布:“新除省、台、寺、谏、监官,详定官制所已著所掌职事,如被选之人不徇循守法,敢有僭紊,其申谕中外,违是令者,执政官委御史台弹奏,尚书以下听长官纠劾以闻。”[⑥]八月再下诏:“三省、枢密院、秘书、殿中、内侍、入内内侍省听御史长官及言事御史弹纠。”[⑦]至此,御史台弹劾执政官已成定制。

大观年间,蔡京为相,御史中丞石公弼与殿中侍御史张克公“论其罪”[⑧],蔡京罢相。南宋建炎三年三月,御史中丞张澄“论左右仆射黄潜善、汪伯彦辅政无状,有大罪二十”[⑨]。绍兴二年四月,殿中侍御史黄龟年弹劾右仆射秦桧“专主和议,阻止国家恢复远图,且植党日众,将专国自恣”[⑩]。

宰相是宋朝文官之首,尽管在专制主义中央集权的背景下,仍然握有较大的行政权,然而却不断地受到御史的弹劾,这是唐朝所少有

---

① (宋)朱熹:《宋名臣言行录·前集》卷一《赵普》。
② 《宋史》卷三一六《唐介传》。
③ (宋)李焘:《续资治通鉴长编》卷一七六。
④ (宋)李焘:《续资治通鉴长编》卷一七八。
⑤ (宋)朱熹:《宋名臣言行录·后集》卷一《韩琦》。
⑥ (宋)李焘:《续资治通鉴长编》卷三二六。
⑦ (宋)李焘:《续资治通鉴长编》卷三二九。
⑧ 《宋史》卷三四八《石公弼传附张克公传》。
⑨ (宋)徐自明:《宋宰辅编年录》卷一四建炎三年二月己巳。
⑩ 《宋宰辅编年录》卷一五绍兴二年八月甲寅。

的。之所以如此,除御史本身刚正不阿的素质外,更重要的是皇帝的支持,藉此抑制相权,减少对皇权的威胁。御史有时弹劾皇族,竟然也受到皇帝的肯定。如太宗时,御史中丞尝劾奏开封尹许王元僖,元僖申诉于太宗:"臣天子儿,以犯中丞故被鞫,愿赐宽宥。"太宗回答道:"此朝廷仪制,孰敢违之!"①元丰三年四月恢复六察制度后,尚书省六部及各寺监都纳入六察的监察系统之中。元丰六年,六察各设御史一员分掌②,六察御史"皆按法举察诸司所施行失当"。六察加强了御史台的监督作用,所谓"朝廷以天下事分六曹以治之,都省以总之,六察以案之。六曹失职则都省在所纠,都省失纠则六察在所弹,上下相维,各有职守"。③ 徽宗崇宁二年,尚书都省无可奈何地道出了谏官与台官皆得谏正、皆得纠正的权力:"谏官职在拾遗补阙,凡朝政缺失,悉许论奏,则自宰臣至百官,自三省至百司,任非其人,事有失当,皆得课正。台官职在绳愆纠缪,凡官司稽违,悉许弹奏,则宰臣至百官,自三省至百司,不循法守,有罪当劾,皆得纠正。"④在行政监察中当以接受贿赂、贪污腐化、玩弄国家法令为重点,徽宗宣和七年"诏御史察赃吏"⑤。绍兴元年高宗下诏:"如人吏受赂及故违条限,仍许御史台检举送大理寺,依法断遣,所有京朝官、大使臣亦依此。"⑥地方官有贪赃行为,"委御史台觉察"⑦。

在行政监察中弹劾朝臣结党是重中之重。宋初,鉴于历代权臣结党专擅朝政的历史教训,严防朝臣结党。咸平初年,真宗指出:"闻朝

① (宋)李焘:《续资治通鉴长编》卷二九端拱元年闰五月丙申。
② 《宋会要辑稿·职官一七》。
③ (宋)李焘:《续资治通鉴长编》卷三三〇。
④ 《宋会要辑稿·职官一七》。
⑤ 《宋史》卷二二《徽宗纪四》。
⑥ 《宋公要辑稿·职官五五》。
⑦ 《庆元条法事类》卷六《职制门》。

臣中有交结朋党、互扇虚誉，速求进用者。人之善否，朝廷具悉，但患行已不至耳。浮薄之风，诚不可长。”并颁布诏书令御史台随时纠察①。仁宗时，驸马都尉常于权臣私第往还，为此特别颁诏：“驸马都尉自今毋得于清要权势官私第往还，仍令御史台察视之。”②仁宗景祐三年，权知开封府范仲淹因被侍御史韩渎弹劾交结朋党，加之宰相吕夷简的排挤，被贬出知饶州③。吕夷简被罢相后，士大夫为仲淹言者不已，仁宗遂下诏“戒百官朋党”④以示警告。

大观四年，徽宗曾下手诏：“交结权近，饬巧驰辩，沽誉躁进，阴构异端，附下罔上，腾播是非，分朋植党”，“宜令台谏觉察弹劾以闻”。⑤高宗时，也下诏：“士大夫趋向尚多，趋附征利盖奔竞之不息，则朋比之势渐成，可令台谏伺察其微，即行纠劾。”⑥

由于朝臣结党为皇帝所深忌，因此成为台谏官严加弹劾的对象。熙宁八年，李定、徐禧、沈季长等人因“连朋结党”而遭御史中丞邓绾弹劾⑦。绍圣中，章惇、蔡卞也因“植党为奸”之罪，而被监察御史陈次升弹劾⑧。

面对庞大的官僚队伍，宋朝皇帝强调百官依照法定权责行事，不得越职论事。仁宗景祐三年诏：“戒百官越职言事。”⑨徽宗崇宁三年六月诏：“内外官毋得越职论事，侥幸奔竞，违者，御史台弹奏。”⑩在宋朝的

---

① （宋）李焘：《续资治通鉴长编》卷四四。
② （宋）李焘：《续资治通鉴长编》卷一〇一。
③ （宋）李焘：《续资治通鉴长编》卷一一八。
④ （宋）李焘：《续资治通鉴长编》卷一二二。
⑤ 《宋大诏令集》卷一九六《申饬百僚御笔手诏》。
⑥ （宋）留正：《皇宋中兴两朝圣政》卷一四绍兴三年十月戊戌。
⑦ （宋）李焘：《续资治通鉴长编》卷二七一。
⑧ 《宋史·陈次升传》卷三四六。
⑨ （宋）李焘：《续资治通鉴长编》卷一一八。
⑩ 《宋史》卷一九《徽宗一》。

官僚队伍中，有官、有职、有差遣，因此对文武百官的档案管理十分繁重。太宗时，曾诏御史台修订文武百官档案："应见任文武官悉具乡贯、历职、年纪著籍以闻。"①"贡举之日解荐于别州，即须兼叙本坐乡贯，或不实者，许令纠告，当置其罪。"②南宋时，高宗"诏四川、二广定差窠阙令吏部四选逐色阙置号簿各二扇，一纳御史台，一留本部"③。

宋朝对文武百官的档案管理，除御史台外，审官院、磨勘院、阁门也分别管理，但御史台负有更大的责任。凡朝官差遣的除授、替移、丁忧、免官、请假、身亡等情况，必须申报御史台，可见档案管理也是御史台监督百官的一项重要内容。

其二，针对宋朝官吏贪恋优惠待遇，官司稽违，玩忽职守，不能及时治事，造成的公文迟滞、行政效率低下，仿唐勾检制度，建立"点检"制度。

监察御史握有对中央机关的"点检权"，定期或不定期至三省、枢密院、六部点检文簿，如发现文书积压，则及时弹奏。元丰三年五月，御史台点检三司自熙宁八年至元丰二年的文簿，发现"不结绝百九十事"。神宗诏令"大理寺劾官吏失销簿罪"④。元丰五年十二月，神宗诏："御史台秋冬季序差御史一员，赴三省点检诸房文字稽滞，毋得干预其事。"⑤次年，诏御史台："每半年轮御史一员，取摘三省诸房簿点检稽滞差失，未有轮差及轩局取之法，诏三省各一员言事察官序差，以本台吏就逐省点检。"⑥如御史失察则予以惩罚，元丰四年司农寺积压"未了文字二千四百余件，未了账七千余道，失催罚钱三百九十余千，未架

① （宋）李焘：《续资治通鉴长编》卷二三。

② 同上。

③ 《宋会要辑稿·职官五五》。

④ （宋）李焘：《续资治通鉴长编》卷三〇四元丰三年五月丙戌。

⑤ 《宋会要辑稿·职官一七》。

⑥ 同上。

阁文字七万余件”，监察御史王祖道、满中行二人因未及时弹奏，分别罚铜十斤和六斤。①

二、人事监察

人事监察主要包括铨选官员与考课两部分。

宋朝实行科举选官制度，并在唐朝的基础上进行了一系列改革，使之不断完善，成为选拔官员的重要途径。为了杜绝科举选官中的舞弊行为，加强了御史台对科举考试的监督职能，严禁考官和考生之间结成门生座主的私恩关系。太祖建隆三年九月一日下诏：“国家悬科取士，为官择人，既擢第于公朝，宁谢恩于私室。将惩薄俗，宜举明文，今后及第举人不得辄拜知举官”，如有违背，“御史台弹奏”。② 此后，进士只能作天子的门生。参加科考的考生如德行有亏，不得入考场。真宗咸平三年四月十一日，“诏两京、诸路所解人，宜先察访行实，或艺文可采而操履有亏，投书匿名、饰词讪上之类，严加惩断，勒归乡县俾从课役，同保人永不得入科场。如辄敢解送，其长吏、发解官并当论罪”。并命令御史台负责对此监察③，王钦若知贡举，曾因接受三百五十两银子的贿赂，而被御史台“劾治”④。

主考官如接受贿赂，经监察官弹劾则予以严查制裁。绍兴二十一年二月二日，殿中侍御史汤允恭奏言科举考试中所出现的弊端：“切闻前次省、闱就试之士，或有凭藉多赀，密相贿赂，传义假笔，预为宴会期约，凡六、七人共撰一名程文，立为高价至数千缗，侥冒苟得，欲占异等。寒苦之士，虽怀材抱艺，岂能与数人所撰较优劣于一日之间，徒为忿懑

① （宋）李焘：《续资治通鉴长编》卷三一三。

② 《宋会要辑稿·选举三》。

③ 《宋会要辑稿·选举一四》。

④ 《宋史·王钦若传》。

叹恨而已。”为此，诏令礼部严行特禁，并许同试举人陈告。①

南宋时礼部考试(省试)，常有考官按自己的意愿录取人才，以至一州录取数十人之多，引起考生哗然。绍兴二十年九月十二月，根据侍御史曹筠的建言，令监察御史加以弹劾。②

除科举选官外，荐举也是进入官场途径之一。按宋制，文臣侍制太中大夫以上，武臣观察使以上，依十科法荐举，“诸荐举官不得以虚词溢美，并具治迹实状以闻”，“一曰行义纯固可为师表科，二曰节操方正可备献纳科，三曰智勇过人可备将帅科，四曰公正聪明可备监司科，五曰经术精通可备讲读科，六曰学问该博可备雇问科，七曰文章典丽可备著述科，八曰善听狱讼尽公得实科，九曰善治财赋公私俱便科，十曰练习法令能断请谳科。”③作为路一级的行政官兼监察官的监司，有责任向朝廷荐举部内政绩突出、才学优异的官员。太平兴国六年正月，太宗“令诸道转运使察访部内官吏，有履行著闻，政术尤最及文学茂异者，各举二人”④。天禧四年九月，真宗诏：“诸路转运使、副、劝农使各举幕职州县官堪京官知县者二人。”⑤嘉祐四年六月，仁宗诏：“诸路安抚、转运、提点刑狱，各于所部举见任文资行实敦朴而有政事之才，可备升擢者三人。”⑥元符二年二月，哲宗“令监司举本路学行优异者各二人”⑦，崇宁元年闰六月，徽宗诏：监司、帅臣各举州县官有治绩最著者一人⑧。宣和七年五月，徽宗诏：诸路监司每年举“守令有政绩者”⑨三人。靖康

---

① 《宋会要辑稿·职官一三》。
② 同上。
③ 《庆元条法事类》卷一四《选举门》。
④ （宋）李焘：《续资治通鉴长编》卷二二。
⑤ （宋）李焘：《续资治通鉴长编》卷九六。
⑥ （宋）李焘：《续资治通鉴长编》卷一八九。
⑦ 《宋史》卷一八《哲宗二》。
⑧ 《宋史》卷一九《徽宗一》。
⑨ 《宋史》卷二二《徽宗四》。

元年四月，钦宗令“监司、郡守及路分钤辖以上，举曾经边任或有武勇可以统众出战者二员”①。绍兴二十六年十月，高宗诏：“四川监司、帅臣、制置总领、茶马司各举可守郡者。”绍兴二十九年三月，高宗诏：“侍从、台谏、帅臣、监司岁举可任将帅者二人。”②乾道二年九月，孝宗诏：“监司各举部内知县、县令二、三人”③，乾道五年三月，孝宗诏：“侍从、监司、帅臣、管军荐武举出身人可将佐者。”④嘉定六年八月，宁宗诏：“诸路监司、帅臣举所部官吏之才行卓绝、绩用章著者。”⑤宝庆元年八月，理宗诏：监司、帅臣等“各举廉吏三人”。⑥ 咸淳七年十二月，度宗诏：举廉能材堪县令者，“制帅、监司各举六人”。⑦

为使荐举者认真负责，规定双方均须负法律连带责任，如举非其人，荐举者要受到御史台的弹劾。庆历五年七月十三日，仁宗诏：“御史台查访中外臣僚奏荐，所举非其人者，立须弹奏，必行之罚，宜自近始，其已系提点刑狱已上差遣者，并不得荐举。”⑧皇祐五年再次下诏：“荐举非其人，令御史台弹奏。”⑨熙宁八年，章惇就因“举官私邪”而受到御史中丞邓绾的弹劾。⑩ 元丰改制后，进一步规定荐举官员，必须将举状关报御史台，以供御史查核，不如法者弹奏。⑪ 南宋时，监察官也可以荐举监司守令，如嘉定二年正月，宁宗令“侍从、两省、台谏各举治

---

① 《宋史》卷二三《钦宗》。
② 《宋史》卷三一《高宗八》。
③ 《宋史》卷三三《孝宗一》。
④ 《宋史》卷三四《孝宗二》。
⑤ 《宋史》卷三九《宁宗三》。
⑥ 《宋史》卷四一《理宗一》。
⑦ 《宋史》卷四六《度宗》。
⑧ 《宋会要辑稿·职官二七》。
⑨ 《宋史·仁宗纪》。
⑩ （宋）李焘：《续资治通鉴长编》卷二七一。
⑪ （宋）赵汝愚：《宋名臣奏议》卷七一，上官均：《上哲宗乞举官限三日关报御史台》。

行优异者二三人充任监司郡守”①。

根据地方举荐法，监司也有权按照“一曰仁惠，二曰公直，三曰明敏，四曰廉谨”②的四项条件荐举所部官员。真宗大中祥符二年，下诏宣布监司举官奖赏法：“诸路转运使、副、提点刑狱所举官，如进改后五年无过，有劳干者，并举主特加酬奖。”③早在太宗太平兴国六年正月便严格规定：监司所举官犯赃，需要连坐。庆历四年七月，仁宗在诏中一方面要求“诸路转运使、副、提点刑狱察所部知州军、知县、县令有治状者以名闻，议旌擢之”，另一方面也指出，“或不如所举，令御史台劾奏，并坐上书不实之罪”。④ 绍兴二十八年十一月，高宗还明令监司荐举官员要与其他举主“连衔结罪保明”。⑤ 直至景定四年，理宗还在诏书中说：监司举官，“不如所举，行连坐法”。⑥ 在这一系列严令的背后，恰恰说明了，监司荐举属官存在着各种弊端；宋朝之所以严举荐之责，也意在防范官吏相互党员为私。

由于宋朝皇帝常因近幸、宗室、外戚种种关系，在人事任命上不循程序，直接由宫中向有关执行机构颁布诏书，或指挥、御笔，谓之内降。监察官就此不断向皇帝谏诤，仁宗宝元二年，右司谏韩琦向仁宗建言禁止内降诏旨，“辄敢因缘请托及自于内中请乞特批指挥”者，“送有司勘劾，重行贬责”。⑦ 遂使仁宗于皇祐二年下诏：“自今内降指挥，百司执奏毋辄行，敢因缘干请者，谏官、御史察举之。”⑧哲宗元祐三年，曾肇也

---

① 《续编两朝纲目备要》卷一二嘉定二年正大庚申。
② 《宋会要辑稿·选举三〇》。
③ （宋）李焘：《续资治通鉴长编》卷七一。
④ （宋）李焘：《续资治通鉴长编》卷一五一。
⑤ 《宋会要辑稿·选举三四》。
⑥ 《宋史》卷四五《理宗五》。
⑦ 《国朝诸臣奏议》卷二三，韩琦：《上仁宗论干求内降诏止绝》。
⑧ 《宋史·仁宗纪》。

上疏要求对外戚、宗室、宦官等干求皇帝内降“特与差遣”，加以限制①。

徽宗朝是内降诏旨最多的时期，动辄用“御笔”颁布“中旨”，“施引期限严促，稍有稽违，置以不恭之罪。三省有司奉行不暇，虽有违戾法宪、前后重复者，不敢执奏；或被受即行，不申三省”。② 说明君主在官员选拔任用上是漠视人事任用制度的。但如“私请大臣堂除差遣”者，即由“御史台觉察弹奏”③。

至于对地方官吏的考课，宋朝详定监司考较事件与州县官的考核标准。据《庆元条法事类·考课格》，“监司考较事件，转运提点刑狱提举常平依下项：

奉行手诏有无违戾；兴除利害；有无朝省行下本路过失已上簿及责罚不了过犯；受理词论及指挥州县与夺公事，有无稽滞不当；有无因受理词讼，改正州郡结断不当事；应干职事有无废弛，措置施行有无不当；奏请及报应朝省文字，有无卤莽乖谬以上，应上簿责罚；按察并失按察所部官，犯赃流以上罪，及按察不当；荐举部官有无不当；劝农桑；招流亡增户口；分定巡历是何州县，自甚月日起离至某处，至何月日还，本司有无分巡不遍去处，如有开具缘由；逐年合上供钱物，有无出限违欠；所部刑狱有无平反及驳正冤滥，并淹延稽滞；机察贼盗已获未获各若干。”

监司考课知州、县令则以四善、四最为标准，并定时将州县官政绩分等级上报朝廷。四善为德义有闻、清谨明著、公平可称、恪勤匪懈。四最为生齿之最（民籍增益、进丁入老、批准收落、不失其实）、治事之最（狱讼无冤、催科不扰）、劝课之最（农桑垦殖、水利兴修）、养葬之最（屏除奸盗、人获安居、赈恤困穷、不致流移，虽有流移而能招诱复业、

① 《国朝诸臣奏议》卷二三，曾肇：《上哲宗进仁宗朝戒饬内降诏书事迹乞禁请谒》。
② 《国朝诸臣奏议》卷二三，余应求：《上钦宗论御笔中旨》。
③ （宋）李焘：《续资治通鉴长编》卷四五七。

城野遗骸无不掩葬)。随着政治的腐败,在监司考察州县官的过程中充斥着请托贿赂、弄虚作假的现象。因此,哲宗时"诏吏部:守(知州、知府)、令(县令)课绩,从御史台考察,黜其不实者"。① 徽宗时,再次颁诏:"仰三省、御史台觉察弹劾以闻,当重行黜责。"②为了便于行使监司考课的监督权,南宋时御史台内设置考课司和考课簿,并且重申"以十五事考校监司,以四善四最法考校守令","如违,仰御史台纠劾以闻"。③ "考之不实者,令御史台纠劾。"④"其贪墨、昏懦致台谏奏劾者,坐监司、郡守以容庇之罪。"⑤

监司也负责部内官员的考课,开宝九年十一月,太宗诏,转运使"各察举部内知州、通判、监临物务京朝官等,以三科第其能否,政绩尤异者为上,恪居官次、职务粗治者为中,临事弛慢、所踽无状者临事弛慢,所莅无状者为下"。⑥ 景德元年九月,真宗诏监司以三等考课部内官员,"公勤廉干,惠及民者为上;干事而无廉誉,清白而无治声者为次;畏懦而贪猥者为下,并列状以闻"。⑦ 嘉祐六年闰八月诏:监司"每岁终,定部下知州军一人能否尤者为优劣。如连二考俱在优劣等,即具以闻,当议特行赏罚"⑧。神宗于熙宁七年二月,诏河北西路监司以三等考课部内官员,并以"具治状三等以闻"⑨。元丰三年十二月,又令诸路监司"具列部下知州、通判治状最优,有未经朝廷任使者,令中书籍

① 《宋史》卷一八《哲宗二》。
② 《宋会要辑稿·职官五九》。
③ 同上。
④ 同上。
⑤ 《宋史》卷一六〇《选举六》。
⑥ (宋)李焘:《续资治通鉴长编》卷一七。
⑦ (宋)李焘:《续资治通鉴长编》卷五七。
⑧ (宋)李焘:《续资治通鉴长编》卷一九五。
⑨ (宋)李焘:《续资治通鉴长编》卷二五〇。

其姓名”①。绍圣元年九月，哲宗“令监司岁察守臣课绩优者以闻”。② 淳熙八年闰三月，孝宗“诏诸路监司、帅臣岁终各以所部郡守分三等，治效显著为臧，贪刻庸缪者为否，无功无过者为平，详加考察，具名来上，臧、否、平各著事实。如考察不公，令御史台弹劾”。③ 除此之外，御史台还通过台参、台谢和台辞等制度措施，审察在职官员的健康状况，以防止年老多病和昏懦者充任各级差遣，影响施政的效率和政令的贯彻。

三、经济监察

为了维护以农立国、农本主义的国策，监察官负有法定责任督励地方官尽心于农政。《庆元条法事类·考课令》规定：“诸监司被受劝农手诏，每岁春秋检行下所属，遇巡历所至，检察知州县令劝农之勤惰，岁终较其尤著者，为优劣等，限次年正月终保奏。”官吏如借劝农扰民游乐，要受到惩罚。据《庆元条法事类·农桑门》规定：“诸缘劝农，辄追扰人户者，徒二年。容纵公吏等与同罪。”“诸守令出郊劝农，每岁用二月十五日。不得因而游玩及多带公吏，辄用妓乐、宴会宾客。”遇有水旱灾荒，“监司帅守奏闻不实，或隐蔽者，并以违制论”。④

随着土地私有权的发展，土地也进入买卖市场，但为了维护社会的稳定，保护自耕农的利益，禁止官吏强买田产，成为御史经济监察的一项重要内容。早在太祖时，殿中侍御史雷德骧便弹劾宰相赵普“强市人第宅，聚敛财贿”。⑤ 仁宗朝，御史中丞包拯弹劾三司使张方平强买民产，遂罢其三司使。⑥ 神宗朝，御史丞邓绾弹劾参知政事吕惠卿“借

---

① （宋）李焘：《续资治通鉴长编》卷三一〇。
② 《宋史》卷一八《哲宗二》。
③ 《皇宋中兴两朝圣政》卷五九淳熙八年闰三月辛巳。
④ 《庆元条法事类》卷一〇《职制门》。
⑤ （宋）朱熹：《宋名臣言行录·后集》卷一《韩琦》。
⑥ 《宋史》卷三一六《包拯传》。

富民钱买田产”，迫使吕惠卿出知陈州。① 绍兴十九年十二月十三日，权尚书户部侍郎宋贶针对“湖河江淮之间，昨经寇盗，多有百姓遗弃田产，比年以来，各思复业，而形势户侵夺地界，不许耕凿”的情况，建言朝廷立法，“如被上户侵夺田土之人，仰赴陈诉”，如果州县观望不为受理，即“仰监司按劾”。这一建议被朝廷采纳。②

宋朝由于对外输币求和以致财政极度紧张，如何保证作为重要财政来源的赋税收入，是宰相与三司使的重要职责，而危害国家利益的偷税漏税行为自然成了御史经济监察的对象。《庆元条法事类·赋役门》规定：“诸人户输纳税租应折变物，转运司以纳月上旬时估中价准折。有违法者，提点刑狱司觉察奏劾”，“诸税租创支移而不奏，或奏而不待报辄施行者，各徒二年”，“民间买田产，就买官契投纳税钱”，州县“敢有违戾，即重加黜责”。太宗时，西川转运使许仲宣因被人举报“乾没官钱”，太宗令御史台“尽索财计簿钩校”。③ 真宗时，转运使姚铉“纳部内女口及鬻铜器抑取其值，又广布绫罗不输税”，为御史薛映弹劾，姚铉被贬官④。

为了防止州县官在税收中违法赋敛，激化社会矛盾，影响国家财政收入，所以严饬监司察劾州县官在税收中的违法行为。高宗绍兴十年九月，明堂赦文规定：州县百姓输纳租税，如勒索百姓多收者，“仰监司严加检察，如尚或蹈袭违戾，并仰按劾奏闻”。⑤ 孝宗淳熙三年四月，诏云：诸路州县“往往过数多收斗面，重困民力，令诸路监司觉察以闻”。⑥ 光宗绍熙二年十一月，南郊赦文指出：“催科自有省限，州县往往不遵条法，

---

① （宋）王偁：《东都事略》卷九八《邓绾传》。
② 《宋会要辑稿·刑法三》。
③ 《宋史·许仲宣传》。
④ 《宋史·薛映传》。
⑤ 《宋会要辑稿·食货六八》。
⑥ 同上。

先期预借，重叠催纳”，甚而“倍加斗面，非理退换”，为此，“仰监司严加觉察，如有违戾，按劾闻奏”。[①] 宁宗庆元三年十一月，南郊赦文还规定：州县“如修葺材料，差顾夫力，至于勒令催科”，“仰监司按劾奏闻”。[②]

除此之外，台谏官参与讨论节省国家冗费、浮费亦属经济监察之一端。仁宗时，“命御史中丞刘筠、提举诸司库务薛贻廓与三司同议裁减冗费”。[③] 孝宗时，“诏户部、台谏议节浮费”。[④]

至南宋，币制紊乱，影响到财政的稳定，使统治集团极感困扰。因此宁宗时“命侍从、台谏、两省集议江南沿江诸州行铁钱利害条具以闻”，[⑤]后又“命侍从、台谏、两省详议会子折阅利害”。[⑥]

两宋时期，商业与对外贸易的发展使得官吏违制经商也成为经济监察的重点。仁宗至和元年，宰相梁适留豪民郭秉在家经商并奏与恩泽，殿中侍御史马遵等进行弹劾，梁适被罢相。[⑦] 另据《庆元条法事类·禁榷门》规定：“诸不觉察钱铜出中国界，或以铜钱与藩商博易者，市舶司当职官吏(谓置司州)、巡捕官、巡防人以违制论。州知通、县令丞、镇寨官，并经由透漏去处巡捕官、巡防人，杖一百。故纵者与犯人同罪，至死减一等。”

四、司法监察

宋朝是一个提倡读书读律、君臣知法和重视司法的朝代，同时又是实行鞫谳分司、改革司法卓有成就的朝代，而御史在司法监察方面

① 《宋会要辑稿·食货六八》。
② 《宋会要辑稿·食货六六》。
③ (宋)李焘：《续资治通鉴长编》卷一〇〇。
④ 《宋史》卷三三《孝宗一》。
⑤ 《两朝纲目备要》卷四庆元元年三月庚寅。
⑥ 《宋史》卷三九《宁宗三》。
⑦ (宋)李焘：《续资治通鉴长编》卷一七六。

的职能也较之唐代进一步扩大。仁宗时，御史台有权与刑部、审刑院、大理寺共同议定刑名。宝元元年，诏曰："御史台、刑部与审刑院、大理寺详定(刑名)以闻。"①遇有州郡不能断决的疑案，先"付之大理，大理不能决而付之刑部，刑部不能决，而后付之御史台"，②可见，御史台拥有承诏治狱权和重大疑难刑事案件的最后审定权。太祖时，为宰相赵普包庇的四名贪官，皆奉诏"下御史府按问，悉抵罪"。③ 为使御史台秉公断狱，特别规定御史在承诏治狱期间，"不得与在外官吏往还"；④同年同科并须回避；"不得言语怕吓，虚令招罪，违者，重罪之法"；⑤"当推御史……不得淹延"。⑥ 如有人向当推御史请托，"许人陈告，支赏钱二佰千"。⑦

除受理诏狱外，御史台也受理申诉案件。景德四年，真宗下诏："诸人诉事，先诣鼓院；如不受，诣检院；又不受，即判状付之，许邀车驾，如不给判状，听诣御史台自陈。"⑧仁宗时，"置理检使，以御史中丞充任"⑨，"其称冤滥枉屈而检院、鼓院不为进者，并许诣理检使审问以闻"。⑩ 理检使受理的案件必须是涉及军国大事或冤屈案，否则不予受理。此制几经变动，至南宋孝宗时始恢复宋初御史台审理上诉案件的职能，直至南宋灭亡。

御史还负责至监狱"点检"，即检查司法文卷、审录禁囚状况。神

---

① (宋)李焘:《续资治通鉴长编》卷一二二。
② (宋)李焘:《续资治通鉴长编》卷三三五。
③ 《宋史》卷二五六《赵普传》。
④ 《宋会要辑稿·职官五五》。
⑤ (宋)李焘:《续资治通鉴长编》卷九〇。
⑥ 《宋会要辑稿·职官五五》。
⑦ 同上。
⑧ (宋)李焘:《续资治通鉴长编》卷六五。
⑨ 《职官分纪》卷一四《御史台》。
⑩ (宋)李焘:《续资治通鉴长编》卷一〇七。

宗元丰七年十一月,令监察御史前往点检开封府、大理寺禁囚,“催促结绝”①。高宗绍兴三年,令御史台“每季专委本察官一员躬诣大理寺及应有刑职去处,点检禁囚。淹留不绝或有冤滥,并当职官职位姓名以闻”。② 神宗时,“开封官吏将大辟罪人寄厢,妄奏狱空”③,希图邀功请赏。有鉴于此,元丰七年下诏:“自今有司上狱空,令御史台刑察按实。”④南宋时,“诸州申奏狱空”,“多令监司验实,如有妄诞,即按治,仍令御史觉察弹奏”。⑤

为了避免囚系淹延,乾兴元年十一月,真宗诏令御史纠察在京刑狱和诸路监司及州县长吏,“凡勘断公事,并须躬亲阅实,无令枉滥淹延”。⑥ 元祐元年十二月,哲宗令监司参与对地方刑狱案件的督察,“久愆时雪,虑刑狱淹延,在京委刑部郎中及御史台刑察官,开封府界令提点刑狱司,诸路州军令监司催促结绝”。⑦ 因此录囚既是御史台的职掌之一,也是司法监察的重要方式。史载:御史台每季第二个月与刑部“亲录囚徒”⑧。

南宋绍兴三年七月,高宗令“诸路监司按州县亲录囚徒,以察冤滞”。⑨ 绍兴六年五月,高宗下诏:“监司虑囚不能遍及者,听遣官,著为令。”⑩绍兴二十八年七月,高宗再下诏:“监司按发官吏,不得送置司州

---

① 《宋会要辑稿·刑法五》。
② 《宋会要辑稿·刑法一七》。
③ (宋)刘安世:《尽言集》卷二《论开封官吏妄奏狱空冒赏事》。
④ 《宋会要辑稿·职官一七》。
⑤ 《太平宝训政事纪年》卷五《太上皇帝》。
⑥ (宋)李焘:《续资治通鉴长编》卷九九。
⑦ (宋)李焘:《续资治通鉴长编》卷三九三。
⑧ 《皇宋中兴两朝圣政》卷六一淳熙十一年三月辛卯。
⑨ 《皇宋中兴两朝圣政》卷一四绍兴三年七月丙子。
⑩ 《宋史》卷二八《高宗五》。

军推鞫。所犯涉重,即以奏闻,命邻路监司选官就鞫。”①孝宗于乾道九年,令监察御史与刑部官“每月通轮一员分作两日,往大理寺、临安府亲录囚徒,仍具名件闻奏”②。嘉定二年五月,宁宗“诏诸路监司决系囚”③。嘉定十五年五月,宁宗“诏监司虑囚,察州县匿囚者劾之”④。而在宁宗朝制定的《庆元条法事类》《职制令》中,明确规定:“诸州县禁囚,监司每季亲虑,若有冤抑,先疏放讫,具事因以闻”,“诸监司每岁点检州县禁囚,淹留不决,或有冤滥者,具当职官、职位、姓名,按劾以闻”。所谓“按劾以闻”,是皇帝授予监司长官上奏弹章之权,以候上裁。按劾权不同于御史的弹劾权,监司长官行使按劾权主要限定在司法监察方面。

在录囚过程中,如发现案件断遣不当而又情节严重者,御史台即将原断官吏劾奏。隆兴二年八月十三日,臣僚上言:“伏见御史台讼牒,日不下数十纸,皆由州县断遣不当,使有理者不获申,无辜者反被害,遂经省部以至赴台。”为此朝廷立法:“令御史台择其甚者,具事因及原断官吏姓名奏劾,取旨行遣。”⑤开禧元年六月二十一日,臣僚建议:“乞下诸路郡县应干狱讼,并令照条理断,如有淹延数年重为民害者,委监司纠察,如监司不纠察或监司自为淹延者,从台谏论奏。”此议为朝廷采纳。⑥

在审讯中司法官如非法用刑,将罪犯拷掠致死,或狱具违戾,并听御史台弹劾。高宗时,命令各地司法机关将“讯囚非法之具并行毁弃,尚或违戾,委御史台弹劾以闻”⑦。

---

① 《宋史》卷三一《高宗八》。
② 《宋会要辑稿·职官一五》。
③ 《宋史》卷三九《宁宗三》。
④ 《宋史》卷四〇《宁宗四》。
⑤ 《宋会要辑稿·刑法三》。
⑥ 《宋史》卷三二《高宗九》。
⑦ 《宋会要辑稿·职官五五》。

刑事犯罪“皆于事发之所推断,杖以下县决之。徒以上及应奏者,并须追证勘结圆备,方得送州。诸州大辟案已决者,提点刑狱司类聚录情款刑名,及曾与不曾驳改,并驳改月日,有无稽留,季申尚书刑部。诸罪人翻异或家属称冤,应申提点刑狱司差官别推,而辄移属县者,徒二年。若无出入,减三等”。① 对于民事案件的监察,主要是催促州县官及时依法结案。英宗治平四年闰三月十八日诏:“天下有闲官并强徒之辈,昏赖田土,有防农业,令转运、提刑司早催促结绝施行。”②南宋时期,州县结绝词诉,一般在一月内结绝③,超过时限听监司按劾。高宗时要求州县长官躬亲审详民事案件,“依公理断,无致少有偏曲”。否则监司按劾治罪。

监司有权改正州郡所判错案,以此作为考核监司的一项内容。政和八年立法规定:“诸路监司有能改正州郡所断不当,总其实数,岁终考校,以为殿最。”④但为防止监司徇私故纵,朝廷也派遣专使按察监司职事。神宗时,“整齐法度,参考旧制,始定诸路每三岁一次取旨遣郎官或御史按察监司职事”。⑤ 崇宁四年,徽宗诏令御史台“察诸路监司贪虐者,论其罪”。⑥ 嘉泰元年,依监察御史施康年建言,规定诸路监司“凡有词诉,必使尽情处断,务要结绝,如或淹延岁月,与决不当,犹或上闻,令御史台择其尤者,将本路监司弹劾闻奏”。⑦

监察官所进行的司法监察确实收到了一定的效果,以致真宗大中祥符二年七月四日诏中表示了倚重之意:“宜知制诰周起、侍御史赵湘

① 《庆元条法事类》卷七三《刑狱门》。
② 《宋会要辑稿·刑法三》。
③ 同上。
④ 同上。
⑤ (宋)李焘:《续资治通鉴长编》卷三九五。
⑥ 《宋史》卷二〇《徽宗纪二》。
⑦ 《宋会要辑稿·刑法三》之三九。

纠察在京刑狱,其御史台、开封府应在京刑禁之处,并仰纠察其逐处遣徒以上罪人,旋具供报。内有未尽理及淹延者,并须追取原按看详,举驳申奏。若是旷于举职,致刑狱有所枉滥,别因事彰露,其所委官必当重置之法。更有令条贯事件,仍仰擘画开坐以闻。”①

监察官在司法监察中查证属实者,由皇帝下诏惩治,如,天圣二年六月,梓州路提点刑狱王继明按劾“知梓州王世昌昏耄不治”,②仁宗立即下诏罢去王世昌职务。

确属冤假错案者,一般得以纠正。如仁宗时,令御史中丞范讽审理王文吉告发陈尧佐谋反案,结果发现王文吉系诬告,③陈尧佐得以平反。

五、仪制监察

仪制监察首要的是监察朝仪。所谓朝仪,是确认朝会时皇帝至尊地位的一种礼仪,也是体现皇权威严的表征,因此维护朝仪、弹劾违犯朝仪的行为是御史的一项重要职责。

按宋制,朝会分大朝和常朝两类:“以元日、五月朔、冬至行大朝会之礼”,为大朝;“群臣每五日一随宰相入见”,“文武官日赴文德殿正衙”,为常朝。无论大朝、常朝均由殿中侍御史二人,掌以仪法,纠百官之失。凡大朝会及朔望、六参则东西对立,弹其失仪者。④ 淳化三年,制订了违反朝仪需要弹劾的十五项规定:朝堂行私礼;跪拜;待漏行立失序;谈笑喧哗;入正衙门执笏不端;行步迟缓;至班列行立不正;趋拜失仪;语言微喧;穿班;仗出门不即就班;无故离位;廊下食行坐失仪,语

---

① 《宋会要辑稿·职官一五》。
② (宋)李焘:《续资治通鉴长编》卷一〇二。
③ (宋)李焘:《续资治通鉴长编》卷一一二。
④ 《宋史》职官四。

喧；入朝及退朝不从正衙门出入；非公事入中书。①

每次朝会，御史台根据文武常参班簿进行考勤，无故或托病不参加朝会的官员，要依法弹劾。大圣二年，御史台右巡使张亿弹劾石中立等三十三人"称疾"不参加朝会，仁宗下诏，对动辄称病不参加朝会者，"并遣医官验视以闻"②。绍兴九年，高宗下诏："御史台将不赴朔望在告最多之人核实弹奏。"③

除朝会外，朝廷宴会也由御史纠仪。景德二年，真宗诏："自今宴会宜令御史台预定位次告示，各令端肃，不得喧哗，违者，殿上委大夫、中丞，朵殿委知杂御史、侍御史，廊下委左右巡使察视弹奏。"④在一次承天节斋会上，凡有饮酒过量失态者，包括宰相等高级官员，皆被御史中丞张咏所弹劾⑤。神宗元丰改制时规定："殿中侍御史二员，分立东、西，相向纠弹失仪之官。"⑥

在中国古代，郊庙祭祀是体现天人感应的一项十分严肃而又隆重的活动。郊庙祭祀之前的致斋日，文武百官必须沐浴及浣濯衣服，并由御史台负责纠察。太宗曾下诏："自今奉郊庙行事，文武官于致斋日，并须沐浴浣濯衣服，务于虔肃以供祀事，敢有违者，并以不恭论，宜令御史台专行纠察。"⑦

总括前述，宋朝是中国历史上商品经济高度发展、海外贸易空前繁荣、文化艺术不断兴盛的朝代，同时也是唐以后以法治相尚，重法制、严监察、读书读律相得益彰的重要朝代。宋初统治者鉴于唐末以至五代

---

① 《宋会要辑稿·仪制八》。
② （宋）李焘：《续资治通鉴长编》卷一〇二。
③ 《宋会要辑稿·职官五五》。
④ 《宋会要辑稿·仪制八》。
⑤ 《宋史》卷二九三《张咏传》。
⑥ 《宋会要辑稿·职官一七》。
⑦ 《宋大诏令集》卷一九〇《诫饬郊庙行事官虔肃诏》。

十国藩镇割据所造成的国家衰败、外患频仍、人民苦难的时代悲剧，因此立朝之始，以加强中央集权，消除藩镇割据为治国的首要之举，成为历史上最具代表性的中央集权制的时代。

除此之外，宋初统治者又鉴于太祖受权臣拥戴，黄袍加身的事实，因此，力图控制大臣擅权，通过“杯酒释兵权”取消了权臣拥兵自重的可能；并改变了传统的官制，出现了官与职殊，差遣居实的特殊官制，以致出现了宰相权知知州的现象，借以防止大臣擅权；同时，倚重监察机关，允许和支持监察官弹劾最高行政长官宰相，而且，严防臣下结成朋党。在这方面，基本实现了“事为之防，曲为之制”，异论相搅的初衷。宋朝的历史上，因监察官弹劾而去职的宰相不可胜数，为了提高监察官的地位，使其得以以卑察尊，无所不监，特别在诏书中明确宣布御史为皇帝的耳目之司，如崇宁五年十月十六日《诫约监司体量公事怀奸御笔手诏》中说：“监司分按诸路，为耳目之任。”①政和元年十二月二十一日《诫饬台官言事御笔手诏》中又说：“耳目之寄，台谏是司。古之明王，责以言事，罔匪正人，故能雍容无为，端拱于一堂之上，广览兼听，信赏必罚，以收众智，以驭群吏，百官向方而万事理。”②与此同时在《训饬百司诏》中还提出：“御史耳目之官也，举台纲，肃官邪，惟汝之责，何惮而不为，汝其分行纠劾不法，必罚无赦。”③

为了督励监察官尽职尽责，曾于神宗时期一度实行御史到任十旬，无所弹纠则罚“辱台钱”的做法，据宋人王得臣《麈史》记载：“御史入台满十旬，未抗章疏，例输金以佐公用，谓之辱台钱。神文朝，一御史供职余九十日矣，未尝有所论列，盖将行罚焉。忽一日，削稿拜囊封，众伫

① 《庆元条法事类》卷七《职制令》。
② 同上。
③ 同上。

听，以为所言必甚大事。乃斥御庖造膳，误有遗发于其间者，其辞云：‘是何穆若之容，忽覩卷然之状。’御史皆以才举，所议如此而无责，盖朝廷务广言路耳。”

宋朝在监察法规中，不仅规范了监察官的责任，还制定了违纪处罚之法。凡应察而不察，或擅作威福，或贪赃枉法，分别处以罢黜，杖一百，徒二年，流二千里，永不收叙等处罚。崇宁五年在《诫约监司体量公事怀奸御笔手诏》中，集中地反映了统治者的此种意向：“监司分按诸路，为耳目之任，近降指挥，体量公事，而观望顾避，附下罔上，隐庇灭裂，变乱事实，使朝廷刑罚失误，其罪莫大。除已究正，量行黜责之外，自今敢有怀奸挟情，不实不尽者，流二千里，斥之远方，永不收叙，仍不以去官赦降原减，布告诸路，咸使闻知。”①

为了发挥监察官的作用，防范弄权行私、失监漏监，特别制定了《监司互察法》，它是宋代监察法规中最具时代特色的内容。通过制定互察法，使监察官互相监督，是宋朝皇帝驾驭大臣的统治权术，以确保监察机关职能的发挥，防止监察官玩法行私。

宋朝的监察法继承了汉唐以来的传统，但在连续性中又凸显了时代特点，即从监察法制的角度维护专制皇权和加强中央集权，监察法的法律渊源虽然具有多样性，但都围绕着这个中心。在宋朝的监察法中，把执行监察权的主体明确宣布为皇帝的耳目，充分反映了古代监察制度的实质。从中央到地方的细密监督规范，标志着监察立法已发展成为行政立法中的典中之典。由于执行监察权的机关体系纷列，统由皇帝居中驾驭，从而形成了由中央辐射到地方的、寓集中统一于分散之中的有效的网络。

宋朝一方面督励监察官举朝纲，纠官邪，但革除唐时实行的风闻言

① 《庆元条法事类》卷七《职制令》。

事制度，以使监察有据。据《唐会要》记载："故事，御史台无受词讼之例，有词状在门，御史采有可弹者，即略其姓名，皆曰风闻访知"①，可见唐代允许御史风闻弹劾。宋初仍盛行风闻言事，孝宗时，杨万里在《旱暵应诏上疏》中说："台谏言事，许以风闻，此祖宗之法，所以防奸雄隐伏不测之变也。"②哲宗初年，御史中丞傅尧俞也说："朝廷置御史，盖虑下情堕塞，以开广聪明，故得风闻言事。"③事实上仁宗朝官僚集团内部党派的出现，御史风闻言事已渐成为相互攻讦的手段。为了防止无辜者受弹劾，造成朝廷正常秩序的混乱，仁宗于皇祐元年正月二十八日下诏：台谏官"凡有朝廷得失、民间利害，或间有异谋及不忠、不正、不孝、不义，知得迹状，并许风闻弹奏。""除此外，其余罪，自有人论诉，并逐处各有官司觉察，更不在风闻弹奏之限。如违，当行根勘。其所弹事，仍令中书、枢密院更不施行。"④在《宋会要辑稿·仪制八》之二九中，对这一诏书作了以下诠释："自今台谏官，非朝廷得失、民间利病，更不许风闻弹奏。违者，坐之。"从此限定了风闻弹奏的范围，超越者中书门下和枢密院不予理睬，并治言官以罪。嘉祐五年六月，仁宗再次下诏："戒上封告讦人罪或言赦前事，及言事官弹劾小过或不关政体者。"⑤由此可见仁宗力革风闻言事的决心。神宗时，御史中丞吕诲"坐言事失实，夺职降知邓州"。⑥ 南宋高宗绍兴四年，规定：台谏官言事时"要须审实"，不许"纤理细故，强置人于有过"，借以"销刻薄之风，成忠厚之俗"。⑦ 周辉《清波杂志》卷八记述说，南宋时台谏言事，必须有出

---

① 《唐会要》卷六《御史台》。
② 杨万里：《诚斋集》卷五二《旱暵应诏上疏》。
③ 《宋会要辑稿·职官六六》。
④ 《国朝诸臣奏议》卷五一，钱彦远：《上仁宗论台谏不许风闻言人过失是非》。
⑤ 李焘：《续资治通鉴长编》卷一九一。
⑥ 范纯仁：《范忠宣奏议》卷上《奏乞诏还吕诲》。
⑦ 《宋会要辑稿·职官五五》。

处,“未得出处,不许公议”,以“免风闻之误”。侍御史王伯庠就因“风闻失实”罢台职。①

至于言谏制度,宋与唐有所不同,言谏官所指斥的多为官吏的违法失职、奸邪之事,很少对皇帝犯言直谏,以致言官的职掌与监察官基本一致,开创了言谏一体的走向。其中台谏职权由相侵而相混,可视为典型的例证,它打破了汉唐以来台谏分立并行的监察体制,改变了言谏官的锋芒指向,压制了宰相擅权的几率。不仅如此,台谏不实设长官,使其虽有广泛的监察权,但又不能自专自恣;而且台谏官的选任由皇帝掌握,剥夺了宰相的人事权,使其完全成为遂行皇权的工具。需要指出的是,由于“凡朝政阙失,大臣至百官任非其人,三省至百司事有违失,皆得谏正”②,致使谏官与宰臣之间的矛盾不断激化,结果虽然取得了人主自为、防范大权旁落的效果,却又削弱了谏官应有的谏诤皇帝的作用。南宋叶适在上皇帝的奏章中论证了台谏官各有所司,职权不宜相混。他说:“谏官、御史,各有分职,不可相侵。规切谏诤,以人主之得失、国家之大体为己任者,谏官之职也;明于人臣之忠邪,以排击奸佞、肃清班列为己任者,御史之事也。”“今谏官侵御史之事矣,非惟侵御史之事也,且又失谏官之职矣。往者祖宗之世,谏官、御史以言事为贤,或除授有不当,废置有不宜,所言不见听,连章欢哗,至于空台省而去,更出迭入,议论不衰,岂不多事而可厌乎?然而祖宗不厌,益置员数,分命荐举,若是者何也?以为不厌其多事,直差可以无事尔。伏自顷岁,有论除授之不当而去者数人,陛下既觉悟而亟还之,超迁而遵遇之矣。六七年间,以沉默相承,而天下遂至于无可言之事。然则真无可言之事欤?抑其有而不敢言欤?抑不惟不敢而亦不知言之欤?不敢言固可

① 《皇宋中兴两朝圣政》卷二九绍兴十二年五月丙戌。

② 《宋史·职官一》。

畏，不知言又大可畏也。虽然，陛下之于谏官，多阙而不补，而比者独以一人长之，又何欤？天下固不为无可言之事矣，而使他人不得言，言之则为越职，为生事。臣愿陛下益置员数如祖宗之旧，择今之所谓以名义材实自任者处焉，而责之以天下之所当言，其必可有可言者，而国是可以渐定矣。”①

如前所述，宋朝是重法制的时代，不仅表现为立法的加强，北宋以《刑统》为主，南宋则以《庆元条法事类》为主，而且，更经常、更具有权威的是编纂皇帝颁发的敕令，编敕成为宋朝代表性的立法活动。宋初，统治者从五代法纪荡然，贪墨横行，社会动乱，招致败亡的教训中，深刻认识到法律是“理国之准绳，御世之衔勒”，②“法制立，然后万事有经，而治道可必”。③ 因此，将立法摆在治国理政的重要位置，梁启超曾作过如下描述：“宋代法典之多，实前古所未闻，每易一帝，必编一次，甚至每一元，必编一次，盖终宋之世，殆靡岁不从事于编纂法典之业。其法典内容，非必悉相异。殆因沿前法，略加修正而已。然莫不裒然成一巨帙，少者亦数十卷，多者乃数百卷，亦可谓极千古之壮观矣。”④宋朝立法对于加强中央集权制、惩治贪墨、镇压贼盗三者，决不姑息。但总的看来，正如仁宗所告诫的，“立法不贵太重而贵力行”。⑤ 南宋时，孝宗对此进一步阐述：“先王立法贵在中制，所以决可也”⑥；“夫法太重而难必行，则立法贵乎中”⑦；“立法不贵太重而贵必行，法必行则人莫敢犯矣。夫欲重则必难行，欲行则不必重。设之太重，而行之不顾此，惟商

① 叶适：《叶适集》，中华书局 1961 年版，第 751 页。
② 《宋会要辑稿 · 帝系一一》。
③ 李焘：《续资治通鉴长编》卷一三四。
④ 梁启超：《饮冰室合集》第二册，中华书局 1989 年版，第 27 页。
⑤ 李焘：《续资治通鉴长编》卷一四三庆历三年九月丙戌。
⑥ 《宋会要辑稿 · 帝系一一》。
⑦ 同上。

鞅能之,圣人不能也。"①孝宗之言符合法制发展的实际,是经验之谈。

除立法外,宋朝也是著名的重视司法的朝代,严格司法官依法断案,在《名公书判清明集》中,几乎每个案件都有"依法""按法""援法"的字样,以示依法判决。宋朝皇帝还重视亲自录囚,史载:"理宗起自民间,具知刑狱之弊。初即位,即诏天下恤刑,又亲制《审刑铭》,以警有位。每岁大暑,必临轩虑囚。"②他还颁行《谨刑铭》警戒在职官吏:"民吾同胞,疾痛由已。极虐以威,刑非得已。仰惟祖宗,若保赤子;明谨庶狱,恻恒温旨。金科玉条,毫析铢累,夫何大吏,蔑弃法理。逮于郡邑,滥用笞棰,典听朕方,式克钦止。"③近人徐道邻说:"宋朝的皇帝,懂法律和尊重法律的,比中国任何其他的朝代都多。北宋的太祖、太宗、真宗、仁宗、神宗,南宋的高宗、孝宗、理宗,这八位皇帝,在法律制度和司法制度上,都曾经有不少的贡献。有这么多的皇帝不断地在上面督促,所以中国的法治,在过去许多朝代中,要推宋朝首屈一指。"④为了改变五代以来多用武人主狱讼、恣意用法的弊端,自太祖、太宗至真宗三朝,都力图改革司法官吏的选拔制度。王应麟在《玉海》卷六十一记载:"太祖始用士人治州郡之狱",在此卷的"淳化刑部详复条"中进一步解释说:"开宝六年甲子朔始以士人为司寇参军,改诸州马步院为司寇院",选用官员以律书试判。⑤ 太宗时,改司寇院,设司理参军,以历任清白,长于审断案件的官员充任,⑥并选用儒士为判官。⑦ 真宗时,对于审刑院的详议官、大理寺的详断官、刑部的详复官和三司的法直

① 《宋会要辑稿·帝系一一》。

② 《宋史·刑法志》。

③ 《咸淳临安志》卷四。

④ 徐道邻:《中国法制史论集》,台湾志文出版社 1976 年版,第 89—90 页。

⑤ 《宋史》卷一五五《选举志一》。

⑥ 《宋史·太宗本记》。

⑦ 马端临:《文献通考·职官考》。

官,都试以断案几十道,只有引用法律判断详明,才予以任用。① 鉴于“食禄居官之士,皆亲民决狱之人”,②如果司法官缺乏法律素养,则不可能明法慎断,为此神宗时规定:铨试,“概令试法,通者随得注官”。③直至南宋,铨试仍以律义与断案为重要的内容之一。正是由于重视司法,在宋朝的律学著作中,出现了案例汇编之类的著作,如《棠阴比事》,更有集司法勘验经验之大成的《洗冤集录》。宋朝也加强了司法监察,成为监察活动中的最重要的一环。

第五节 辽、金、西夏的监察法制

中国自古以来就是统一多民族国家,中华法系的形成与发展固然以汉民族为主导,但少数民族也同样作出了自己的贡献。辽、金、西夏三朝是北方少数民族进入中原地区以后建立的地方性政权,其法律虽然以唐宋律为渊源,但都进行了必要的改革,从而表现出多源性的特色。

就监察法制而言,在吸收和继承汉民族监察法制的同时,结合自身的实际,进行了大幅度的调整,在中国监察法制发展史上也占有一定的地位。

一、辽朝的监察法制

辽朝是我国古代北方古老的游牧民族契丹族建立的少数民族政权。公元916年,契丹可汗耶律阿保机自称皇帝,建元神册,是为辽太

① 《宋史·真宗本纪》。
② 《宋史》卷一五八《选举志四》。
③ 同上。

祖。经过太祖、太宗两代的经营开拓，形成了一个“东自海，西至于流沙，北绝人漠，信威万里”①，“东朝高丽，西臣夏国，南子石晋而兄弟赵宋，吴越、南唐航海输贡”②的专制王朝。与北宋、西夏鼎足而立，至公元1125年为女真人所灭，历时二百余载。

辽从建国起就积极引进汉族先进的政治、经济和文化等制度，很快便走上封建化的道路，但同时又保留着早期奴隶制，甚至氏族制度的某些残余，形成了既沿袭唐宋而又饶有民族特色、既融汇前朝法制经验而又结合本朝实际的监察法制。

（一）监察思想

1. 以儒家思想为指导，承袭唐宋，“参酌国俗”

辽朝统治者大多崇尚儒学，具有较高的中原文化素养。神册三年，太祖诏建孔子庙于上京（今内蒙古巴林左旗南），次年亲谒祭祀。同时，大量吸收对儒家学说有专长的汉族士人参政，而仕辽的汉官也利用一切机会介绍儒家学说和治国方略。至圣宗、兴宗两朝，加快了汉化的过程，翻译了汉族法典，改革了法律制度，迅速促进了由契丹习惯法向成文法的转化。由于积极吸收和借鉴汉族先进的文化，因此，辽朝的监察思想基本上承袭唐宋的“纲常名教”“德主刑辅”等儒家学说，并结合本民族的传统文化，形成了契丹族和汉族法律文化相融合的时代特点，如同《辽史·国语解序》所说：“至太祖、太宗，奄有朔方，其治虽参用汉法，而先世奇首，遥辇之制尚多存者。”

2. 重视监察机构的作用，严惩不法官吏

在辽朝的中央统治机构中，分别设置了北面官和南面官两个系统。北面官是为统治契丹及其他游牧民族而设置的一种特殊制度，其官吏

① 《辽史》卷一《太祖本纪上》。

② 《辽史》卷三七《地理志一》。

一律任用契丹贵族。南面官是为统治汉人而设立的管理汉人州县、租赋、军马之事的中央机构。太宗耶律德光于会同元年在南面官系统中仿唐宋之制，设御史台为主要监察机构，专门纠察汉族官吏。此外，还仿唐宋之制设立谏院，要求谏官直言规谏。穆宗应历七年下诏："有罪者，法当刑，朕或肆怒，滥及无辜，卿等切谏，无或面从。"①道宗时，唯恐"智识有不及，群下有未信，赋敛妄兴，赏罚不中，上恩不能及下，下情不能达上"，于重熙二十四年下诏："凡尔士庶，直言无讳，可则择用，否则不以为愆。"②同年，又下诏："欲闻直言，以匡其失……其令内外百官，比秩满，各言一事。仍转谕所部，无贵贱老幼，皆得直言无讳。"③与此同时，强调官员为政要清廉，严惩贪赃枉法之徒。圣宗太平六年，"诏北南诸部廉察州县及石烈、弥里之官，不治者罢之。诏大小职官有贪暴残民者，立罢之，终身不录。其不廉直，虽处重任，即代之；能清勤自持者，在卑位亦当荐拔。其内族受贿，事发，与常人所犯同科"。④

（二）监察体制

1. 中央监察机构

为了加强对汉官的监察，在南面官系统中仿中原王朝之制，于太宗会同元年设立御史台，以御史大夫为长官，御史中丞为副官。御史台下设殿中侍御史和监察御史。据《辽史 · 仪卫志》："卤薄仪仗人数马匹"条记载："……御史大夫一人，侍御史二人，殿中侍御史二人，监察御史一人……。"⑤御史台"掌邦国刑宪典章之政令，以肃正朝列"。⑥ 此外，御史台也享有司法权，据《辽史》记载，主要侧重于复审

① 《辽史》卷六《穆祖本纪》。
② 《辽史》卷二一《道宗本纪》。
③ 同上。
④ 《辽史》卷一七《圣宗本纪》。
⑤ 《辽史》卷五八《仪仗志四》。
⑥ 《唐六典》卷一三《御史台》。

刑狱。如应历初，穆宗拜萧护思为御史大夫，“时诸王多坐事系狱，上以护思有才干，诏穷治，称旨，改北院枢密使”。① 御史台之外设置类似殿院的机构殿中司，其长官为殿中侍御史和殿中丞，管辖尚舍、尚乘、尚辇、尚食、尚衣五局，②与唐宋的殿中省职能相同。各局设奉御以司其职。唐宋时奉御之职只是为殿中省办理杂务的官员，而辽代的奉御则兼理监察。

在北面官中设契丹北、南枢密院，下分设北、南枢密院中丞司③，主要负责纠察百官。

在南面官系统中设三省机构，其中门下省属下的监察机构有：起居舍人院，属员有起居舍人、知起居注和起居郎；通事舍人院，属员为通事舍人；符宝司，属员为符宝郎：通进司，置左右通进各一人；登闻鼓院，属员为登闻鼓使：匦院，属员为知匦院使；诰院，属员为诰院给事。④

太宗会同二年，置左、右谏院。左谏院隶属门下省，设左谏议大夫、左补阙和左拾遗；右谏院隶属中书省，设右谏议大夫、右补阙和右拾遗。⑤

2. 地方监察机构

为了加强对地方的控制与监督，在地方设置了常设的监察机构；同时还派遣一些临时性的监察官员对地方官进行监察，纠举其违法乱纪行为，并上报朝廷处理。

常设监察机构，如五京（上京、东京、中京、西京、南京）黜陟使司，其属员为某京处置使；中京路按问使司，其属员为中京路按问使；某州

---

① 《辽史》卷七八《萧护思列传》。
② 《辽史》卷四七《百官志三》。
③ 《辽史》卷四五《百官志一》。
④ 《辽史》卷四七《百官志三》。
⑤ 同上。

军观察使,某州军观察副使和某州军观察判官。

临时派遣的监察官员,如:分决诸道滞狱使、按察诸道刑狱使、采访使等,其主要职掌是“平理庶狱,采摭民隐”,“官不常设,有诏,则选材望官为之”。①

(三) 监察法制建设

辽朝的监察立法主要沿用唐代的《六察法》。辽圣宗统和年间,曾任监察御史的王悦,在其墓志铭中有“布贰车之新政,且利于民:参六条之旧章,不犯非礼”②之语。这里“参六条之旧章”中的“六条”,就是指《六察法》。在穆宗应历年间曾任御史大夫、景宗时改授刺史的韩瑜,其墓志铭中说他“行止可度,必以廉能”,“仁化洽于六条,政声隆于双阙”。③ 这里所言“六条”也是指《六察法》。可见《六察法》既是辽朝察吏的依据,也是监察官自律的准则。

除此之外,辽皇帝发布的诏令,也是监察法最重要的渊源。

在辽朝的监察活动中,司法监察最受关注。开泰八年,圣宗“敕诸处刑狱有冤,不能申雪者,听诣御史台陈诉,委官覆问”。④ 统和元年,“敕诸刑辟已结正决遣而有冤者,听诣台诉”。⑤ 为强化司法监察职能,维护社会的稳定,还派使对地方实行定期与不定期的巡检。圣宗统和九年,命邢抱朴等五员、马守瑛等三员,分决诸道滞狱。开泰五年,又遣刘泾等分路按察刑狱。⑥ 大康三年,道宗“遣使按五京诸道狱”。⑦ 大

① 《辽史》卷四八《百官志四》。
② 向南:《辽代石刻文编》,《王悦墓志铭》,河北教育出版社 1995 年版,第 379 页。
③ 向南:《辽代石刻文编》,《韩瑜墓志铭》,河北教育出版社 1995 年版,第 93 页。
④ 《辽史》卷六一《刑法志上》。
⑤ 《辽史》卷一七《圣宗本纪》。
⑥ 《辽史》卷四八《百官志四》。
⑦ 《辽史》卷二三《道宗本纪》。

安二年，道宗又“遣使按诸路狱”。① 同年，改授景州刺史耶律俨为御史中丞，“诏按上京滞状，多所平反”。②

二、金朝的监察法制

金朝是我国东北地区崛起于白山黑水之间的女真族建立的少数民族政权。

女真族在隋唐时被称为“靺鞨”，至五代时始称为女真。公元1114年，女真族完颜部首领阿骨打发动反辽战争，于辽天庆五年称帝，是为金太祖，建国号大金。公元1125年金灭辽，次年进攻北宋。公元1127年攻占北宋都城开封，掳去徽钦二帝，北宋灭亡，由此统一了包括黄河流域在内的广大北方地区。同年，南宋王朝建立，尽管金仍谋求南下，但在南宋的有力抵抗下，金最终无力统一中国，由此形成了宋金长期南北对峙的局面。1234年，历时120年的金朝终被蒙古和南宋联合灭亡。

继辽而起的金朝，是在氏族制废墟上建立起来的奴隶制政权，进入中原以后，才逐渐进入文明社会。为了适应新的生产方式和政治统治的需要，金统治者开始逐步废除旧制，对新征服的地区实行辽宋之法，其制度礼乐“往往因仍辽旧”，“有汉宫之制……尚踵辽南院之旧”。③ 天会四年，“始定官制，立尚书省以下诸司府寺”。④ 至金熙宗时，进一步改革官制，废除女真勃极烈制度，全面采用汉官制，在中央设尚书、中书和门下三省。尚书省下设六部管理行政。中央监察机构为御史台。

---

① 《辽史》卷二四《道宗本纪》。

② 《辽史》卷九八《耶律俨列传》。

③ 《金史》卷七〇《宗宪传》。

④ 《金史》卷七八《韩企先传》。

（一）监察思想

1. 兼采汉唐辽宋之制，"因时制宜"①

金朝建立初期，太祖完颜阿骨打鉴于"法制未定，兵革未息"②，为安抚各部贵族，宣称："吾虽处大位，未易改旧俗也。"③在法制上沿用原有的习惯法。太宗完颜晟即位后，继续奉行"一依本朝旧制"的太祖遗训，但随着统治地域的扩大，以及面对生活在先进的生产方式和文化熏陶下的广大汉民，已经不能继续适用习惯法来建立和维持新的统治秩序。因此不得不兼用辽宋法，《金史·刑法志》说："太宗虽承太祖无变旧风之训，亦稍用辽、宋法。"

熙宗、世宗、章宗时期，金朝在中原的统治趋于稳定，社会经济进入了恢复发展阶段。随着中原文化及思想影响的逐渐深入，统治者继承了汉、唐以儒家思想治国的经验。由此中原正统的儒家思想成为金朝治国的主导思想。表现在监察思想上既融汇唐宋，又结合本朝实际，使之逐渐糅为一体，最终"因时制宜，成一代之法"。④

2. 重视监察法制建设和发挥监察机构的作用

熙宗、海陵王时期，随着中原正统法律思想的采用，金朝已经开始脱离女真习惯法的束缚，创制金朝的法律体系。至世宗、章宗，更加重立法建设，因之监察法制也形成了自己的创新之处。

金朝统治者十分重视发挥监察机构的作用，尤其是求谏诤、重监察的世宗强调掌握纠察之权主要的不是吏部，而是"纠弹之官"，即监察官员。他曾对监察官员说："自三公以下，官僚善恶邪正，当审察之。"⑤

---

① 《金史》卷七〇《宗宪传》。
② 《金史》卷四六《食货一》。
③ 《金史》卷七〇《完颜撒改传》。
④ 《金史》卷七〇《宗宪传》。
⑤ 《金史·世宗上》。

章宗也曾告诫谏官说："国家设置谏官，非取虚名，盖责实效，庶几有所裨益。卿等皆朝廷选擢，置之谏职，如国家利害，官吏邪正，极言无隐。"①曾任监察御史和司谏的陈规，也阐述了"任台谏以广耳目"的作用，认为人主（即君主、皇帝）有政事之臣（即宰相执政）和议论之臣，"议论之臣者谏官御史，与天子辨曲直、正是非者也"，二者不能偏废。并举唐太宗"制中书门下入阁议事皆令谏官随之，有失辄谏"为例，用以说明加强台谏官员职能的必要性。

3. 主张监察官与闻奏事

章宗时，曾任谏官的高汝砺针对当时"奏事，台臣亦令回避"的规定，上言皇帝："国家置谏臣以备侍从，盖欲周知时政以参得失，非徒使排行就列而已。故唐制，凡中书、门下及三品以上入阁，必遣谏官随之，俾预闻政事，冀其有所开说。今省台以下，遇朝奏则一切回避，与诸侍卫之臣旅进旅退。殿廷论事初莫得闻，及其已行，又不详其始末，遂事而谏，斯亦难矣。顾谏职为何如哉？若曰非材，择人可也，岂可置之言责而疏远若此。乞自今以往，有司奏事谏官得以预闻，庶望少补。且修注之职，掌记言动，俱当一体。"②陈规也以唐为例，指出："国朝虽设谏官，徒备员耳，每遇奏事皆令回避。或兼他职，或为省部所差，有终任不觌天颜、不出一言而去者。虽有御史，不过责以纠察官吏、照刷案牍、巡视仓库而已，其事关利害或政令更革，皆以为机密而不闻。万一政事之臣专任胸臆、威福自由，或掌兵者以私见败事机，陛下安得而知之。"因此请求皇帝"遴选学术渊博、通晓世务、骨鲠敢言者以为台谏，凡事关利害皆令预议，其或不当，悉听论列，不许兼职及充省部委差，苟畏徇不言则从而黜之"。③ 章宗接受了他们的建议，并于明昌四年颁布敕令：

① 《金史·章宗二》。
② 《金史》卷一〇七《高汝砺传》。
③ 《金史》卷一〇九《陈规传》。

“自今御史台奏事,修起居注并令回避。”①即御史奏事时,执宰和修起居注者必须回避,以保证其独立行使监察权。宣宗兴定五年,再次申明:“敕监察所弹事,同列不可预闻。著为令。”②

4. 鼓励臣下直言谏诤

金朝皇帝颇谙“兼听则明,偏听则暗”的事理,尤其是世宗即位以后,一方面立即昭雪正隆四年海陵王因拒谏诤而杀害大臣祁宰一案,追赠祁宰高官厚爵,复其田宅,赐谥“忠毅”,并录用其子孙为官。另一方面不断发布诏制,鼓励臣民直言谏诤。③ 世宗大定八年诏曰:“朕治天下,方与卿等共之,事有不可,各当面陈,以辅朕之不逮,慎毋阿顺取容。”④大定十六年诏曰:“凡已经奏断事有未当,卿等勿谓已行,不为奏闻改正。朕以万几之繁,岂无一失?卿等但言之,朕当更改,必无吝也。”大定十七年诏曰:“朕年老矣,恐因一时喜怒,处置有所不当,卿等即当执奏,毋为面从,成朕之失。”⑤大定二十一年诏曰:“朕之言行岂能无过,常欲人直谏而无肯言者。使其言果善,朕从而行之,又何难也。”⑥章宗明昌元年谕曰:“朝廷可行之事,汝谏官、礼官即当辩析。小民之言,有可采者朕尚从之,况卿等乎,自今所议毋但附和于尚书省。”⑦

(二)监察体制

金朝建国之初,中枢权力机构实行女真传统的勃极烈制度,灭辽和北宋之后,逐步废除旧制。“天会四年,始定官制,立尚书省以下诸司府寺。”⑧熙宗天眷元年八月甲寅“颁行官制”,即“天眷新制”,这是金

---

① 《金史·章宗本纪》。
② 《金史·宣宗本纪》。
③ 曾代伟:《金律研究》,四川民族出版社1995年版,第48页。
④ 《金史·世宗上》。
⑤ 《金史·世宗中》。
⑥ 《金史·世宗下》。
⑦ 《金史·世宗一》。
⑧ 《金史》卷七五《韩企先传》。

朝政治制度史上的一个重要转折。自金初以来实行二十余年的女真勃极烈制度,“至熙宗定官制皆废”①,全面推行循辽宋之旧,兼采唐朝的汉官制。在中央设尚书、中书、门下三省,尚书省下设六部管理行政,标志着二元政治的终结和金朝政治体制的一元化。

1. 中央监察机构

根据《金史》“以工部侍郎仆散太弯为御史大夫”的记载,御史台当设立于金熙宗年间。② 以御史大夫一人为台官,从二品(旧正三品,大定十二年升)。“掌纠察朝仪,弹劾官邪,勘鞫官府公事。凡内外刑狱所属理断不当,有陈诉者付台治之。”③御史中丞一员,从三品,为台副长官,权责较唐宋为重。侍御史二员,从五品,掌奏事,判台事。治书侍御史二员,从六品,掌同侍御史。殿中侍御史二员,正七品,“专劾朝者仪矩,凡百僚假告事具奏目进呈”。④ 监察御史十二员,正七品,“掌纠察内外非违、刷磨诸司察帐并监祭礼及出使之事”。⑤ 此外,还有令史、译史和通事、典事、架阁库管勾、检法、狱丞等。金朝虽台、院分立,但御史台兼有谏院职权。

章宗承安四年,设审官院以部分取代原给事中的封驳权。审官院“掌奏驳除授失当事”,凡除授随朝六品,外官五品以上官,均要送审官院审查。补阙、拾遗和监察御史虽七品,但因职务重要也要送审,“若注拟失当,上令御史台官论列”。⑥ 审官院于卫绍王大安二年撤除,其职权转由御史台行使。给事中改隶宣徽院成为内侍寄录官。⑦

---

① 《金史·百官志·序》。
② 《金史·熙宗本纪》。
③ 《金史·百官一》。
④ 同上。
⑤ 同上。
⑥ 同上。
⑦ 同上。

宋时谏官分属中书、门下两省，金朝将两省的谏官均归属谏院。谏院与御史台并立，职掌规谏朝政缺失，如章宗曾对右司谏孛术鲁子元等说："国家设置谏官，非取虚名，盖责实效，庶几有所裨益。卿等皆朝廷选擢，置之谏职，如国家利害、官吏邪正，极言无隐。"①但与唐宋相比，金朝的言谏制度已走向衰落。

章宗明昌元年登闻鼓院初设官，为独立的言谏监察机构。设知登闻鼓院，从五品，多以谏官兼之；同知登闻鼓院事，正六品；另有知法二员，从八品。登闻鼓院"掌奏进告御史台，登闻检院理断不当事"。② 设于海陵王正隆年间的登闻检院，"掌奏进告尚书省、御史台理断不当事"。③ 尚书省"凡事理不当者，许诣登闻检院投状，院类奏览讫，付御史台理问"。④ "凡陈言文字诣登闻检院送学士院闻奏，毋经省廷。"⑤"随朝八品以上、外路五品以上，及出使外路有可言者，并许移检院以闻。"⑥

2. 地方监察机构

金初，在地方尚未设立监察机构，熙宗皇统元年实行遣使监察，章宗大定二十九年设九路提刑司，"专纠察黜陟，当时号为外台"，是为地方监察机构。金朝除常驻地方监察机构外，也实行不定期的监察御史巡察和遣使监察。

章宗继位之初，鉴于不能有效地行使对地方的监察职能，遂即设立地方监察机构提刑司，分九路，具体分布如下："提刑司九处。中都、西京路，北京、临潢路，东京、咸平府路，上京、曷懒等路……"⑦，由于路并

---

① 《金史·章宗二》。
② 《金史·百官二》。
③ 同上。
④ 《金史·海陵纪》。
⑤ 《金史·世宗下》。
⑥ 《金史·章宗三》。
⑦ 《大金国志》卷三八《路府州军》。

非行政区划,因此一路提刑司往往管辖二、三路。提刑司以审治刑狱为其重要职责。明昌三年,“遣御史中丞吴鼎枢等审决中都冤狱,外路委提刑司处决”。① 由于提州司主要负责外路事务,所以又称为“外台”。承安四年,改提刑司为按察司,其长官按察使“掌审察刑狱,照刷案牍,纠察滥官、污吏、豪猾之人,私盐酒曲并应禁之事,兼劝农桑,与副使、佥事更出巡案”。② 此外,诸路按察司并兼转运使,副使兼同知,这与宋朝提点刑狱公事的职权相似。

提刑司与按察司出现后,与中央御史台一起,构成金代从中央到地方自成体系的监察系统,在整个职官体系中具有一定的独立性,其权力发展至顶峰时几乎无所不察。但由此反而制约了其有效地执行本职工作。至金代末期,内忧外患频仍,按察司已难以执行其大部分职能,终于在贞祐三年裁撤。

兴宁六年,宣宗改劝农使司为司农司,兼采访公事,按察地方。其职掌是:“卿以下迭出巡按,察官吏臧否而升黜之。”哀宗正大元年,又设立京东、京南、京西和陕西四个行司农司。司农司设立后发挥了极大的作用,“使节所过,奸吏屏息。十年之间民政修举,实赖其力”。③

金初地方尚未设立专门的监察机构时,由中央派遣监察御史分路巡行地方,每路由女真和汉人各一人同往。“诏遣监察御史分按诸路,所遣者女真人,即以汉人朝臣偕;所遣者汉人,即以女真朝臣偕。”④起初是一岁一巡,至宣宗时,改为一岁两巡。世宗时,又派遣密使巡行地方,名曰“行路御史”。从此,“明察”和“暗访”结合,加强了对地方的监察。熙宗时,派遣审录官和监察御史分巡各州,考核地方官吏,荐举廉

---

① 《金史・章宗一》。
② 《金史・百官三》。
③ 《金史・百官一》。
④ 《金史・章宗本纪》。

吏,弹劾贪吏。

(三) 监察法制

金朝的监察立法还处于粗疏阶段,主要以皇帝的诏令为法律渊源,以确立监察官的权责与行为方式为核心内容。

首先,重视监察官的选任。

按旧制,监察御史设八名,其中四名汉人均需进士出身,四名女真人由文职副职官选择铨叙。针对这种情况,完颜守贞上奏:"监察乃清要之职,流品自异,俱宜一体纯用进士。"①以便提高监察官的文化素养,使其更好地履行监察职责。章宗采纳这一建议,此后监察御史均由进士充任。不仅如此,入选者还要由尚书省提名呈报,最终由皇帝亲自决定。据《金史·选举志》所载,"凡选监察御史,尚书省具才能者疏名进呈,以听制授。任满,御史台奏其能否,仍视其所察公事具书于解由,以送尚书省。如所察事皆无谬戾为称职,则有升擢;庸常者临期取旨;不称者降除,任未满者不许改除。"②章宗大定二十九年敕御史台:"自今监察令本台辟举,任内不称职亦从奏罢。"③对此,梁肃认为不妥:"台官自大夫至监察,谏官自大夫至拾遗,陛下宜亲择,不可委之宰相,恐树私恩,塞言路也。"④金朝还规定监察官特别是监察御史采用差额选任,即"每一阙则具三人或五人之名,取旨授之",⑤以便于择优选拔人才。从以上规定可以看出金朝对监察官选任的重视。

由于金朝是一个少数民族为主体的政权,因此,在监察官的选任上也具有明显的民族色彩。据统计,金朝见于史书记载而有确切出

① 《金史》卷七三《守贞传》。
② 《金史·选举志四》。
③ 《金史·章宗一》。
④ 《金史》卷八九《梁肃传》。
⑤ 《金史·选举志四》。

身的御史大夫共三十六名，其中女真人二十六人，余者契丹四人，汉人三人，渤海人三人，奚人一人。由此不难看出在监察系统中，女真人尤其是女真贵族处于绝对支配的地位，其他民族的监察官则处于辅助地位。

其次，明确监察官的法定职责。金朝监察官的法定职责是纠弹百官，举荐贤能，稽核文移，纠察朝仪。海陵王曾指出，御史大夫“专纠劾，细务非所责也”。① “自今百官有不法者，必当举劾，无惮权贵。”②世宗也多次强调“纠正非违，台官职也”。③ 弹劾官邪之外，还要廉察官吏，举荐贤才。大定十七年规定：“台臣纠察吏治之能否，务去其扰民，且冀其得贤也。”④至于稽核文移，主要是审查官府账目，检查文件办理的情况。世宗大定二年诏御史台：“检察六部文移，稽而不行，行而失当，皆举劾之。”⑤此外，还负责纠察朝仪、审查在京百官告假等事。

其次，严行考课之法。金朝的职官考课法，先后实行“廉察之制”和考课法。所谓廉察，就是派中央官员到地方考察官员政绩。此制始行于熙宗时期，世宗即位后，于大定二年十一月考察职官，将廉察结果定为“廉能、污滥、不职各为三等黜陟之”，⑥廉能者提升，污滥、不职者受罚。廉察制的特色是明察和暗访相结合，所谓暗访，就是对监察御史已察之事，尚书省再派官员暗中进行考察核实，明察暗访的结果如相同，然后黜陟之。至泰和四年，章宗“诏定县令以下考课法”⑦，将考察官吏的廉察制改为“考课法”，即按法定的考核标准和黜陟制度对职官

---

① 《金史·太宗诸子萧王传》。
② 《金史》卷五《海陵纪》。
③ 《金史》卷九六《李晏传》。
④ 《金史·世宗中》。
⑤ 《金史·世宗上》。
⑥ 同上
⑦ 《金史·章宗四》。

进行升赏降罚。

金“考课法”参照唐朝“四善二十七最”的规定，将考核标准定为“四善十七最”，“四善之一曰德义有闻，二曰清慎明著，三曰公平可称，四曰勤恪匪懈。十七最之一曰礼乐兴行，肃清所部，为政教之最。二曰赋役均平，田野加辟，为牧民之最。三曰决断不滞，与夺当理，为判事之最。四曰钤束吏卒，奸盗不滋，为严明之最。五曰案簿分明，评拟均当，为检校之最。以上皆谓县令、丞簿、警巡使副、录事、司候、判官也。六曰详断合宜，咨执当理，为幕职之最。七曰盗贼消弥，使人安静，为巡捕之最。八曰明于出纳，物无损失，为仓库之最。九曰训导有方，生徒充业，为学官之最。十曰检察有方，行旅无滞，为关津之最。十一曰堤防坚固，备御无虞，为河防之最。十二曰出纳明敏，数无滥失，为监督之最。十三曰谨察禁囚，轻重无怨，为狱官之最。十四曰物价得实，奸滥不行，为市司之最，谓市令也。十五曰戎器完肃，捍守有方，为边防之最，谓正副部队将、镇防官也。十六曰议狱得情，处断公平，为法官之最。十七曰差役均平，盗贼止息，为军职之最，谓都军、军辖也”。① 其中，“四善”是对人的评价，它突出了为政清廉的主题；“十七最”是对事的评价，即对政绩的考核，是“四善”的重要补充，通过考核不仅为官吏的奖惩黜陟提供了较为客观的依据，而且也有助于提高官吏廉洁自律、积极进取的自觉性。

章宗泰和四年规定：“以给由具所察事之大小多寡，定其优劣。”宣宗贞祐二年规定：“以所察大事至五、小事至十为称职，数不及且无切务者为庸常，数内有二事不实者为不称职。”②经考核称职者可以得到升迁，而庸常者临期取旨，不称职者降职或开除，任未满者不许改除。

① 《金史·百官志一》。

② 《金史·选举四》。

实际上是一种以察事之大小多寡为标准的考核法,可以有效地督促监察官行使监察权。

其次,提高纠弹效率,严惩监察官员违法失职行为。

为了督促监察官员切实履行监察职责,金朝严惩监察官员弹劾不实、知情不举和贪赃枉法等违法失职行为。世宗时,监察官员如不尽职,则构成不作为罪:“纠弹之官知有犯法而不举者,减犯人罪一等科之,关亲者许回避。”①术虎高琪任尚书右丞相时,陈奏皇帝:“凡监察有失纠弹者从本法。若人使入国,私通言语,说知本国事情,宿卫、近侍官、承应人出入亲王、公主、宰执之家,灾伤阙食,体纠不实,致伤人命,转运军储,而有私载,及考试举人关防不严者,并的杖。在京犯罪至两次者,台官减监察一等论赎,余止坐专差者,任满日议定升降。若任内有漏察之事应的决者,依格虽为称职,止从平常,平常者从降罚。”②此议得到皇帝恩准。章宗泰和四年,“以安州军事判官刘常言,诸按察司体访不实,辄加纠劾者,从故出入人罪论,仍勒停。若事涉私曲,各从本法”。③ 严惩监察官员违法失职行为,可以使其更好地履行监察职责,达到整肃百官振刷纲纪的作用。

整饬吏治,弹纠官邪,是金朝监察制度实施要旨所在。由于统治者对监察官员纠劾质量的严格要求,加上监察官员自身清廉刚正的品质,致使金朝纠察弹劾的质量与效果,均有可观。《金史・佞幸传》记载:承安三年,“御史台劾奏:‘右司谏张复亨、右拾遗张嘉贞,同知安丰军节度使事赵枢、同知定海军节度使事张光庭、户部主事高元甫、刑部员外郎张岩叟、尚书省令史傅汝梅、张翰、裴元、郭郛,皆趋走权门,人戏谓

---

① 《金史・世宗中》。

② 《金史》卷一〇六《术虎高琪传》。

③ 《金史・章宗四》。

'胥门十哲'。复亨、嘉贞尤卑佞苟进，不称谏职，俱宜黜罢。'"奏可。于是"持国以通奉大夫致仕，嘉贞等皆补外"。

御史台一次弹劾十名官员，并均被皇帝认可，由是可见当时御史弹劾的作用。如果监察官失纠、失举和所察不实，均有处罚。大定十七年规定："失纠察者严加惩断，不以赎论。"①十九年规定："纠弹之官知有犯法而不举者，减犯人罪一等科之，关亲者许回避。"②二十一年规定："今监察职事修举者与迁擢，不称者，大则降罚，小则决责，仍不许去官。"③世宗和宣宗时，因失察受到处分的监察官不乏其人。金宣宗贞祐二年，"立监察御史升黜格"；④兴定元年，"更定监察御史失察法"；⑤兴定五年，"更定监察御史违法的决法"。⑥ 对监察御史失职和所察不实进行严厉惩处，反映了皇帝对监察官的倚重。

为防止监察官与其他官员互相勾结而徇私枉法，严禁监察官与其他官吏进行任何非公事的交往。据《金史》记载，"上（世宗）问宰臣曰：'御史台官，亦与亲知往来否？'皆曰：'往来殊少。'上曰：'台官当尽绝人事。谏官、记注官与闻议论，亦不可与人游从。'安礼对曰：'亲知之间，恐不可尽绝也。'上曰：'职任如是，何恤人之言。'"⑦对于违犯此项规定的监察官予以严厉处罚。然而这一规定虽可以杜绝御史与官员之间的私下交结，徇私舞弊，但却不利于御史了解情况。因此章宗时改定："自今许与四品以下官相见，三品以上如故。"⑧此外，禁止御史巡察

① 《金史·刑法志》。
② 《金史·世宗中》。
③ 《金史·世宗下》。
④ 《金史·宣宗本纪》。
⑤ 同上。
⑥ 同上。
⑦ 《金史·唐括安礼传》。
⑧ 《金史·章宗一》。

地方时“辄受讼牒”；不准与地方官“宴饮”或“携妓游玩”等。

总之，作为一个少数民族政权，金朝的监察法制既仿照唐宋之制，又具有本民族的特点。在监察活动的具体运行过程中，台官亦可言事，谏官亦可弹奏，而且台谏常常一同办案。世宗曾言：“近时台谏惟指摘一二细碎事，姑以塞责，未尝有及国家大利害者，岂知而不言欤？无乃亦不知也。”①《金史·陈规传》亦云：“规与右拾遗李大节上章，劾同判大睦亲事撒合辇谄佞，招权纳贿及不公事。由是撒合辇竟出为中京留守，朝廷快之。”至哀宗正大二年也有“规及台谏同奏五事”②的记载。由此可见，台谏合一的态势，至世宗朝以后，日渐明朗，并为后世所承袭。元朝，便取消谏院不设谏官，台谏趋于合一。

从金朝监察机构的设置可以看出，中央与地方相互制约，层层纠劾。中央御史台纠察百官，“自三公以下，官僚善恶邪正，当审察之”。③“监察（御史）分路刺举善恶以闻。”④特别是章宗朝，为加强皇权，进一步强化了地方监察机构的建设，大定二十九年六月，立提刑司，负责在各路审察刑狱，照刷案牍，纠察贪官污吏豪猾之人及各种违反禁限事例，兼劝课农桑等事，同时监督和管理辖区内猛安谋克事务。承安四年，提刑司改名为按察司，提刑司与按察司的出现，与中央监察机构御史台一起，构成了金朝涵盖全国的监察网络。

金朝对监察官管理的制度化与法律化，也对后世有所影响。

三、西夏的监察法制

西夏是由我国西部地区的党项族于公元11—13世纪期间建立的

---

① 《金史·世宗本纪下》。
② 《金史》卷一〇九《陈规传》。
③ 《金史·世宗上》。
④ 《金史》卷八六《李石传》。

少数民族政权。唐末、五代时，党项族兴起于西北，建立了李氏政权。宋宝元元年李元昊称帝，改元天授礼法延祚元年，国号大夏。国土领域“东尽黄河，西界玉门，南接萧关，北控大漠，地方万余里”。[①] 与宋、辽鼎足而立，因其在宋、辽之西，故史称“西夏”。西夏自元昊起共传十帝，历时一百九十年，公元1227年被蒙古军所灭。

西夏建立以后，在与汉族文化交流的过程中，吸取中原先进法律文化，加速了从民族习惯法到封建法制的汉化进程，其政治法律制度包括监察制度，基本仿效宋制，但也“因时立法，缘俗而治”，保留了许多民族习惯法的内容。西夏建国后，十分重视本国法律制度的建设，曾多次制定和修改律令。现存的西夏法典，有崇宗贞观时期颁行的军事法典《贞观玉镜统》，仁宗天盛年间制定的《天盛改旧新定律令》，神宗遵顼光定五年编纂的《亥年新法》等。其中《天盛改旧新定律令》是保留下来的我国历史上第一部少数民族政权成文法，全书分二十卷，一百五十门，一四六一条，包括刑法、诉讼法、行政法、民法、经济法、军事法、监察法等，全面地反映了西夏社会历史，为研究西夏法制提供了弥足珍贵的资料。

（一）监察思想

1.崇儒学，重法律

西夏在文化、政治、法律上十分推崇中原文化。史载西夏开国皇帝景宗李元昊非常重视研读汉文法律著作，他“晓浮图学，通蕃汉文字，案上置法律”[②]，在“尚武重法”的立国路线指导下，于建国之初便设立了司法、监察机构。毅宗谅祚改蕃礼为汉礼，重视使用汉族知识分子。崇宗乾顺、仁宗仁孝时期，进一步加强了封建统治，同时厘定法律，改革

① 《西夏书事》卷一二。

② 《宋史·夏国传上》。

礼乐，调整中央和地方的统治机构，监察机构的设置也自元昊定官制以后臻于定型。

2. 提倡直言进谏，虚心纳谏

西夏历史上仁宗仁孝及其皇后罔氏，是值得称道的虚心纳谏的代表性人物。天盛七年九月仁宗仁孝至贺兰山狩猎，途中因坐骑失足受伤而下令要杀死修路人。其尚食官阿华从容进谏："田猎非人主所宜，今为马多杀，贵畜贱人，岂可闻于四境乎？"①仁宗仁孝听从了谏言并转述给皇后罔氏，罔氏为了提倡直谏，赐给阿华银币，以示嘉勉。

仁宗仁孝在位期间，重视勇于任事、刚直不阿的大臣。西夏乾祐二年五月，以敢于直言的斡道冲为中书令，后任国相；以"性严毅，守政不阿"的翰林学士焦景颜兼枢密都承旨；以"骨鲠有风裁"的热辣公济为御史中丞。史载："（热辣）公济骨鲠有风裁，见得敬专恣日甚，抗疏言：'得敬为国懿亲，擅权宠，作威福，阴利国家有事以重己功，岂休戚与共之谊？请赐罢斥。'得敬怒甚，欲因事诛之。仁孝恐为所害，令致仕归。得敬奸谗，举朝多为折挫，敢与相是非词气不挠者，惟公济与焦景颜、斡道冲而已。"②在与外戚任得敬分裂西夏国家的斗争中，一批不畏权贵的刚正之臣挺身而出，对于改善西夏吏治，起到了一定的作用。

（二）监察体制

由于史料匮乏，西夏监察机构的设置以及职能等难以窥其全貌，但从现有散见于《宋史》《西夏书事》，尤其是西夏的传世法典《天盛改旧新定律令》等史料的记载中，仍可窥其监察体制之一斑。

西夏建国即设御史台为中央监察机关，掌监察弹劾。据仁宗天盛年间制定的《天盛改旧新定律令·司序行文门》：中央行政体制分为

① 《西夏书事》卷三六。
② 《西夏书事》卷三七。

上、次、中、下、末五品司，上等司掌中央文武二柄；次等司管理宫廷、京城事务及监察、宗教机构；中等司主要为经济管理部门和行政事务机构；下等司主要为边境管理机构；末等司为手工制造业作坊的管理机构。其中，御史列为次等司，仅次于上等司中书、枢密之下。① 见于史书的御史台官职有御史大夫、御史中丞、殿中侍御史和监察御史等。御史台作为次等司，在规谏皇帝和纠察百官中发挥着重要作用。崇宗贞观元年，御史中丞薛元礼上疏请求兴办"国学"，以推行儒学，崇宗及时采纳了他的建议，下令于蕃学外，特建国学，挑选皇室贵族子弟三百人，由官府供给廪食，设置教授，进行培养，量才而行录用。

在西夏，凡涉及国家政治安定与国计民生的大事均有监察官直言得失。崇宗贞观十二年六月，鉴于国内水旱灾害造成饥民遍地，流离失所，"命诸臣言得失"，御史大夫谋宁克任在上疏中直陈治国之方："治法之要不外兵刑，富国之方无非食货，……且吾国立朝西陲，射猎为务，今国中举贤重学，兵政日弛。……臣愿主上既隆文治，尤修武备，毋徒慕好士之虚名，而忘御边之实务也。"②这实际上是对崇宗一味崇尚儒学而忽视本民族特点的批评。

大庆四年四月，夏州发生地震，御史大夫苏执义上疏仁宗，认为"是天之所以示警于陛下也，不可不察"，于是仁宗下令免当地租税，修缮受灾地区房屋等。

西夏末年即乾定二年六月，献宗李德旺求直言，殿中侍御史张公辅上疏陈"经国七事"，献宗以其言辞恳切升其为御史中丞。

除监察弹劾百官外，监察官员还常被皇帝委以重任。西夏天授礼

---

① 史金波、聂鸿音、白滨译注：《天盛改旧新定律令》第十"司序行文门"。法律出版社2000年版，第362—379页。

② 《西夏书事》卷三二。

法延祚二年正月，即李元昊称帝的第二年，遣枢密使、御史大夫等官员奉表章至宋朝要求承认西夏。天盛十年五月，西夏立通济监铸钱，仁宗派监察御史梁惟忠负责监察。御史大夫等还往往担任出使别国的使臣。

西夏的御史制度和其他制度一样，多源自宋朝，但御史的读音与汉语不同，读为“尼卒讹”①。纠察官邪、肃正纲纪是西夏监察官的基本职能之一。大庆四年五月，御史大夫热辣公济曾谏阻权臣外戚西平公任得敬入朝，以防其干政乱国。后热辣公济虽被降职为御史中丞，仍于天盛十二年三月、天盛二十一年二月，两次上疏弹劾任得敬，并上“抗疏”要求罢免位高权重的任得敬。

兼理刑狱，平反冤狱是中国古代监察官肩负的重要使命。西夏承袭唐宋，《天盛改旧新定律令》“越司曲断有罪担保门”规定：“诸人有互相争讼陈告者，推问公事种种已出时，京师当告于中兴府、御史，余文当告于职管处，应取状。”②说明御史负有理讼之责。

根据天盛律令，要求司法官依据法律断罪，为此专设律案检一员，核对判决文书所引律令，如引律令有误，按照情节予以惩处。“诸人未受贿赂而误行文字，增有罪人之罪，则当比有罪人减二等，减之则减三等。判断未至，则依次当再减一等。”③凡“因诸事局分另外人等受贿时，其中曲枉勤事，已决断及未决断，亦在文书判凭上或重者轻判，轻者重判，故意曲枉，实明显有可见，及行贿时说‘请枉断勤事’，受贿者亦说‘当为汝枉断’，话知证分白，当按枉法贪污论”。④

上述规定为监察官进行司法监察提供了依据。

---

① 史金波：《西夏文化》，吉林教育出版社 1986 年版，第 112 页。

② 《天盛改旧新定律令》第九“越司曲断有罪担保门”。

③ 《天盛改旧新定律令》第一一“矫误门”。

④ 《天盛改旧新定律令》第二“贪状罪法门”。

宋时“提点刑狱公事，常察所部之狱讼而平其曲直。所至，审问囚徒，详复案牍，凡禁系淹延而不决，盗窃逋窜而不获，皆劾以闻”。西夏《天盛改旧新定律令》也有类似规定：“边中诸司都巡检等处现拘囚中，有以枉法、稽缓、受贿、徇情而遣放之等，所属刺史人当每十日一番审视推察之，当登记于板簿上，如其有枉法等，则属司应再予之期限则予之期限，一个月一番报于经略，不隶属经略者则当报中书，中书局分当行板簿。有伪名，因管处之罪状语当有，入册，返诉当予之。刺史人当催之，于律令限期内判断，推问当令完毕。全部完毕，返诉告状来时，当于板簿上告晓。”①

由于西夏政权是在武力扩张中建立起来的，因此，西夏政权建立后继续推行对外武力扩张的政策。为了保证对外战争的胜利，在《天盛改旧新定律令》中，直接与军事方面有关的规定就有三卷（卷四、五、六），近二百条之多，成为整部律令的一个显著特点。其中一些涉及军事监察的条文体现了西夏政权对军事监察的重视。诸如：“诸副行统等率军马防守，住于边境，在任时期日未满，及虽日满但其地上敌人不安定，及闻知有疑，未得局分指示擅自放弃军寨，并令所率防守军马等散去时，住滞出不出，一律与边检校、营垒主官、州主等放弃军溜等相同判断”②，“守大城者，一城皆放弃时，州主、城守、通判弃城，造意等有官无官，及在城中之正副溜中无官等，一律以剑斩。其中正副溜有官者，官、职、军皆当革除，徒十二年。正首领、权检校等职、军皆革，徒六年。小首领、舍监、末驱等当革职，徒二年，有官则以官品当。其下军卒，正军十三杖，辅主寨妇勿治罪”③，“人、马、坚甲、正军、辅主新生等所有当

① 《天盛改旧新定律令》第九“行狱杖门”。

② 《天盛改旧新定律令》第四“弃守营垒城堡溜等门”。

③ 《天盛改旧新定律令》第四“弃守大城门”。

注册注销者,均应依殿前司诸案职管顺序通过。已注销数应记入案簿册,每年纳籍日当送交军案册,与军籍册校核,已注销未注销均应标明。其中有籍册未注不改者,若不同意,则未受贿有官罚马一,庶人十三杖,受贿者依枉法贪赃判断”①,等等。

总括前述,辽、金、西夏时期,中国北方各民族的交流更加频繁,各民族间的文化呈现出既冲突又融合的状态,而监察法律制度作为一种政治文化现象,必然会受到这个时期各种历史因素的影响,既仿照唐宋之制,又具有本民族鲜明的特点,在我国监察法制史上是值得重视的一页。

---

① 《天盛改旧新定律令》第六“抄分合除籍门”。

第九章　元朝的监察法制

公元十三世纪初，蒙古族的杰出领袖成吉思汗铁木真统一了蒙古各部落，组建蒙古汗国，并先后灭西夏、金、大理、南宋，统一吐蕃，结束了五代以来长达370余年的分裂割据，建立了统一的元朝，实现了我国历史上第一个少数民族政权对全国的统治。

元朝是以蒙古贵族为主体，包括汉族和其他民族上层的政权。根据"帝中国，当行中国事"，"北方之有夏者，必行汉法，乃可长久"的认识，在沿袭某些蒙古固有旧制习俗的基础上，积极参用唐宋制度。忽必烈在即皇帝位的诏书中，明确宣布新王朝的创建原则是："祖述变通"，"稽列圣(祖宗)之洪规，讲前代(中国)之定制"。[①] 实际上就是"附会汉法"，构建既能确保蒙古贵族的利益，又大体上与中原经济基础相适应的政权机构与各种制度。

元朝中央设中书省为最高行政管理机关，所谓"中书，政本也，军国之务大小由之"。[②] 中书省长官照例由皇太子兼领。中书令以下设左右丞相负责指挥政务，中书省以下分设吏、户、礼、兵、刑、工六部，管理国家各种事务。为了加强专制主义中央集权，凡公文"由中书而辄上闻，既上闻而又不由中书径下所司行之者，以违制论"。[③] 设枢密

---

① 《元史·世祖纪一》。

② 《元典章》卷六《台纲二》，见《续修四库全书》，上海古籍出版社2002年版。

③ 《元史·刑法志一》。

院掌管军事，照例由皇太子兼领枢密使，或由蒙古贵族担任长官与枢密副使。

元朝地方机构大体仿照宋制。元初为了加强中央集权，创设行中书省作为中央临时派出机关，不久便以行省作为常设的固定行政区划，形成行省、路、府（州）、县四级政权。行中书省设丞相，多由蒙古亲王、贵族充任，权力极大，“军国重事，无不领之”。①

元朝行省制对明清两朝省级政权的建设，具有明显的影响。

在元朝新设置的政权机关中，主管宗教事务的宣政院职权广泛，兼管吐蕃地方事宜。宣政院官职僧俗并用，说明僧侣在国家中的地位和作用。

就监察法制而言，由于统治者力图克服蒙古族散漫松弛、贪婪掠取的积习，以及监督汉族和其他少数民族官僚的施政活动，因此十分重视发挥监察机关的职能，提高了监察官的品级，扩大了监察官的职权，加强了监察立法，使元朝的监察法制成为上承唐宋下启明清的重要历史发展阶段。

第一节　“重台之旨”的监察思想

一、重台之旨，历世遵其道

统一的元朝建立以后，“世祖尝言，中书朕左手，枢密朕右手，御史台是朕医两手的。此其重台之旨，历世遵其道不变”。② 中书和枢密是元朝最高军政机关，都要受“医”于御史台，即纳入御史台的监督之列，

---

① 《元史・百官志七》。

② （明）叶士奇：《草木子》，中华书局1959年版。

可见御史台权势的显赫。世祖的监察思想显然受到两宋言谏官纠弹宰执的传统影响，但较之两宋更为明确。不仅如此，世祖至元五年，还通过“宪台格例”的形式，规定御史台有权“弹劾中书省、枢密院、制国用使司等内外百官奸邪非违，肃清风俗，刷磨诸司案牍，并监察祭礼及出使之事”。[①] 在世祖“重台之旨”的思想指导下，提高了御史台官员的品秩。与唐朝相比，御史大夫由正三品提高至从一品；御史中丞由正五品上提高至正二品；侍御史由从六品下提高至从二品；殿中侍御史由从七品下提高至正四品；监察御史由正八品上提高至正七品。

为了使监察机构能够独立地行使职权，不受其他机构与官员的掣肘，至元三十一年，世祖颁发诫谕：“肃政廉访司官、监察御史察出公事取问，其间诸人毋得搅扰沮坏。”[②]

世祖提出的“重台之旨”，迄至武宗时，“历世遵其道不变”。为了使监察官敢于纠弹大臣，皇庆元年春正月庚子，仁宗谕御史大夫塔思不花曰：“凡大臣不法，卿等劾奏毋避，朕自裁之”，[③]表示皇帝亲做监察官的后盾。对此，曾任御史中丞的马祖常在《风宪宏纲》序中作了详细的阐述：“世祖肇建官制，兴起文物，属命御史台，昭布体统，振肃纲维，正仪崇化，靡不缉绥。逌及列圣继明，屡扬宝训，亦靡不显示常宪，儆尔有官。钦惟皇上，日月中天，烛见幽隐，绍述祖宗成法，申命台端，严兹纠劾，不俾瘝官，贻忧茕独。于是台臣协恭奉职，上体渊衷，下宣风纪，谓古象魏有法，道路有徇。今国家肃清台纲，激引言路，其见诸训辞者，光大深厚，灿然有章。宜编缀成书，载在简册，垂告内外，俾当察视司持平者，有所征焉。”[④]

---

① 《元典章》卷五《台纲一》。
② 《元典章·圣政·肃台纲》。
③ 《元史》卷二四《仁宗本纪一》。
④ 《国朝文类》卷三六《风宪宏纲序》。

正是由于提高了御史台的地位和职权，所以严格要求监察官遵守纲纪，监察官如违法犯罪，罪加一等，而且经赦不赦，经减降不减降。

二、风宪为纪纲之司，职膺耳目

世祖时，理学官僚许衡提出："据汉地，主汉民，其当有汉法"，"北方之有中夏，必行汉法乃可长久"①，这个建议对于元朝历代皇帝均深有影响，表现在监察思想上传承了唐宋时期监察官职司纲纪、为皇帝耳目之司的传统观点，并作出具体阐发。

武宗至大二年九月诏曰："风宪为纪纲之司，民生休戚，官政废举，关系匪轻。"②至大四年四月再次下诏："风宪之官，职膺耳目，纠劾百司，凡政令之从违，生民之休戚，言责所关，实要且重。惟今百度载新，图治伊始，式遵世祖皇帝以来累朝成宪，各扬乃职，以肃政纲。"③在这方面汉官更是多有论证，如世祖时许衡建言："重御史按察之权，严纠弹考核之任，使贤者日进，不俏者日退，则天下之民，何患不安乎？"④成宗时，曾任行台御史中丞的陈天祥说："窃惟御史台受国家腹心之寄，为朝廷耳目之司，选置官僚，扶持国政，肃清风宪，镇遏奸邪。"⑤同时期的监察御史王恽说："臣闻台谏者，天子耳目。朝廷纪纲，耳目聪明则事无壅蔽，纪纲振力则朝廷肃清。惟系重如此，故权不宜使之轻，气不可使之沮；否则，聪明自蔽，刚纪自缓，将何所赖？"⑥文宗时，侍讲学士揭傒斯说："夫今之号称风宪者，下而肃政，上而台察，皆朝廷耳目之

---

① 《许文正公遗书》卷七。
② 《元典章·圣政·肃台纲》。
③ 同上。
④ 《许文正公遗书·论生民利害疏》卷七。
⑤ 《国朝文类》卷一四。
⑥ 《秋涧先生大全文集》卷七九《重台谏》。

寄，四海生民之命，以伐奸立善、扶纲振纪为职任。”①

为了发挥耳目之司的作用，世祖时叶李奏请台臣实封言事，他说：“然御史台，天子耳目，常行事务，可以呈省。至若监察御史奏疏、西南两台咨禀，事关军国，利及生民，宜令便宜闻奏，以广视听，不应一一拘律，遂成文具。臣请诏台臣言事，各许实封，幸甚。”又说：“宪臣以绳愆纠缪为职，苟不自检，于击搏何有！其有贪婪败度之人，宜付法司增条科罪，以惩欺罔。”制曰：“可。”由是台宪得实封言事。②

世祖时，行台御史大夫相威在上奏中特别强调风宪官贵在得人。他说：“陛下以臣为耳目。臣以监察御史、按察司为耳目。倘非其人，是人之耳目先自闭塞，下情何由上达？”“帝嘉之，命御史台清其选。”③

至元三十一年七月，在钦奉圣旨节文中，较为详细地阐明了监察官员的职权和违法失职的处罚：“御史大夫首振台纲。凡军民士庶、诸色户计所在官司不务存心抚治，以致军民困苦，或冤滞不为审理，及官员侵盗欺诳、污滥不法。若此之类，肃政廉访司、监察御史有能用心纠察，量加迁赏。若罪状明白，廉访司、御史台不为纠弹，受贿徇情，或别作过犯，诸人陈告得实，罪比常人加重，诬告者抵罪反坐。肃政廉访司官、监察御史察出公事取问，其间诸人毋得搅扰沮坏。彼若悖此非理妄行，以致人难，宁不畏罪？其御史台、肃政廉访司、监察御史应有大小公事，照依累降圣旨条画施行。各尽乃心，毋旷厥职，故兹诫谕，想宜知悉。”④

三、重纳谏，广视听

世祖时，元臣许约在《建言五事》中提出：“古之贤君，不惟善纳谏，

① 《揭傒斯全集》。
② 《元史》卷一七三《叶李传》。
③ 《元史》卷一二八《相威传》。
④ 《元典章·圣政·肃台纲》。

又屡赏谏臣,导之使谏,是以能成至治。传有之:赏谏臣者国必兴。今晨司庶府已备,独谏官犹未设,诚为旷典。优望于廷臣中,选其色温气和,进止从容,明先王之疲乏,合乎当今之宜,不激切以沽名,不矫亢以划立异者二员,俾为谏议大夫,使之开陈治道,启沃圣心,此诚当今要务也。孟子云:'责难于君谓之恭。'况吾皇聪明仁圣,不以为难,必能赏谏臣,以来天下之善言矣。"①参预中书省事的刘秉忠也建议世祖"常选左右谏臣,使讽谕于未形,忖画于至密也"。只有"大开言路",才能"成天下、安兆民也"。②

对此,统治辽阔疆域的元朝皇帝也从实践中有所感悟。大德十一年十二月,成宗在诏书中说:"朕自即位以来,孜孜求治。四海之广,万机之众,岂能周知。尚赖辅弼之臣朝夕启沃,以匡不逮。然恐下情不能上达,凡政令得失,军民利病许诸人上书陈言。在内者呈省闻奏,在外者经由有司投进。若言无可采,并无罪责;如其可取,量加迁擢。其蠹政害民事理,仰巡历监察御史、肃政廉访司官仔细采访。应厘革者,就与厘革;合申闻者,即便申闻。"③至大二年九月,武宗在诏书中也说:"言路之通塞,政治之得失系焉。臣民实封言事,已有先朝累降诏旨,然奉行未至。自今朝廷得失、军民利害,有上书陈言者,皆得实封上闻,在外者,赴所属转达尚书省。如言可采,优加旌擢;如不可用,及指切时政,并无谴责。"④

仁宗时,监察御史张养浩还论证了台宪官无分内外,皆得尽言于上。他说:"夫台宪之职,无内外远迩之分,凡有所知,皆得尽言以闻于上。虽在外,苟知居中非人,纠而言之,可也。虽在内,苟知外官者不

---

① 《国朝文类》卷一五《建言五事》。
② 《元史》卷一五七《刘秉忠传》。
③ 《元典章·圣政·求直言》。
④ 同上。

法，纠而言之，亦可也。”①

然而在元朝专制主义统治的特定历史条件下，谏官建言并不多见，李谦在《疏言九事》中说：“近唯御史有言，臣以为台官皆当建言，庶于国家有补。”②

四、维护纲常，律己正人

在元朝统治期间，程朱理学不仅对于汉族士大夫继续发挥影响，并且得到统治者的扶持与推动。以许衡为代表的理学官僚，宣扬“三纲五常”是“人之大伦”，“万古而不可易”；并向元统治者提出“居汉地、主汉民，其当有汉法”的谋略。③ 蒙元思想家、政治家耶律楚材也主张“以儒治国”，推崇“三纲五常”，强调“信赏罚，正名分”。在这种思想引导下，美风俗，兴教化，廉以律身，忠以事上，成为监察官的价值取向，特别值得提出的是张养浩所著的《风宪忠告》。

张养浩以通经史为人所称道，曾任监察御史、陕西行台治书侍御史等职。他反对重法而不重教的施政原则，在《风宪忠告》书中提出：“刑罚不足致治，教之而使不犯，为治之道，莫尚焉。圣人谓不教而杀谓之虐，又闻治于未然者易，治于已然者难。”④他很欣赏浙西宪使刘伯宣所说：“近年执宪者，惟知威人以刑，而不知诲人以善”，认为此言“深得风宪之体者矣”。遵照正心修身的儒家教条，张养浩非常重视官员的自我修养，他说：“惟善自修者，则能保其荣，不善自修者，适足速其辱。”善自修者的主要表现就是“廉以律身，忠以事上，正以处事，恭慎以率百僚，如是则令名随焉，舆论归焉，鬼神福焉，虽欲辞其荣，不可得也”。

① 《风宪忠告》录自《三事忠告》本。
② 《元史·李谦传》。
③ （元）许衡：《时务五事》。
④ 《风宪忠告》录自《三事忠告》本。

不善自修者的表现则为“徇私忘公，贪无纪极，不戒覆车，靡思报国，如是则恶名随焉，众毁归焉，鬼神祸焉，虽欲避其辱，亦不可得也”。① 作为士人而言，律身固不可以不严；作为官守，又当严于士。至于以“纠奸绳恶，以肃正中外、以正纲纪”为职司的监察官，更当严于官守，“自律不严，何以服众？”如果说“他人有犯，轻则吾得而言之，又重吾得闻于上而僇之”。那么，“己之所犯，其孰得而发哉？恃人不敢发，日甚一日，将如台察何？将如天理何？”所以监察官的“一行一住，一语一默，必于礼法，厥德乃全，跬跬有违，则人人得而訾之”。②

不仅如此，既然监察官“职专纠弹”，“纠劾百司”，必然面对着巨大的困难与危险，所谓“不悦者众……被放者欲缓己罪，返行诬告，权臣因之沮抑，靡所不至”。因此张养浩得出结论：“中外之官莫难于风宪，莫危于风宪。曷谓难？人所趋者不敢趋，人所乐者不敢乐，人所私者不敢私……曷谓危？入焉与天子争是非，出焉与大臣辨可否，至于发人之奸，贬人之爵，夺人之宫，甚则罪人于死地，一或不察，反以为辜，则终身无所于诉，非危而何？”这是一个忠诚的监察官内心深处的自白，它所阐述的“难”与“危”都是客观存在的，不可避免的。但是，作为忠于职守的监察官，只能以大无畏的精神直面此等困难与危险。“竭忠吐诚，置死生祸福于度外，庶上不负国，下不负所学，其或奏对于殿廷之上，平心易气，惟事之陈，理诚直，虽从容宛转而亦直；理诚屈，虽抗厉激切而亦屈。”③

除此之外，张养浩还认为监察官履行职责应该“无内外远迩之分，凡有所知，皆得尽言以闻于上。……大率惟尽公无私，斯得之矣。夫人

① 《庙赏忠告》录自《三事忠告》本。

② 《风宪忠告》录自《三事忠告》本。

③ 同上。

之仕也,有贵近焉,有疏远焉,贵近者不少贷,则位卑而罪征者不待劾而艾矣”。他并且举出“昔赵清献公在言路,弹劾不避权贵,京师号为铁面御史”为例,“以为当路者楷式”。①

张养浩所著《风宪忠告》,系统地论述了中国古代监察官应遵循的行为准则和应具备的道德修养,确实存在着闪亮的思想火花,博得皇帝的首肯和同僚的赞许,对于元朝监察官队伍的建设有着积极的影响。元以后《风宪忠告》曾经多次刊行,作为监察官员自我修养的教材。

第二节 “变通”中的监察体制

世祖即位以后,“登用老成,大新制作,立朝仪,造都邑,遂命刘秉忠、许衡酌古今之宜,定内外之官。其总政务者曰中书省,秉兵柄者曰枢密院,司黜陟者曰御史台。体统既立,其次在内者,则有寺,有监,有卫,有府;在外者,则有行省,有行台,有宣慰司,有廉访司;其牧民者,则曰路,曰府,曰州,曰县。官有常职,位有常员,其长则蒙古人为之,而汉人、南人贰焉,于是一代之制始备”。② 在这一套官制体系中,中书省为最高的行政机关,枢密院为最高军事机关,御史台为最高监察机关,宣政院为全国宗教事务和统辖吐蕃地区的最高管理机关,凡此都表现了中枢机构的“变通”。就监察体制而言,无论是御史台内部机构的调整,还是行御史台的创设,都表现了唐宋以来监察体制的“变通”。

一、中央监察机关——御史台

中统元年,汉官转运使张雄飞向世祖忽必烈建言:“古有御史台,

① 《风宪忠告》录自《三事忠告》本。
② 《元史》卷八五《百官志一》。

为天子耳目，凡政事得失，民间疾苦，皆得言。百官奸邪贪秽不职者，即纠劾之。如此，则纪纲举，天下治矣。”①与此同时，中书平章事廉希宪、翰林学士高智耀也先后“奏立御史台”②“置御史台以纠肃官常”③。至元五年七月，世祖下令设御史台，“以正朝纲”④。以前丞相塔察儿为御史大夫，张雄飞为侍御史，世祖告诫说：“卿等既为台官，职在直言。朕为汝君，苟所行未善，亦当极谏，况百官乎！汝宜知朕意，人虽嫉妒汝，朕能为汝地也。”⑤御史台与中书省、枢密院鼎足而三，在体制上是独立的。中书省、枢密院“凡有奏禀公事，与御史台一同闻奏”。⑥ 世祖曾明确表示：“中书朕左手，枢密朕右手，御史台是朕医两手的。”从而将中书省与枢密院纳入御史台的监控之中，表现了世祖对御史台的期望与重视。

御史台的组织结构与职能，《元史》卷八十六《百官志二》有以下记载：“御史台，秩从一品。大夫二员，从一品；中丞二员，正二品；侍御史二员，从二品；治书侍御史二员，从二品，掌纠察百官善恶、政治得失。至元五年，始立台建官，设官七员。大夫从二品，中丞从三品，侍御史从五品，治书侍御史从六品，典事从七品，检法二员，狱丞一员。七年，改典事为都事。十九年，罢检法、狱丞。二十一年，升大夫为从一品，中丞为正三品，侍御史为正五品，治书为正六品。二十七年，大夫以下品从各升一等，始置经历一员。大德十一年，升中丞为正二品，侍御史为从二品，治书侍御史为正三品。皇庆元年，增中丞为三员。二年，减一员。

① 《元史》卷一六三《张雄飞传》。
② （元）苏天爵：《元文类》卷六五《平章政事廉文正王神道碑》。
③ 《元史》卷一二五《高智耀传》。
④ （元）黄溍：《文献集》卷一〇上《郓王文忠神道碑》。
⑤ 《元史》卷一六三《张雄飞传》。
⑥ 《元典章·台纲一·设立宪台格例》。

至治二年，大夫一员。后定置御史大夫二员、中丞二员、侍御史二员、治书侍御史二员，品秩如上。经历一员，从五品；都事二员，正七品；照磨一员，正八品；录发管勾兼狱丞一员，正八品；架阁库管勾兼录发一员，正九品；掾史一十五人，译史四人，知印二人，通事二人，宣使十人，台医二人，蒙古书写二人，典吏六人，库子二人。其属有二：

殿中司，殿中侍御史二员，正四品，至元五年始置，秩正七品，后升正四品。凡大朝会，百官班序，其失仪失列，则纠罚之；在京百官到任假告事故，出三日不报者，则纠举之；大臣入内奏事，则随以入，凡不可与闻之人，则纠避之。

察院，监察御史三十二员。秩正七品。司耳目之寄，任刺举之事。至元五年，始置御史十员，悉以汉人为之。八年，增置六员。十九年，增置一十六员，始参用蒙古人为之。至元二十二年，参用南儒二人。"①

从上述记载可以看出，有元一代监察体制的奠基工程在世祖时期已经完成，它虽以唐宋旧制为基础，但有较大的变通、发展：

其一，提高了御史台长官的品级，并摆脱了宰相的控制，使御史台成为名副其实的最高监察机关。这固然与废三省制而立一省制的中枢行政体制变化有关，也反映了世祖重视监察的指导思想。

其二，宋朝元丰改制，将台院"侍御史为之（御史台）贰"②，自此，台院已名存实废。元朝则进一步改台院为殿中司，原台院的职权并入察院。殿中司仅设两名殿中侍御史，经此改革，御史台的内部组织趋于一元化，有利于监察职能的发挥。

其三，御史兼谏官职能，世祖曾面谕侍御史张雄飞："卿等既为台官，职在直言，朕为汝君，苟所行未善，亦当极谏，况百官乎！"③元朝不

① 《元史·百官志》。
② 《宋会要辑稿·职官一七》。
③ 《元史·张雄飞传》。

设门下省,原谏官给事中归属起居院,兼修起居注。

其四,台院职权并入察院以后,察院成为御史台的主体,因而扩大了监察御史的员额,增至三十二人,监察的范围既广,而且权重,但其品秩仅为正七品,虽较之宋代稍有提高,但仍保持着“以卑察尊”的传统态势。

其五,职权简要明确,如御史大夫掌“纠察百官善恶,政治得失”;监察御史“司耳目之寄,任刺举之事”。

二、地方监察机关

(一)行御史台

元朝最具代表性的监察体制改革是行御史台的设置。在疆土空前辽阔、民族矛盾较为尖锐的历史条件下,如何实行有效的统治,是一个迫在眉睫的问题。至元十三年,监察御史田滋上疏建议:“江南新附,民情未安,加以官吏侵渔,宜立行御史以镇之。”①世祖采纳了他的建议,次年置江南诸道行御史台于扬州(简称南台),以监临东南各省,统制江东、江西、浙东、浙西、湖南、湖北、广东、广西、福建、海南十道。至元二十七年,又置云南诸路行御史台,大德元年,移云南台于京兆,为“陕西诸道行御史台”(简称西台),统制汉中、陇北、四川、云南四道。

设置行御史台的首要目的是镇抚地方,而设于江南、陕西二地,正是因为该地区反抗元朝统治的斗争最为激烈。为了对重点地区加强控制和对边境官员进行有效的监督,以巩固中央集权制度的基础,才创设了行御史台。可以说它是元朝推行军事专制统治政策的产物,体现了元朝在重点地区加强监督的原则,并借此改变中央政府“鞭长莫及”的状态。

---

① 《元史·田滋传》。

行御史台作为中央御史台的派出机构，还起着沟通中央与地方监察网络的桥梁作用。这在当时的历史条件下是非常必要的，据《元史·地理志》载："若元，则起朔漠，并西域，平西夏，灭女真，臣高丽，定南诏，遂下江南，而天下为一。故其地北逾阴山，西极流沙，东尽辽左，南越海表……江南所至不下汉唐，而西北则过之，有难以里数限者矣。"疆域如此广袤，如何沟通中央与地方监察机构之间的联系，同样是摆在统治者面前亟待解决的实际问题。行御史台之设，恰恰解决了这个矛盾，而且加强了专制主义的中央集权，为明清实行地方总督、巡抚制提供了历史原型。据《续文献通考》"行御史台门"载："辽金两代，不设行御史台，惟元乃有之，若明之总督、巡抚，即行御史台之职。"

行御史台设官与品秩同于中央御史台。各置大夫一员，中丞二员，侍御史二员，治书侍御史二员，经历一员，都事二员，照磨一员，架阁库管勾一员，承发管勾兼狱丞一员，但不设殿中司。根据"行御史台所有合行条画"，它有权"弹劾行中书省、宣慰司及以下诸司官吏奸邪非违"；纠察正官、管军官、诸色官的失职和违法行为；纠察并协助平反冤错案件，制止"私置牢狱"；"保举为治有方"的官员，"纠察贪暴及不胜任者"。①

（二）提刑按察司与肃政廉访司

元朝作为蒙古少数民族为主体的政权，面对着统治全国的严峻形势，既要加强统一的国家机器，使之有效地运转，又要防范庞大的汉官队伍。因此，对于地方监察机构的建设与管理给予高度重视。至元六年正月，世祖"立四道提刑按察司"，是为元朝设置地方监察机构之始。至元二十八年，改按察司为肃政廉访司，以示宪司监察对于肃政的积极作用。世祖曾表述说："外头有的提刑按察司官人，每在先半年里一遍

---

① 《元典章·台纲》。

刷卷体察勾当出去有来，各道里不住多时，一路的过去上头，百姓生受，官人、令史每做贼说谎的不得知来，为那般上头；将提刑按察司名字改了呵，立了肃政廉访也；这廉访司官人每提调着各路、监临坐地者，在先一般做贼说谎幸勾当革了者，不拣什么勾当成就，休交百姓生受者。”①至成宗时，全国划分为二十二道，即二十二个监察区，由中央御史台直接管辖的八道，称“内八道”；江南行台所管辖的十道，称“江南十道”；陕西行台所辖的四道，称“西四道”。

列表如下：

台	道	置司地	道	置司地
御史台（辖八道）	山东东西道	济南路	燕南河北道	真定路
	河东山西道	冀宁路	山北辽东道	大宁路
	江北河南道	汴梁路	淮西江北道	庐州路
	江北淮东道	扬州路	山南江北道	中兴路
江南诸道行御史台（辖十道）	江南浙西道	杭州路	浙东海右道	婺州路
	江东建康道	宁国路	福建闽海道	福州路
	江西湖东道	龙兴路	海北广东道	广州路
	江南湖北道	武昌路	岭北湖北道	天临路
	岭南广西道	静江路	海北海南道	雷州路
陕西诸道行御史台（辖四道）	陕西汉中道	凤翔路	西蜀四川道	成都路
	河西陇北道	甘州路	云南诸路道	中庆路

综上可见，由道经行御史台再至中央御史台，形成了一个由中央到地方的庞大监察系统。每道设廉访使二员，正三品；副使二员，正四品；佥事四员（两广、海南止二员），正五品，经历一员，从七品；知事一员，正八品；照磨兼管勾一员，正九品。此外，还有书吏十六人，译史、通事各一人，奏差五人，典吏二人。

---

① 《永乐大典》卷二六〇八《元宪台通记·更提刑司为肃政廉访司制》。

肃政廉访司“以纠察百官为职”,①是“纪纲之司”②。既监督纠劾各道所属地方官吏,“民事、钱谷、官吏奸弊,一切委之”③。也掌管“录囚”“按治”等司法监察活动;同时还负责监督科举,“所在官司迟误开试日期,监察御史、肃政廉访司纠弹治罪”。④

肃政廉访使以定期出巡的方式监察一道郡县官吏,至元二十三年二月,“立按察司巡行郡县法,除使二员留司,副使以下每岁二月分莅按治,十月还司”⑤。至元三十一年六月,改为“廉访司官岁以五月分按所属,次年正月还司”⑥。元末,又改为“岁以八月终出巡,次年四月中还司”。⑦ 根据犯罪职官的品秩,或由廉访司处理,或由行台治之,或由皇帝裁夺。至元十五年五月圣旨条画曾规定:“诸职官犯罪,受宣者(五品以上官)闻奏;受敕者(五品以下官),从行台处之;受省札者,按察司治之。”另据《宪台通纪》:“凡职官受钱物,赃状明白,例合断决者,钦依元降圣旨,除受宣官员,申合闻奏外,受敕官员,移牒总司,会议断决,事有疑似备细申台。钦此。”由此可见,元朝监察体制改革的基本点是为了便于皇帝居中驾驭,以强化专制主义中央集权。

三、监察官的管理制度

由于元朝提高了御史大夫的品级和职权,可以监察纠劾最高行政与军事长官,因此其人选的标准十分严格。元初,大臣魏初上奏世祖说:“御史台,天子耳目之寄。自本朝官以下,宜妙选朝廷名德大臣,为

① 《元史》卷一三《世祖一〇》。
② 《元典章·圣政一·肃台纲》。
③ 《元史·世祖纪》。
④ 《元史》卷八一《选举一》。
⑤ 《元史》卷一四《世祖一一》。
⑥ 《元史》卷一八《成宗一》。
⑦ 《元典章》卷六《察司巡按事理》。

主上依信者，足以坐镇雅俗，庶几合天下之公望，以振起朝纲。”[①]在元朝民族歧视政策的影响下，除“朝廷名德大臣”“主上依信者”外，还必须是蒙古贵族，“非国姓，不以授”。[②] 所以“终元之世，非蒙古而为丞相者……其汉人止史天泽、贺惟一耳”。[③] 而贺惟一还是在赐以国姓之后，方才除授御史大夫。

作为御史台副长官的御史中丞是实职，对于监察系统的建设、工作程序的拟定、台官的管理等等，均由其切实负责，因此，不得不选用有才能的汉人。

元朝一般官员的铨选，多由吏部负责，至于台察官，可由御史台自行选用。史载，世祖至元十九年，御史中丞崔彧在建言中一方面强调“台臣于国家政事得失、生民休戚、百官邪正，虽王公将相亦宜纠察”；另一方面提出“选用台察官，若由中书，必有偏徇之弊，御史宜从本台选择”。世祖“皆从其言”。[④] 至元二十七年初，再申前令：“台官由台自选。”至元二十七年三月又诏：“风宪之选，仍归御史台，如旧制。”

董文用为御史中丞时，以“中丞不当理细务，吾当先举贤才。乃举胡祗遹、王恽、雷膺、荆幼纪、许楫、孔从道十余人为按察使，徐琰、魏初为行台中丞，当时以为极选”。[⑤]

御史台所属察院的监察御史，在至元十九年以前皆由汉官担任。据《宪台通纪》载：“至元五年七月始置监察御史一十二员，秩正七品，悉以汉人为之。”曾任监察御史的王恽在所著《秋湖集》“乌台笔补”中说：“至元改元之五年，宪台肇建……，监察御史，纯用汉人，其里行十

---

① （元）魏初：《青崖集》卷四。
② 《元史·太平传》。
③ 《二十二史札祀》卷三〇。
④ 《元史》卷一七三《崔彧传》。
⑤ 《元史》卷一四八《董文用传》。

有二人。”后“八年三月增置六员，十九年省二员”。至元十九年，御史中丞崔彧奏言：“台臣于国家政事得失、生民休戚、百官邪正，虽王公将相亦宜纠察……被用汉人十六员，今用蒙古人十六员，相参巡历为宜。”世祖“从之”。① 可见，至元十九年以后监察御史以蒙古、汉人一十六员“相参巡历”，从而加强了御史台内部蒙、汉官员之间的制衡作用，也更便于世祖控制监察大权。

由于元朝将社会划分为蒙古人、色目人、北方汉人、南方汉人四个等级。南人因反元激烈，故列为最低等，因此台官选任不用南人。世祖初期为安抚江南人民和牵制北方汉人，曾明令中央省、院、台诸司和江南各省委用南官。然而实际情况如同《续通典·选举志》“杂议论下”所载：“元世当治平之时，台省要官皆北人为之。汉人南人万中无一二，其得为者，不过州县卑秩。”“自世祖以后，省台之职，南人斥不用。”②至顺宗时，“红巾起，其指斥元朝不平之政多端，官制苛限，亦居其一，当局反省，始主诏复至元旧制，许省台院仍得参用南士”。如贡师泰于“至正十二年，为监察御史”。③ 但这时已是元朝覆灭的前夜了。

御史台所属台椽和奏差等，品级虽低，但以职责攸关，因此也必须“选择通晓法理，有行止不作对犯之人勾补，毋得（随意）捏合，根脚源清，则流清自正”。④ 隋唐以来实行的科举选官法在元朝是不被重视的，尽管世祖在诏谕“兴学校”的同时，提出“议科举”，认为“科举为取士之方”⑤，并于至元十一年诏谕设立“蒙古进士科及汉人进士科”。⑥

---

① 《元史》卷一七三《崔彧传》。
② 《元史》卷一八七《贡师泰传》。
③ 同上。
④ 《元典章》卷五《台纲一》。
⑤ 黄时鉴点校：《通制条格》卷五《庙学》《科举》。
⑥ 《元史》卷八一《选举志一》。

但是,科举取士之制长期处在“事未施行”的停滞状态,直至仁宗延祐二年才正式开始施行,当时按民族原则,对考场、考题、授官等都作了不同的规定。

由于对科举的重视不够,荫袭遂成为重要的选官途径,在监察官的任用上也是如此。大德元年七月,御史台规定:“今后御史台、各道廉访司官子孙应告荫者,先经籍费官司依例照会,完备保结,行移本道廉访司申台照勘呈省。”①

对监察官的考课分为以下三种:

由御史台直接考课提刑按察司(后改为肃政廉访司)官员。凡是任终后,“得使一道镇静,知识大体,所察得实,民无冤滞”者,御史台给予“称职”的结论。凡是“苛细生事,暗于大体,所察不实,民多冤滞”者,御史台给予“不称职”的结论。并将考课结果“呈省定夺”。②

由行御史台考课肃政廉访司官员。凡是任职结束后,能达到“得使一道官政肃清、民无冤滞”者,行御史台依据《官制·选格》的规定给予“称职”的结论。凡是“以苛细生事,暗于大体,官吏贪暴,民多冤抑,所按不实”者,行台则给予“不称职”的结论。所考课的“事由”结论,均须如实“咨台呈省”。③

由行御史台考课各级监察官。凡是“照刷尽心,按治有法,使官吏畏谨,一道镇静者,为称职”。凡是“合察大事,不为尽心,专务苛细,暗于大体者,为不称职”。考课后,行御史台根据其“能否实迹”,差官体究,一体黜陟。④ 至元二十二年四月,御史台鉴于各道按察司并监察御史任满“往往不行依例给由”,以致无凭考校,遂议定“下项事理”:

---

① 《元典章》卷八《吏部二》。

② 《元典章》卷五《台纲一》。

③ 同上。

④ 《元典章》卷六《台纲二》。

“按察司官、行台监察御史,今后如遇任满得替咨申文字,开写某官姓名、年甲、籍贯、入仕根脚、请俸月日,并任内刷过卷宗、追到钱物、弹劾官吏起数、保举可用人才、所陈利害及应行过事迹,称牒本司照勘完备,从实保结,开申监察御史行移到察院,依上施行。”

“经历、知事任满得替,开写某官姓名,具年甲、籍贯、入仕根脚,实历请俸月日,并任内行过事迹,呈报本司依例照勘完备,保结开申。”

“书吏、通译史、奏差人等今后如遇考满及书吏岁贡者,依上开写年甲、脚色、籍贯、实历请俸月日、勾当其间有无过犯,保结开申。”

至元二十一年七月,钦奉圣旨条画内一款:“各路府州司县任满官员,如中间实有赃污,不称职任,当该官司循情滥给解由,或本无粘带,故行刁蹬留难者,并仰提刑按察司体究,申台呈省。”①

另据《通制条格》“给由”条:“按察司官、行台监察御史,今后如遇任满得替,资申文字。开写某官姓名、年甲、籍贯、入仕根脚、请俸月日,并任内刷过卷宗、追到钱物、弹劾官吏起数、保举可用人材、所陈利害及应行过事迹移牒本司。照勘完备,从实保结,开申监察御史,行移察院依上施行。”

可见,一般对按察司、行台监察御史的考绩事项,主要是任内的“刷过卷宗”“追到钱物”“弹劾官吏起数”“保举可用人才”“所陈利害”等,以此鼓励监察官,积极纠举一切非违事件。

监察御史劾奏实属有功者,一般都超擢其职或赐金奖赏。如:“答里麻,弱冠入宿卫。大德十一年……寻出湖北、山南两道廉访司事,召拜监察御史。时丞相帖木迭儿专权贪肆,答里麻帅同亦怜真、马祖常等劾其罪……风纪由是大振,擢河东道廉访副使。”②又如:“(月鲁帖木

① 《通制条格》卷六。

② 《元史》卷一四四《答里麻传》。

儿)遂拜监察御史,巡按上都,劾奏太师右丞相帖木迭儿受张弼赇六万贯贷死。帝(世祖)怒帖,碎太师印,赐月鲁帖木儿钞万贯,除兵部郎中,拜殿中侍御史。"①另据《元史·选举志》"铨法"所载:"至元八年定制:监察御史任满,在职无异政,元系七品以下者例加一等,六品以上者升擢。其有不顾权势,弹劾非违,及利国便民者或议升除,或者有不称者,斟酌铨注。"②

鉴于监察官职司纠弹百官,只有正己方可正人,因此如有非违,或知而不举者,加重处置。例如,"中外官吏赃罪,轻者杖决,重者处死,言官缄默与受赃者一体论罪。"③"诸监临之官,如所部有犯法不举劾者,减罪人罪五等。纠弹之官知而不举劾,亦减罪人罪五等。"④"不得因生日节辰送路洗尘受诸人礼物,违者以赃论,巡按去处并不得求娶妻妾,如违治罪;任所并巡按去处,并不得拜识亲眷因而受人献贺财物,如违,以赃论。"⑤

第三节　具有民族特色的监察立法

自称"国家以神武定天下"的蒙古统治者,对于法制并不十分重视。据《元史·刑法志》载:"元兴,其初未有法守,百司断理狱讼,循用金律,颇伤严刻。"在世祖即位之前,汉族士大夫郝经提出应当以"国之成法"(蒙古旧制)为基础,"援唐宋之故典,参辽金之遗制","缘饰以文,附会汉法"的建议。此议得到忽必烈的采纳,形成了"祖述变通"的

---

① 《元史·月鲁帖木儿传》。
② 《元史·选举志》。
③ 《禁治察司条例》。
④ 《宪台格例》。
⑤ 《元典章》卷六《台纲二》。

建国方略。这在世祖即位时颁布的《即位诏》和《建元诏》中得到了证实。《建元诏》中所说“稽列圣之洪规,讲前代之定制”,①表现了融合蒙汉不同文化的意向。这个建国方略贯穿于有元一代一系列典章制度之中。

由于世祖重视监察机构的作用,为了将其活动纳入法律规范,于至元三年秋,在法制的总体仍然循用金《泰和律》的背景下,便“有旨命德辉议御史台条例”,这是世祖关于制定监察法的最早的诏谕。但德辉奏曰:“御史,执法官。今法令未明,何据而行?此事行之不易,陛下宜慎思之。”有顷,世祖复召曰:“朕虑之熟矣,卿当力行之。”对曰:“必欲行之,乞立宗正府以正皇族外戚,得以纠弹,女谒令奏事诸局承应人,皆得究治。”②张德辉之所以强调在制定专门监察法之前须先立法使外戚得以纠弹,说明元初外戚贵族拥有极大的特权,而又缺少法纪观念,如不先立法予以限制,任何形式的监察法规都不可能发挥应有的作用。所以“不欲行之”则已,如必欲行之,必先立此法。

至元八年底,世祖颁布尚书省奏定的条画,同时下诏:“泰和律令不用,休依著那着。”③此后,经过二十年直至至元二十八年才颁布第一部法典——《至元新格》。《元史·刑法志》说:“及世祖平安,疆界混一,由简易除繁苛,始定新律,颁之有司,号曰《至元新格》。”《世祖本纪》也说:“二十八年五月,何祖荣以公规、治民、御盗、理财等十事,辑为一书,名曰《至元新格》,命刻版颁行,使百司遵守。”《至元新格》全文已佚,但从《通制条格》和《元典章》中仍可看到它的九十六条内容。元人徐元瑞所撰《吏学指南》在解释“格”的时候,曾列出十章:公规、选

---

① 《元史·世祖纪一》。
② 《元史》卷一〇六三《张德辉传》。
③ 《元典章》卷一八《户部四·婚姻·官民婚·牧民官娶部民》。

格、治民、理财、赋役、课程、仓库、造作、防盗、察狱，可以认为，这十章就是《至元新格》的“十事”。“公规，谓官府常守之制也；选格，谓铨量人才之限也；治民，谓抚养兆民，平理诉讼也；理财，谓关防钱谷，主平物价也；赋役，谓征催钱粮，均当差役也；课程，谓整治盐酒面曲税之类也；仓库，谨于出纳，收贮如法也；造作，谓监督工程，确其物料也；防盗，谓禁弭奸宄也；察狱，谓推鞫囚徒也。”①然而《至元新格》“虽宏法大纲，不数千言”，却无法把蒙古法与汉法“兼容并蓄”，以致难以推行，没有从根本上解决元代法无定制的状态。

成宗时，通议大夫、知制诰同修国史王恽提出“今国家有天下六十余年，小大之法，尚远定议”，他比喻说：“是具司理之官，而无所守之法，犹有医而无药也”。因此建议“宜将已定律令，颁为新法。或有不通行，未尽该者，如累朝圣训与中统迄今条格，通行议拟，参而用之，与百姓更始。如是则法无二门，轻重适当，吏安所守，民知所避而难犯，天下幸甚。”②于是成宗遂以“古今异宜不必相沿，但取宜于今者”为指导原则，命何荣祖更定律令。何荣祖择取三百八十条，名曰《大德律令》。律成，诏“元老大臣聚听之”，③但未颁行。

在此期间，由于最高统治者的重视，监察立法却取得了明显的成就。如至元五年颁行《设立宪台格例》。至元六年以《设立宪台格例》的基本精神为依据，结合地方监察机构的特点制定了规范按察使司（后改为肃政廉访司）职能的条例三十条，称为《察司体察等例》；至元十四年又制定了规范行御史台职能的《行台体察等例》二十八条。至元二十一年制定约束察司官员的《禁治察司等例》十二条。至元二十

① 《吏学指南》，浙江古籍出版社 1986 年版，第 53—54 页。
② 《秋涧先生大全文集·上世祖皇帝论政事书》。
③ 《元史·何荣祖传》。

三年制定《察司巡按事理》二条。至元二十五年制定《察司合察事理》七条;至元二十九年制定《廉访司合行条例》六条。成宗元贞元年制定了《戒饬官司整治勾当》。

以上可见,世祖时期监察立法频繁,体现了他希望通过加强监察来整饬吏治,达到"纪纲举,天下治"的目的。可以说元朝监察法制的基础奠基于世祖时期,之后元朝诸帝多次下诏重申世祖所定诸项监察条例,以"振起台纲"。

元朝的监察立法与宋朝以分散的诏、敕、令的立法形式有所不同,多以台纲的形式出现,体现了集中化、专门化的发展趋势。如中央监察法规包括:《设立宪台格例》《体察人员勾当》《台察咨禀等事》《监察则管体察》《监察合行事件》《整治台纲》《行台体察等例》《立行御史台官》等。地方监察法规包括:《察司体察等例》《禁治察司等例》《察司合察事理》《改立廉访司》《廉访司合行条例》《体察行省官吏》《体察使臣要肚皮》《有司体寻廉访司事》《戒饬官司整治勾当》《整治廉访司》《宣谕宪司事理》《体察追问》《体覆获功人员》《体察体覆事理》《台家声迹体覆》《拯济灾伤》等。监察程序法规包括:《监察巡按照刷》《察司巡按事理》《廉访司巡按月日》《分巡须要遍历》《巡按一就审囚》《照刷抹子》《省部赴台刷卷》《刷卷须见首尾》《刷卷首尾相见体式》《追照文卷三日发还》《台官不刷卷》《行省令史稽迟监察就断》《行院令史稽迟与行省令史一体断罪》《稽迟割俸不须问审》《违错轻的罚俸重要罪过》《指卷照刷》(大德五年)《指卷照刷又例》(大德六年)等。

以上仅见于元典章的监察法规,可以看出元朝监察法的系统与构成,表现了立法技术的进步。另据《元史·刑法志》,仁宗朝还汇编了从世祖朝至仁宗朝的"有关风纪"的格例条画。沈家本在《历代律令考·律令八》中说:"至仁宗之时,又以格例条画有关于风纪类集成书,号曰《风宪宏纲》。按武宗纪两言修律令,据何荣祖传其书已成。何以总未颁行？仁宗时亦屡有修律之事，惟《风宪宏纲》见于志，纪亦不书也。”《风宪宏纲》早已佚失，根据《宪台通纪》《南台备要》及《大元圣政国朝典章》的记载，可见《风宪宏纲》是由“宪台格例”“行台条画”、《元典章》中的“台纲”和《赃罪十二章》等重要法规构成的。兹选择元朝重要的监察法规，分析如下：

一、《设立宪台格例》

世祖至元五年，“立御史台，以鸣为侍御史，风纪条章，多其裁定。”①在侍御史高鸣主持下，制定了《设立宪台格例》三十六条。“台纲”全称为《设立宪台格例》，作为御史台行使监察权的基本法律依据。《设立宪台格例》不仅规定了御史台的职权范围和地位，而且包括纠察、纠弹、体究、推纠、体察、纠劾、照刷及罚则等。内容如下：

“弹劾中书省、枢密院、制国用使司等内外百官奸邪非违，肃清风俗，刷磨诸司案牍，并监察祭祀及出使之事。

中书省、枢密院、制国用使司凡有奏禀公事，与御史台官一同闻奏。

诸诉讼人等，先从本管官司陈告。如有冤抑，民户经左右部，军户经枢密院，钱谷经制国用使司。如理断不当，赴中书省陈告，究问归着。若中书省看循或理断不当，许御史台纠弹。

诸官司刑名违错，赋役不均，擅自科差及造作不如法者，委监察纠察。

应合迁转官员，如任满不行迁转，或迁转不依格者，委监察纠察，仍令监选。

非奉朝命擅自补注品官者，委监察纠察。

随路总管府、统军司、转运司、漕运司、监司及大府监并应管财物造

① 《元史》卷一百六《高鸣传》。

作司,分随色文账,委监察每季照刷。

官为和买诸物,如不依时价,冒支官钱,或其中扣减给散不实者,委监察纠察。

诸官吏将官物侵使或移易借贷者,委监察纠察。

诸官吏乞受钱物,委监察纠察。

诸院务监当官办到课程,除正额外,若有办到增余,不尽实到官者,委监察纠察。

应营造役工匠之处,委监察随事弹纠。

诸衙门有见施行枉被囚禁及不合拷讯之人,并从初不应受理之事,委监察从实体究。如是实有冤枉,即开坐事因,行移元问官司,即早归结改正。若元问官司有违,即许纠察。

诸囚禁非理死损者,委监察随事推纠。

诸承追取合审重刑,及应照刷文案,若有透漏者,委监察纠察。

诸鞫勘罪囚,皆连职官同问,不得专委本厅及典吏推问。如违,仰监察纠察。

职官若有老病不胜职任者,委监察体究。

诸官吏,若有廉能公正者,委监察体察得实,具姓名闻奏。如有污滥者,亦行纠察。

诸公事行下所属而有枉错者,承受官司即须执申。若再申不从不报者,申都辖上司。不从不报者,委监察纠察。

私盐、酒曲并应禁物货,及盗贼生发、藏匿处所,若官司禁断不严,缉捕怠慢者,委监察随事纠察。

沮坏钞法涩滞者,委监察纠察。

虫蝻生发飞落,不即打捕、申报,及部内有灾伤检视不实,委监察并行纠察。

诸孤老幼疾人贫穷不能自存者,仰本路官司验实,官为养济。应养济而不收养,或不如法者,委监察纠察。

户口流散,籍账隐没,农桑不勤,仓廪减耗,为私蠹害,黠吏豪家兼并纵暴,及贫弱冤苦不能自伸者,委监察并行纠察。

诸求仕及诉讼人,若于应管公事官员私第谒托者,委监察纠察。

诸官府如书呈往来者,委监察纠察。

诸官吏入茶坊酒肆者,委监察纠察(监察不在此限)。

在都司狱司直,隶本台。

从军征讨或在镇戍,私放军人还者,及令人冒名相替,委监察并行纠察。

军官凡有所获俘馘申报不实,或将功赏增减隐漏者,委监察并行纠劾。

边境但有声息不即申报者,委监察随即纠劾。

边城不完,衣甲器仗不整,委监察并行纠弹。

诸监临之官,如所部有犯法不举劾者,减罪人罪五等纠弹之。官知而不举劾,亦减罪人罪五等。

诸违御史台指挥,及上御史台诉不以实,或诉讼人咆哮陵忽者,并行断罪。

应有合奏禀事理,仰本台就便闻奏。

该载不尽应合纠察事理,委监察并行纠察。"①

以上可见,《设立宪台格例》所定监察官的职掌范围极为广泛,涉及行政监察、人事监察、经济监察、财政监察、司法监察、军事监察等诸多方面。其锋芒直指最高军政、财经长官。而且最后一条"该载不尽应合纠察事理,委监察并行纠察",又为监察职权的无限扩大提供了合法性根据。

---

① 《元典章》卷五《台纲一》。

至元二十五年三月，又颁发了《监察合行事件》，对监察御史的职责进行补充性规定：

"诸官府文卷，在先每季照刷。其监察御史刷夏季者不照春季，刷秋季者不问夏季，其间错失不能尽知。议得，今后上下半年通行照刷。事有违错，若不为尽心，透漏刷过者，量事轻重治罪。

凡察到公事，合就问者就问，事干人众，申台呈省。

诸官府见问未决之事，监察御史不得辄凭告人饰词，取人追卷。候判决了毕，果有违错，依例纠弹。其罪囚有冤，随即究问。

监察御史察到不公人员，本管官司有占吝不发者，究治。

监察御史任满，验所言事件小大多少，定拟升降。"①

《监察合行事件》对于行政监察作了一些具体规定，以便于操作和提高行政效率，同时也规定了考核监察御史的标准。

元世祖之后，《设立宪台格例》仍然遵行不悖，后经不断补充，汇编成《元典章·台纲》。

二、《行台体察等例》

如前所述，行御史台是连接道与内台的桥梁，不仅职责重要，而且地位特殊。在平定南宋以后，为了规范行御史台的职掌、权责与活动方式，于至元十四年七月制定《行台体察等例》。内容如下：

"弹劾行中书省、宣慰司及以下诸司官吏奸邪非违，刷磨案牍，行省、宣慰司委行台监察，其余官府并委提刑按察司。

自行御史台到任日为始，凡察到诸职官赃罪，追问是实，若罪至断罢停职者，咨台闻奏。其余盗官财者，虽在行台已前，并听纠察。

诸官司，刑名违错，赋役不均，户口流亡，仓廪减耗，擅科差发，并造

---

① 《元典章》卷五《台纲一》。

作不如法,和买不给价,及诸官吏侵欺盗用,移易借贷官钱,一切不公等事,并仰纠察。

大兵渡江以来,田野之民不无搔动。今已抚定,宜安本业,仰各处正官每岁劝课。如无成效者,纠察。

边境有声息者,不即申报者,纠察。

随处镇戍,若约束号令不严,衣甲器仗不整,或管军官取受钱物,放军离役,并虚申逃亡,冒私代替,及私自占使商贩营运,或作佃户,一切不公,并仰纠察。

管军官不为约束军人,致令掠卖归附人口,或诱说良人为驱,一切搔扰百姓者,纠弹。

管军官申报战守功劳,循私不实者,纠察。

诸色官吏私使系官船只诸物者,纠察。

官员权豪之家,较固山林川泽之利,及妄生事端,恐喝小民,田宅诸物或恃势侵夺者,纠察。

诸官员,除正名破使人从外,占使军民者,纠察。

守土官司火禁不严,以致疏失者,纠察。仍须常切申明火禁。

管屯田、营田官司不为用心措置,以致无成者,纠察。

把军官起补逃亡军人,存心作弊,搔扰军户、军前不得实用者,纠察。

枉被囚禁及不合拷讯之人,并从初不应受理之事,纠察。

诸罪囚称冤,按验得实,开坐事因,行移元问官司,即行归结改正。

朝廷所行政令,承受官司稽缓不行,或虽已施行而不复检举,致有弛废者,纠察。

蝗蝻生发,官司不即打捕、申报,及申验灾伤不实者,纠察。

监临之官,知所部有犯法不举劾者,减罪人罪五等。纠弹之官知而不举劾者,亦减罪人罪五等。

诸鞫勘罪囚,连职官同问,不得专委本厅司吏,及弓兵人等推问。违者,纠察。

诸罪囚枷锁监禁之例,各以所犯斟酌,干连人不关利害及虽正犯而罪轻者,召保听候,毋致非理死损。违者,纠察。

刑名词讼,若审听不明及拟断不当,释其有罪,刑及无辜,或官吏受财故有出入,一切违枉者,纠察。

司狱司直隶本台,非官府不得私置牢狱。

诸承追取合审重囚,及应照刷文卷漏报者,纠察。

诸诉讼人,先从本管官司自下而上依理陈告,如有冤抑,经行中书省理断。不当者,仰行御史台纠察。

各处官员为治有方,能使讼简政平,民安盗息,一方镇静者,即听保举。其有贪暴,不谙治体,败坏官事,蠹害百姓,及年老衰病不胜职者,并行纠察。

诸公事行下所属而有枉错者,承受官司即便执申。若再申不从不报者,纠察。

提刑按察司比至任终以来行御史台考按,得使一道,官政肃清,民无冤滞,为称职。以苛细生事,暗于大体,官吏贪暴,民多冤抑,所按不实,为不称职。皆视其实迹,咨台呈省。

诸违行御史台指挥,及上御史台诉以不实,或诉讼人咆哮陵忽者,并行断罪。

凡可兴利除害,及一切不便于民必当更张者,咨台呈省闻奏。其余该载不尽,应合纠弹事理,比附已降条画,斟酌彼中事宜就便施行"。①

又,至元十五年五月钦奉圣旨:"据行御史台奏下项事理,今降圣旨,仰中书省、宣慰司、都元帅府、都转运盐使司、应管军官、管民官、管

① 《元典章》卷五《台纲一》。

匠官，其余大小诸司官府，照依见降圣旨意施行：

诸职官犯罪，除受宣官照依已降圣旨咨台闻奏，受敕人员应断应罢者，听从行御史台区处，其余受省札人员，并听提刑按察司依上施行。

先委监察弹劾宣慰司官吏奸邪非违，刷磨案牍。今拟从本道提刑按察司就便依上施行。

应有至死罪囚，有司取问明白，追会完备，行移提刑按察司审复无冤，有司依例结案，申行中书省，移咨中书省，类奏待报施行。

自行中书省以下诸司官府应行公事，今后小事限七日，中事限十五日，大事限三十日。如违，照依已降圣旨，比附已行体例，从行御史台，提刑按察司就便施行。"①

由于行御史台是地方最高监察官，可以弹劾行中书省、宣慰司及以下诸司官吏奸邪非违。鉴于地方官贪赃枉法、司法黑暗，因此在《行台体察等例》中，属于司法监察的条款竟有十条之多，是地方监察的重点所在。其最后一条也仿《设立宪台格例》规定"其余该载不尽，应合纠弹事理，比附已降条画，斟酌彼中事宜就便施行"。以避免对应纠察的事项失察、漏察。

三、《察司体察等例》

由于按察司是基层监察机构，其职能的发挥是否合法，关系到基层政权的稳定和整个国家的安危，因此，至元六年二月制定《察司体察等例》对提刑按察司的权责做出明确规定，使之奉行有准，考察有据。内容如下：

"若有谋反叛逆，啸聚山林贼人，并许诸人火速告报。所属官司随即根捕，须管得获。其告首人，闻奏旌赏。强窃盗贼捕捉得获，钦依元

① 《元典章》卷五《台纲一》。

奉给赏。如官司陈告，不即掩捕追理，及匿而不申者，仰提刑按察司究治。

边关备御不如法，及河渡都水监漕运司军器、铺驿、仓库、和买等事，并所部内应有违枉，并听纠察。

沿边应禁物货，无得私相贸易，及奸细人等，不致透漏过界。如所在官司防禁不严，仰究治施行。其关津因而故将行旅刁蹬阻滞，亦仰究治。

所在重刑，每上、下半年亲行参照文案察之，以情当面审视。若无异词，行移本路总管府结案，申部待报，仍具审过起数，复审文状申台。其有番异及别有疑似者，即听推鞫。若事关人众，卒难归结者，移委邻近不干碍官司，再行磨问实情。若有可疑，亦听复行推问，无致冤枉。其余罪囚，亦亲录问。若有冤滞，随即改正疏放。统军司、转运司并其余衙门罪囚，亦仰一体施行。

京、府、州、县，凡遇鞫勘罪囚，须管公座圆问，并不得委公吏人等推勘。据捕盗人员如是获贼，依理亲问得实，即便牒发本县，一同审问。若有冤枉画申本管上司，不得专委司吏弓手人等私下拷问。据设定弓手专一捕盗巡防，本管官员不得别行差占。如违，仰究治施行。

宣抚司、随路总管府、统军司、转运司，其余诸官府文案，每上下半年照刷。其司县实有违枉、迁延情弊事理，听指卷照刷。

随路官员、诸色人等，但犯私盐、酒曲及沮坏钞法，各处官司禁断不严，仰提刑按察司纠察。其巡盐官吏、弓手人等所到之处，依理巡察。若非理行者，亦行纠察。

诉讼人等先从本管官司自下而上以次陈告。若理断不当，许赴提刑按察司陈诉。若越诉及诬告者，钦依圣旨事意施行。

随处凶徒恶党不务本业，以风闻公事妄构饰词，告讦官吏，恐吓钱物，沮坏官府，此等之人，并行究治。

诸路军户、奥鲁，仰所在官司常加存恤，非奉枢密院明文，不得擅自科敛。其管军官亦不得取受钱物，私放军人，及冒名代替。如违，仰体究得实，申台呈省。

各路在逃军民并漏籍户计，仰本处官吏、主首人等，常切用心收拾，尽数申报。如有隐藏占使，私取差发者，仰究治施行。

各路民户合纳丝银、税粮、差发，照依已立限期征纳，不得违限并征，仰常切体究。若百姓自愿并纳者，听。

劝课农桑事，钦依圣旨，已委各处长官兼管勾当。如不尽心，终无实效，仰究治施行。

随路州县若有德行、材能可以从政者，保申提刑按察司，再行访察得实，申台呈省。

察到职官污滥罪犯，每上、下半年类申御史台，合速申者，逐旋申覆。若年老及虽未年老而病不胜职者，皆相验明白，申台呈省。如有清廉才干者，亦仰开坐实迹申呈。

各路、府、司、州、县任满官员，如中间实有赃污不称职任，当该官司徇情滥给解由，或本无粘带过犯，故行刁蹬留难者，仰提刑按察司体覆得实，申台呈省。

总管府、统军司、转运司及诸衙门应起铺马，每季具起数行移提刑按察司。内有不应者，即便究治施行，仍委本处正官一员，不妨本职，提点站赤勾当，及急递铺兵厘勒。各处官司常切刷勘。走递文字，毋令稽迟。

诸公使人员，若非理搔扰，各处官司因事取受钱物者，仰体究得实，申台呈省。

随处公吏人等往往为达鲁花赤久任其职，结成心腹，却与新任官员中间间谍不和，凡有事务沮坏不能得行，此等之人，并行究治。

津梁道路，仰当该官司常切修整，不致陷坏，停水阻滞。宣使、军马、客旅经行如违,仰按察司究治。

提刑按察司官,若分轮巡按,所管官司须得遍历。其有改正及行移公事,报本司照验。如有不当,听本司会议改正。司官巡按所见不同者,亦如之。事涉疑难,申台详酌。本司所行之事,司官有异见者,亦准此。

提刑按察司非奉朝命,不得擅自离职。

提刑按察司遇分轮巡按等勾当,各许将带吏员二人,并听驰驿。

提刑按察司除有声迹不好者,仰御史台体察,虽未任满,许行奏代。本司除额定官吏,不得擅自增设员数,安置各官门下私己之人。非公厅不得接受词状。如遇巡按,许行接受。

随路京、府、州、军司狱,并隶提刑按察司。

提刑按察司官比至任终以来,御史台考按,得使一道镇静,谙知大体,所察得实,民无冤滞,为称职。苛细生事,暗于大体,所察不实,民多冤滞,为不称职。视其实迹,呈省定夺。

所至之处,劝课农桑,问民疾苦,勉励学校,宣明教化。若有不孝不悌,乱常败俗,豪猾凶党,及公吏人等紊烦官司,侵凌细民者,皆纠而绳之。若有利害可以兴除者,申台呈省。

各路所管州县,若有取会文字,立式定限怠慢者,随即究治,并不得乱行勾摄。如须合赴府类攒文字,吏人所用饮食油火纸札,仰本管上司于只应钱内斟酌,从实应付。违者,仰提刑按察司究治。

提刑按察司行移与宣抚司,往复平牒,各路三品官司,今故牒回报,牒呈上,四品以下并指挥回报申。若诸衙门相关事务,除蒙古军马约会本管头目,及干犯钱谷事理申台外,其余不须约会,仰提刑按察司依理施行。

应有其余合行公事,照依累降圣旨事意施行。若事关利害,申台呈省。"①

① 《元典章》卷六《台纲二》。

由于《察司体察等例》赋予提刑按察司以广泛的监察职权，以致该条例颁布后出现了提刑按察司官员滥用职权，甚而造成种种腐败的现象。为此，至元二十一年八月制定《禁治察司等例》，进行约束。世祖在颁行《禁治察司等例》的圣旨中说，“按察司官有声迹不好者，仰御史台体察。虽未任满，许行奏代。钦此”。“夫所谓声迹不好者，其事非止一端。更化以前，虽风宪之司，声迹泯然。当时奸庸相资，既佚罚矣。更化以后，通行考核，逐旋奏代。然访闻官吏承积弊之后，尚有狼藉猥琐，以为当然，若不正言实事，曲为之防，人情玩视，终不能一切痛革。今逐一条具于后。自今已后，按察司、经历司知事、书史、书吏、通事、译史、奏差人等，如有违犯，体察得知，或人首告，取问是实，照依违背圣旨断罪，仍标私罪过名，终身废黜，所贵绝循习之弊，励廉勤之风，为此商议过，御史大夫为头，官员依准所拟。除外，咨请遍行各道按察司，依上禁治施行。”①

《禁治察司等例》共十二条，其内容如下：

“按察司官吏因事取受者，依至元十九年圣旨条画断罪。

凡在司或巡按，并不得与各路府州司县应管公事官吏人等私同宴饮。

不得因生日、节辰、送路、洗尘，受诸人礼物。违者，以赃论。

如遇巡按差役，止宜于各处馆驿或廨内安下，不得辄居本处吏民之家。

遇巡按差使，验元定正从人数，分例应副，不得于正支应外，多余取要。如违，赃论。

巡按去处并不得求娶妻妾，如违，治罪。

不得以私己事役使公吏人等。

任所并巡按去处，并不得拜识亲眷，因而受人献贺财物。如违，以赃论。

---

① 《元典章》卷六《台纲二》。

如遇巡按去处,不得买货物及阴使官吏置造私己应用诸物,或于系官局院带造物件。如违,计取得利息以赃罚论。

遇巡按,将引书史、书吏人等合骑铺马数目,钦依圣旨条画施行。除外,不得将带妻子亲眷闲人,并长行马匹同行。如违,治罪。

不得将门下带行人员分付各路府州司县官司委用。

书史、书吏、奏差人等宿娼饮会,已经遍行禁治。违者,依条断罪。”①

四、《察司巡按事理》

《禁治察司等例》颁行以后,并未能有效地遏制按察司官员揽权行私之弊,以致妨碍了应有的监察职能的发挥。为此,至元二十三年制定《察司巡按事理》,内容如下:

“在先,按察司官半年一出巡按,凡百姓疾苦,官吏情弊,时暂经过,不能遍知。今后,各道除使二员守司,余拟每年八月为始,分行各道,按治勾当,至次年四月还司。类其凡合奏言事理,正官一员赴御史台会议闻奏。其在江南行御史台正官一员依上赴都。

按察司官不管军民钱谷,唯官吏人等有犯非违,使之纠弹。近年以来,事颇不振,亦有告按察司官吏不公者。若纠弹之官,果有违纪,拟比其他加等罪之。如按察司官凡事照依条例施行,其被察之人,有挟雠妄告,沮察司者,亦行治罪。”②

关于巡按的日期,成宗以后有所改动。一般情况下,“各道廉访分司每年八月中分巡,次年四月中还司。须要遍历”。延祐四年四月,进一步规定:“山北、四川、云南、陕西这四道廉访司按治的地面宽远,巡历遍不得,有合添司官么道俺商量来。出巡还司呵,须要依着已了圣

---

① 《元典章》卷六《台纲二》。

② 同上。

旨,限次行也者。如委是上年遍不得的去处,却交下年先行巡历呵。”①

针对“广东、广西、海北烟瘴歹地面,有五、六月里省台差去的使臣,着烟瘴多有死了的。廉访司官署月审囚去呵,也着烟瘴死了有”的情况,延祐四年四月规定:“今后审囚呵,只交巡按时分一时审呵,便当么道。俺商量来,这三道并云南,俱系烟瘴重地,今后,除结案重刑出去复审,署月的有,轻囚催督交有司依例发落,毋得淹禁。其余罪囚,巡按时分,一就审呵。”②

在《察司巡按事理》中,明确规定“若纠弹之官,果有违纪,拟比其他加等罪之”,说明纠弹之官违纪现象的严重。而在《察司体察等例》中对于种种违纪现象,都已作出明确规定。

五、《察司合察事理》

至元二十五年三月,世祖再颁圣旨指出:“据提刑按察司行已多年,事渐不举。今命尚书省、御史台议到合行事理,仰行御史台、提刑按察司并诸官府,照依见降条画施行。”③所谓“见降条画”即指《察司合察事理》。在新颁的《察司合察事理》中,再次明确规定按察司官的职权范围与行使权力的方式方法。如:

“按察司官所至之处,察官吏能否,问民间利病,审理冤滞,体究一切非违,务要实行,无为文具。

诸官府文卷,上下半年照刷,但有违错,依理决罚。凡干碍动支钱粮,并除户免差事理,虽文卷完备,数目不差,仍须加意体察。有诈冒不实者,随事究治。其转运司文卷,年终照刷,官吏盗诈违法,体察得实,申台呈省。

① 《元典章》卷六《台纲二》。
② 同上。
③ 同上。

应系合察事理,照依已降条画,按察司官体察得实,躬亲究问,不得转委书史、书吏、奏差。据追问到钱物,应给主者,随即面视给主。合还官者,发付合属官司。各取明白收管,毋得寄留。其应没官钱物,牒发所在官司,于官库内封收,半年一次赴台解纳。

巡按官所到,凡仓库收贮官物,及造作役使工匠去处,须管遍历巡视,用心体察。有收贮不如法,并侵盗、移易、损坏官物,及诸造作役人不应者,随即纠治,申台呈省。

随处若有假托正一,妄造妖言,煽惑人心,涉于背义者,严责各管官司常切禁治,关防按察司官多方体察。

凡察到官吏违法不公事理,合就问者就问。其事干人众,卒不能了毕者,行移合属官司追问,不实不尽者,究治。

今后,若有民户逃亡,盗贼滋殖,钞法涩滞,钱谷有亏,文案不完,公事废堕,其在任官员坐视不治者,虽无私罪,当以慢公失职纠弹。

诉讼人自下而上,若已经合属官司断讫,察司称冤者,须详审词理,视其所断。若实有不应,行移再问。其见问未决并越诉者,不得受理。

按司官吏,凡有按察去处,不许保用人吏若买实诸物,不得转使官司勾当之人。违者,究治。

按察司系纠弹衙门,其本司官吏有犯违法不公,照依已降条画,加等治罪。

诸有罪被问人,不得妄行指射问事官吏。若果有合告言事理,候本宗事了结绝,听告。

按察司照刷尽心,按治有法,使官吏畏谨、一道镇静为称职,若于合察大事不为尽心,专务苛细,暗于大体者,为不称职。其能否实迹,行御史台差官体究,一并黜陟。”①

---

① 《元典章》卷六《台纲二》。

六、《廉访司合行条例》

至元二十八年，鉴于按察司"官人令史每做贼说谎……弊倖勾当"，遂颁发圣旨："将提刑按察司名字改了呵，立了肃政廉访司也。"为了约束肃政廉访司官的行为，发挥应有的监察效能，至元二十九年正月，制定颁行《廉访司合行条例》，为此颁发圣旨告诫说："各道提刑按察司改为肃政廉访司，其所责任与前不同，若复循常，必致败事；都省今议到合行事理，仰依准施行。"

其主要规定如下：

"肃政廉访司官到任之后，须要不出十日，前去分定路分监治，各具已到月日申台，违者究问。

肃政廉访司官，既委分临监治，非奉圣旨，诸官府不得差移。

上司行下各路责办之事，若不遵元行，败误其事，或蹈袭前弊，横生烦扰者，所在肃政廉访司官就便究治。

年终检校所在监治去处，能使官吏廉勤，不敢违法。凡事办集不致扰民，非因天灾流行，百姓安业，则为称职。其有习弊不改，败事扰民之人，若无所看循纠治得当者，亦如之。圣旨已有定例，其余在任官员，比及来岁将终，视其有治效最多，并败事为甚者，各备事迹，等候省台差去官员到彼移文复察。

廉访司官委任既重，却不得苛细生事，暗于大体。违者，同不称职。"①

《廉访司合行条例》虽只有五条，但要求明确，强调廉访司官委任既重，分临监治不得苛细生事，违者以不称职论处。每年年终检校所在监治去处，根据事迹分为称职和不称职，以定奖惩。

成宗元贞元年十一月，为了整治地方官僚机构，制定了《戒饬司官

① 《元典章》卷六《台纲二》。

整治勾当》,要求"御史台廉访司官交休觑面皮,纠察官吏不公。众百姓的疾苦体知呵,咱每根底说着委付来。如今,中书省官人每备平章明理不花言语里奏:廉访司官、监察每,不体委用元意,自意无体例,俺的勾当里入来挠扰行有。有一件,将受宣敕的官人每,廉访司官、监察每,自意断罢有,俺行省官人众人议定了的勾当,监察每,打令史,更改俺的勾当有;又廉访司官、监察每,体察来的勾当,他每却不自问。管民官里摘委一员交问有,这般奏来。今以后,察知受宣敕官罪过呵,他每问了与附近省官或宣慰司官、路官、元体察官,一处审问是实呵,受敕官依先体例,就那里一同断了,省官人每根底行文书交知者;受宣官咱每根底奏将来,他每的罪过,咱每识也者。又行省官主着行的勾当有错呵,监察每申台者,令史取受觑面皮,差错公事,迟误了文书呵,监察与行省官一同审问,重罪的,也申行御史台者,轻罪的,就行省里一同断罪者,廉访司监察每体察的勾当,于内若有事干人众,卒难结决呵,委付管民官,交一同里归问,休单摘委一员者。除外,更有合整治勾当呵,中书省、御史台官人,众人商量。他每无体例,不便的勾当续续的整治行者。这般宣谕了廉访司官、监察每,先行来。无体例勾当,更不改分外自意,无体例行事呵,他每不怕那什么。钦此"。①

第四节　监察法的实施

一、行政监察

在元朝统治期间,为了克服蒙古旧制的积弊,巩固蒙汉杂用的国家行政体制,同时也为了纠正官邪,整肃官僚队伍,提高行政效率,因此重

① 《元典章》卷六《台纲二》。

视发挥行政监察的作用。

（一）纠劾内外百官奸邪非违

早在世祖制定的《宪台格例》中便明确规定，以中书省、枢密院、制国用使司等内外百官的奸邪非违行为，作为御史台弹劾的对象。由于奸邪非违涉及经济、人事、司法、行政、社会等诸多方面，因此，《宪台格例》所规定的弹劾内容也是多方面的、具体的（详见前）。即使是官吏中因老弱疾病不能胜任现职者，也在纠劾之列。特别是《宪台格例》最后一条规定："该载不尽应合纠察事理，委监察并行纠察"，更赋予监察机关以法律规定以外的应合纠察的权力。

在《行台体察等例》中也明确规定行中书省、宣慰司及下属各司官吏奸邪非违之事为行御史台的纠劾对象。监察官员在行使纠举弹劾权时，不允许其他机构或者官员加以干涉，表明元朝监察权力独立性的加强，以确保监察权的行使和官僚机构的有序运行。

此外，《行台体察等例》还对监察官提出了纲纪自律的要求。如：严行禁止监察官"依恃衙门气力，为人营求职名，把握公事"。① 巡按地方时"不得与各路、府州、司县，应管公事官吏等，私同宴饮"；不得因故"受诸人礼物"；也不得拜识亲眷，"献贺财物"。巡按止宜宿于各处馆驿廨内，不得居本处吏民之家；所需"差使"、供给"分例"，不许额外多要；不得于巡按处求娶妻妾，买卖货，或"阴使官吏，置造私己应用诸物，或于系局院，带造物件"；不得"将带妻子亲眷闲人，并长行马匹同行"；不许将自己的属吏，"分付各路、府州、司县官司委用"。②

（二）照刷诸司案牍，提高行政效率

元朝还在《立台分条规则》中便原则提出："自中书省以下诸司文

① 《元典章》卷五《台纲一》。

② 《元典章》卷六《台纲二》。

卷,俱就御史台照刷。”①世祖至元五年制定《设立宪台格例》,其中明确规定:御史台在行使弹劾“内外百官奸邪非违”的同时,必须“刷磨诸司案牍”以为根据。② 此制在桑哥专权时,曾一度停废,后于至元二十八年又予以恢复,并成定制。

刷卷的重点是:“凡干碍动支钱粮,并除户免差事理,虽文卷完备,数目不差,仍须加意体察。”③按规定,诸官府文卷上下半年照刷,转运司文卷年终照刷。④ 对于照刷的时限、体式和责任也都作出具体规定:“今后追索有司文卷随时照勘,了毕发还。其依准申台,奉此,除已付各房,今后如是追照有司文卷,限三日照勘,毕即便发还。”⑤“今后刷卷勒令粘类首尾相见,通前照刷。”“自今以始,立式该括一体,遍行责备,首领官躬督须与该吏眼同检看无差,结罪供报,庶得重事,首尾相见,恐难漏落。每遇照刷未结,一一查对,设或差漏,随事究治。”⑥

台察官在照刷过程中如发现稽迟、违错和官吏不公等情况,要呈省送部定拟惩处。至元十年规定:“若因公事文字里稽迟违错,轻的也有,重的也有。若事轻的,交罚俸钱;事重的,依著在先圣体例里要罪过呵。”⑦大德二年规定:“……并刷出稽迟违错公罪,合责罚的,斟酌责罚,不须问审,就便行呵。”⑧武宗至大元年还制定了“违错,轻的罚俸,重的罪过”条例,规定:凡是“字画差讹,数目谬误,当量情责罚”;凡是“违制违例,伤情害政,形迹可疑,侥幸显露,虽赃滥未形,其当该人吏

① 《元典章》卷六《台纲二》。
② 《元典章》卷五《台纲一》。
③ 《元典章》卷六《台纲二》。
④ 同上。
⑤ 同上。
⑥ 同上。
⑦ 同上。
⑧ 同上。

重者罢役，轻者降等”；其主行掌刑官，“轻者的决，重者勒停。今后稽迟违错，轻的罚俸，重的必须治其罪”。①

监察官刷卷，虽按规定分季照刷，但必须互相通报情况。如果“刷夏季者，不照春季，刷秋季者，不问夏季，其间错失不能尽知”。因此，《监察合行事件》规定：监察官上下半年“通行照刷，事有违错，若不尽心，透漏刷过者，量事轻重治罪”。②

照刷文卷，是监察官行使监察权的重要方式之一，通过刷磨案牍，可以发现官吏是否违纪犯法，以及行政效率的高下，因而是行政监察的一项重要内容。

（三）克服文繁事弊，避免当决不决

皇庆二年五月，鉴于“近年以来，行省、六部诸衙门应处决而不处决，往往作疑咨呈都省，以致文繁事弊”，决定“今后行省、宣慰司、路、府、州、县、台合与决的勾当，自下而上必要结绝了。若州县理断不当呵，赴路、府、宣慰司、行省陈告，即便改正，将元行官吏究治。如依前推调着不与决绝，或是违着体例理断不当，致令百姓省部陈告呵，罪过他每根前要者”。③

延祐六年，根据《至元新格》中“诸公事明白例应处决，而在下官府故作疑申审。若事合申禀而所在官司不即依理与决者，各随其事究治。仍从监察御史肃政廉访司纠弹”的规定，制定《减繁新例》，对文书整治，行政办事程序的规定更加细密，从而便于行政监察。例如，“今后凡有申禀公事，该吏即将元来事头，公厅署押，必合照议之事，先行请判，然后明立案验。所申文解已加议论者，可准，即云准申。果若所见

① 《元典章》卷六《台纲二》。
② 《元典章》卷五《台纲一》。
③ 《元典章》卷四《朝纲一》。

不同,有例引用其例,无例从公拟决,明白区处,回下所司。如有违犯,从风宪依例纠问。庶奸吏之弊稍除,有司之务得办,而政事抑亦简矣。倘是其言,具呈中书省,遍行照会相应。具呈照详。得此,本台看详,如准监察御史所言,遍行照会相应。具呈照详。得此,送据刑部呈议得。各处行省所辖司属衙门应有申禀公事,合准监察御史所言明白区处,庶革奸弊。如蒙准呈,遍行照会相应,具呈照详。得此,都省准拟。除外,咨请依上施行。省府除外,仰依上施行”。①

二、人事监察

人事监察主要是对官吏的选任、考课与奖惩等方面进行监察。这在官本位的社会中,是极为重要的,也是元朝监察法实施过程中的重点所在。延祐七年十一月,仁宗在诏中说:“守令贤否,民之休戚所系,必得其人乃能宣化。比者举劾殿最,掌任台察,今徒知黜贪而不知扬善,殊失惩劝之道。今后从监察御史、肃政廉访司官,于常选人中每岁贡举可任守令者二人,并须指陈廉能实迹。色目官初举,汉官复察;汉官初举,色目官复察。限次年三月以里申台呈省,籍其姓名以备擢用。既用之后,考其政绩成败,与元举官同示赏罚。违期不举,罪亦及之。”②从仁宗诏中可以看出,监察官有责任定期贡举可任守令官者,违期不举,要受处罚,同时贡举要负连带责任。

另据《元史·选举志》:“大德二年制,各廉访司所按治域内,有廉慎干济者,岁举二人。九年诏:台、院、部五品以上官,各举廉能识治体者三人,行省、台、宣慰司、廉访司各举五人。”说明台察的荐举权颇重,这是和元朝科举选官制不成熟有关。世祖建立元朝后,史天泽、王鄂及

① 《元典章》卷四《朝纲一》。

② 《元典章》卷二《圣政一》。

和礼霍孙等，曾先后建议行科举，但未实行。直至仁宗朝，“始斟酌旧制而行之”，并且实行蒙古、色目与汉人、南人分别考场、考题、出榜等。其后，又一度废止科举制，实际上元朝选官基本上以“荐举制”为主。

元朝铨选官员常以考课的结论为依据，主持铨选者必须把“官员功罪，并送吏部标注，到选之日，于应得资品上，视其功罪，斟酌议拟”。① 按元制，朝廷诸衙门、行省、宣慰司官，三十个月为一考，一考升一等。诸外任官员，三年为一考，最长为三考。

考课的内容，亲民官（指各路、府、州、县级官吏）以五事考课：一为户田增，二为田野辟，三为词讼简，四为盗贼息，五为赋役均。五事俱善者，为上选；三事善者，为中选；五事“俱不举者”，罢黜。② 在考课过程中监察官负有纠察之责，大德十一年十二月成宗诏中说：“张官置吏，本以为民，禄廪既颁，承荫有叙，待遇之礼不为不优，补报之诚其可弗尽。自今以始，各修厥职，如或不慎，监察御史、廉访司严加纠察，年终考其殿最者各一人，具实申闻，以凭黜陟。”③“以凭黜陟”说明考课之后继之以奖惩，或升赏，或罚俸、扣俸、降级、罢职、永不叙用等。

对于官员授职后的表现，监察官也负有纠察之责，大德二年八月规定：授职等候上任的官员，“止于原住去处听候。前官将满，量移赴任，毋得预期并行，将引家眷于任所守阙住坐。如有此等人员，听合属上司取问究治，仍令监察御史、廉访司纠察”。④ 对于犯赃官员的除授问题，大德七年十月二十九日规定：“职官犯赃，依例改除边远，如所历未及，依准御史台所拟，注原除地方相，都省准呈施行。”⑤

① 黄时鉴点校：《通制条格》卷六《选格》，浙江古籍出版社 1986 年版。
② 同上。
③ 同上。
④ 《元典章》卷一〇《吏部四》。
⑤ 《元典章》卷八《吏部二》。

元朝不仅对违法的官员进行纠弹，而且对昏庸不称职，但未必违法者，也进行体纠。根据《设立宪台格例》："职官若有老病不胜职任者，委监察体究。"另据《察司体察等例》："若年老及虽未年老而病不胜职者，皆相验明白，申台呈省。"

针对"贪官污吏多得美除，廉慎守约之人因循懈怠，昧于政事。盖因随道按察司断过人员，其所管官司假言不知，保给解由及经断之人多系贪污者。铨曹不知私犯，依例注授，实无激劝"等弊端，南京等路宣慰司同知扬少中建言："今后御史台、按察司纠察过廉能官吏行过事迹，断过贪污之人所招情犯声说，或犯赃滥，或侵欺官物，或恃权违枉，或侵渔百姓，懦弱不识，或不问官事，或避罪在逃，或赃犯罢役，及一切不公缘故，开坐行移本路总管府、本道宣慰司。候各官任满，于解由上明白开写，以凭殿最。似望激劝为政，乞遍行照会事。"此议"送吏部照拟，回呈参详，除台保廉能人员已有升转定例，所据职官任内，监察御史、按察司纠察过取受一切不公，开坐已招罪名，行移合属官司及本道宣慰司照验，候各官任满，于解由内明白开写。外据诸人告论一切公私过犯，亦合依上施行。得此，都省准拟。"①

三、经济监察

元朝建立以后，游牧经济退居次要地位，农业成为社会的经济命脉，所以元代监察法对农桑管理的监察非常重视，以提刑按察司负责体察。

至元七年二月，世祖下旨："诸路府州司县达鲁花赤管军官、管民官，诸投下官员军民诸色人等，近为劝课农桑已常遍谕，诸路牧民之官与提刑按察司讲究到先后合行事理，再命中书省、尚书省参酌众议，取

---

① 《元典章》卷一一《吏部五》。

其便民者定立条目，特设司农司，劝课农桑，兴举水利。凡滋养栽种者，皆附而行焉……任满之日，于解由内明注此年农桑勤惰，赴部照勘，以为殿最。提刑按察司更为体察，期于敦本抑末，功效必成。”①

大德十一年十二月，成宗下旨：“农桑者，国家经赋之源，生民衣食之本。世祖皇帝以来，累降诏条，诫谕劝课，而有司奉行不至，加之军马营寨飞放围猎；喂养马驼人等纵放头匹，食践田禾，损坏树木，以致农桑惰废。今后路府州县达鲁花赤长官常切禁约。若有违犯之人，断罪赔偿，各管头目有失钤束，具以名闻。仍依时劝课，务要实效大，司农司年终考其殿最，以凭黜陟。孝悌力田之人，有司申明，量加旌赏；游惰废弛者，就便惩戒，肃政廉访司并行纠治。”②

至大四年，武宗下旨：“农桑衣食之本，仰提调官司申明累降条画，谆切劝课，务要田畴开辟，桑果增盛，乃为实效。诸官豪势要经过军马，及昔宝赤、探马赤喂养马驼人等，索取饮食草料，纵放头匹，食践田禾桑果者，所在官司断罪赔偿，仍仰监察御史、肃政廉访司常切纠察，考其殿最，以凭黜降。”③延祐四年，仁宗下旨：“农桑衣食之本，公私岁计出焉，比闻各处农事正官失于劝课，致有荒废，甚失重本之意。今后仰各处劝农正官严切敦劝，务要耕种，以时田畴开辟，桑枣茂盛，廉访司所至之处，考其勤惰而举劾之。”④遇有蚕、麦、秋田水旱等灾伤，“凭准各道按察司正官检视明白。……庶使百姓少安”。⑤

元初，为保护农业发展，使农民安于生产，曾经设立劝农司衙门，后并入按察司，可见，监察机构本身就有劝课农桑的职责。

---

① 《元典章》卷二《圣政一》。
② 同上。
③ 同上。
④ 同上。
⑤ 《元典章》卷二三《户部九》。

为了保护农民田产的产权，大德十年五月，“河南廉访司申，近年告争典质田产，买嘱牙见人等，通同将元典文据改作买契……多致争讼。以此参详，今后质典交易，除依例给据外，须要写立合同文契贰纸，各各画字，赴务投税。典主收执正契，业主收执合同，虽年深，凭契收赎，庶革侥幸争讼之弊”。对此“都省准呈”。① 由于典契可赎，买契不可赎，因此区别典契与买契不仅可以减少“多致争讼”的现象，而且是对业主产权的实际维护。

至元二十九年，圣旨要求各道肃政廉访司“巡行劝课，举察勤惰，随路若有勤谨官员，仰各路具实迹牒报，巡行劝农官体覆得实，申大司农司呈省闻奏，于铨选时定夺。如文字迟慢，仰廉访司官即将当该司吏，对提点官就便取招，申大司农司责罚。其各路并府州提点官违慢者，大司农司取招呈省定夺外，据社长委有公谨实效之人，行移巡行劝农官体察得实，申覆大司农定夺，如有违慢者，仰就便依理责罚黜罢。……仍仰肃政廉访司照依已降圣旨，更为体察施行”。②

由于赋役是中国古代国家得以正常运转的基本条件，因此监察机关对征收赋税、保证差役的监察是非常细致的。如禁止佃户规避差役、体察和买诸物、杂泛差役与和雇和买等。其间如有违成法，致令国家赋役受损，监察官应严加体察。此外，对于仓、库、局、院的管理，元斗的行用，昏钞的收受，拖欠官钱粮的准折，以及转佃官田，放债多取利息，等等，廉访司均有责任体察究治。

在经济监察中监察官或体察、或举劾、或纠治、或纠察均视对象和情节不同而采取相应的方式，表现了立法技术的进步。

---

① 《通制条格》卷一六。

② 同上。

四、司法监察

元朝废除了以审判活动为主要职责的大理寺，扩大了刑部的司法权。刑部"掌天下刑名法律之政令，凡大辟之按复，系囚之详谳，孥收产没之籍，捕获功赏之式，冤讼疑狱之辩，狱具之制度，律令之拟议，悉以任之"。[①] 唐宋时，由大理寺、刑部与御史台三机关之间的分权与制衡，变成了刑部与御史台之间的分权与制衡；御史台由监督大理寺与刑部的司法活动，变成了只监督刑部的司法活动，因而扩大了御史台的司法监察权，不仅刑部官吏的"奸邪非违"行为均在御史台的监察范围以内，甚至刑部所属之一的司狱司，竟然直隶御史台，以便从组织机构上加强对刑部司法活动的监督。

司法监察是元朝监察机关重要的职掌之一，也是监察立法的主要内容，涉及诉讼监察、审判监察、狱政监察等诸多方面。

（一）诉讼监察

元朝的司法机关，中央为大宗正府、刑部、御史台以及枢密院和宣政院。地方司法机关为行省、路、府（州）、县四级。地方司法管辖是："诸杖罪五十七以下，并听司县断决。八十七以下，散府州军断决。一百七以下，宣慰司总管府断决。配、流、死罪，依例勘审完备，申刑部待报。"[②]一般诉讼均按司法管辖进行，禁止越诉，"诸告人罪者，自下而上，不得越诉"。[③] "诸应申上司定夺之事，皆自下而上用心检校。但有不实不尽，其所由官司即须疏驳，必要照勘完备，议拟相应，方许申呈。若事有未完，例或不当，不即疏驳而辄准申呈者，各将当该首领官吏究

---

① 《元史·百官志》。
② 《新元史·刑法志》。
③ 《元典章》卷五三《刑部》。

治。驳而不尽，至于再三故延其事者，亦如之。”“台察、廉访司职居抚劾，固当绳愆纠谬。”“如事应接受或循私妄生枝节，不为受理；纵受理不即从公与决，故延其事，日久不行结绝，许赴本管上司陈诉，量事立限归结。违者，在外行台廉访司，在内监察御史纠察究治。”

元朝在农忙季节一般不受理民事案件，称之为务停。“其有见问未断，辄乱陈告，本管上司、廉访司并不得受理。”但是，“若事可归结，不应务停，及多经入务而不了，本管上司、廉访司官随事治罪”。①

（二）审判监察

除上述诉讼监察外，更多的是审判监察。在《设立宪台格例》中规定：“诸衙门有见施行枉被囚禁及不合拷讯之人，并从初不应受理之事，委监察从实体究。如是实有冤枉，即开坐事因，行移元问官司，即早归结改正。若元问官司有违，即许纠察。”大德十一年，成宗在整治朝纲诏书中提出：“官府大小公事，已有立定限程。民间词讼，尤当用心平理。比来往往背公徇私，变乱是非，逗留不决，以致吾民重困。今后，各务依理处决，毋得淹延岁月。官僚执见不同者，具各所见申闻上司详断。违者，监察御史、廉访司纠治。”②

司法监察的重要形式是录囚，世祖至元六年下诏：“遣官审理诸路冤滞，正犯死罪明白，名正典刑，其杂犯死罪以下量断遣之。”③在遣官审理冤滞中以御史台官为主。成宗时，迭颁诏书，要求肃政廉访司审录罪囚，大德八年诏曰：“诸处罪囚，仰肃政廉访司分明审录，轻者决之，滞者纠之，有禁系累年，疑而不能决者，另具始末及具疑状，申御史台，呈省详谳。在江南者，经由行御史台，仍自今后所至审录，永为定例。”④

---

① 《通制条格》卷四。
② 《元典章》卷四《朝纲一》。
③ 《元史·世祖纪三》。
④ 《元典章》卷三《圣政二》。

大德十年成宗再颁诏:"诸处罪囚虑有冤滞,累经差官审理,比闻久系不决者尚多,仰各路正官参照审录,肃政廉访司详加复审①。"根据《元典章·刑狱》"审察不致冤滞"条规定:"诸见禁罪囚,各处正官每月分轮检视;凡禁系不廉、淹滞不决、病患不治,并合给囚粮依时不给者,并须随事究问,肃政廉访司所在之处,依上审察。"

另据《元史·刑法志》:"诸内外囚禁,从各路正官及监察御史、廉访司以时审录,轻者断遣,重者结案;其有冤滞就纠察之","诸廉访分司官,每季孟夏初旬,出录囚"。廉访司分司官赴所辖路分别"录囚",审复无冤,结案还须申禀行御史台、御史台、省部听候上司的批复。由此可见,廉访司在监督地方司法的同时,也要接受中央行政机构和御史台的监督。

对于在都罪囚,由"中书、刑部、御史台、札鲁花赤各项委官逐一审理。冤者辨明,迟者催问,轻者断遣,不致冤滞"。②

监察官通过录囚的方式不仅解决地方上的淹滞狱案,还借此监察元间官吏是否依法断案。如路府州县"审听不明,及拟断不当,释其有罪,刑及无辜,或官吏受财故有出入,一切违枉者,纠察"。③ 廉访司了解冤情后,有权予以平反,并对办理原案的官吏进行处罚。"按验得实,开坐事因,行移元问官司,即行归结改正。"

监察机关还通过控制复审权实行司法监察。根据《元史·刑法志》记载:"诸杖罪以下,府州追勘明白,即听断决。徒罪,总管府决配,仍申合干上司照验。流罪以上,须牒廉访司审覆无冤,方得结案,依例待报。"另据《元典章》卷六《台纲一》,"应有至死罪囚,有司取问明白,

① 《元典章》卷三《圣政二》。
② 《元典章·刑部》。
③ 《元典章》卷五《台纲一》。

追会完备,行移提刑按察司复审无冤,有司依例结案,申行中书省类奏待报施行”。即使是大宗正府这样的权威机构,理断“人命重事”,也要由御史台审核。《元史·刑法志》载:“大宗正府理断人命重事,必以汉字立案牍,以公文移宪台,然后监察御史审核之。”

对于违法拘禁、拷讯,所谓“枉被囚禁及不合拷讯之人”,也委监察官从实体究。如实有冤枉,即开坐事因,行移元问官司,即早归结改正。若元问官司有违,即许纠察。① 至元二十年十一月,御史台准本台中丞崔少中牒:“照得鞫狱之具,自有定制。比年以来,外路官府酷法虐人。有不招承者,跪于瓷芒碎瓦之上,不胜楚痛,人不能堪。罪之有无,何求不得。其余法外惨刻又不止此。今后似此鞫问之惨,自内而外,通行禁断。如有违犯官吏,重行治罪,似望体皇上恤刑之本意,去酷吏肆虐之余风,天下幸甚。牒请照验施行。准此,呈奉中书省札付,除已遍行禁止外,仰照验施行。”②至元二十三年,广州路总管、治中、司吏等人,将“无招人”潘兴“法外拷讯,就牢身死”,依法“各量决三十七下,解见任,别行求仕,标附公罪过名”。③

（三）狱政监察

大都地区、各行省和各路府州军都设有监狱,主要关押未决犯人。这些监狱都隶属监察机关。据《设立宪台格例》,“在都司狱司,直隶本台”。另据《察司体察等例》,“随路京府州军司狱,并隶提刑按察司”。各地监狱直接隶属监察机关是元朝的创制,以便于监察官员前往录囚,纠正或释放有冤抑的和长期未能结案的在押囚犯。

大德九年九月,针对“囹圄成市”和一般小案“罪无轻重,即入监

① 《元典章》卷六《台纲二》。
② 《元典章》卷四〇《刑部二》。
③ 《元典章》卷五四《刑部一六》。

禁,动经旬月”的种种现象,规定:“今后除奸盗、诈伪杖罪以上,罪状明白,依例监禁。其余相争田土、婚姻、家产、债务、殴骂自笞以下杂犯罪名,及扳连干证之人,不许似前监收,止令随衙待对。若果有情犯畏罪逃避,根捉到官,比本犯加等断决。庶狱讼清简,小民得遂生理,可以少副圣明钦恤之意。……小民犯法,中间情罪轻重不一,拟合临事详情区处。如有不应违枉等事,廉访司照刷究治相应。都省准拟,仰依上施行。”①

由于监察官在监察司法审判方面的责任重大,所以元律对他们提出了一系列严格要求,如:“诸官府见问未决之事,监察御史不能辄凭干人饰词,取人问卷。候判决了毕,果有违错,依例纠弹”,②“若罪状明白,廉访司、御史台不为纠弹,受贿徇情,或别作过犯,请人陈告得实,罪比常人加重,诬告者抵罪反坐”。③“御史台、按察司、监察御史系纠弹衙门官吏,正己方可正人,不应受赃出首,今后有犯,人比之有司官吏,加罪一等,经赦不赦、经减降不减降。”④

总括前述,元朝是我国历史上少数民族建立的第一个全国性政权。为了实现对全中国的统治,以神武取天下的元世祖却在即皇帝位的诏书中,宣布兴复“文治”“祖述(继承)变通(改革)”的治国纲领。而后又在中统建元诏中提出“稽列圣之洪规,讲前代之定制”,为这一治国纲领作了进一步诠释,如同汉官徐世隆所说:“帝中国,当行中国事。”⑤这里体现了“野蛮的征服者总是被那些他们所征服的民族的较高文明所征服”⑥的规律。

---

① 《元典章》四〇《刑部二》。
② 《监察合行事件》。
③ 《元典章》卷三《圣政一》。
④ 《元典章》卷六《台纲一》。
⑤ 《元史》卷一六〇《徐世隆传》。
⑥ 《马克思恩格斯全集》第九卷,人民出版社 1962 年版,第 247 页。

世祖时,“命刘秉忠、许衡酌古今之宜,定内外之官,其总政务者曰中书省,秉兵柄者曰枢密院,司黜陟者曰御史台。体统既立,其次在内者,则有寺,有监,有卫,有府;在外者,则有行省,有行台,有宣慰司,有廉访司。其牧民者,则曰路,曰府,曰州,曰县。官有常职,位有常员,其长则蒙古人为之,而汉人、南人贰焉。于是一代之制始备”。[①] 在这一套官制体系中,监察机构有了很大的发展,监察体制也进行了较大的改革,呈现出鲜明的时代特点。尤其是监察立法克服了宋时的零散与纷乱状态,也摆脱了元朝整体立法迟缓的不良影响,取得了显著的成就。

为了充分发挥监察机构的作用,使监察活动法律化,元朝进行了专门性的立法,促进了监察法法典化的发展趋势。通过台纲的形式,规范监察主体的行为,确认监察机关的职能、地位,以及与其他行政机构的关系,规定监察机构的内部关系、监察官员的纪律等诸多方面。元朝的监察法上承唐宋,下启明清,在中国监察法史上占有承前启后的重要地位,尤其对于明朝有着直接的影响。《明会要》记载,明太祖时,“御史进拟宪纲四十条,上亲加删定,颁给诸臣”。

元朝从中央到地方监察体系的形成,监察机关地位的提高和监察法典化的成就,是和元朝统治的特殊历史条件分不开的。蒙古贵族操纵下的元政权,为了实现对全国的统治,虽然不得不利用汉族地主官僚,但又害怕他们拥权自重,不利于蒙古贵族的统治,于是便采取了又利用又防范的政策,通过监察机关严密地监视汉族官吏的活动。除此之外,由于蒙古和色目贵族官僚,缺乏管理统一大国的经验和能力,世祖也自认:“今任职者多非材,政事废弛。”[②]因此,他采纳了汉官提出的建立监察机关“则纪纲举、天下治矣”的建议,力图通过强化监察机关

---

① 《元史》卷八五《百官志一》。

② 《元史》卷一六三《张雄飞传》。

来克服蒙元松散无羁的习俗；创建纲纪，整肃吏治，提高行政效率，使国家机器正常运转。正因为如此，元朝统治者十分重视台官的选用，“擢官必自圣裁，取人必忠纯体国以成笃厚之政”，监察官如违法失职，则加等治罪。

元朝监察法虽以纠劾“中外臣作奸犯科，有不职者”为重点，但也旁及民事、钱谷、风俗、教化。世祖至元二十八年二月诏中说：“改提刑按察司为肃政廉访司，每道仍设八员，除二使留司以总制一道，余六人分临所部，如民事、钱谷、官吏奸弊，一切委之。俟岁终，省、台遣官考其功效。”①大德元年，江南诸道行台御史大夫（彻里），在召见都事贾钧时说：“国家置御史台，所以肃清庶官、美风俗、兴教化也。乃者，御史不存大体，按巡以苛为明，征赃以多为功，至有迫子证父、弟证兄、奴讦主者，伤风败教，莫兹为甚。君为我语诸御史，毋庸效尤为也。”帝闻而善之，立即升任徹里为江浙行省平章政事。② 正因为重风俗教化，如果“孤老幼疾贫穷不能自存”，本路官司“养济不如法者”，一律委付监察官予以纠举。

此外，禁榷不严，阻坏钞法，灾情不报，户口流散，农桑不勤，仓廪减耗，边境不宁，边城不完等事项，也均在监察官职责范围之内。大德六年正月，成宗下诏：“朕闻江南富户侵占民田，以致贫者流离转徙，卿等尝闻之否，广台臣言曰：‘富民多乞护持玺书，依倚以欺贫民，官府不能诘治，宜悉追收为便。’命即行之，毋越三日。”③

由于元朝崇尚宗教，僧人多为不法，对此成宗也下诏：“自今僧官、僧人犯罪，御史台与内外宣政院同鞫。宣政院官徇情不公者，听御史台

① 《元史》卷一六《世祖本纪一六》。

② 《元史》卷一三〇《彻里传》。

③ 《元典章》卷二《圣政・饬官吏》。

治之。”①

不仅如此,《宪台格例》还专条规定:“该载不尽,应合纠察事理,委监察并行纠察。”《行台体察等例》最后也规定:“凡可兴利除害,及一切不便于民,必当更张者,咨台呈省闻奏,其余该载不尽,应合纠弹,事理比附,已降条画,斟酌彼中事宜,就便施行。”由此可见,御史台和行御史台的监察、纠举范围,已然扩大到可以任意解释的地步。

元朝监察法还以法律的形式明确规定了中央宪台、行台及各道提刑按察司之间的关系,避免了矛盾性,增加了有序性,联结成有机的整体,以利于监察机制的稳定和监察职能的发挥。

在立法技术上也取得了明显的进步。以具有代表性的《宪台格例》和《行台条画》为例,这两部专门的监察法在结构上已初步划分为总则、分则及附则。譬如,首条均概括提出御史台和行御史台的职掌范围,类似总则部分;而在最后一条都作出“该载不尽应合纠察事理,委监察并行纠察”的规定,类似附则部分。此外大部条款详列监察主体的行为规范及其权利的细化,则为分则部分。这种将总则、分则及附则编于一体的完整法律结构,表现了立法技术的进步和监察立法法典化的趋向。与此同时还规定了下级监察机关奏禀申报的文卷,必须履行“申台呈省”的严格监察程序。

就律学角度而言,元朝监察法也有可圈可点之处。譬如,区分纠察、纠弹、弹纠、体究、推纠、体察、纠劾、闻奏、照刷等权限,以适用于不同的监察对象和事项。

尽管元朝在监察制度上确有所建树,监察立法也不断完善,而且允许台宪之官“实封言事”,但是缺乏使其发挥真正实效的保证。在专制主义不断强化的历史条件下,监察的最高决定权握于皇帝手中,皇帝力

① 《元典章》卷二《圣政·饬官吏》。

图通过监察官的纠弹,操纵相权与台权之间复杂矛盾的关系,以确保其至尊无上的地位。例如,世祖时期,御史中丞崔彧劾奏宰相𪨝世荣,结果"帝大怒,下(彧)吏,欲置之法,寻罢之"。①

元朝监察立法中也表现了民族歧视政策的影响。按法,监察官依法可以上纠公侯将相,下察文武百官,然而实际上,监察对象主要限定在被视为种族"异类"的汉人官员和南人官员,而蒙族官员虽犯法却拥有可以免受法律责任追究的特权。尤有甚者,有元一代不断发生蒙古贵族高官"尽废台纲"②的事件,这不仅造成了官僚系统中的分裂倾向,也妨碍了监察实效的发挥。

元后期吏治败坏,贪污盛行。《元史・百官志》说:"大德以后,承平日久,弥文之习胜,而质简之意微。侥幸之门多,而方正之路塞。官冗于上,吏肆于下,言事者屡疏论列,而朝廷讫莫正之,势固然也。"在吏治腐败的大环境中,"正己方能正人"的台宪官员,不仅不能发挥作用,有些也随波逐流,融入贪官污吏的行列。

---

① 《元史纪事本末》卷七。

② 《廿史札记》卷三〇。

第十章　明朝的监察法制

明朝是中国古代社会后期具有代表性的王朝。明太祖朱元璋虽然起自"淮右布衣",但却率领农民军粉碎了元朝统治,并在尖锐的阶级矛盾和民族矛盾中,建立起专制主义高度发展的明朝。朱元璋总结元朝灭亡的主要原因时指出,"朝廷暗弱,威福下移",致使纲纪废弛,官吏放纵,终于酿成民变。他曾对臣下徐达等说:"卿等为生民计,共推戴予,然建国之初,当先正纪纲。元氏昏乱,纪纲不立,主荒臣专,威福下移,由此法度不行,人心涣散,遂至天下骚动。今将相大臣,当鉴其失,协心图治,毋苟且因循,取充位而已。"①又说:"从前我在民间时,见州县官吏多不恤民,往往贪财好色,饮酒废事,凡民疾苦,视为漠然,心实怒之。故今要严立法禁,但遇官吏贪污蠹害吾民者,罪之不恕。"②正是在总结元亡教训的基础上,朱元璋强调"建国之初,先正纲纪"。还在他统一全国之前,便把建立中央监察机关提上了议事日程。

明初,中枢体制发生了重大变化,即废除了丞相制度。洪武十三年,诛杀意图谋反的左丞相胡惟庸,十五年正式废除丞相制度,经历了千余年的皇权与相权的矛盾最终以皇帝的胜利而告结束。由此,皇帝以元首兼任最高行政官,六部直接对皇帝负责,因而提高了六部的地

---

① 孙正容:《朱元璋系年要录》,浙江人民出版社 1983 年版。

② 《明太祖实录》卷三九。

位，设六部给事中分别对六部进行对口监察。同年，改御史台为都察院以适应专制主义中央集权的需要。明中后期，随着地方督抚制的行政体制的确立，兼都察院右都御史、右副都御史衔的总督和巡抚也成为地方最高监察官。

鉴于元末“法度尽紊”带来的严重社会后果，朱元璋充分估计了法律的治国作用，指出：“夫法度者，朝廷所以治天下也”①，“礼法，国之纪纲，礼法立，则人志定，上下安，建国之初，此为先务”。② 为了“纪纲振肃，立标准于百司”，③他还在即吴王位时，便命重臣李善长等议拟律令，完成《大明令》的修订；统一的明朝建立以后，又几次组织修订《大明律》，并亲自“为之裁定”。如同《明史·刑法志》所载：“盖太祖之于《律令也》，草创于吴元年，更定于洪武六年，整齐于二十二年，至三十年始颁示天下。日久而虑精，一代法始定，中外决狱，一准三十年所颁。”

洪武三十年《大明律》制定以后，太祖朱元璋特别下令：“子孙守之，群臣有稍议更改，即坐以变乱祖制之罪。”④这道严令虽然表现了他固守祖制的保守性，不符合法律与社会同步发展的客观规律，但却反映了他对于建立稳定和统一的法律制度，借以维护极端君主专制的中央集权，是何等的重视。除此之外，他手订《大诰》四编，还颁布了《祖训录》《臣戒录》《醒贪简要录》《为政要录》等敕令，既用严刑惩戒官民过犯的案例，警醒官民不得触犯法纪；又详定诸王和各级官吏应遵循的行为规范，使其不得逾越法定权力的界限。

作为明朝法律体系重要组成部分的监察法，也在传承宋元监察法的基础上趋向于立法的系统化，制定了一系列的关于都察院和六科的

---

① 《明太祖实录》卷一一六。

② 孙正容：《朱元璋系年要录》，浙江人民出版社 1983 年版。

③ 《皇明诏令》卷一。

④ 《明史》卷九三《刑法志一》。

监察法规,使得监察法律体系更加完整,为清朝监察法的发展奠下了重要的基础。

第一节　重典治吏的监察思想

一、重耳目之寄,严纪纲之任

明朝是中国古代社会后期政治体制大变革的朝代,实行千余年之久的宰相制度被废除,六部直属于皇帝。中枢体制的重大变革也带来了监察体制的重大变革,自唐以来的一台三院制最终演变成都察院一院制,监察权的集中有利于皇帝加强专制统治,因此从太祖始,几乎历代皇帝都强调监察官是皇帝的耳目之寄。如太祖说:"朕设察院,职英俊,禄忠良,以为耳目之寄。"①又说:"风宪作朕耳目,任得其人,自无壅弊之患。"②成祖也指出:"御史,朝廷耳目,非老成识治体者不任。"③宣德十年,宣宗谕都察院:"朝廷设风宪,所以重耳目之寄。"④正统十二年,英宗谕吏部:"御史,朝廷耳目官……"⑤

在强调监察官作为"耳目之寄"的同时,更赋予监察官以严纪纲之任。所谓纲纪,主要是针对君主专制主义的政治体制而言。洪武十五年之前,朱元璋所论及恢复纲纪意在恢复被农民起义军所冲击的专制主义的政体及相关制度;洪武十五年以后,反复强调监察官的首要职责是严纪纲之任,目的在于通过监察官维护和巩固废宰相之后帝权独尊

① 《明太祖集 · 论御史》。
② 徐学聚:《国朝典汇》卷五四《御史》。
③ 《明大政纂要》卷一七《永乐二十二年至洪熙元年》。
④ 徐学聚:《国朝典汇》卷五三《御史》。
⑤ 徐学聚:《国朝典汇》卷五四《御史》。

的政治格局。太祖曾勉励御史们说："国家立三大府，中书总政事，都督掌军旅，御史掌纠察，朝廷纪纲尽系于此，而台察之任尤清要。卿等当正己以率下，忠勤以事上，毋委靡因循以纵奸，毋假公济私以伤人害物。"①《明通鉴前编》卷四《元至正二十七年》也有类似记载："国家所立，唯三大府总天下之政，中书政之本，都督府掌军旅，御史台纠察百司，朝廷纪纲，尽系于此，其职实为清要。卿等当思正己以率下，忠勤以事上，毋徒拥虚位而漫不可否，毋委靡因循以纵奸长恶，毋假公济私以伤人害物。《诗》云：'刚亦不吐，柔亦不茹。'此大臣之体也。"洪武元年上谕中重申："风宪之任，在肃纪纲，清吏治，非专理刑。"②洪武三年，上因召御史台臣并谕之曰："风宪之任，本以折奸邪，理冤抑，纠正庶事，肃清纪纲，以正朝廷。"③

此后历代皇帝在敕谕中，反复阐述监察官肃正纲纪的职责。如洪熙元年敕谕都察院："都察院为朝廷耳目，国家纲纪，得人则庶政清平，群僚警肃；否则百职怠弛，小人横恣。"④正统元年，敕谕都察院及各处按察司："朝廷设风宪，所以重耳目之寄，严纪纲之任。"⑤正统七年十一月敕谕三司："朝廷以纪纲为首，御史职纪纲之任，不可不慎择也。"⑥宣德七年六月，御制都察院箴："历代建官，皆有御史，任之耳目，委以纲纪。纠违绳愆，激浊扬清，用献嘉言，惟直与明。祖宗之制，有长有贰，其下之属，凡十有四。敷达民隐，察举官邪，必究大体，毋克毋颇，必由中道，毋过不及，毋以贿迁，毋以势慑。敦仁之存，笃义之行，冰霜

① 《明史》卷七三《职官志》。
② 徐学聚：《国朝典汇》卷七七《按察司》。
③ 同上。
④ 《明大政纂要》卷一八《洪熙元年至宣德三年》。
⑤ 同上。
⑥ 徐学聚：《国朝典汇》卷五四《御史》。

之清，松栢之贞。凡尔宪臣，敬慎以勖，庶几朝政，资尔以肃。婞婀缄默，徒取充位，职是用弛，国则何赖？必端诸心，必修诸己，庶懋尔绩，庶辅予理。”①

“重耳目之寄，严纪纲之任”是明朝由重典治吏察吏而引发的最主要的监察思想。

二、广开言路，通达下情

针对元朝政治腐败，言路壅塞，造成上下隔绝的严重弊端，洪武十年六月，太祖特谕中书省官员曰：“清明之朝，耳目外通。昏暗之世，聪明内蔽。外通则下无壅遏，内蔽则上如聋瞽，国家治否，实关于此。朕常患下情不能上达，得失无悉以知，故广言路以求直言。其有言者，朕皆虚心以纳之。尚虑微贱之人，敢言而不得言；疏远之士，欲言而恐不信，如此则所知有限，所闻不广。其令天下臣民，凡言事者实封直达朕前。”②同年，设通政使司，成为明朝特有的沟通言路的机关，太祖在说明设立通政使司的必要性时强调：“政犹水也，欲其常通，故以‘通政’名官。卿其审命令以正百司，达幽隐以通庶务。当执奏者勿忌避，当驳正者勿阿随，当敷陈者毋隐蔽，当引见者毋留难。”③

永乐元年闰十一月庚申，“上御奉天门，召都御史陈瑛等谕曰：‘……朕深居九重，下民安否，未能悉之。按察司任耳目之寄，于事无不得问，无不得言，所以通下情，去蒙蔽也。今闻河南数岁蝗旱水灾为民患，牧民者多失抚字，甚者又侵渔剥削之，而按察司官未尝有一人言者。坐视民病而不留意，徒费重禄，何补于用？尔移檄切责之，俾采察

---

① 《明宣宗实录》卷九十二。

② 《皇明世法录》卷三《太祖高皇帝宝训》。

③ 《明史》卷七三《职官志》。

所部军民利病,及布政司、府州县官贤否以闻。'又命檄浙江等十二按察司及按治御史之在外者,一体采察上闻"。①

宣宗在谕尚书、都御史、给事中时说:"致治之道,莫先于广言路。天下之大,吏治得失,民生休戚,臣民不言,朝廷何由悉知?古人谓明主视天下犹一堂,满堂饮酒,一人向隅而泣,则一座不乐。若令天下有匹夫匹妇不得其所,实为君德之累。今后建言民瘼者,卿等勿讳。"②他特别指出:"朝廷立法,凡诸司官员及百工技艺之人,皆许言事。况风宪官职当言路,朕所倚信,岂可有所顾忌……若当言不言以失职论。"③

明代的一些名臣,对于广开言路和纳谏,也发表了很有价值的议论。如英宗时礼部右侍郎章纶在《上言十六事疏》中提出:"广开言路在听用忠直,臣惟自古中兴之主无不听言纳谏,今直言未见尽行,直臣未见显用。自今凡有言者,当理即行,未当者亦宜容受。如此则言路开而忠直之士劝矣。"④万历十一年,御史孙继先上言:"人君欲建久安长治之策,必重直言取谏之士。"⑤穆宗时,礼部尚书陈以勤上《陈谨始之道以隆圣业疏》,详细陈述了直言与纳谏的重要性:"人君以听言为尚,故言路有通塞,天下之治乱系焉。……所以祖宗临御之时,文武军民凡有可言之事,许直至御前陈说。此无他,以人君一身之寡,而应万机之繁,必有所不知,因之寄耳目于言者,且辟而广之,所以图天下之治也。方今更新之治,在台谏诸臣,知必争竭心腹以论天下事。伏愿陛下大开言路,凡政令之得失,百姓之休戚,群臣之忠邪,使之皆得直言无隐。其言之当者纳之用之,且显擢其人以示劝;其未当而过直者,亦涵容而不

① 《皇明世法录》卷一〇《宝训》。
② 《明通鉴》卷二〇《宣宗宣德三年》。
③ (明)徐学聚:《国朝典汇》卷五三《都察院》。
④ 《明经世文编》卷四七。
⑤ 《明会要》卷三三《职官五》。

加罪。……其心盖忠于国也。不谅其心而挫折之，则劲气消沮；忠臣杜口，渐渍不闻其过，遂以阶乱，岂非大失者乎？”①

明朝尤其重视巡按御史巡察地方，考察吏治、民情、生产、文教、风俗等事项，以便上下沟通，使皇帝收到明四目、达思聪的效果。

三、唯才是使，任得其人

为了选拔治国的人才，尤其是治官之官的御史，太祖多次指出，元朝在选官用人上昧于民族界限，造成了严重后果，因而力戒此弊。洪武元年八月，他在谕中书省官员时说：“自古圣贤之君不以禄私亲，不以官私爱，惟求贤才以治其民，所以示天下至公也。元朝出于沙漠，惟任一己之私，不明先王之道，所在官司辄以蒙古、色目人为之长，但欲私其族类，羁縻其民而已，非公天下爱民图治之心也。况奸吏从而蒙蔽之，舞文弄法，朝廷之上贿赂公行，苟且之政，因循岁月，上下同风，不以为怪。末年以来，其弊尤甚，以致社稷倾危，而卒莫之救。卿等宜以笃戒，选官之际慎择其人而用，勿徇其弊。”②洪武四年正月，就御史台进拟《宪纲》四十条，再谕台臣：“元时任官，但贵本族，轻中国之士，南人至不得入风宪，岂是公道？朕之用人，惟才是使，无间南北，风宪作朕耳目，任得其人，自无壅蔽之患。”③洪武三十一年三月，再谕吏部：“用人之道在于随才任使，则天下无弃人矣。观人之法有数等，才德具优者，上也；才不及德者，其次也；才有余而德不足，又其次也；苟二者俱无，此不足论矣。若逐势变移，好作威福，言是而行非，此小人不可用也。”④建文帝于建文二年正月，御武英殿与侍臣论用人之

---

① 《明经世文编》卷三一〇。
② （明）徐学聚：《国朝典汇》卷三六《吏部》。
③ （明）徐学聚：《国朝典汇》卷五四《御史》。
④ （明）徐学聚：《国朝典汇》卷三六《吏部》。

道，提出了很有价值的见解，他说："人君进一人退一人，皆不可苟，必须餍服众心。若进一人而天下皆知其善，则谁不为善；退一人而天下皆知其恶，则谁敢为恶。无善而进，是出于私爱；无恶而退，是出于私恶；徇私而行，将何以服天下。"①

永乐七年丁卯，成祖召御史张循理等二十八人，询其出身，有洪秉等四人，出身于吏。上曰："用人虽不专一途，然御史为朝廷耳目之寄，宜用有学识达治体者。"乃黜秉等为序班。② 逾年，就风宪官不得用刀笔吏，再颁令："御史，国之司直，必有学识达治体，廉正不阿，乃可任之。前以刀笔吏为之，知利不知义，知刻薄不知大体，用此徒任风纪，只使人轻视朝廷。前之由吏为御史者，尔吏部悉罢之，继今风宪更不得用吏，著为令。"③宣德三年八月，上曰："风宪固当用端谨者，亦须有才猷方称，未可遽授此职。"④宣德十年正月，在敕谕都察院的敕文中严肃指出："近年以来，未尽得人，或道理不明，操行不立；或法律不通，行移不谙；或逞小才，以张威福；或搜细过，以陷善良。甚至假其权位，贪图贿赂，以致是非倒置，冤抑无伸，而风纪之道遂致废弛。自今监察御史有赃滥及失职者，都察院及各道御史纠举黜退；按察司官有赃滥及不称职者，令按察使及其同僚纠举黜退。仍令吏部，今后初任者不许铨除风宪。凡监察御史有缺，令都察院堂上及各道官保举，务要开具实行，移咨吏部，审察不谬，然后奏除。其后有犯赃滥及不称职，举者同罪。"⑤景泰三年，上谕中说："御史职居言路，凡事当言。今所言俱是，但知人之难，从古为然……自今选官，务洗心涤虑，广询博访，必从公道，毋得

① （明）徐学聚：《国朝典汇》卷三六《吏部》。

② 《明通鉴》卷一五《成祖永乐七年》。

③ 《明大政纂要》卷一四《永乐三年至永乐八年》。

④ （明）徐学聚：《国朝典汇》卷五三《都察院》。

⑤ 同上。

徇私。”①英宗时，翰林院编修张元祯上疏陈三事，其中之一就是监察官的任职条件：“有刚正敢言者，举为台谏，不必论其言貌、官职、出身；但不宜委之堂上官，恐惮刚方而荐柔媚者以充数，以至所举之人感其推荐，不敢直斥其非，是以古者大臣不举台谏。”②

综上可见，明朝统治者有鉴于蒙元吏治之失，极为重视监察体制与监察法制的建设，着意发挥监察官的察吏作用，以重振纪纲，刷新吏治，巩固专制主义的国家统治。

第二节　监察体制的重大改革

中国古代的监察体制经历了秦汉、魏晋南北朝、隋唐、宋、元各朝的发展，监察机关的组织形式逐渐完善，监察制度也在不断改革中日益严整。至明朝，监察体制继往开来进行了重大改革，创立了影响中国五百余年的新的监察体制。

明朝建立以后，面临着复杂严峻的政治形势，外有构成严重威胁的蒙元残余势力；内部则民生凋敝，社会动荡不安，而且地主豪门通过隐瞒土地和漏籍人口等手段，逃避赋役，削弱了明朝统治的基础。尤有甚者，在新建立的官僚机构中也开始出现争权夺利、贪赃枉法的现象。为了巩固新建立的政权，太祖一方面重建大明法制，“纪纲振肃，立标准于百司”；③另一方面，从吴元年起便着手建立监察机构，加强对各级官吏的监督和控制，以保证朝廷纲纪得以振兴。

明初，监察体制沿循元朝旧制，中央置御史台，与中书省（行政）、

---

① （明）徐学聚：《国朝典汇》卷四一《举劾》。
② 《明通鉴》卷二九《英宗天顺八年》。
③ 《皇明诏令》卷一。

都督府(军事)地位并重,鼎足而立。据孙正容《朱元璋系年要录》记载:“吴置御史台,以汤和为左御史大夫,邓愈为右御史大夫,刘基、章溢为御史中丞,基仍兼太史院使。于是中书省掌政事,都督府掌军旅,御史台纠察百官,三大府乃立。”由此可见朱元璋对监察的重视。

为了完善监察体制,提高监察官吏的职权和地位,太祖采取了一系列措施,如洪武元年,“置登闻鼓于午门外,日令监察御史一人监之。凡民间词讼,皆须自下而上……”,①赋予监察官以“伸理冤抑,通达幽滞”的职能。洪武三年,监察御史郑沂奏言:“又殿中御史之设,所以备顾问,司谏诤,其员不可一日缺也。今久虚其职,宜从铨注,以肃朝仪。”②帝纳其言,遂铨注殿中御史,使监察机构的纠仪职能得到加强。

洪武四年,御史台进拟《宪纲》四十条,皇帝亲加删定,颁给群臣。它以法律形式确定了监察机构的职能和任务,标志着监察法典化的重要进程。

洪武六年,上谕台臣:“古人言礼义以待君子,刑戮加于小人。盖君子有犯,或出于过误,可以情恕;小人之心,奸诡百端,无所不至,若有犯,当按法去之。不尔,则遗民患。”③同年,“命有司庶务更月报为季报,以季报之数,类为岁报。凡府、州、县轻重狱囚,即依律断决,不须转发。果有违枉,从御史、按察司纠劾,令出天下便之”。④ 由此加强了御史台的司法监察活动。

同年,设置六科给事中,负责看详诸司奏本及日录旨意等事,以加强对六部的监察,言谏制度开始运作。

洪武九年,诏定御史台左、右御史大夫为从一品,御史中丞为正二

① 《明会典》卷一七八《刑部·伸冤》。
② 孙正容:《朱元璋系年要录》,浙江人民出版社1983年版。
③ 同上。
④ (明)顾炎武:《日知录》卷八。

品，监察官的品秩得到提高。

洪武十年，“遣监察御史巡按州、县，询民间疾苦，廉察风俗，申明教化”。① 监察御史开始有“巡按”之任，并被赋予“大事奏裁，小事专断”的权力。

综上可见，从吴元年至洪武十年，在太祖重视监察思想的指导下，监察体制与监察机构均已初具规模，监察官的职权与地位亦有所扩大和提高，在整顿纲纪、严饬吏治、巩固新生政权等方面发挥了重要的作用。至洪武十三年胡惟庸谋反案发生，监察体制又经历了一次重大的改革。

胡惟庸曾任左丞相，深受宠任，“生杀黜陟，或不奏径行。内外诸司上封事，必先取阅，害已者，辄匿不以闻”。② 以致皇权与相权之间发生激烈的冲突。太祖为了“保守天下，至其子孙”，③对于“宰相专权”的历史教训，既敏感又警惕，终于在洪武十三年以擅权枉法、谋反罪，诛杀胡惟庸，消除了对皇权的威胁。由此遂即罢中书省，废丞相；与此同时，罢御史台总领之御史大夫，因左御史大夫，后任右丞相的汪广洋、左御史大夫陈宁，均卷入胡案，故而罢去。其余左、右御史中丞以及分巡之监察御史，继续设置如故。

洪武十五年，为集中监察权，更有效地发挥耳目之司的作用，创建了具有明代特色的都察院之制。早在唐代，御史台由台院、殿院、察院三院组成。至元朝，废台院，只设察院，改殿院为殿中司，察院是元代行使监察权的主要机构。洪武九年，适应中央集权的需要，淘汰殿中侍御史，其纠仪的职能统统归至察院，监察御史“朝会纠仪，祭祀监礼”。此

① 《明会要》卷三三《职官五》。
② 《明史》卷三〇八《胡惟庸传》。
③ 《明太祖实录》卷一二九。

时,御史台的三院制已出现合一的迹象。洪武十三年,设都察院以代御史台,将台察合并为一个机关。由御史台的三院制发展至都察院的一院制,使监察权力一体化,是明朝监察体制的重大改革,反映了皇权的进一步加强。

通过改革将前代御史大夫、中丞改为都御史,以监察御史分掌十二道,革去侍御史、殿中侍御史,一切纠劾巡按,照刷问拟之任,责之监察御史。但至建文二年二月,又改都察院为御史府,革十二道,置察院。诏曰:“顷以治狱烦兴,易御史台,号都察院,与刑部分理庶狱。今赖宗庙神灵,断狱颇简,其更都察院,仍汉制,为御史府,专纠贪残,举循良,匡政务,宣教化为职。省御史员定为二十八人,务为忠厚,以底治平。”①然而时至成祖,又恢复都察院之制,此后遵制不变,只是略有损益而已。如宣德十年,依当时省制增设十三道监察御史一百一十人,分别掌管地方监察事项。

一、中央监察体制

(一)都察院

据《明史·太祖本纪》:洪武十五年十月丙子“置都察院”,又名风宪衙门。设左、右都御史各一人,正二品,与六部尚书品秩相同;左、右副都御史各一人,正三品;左、右佥都御史各一人,正四品。其属官有:经历司经历一人,正六品;都事一人,正七品;司务厅司务二人,从九品;照磨所照磨一人,正八品;检校一人,正九品;司狱司司狱一人,从九品。可见,明朝的都察院,为了适应君主专制的需要,无论地位和职权都有所提高。都御史的品秩虽不如元代的御史大夫,但较之唐宋两代为上,成为七卿之一。“都御史职专纠劾百司,辩明冤枉,提督各道,为天子

---

① (明)徐学聚:《国朝典汇》卷五三《都察院》。

耳目风纪之司。凡大臣奸邪，小人构党，作威福乱政者，劾。凡百官猥茸贪冒坏官纪者，劾。凡学术不正，上书陈言，变乱成宪、希进用者，劾。遇朝觐、考察，同吏部司贤否陟黜，大狱重囚，会鞫于外朝，偕刑部、大理谳平之，其奉敕内地，拊循外地，各专其敕行事。"①

洪武十五年设十二道监察御史，后加贵州、云南，减去北平，合为十三道监察御史，共一百一十人，皆正七品。各道名额分配如下：浙江、江西、河南、山东各十人；福建、广东、广西、四川、贵州各七人；陕西、湖广、山西各八人；云南十一人。② 成祖永乐十八年定都北京后，南京仍保留都察院，设右都御史、右副都御史、右佥都御史各一人，司务、经历、都事、照磨各一人，司狱一人，各道监察御史二至三人，品秩与中央相同。世宗以后，减少监察御史，常以一人兼掌数道。

监察御史是察院直接行使监察权的专职监察官，"主察纠内外百司之官邪，或露章面劾，或封章奏劾。在内，两京刷卷、巡视京营、监临乡会试及武举、巡视光禄、巡视仓场、巡视内库、皇城、五城，轮值登闻鼓。在外，巡按、清军、提督学校、巡盐茶马、巡漕、巡关、儹运、印马、屯田，师行则监军纪功，各以其事专监察。而巡按则代天子巡狩，所按藩服大臣、府州县官，诸考察、举劾尤专。大事奏裁，小事立断，按临所至，必先审录罪囚，吊刷案卷，有故出入者理辩之。诸祭祀坛场，省其墙宇祭器，存恤孤老，巡视仓库，查算钱粮，勉励学校，表扬善类，翦除豪蠹，以正风俗，振纲纪。凡朝会纠仪，祭祀监礼；凡政事得失，军民利病，皆得直言无避，有大政，集阙廷预议焉"。③ 监察御史，除上述职掌外，还"各理本布政司及带管内府监局、在京各衙门、直隶府州卫所，刑名等事"④。具体如下：

① 《明史》卷七三《职官志》。
② 同上。
③ 同上。
④ 《明会典》卷二〇九《都察院·各道分隶》。

浙江道:带管府、卫等十七机关;

江西道:带管府、卫等十七机关;

福建道:带管户部、驸马府,及诸局、司、库、府、卫所等三十四机关;

四川道:带管工部、御用监、文思院及其他诸监、局、司、府、州、卫、所等三十五机关;

陕西道:带管大理寺、行人司及府、州、卫等三十四机关;

河南道:带管礼部、翰林院、都察院及其他监、院、司、寺、府、局、卫等三十七机关;

云南道:带管顺天府及其他府、关、卫、所等三十四机关;

广西道:带管六科、通政司及其他府、关等二十五机关;

广东道:带管刑部及其他府、州、卫等十三机关;

山西道:带管府、卫、所等十九机关;

山东道:带管兵部及府、监、署、司、州、卫等三十四机关;

湖广道:带管南京都察院及府、司、卫等十八机关;

贵州道:带管吏部及其他监、寺、卫、所等四十五机关。①

十三道监察御史的设置,使得从中央到地方形成了一个完整的监察体系,加强了中央对地方的控制。不仅如此,在京各衙门如六科、六部、翰林院,甚至都察院也都在监察御史的视野之内,其权力之重,可见一斑。

监察御史在组织系统上虽隶属于察院,但因其只对皇帝负责,“巡按则代天子巡狩”“大事奏裁,小事立断”,不必经过都察院,还可以单独进奏,因而具有较强的独立性。不过由于“都察院总宪纲,惟所见闻,得纠察”,因此监察御史“出按复命,都御史覆劾其称职不称职以闻”,②说明都察院都御史有权提督各道,监督考核诸御史。

---

① 《明史》卷七三《职官志》。

② 同上。

监察御史还可以面陈政务得失，具有议政、进谏权。“凡政事得失，军民利病，皆得直言无避。有大政，集阙廷预议焉。”弘治时，邹智对御史汤鼐说：“祖宗盛时，御史侍班，得面陈政务得失，立取进止。自后惟退而具疏，此君臣情意所由隔也。君幸值维新之日，盍仿先朝故事行之。”①

监察御史通过参与京察与大计，行使对百官的人事纠察权，“京察之岁，大臣自陈，去留既定，而居官有遗行者，给事、御史纠劾，谓之拾遗。拾遗所攻击，无获免者”。② 大计时，御史对外官也行使纠察权，天顺四年，都察院与吏部罢黜不称职者数百余人。

监察御史还通过照刷文卷的方式，对各衙门进行书面监察。据《明会典》，“如刷出卷内事无违枉，俱已完结，则批以照过。若事已施行，别无违枉，未可完结，则批以通照。若事已行，可完而不完，则批以稽迟。若事已行已完，虽有违枉，而无规避，则批以失错。若事当行不行，当举不举，有所规避，如钱粮不追，人赃不照之类，则批以埋没。各卷内有文案不立，月日颠倒，又在乎推究得实，随其情而拟其罪”。“若有狱讼淹滞、刑名违错、钱粮埋没、赋役不均等项依律究问。迟者举行，错者改正，合追理者即与追理，务要明白立案，催督结绝。不能尽职者，监察御史从都察院、按察分司从总司体查，奏闻究治。”③除此之外，监察御史当班轮值，朝会纠仪、祭祀监礼、追问公事，在执行公务时不受任何官员干扰；受命出巡时享受特别待遇。对于监察御史的考核黜陟，由皇帝亲自决定。

（二）六科给事中

给事中属于言谏监察系统。对维系国家机器的正常运转，减少政

---

① 《明史》卷一七九《邹智传》。

② 《明史》卷七一《选举志》。

③ 《明会典》二一〇《都察院·照刷文卷》。

治决策的失误起着重要的监控作用，也可以说是专制主义政治体制内部的自我调节器。

明朝虽无门下省，但仿唐宋谏官之制，于洪武六年设给事中十二人，秩正七品，分属吏、户、礼、兵、刑、工六科，负责看详诸奏本及目录旨意等事。洪武十三年罢相以后，分相权于六部，提高了六部的地位，为了防止各部权重，蒙蔽不法，加强了六科给事中的职权，使其成为直接对皇帝负责，独立行使职权的监察机关系统。六科给事中的名额和名称，在洪武二十四年以前都有所变动，至洪武二十四年始最后确定。每科设都给事中一人，正八品；左右给事中二人；给事中四十人。"掌侍从、规谏、补阙、拾遗、稽察六部百司之事。凡制敕宜行，大事覆奏，小事署而颁之，有失，封还执奏。凡内外所上章疏下，分类抄出，参署付部，驳正其违误。"①除上述六科总司外，各科分掌如下：

"吏科：凡吏部引选，则掌科同至御前请旨，外官领文凭，皆先赴科画字，内外官考察自陈后，自与各科具奏，拾遗纠其不职者。

户科：监光禄寺岁入金谷、甲字等十库钱钞杂物，与各科兼莅之。皆三月而代，内外有陈乞田土隐占侵夺者，纠之。

礼科：监订礼部仪制，凡大臣曾经纠劾削夺、有玷士论者，纪录之，以核增谥之典。

兵科：凡武臣贴黄、诰敕，本科一人监视，其引选画凭之制，如吏科。

刑科：每岁二月下旬，上前一年南北罪囚之数。岁终，类上一年蔽狱之数，阅十日一上实在罪囚之数，旨凭法司移报而奏御焉。

工科：阅视军器局，同御史巡视节慎库，与各科稽查宝源局。"②

在六科职掌中最重要和最具代表性的是封驳权与言谏权。封驳包

---

① 《明史》卷七四《职官志》。

② 同上。

括封还皇帝敕令和驳正臣下奏章两部分，“凡制敕宣行，大事覆奏，小事署而颁之。有失，封还执奏”。① 太祖曾告诫给事中说：“苟政事有失，将为天下害，卿等能各悉心封驳，则庶事自无不当。”另据《明会典》卷二一三，“章奏之下，又经六科，六科可封驳，纠正违失”。

至于言谏权，凡是“朝政阙失，军民利病，皆得言之，非他职比也”。而且可“与天子争可否，辩是非，正笏危论”。② 但在专制主义高度发展的明朝，言谏权有名无实，无法与唐宋相比。

至明中叶以后，无论封驳权还是言谏权都已凌夷殆尽，而只剩下劾奏权、稽察权、参与议政权和司法监督权，实际上已经由言官归入监察官的行列。

根据《明史·职官志》，对给事中行使职责的方式如下：“主德阙违，朝政失得，百官贤佞，各科或单疏专达，或公疏联署奏闻。凡日朝，六科轮一人，立殿左右，珥笔记旨。凡题奏，日附科籍，五日一送内阁，备编纂。其诸司奉旨处分事目，五日一注销，核稽缓。内官传旨，必覆奏，复得旨而后行。乡试充考试官，会试充同考官，殿试充受卷官。册封宗室诸蕃或告谕外国，充正、副使，朝参门籍，六科统掌之。登闻鼓楼，日一人，皆锦衣卫官监莅。受牒则具题本封上。遇决囚有投牒讼冤者，则判停刑请旨。凡大事廷议，大臣廷推，大狱廷鞫，六掌科皆预焉。”③

明代以前，言官与监察官截然分为两个系统。纠举官邪、肃清吏治，为监察御史的主要职掌；谏诤规诲、封驳补遗为给事中的主要职掌。至明代，六科给事中除具有历朝言官的职掌外，还“稽查六部百司之

---

① 《明史》卷七四《职官志》。

② （明）徐学聚：《国朝典汇》卷二九《朝政大端·求言纳谏》。

③ 《明史》卷七四《职官志》。

事”,纠举官吏的违法失职,因而与御史并无实质上的区别。其职权之广,权威之重,委寄之深,组织之庞大,历代均不能望其项背。而且自成衙门,无所统属,直通天子,凸显了专制主义高度发展加给它的时代烙印。

科道之间权力既交叉,又互相纠劾,使得二者保持相对的平衡。有明一代,给事中在专制政治体制内部所起到的调节功能,以及保证庞大的官僚机构正常运转的积极作用,应该给予充分的评价。顾炎武对六科给事中封驳权的行使给予肯定的评论。他说:“明代虽罢门下省长官,而独有六科给事中,以掌封驳之任。旨必下科,其有不便,给事中驳正到部,谓之科参。六部之官,无敢抗科参而自行者,故给事中之品卑而权特重。”①

（三）通政使司

明初,仿宋代门下省通进司和进奏院之制,设立了出纳帝命、尽规谏正、封驳违失的察言司。洪武十年,罢察言司改设通政使司。太祖对通政使司的命名和职权,作了形象的比喻,他说:“政犹水也,欲其常通,故以‘通政’名官。卿其审命令以正百司,达幽隐以通庶务。当执奏者勿忌避,当驳正者勿阿随,当敷陈者毋隐蔽,当引见者毋留难。”②通政使司设通政使一人,正三品,左右通政各一人,誊黄通政一人,正四品,左右参议各一人,正五品。其属官有经历司,设经历一人,正七品;知事一人,正八品。通政使司的职权是“出纳帝命,通达下情,关防诸司出入公文,奏报四方臣民,实封建言,陈情伸诉及军情声息、灾异等事”。③ 如发现不妥,或驳还内阁重拟,或予以参驳,可见通政使司

---

① 《日知录集释》卷九《封驳》。

② 《明史》卷七三《职官志》。

③ 《明会典》卷二一二《通政使司》。

也具有一定的监察权。不仅如此,"凡议大政、大狱及会推文武大臣,必参预"。① 明中叶以后,宦官势盛,通政使司的职权被宦官所侵夺,以致宣德五年谕令:"自今中官传朕言。"②成宗时,"传旨转委司礼监,毋令他人,以防诈讹"。③ 武宗时,通政使司已形同虚设。神宗时,最终革除通政使司。

通政使司之设确实反映了明初统治者的良法美意,但是专制主义极端发展带来的严重恶果——宦官专权,使得出纳帝命与奏报四方臣民章奏均被宦官垄断,政治之腐败至此已极。与通政使司的被革除相伴随的是整个监察制度不可避免地陷于废弛。

二、地方监察体制

(一) 总督和巡抚

明初仿元制,地方仍设置行中书省,"举凡钱粮、兵甲、屯种、漕运、军国重事,无不领之"。④ 但此体制与加强中央集权的政策相悖,因此,洪武九年废除行中书省,改置承宣布政使司,主管民政、财政。

另设提刑按察使司主管司法、刑狱;都指挥使司主管卫所军事,并称"三司"。三司相互制约,不相统属,凡省内重大政事,均须由三司会议,并上报朝廷有关部院核准,方可推行,借以加强中央对地方的控制。但由于三司互不统属,缺乏集中统一领导,以致临事推诿,贻误政事。此后实行的总督巡抚制,就是为了弥补这一缺陷而创设的。

洪武二十四年,敕"懿文太子巡抚陕西",此时巡抚尚属临时差遣

---

① 《明史》卷七三《职官志》。

② (清)谷应泰撰:《明史纪事本末》卷二八《仁宣致治》,上海古籍出版社 1994 年版。

③ 《明史》卷一七六《彭时传》。

④ 《元史》卷九一《百官七》。

职务的性质,并非官名,事毕还朝。

永乐十九年,“帝敕廷臣二十六人巡抚天下,……问军民疾苦,黜文武长吏扰民者数人,条兴革数十事奏行之。还治部事”。① 这次巡行所取得的实效,为专设巡抚制度奠定了初基。

至仁宗即位,大理寺卿胡概、参政叶春巡抚南畿、浙江。史载“设巡抚自此始”。② 其后胡概巡抚南畿前后历时五年,周忱任南畿巡抚历时二十二年。从而表明巡抚已由临时派遣发展为专职专设,管辖事务既广,并有便宜行事之权。至此巡抚制度已成定制。

巡抚行使监察职能,首先以“清吏治”为主要任务。例如,杨继宗以佥都御史巡抚云南,“三司多旧僚,相见欢然。既而出位揖之曰:‘明日有公事,诸君幸相谅。’遂劾罢不职者八人”。③ 其次侧重于摧抑豪强。海瑞巡抚应天府时,力摧豪强奸顽,赈抚穷弱黎民,“豪有力者,至窜他郡以避”。④ 总之,巡抚职掌范围甚广,可专决者,决之;不能专决者,呈奏之。“盖以地大物众,法令滋章,三司谨奉教条,修其常职。而兴利除弊,均赋税,击贪浊,安善良,惟巡抚得以便宜从事。”⑤

总督之设起始于军务需要。正统以后,地方动乱加之边疆骚扰迭起,往往跨省连郡,而诸省诸边巡抚因“爵并权均”,“多不能振联属之策,兴讨罪之师”。⑥ 于是,又有总督之设。史载总督之设,始于麓川之役。据《明史》卷一七一《王骥传》:“麓川之役起。麓川宣慰使思任发叛,数败王师。……中官王振方用事,喜功名,以王骥可属,思大举。骥

① 《明史》卷一四九《蹇义传》。
② 《明史》卷九《宣宗纪》。
③ 《明史》卷一五九《杨继宗传》。
④ 《明会要》卷五〇《民政三》。
⑤ 《明史》卷一五九《熊概传》。
⑥ (明)孙承泽:《春明梦余录》卷四八。

亦欲自效。六年正月，虽拜蒋贵平蛮将军，李安、刘聚为副，而骥总督军务，大发东南诸道兵十五万讨之。"《春明梦余录》和《明会要》也都认为麓川之役，"此设总督之始"。①

至正德、嘉靖年间，各地先后设置总督。总督带都察院都御史或副都御史衔，仍属朝廷派遣的督军与监察大臣，尚非地方大吏。因此，无论总督与巡抚"不许辄差都、布、按三司及军卫、府州县正官、掌印官干办"。② 三司职官如有不称职者，巡抚不得自行处理，而只能"奏罢"。巡抚如有违法行为，三司也有权向朝廷参奏，可见其间的相互牵制与制衡关系。"景泰三年，太仆少卿黄士隽言，巡抚重臣，三司所行多被掣肘。……其事妥民安之处，可以无设。三司权本重，巡抚初设，便多生龃龉，尤不便于武官。"③但是至明中后期，督抚逐渐发展成掌握地方军政的大员。

由于"督抚带风宪之衔，不独地方利弊可言，即朝廷大政无不可入告。万历中，晋抚魏允贞、淮抚李三才皆极论大事，读其奏疏，即科道亦不多见"。④ 总督与巡抚之间，巡抚虽受总督节制，但并不隶属于总督。督抚既属地方的监察系统，又节制三司与总兵，从而增强了中央对地方的应变能力，而又不足以形成与中央相抗衡的地方势力。因此，清朝沿袭明督抚制进一步发展成稳定的地方制度。

（二）提刑按察使司

早在吴元年便开始"置各道按察司"。至洪武九年设十三省，每省设布政使司，主领行政；都指挥使司，统帅军政；提刑按察使司，兼掌司法与监察。按察使司，设正官按察使一人，正三品，掌一省刑名按劾之

---

① （明）孙承泽：《春明梦余录》卷四八。《明会要》卷三四《职官六》。

② 《明会典》卷二一一《抚按通例》。

③ 《古今图书集成》卷五九《戎政典·兵制部》。

④ （明）孙承泽：《春明梦余录》卷四八《都察院》。

事。“纠官邪，戢奸暴，平狱讼，雪冤抑，以振扬风纪，而澄清吏治。”①洪武十五年，又置“天下府州县按察分司”，“凡官吏贤否，军民利病，皆得廉问纠举”②。洪武二十九年，改按察分司为四十一道，后增至六十九道。巡道属于按察系统，具有地方监察机关的性质，每年二月至七月、九月至十二月由按察副使、佥事巡察各道，考察吏政，复核刑狱。

提刑按察使司初设之时与都察院并重，据《春明梦余录》卷四八记载：“明初置提刑按察司，谓之外台，与都察院并重，故大明令按察司、都察院并列，不视为外官也。”但随着巡按御史职权的扩张，按察使的监察职权渐趋萎缩。中叶以后，其工作的重点在“提刑”，而非“按察”，《明史·刑法志》说：“按察名提刑，盖在外之法司也。”山西按察使吕坤曾感慨表示：“所可叹者，司曰按察司，官曰按察使，按察谓何？但以刑名为职掌，人亦以刑名吏目之。弃其尤重，而独任兼衔，可谓之提刑司、提刑使乎？今内外详皆转都察院，人未尝以都察院为刑曹，奈何按察司独谓刑名乎？”

（三）巡按御史

汉唐以来便由中央政府派遣监察官对地方行政进行定期巡回考察，明朝在总结历史经验的基础上创立了巡按御史制度。早在洪武二年，便派出“监察御史巡按松江，以欺隐官租，逮系一百九十余人至京师”。③另据《明史·太祖本纪二》，“洪武十年秋七月，始遣御史巡按州县”。至永乐元年，“遣御史分巡天下，为定制”。④成祖在遣御史巡按时，曾叮嘱说：“自今御史巡行察吏毋得摭拾人言，贤否皆具实迹以闻。”⑤显

① 《明史》卷七五《职官志四》。
② 同上。
③ 《明太祖实录》卷四三《洪武二年六月至七月》。
④ 《明史》卷六《成祖本纪》。
⑤ 同上。

示了他对巡按御史制度寄予的厚望。

巡按御史的职权范围主要如下：

考察官吏，奏劾官邪。“正统时，御史韩雍巡按江西，黜出贪墨吏五十七人。”①

翦除豪蠹，肃振纲纪。“（倪敬）正统十三年进士，擢御史。……巡按山西时，有入粟补官令，敬奏罢之。将侵饷者，悉按治，豪猾敛迹。”②“（王仪）嘉靖二年进士，……七年擢御史，巡按陕西，秦府豪占民产，仪悉夺还民。”③

巡视仓库，查算钱粮。洪武二十六年定，十三道监察御史均有巡视仓库盘查钱粮的任务。

审录囚犯，辨明冤枉。监察御史“按临所至，必先审录罪囚，吊刷案卷，有故出入者理辩之”。④

考察隐逸，举荐人才。据《巡历事例》：凡监察御史巡历所至之处，“山林隐逸怀材秉义之士，仰本府州县官究心搜举，送赴京以备擢用”。⑤

由于巡按御史是“代天子巡狩”，直接对皇帝负责，因此“其文科武举，处决重辟，审录冤刑，参拨吏农，纪验功赏，系御史独专者，巡抚亦不得干预”。⑥ 而且巡抚也在巡按御史的监察之列。抚、按发生争执时，皇帝经常右按而左抚，即使是都察院也不得干涉巡按行使职权，可见其权势之盛。

---

① 《明会要》卷三四《职官六》。

② 《明史》卷一六二《倪敬传》。

③ 《明史》卷二〇三《王仪传》。

④ 《明史》卷七三《职官二》。

⑤ 刘海年、杨一凡总主编：《中国珍稀法律典籍集成乙编》第二册，科学出版社 1994 年版，第 51 页。

⑥ 《明会典》卷二一一《抚按通例》。

巡按御史从选派、点差到出巡、更代以及回道考察等一系列环节都制度化、法律化了，这是明朝监察法制的突出成就。它所规定的"御史巡按，岁一更代，正以防上下稔情之故"，①受到明末思想家顾炎武的称赞："又其善者在一年一代，夫守令之官不可以不久也，监察之任不可以久也。久则情亲而弊生，望轻而玩法。故一年一代之制又汉法之所不如，而察吏安民之效已见于二三百年者也。"②

巡按御史与地方上原有的按察司官互相配合，形成了双重监察体制，既克服了专官久任的弊端，也避免了临时差遣了解情况的不足，对于察吏安民起到了积极作用。《明史》卷二八一《循吏传》说："一时守令畏法，洁己爱民，以当上指，吏治涣然丕变矣。下逮仁、宣，抚循休息，民人安乐，吏治澄清百余年。"但在专制政治的影响下，巡按御史制度也渐趋败坏，整个吏治陷入了不可逆转的恶性循环的旋涡。天启四年，御史黄尊素面陈时政十弊，指出："萧墙之忧，惨于敌国，家无谋幄，边无折冲。当国者昧安危之几，误国者护辄败之局，不以此进贤退不肖，而疾刚方正直之士如仇雠，陛下独不为社稷计乎？"③

三、监察官的管理制度

由于监察官是治官之官，是国家纲纪之所系，因此，在制定各种监察立法的同时，也制定了适用于监察官的管理法，使治法与治人相结合，借以提高执掌监察活动的主体的素质，以保证监察职能的发挥。有明一代，出现了众多奉法无私，冒死弹劾，敢于死谏的监察官，这是和严格执行监察官的管理法制分不开的。

---

① 《天府广记》卷二三《都察院》。
② 《日知录集释》卷九《部刺史》。
③ 《明会要》卷三三《职官五》。

（一）监察官的铨选

监察官既是国家纲纪之所系，所以历代均重视监察官的铨选。据《唐会要》："凡所取御史，必先质重勇退者。"①至明代，监察官地位显赫，权重察广，因而选拔尤严。早在洪武元年便下诏："监察御史、提刑按察司，耳目之寄，肃清百司，今后慎选贤良方正之人，以副朕意。"②太祖将监察官与宰辅大臣、军队将帅，同视为朝廷要职，他说："论道经邦辅弼之臣，折冲御侮将帅之职，论思献纳侍从之任，激浊扬清台察之司，此数者，朝廷之要职也。"③永乐七年，成祖谕臣下："御史为朝廷耳目之寄，宜用有学识通达治体者。"④洪熙元年，仁宗谕曰："御史耳目之官，惟老成识体者可任。"正统六年，英宗下诏："中外风宪系纲纪之司，须慎送识量端宏，才行老成任之。"⑤

明朝选拔御史的条件主要有三：

一为德行显著。具体表现为忠君爱国，清正无私。太祖曾要求监察官务要"忠臣爱君，谠言为国，盖爱君，有过必谏，谏而不切者非忠也；为国者，言而不直者非忠也。比来，朕每发言，百官但唯诺而已，其间岂无是非得失？而无有直言者，虽有不美善，无由以闻。自今，其尽忠谠以匡朕不逮，若但唯唯，非人臣事君之义也"。⑥ 又说："凡任风宪者，宜以公正为心，以廉洁自守。"⑦成祖则明确提出："御史当用清谨介直之士，清则无私，谨则无忽，介直则敢言。"⑧

① 《唐会要》卷六〇。
② 《明会典》卷二〇九《都察院·急缺选用》。
③ （明）孙承泽：《春明梦余录》卷二五《六科》。
④ 《明会要》卷三三《职官五》。
⑤ 同上。
⑥ （明）朱国祯：《皇明大训记》《洪武元年正月甲戌至十二年辛卯》。
⑦ 《昭代典则》卷八《明太祖》。
⑧ （明）陈仁锡：《皇明世法录》卷九《文皇帝宝训》。

一为学识优长。早在洪武十五年,便“以通经儒士举为御史”。①永乐七年成祖召见张循等给事中、御史二十八人,其中二十四人由进士、监生出身,“惟洪秉等四人由吏”。成祖于是黜洪秉四人为序班,并诏:“自今勿复用吏。”次年冬,再申谕吏部“著为令”。② 此后,监察官员选自“正途”,形成定制。

科举制度恢复后,授御史衔者,多进士出身,而且要求明习法律、刑名。“(左鼎)正统七年进士,明年,都御史王文以御史多阙,请会吏部于进士选补,帝从之。尚书王直考鼎及白圭等十余人,晓谙刑名,皆授御史。”③

一为老成练达。洪武二十一年,“二月二十己亥,遣进士分巡郡邑,行监察御史事。廷议以新进士未经事,宜令久任御史一人与俱,从之。新进士之任巡按自此始”。④ 弘治十五年,帝谕曰:“给事中照御史例,选历练老成者充补。”“其后监生及新科进士皆不得与,或庶吉士改授,或取内外科目出身三年考满者考选。”⑤对年轻资浅者,“必先试以小差,果能称职,方准实授”。⑥ 监察官的选任虽重老成练达,但并不以年深而循资选任。“正统中,给事中张固言,六科都给事中员缺,乞选各科年深者,以次递补。英宗曰:‘给事中乃近侍之官,凡政令得失,军民休戚,百官邪慝,举得言之。况都左右给事中,为之领袖,非识达大体者,不可畀也。’固乃欲循资而用之,不亦舛乎?”⑦

根据明制,铨选监察官的年龄一般不超过五十岁。弘治二年,议定

① 孙正容:《朱元璋系年要录》,浙江人民出版社 1983 年版。

② 《明会要》卷三三《职官五》。

③ 《明史》卷一六四《左鼎传》。

④ 孙正容:《朱元璋系年要录》,浙江人民出版社 1983 年版。

⑤ 《明史》卷七一《选举三》。

⑥ 《明会要》卷三三《职官五》。

⑦ 《续文献通考》卷五二《选举考·举官下》。

升用科道事例规定：御史缺，“选年三十以上，五十以下”。① 嘉靖十八年，知县何瑚年过六十而选御史，以“非制”受到弹劾，斥为民。

唐时身、言、书、判的选官标准，也适用于明朝选任监察官。万历时，吏部尚书张翰指出：“余选数次，必身、言、书、判皆备，始授台谏。”②除此之外，“不许用曾犯奸贪罪名之人”③为监察官。

明臣马文升曾对监察官的铨选作出以下评述：“御史为朝廷耳目之官，……自洪武、永乐、宣德年间，不分进士、知县、教官，皆得除授。但选之甚精，而授之不苟。至正统年间，朝廷颁降宪纲，新进士初仕，不许除授御史。至正统八年，进士复得除之。成化六年，仍遵宪纲，凡御史有缺，止于进士出身知县，并行人内行取。中间多有不分贤否，但资格相应，皆得授任者，所以未尽得人。……乞敕吏部行移各处巡抚、都御史、巡按御史、并布按二司官，各于所属进士举人除授。到任六年以上知县内，从公推访廉慎公勤政绩昭著……明白具奏。遇有御史员缺，吏部据此，并于考满行人、博士内行取。如果六年以上知县员少，于办事二年以上进士中选取。仍照例会同本院官考选具奏除授。若所举不实，事发连坐以罪，如是则御史得人，而风纪为之振肃矣。”④

关于监察官选任的方式，明初由于人才缺乏，考选的条件尚不具备，因此御史多由吏部、都察院堂上官、十三道监察御史及三品以上京官荐举。被荐举者必须经过吏部勘核，合格后才能授职，而荐举者也须负保举责任。宣德十年上谕都察院，“凡监察御史有缺，令都察院堂上官及各道官保举，务要开具实行，闻奏吏部，审查不谬，然后奏除。其后犯赃滥不称职，举者同罪”。⑤

---

① （明）李栻辑：《历代小史》卷八四《震泽纪闻》，江苏广陵古籍刻印社1989年影印本。

② 《松窗梦语》卷八《铨部纪》。

③ 《明会典》卷二〇九《都察院·风宪总例》。

④ 《明臣奏议》卷六《陈治道疏》。

⑤ （明）孙承泽：《春明梦余录》卷四八《都察院》。

除荐举外，也采取初授的方式选补监察官。据《明史》卷七一《选举志三》，“太祖尝御奉天门选官且论毋拘资格……给事、御史亦初授、升迁各半”。永(乐)宣(德)以后，渐循资格，加之初授者缺乏经验，一时难以承担察吏谏言的职责，逐渐为考选的方式所取代。

考选分定期考选与临时考选。定期考选，万历以后规定每三年一选，考选后由吏部、都察院协同注拟授职，优者授给事中，次者授御史，又次者以部曹用。临时考选，是针对给事中、御史出缺，随时考选补充。考选由吏部会同都察院负责，或策以时务，或试以章疏。经过从公校阅，由吏部和都察院共拟名单，呈皇帝钦批。

对于都御史及副都御史的选任，主要采取“廷推”的方式。“凡尚书、侍郎、都御史、通政使、大理卿缺，皆令六部、都察院、通政司、大理寺三品以上官廷推。”①廷推的对象多为地方按察使，如“(王文)永乐十九年进士，授监察御史，持廉奉法，……迁陕西按察使，……正统三年正月，擢右副都御史，……寻迁右都御史。……寻进左都御史。”②“(李裕)景泰五年进士，授御史。天顺中，巡按陕西。……以才擢山东按察使。……进右副都御史。”③

给事中的选任基本同于御史，但对都给事中的人选极为慎重，“正统中，给事中张固言，六科都给事中员缺，乞选各科年深者，以次递补。英宗曰：‘给事中乃近侍之官，凡政令得失，军民休戚，百官邪慝，举得言之。况都左右给事中，为之领袖，非识达大体者，不可畀也。’固乃欲循资而用之，不亦舛乎”。④

由于监察官职司察吏，因此严格任官回避制度，据《明会典》：“洪

① 《明会典》卷五《吏部》。
② 《明史》卷一六八《王文传》。
③ 《明史》卷一六〇《李裕传》。
④ 《续文献通考》卷五二《选举考·举官下》。

武元年令，凡父兄伯叔任两京堂上官，其弟男子侄有任科道官者，对品改调。”《明史·职官一》也载有“大臣之族不得任科道，僚属同族则以下避上”。例如，许诰为刑科右给事中，后其父升任兵部尚书，许诰遂改任翰林院检讨，便是依“故事，大臣子不得居言职”①行事。

明代选任监察官的制度化与法律化，对于保证监察官队伍的整体素质起了重要的作用，以至在专制主义和宦官政治的双重高压下，却涌现了一大批历代少有的刚正不阿的科道官，对于推动官僚机构的正常运转，维持明朝的国祚，起了一定的作用。

（二）监察官的考核

明朝对一般官吏的考核分为考满与考察两种。考满是对官吏在任期内的德、才、劳进行综合考核。三年曰初考，六年曰再考，九年曰通考。考察是定期对各级各类官吏同时进行全面考察，京朝官六年一次，地方官三年一次。由于监察官权重察广，直接听命于皇帝，因此，考满考察之法不仅适用于监察官，而且还专定监察官的考察法，如《责任条例》《巡抚六察》《巡按七事》《满日造报册式》《监纪九款》等。此外，历朝皇帝颁发的诏谕也是监察官必须遵守的行为规则和考核监察官的主要依据。

洪武二十六年定《科道官考满法》：“监察御史从都御史考核，给事中从都给事中考核，都给事中从本衙门将行过事迹并应有过犯备细开写送本部（吏部）考核。”②都察院首领官也由都御史考核，从而明确了考核监察官的权力归都察院和吏部行使。监察御史差满回道考察，由都察院堂上官查勘考察；称职者具奏照旧管事，不称职者奏请罢黜。此外，按察司堂上官，从吏部、都察院考察，属官从巡按御史、按察司考察，

① 《明史》卷一八六《许进传》。
② 《明会典》卷一二《吏部一一·考核》。

御史由都察院堂上官考察，六科给事中由吏部会官考察。

监察官考核的周期同于一般职官，但也有例外，如嘉靖四十五年议准："南直隶印马、屯田御史，云南、贵州、广东、广西、福建、四川巡按御史，不拘三、六年，若满期已过，差事未完，不得赴京。及南北各差未完，而考满及期遇有升迁事故者，俱许具由呈部……其余各差御史照旧例，事完回京补考。"①

对于监察官的考核标准，特别是对于巡按御史的回道考察标准极为详明。嘉靖十三年，正式制定了《满日造报册式》二十八条，作为巡按御史满日回道考核的标准。主要内容是：荐举过文武职官若干员，礼待过文武职官若干员，纠劾过文武职官若干员，戒饬过文武职官若干员，举明过孝义节妇若干起，问革过文武职官若干员，查理过仓库钱粮若干数，提督过学校生员若干名，兴革过军民利病共若干事，存恤过孤老若干名口，会审过罪囚若干起，问理过轻重罪犯若干起，追过赃罚若干数，督捕过境内盗贼若干名，督修过城壕圩岸塘坝共若干所，禁约过嘱托公事若干起，禁约过非法用刑官若干员，禁约过克害军士若干起，禁约过仓粮奸弊若干起，禁约过军民刁讼若干起，禁约过科害里甲若干起，禁约过罚害军民若干起，禁约过淹禁罪囚若干起，禁约过科差奸弊若干起，禁约过土豪凶徒害人若干起，禁约过赌博为非若干起，禁约过民间奢侈若干事，完销过勘合共若干起。②

以上可见，监察官回道考察的内容涉及吏治、司法、治安、文教、社会风俗等诸多方面，从这个侧面也显示了巡按御史职权之广泛与作用之重要。而以量化作为考核的重要依据，反映了监察立法在技术上的进步。

---

① 《明会典》卷一二《吏部一一・考核》。

② 《明会典》卷二一一《都察院・回道考察》。

除此之外,在《按察司官造报册式》中也详载按察司官的考核标准,如:

"每季终,将所属州县驿递等衙门各应付过关文夫马船只廪给并钱粮数目,备细造报;

每季终,将巡按御史并布按二司官,巡历地方有无从兵快人马众多及随带官员人等,盛设饮食供账之具,以劳州县等项,开报;

每季终,将巡按御史并布按二司官各巡历地方及回省日期,开报;

每年终,将本司官行过事迹,除荐举、礼待、纠劾、戒饬文武职官及举明孝义完销勘合外,其余与巡按御史同者,共二十一件,备细开报;

每年终,将奉到府部院一应勘合,已未完数目,开报;

每年终,将所属府州县卫所等衙门,查盘过各仓积贮稻谷多寡数目,造报;

每年终,将各衙门见役吏典备细脚色并问革过吏役招由,造册备考;

每年终,将所属地方已未获盗贼数目,开报;

每年终,将问过充军犯人姓名、乡贯,要紧略节招由,编发过卫,分起程日期,造册奏缴;

每年终,将所属地方疏通过水利缘由,造册申报;

每年终,将追解过赃物数目,备造奏报。"①

需要指出,明朝对御史、按察使考核的标准虽然明确和具体,但仍无法避免在考核过程中贿赂请托的种种弊端。何况考核的结果都要取自上裁,以致经常被帝意所左右。值得关注的是,明朝以立法的形式严格规定了考核不实应承担的法律责任。如《考察通例》规定:"凡内外官遇该考察,有央求势要嘱托者,即以不谨黜退。"②"朝觐考退官员,果

① 《明会典》卷二一一《都察院 · 回道考察》。

② 《明会典》卷一三《吏部一二 · 考察通例》。

有执法被诬夺职,许大臣言官即时论辩,吏部查访可否,具奏定夺。”①这些规定虽然未能全部实施,但却提供了有价值的立法经验。

如果说对监察御史、按察使的考核标准是具体的,那么对言官的考察标准,除一般的忠君、正直、敢言、敢谏之外,缺乏具体的规定。弘治年间,吏部主事孙磐上疏:“请定律,言者为四等,最上不避患害,抗弹权贵者;其次,扬清激浊,能补阙拾遗;又其次,建白时政,有裨军国,皆分别擢叙。而粉饰文具、循默不言者,则罢黜之。庶言官知警,不至旷瘝。”②但由于孙磐人微言轻,尽管他提出的对谏官考核的四等标准是切合实际的、具有针对性的,却没有被采纳。

（三）监察官的黜陟

由于监察官系耳目风纪之司,地位身份特殊,因此,任满黜陟皆取自上裁。一般说来,“都给事中有缺,于左、右给事中内,左、右给事中有缺,于给事中内,具奏升用”。③ 若都给事中再升,可至“太常太仆、少卿,尚宝卿等官”。④ 若外派,都给事中多升为布政司参政;左、右给事中多升为府通判、州同知等州佐贰官。御史的升迁,“国初御史,三考无过,仅升主事也”。“非转京堂,止得副使,满九年亦然。”⑤万历年间,御史升迁,外则为布政使司参政,内则为四、五品京官,与都给事中大致相同。

科道官的升迁,一般较普通官员快速,以致有所谓“官由科道升者,每苦太速”⑥之说,这反映了皇帝的钦重。

对监察官的罢黜,也要奏请上裁。如巡按御史经都察院堂上官

① 《明会典》卷一三《吏部一二 · 考察通例》。

② 《明史》卷一八九《孙磐传》。

③ 《万历会典》卷五《推升》。

④ 同上。

⑤ （明）沈德符:《万历野获编》卷一一《科道俸满外传》。

⑥ （明）杨士聪:《玉堂荟记》,长沙商务印书馆 1939 年版。

考察不称职，奏请罢黜。宣德三年，邵玘为南京副都御史，奏报罢免御史不称职者十三人。同年，顾佐为右都御史，奏黜御史不法及老、病者二十余人。正统初年，考察御史，不称职者十五人，奏报之后全被降黜。

监察官除依法获得行使监察权的保障外，也须遵守各种制度限制和纪律约束。譬如，监察官回避制度规定：御史巡历地方，如系原籍或曾历仕寓居处所，必须回避；在办理公务中，如涉及有仇嫌之人，必须移文陈说回避；此外，任两京堂上官的弟男子侄不得任监察官。

在纪律约束方面，《宪纲》提出了总的要求："风宪之任至重，行止语默，须循理守法，若纤毫有违，则人人得而非议之。……在我无瑕，方可律人。"而在《宪体》中进而作出了明细的规定，如：巡按不许擅令官府和买货物，私役夫匠，多用导从、铺陈，以张声势；饮食供账，只宜从俭，不得纵容官吏出城迎送，亦不得盛张筵宴，邀请亲朋；官吏禀事，除公务外，不得问此地出产何物，以防下人窥伺作弊；不许于各衙门嘱托公事，不得带一家眷等等。这种纪律约束不同于宋朝的《监司互监法》，而是启迪监察官主观自省克己尽责的意识，从而将强制性的监察官的纪律约束变成自觉的自律，这可以说是明朝监察法纪建设上的创新之举。

由于监察官的主要任务是纠正官邪，重在察与纠，否则即为失职。《宪纲》中规定："凡监察御史、按察司官巡历去处，所闻有司等官守法奉公，廉能昭著，随即举闻。若奸弹废事、蠹政害民者，即便拿问。其应请旨者，具实奏闻。若知善不举、见恶不拿，杖一百，发烟瘴地面安置，有赃从重论。"监察官之间"但有不公不法及旷职废事，贪淫暴横者，许互相纠举，毋得徇私容蔽"。按察司官也可以纠巡按失职。①

---

① 《明会典》卷二〇九《都察院一·纠劾官邪》。

有明一代因失察不举而被追究法律责任的监察官，累朝不绝。如万历十三年，“谕六科十三道，迩来风尚贿嘱，事尚趋附，……汝等职司言责，……职位何在？本都该拿问重治，姑且从轻各罚俸一年。”①尤其是对监察官“受财、求索、买卖、科征或馈送、或行借贷”，要照庶官常律加二等科刑。律学家王肯堂在《大明律笺释》中说：“盖风宪官吏职司纠察，即自犯赃，何以肃人，其加等治之宜也。”②正统七年十一月，御史时纪派往陕西途中枉道回家娶妾，事闻，诏逮纪下狱，并就此下谕：“朝廷以纪纲为首，御史职纪纲之任，不可不慎择也。自今差官出外，必精选知礼义廉耻，明达大体，无贪污淫秽之行，然后遣之，仍严加戒饬。庶几纪纲以正，不辱朝廷之使命。敢有不遵戒饬，违礼犯法者，尔堂上官即具实举奏，以凭降黜。若徇情党比，以致贤否混淆，旷职废事，并罪不宥。”③

综括上述，明朝对监察官的管理基本做到了有法可依，有章可循，程序严密，措施具体，不仅有利于形成一支兼有文化素养与品质端正的监察官队伍，也在一定时期起到了整肃吏治，纠弹官邪，查实不法，整饬纲纪，开阔圣聪的作用。其法律规定之充实和具体，为清朝《钦定台规》的制定提供了历史的范式。

第三节　渐趋完备的监察立法

明朝的监察法在传承宋元监察法的基础上，有了进一步发展，主要表现为都察院法规、六科给事中法规与地方监察法规内容上的完备性，

① 《万历邸钞》（上册）。
② （明）王肯堂：《大明律笺释》卷二三《刑律六·受赃》。
③ （明）徐学聚：《国朝典汇》卷五四《御史》。

以及法典化趋势的加强。

一、《宪纲》

早在吴元年正月，朱元璋"命按察司佥事周浈等定议按察事宜，条其《宪纲》所当务者以进，谕之曰：风宪纪纲之司，惟在得人，则法清弊革。人言神明能行威福，鬼魅能为妖祸，尔等若能兴利除害、辅国裕民，此即神明；若阴私诡诈、蠹国害民，此即鬼魅也。凡事当存大体，有可言者勿缄默不言，有不可言者勿沽名卖直。苟察察以为明，苛刻以为能，下必有不堪之患，非吾所望于风宪矣"。①

洪武四年正月，"御史台进拟《宪纲》四十条，上览之，亲加删定，诏刊行颁给，因谓台臣曰：元时任官，但贵本族，轻中国之士，南人至不得入风宪，岂是公道。朕之用人惟才是使，无间南北，风宪作朕耳目，任得其人，则自无壅弊之患。殿中侍御史唐铎对曰：臣闻元时遣使军抚百姓，初出之日，四方惊动，及至略无所为而去，百姓为之语曰奉使宣抚问民疾苦，来若雷霆去若败鼓，至今传以为笑，今陛下一视同仁，任官惟贤，尤重风宪，明立法度，所以安百姓、兴太平、天下幸甚，臣等敢不精白一心钦承圣意"，②《宪纲》是为有明一代最早的监察立法。其主要内容是关于御史的选用与职权方面的规定。太祖曾说："朕之用人，惟才是使，无间南北。风宪作朕耳目，任得其人，自无壅弊之患。"③

洪武六年四月，"重刊律、令、宪纲，颁之诸司，从监察御史答禄与权言也"。④

洪武二十三年，制定《责任条例》，规定："按察司治理布政司、府州

---

① 《明太祖实录》卷十九。
② 《明太祖实录》卷六〇。
③ （明）徐学聚：《国朝典汇》卷五四《御史》。
④ 《明太祖实录》卷八一。

县，务要尽除奸弊，肃清一方，耳目有所不及，精神有所不至，巡按御史方乃是清。倘有通同贪官污吏，以致民冤事枉者，一体究治”①。

洪武二十六年，在推行重典治吏政策的基础上，完善了以《宪纲》为代表的监察法。据《大明会典》卷二〇九，“洪武二十六年定：左右都御使、副都御使、佥都御史，职专纠劾百司，辩明冤狱，提督各道，及一应不公不法等事。其属有十二道监察御史，凡遇刑名，各照道分送问发落。其有差委监察御史，出巡、追问、审理、刷卷等事，各具事目，请旨点差”。② 之后，惠帝、成祖、仁宗、宣宗历朝对《宪纲》均有所增补。至英宗正统年间，《宪纲》已成为颇具规模的监察法规。

《大明会典》卷二〇九载：“及正统中所定《宪纲条例》甚备，各以类分列。”《明英宗实录》卷六十载，正统四年十月庚子，英宗“敕谕行在礼部、都察院曰：朝廷建风宪，任之耳目，纲纪之寄，所以肃百僚而贞百度也。宪纲之书，肇于洪武，厥后官制不同，所宜因时改书，而中外宪臣，往往有任情增益者。我皇考宣宗章皇帝，临御臣下，屡以为言，遂敕礼部同翰林儒臣，考洪武旧文而申明之。并以洪武、永乐以来，祖宗所定风宪事体著在简册者，悉载其中，永示遵守，而益之以训戒之言。凡出臣下所增益者，并削去之。书成，先皇帝上宾，未及颁行。朕嗣位之初，切以风宪为重，敕有司严选，务在得人。外之宪臣，复以宪纲为言。朕今于先朝所考定中，益以见行事宜，尔礼部即用刊印，颁布中外诸司遵守。尔都察院其下各道御史及在外按察司官，钦遵奉行。在洪武以后宪纲，凡系臣下自增者不用。敢有故违，必罪不恕。钦哉”。

《宪纲》主要内容如下：

“正统四年定：凡都察院，并监察御史、按察司，纲纪所系，其任非

① 《明会典》卷一二《责任条例》。

② 《明会典》卷二〇九《都察院·风宪总例》。

轻,行事之际,一应诸衙门官员人等,不许挟私沮坏,违者杖八十。若有干碍合问人数,敢无故占吝不发者,与犯人同罪。

凡都察院官及监察御史、按察司官吏人等,不许于各衙门嘱托公事。违者比常人加三等,有赃者从重论。

凡监察御史行过文卷,从都察院磨勘。按察分司行过文卷,听总司磨勘。如有迟错,即便举正。中间果有枉问事理,应请旨者,具实奏闻。

凡监察御史、按察司官巡历去处,所问公事有拟断不当者,都察院按察总司随即改正。当该吏典罪之如律,仍将原问御史,及分司官拟断不当事理,具奏得旨方许取问。

凡告有司官吏人等取受或出首赃私等事,直隶赴巡按监察御史,在外赴按察司,并分司及巡按监察御史处陈告。追问明白依律施行,其应请旨者奏闻拿问。若军官有犯,在京从都察院,在外从巡按监察御史、按察司并分司,密切奏请施行。其各都司及卫所首领官有犯,即便拿问。

凡监察御史、按察司官巡历去处,所闻有司等官守法奉公,廉能昭著,随即举闻。若奸贪废事,蠹政害民者,即便拿问,其应请旨者,具实奏闻。若知善不举、见恶不拿杖一百,发烟瘴地面安置。有赃从重论。

凡国家政令得失,军民利病,一切兴利除害等事,并听监察御史、按察司官各陈所见,直言无隐。若建言创行事理,必须公同评议,互相可否,务在得宜,方许实封陈奏。

凡按察司官,断理不公不法等事果有冤枉者,许赴巡按监察御史处声冤。监察御史枉问,许赴通政司递状,送都察院申理。都察院不予理断,或枉问者,许击登闻鼓陈诉。

凡都察院及按察司吏典,须于考退生员与应取吏员相参补用,不许用曾犯奸贪罪名之人。

凡都察院合用笔墨、心红,具奏劄复京府。按察司合用笔墨、心红、纸劄，行移附郭府分。监察御史、按察分司巡历去处，合用纸、笔、朱、墨、灯、油、柴、炭，行移所在有司，并支给官钞收买应用，具实销算。”①

以上可见，《宪纲》赋予监察御史、按察司官以广泛的职权，所谓“纲纪所系，其任非轻”，而且行事之际诸衙门官员必须配合，否则治罪；但如所问公事拟断不当，由都察院、按察总司随即改正，受贿请托者从重论。如果知善不举，见恶不拿处重刑。作为天子的耳目，也要求他们对于政令得失、军民利病、一切兴利除害等事，各陈所见，直言无隐，以通上下之情。但如欲建言创行事理，必须公同评议，务在得宜之后，方许实封陈奏。《宪纲》是明代监察立法的总纲，具有重要的指导意义。

嘉靖六年九月，“张璁以署都察院，复请考察诸御史，黜蓝田等十二人，寻奏行《宪纲》，②是对《宪纲》的补充。据《南台旧闻》辑录《南京都察院志》中张孚敬申明宪纲疏，七条内容为：

“一、宪纲开载：都察院、按察使司堂上官及首领官、各道御史、吏典，但有不公不法等事计，互相纠举，今后巡按御史弹劾三司不职者，吏部即斟酌举行，按察司官果有能纠巡按失职者，亦应吏部查说，不许科道官挟私报复，其巡按清军、巡监、刷卷，御史同事地方，固宜同寅协恭，亦须互相纠察，以清宪体。

一、宪纲开载：监察御史巡历去处，不许出郭迎接，方面官相见左右对拜分座，自后不许伺候作揖，奈积谀成风，卑恭过甚。今后接见之间，务要依宪纲旧礼，敢有倨肆违背，本院考察不职，三司官不知自立，仍前献媚者，吏、兵二部即坐疲软。

一、宪纲开载：凡监察御史各道按察司官，每出巡审囚、刷卷，必须遍历，不拘期限，近来巡按差出者，半年未见莅任交代者，旬月不出省

① 《明会典》卷二〇九《都察院·风宪总例》。

② 《明会要》卷三三《职官志》。

城,今后御史点差,各照水程赴任,仍具某年月日交代某年月日,按某地方呈报本院查考,违限怠事者,定行恭究。

一、宪纲开载:监察御史巡历去处,如有陈告官吏不公等事,须要亲行追问,近有不待陈告专事访察者,亦有不亲受理转委下司者,今后不许访察滥及无辜,其必须自下而上,果有断理不公,方行受理情重者亲审,本院发下勘合,必须对款情理,回报事完,考察完过六七分,方与回道管事。

一、宪纲所载:巡按所至,博採诸司官吏行止。廉勤公谨者,礼待之,荐举之,汙滥奸佞者,戒饬之,纠劾之。近来荐举滥加于庸流,弹劾下及于丞尉,今后历任年深政迹卓异者,方许保举,五品以上赃迹显著者,指实参奏,若是下官不职,审实提问,不必一槩劾科,有妨宪体。

一、宪纲开载:风宪之官,当存心忠厚,其于刑狱,尤须详慎,苟不问事情轻重而淫刑以逞,锻炼之下,死伤必多。凡一切酷刑之具,皆宜屏去不用,死刑重事必须亲审无冤,庶体圣明钦恤之至意。

一、宪纲开载:分巡所至,不许多用导从、饮食、供帐,只宜从俭,今后巡按自巡捕官获印皂隶清道之外,不许多带人马随行。凡设彩铺毯无名供馈之属,一切不用其有分外奉承者定治以罪。”

同年十月,胡世宁为左都御史,条上《宪纲》十余条。此前,禁止御史私谒,世宁不以为然,奏曰:“臣官以察为名,人非接其貌,听其言,无由悉其才行”,“帝以为然,遂弗禁”。① 可见,胡世宁奏上的《宪纲》,当属御史履行职责应遵循的行为准则。

二、纠劾官邪规定

洪武十五年,废除相制以后,明太祖权力进一步集中,为了防范大

---

① 《明史》卷一九九《胡世宁传》。

臣“构党为非”，特于洪武二十六年颁布《诸司职掌》，其中，有关纠劾官邪的内容如下：

洪武二十六年详列都察院对于文武百官违法失职，予以奖惩的四条规定：

“凡文武大臣，果系奸邪小人，构党为非，擅作威福，紊乱朝政，致令圣泽不宣，灾异迭见，但有见闻，不避权贵，具奏弹劾；

凡百官有司，才不胜任，猥琐阘茸，善政无闻，肆贪坏法者，随即纠劾；

凡在外有司，扰害善良，贪赃坏法，致令田野荒芜，民人受害，体访得实，具奏提问；

凡学术不正之徒，上书陈言变乱成宪，希求进用，或才德无可称述而挺身自拔者，随即纠劾，以戒奔竞。”

太祖以后，英宗、武宗、世宗代有增补。

正统四年定，“凡风宪任纪纲之重，为耳目之司。内外大小衙门官员但有不公不法等事，在内从监察御史，在外从按察司纠举。其纠举之事，须要明著年月，指陈实迹，明白具奏。若系机密重事，实封御前开拆，并不许虚文泛言。若挟私搜求细事及纠言不实者，抵罪”。

“凡纠举官员，生杀予夺，悉听上命。若已有旨发落，不许再劾。”

“凡都察院、按察司堂上官及首领官，各道监察御史、吏典，但有不公不法及旷职废事、贪淫暴横凌虐，皆当纠劾，毋得徇私容蔽。其所纠举，并要明具实迹奏请。按问明白，覆奏区处。其有挟私妄奏者抵罪。”

正德元年，“令凡不公不法之事，奉有明旨令科道官记著者，务要即时纠举，不许隐匿遗漏”。

正德十四年，“令抚按不许互相荐举，如有不公不法，仍照宪纲互相纠劾”。

嘉靖二十七年提准，“凡巡按御史弹劾，三司不职，按察司官亦得纠巡按失职，不许科道官挟私报复。巡按清军巡监刷卷，御史同事地方，固宜同寅协恭，亦要互相纠察，以清宪体”。①

三、六科监察法规

明朝六科给事中是另一独立的监察系统，为规范其职权与活动，详定专门的监察法规。从立法体系来看，明朝六科监察法规可以分为总则和分则两个部分。前者为“六科通掌”，主要规定了给事中的权责和权限范围；后者为六科的权限及其工作细则。据《明会典》记载，六科通掌三十五条，另有吏科二十条、户科二十五条、礼科十六条、兵科三十五条、刑科十三条、工科十八条。

（一）六科通掌

六科通掌主要条款如下：

“凡每日早朝，六科轮官一员，于殿廷左右，执笔记录圣旨，仍于文簿内注写某日某官某钦记相同，以防壅弊。

凡各衙门题奏本状，奉旨发落事件，开坐具本。户、礼、工、兵、刑五科，俱送吏科。每日早朝，六科掌科官，同于御前进呈。

凡内官、内使传旨，各该衙门补本覆奏，再得旨，然后施行。

凡六科每日收到各衙门题奏本状，奉有圣旨者，各具奏目送司礼监交收，又置文簿陆续编号，开具本状，俱送监交收。

凡六科每日接到各衙门题奏本章，逐一抄写书册，五日一送内阁，以备编纂。

凡礼仪边务等事，及军民人等陈言有关大体者，掌科官奉旨同文武大臣会议。弘治元年题准。假以陈言希进，市恩报怨，及分更旧法者，

① 以上均见《明会典》卷二〇九《都察院·纠劾官邪》。

参驳究治。

凡内阁及吏、兵二部尚书，在外总督总兵，奉旨会推，掌科官皆预。

凡两京大臣方面等官，有不职者，俱得劾奏或大班面劾，及诸人有不公不法等事，俱得劾奏。正德元年题准：若系重事，特旨令科道记著者，即时纠举，不得隐漏。

凡三年天下诸司官朝觐，除考察黜退外，其存留官员，公事未完等项，大班露章面奏。嘉靖六年题准：被诬夺职者，各科即时论辩。

凡一应题奏本，成化十三年题准：若有违碍事情，及字样差讹，洗补迹污等项，参出该衙门抄行。

凡各衙门援不为例事奏请者，正德三年令该科指实劾奏。

凡各衙门抄出该科参语，正德十六年题准：俱要写入本内覆奏，及行在外勘事衙门。若任情增减削去者，指实劾奏。

凡文武官违例乘轿及武职上马用交床，出入乘小轿者，嘉靖五年题准：听六科纠劾，从重罚治降调。

凡各衙门题奏本奉到圣旨，堂上官一员随赴本科，批押于后。

凡各衙门题奏过本状，俱附写文簿，后五日，各衙门俱发落日期，赴科注销，过期延缓者，参奏。

凡在外司府衙门，每年将完销过两京六部行移勘合，填写底簿，送各科收贮，以备查考。

凡内外一应章奏，该部院题覆，行各府按官俱立限奏报，仍具考成簿二扇，每月赴科倒换，并开已未完手本注销。每上下半年，各科将过限未完事件，并扶按职名先行，该部查明，类送应题科分，查覆欠数多寡，具本题参。

凡登文鼓楼，每日各科轮官一员。如有申述冤枉，并陈告机密重情者，受状具题本封进。其诉状人先自残伤者，参奏。如决囚之日，有诉冤者，受状后，批校尉手，传令停决候旨。嘉靖七年议准：重囚家属，于临决前一日,即诉鼓状,薄暮封进。

凡遇闸朝,给事中二员,分东西班,与纠仪御史,会同鸿胪寺、锦衣卫清查。

凡各卫该朝官,各具职名,置卯历一扇,轮送各科。每日早,各官赴科领历画卯,仍将前历送科,月终查考。若五卯以上不到者,参究。

凡各衙门大小官员,公差患病,开注门籍,文职属吏、户、礼三科轮掌,武职属兵、刑、工三科轮掌,各衙门有堂上印信手本到科,方准收照备注。

凡每岁大祀天地,都给事中入坛陪祀,给事中各一员,从驾供事,嘉靖十五年题准:凡遇宗庙祭祀,都给事中俱令陪祭。

凡遇圣驾亲行耕籍礼,各科掌印官陪祀,给事中各一员供事,一体侍宴。凡遇圣驾上陵,各科官扈从。

凡大阅演武,遇圣驾亲临,各科掌印官各一员随从。

凡殿试举人,掌科官充受卷等执事官。

凡礼部会试,科官三员充同考试官。兵部武举会试,掌科官二员充同考试官。

凡册封宗室及蕃王,或告谕夷邦,以各科官充副使或正使。

凡三法司奉旨于武门前鞫问罪囚,掌科官亦预。

凡六科掌印员缺,俱该科左右等给事中具题,请旨署印,如一科全缺,吏科具题,以次序相应官员署掌。

凡六科员缺,如本科都左右给事中止有一员,而各科官多者,许坐名题请一员,暂委协理,候本科官到日,仍回该科。

凡各科左右给事中缺至五员以上,吏科开缺。送吏部题缺增补,各官历俸,照依次序开列。如遇都给事中员缺,即日开缺,送部具题。

凡各科官员并监生俸粮,于通政司带支,今自行关支。

凡各科官员并监生,每日酒饭俱光禄寺供给。

凡各科公用纸劄，每季面奏取旨，春秋二季于刑部，夏冬二季于都察院关用。印色，顺天府买用。

凡各科行移各衙门，俱经通政司转行。"①

六科通掌主要规定了六科共同的权责以及各科互相协同的职司。主要职掌是：上至朝廷礼仪、军事边防等国家军政要务，下至文武官员乘轿骑马的违法失仪等，均纳入监察范围；对文武大臣所上章奏以及军民人等所言利病一并监察；特别是参与受理百姓京控案件和三法司奉旨审理的重大案件，就便行使监察权。

（二）各科监察法规

1. 吏科监察法规

主要如下：

"凡吏部引选文职官员，掌科官一员，与本部尚书侍郎同赴御前请旨选用，并看用选官印子，填写榜文。

凡吏部选除在外衙门官员，该领赴任文凭，俱先赴本科，画字定限，考满官复任同。如在京领凭后患病，未即出京，在外因公事稽迟，未即离任，具奏具状到部，告改凭限者，亦送科定改发行。

凡吏部初选有司官，该领为政须知，俱先赴本科画字。

凡吏部累次选过官缺，除大选外，每一月，或两月，堂上官赴科附簿，以备查考。

……

凡尚宝司奏过文职官员，合给诰敕用宝，本科官、中书舍人、吏部验封司官，同赴皇极门监视。其合追夺，从吏部奏缴者，亦会本科官烧毁。

……

凡天下诸司文职官员，考满到京，各俱给由奏本文册，送科稽考。

---

① 《明会典》卷二一三《六科·吏科》。

其有违限差错等项,俱参出施行。

凡督抚官三年考满到部,俱以交代入境之日为始,足三十六个月为一考。其在京、在途月日,俱不准。如月日不足,未满先奏,及隐匿过名者,本科参奏。

凡天下诸司官吏,三年朝觐到京,奏缴须知文册到科,查出钱粮等项数目差错者,经该官吏参奏究治。

凡外官三年考察,京官六年考察,自陈之后,本科官同各科具奏拾遗。

凡各衙门大小官员,不由吏部铨选推举、经自朦胧奏请乞恩傅旨升除等项,本科参出施行。

凡杂流异途出身,及年远违例,妄行陈乞录荫者,本科参奏治罪。

……

凡吏部推升官员、正德四年题准,若将才力不及改除教授等官,朦胧奏升有司者,本科劾奏。

凡内外衙门,及巡抚、巡按等官,保举官员未当,或交通嘱托,徇私滥保者,抚按等官复命。将任浅官员既荐,及有举无劾,或将已致仕官员混劾充数者,各差御史,于本等职业之外,滥保市恩者,俱听本科参出,请旨究处。

凡各处领敕方面官员,嘉靖二十七年令,抚按官不许辄放离任,违者本科纠奏。"

另据南京吏科监察法规:

"凡两京四品以上官,每六年例于各官自陈之后,有不职者,本科会同各科,具本纠劾。"①

根据《明史·职官志三》载:"凡吏部引选,则掌科同至御前请旨。

① 《明会典》卷二一三《六科·吏科》。

外官领文凭,皆先赴科画字。内外官考察自称后,则与各科具奏,拾遗纠其不职者。”

吏科监察法规的内容相当严密细致,特别是对违法违例分别规定了参出、参奏、劾奏、请旨究处、纠参等不同的处理手段和程序,表现了明代监察法制的进步。

2. 户科监察法规

主要如下:

“凡有司征收秋粮,南京户部照例刊印勘合,给付粮长。将本区合征税粮,依期送纳。各该仓库,填写实收数目奏缴。其勘合,仍送本科注销。

凡漕运钱粮,每年终,户部各司具手本赴科注销。

凡各盐运司、提举司合办盐课,年终具办完实数,告册奏缴,就差该吏赴科注销。

凡户部差官监收各处粮米,及钞关船料钱钞,本科赴司礼监领精微勘合批文一道,定限给付,岁满更替回还,仍将原批赴监查明,送本科销缴。

凡各边钱粮,成化二十一年题准:巡抚都御史、郎中等官造到文册,户部查明造青册八本,每年八月终题知。堂上官并该司郎中,送科批押收候。各处报到收放数目,赴科添注注销。迟错故违等项,本科纠举。其辽东、宣府、大同、延绥,宁夏每季终,甘肃每半年,造册奏缴送科。

……

凡巡视各处牧马草场,及种苜宿园地,本科与各科官轮差。嘉靖七年题准:户部委官,每月科官旗呈报到牛马收除实在数目,开报本科并巡视官稽考。其各仓场内使,及养马指挥、千百户,有勤能廉静或贪刻废弛者,年终听本科及巡视官,察其畜产繁耗,指实旌劾。若私占旗军包纳月钱,及内外官军医兽,倒死喂养马牛等畜,提督等官故纵容隐者,指实参奏。嘉靖二十七年题准:兼管京伍草场。

凡各边盐粮,成化四年题准:内外官豪包占开中者,本科参奏。嘉靖六年题准:奏讨残盐余盐减价报中,任场买补,不候挨单者,本科查参。

凡违例奏讨地土,混占侵赖者,本科参奏。

凡户部关给京官折俸绢布等物文册到科,及各卫开具关给数目,送科挂号,磨算差者,参奏。

……

凡顺天府宛大二县,及通州铺户,成化十二年议准:十年一次,差科道官清理。嘉靖十三年题准:本科给事中一员,会同御史审编。

凡每年户部将五府、六部、都察院、国子监并京通武成中等卫,长安等四门仓,一应见在粮斛数目,磨算明白,分豁廒座,各另造册,奏闻送科,收候各衙门放过粮斛,照数注销。”

另据南京户科监察法规:

“凡南京文武衙门,月支粮料,及内府九库收放钱粮,每月造册赴本科注销。”①

经济监察向为历代监察的重点,明代户科的主要职责为“监光禄寺岁入金谷,甲字等十库钱钞杂物,与各科兼之,皆三月而代。内外有陈乞田土,隐占侵夺者,纠之”。从上述户科监察法规的内容看,户科给事中对户部财政收支的情况进行监督,主要是对钱粮之收支、盐运之执行、地方仓储之保管、田土之占用,以及私吞钱粮、豪占侵夺田土等违法违例的行为严格查处,以确保国家经济秩序的稳定发展。

3. 礼科监察法规

主要如下:

---

① 《明会典》卷二一三《六科·户科》。

“凡每日各衙门御前面奏，并封进奏本等项事理，俱先具印信奏目，送本科类写，送司礼监进呈。

凡御史出巡印信，及镇巡等官关防，俱从本科画字，出给字号关缴。

凡朝参官员，关领牙牌及改造者，俱从礼部手本，赴本科画字，出给字号，赴尚宝司关领。

凡差官出使外国，嘉靖二十四年令，选差仪度修伟官员，不许一概轮差，或所用非人，本科纠举。

凡内外给由公差官吏人等朝见，本科官引奏该衙门整理。

凡行庆贺大礼，导驾官十员、导表二员，传制导驾员数同。东宫行庆贺礼，导驾、导笺各二员。郊祀庆成，侍宴官每科一员，俱本科查取职名，转送礼部。

凡经筵，本科照序取各科官二员侍仪。

凡奏讨蟒衣、飞鱼等衣，弘治十三年题准：除文武大臣，并各处镇守、守备等官，果有勋劳德望，特恩给赐外，若有夤缘比例奏讨者，本科参劾。

凡大臣曾经纠劾削夺，公论不与者，弘治四年令本科记著，不许滥请赠谥。

凡祭葬赠谥、荫子，正德二年题准：三品以上，未经三年考满，未及关诰命，违例陈请者，本科纠奏。

凡礼部填发各王府名封婚礼等项勘合，及行两直隶、十三布政司各项勘合，每季终，精膳司将发过日期开造文册，送科备照，候销缴稽查。”

另据南京礼科监察法规：

“凡南京各衙门差官等项精微批文，俱赴本科附簿，回日注销。”①

礼仪之得失关系朝廷之权威和尊严，是不容许受到任何挑战的。

---

① 《明会典》卷二一三《六科・礼科》。

就职掌看，礼科主要负责监订礼部的各种仪制，对于出使外国官员的选任、朝廷大臣的赠谥、朝贺大典的礼仪进行监督弹劾。礼科给事中的监察很大程度上维护了皇权神圣的形象。

4. 兵科监察法规

“凡兵部引选袭替武职官员，掌科官一员，与本部尚书、侍郎，御前奉旨同选，并看用选官印子。

凡兵部选过官员赴任，俱先赴本科画字，其文凭，定限给付。

凡内外武职比试，及总小旗併枪，本科官一员，会同监试，定其对偶，并批中否，送兵部施行。其不中者，本科仍行参奏。

凡皇城内外守卫官军，三日更代，每班各卫经历，开写名数，俱奏本，送本科，类写揭帖，次日早，掌科官于御前奏进。及祭享朝贺围宿官军，并朔望车驾侍卫官军，五府各卫，俱开写名数，具启本送本科类写揭帖，先一日，于御前奏进。

凡拣选大汉将军，本科掌印官会选。

凡拣选守卫，及操练官军，本科差官一员会选。

凡在京各衙门公差人员，合给内府批文，俱赴本科关领钥匙，赴司礼监开门给付，事完，仍赴本科关领销缴。

凡登闻鼓下所受状词，并虏中投降男子，该收勇士，夷人习仪该拨马骑，年例打冰、打蓼草等事该拨军士，但奉旨该本科承行者，锦衣卫当直官，填写驾帖，送本科佥名，给与施行。

凡边防险阻关堡，并重要地方，每三年，各边官画图送本科收贮。

凡各边巡抚官，并南北直隶奏差御史，印烙过马驹，及南北太仆寺、苑马寺、各都司等衙门，印表过马牛等数，及天下给过驿马数，南京造过马快等船并差过起数，各造册，送本科收照。

凡天下清军御史，清过军士，三年一造册，巡按御史及二司府州县官，问过充军人，每年一造册，送本科收照。

凡兵部清理在京各卫军士,本科差官一员。

凡每年巡视各仓场,收放马匹官军,本科差官一员。

凡兵部存恤京卫勾到各处军士,每月,本科差官一员。

凡每月巡视官马,本科与各科,轮差官一员。

凡每月单日,巡视皇城宿直官军,本科与各科轮差官二员。

凡南京内官出入公干,并皇城四门出入事件,填过精微勘合将尽,先行具奏。兵部转行本科,将该给勘合,编完字号,赴司礼监用精微印,并附底簿给出,发南京兵科给用。

凡点闸各营操练官军,本科与各科轮差官一员。嘉靖七年题准:三年一换,不时巡历,纠举奸弊。提督坐营等官,卖放役占及贪污庸懦者,指实参奏。

凡各边提督军务等官奏带军民职官锦衣卫旗校。冒滥报功及要求奏带者,本科参奏。

凡武职贤否,嘉靖八年题准:兵部按季将两京五府、各营及亲军卫分堂上管事,在外镇守、分守、守备、方面等官,开写履历、贯址、年岁,及曾经举劾考语,开造揭帖二本,每孟月一日,差官送科。次日早朝,掌科官将一本御前奏进,一本留科查考。

凡厂卫获功人员,每三年一次,类奏核实,遵照格例升赏。嘉靖二十五年令:凡违例者,本科劾奏。

凡锦衣卫官旗校军,有假帮工役,希求恩泽者,本科指实参奏重治。

凡五年一次考选军政官员,两京五府掌印、佥书、公侯伯并管红盔将军侯伯,及锦衣卫堂上掌印、佥书等官,照例自陈。及兵部考察异日,本科会同各科谘访。有不职者,连名具题参劾。

凡各衙门奉差官员,兵部出给勘合,封送本科挂号。如有例外加增者,即行裁革。自外差到员役勘合,赴科销号,验有真正本批,方准换给。每季终,本科官一员,车驾司官一员,将销缴勘合,公同查对。如有假伪并洗改等弊,听本科参究。

凡法司问拟充军,及钦发充军,五府差官押解。每府预将听差官舍姓名,编定次序,具印簿送科。遇有军犯,该府将押解官舍,给付批文,定以限期,赴科登记原簿。回日,仍赴科查销。如有违限,照例参究。”

另据南京兵科监察法规:

“凡南京内府各衙门进出事件,并内官出入,皆有印信大小勘合,填写关防,本科官编成字号,并置底簿。小勘合,用本科印;大勘合,用司礼监印,俱给与守卫官员填写出入事件。填完,小勘合送内府收;大勘合,送本科收,以备查考。

凡南京五军都督府掌印佥书,并锦衣卫堂上官,每五年各官自陈之后,有不职者,本科会同各科,连名具本核奏。

凡南京营务,本科官同南京该道御史,领敕巡视。每年终,照例举劾将领等官。”①

六科之中,兵科员额最多,六科监察法规的条文也以兵科最为详备,计三十五条。兵科监察的范围涉及国家军事机制的各个方面,包括兵部内外官员的选任、考核、轮差和奖惩,一般兵士的充任,充军罪犯的执行,军事装备的维护等等。兵科监察对于保证皇帝掌握军事大权,维护国家的稳定统治,预防各种叛乱的发生起到极为重要的作用。

5. 刑科监察法规

主要如下:

“凡法司送到原报并续收实在囚人数目揭帖,每月三次,本科早朝奏进。

凡法司具奏斩绞罪囚,决不待时,并秋后处决者,本科仍三覆奏,得旨然后行刑。其枭首重犯在狱病故,刑部奏请押赴市曹处决者,本科亦

---

① 《明会典》卷二一三《六科·兵科》。

三覆奏请旨。

凡击登闻鼓诉冤，并锦衣卫等衙门捉获人犯，三法司处决罪囚奉钦依者，俱该锦衣卫值日官，将原给驾帖，填写缘由，并人犯姓名，除鼓下词状，从各科直鼓官批送外，其余俱送本科，列名批钤，以凭送问处决。

凡法司见监斩绞罪囚在狱病故者，具题后，用手本送本科类注，以备覆奏。

凡法司问过罪囚，各用揭帖，每月初一日，轮报各科，查对相同，领精微文簿填写毕，仍类送本科收贮。

凡每年正月初，刑部、都察院开具上年南北囚数揭帖送科，于二月二十一日，转送兵科，次早面进。

凡每月五城兵马司捉获囚数，具奏本，送本科备照。西北二城兵马司，具有无掘挖禁山等项结状，送本科查考。

凡每月初，法司问过军职住俸，京军犯罪，各具报本科附簿，以凭查考。

凡奉旨差官勘问在外事情，本科与各科论差。

凡锦衣卫奉旨提取罪犯，从本科批驾帖。

凡岁终，法司问拟过轻重罪囚，开数送本科类奏。

凡法司奏差勘事审录决囚等项官员，都察院奏差御史巡按，及监生书吏人等，赴各该清军、刷卷、提学、巡盐、巡茶、巡关等项御史处书办，各该请给内府精微批文，各具手本，赴本科，照各批文定限，转发各衙门给付。事完，各赍原批赴本科，转送内府销缴。”

另据南京刑科监察法规：“凡每岁秋后审录重囚，本科与各科官皆预。凡南京五城兵马司，每月捕获过盗数，及奉过各衙门发问犯人，参送南京刑部缘由，赴科注销。”①

---

① 《明会典》卷二一三《六科·刑科》。

刑科监察法规主要包括三个方面的内容：年初上报前一年斩绞等各种罪囚人数，年终呈报狱毙人数及实在在押人数；监察重大案件的勘问及罪犯的提取；对刑部官员及负担司法事务的御使巡按、监生书吏等人员工作的协调管理。刑科的司法监督，对保证法司依法问刑，辨明冤枉起到了积极的作用。

6. 工科监察法规

主要如下：

"凡工部军器局制造军器，本科差官一员试验。

凡宝源局铸钱，弘治十七年题准：按季稽考工料并钱数，本科与各科官轮差。

凡内府派出各项钱粮，嘉靖七年题准：本科与各科轮差官一员，会同工部该司掌印官估计，开行原派衙门，公同收受。

凡工部盔甲、王、恭二厂军器及各处解到弓箭弦条，本科官一员，会同巡视东城御史，及工部司官一员，于戊字库监收。年终造册奏报。本科官及东城御史，仍兼巡视节慎库钱粮。

凡工部各项料价，每年上下半年，本科差官一员，同巡视科道、四司掌印官，会估时价一次，造册奏报。

凡各直省司府，解纳钱粮完欠分数，工部开载考成簿内，每月赴科注销一次。本科查对分数不及者，每上下半年，会同各科题参。"

另据南京工科监察法规：

"凡南京内府衙门及皇城门铺等处损坏，合该修理工程大者，本科官与南京工部等官，会勘具奏修理。

凡南京工部营缮等四司钱粮，每三年一次，差本科官及南京该道御史，同本部堂上官查盘，具造本册奏缴。"①

① 《明会典》卷二一三《六科·工科》。

工科监察法规对监察的对象及其程序均做出清晰明确的规定，以维护国家财政收入的稳定，保证各种特别用品的供给。

四、奏请点差法规

奏请点差是指都察院根据需要奏请皇帝分派御史出差分巡、追问、审理事项的制度。唐代以后御史巡按地方的权力虽有提高，但对巡按点差却缺乏明确的法律规定。明朝在这方面有了显著的发展："正统四年定都察院具事目'请旨点差'"①，后弘治、嘉靖、万历等朝续有增删。

一是都察院请旨点差。凡差御史分巡等事，由都察院具事目，请旨点差。具体程序是：都察院"引御史二员，御前点差一员"，某些特殊的差使，还要会同其他部门一起推举。都察院长官都御史虽有主持点差之责，但最后需由皇帝决定。巡按回京之日，不须经由都察院，"径赴御前复奏"，体现了皇帝对于点差御史的重视和御史行使职权的独立性。

二是点差的内容与依据。"凡御史除宪纲并诏敕内该载应合御史办理，及军机等项重务，如果都、布、按三司不能完结或完报未明者，明白具奏，取自上裁；其余常事，各衙门自行分管办理者，不许辄拟奏差委。"

三是点差的等级。御史点差分为大、中、小三等。大差指巡视京畿道、提学道，巡按顺天、真定、应天、苏松、淮扬、浙江、湖广、江西、福建、河南、陕西、山东、山西、四川、云南、广西、广东、贵州等处，以及巡视京营。中差指巡视辽东、宣大、甘肃三处，以及清军、印马、屯田、巡盐、巡仓、巡关、巡茶。小差指巡视皇城四门、马房、巡青、十库、卢沟桥、五城

① 《明会典》卷二一〇《都察院·奏请点差》。

等处。此外，印马、屯田并作一差，三年满后准折为一大差。巡视光禄，原系小差，后改为中差。但北方籍御史，例不差往广东、广西、云南、贵州巡历；南方籍御史，例不差往辽东、宣大、甘肃巡历。

在分配巡按任务时，一般是参照资历先委以小差、中差，然后再委任大差。“凡题差巡按御史，先侭中差回者，如中差无人，方择巡按回道，资俸浅者定拟。”①

四是按照出巡路途远近，规定出巡的期限。如“真定、宣大三十五日，应天、苏松七十日”等。出差御史必须“依期交代，如有违限，给予惩罚”。万历二年令：“明开各地方原定限期，责令依期交代，不许枉道回家，迁延误事。满日仍查有无违限，一并考核。堂上官如徇情畏庇，亦以不职论。三年，奏定期限，往回一体遵守，以辞朝交代之日为始。如违限十日以上，量行参罚，一月以上，重加参罚，两月以上参调别用。”②。目的是防止御史长期专擅一方。

五、出巡监察法规

明朝御史巡按地方是代天子巡狩，上自藩服大臣，下至府州县官，均在其纠察之列，而且握有大事奏裁，小事立断之权。为了规范巡按御史的职掌，防止其在巡历地方时滥用职权，洪武二十六年制定了《诸司职掌》，涉及巡按御史在科差赋役、户口、词讼、农田、道路、军需、学校，以致驿站、度量衡等诸多方面的职掌，以及应负的法律责任。主要如下：

“凡分巡按治州郡，必须遍历，不拘限期。风宪官吏务要同行，不许先后相离。其经过去处，除差拨弓兵防护，依律关支廪给……亦不得

---

① 《明会典》卷二一〇《都察院・奏请点差》。

② 同上。

纵容官吏出郭迎送。其分巡地面果系原籍，及按临之人设有仇嫌，并宜回避。毋得沽恩报仇，朦胧举问。

凡至按临处所，先将罪囚审录卷宗吊刷外，稍有余暇，首先，观诸各处祭祀坛场，点其祭器墙宇，有无完缺。其次，存恤孤老，审问衣粮有无支给。巡视仓库，查算钱粮有无亏欠。勉励学校考课生员，有无成效。中间但有欺弊，即便究问如律。

凡受军民词讼，审系户婚田宅斗殴等事，必须置立文簿，抄写告词，编成字号，角印关防，立限发与所在有司，追问明白，就便发落，具由回报。若告本县官吏，则发该府。若告本府官吏，则发布政司，若告布政司官吏，则发按察司。若告按察司官吏，及伸诉各司官吏枉问刑名等项，不许转委，必须观问。干碍军职官员，随即奏闻请旨。亦不得擅自提取。

凡主所在体知有司等官，守法奉公兼能昭著者，随即举奏。其奸贪废事蠹政害民者，究问如律。

科差赋役。仰本府凡有一应差役，须于黄册丁粮相应人户内周而复始从公点差，毋得放富差贫，挪移作弊，重扰于民。先具见役里长姓名，同重甘结罪文状，依准回报。

圩岸坝堰陂塘。仰行府县提调官吏，查勘该管地面，应有圩岸坝堰坍缺，陂塘沟渠涌塞务要趁时修筑坚完，疏洗流通，以备旱潦。毋致失时及因而扰害于民，先俱依准回报。

荒闲田土。仰本府正官司多方设法召民开垦，趁时布种。其合纳秋粮须候限年满日科征，毋致抛荒。仍将任内开过田亩数目，同依准缴报。

站驿。仰行提调官常川整点各驿船马铺陈什物，一切完备……毋得失误……

桥梁道路。仰令提调官常加点视。但有损坏去处，即于农闲时月，并工修理，务要坚完，毋致阻碍经行，俱依准回报。

税粮课程。仰本府即将岁办税粮诸色课程各各数目，保结开报。

户口。仰本府取勘籍定户口，分豁城市乡都，旧管收除实在增减数目，开坐回报。

学校。仰提调官凡遇庙学损坏，即为修理完备。敦请明师，教训生徒。务要作养成才，以备擢用，毋致因循弛发。仍将见在师生员名缴报。

收买军需等项。仰本府照依按月时估，两平收买，随即给价，毋致亏官司损民，及纵令吏胥里甲、铺户人等，因而克落作弊违错，俱依准回报。

额造段疋等物。仰本府即将织染局见在各色人匠机张，岁办数目，关支颜料等物，开坐回报。

升斗秤尺。仰行提调官照依原降样式，较勘均平，毋容嗜利之徒私自造置，欺诈小民，俱依准回报。

词讼。仰本府应有词讼，疾早从公依律归结，毋得淹延妨废民生，及听吏胥增减情词出入人罪。仍将见问应有囚数，分豁已未完结，尽实开报。毋得隐漏，自取罪愆。……

节义。仰本府取勘境内应有孝子、顺孙、义夫、节妇，果有志能卓异，明著实迹，结罪举保。毋得举富遗贫。影蔽差役，扶同作弊，俱依准回报。

原设申明旌善亭，但有损坏，仰本府严督所属，即使并工修理，条列榜示，使善恶知所惩，毋得视为文具，因而废弛，先将都隅处所，同善恶人数回报。

印信衙门。仰照勘本府并所属应有印信大小衙门。保结回报。

上年分巡官，有无寄收赃罚，仰本府取勘见数，开坐已未起解数目，回报。

取勘。仰本府将所属去处四至八到画图帖说缴报。

讲读律令。仰本府并合属官吏，须要熟读详玩，讲明律意。取依准回报。

鳏寡孤独。仰本府将所属养济院合支衣粮依期按月关给，存恤养赡；毋致失所。仍具孤贫名数，同依准状呈。……

官吏脚色。仰取勘本府并合属见在官吏姓名、年甲、籍贯、历仕脚色，到任月日，回报。"①

此外，还有《巡抚六察》：清吏治、惩盗贼、肃边政、恤灾黎、进耆老、便人民。《巡按七察》：雪冤狱、清军役、正官风、劾官奸、清属吏、正法纪、肃盗匪。无论六察、七察，其核心均在于整肃地方吏治，显示了巡抚、巡按所肩负的特殊的使命。

至正统四年，又综合《宪纲》《宪体》《出巡相见礼仪》，作为监察御史分巡地方所应遵循的事宜：

宪纲部分主要规定如下："凡监察御史、巡按，许带吏书一名；照刷文卷，许带人吏二名。……按察司官分巡，许带吏典二名，承差一名。……御史及按察司官，陆路给驿马，水路应付站船。……

凡监察御史，各道按察司官，每出巡审囚刷卷，必须遍历，不拘限期。

凡监察御史、按察司官分巡去处，如有陈告官吏取受不公等事，须要亲行追问，不许转委。违者，杖一百。

凡有军民相干词讼等事，移文到日，应该会同官员随即前去。若无故不即会问，及偏徇占吝者，从监察御史、按察司官按问。应请旨者，具奏。

凡分巡地面，果系原籍，并先曾历仕寓居处所，并须回避。

① 《明会典》卷二一〇《都察院·出巡事宜》。

凡在京及各布政司并巡历地面仓库局务等衙门，但系钱粮出纳去处，从监察御史、按察司并分司官，不时巡视。若有作弊，就便究治。

凡监察御史、按察司官巡历去处，若有官吏犯罪，畏避追问，故将财物妇女潜入公廨，设计装诬，沮坏风宪者，并许取问，实封奏闻。犯人重处，财物没官，妇女发有司收问。……

凡孝子、顺孙、义夫、节妇、忠臣、烈女、志行卓异可励民风者，所在有司举申，监察御史、按察司核实，移文所司，以凭奏闻旌表。

凡监察御史、按察司官巡历去处，各衙门官吏不许出郭迎送，违者举问如律。若容令迎送，不行举问者，罪同。如有规避者，从重论。都司、布政司府州县官所至，亦同。

凡国家律令并续降条例事理，有司官吏须要熟读详玩，明晓其义。监察御史、按察司官所至之处，令其讲读。或有不能通晓者，依律究治”。①

宪纲部分所要求监察御史和按察司官的：一是“必须遍历”，二是“宋行追问”，三是“随即前去”，四是“就便究治”。可见均着眼于务实和效率。特别是令地方官讲读国家律令条例，“不能通晓者，依律究治”。是明以前各朝监察法制所未有的，说明明朝统治者对于地方官依法行政与依法审判的重视。

宪体部分主要规定如下：

“风宪为朝廷耳目，宣上德，达下情，乃其职任。所至之处，须访问军民休戚，及利所当兴，害所当革者，随即举行。或有水旱灾伤当奏者，即具奏。不可因循苟且，旷废其职。

风宪存心须要明白正大，不可任一己之私，昧众人之公。凡考察官吏廉贪贤否，必于民间广询密访，务循公议，以协众情。毋得偏听及辄

① 《明会典》卷二一〇《都察院·出巡事宜》。

凭里老、吏胥人等之言，颠倒是非。亦毋得搜求细事，罗织人过，使奸人得志，善人遭屈。

风宪官当存心忠厚，其于刑狱尤须详慎。若刻薄不仁，专行酷虐，不思罪有大小，罚有重轻，一概毒刑以逞，动辄棰人致死，不惟有失朝廷钦恤之意，抑且过及身家，虽悔无及。

风宪须持身端肃，公勤谨慎，毋得亵慢怠惰。凡饮食供账，只宜从俭，不得逾分。

风宪之任至重，……故所至州县取假分毫之物，即自玷涸。在我无瑕，方可律人。

所至之处，博采诸司官吏廉勤公谨者，礼待之，荐举之。污滥奸佞者，戒饬之，纠劾之。劝惩得体，人自敬服，大抵心正无私，则事公当。

所至之处，须用防闲，未行事之先，不得接见间杂人。凡官吏禀事，除公务外，不得问此地出产何物，以防下人窥伺作弊。

分巡所至，不许令有司和买物货，及盛张筵宴，邀请亲识，并私役夫匠，多用导从，以张声势，自招罪愆。

巡按之处，不得令亲戚人等于各所属衙门嘱托公事及管充勾当。"①

由于监察御史以卑察尊，而又权重，因此如何处理与地方官吏的关系是一个现实的问题。为此，宪体还专门规定：

"出巡同事之人，须相协和。若有所见不同而行事乖舛者，可于无人之处从容陈说利害，以开导之。彼心既悟，必能从正。凡人有言，须虚心以听，不可偏执己见。若听者能从，则言者亦不可矜为己功。大抵同僚同事，当如兄弟，相亲相爱，积诚相与，未有不相契者。凡有善相让，有过相规，相规之言，只两人自知，切不可对众发之，庶其能从。凡处同僚，不可推恶避劳，不可妨彼利己，不可扬己抑人，必务协和，以相

① 《明会典》卷二一〇《都察院·出巡事宜》。

助益。不但宪司如此,诸司处同僚者亦皆当然。”①

此外,宪体还规定:

“学校者,礼让之地。凡监察御史、按察司官所至下学,先诣大成殿拜谒。礼毕,退诣明伦堂。生员讲说经史,监察御史、按察司官中坐,本处提调七品以上正佐官序坐于左,教授、学正、教谕、训导序坐于右听讲,余皆立听。布政司官下学亦同。若布政司、按察司与御史一同下学,御史左边正面坐,布政司、按察司官依品级右边正面坐。问答之际,教官、生员不许行跪礼。”

“总兵、镇守官受朝廷委任,以防奸御侮。凡调度军马,区画边务,风宪官皆无得干预。其相见相待之礼,尤须谦敬。如总兵、镇守官有犯违法重事,须用体覆明白,指陈实迹,具奏请旨,不许擅自辱慢。其军职有犯,具奏请旨,已有定例。风宪官巡历去处,亦须以礼待之,并不得轻易凌辱。”

“在外乡试,自有布政司官提调,按察司官监试,其巡按及公差问理等项,监察御史毋得干预,及列名于乡试小录,甚失大体。其所试生徒,若有情弊,听行纠举,亦不得生事诬执。其在京乡试及会试,合用监察御史监试。如有兄弟子侄之类在内应举者,亦须回避。”

“初到按临之处,其都司、布政司、按察司及卫所、府州县相见之后,各回衙门办事,每日不许伺候作揖及早晚听事。遇有事务,许唤首领官吏抄案,或佐贰官一员前来发落,不许辄唤正官。或有合令正佐官计议事务,及正佐官自来禀白者,不在此例。按察司官分巡同,都司、布政司官所至亦同。违者,从风宪官举劾。”

“各衙门问过罪囚,或有合断事理,干碍计禀者,先令有司定拟罪

① 《明会典》卷二一〇《都察院·出巡事宜》。

名，然后参考事例明白，方可发落，不可辄自与决。恐有别例，议论不同，宜从所长。”①

另见嘉靖八年令：“巡按御史不许折挫凌辱守令。知府相见，不许行跪礼。十二年奏准，御史巡历郡邑本等导从，皂隶之外，并不许多用一人。府州县驿丞等官，亦不许隔境随从迎候。二十七年奏准，偏僻州县，俱要一体遍历，亦须严督守巡，依期巡历。如直隶无守巡官去处，仍要首先巡历。”②

宪体部分除规定适用于风宪官的纪律外，还规定了出巡同事之人协和相待的一些原则，体现了传统的道德良知。而嘉靖八年令所规定的内容是有针对性的，巡按御史位卑权重往往不可一世，故颁发此令。

《出巡相见礼仪》部分如下：

“方面官与御史初相见，左右对拜。方面官来见御史，前门外下马，由正道入，御史延至后堂，方面官坐左，御史坐右。及御史回望，司前下马，由正道入，方面官延至后堂，御史坐左，方面官坐右。首领官初见行拜礼，御史中立答拜。”

“中都留守司官、各处按察司官相见，并如前仪。”

“各衙指挥监运司运使同知、各府知府，初见，御史、按察司官上手立，对拜，监运司副使、判官，各府同知、通判、推官，各州知州、同知、推官，各县知县及守御千户，初见，御史、按察司官中立答拜。各衙并监运司、各府州首领官、各县县丞主薄，初见，行拜礼，御史、按察司官起身举手。各县典吏及仓场库务、阴阳、医学、僧道等官，初见，行拜礼，御史、按察司官坐受举手。其指挥运使、运同、知府、知州间答之际，不许行跪礼。”

---

① 以上均见《明会典》卷二一〇《都察院·出巡事宜》。

② 《明会典》卷二一〇《都察院·出巡事宜》。

“府州县儒学教官、生员，初见，行拜礼。御史、按察司官出位中立答拜。教官、生员相见之后，不许每日伺候作揖，有妨肄业。”

六、回道考察法规

御史巡按各地，完成任务返回都察院，称为“回道”。回道御史必须将巡历地方的办事经过，按照御史回道考察所列项目，列举具体事实，其已完、未结、处理过程等开奏明白，并造册上报。由都御史依据巡按通例及回道考察所定法规，考察核实。对于失职违法，处置失宜，用心酷刻，或擅作威福等情事，指实参奏。对于回道考察制度，明代历朝都十分重视：

正统六年诏，中外风宪系纲纪之司，须慎选识量端弘，才行老成者任之。其有不谙事体，用心酷刻者，并从都察院堂上官考察降黜。

正统十四年令，御史差回，都察院堂上官考其称否，具奏。

成化六年奏准：各处巡按御史俱要亲理词讼，仍将本院（都察院）递年发去勘合逐一问结缴报。御史回还，备开接管已未完勘合件数，俱呈本院查考。

七年奏准：巡按公差御史回京，本院堂上官依旧例查勘考察，保结，称职者，具奏照旧管事。若有不称，奏请罢黜。

弘治十年奏准：各处清军并巡按等项御史回京，本院考察，果有不职事迹，及过违限期者，参奏罢黜。

嘉靖十七年诏：巡按御史及两司守巡官，在外擅作威福，故违节年诏旨，访察害人者，二司官听巡按御史劾奏，御史听都察院考察。

二十七年题准：巡按御史接管承行先次御史勘合，俱要作急勘报。其自己任内札付者，除满前两个月，待续差御史勘完。其余十个月内，务要一一勘明销缴。回道之日，备开已未完数目，造册呈院，以凭考察。

其边夷等项事体,难于提人行勘者,亦要明白开造"。①

明代对都察院考察回道御史时所依据的准则和标准也作了明确的规定。其中尤其以嘉靖十三年制定的《巡按御史满日造报册式》二十八条和《按察司官造报册式》十一条最为详备。其内容涉及文武官吏的荐举纠劾惩戒、孝义的旌举、孤老的存恤、人才的培养、刑名的理断、庶政的考察、利弊的兴革,以及各项不正当事体的禁止等,诸如:

"荐举过文武职官若干员,礼待过文武职官若干员,纠劾过文武职官若干员,戒饬过文武职官若干员,问革过文武职官若干员,俱要根据事实,明白开报。"②

此外,查理过仓库钱粮若干数;提督过学校生员,兴革过军民利病共若干事;存恤过孤老若干名;会审过罪囚若干起;问理过轻重罪犯若干起;追过赃罚若干数;督捕过境内盗贼若干名;禁约过嘱托公事若干起;禁约过淹禁罪囚若干起;禁约过科害里甲若干起;等等,均项具实开报。

另定《按察司官造报册式》:"每季终,将所属州县驿递等衙门各应付过关文夫马船只廪给并钱粮数目,备细造报;每季终,将巡按御史并布按二司官,巡历地方有无导从兵快人马众多及随带官员人等,盛设饮食供账之具,以劳州县等项,开报;每季终,将巡按御史并布按二司官各巡历地方,及回省日期开报;每年终,将本司官行过事迹,除举荐、礼待、纠劾、戒饬文武职官及举明孝义完销勘合外,其余与巡按御史同者共二十一件,备细开报;每年终,将奉到府部院一应勘合,已未完数目,开报;每年终,将所属府州县卫所等衙门,查盘过各仓积贮稻谷多寡数目,造报;每年终,将各衙门见役吏典备细脚色并问革过吏役招由,造册备考;每年终,将所属地方已未获盗贼数目开报;每年终,将问过充军犯人姓

① 《明会典》卷二一一《都察院・回道考察》。

② 同上。

名、乡贯,要紧略节招由,编发过卫,分起程日期,造册奏缴;每年终,将所属地方疏通过水利缘由,造册申报;每年终将追解过赃物数目,备造奏报。"①

七、《抚按通例》

督抚监察制的出现,与代天子巡狩的巡按御史在行使职权上产生了复杂的关系和矛盾。王廷相在《遵宪纲考察御史疏》中说:"近年以来,辄因小忿,遂成嫌隙,至相奏讦,安望其同心戮力有益地方乎?臣等尝求其故,皆巡按御史无礼不逊致之。"②为协调出巡御史与地方官之间的关系,以利于开展监察,嘉靖年间颁行《抚按通例》。内容如下:

"嘉靖元年令:各处守巡官,务照分管地方及旧定限期,躬亲巡历,著实干事,抚按官亦要正身率下,禁止迎送,严加督察。

十一年题准:凡各衙门奉到抚按及公差都御史,一应批词牌案内,有充军徒罪及口外为民者,如一事而彼此相干,其定发以原行衙门在先为主。若事起于所司,通行申呈合干上司者,俱候巡抚定发。无巡抚处,巡按御史定发。所司须将各奉到先后缘由及通行申呈字语,开具明白,以便批答。……凡徭役、里甲、钱粮、驿传、仓廪、城池、堡隘、兵马、军饷及审编大户粮长、民壮快手等项地方之事,俱听巡抚处置。都布按三司,将处置缘由备呈巡按知会。巡按御史出巡,据其已行之事,查考得失,纠正奸弊,不必另出己见,多立法例。其文科、武举、处决重辟、审录冤刑、参拨吏农、纪验功赏,系御史独专者,巡抚亦不得干预。凡抚按遇有地方大事,皆会同而行。如常行事务,与委署印信,止以文书先到者为主,奉行官吏不必观望两请。凡考选军政,中间有系边关班操者,中差

① 《明会典》卷二一一《都察院·回道考察》。

② 《明臣奏议》卷二二《郊礼仪·嘉靖八年》。

御史不得指以职业干预。抚按职掌军政，所定官员，中差御史有行，止可暂委或行带管，不许更改取用，空闲在卫者不拘。其公差都御史、御史职务，各奉有专敕，一应兴革区处事宜，抚按官亦毋得干预。……其浙江、福建旧无巡抚，与有巡抚而偶缺者，一应事务与巡按处置。如抚按官一时俱缺，听中差御史综理。……凡死刑，各府州县等衙门自问，及奉抚按批行者，俱申呈抚按照详，仍监候会审。如各道自行批行者，不必呈详抚按，止候会审。其奉抚按批行者，照旧呈详。都司卫所与府州县事体同。凡遇灾伤之年，抚按官先督行各府州县及早申报巡按，即行委官，分投核定分数，行所司造报巡抚，具奏议免。如无巡抚，巡按奏报。凡赈济，专责巡抚。会同司府州县等官，备查仓廪盈缩，酌量灾伤重轻，应时撙节给散。巡按毋得准行，如赈济失策，听巡按纠举。

十二年奏准：凡巡按御史在外接待巡抚，不论副都佥都，其坐旁坐，其班后列，不逊者，回道之日，考以不谙宪体，奏请降调。

十四年奏准：江南苏、松、常、镇四府地方兵备衙门，凡一应事宜，原系抚按并巡江操江巡盐等衙门有行者，止申详原行衙门定夺。其系兵备衙门，自己所行。地方人命强窃盗贼等事，参详合律，即便允发监候，巡按御史会审转详，其余衙门不必再行申请……

二十七年题准，抚按官巡历一处事完更历一处，即令官员俱回任办事，不许任意随带。如有承委未结者，省令速结，具文回报。其或越境迎送，即行举问。有司官恃才妄作害政者，尤要悉心查访，逐一究正。又题准，抚按官于各所属务在平时加意咨访，务求其实。如有诱迫生员里老人等，妄称贤能，投递保状者，严行禁革，计令奸民鼓众建祠者，即将祠像拆毁，干问人员，如法究问。”①

《抚按通例》施行至隆庆元年有所增补：

---

① 《明会典》卷二一一《都察院 · 抚按通例》。

"隆庆元年题准：抚按等官严禁所属，不许擅拨长夫长马及差遣官吏越境迎送。其修置衙宇家火等项，各照衙门酌立规则，于应动官银内取办。不得科敛里甲。凡所属佐贰，不许擅受一词及私出牌票，以滋骚扰。掌印官置簿查考。又题准，抚按并公差大小官员，保奖属官，不许行谢礼。与者，受者，俱坐赃论。凡风宪官行事，务要慎重，不得轻变旧制，为地方之扰。……凡抚按官，动用钱粮，互相觉察。如用银一百两以上，及派用军需，例应查核。如事在从容，则先期商订，会案施行。若事机不便，则完日具数通呈知会。其余一应公费出入，一体互报。至于存问私礼，通行禁革。

二年题准：巡按出巡查盘，不必会同巡抚。其事关抚按两院者，仍照例委官会案发落。南北直隶各差御史，凡事体干系本衙门者，委官一体申呈，从一归结，不得另行分委，以滋烦扰。又题准，凡奉有钦依勘合，如查勘功罪，提问官员等项，务要上紧完报。若查系司道等官有所规避，或纳贿不行速理者，抚按等官指名参究。如应勘应问官员或屡提不出，及势要嘱托，故意抗违者，许参奏拿问。如事干重大，巡抚不依期完报，许科道官查参。巡按不依期完报，回道之日，本院查参。凡抚按及公差内外官员，各遵照宣德四年敕谕，遇有事务，不许辄差都布按三司及军卫府州县正官掌印官干办。又题准，抚按官举劾，不得任意轻重，自相矛盾。已提问者，不得止论罢官。已降调者，不得再论不及。据实分别，有不合格例，轻重失伦者，治罪。"①

《抚按通例》在规范抚按之间的职权划分，协调与解决相互间的矛盾方面，起到了应有的作用，其中，特别强调了风宪官洁身自处的重要性。但是，明代的巡按御史所察不避显官贵宦，即使是综理一方军、民、财政，加有右副都御史或右副佥都御史头衔的巡抚，在"地方事务上，

① 《明会典》卷二一一《都察院·抚按通例》。

也只能与巡按分廷抗礼……抚、按争执，诉诸朝廷。往往是巡抚败诉。以致‘属吏之畏按臣甚于抚臣也’”。① 万历初，张居正曾指出：“直指使者(指巡按御史)往往舍其本职而侵巡抚之事，违道以干誉，徇情以养高，此大谬也。”②胡世宁也评论说：“巡按秉权太重，行事太过……藩臬守令皆不得专其职，而事皆禀命于巡按矣。……相见之际，知府以下，长跪不起；布政以下，列位随行，甚至答应之际皆俯首至膝，名曰拱手，实屈伏如拜跪矣。……至于审刑、议事，而藩臬唯唯承命，不得稍致商榷矣。”③何况巡按“又兼多用新进好事之人，往往依势作威，受贿不法，或干涉州县之事，任意举错”④，致使地方政事更加混乱。

八、南京都察院事例

永乐帝迁都北京以后，南京仍保留原政权机构，并根据需要制定法律法规，南京都察院也制定事例作为活动准则，主要如下：

“凡本院问拟刑名，审录取决重囚，及提问职官等项，俱与南京刑部同。

凡南京各衙门考满郎中等官，本院发河南道考核，牒送南京吏部该司。覆考停俸，赴京给由。

凡兵马司兵马考满，先赴兵部考核，咨送本院行河南道考。

凡六年一次会同南京吏部考察南京五品以下官员，与都察院同。

凡操江官军，本院副都御史，或佥都御史一员奉敕提督，并巡视九江至镇江、苏松等处江道，沿江军卫有司盗贼之事皆属焉。

凡各道御史，纠劾言事与北道同。如遇清军刷卷，北道员少，听都

---

① 林绍明：《略论明代御史制度之利弊》，载《历史教学问题》，1985年第5期。

② 《明经世文编》卷三二六“张居正答苏松曾公士楚言抚按职掌不同”。

③ 《明经世文编》卷一三六“胡世宁从守宋令定例疏”。

④ 高一涵：《中国御史制度的沿革》，上海商务印书馆1930年版。

察院定拟奏差。

凡奏差各道御史清军、刷卷、巡江、管屯、巡仓等项，成化十七年题准：各给印信，在京对道御史关领，差人给付，事完复命进缴。

凡巡上下江，旧差御史二员，一员自龙江关上至九江，一员自龙江关下至苏松等处。……万历四年，令巡视上江御史，督理应天、太平、安庆、池州、宁国五府，广德州漕粮，并京库钱粮。

凡监收凤阳粮斛，差御史一员。……万历三年，归并屯田御史兼管。

凡巡视屯田，差御史一员。成化四年奏准：专理江北四十二卫屯田，遇有词讼应参奏者，备呈总督粮储都御史，具奏处分。正德二年奏准：兼捕盗贼。十五年议准；凡遇灾伤年分，先期遍历屯所，勘定分数，依限奏免。嘉靖八年题准；以年浅御史奏差，三年满日，方许更替……

凡巡江、巡仓等御史，嘉靖二十七年题准：受理词讼，查盘仓库，审问囚犯，禁革奸弊等项，于本差事有干涉者，悉遵照敕谕内事例施行。如不系本差事务，悉听巡按御史，遵照宪纲处分，不得干预。其遇有地方重大事情，巡按御史与各专差御史，俱有干涉者，仍要协和行事，不许自分彼此，致误事机，仍行所属，如事应会处者，通行申呈。其各有专差者，不必概行呈请。

凡南京锦衣等卫，乌龙潭等仓场，旧有提督南京粮储都御史一员及御史二员，分差监收草场粮草，及巡视各仓。隆庆四年，裁革都御史，令南京户部侍郎带管提督，仍差御史一员巡视。

凡苏、松、常、镇等处水利，及高宝湖堤，万历三年奏准：专差御史一员管理，三年满日更替，仍兼管巡视下江。

凡照刷南京光禄寺及南京内府库文卷，给散京卫旗军冬夏布匹，各差御史一员，事完复命。嘉靖四年奏准：免复命，止会同该部、该科，造册奏缴。

凡监收南京内府各库布绢，点闸皇城门禁，比验兵仗局军器，验收太堂寺牺牲所牛羊，差御史一员。

凡清查后湖黄册，洪武二十四年，差御史二员同户科给事中一员，户部主事四员，督率监生比对。如有户口、田粮、军匠埋没差错等项，造册参奏，问罪改正，事完复命。

凡巡视各衙门人匠，存恤各卫新军，监收库房店舍等项钞课，看装马快船只，及石灰山关清水潭，秤掣商盐，各差御史，或不妨道事，暂委监视。

凡监收龙江等关抽分竹木，差御史一员，兼督江东宣课司，抽分猪羊等项。

凡巡城兼巡街道，正统间，差御史一员。弘治五年奏准：差二员，一员管中、南、东三兵马司，一员管西、北二兵马司地方。十四年题准：南京权要家人，承揽各处官解，织造进用缎匹，强分机户银两者，听巡城御史拿问，权要故纵及占吝者，指实参奏。

凡南京各卫所军士，差御史一员同兵科给事中一员，兵部武库司主事一员，清查奸弊。成化八年奏准：三年一差。

凡南京各营骑操马匹，下场牧放，弘治十八年题准：差御史一员，不时点闸。

凡南京京营，每年题差御史一员管理，年终分别将领举劾。

凡南京各教场操练官军，差御史一员点闸。

凡南京十三门官军，正德十二年，差御史二员点闸，不妨道事。

凡南京府、部、院、寺等衙门，收受俸米银两，嘉靖八年题准：差御史一员，会同给事中一员，监收督察。

凡圣节、正旦、冬至、千秋节，各衙门先期进表笺，至期习仪，行庆贺礼，及迎接诏书开读，俱差御史二员，纠仪。

凡祭孝陵及历代帝王庙，先师孔子，大江之神，俱差御史二员监礼。

凡应天府乡试,差御史二员监试。隆庆元年,添委御史二员搜检。”①

《南京都察院事例》计二十八条,其内容较中央都察院的相关规定为简略,但其主要职责和权限与中央都察院类似。主要有以下几个方面:

1. 司法治安监察:承担同南京刑部相同的问拟、审录和提问职官的权力;巡江、巡仓等御史可以受理地方词讼,审问囚犯,缉拿贼盗,维护地方治安。2. 人事行政监察:都察院御史会同其他相关部门,对南京各衙门的主要官员进行考察和考核;各道御史纠劾言事同于北道。3. 军事礼仪监察:对南京兵马司、各卫所军士、各营和城门官军进行监察;在重要节日及重大庆典活动中对违反仪礼者进行纠举;4. 经济财政监察:都察院御史负责巡视南京附近长江沿线以及凤阳等地的户口、钱粮、田土等经济事务;对专管的仓场、府库等机构的财政管理进行监察;5. 科举考试监察,南京应天府乡试时,派御史临场监察。

《南京都察院事例》加强了南方地区和中央的联系,有利于维护大一统的国家统治,也表明了明代监察法制体系的完整性。

综上所述,明朝的监察法无论是中央监察法,还是地方监察法,不仅内容充实,而且形成系统,是监察立法的重要发展阶段。这是和自明太祖以来的明朝统治者重视吏治,严防大臣结党及地方豪强武断乡曲危害社会秩序分不开的。

明太祖曾说:“诸司职掌有崇卑,政有大小,无方册以著成法,恐后之莅官,罔知任施政之详。”②根据《明会典》所载,由开国至万历十三年二百余年间,监察立法活动主要集中在洪武四年至正统四年之间。洪武年间,制定了《宪纲》《诸司职掌》等法规。此后,经惠文帝、成祖、仁宗、宣宗历朝有所增补。至英宗正统四年,正式修订并颁布了《宪

---

① 《明会典》卷二一一《都察院·南京都察院》。

② 孙正容:《朱元璋系年要录》,浙江人民出版社 1983 年版。

纲》，对监察官的地位、职权、选用、监察对象以及行使权力的方式和监察纪律，作了详细的规定，已是一部“所定宪纲条例甚备”的监察法规了①。此后，历朝增补，均以此为基础。

第四节　监察法的实施

明朝不仅制定了较为详细的监察法，而且在较长一段时间得到了贯彻实施。监察官依据监察法进行全方位的监察活动，取得了较好的效果。

一、立法监察

有明一代的法律体系以《大明律》为基本构成部分。经太祖手定的《大诰》，在仁、宣二朝以前，和《大明律》一样具有实际调整作用，其权威性甚至高于《大明律》。此外，还有条文众多的《问刑条例》和具有行政法性质的《明会典》。可以说明朝的法律体系是相当严整的，内容丰富，调整范围广泛，在古代法制史上同样具有承上启下的历史地位。

为了使吏民知法，还在吴元年便编定和颁行了《律令直解》。其后在《大明律》中专列“讲读律令条”，以使官吏知法、明法、执法、用法。

监察官在考察地方官的过程中，都以地方官是否熟悉国家的法律条例作为一项重要的监察内容。《宪纲》规定：“凡国家律令并续降条例整理，有司官吏须要熟读详玩，明晓其义。监察御史、按察司官所至之处，令其讲读，或有不能通晓者，依律究治。”这条规定对于推动官吏研习法律具有重要的价值。

监察官本身也负有立法监察的任务，例如，宣德二年三月，御史郑

① 《明会典》卷二〇九《都察院·风宪总例》。

道守针对一件擅改成法，不依《大明律》断罪量刑的犯奸案，向皇帝建言："犯奸妇女，律当去衣受刑，以励风俗。今法司亦听纳米赎罪，其间无米输纳，拘系于狱，益纵淫秽，乞敕治之如律。"帝纳其言，令法司依律惩罚该犯奸妇女。① 又如，成化元年三月，辽宁巡抚滕昭上言，"《大明律》乃一代定法，而决断武臣，独舍律用例"。造成"武臣益纵放荡不检。请一切用律"。②《大诰武臣》是太祖手定的适用于武臣的峻令与案例汇编，为了宣传《大诰》的威慑力，曾经令天下诵读，并选方正之士讲读《大诰》。但由于《大诰》妨碍了《大明律》的统一适用，从永乐时起，便时有废除《大诰》之议。辽宁巡抚滕昭的建议，有助于树立《大明律》的权威，减少律、例的矛盾，因此，为皇帝所采纳，改变了用例决断武臣的传统。

嘉靖五年六月，给事中谢蕡鉴于太祖时期以重典治乱国，刑罚残酷所造成的恶劣影响，疏请"革严刑以全民命"。此议受到皇帝重视，遂即下诏："其即以朕意示各巡按官谕诸司刑者，务为宽恤，自今有严刑死伤人者，罪之，并所司同坐。"③

为了维持祖宗成法的稳定，监察官通过立法监察提出的法律修改意见，皇帝均以慎重态度对之，例如，隆庆元年，穆宗特别指示抚按官不得轻变旧制，"其有法久弊生，利少害多，果不便于民者，必须抚按斟酌会议，务求上下相安，远迩称便，方许施行"。④

二、行政监察

行政监察是明朝监察机关的主要任务，涵盖中央与地方各级机关

① 《明会要》卷六四《刑一》。
② 同上。
③ 同上。
④ 《明会典》卷二一一《都察院·抚按通例》。

及其官员，以纠劾官邪与照刷文卷为主，前者意在整肃官僚队伍，后者意在提高行政效率。

（一）纠劾官邪

洪武二十六年定：都察院职专“纠劾百司，及一应不公不法等事”。另据《诸司职掌》，监察御史对于文武大臣奸邪，小人结党为非，擅作威福，紊乱朝政者，百官有司，猥琐阘茸、善政无闻、肆贪坏法者，学术不正、上书陈言变乱成宪、希求进用者，但有见闻，即应不避权贵，随即具奏弹劾。在《巡抚六察》中以清吏治列为首位。在《巡按七察》中属于整饬吏治的有四条，即：正官风、劾官奸、清属吏、正法纪。地方官中如有扰害善良，贪赃坏法，致令田野荒芜，民人受害，监察官一旦体访得实，即可具奏提问。正统四年定：“凡风宪任纪纲之重，为耳目之司，内外大小衙门官员，但有不公不法等事，在内从监察御史，在外从按察司纠举。”①为了严肃监察官的责任，使弹劾的事项确有实据，要求监察官纠举之事，须著明年月，指陈实迹，明白具奏。若搜求细事，及纠言不实者，抵罪。监察官如“知善不举，见恶不拏”，要负刑事责任，“杖一百，发烟瘴地面安置”。如“滥举”，要负连带责任：“滥举四人以上者革职闲住，二人以上者降一级调外任，一人者罚俸半年。”监察官之间如有“不公不法及旷职废事，贪淫暴横者，许互相纠举，以清宪体”。

（二）照刷文卷

照刷文卷是指都察院通过审查各衙门文卷而实施的监察活动，是行政监察的一项重要内容。根据《宪纲》规定，照刷文卷有严格程序：“凡监察御史并按察司分司巡历去处，先行立案，令各该军民衙门抄案，从实取勘本衙门并所属有印信衙门，合刷卷宗。分豁已未照刷，已未结绝，号计张缝，依左粘连刷尾。同具点检单目并官吏不致隐漏结罪

---

① 《明会典》卷二〇九《都察院·纠劾官邪》。

文状,责令该吏亲赍赴院,以凭逐宗照刷。”经过照刷,根据不同情况分为照过、通照、稽迟、失错和埋没五种。“如刷出卷内,事无违枉,俱已完结,则批以照过。若事已施行,别无违枉,未可完结,则批以通照。若事已行,可完而不完,则批以稽迟。若事已行已完,虽有违枉而无规避,则批以失错。若事当行不行,当举不举,有所规避,如钱粮不追,人赃不照之类,则批以埋没。各卷内有文案不立,月日颠倒,又在乎推究得实,随其情而拟其罪。”①

由于照过、通照、稽迟、失错和埋没,为“照驳之总名,而照刷之方,又各有其法”。因此,六房照刷各有具体事例,如照刷吏房事例,以起取罢闲官吏文卷为对象;照刷户房事例,以开垦荒田文卷为对象;照刷礼房事例,以买办祭祀猪羊、果品、香烛等项文卷为对象;照刷兵房事例,以勾补军役文卷为对象;照刷刑房事例,以贪赃坏法文卷为对象;照刷工房事例,以成造船只文卷为对象。六房照刷的结果,分别纳入不同的“照驳之总名”。②

正统四年定:“凡在京大小有印信衙门,并直隶卫所府州县等衙门,在外各都司、布政司、按察司文卷,除干碍军机重事不刷外,其余卷宗,从监察御史每岁一次,或二岁三岁一次照刷。五军都督府、六部、大理寺,令该吏具报事目。太仆寺、通政司、光禄寺、鸿胪寺、国子监、翰林院、各卫,令首领官吏具报。其余衙门,正官、首领官通署呈报,以凭查刷。都察院堂上及各道文卷,俱照例送刷。中间干碍追究改正事理,照依已定行移体式施行。如有迟错,其经该官员应请旨者,奏请取问,其余官吏就便依照刷文卷律治罪。其各都司、布政司、按察司所属卫所府州县等衙门文卷,从本处按察分司照刷,若有迟错,一体依例施行。其

① 《明会典》卷二一〇《都察院·照刷文卷》。
② 同上。

照刷之际,务要尽心,若有狱讼淹滞,刑名违错,钱粮埋没,赋役不均等项,依律究问。迟者举行,错者改正,合追理者,即与追理,务要明白立案,催督结绝。不能尽职者,监察御史从都察院,按察分司从总司,体察奏闻究治。"①

"凡光禄寺一应文卷,每三年照常京畿道通刷,其供应物料文卷,各道御史按月轮流照刷,刷毕面奏。凡南京各衙门文卷,照在京例,二年一次差御史一员往刷,其印文俱曰京畿道监察御史之印。"②

"凡南北直隶及各布政司文卷,成化九年定,三年一次差御史照刷。嘉靖十二年命巡按御史兼理。二十八年复差,以后或遇地方灾伤,奏请停刷,通候六年总刷。三十九年令,清军御史兼官照刷文卷,近年俱巡按御史兼理。"③

宣宗时,曾谕左都御史刘观:"中外诸司文卷,已遣御史照刷。其内府诸衙门皆有钱粮出纳,近闻其弊甚多,即选能干御史率监生,于东华门庑下,取各监司文卷,详加磨勘。"④

明朝详定照刷之法,对于提高行政效率,发现违失不法及时纠治起了重要的作用,也使得监察官的行政监察更加具体有据。明朝的照刷法给清朝提供了范例。

三、人事监察

人事监察以职官为对象,是监察法的核心内容,例由都察院负责。

早在永乐元年,便令巡按御史、按察司,凡府州县官到任半年以上

① 《明会典》卷二一〇《都察院·照刷文卷》。
② 同上。
③ 同上。
④ 《明会要》卷三三《职官五》。

者，“察其能否、廉贪实迹”，具奏①。

永乐二年正月己亥，六部、都察院数奏朝觐官司治事稽违者，请治其罪。上谕之曰：“尔等分理庶政，勤慎则百事举，怠忽则百事废。今诸司论尔等职事稽误，皆由怠忽之故。夫慢令弃法，固有显罚，今姑宥尔，其归改过自新。若仍蹈前非，朕不能曲法以贷。”②其后，逐渐形成京察与大计的人事监察制度。

京察是对全体京官的考察，每六年一次，由吏部尚书和都御史主持。京察之年，京官四品以上，由皇帝自裁；五品以下由都察院与吏部主持，“具册奏请，黜陟贤否”。“京察之岁，大臣自陈，去留既定，而居官有遗行者，给事、御史纠劾，谓之拾遗。拾遗所攻击，无获免者。”③

对于外官，采取大计之法，每三年举行一次。凡外官，每月由州县上至府；再由府每年上至布政司，层层考察属员，再汇总由抚、按最后考核，册报吏部。大计又分二种方式，一为朝觐考察。“凡在外司府州县等衙门官，每三年朝觐，吏部会同本院考察。”“凡天下诸司官，三年朝觐，除考察黜退外，其存留官员公事未完等项，大班露章面劾。”④天顺四年，朝觐官至京，被都察院、吏部黜不职者达数百人，对于政绩卓著者，则给予奖励。⑤

一为巡行考察。洪武六年，令御史察举各处有司官员。永乐十九年，遣廷臣二十六人巡行天下。右都御史王彰往河南，察举贪官司者百余人。⑥ 宣德十年，奏准：“凡在外都司、卫所首领官并断事等官，从巡

① 《明会要》卷四六《职官一八》。
② 同上。
③ 《明史》卷七一《选举志》。
④ 《明会典》卷二〇九《都察院·考核百官》。
⑤ 《明会要》卷四六《职官一八》。
⑥ 《明史》卷一六〇《王彰传》。

按御史、按察司考察，罷茸无能者，起送赴部。正统元年，议准，各处卫所官员，听巡按御史、按察司照依文职事例，一体考察。”天顺元年，奏准，“每年巡按御史将司府州县见任官员从公诘察，除贪污不法者，就便拿问，其老疾疲软等项，起送吏部，查例定夺。如有奉公守法，廉能超卓者，更替回京之日，指实具奏。吏部记其姓名，候考满到部，查考升用”。①

考察之法规定：“考察，通天下内外官计之，其目有八：曰贪，曰酷，曰浮躁，曰不及，曰老，曰病，曰疲，曰不谨。”成化年间吏部尚书李裕建言：“人才不同，偏执类酷，迟钝类软，乞立‘才力不及’一途，以寓爱惜人才之意。”“帝善之，遂著为令。”②“外官率递考以待核”，经过九年三考，谓之考满。

考满之法规定：“考满，论一身所历之俸，其目有三：曰称职，曰平常，曰不称职；为上中下三等。”“三年给由，曰初考；六年曰再考；九年曰通考。依职掌事例考核升降。诸部寺所属，初止署职，必考满始实授。”此外，还有杂考，“杂考或一、二年，或三年、九年。郡县之繁简或不相当，则互换其官，谓之调繁调简”。③

考满与考察，二者相辅而行，但由于内外职官品秩不同，主管考核的机关也有所不同：

“凡在外布政司、按察司并盐运司、苑马寺、行太仆寺；在内顺天府、五品以下堂上官，考满赴部，俱从本院考核。

凡在京各衙门郎中、员外郎、主事等官，及直隶府州等官，各卫所首领官，在外按察司首领官，考满，本院俱发河南道考核。各出考语，牒送吏部该司候考。”④

---

① 《明会要》卷四六《职官一八》。
② 同上。
③ 同上。
④ 《明会典》卷二九《都察院·考核百官》。

每逢京察、大计，监察官都发挥了重要的人事监察作用。弘治六年六月令："凡内外官遇该考察，有央求势要嘱托者，即以'不谨'黜退。"①嘉靖六年，令："朝觐考退官员，果有执法被诬夺职，许大臣言官即时论辩，吏部查访可否，具奏定夺。"②

在御史出巡考察中以察酷刑、酷吏为重点。嘉靖六年题准："酷刑官员虽有才守，不许推荐，仍要劾奏罢出。"③嘉靖二十一年令："御史出巡，务要痛革淫刑，严惩酷吏。如用酷刑及打死无辜者，密拘尸属审实，六品以下径拿，五品以上参题，俱照律例重治。巡按满日，将问过酷吏名数开报。"同年，又奏准："御史论劾三司方面及有司五品能上能下，指实参纠。六品以下贪酷显著者，即便拿问。"④但是，"若御史考察不公，颠倒是非者，从奏如律。""若御史自行酷虐及纵庇不究者，回道考以不职。"⑤御史出巡不仅考察官吏的劣迹，予以罢黜，更要考察卓异官员，予以举荐。对于才识不足，或老疾者，俱于考语内明白开报。嘉靖二十七年题准："御史巡历地方务要访求按属贤否，勉励戒饬。其有戒饬不悛者，即时随事参奏提问，不必以无人诉告，例难访察，使久为地方之害。仍行各抚按官，一体悉心究访。"⑥

隆庆二年题准，"御史出巡，果系卓异官员，方许举荐，方面多不过六七员，或三四员；有司多不过七八员，或五六员。其荐词以四五句为止。参语举一二事为证。不许烦冗鄙亵，失章奏之体。其应劾官员，须先及大奸，不许止以州县府佐等官充数。所劾之人，仍明开或贪或酷，

① 《明会要》卷四六《职官一八》。
② 同上。
③ 《明会典》卷二一〇《都察院·出巡事宜》。
④ 同上。
⑤ 同上。
⑥ 同上。

以凭议覆。如有荐举方行,即以事败,官箴已坏,故为容隐者,回道之日,考察降黜。"①

对于卓异官员的升迁,有时不受考满之限。正统十四年,吏部言:"凡外官曾经抚按官保举,政绩果有卓异,不拘三、六年考满,先与应得诰敕,旌异。盖九年封赠,所以待常流;三、六年先得旌异,所以优异等。第近年保举每病冗滥;今后抚按官荐举所属应旌异官员,务将本人任内卓异政绩,明白开奏。通候各官考满到部,察访相同,即与此照。"②

为了督促出巡考察御史的工作效率,嘉靖二十七年令:"御史差满之日,严核司道原奉勘合,务完至七分之上,如不及数,指名参劾。又令:各边巡按御史,查勘将官失事,并究问未结事情,务要从公掠实,作速奏结,使有功者早蒙录用,有罪者不致漏网。"③

由于吏部负责职官的升迁与罢黜,由此而加重了吏科给事中的职权,前引吏科监察法规对此作了详细规定。

以上可见,明代人事监察的立法是较为详密的,尽管中叶以后皇帝多不理朝政,但是庞大的官僚机构还可以维持运转,是和人事监察法律的实施分不开的。

四、经济监察

明朝处于中国古代社会晚期,苏、淞、太地区已有资本主义萌芽,但是以农业为主体的经济结构仍占主导地位。农民出身的朱元璋坚持重农抑商的传统,他曾表示对宋王安石变法的反感,说:"宋神宗用王安石理财,小人竞进,天下骚然,此可为戒。"并在对户部的敕谕中称汉朝

---

① 《明会典》卷二一〇《都察院 · 出巡事宜》。
② 《明会要》卷四六《职官一八》。
③ 《明会典》卷二〇九《都察院 · 出巡事宜》。

推行盐铁官营、立本准法、均输法的桑弘羊和唐朝改行两税法的杨炎"都是坏人"，[①]因此，经济监察的主要任务，首先是保证农本主义的经济结构的稳定，维护服务于农业生产与再生产需要的工程设施，实施重农抑商的禁榷政策，以及监督钱粮财政收支等，涉及的方面较为宽泛。

洪武二十六年定《诸司职掌》，其中属于农业监察的部分，如：科差赋役、圩岸坝堰陂塘、荒闲田土、税粮课程、仓库房屋等等。嘉靖十三年制定的《巡按御史满日造报册式》中，也有农业监察部分。如：禁约仓粮奸弊，禁约科差奸弊，查盘各仓贮稻谷多寡、钱粮若干等。嘉靖年间，对于屯田事宜多次专派御史负责监察。"嘉靖八年题准：在京并直隶各卫所屯种，照南直隶事例差御史一员，领敕清查，三年一替。其原设屯田佥事裁革。后以屯田牧地，岁久法弛，设都御史专一查理，后复罢之。三十九年，奏差监察御史二员，一往山西宣大、雁门等处，一往陕西、甘肃、延宁等处查理。其昌蓟等州，责之直隶管屯御史。隆庆三年题准：北直隶屯田，归并印马御史兼领二敕，三年更代，准作大差。"[②]

其次，属于钱粮财政收支监察部分。洪武二十六年定：十三道监察御史均有巡视仓库盘查钱粮的任务。凡有司征收秋粮，漕运钱粮，各盐运司、提举司合办盐课，户部差官监收各处粮米，及钞关船料钱钞，均于每年终，由户科注销。此外，甲字等十库该收钱钞等物及光禄寺该收钱粮，每季派户科差官一员监收。

为了防止任意征收钱粮，"永乐十年，令各处巡按御史及按察司官体察课程，凡有加倍增收，及将琐碎之物勒索者，治以重罪"。[③] 正德

---

① 《明实录》卷一三五《太祖实录》。
② 《明会典》卷二一〇《都察院·奏请点差·屯田》。
③ 《明会要》卷五七《食货五》。

朝，“右佥都御史朝壅巡江西，遇岁饥，减免秋粮，并劾奏宁王不法事，王府官皆得罪”。①

宣德九年，“差御史一员巡视在京仓，一员巡视通州仓。嘉靖八年题准：每年差御史一员，请敕提督京、通二仓，收放粮斛，兼理通惠河事务”。②

宣德九年，“差御史一员会同给事中，巡视甲字等十库”。嘉靖七年，“差御史一员，同给事中查理御马监各马房钱粮奸弊。八年奏准：每年差御史二员，会同给事中，一员于内府监局，一员于府部院寺等衙门，各监收钱粮，革除奸弊（后各衙门仓俱归禄米仓，监收差遂罢）。”③

“成化六年令：通州、卢沟桥等处抽分局，监察御史一季一换，按月造册，具本会同该局官吏，御前复命。七年令：在京抽分竹木局五处，仍令原设官攒照例抽分，每季差御史一员，与主事往来巡视提督。”④

万历时，给事中萧彦上言：“察吏之道，不宜视催科为殿最。昨隆庆五年诏：‘征赋不及八分者，停有司俸。’至万历四年，则又以九分为及格，仍令带征宿负二分，是民岁输十分以上也。有司惮考成，必重以敲扑，民力不胜，则流亡随之。臣以为：九分与带征，二议不宜并行，所谓宽一分民受一分之赐也。”部议允行。⑤

其次，属于禁榷监察部分主要表现为巡盐和巡茶马。

“永乐十四年初令御史巡盐。宣德十年，选差御史一员，于直隶扬州府、通州狼山镇、提督军卫、巡司宫旗弓兵人等，巡捕禁革私盐。正统三年，令两淮、两浙、长芦等运司，每岁各差御史一员，领敕巡视禁约，催

---

① 《明史》卷一七九《韩壅传》。
② 《明会典》卷二一〇《都察院・奏请点差・巡仓》。
③ 《明会典》卷二一〇《都察院・奏请点差・巡库》。
④ 《明会典》卷二一〇《都察院・奏请点差・监课》。
⑤ 《明会要》卷五四《食货二》。

督盐课。十年,令长芦巡盐御史兼理山东盐法。成化八年,奏准:山东济宁州直抵南京一带河道,两淮巡盐御史带管;通州直抵济宁州一带河道,长芦巡盐御史带管。提督所属军卫有司,时加疏浚修筑,禁治豪强,革除奸弊,及督收钱钞,点视驿站,缉捕盗贼,盘检马船等项。九年,差御史一员巡视河东运司并陕西灵州大小二池盐课。其陕西所属关内、关南、关西、河西、庆阳等道,河南所属河北、汝南、河南等道,各分巡官带管盐法者,悉听节制。嘉靖三十年,令云南巡按御史兼理本省盐法。三十一年,令福建巡按御史兼理盐法。三十三年,令四川巡按御史兼理盐法。四十四年,令广东巡按御史兼理盐法。"①

永乐十三年,"差御史三员,巡督陕西洮州、河州、西宁茶马司三处,收贮官茶,易换番马。成化三年奏准:每年定差御史一员陕西巡茶。十一年令取回。十四年,复差御史一员,请敕专理茶马,提督都、布、按三司并守备、把隘等官,不许官豪势要,及军民之家,兴贩私茶、潜入番境交易。弘治十六年,取回,令马政都御史兼理。正德二年,复奏差。"②成化十四年定:"差御史一员,领敕专理茶马,每岁一代为定则。"③"成化十五年,令巡茶御史招番易马,不拘年例,愿来者听。"④"嘉靖三十一年,题准:马政、茶法,二事相须,令巡茶御史兼管马政,督理二寺事务。"⑤

综上可见,明朝法定的经济监察是多方面的,监察御史的法定职责也是非常清晰的,使得经济监察活动有章可循,对于推动农业经济的发展、财政收入的稳定、专卖政策的实施,以及遏制官吏的贪污舞弊行为,

① 《明会典》卷二一〇《都察院·奏请点差·巡盐》。

② 《明会典》卷二一〇《都察院·奏请点差·巡茶马》。

③ 《明会要》卷六二《兵五》。

④ 同上。

⑤ 同上。

起到了一定的作用。但是随着明朝政治的腐败，监察官对经济监察的作用也逐渐丧失。

五、司法监察

明朝从太祖起都深知司法审判是否公平，不仅关系到当事人的身家性命，而且也会影响到社会的稳定和政权的巩固。因此，着意从制度上和立法上确保监察机关对司法的监察。

明朝继承了唐代的“三司推事”，建立了三法司会审大狱重囚的制度。所谓三法司是由刑部、都察院、大理寺组成的最高司法审判机关，拥有参与重大刑狱案件的会审权。根据《明史·刑法志》，“刑部受天下刑名，都察院纠察，大理寺驳正。”三法司会审重大诏狱，始于洪武十七年“诏天下罪囚，刑部、都察院详议，大理寺覆谳后，奏决”。① 另据孙正容《朱元璋系年要录》，“初，刑部议定罪名入奏，即奏录所下旨送四辅官、谏院、给事中复核无异，然后奏行之。有疑狱，则四辅官封驳，录罢四辅，乃命议狱者一归于部、院、寺，谓之三法司”。遇有大狱重囚，都察院都要“会鞫于外朝，偕同刑部、大理寺谳平之”。由此可见，会审制度使得监察机关的司法监察得到了最重要的制度保证和组织保证，同时也是审录囚徒的最后一道程序。

明代的会审制度有“热审”“秋审”“大审”之分。“热审”始于永乐二年，后遂成为定制。“秋审”始于天顺三年，“命法司会廷臣，每岁霜降录囚，后以为常”②。《明史·刑法志》也有类似记载：“天顺三年，令每岁霜降后，三法司同公侯伯会审重囚，谓之朝审。”“朝审”即“秋审”。“大审”始于成化十七年，命司礼监太监一人会同三法司长官，于大理

① 《明史》卷三《太祖本纪》。

② 《明史》卷一二《英宗后纪》。

寺审录罪囚。谓之“大审”。

除此之外，监察机关行使司法监察权的重要形式，是奉旨巡按全国各地录囚。如洪武十四年遣监察御史林愿、孙荣、石恒等分按各道罪囚；洪武十六年遣监察御史往浙江等处录囚，“按临所至，必先审录罪囚，吊刷卷案，有故出入者理辨之”。① 对京内在押罪囚的审录，洪武二十六年定：“凡刑部十二部、都察院十二道、五军都督府、断事官五司，问拟一应囚人，犯该死徒流者，具写奏本发审；笞杖罪名者，行移公文发审，俱由通政司挂号，另行入递，预先差人连案同囚，送发到寺，照依该管地方，先从左右寺审录。若审得囚无冤枉者，取讫各囚服辩在审，案呈本寺，连囚引领赴堂圆审无异，取据原问衙门司狱司印信收管入卷，将囚连案责付原押人收领回监，听候发落，候递到各项奏本公文到寺，将奏本抄白立案。务要仔细参详情犯罪名，比照律条，如罪名合律者准拟，本寺依式具本，同将原来奏本，缴送该科给事中，编号收掌，然后印押平允，仍由通政司回报原衙门，如拟施行。如罪名不合律者，依律照驳。”②弘治九年令：“每年天气炎热时，本院与刑部大理寺，奉敕审录见监罪囚。”为便于各道监察御史审录罪囚，洪武二十六年定：大理寺“日报囚数，奏本送科。近例于每月十三、二十六日，御前面奏，遇免朝则候下月”。③

对京外在押罪囚的审录，洪武十四年始差监察御史分按各道罪囚，凡罪重者，悉送京师。二十四年，差刑部官及监察御史清审天下狱讼。二十六年定：“凡在外布政司、按察司、都司并直隶府州刑名，有犯死罪囚人收监在彼，止开招罪，申达合干上司，详议允当，移文本院，通类具

① 《明会典》卷二一一《都察院・审录罪囚》。

② 《明会典》卷二一四《大理寺・审录参详》。

③ 同上。

奏。点差监察御史会同刑部委官按临审决。”

永乐元年令:“各布政司死罪重囚,至百人以上者,差御史审决。”

宣德八年谕法司:“天下重囚,遣的当官分临各处,公同巡按御史,详审处决。”

正统四年令:“凡各都司、布政司所属并直隶府州县军民诸衙门,应有罪囚追问完备,杖罪以下,依律决断;徒流死罪,议拟备申上司详审。直隶听刑部巡按监察御史,在外听按察司并分司,审录无异,徒流罪名,就便断遣;至死罪者,议拟奏闻。事内干连人数,先行摘断,不须对问者,发落宁家。必合存留待对者知在听候。直隶去处,从刑部委官与巡按御史;在外从都司、布政司、按察司及巡按御史,公同审录处决。如番异原招,事有冤抑者,即与从公辩理。若果冤抑,并将原问审官吏按问。其应请旨者,奏闻区处。若审录无异,故延不决,及明称冤枉,不与申理者,并依律罪之。”

正统六年令:“本寺选差属官,与刑部、都察院官请敕,于南北直隶各布政司,会同审录罪囚。成化四年奏准:差本寺寺正,及刑部郎中等官,往南北直隶,会同巡按御史审录。八年奏定,每五年一次,法司请敕差官,往两直隶各布政司,审录见监一应罪囚。真犯死罪,情真无词者,仍令原问衙门监候呈详,待报取决。果有冤枉,即与辩理;情可矜疑者,陆续奏请定夺。杂犯死罪以下,审无冤枉,即便发落。万历三年议准:差去审录官各量地方远近,立为程限,或四个月、或五个月、或六个月不等。”①在审录过程中,若罪名不当,驳回再问。仍将所驳招罪,察详明白,再拟改正。如,“律无正条,情犯深重者,引律比附,奏请定夺,不得一概俱拟不应”。②“遇有囚犯应辩正者,务要虚心审处,勿以审录官有

① 以上引文均见《明会典》卷二一一《都察院·审录罪囚》。

② 《明会典》卷二一四《大理寺·审录参详》。

行，自分彼此，干碍原问官员，一体举究。”如发现有疑，“责令所在官司类报，矜疑发遣者，于何日起解；释放宁家者，于何日发落；驳回再问者，于何日结勘，备达刑部查考。如有偏执阻挠，擅为更改，又因审录官驳回，凌虐致死者，刑部指实参奏治罪”。①

为了加强对于京控案件的察实，洪武二十六年，规定由钦差监察御史出巡追问。据《明会典》卷二一一：“凡在外军民等人等赴京，或击登闻鼓，或通政司投状，陈告一应不公冤枉等事，钦差监察御史出巡追问，照出合问流品官员，就便请旨拿问。带同原告，一到追问处所，著令原告供报被告干连人姓名、住址，立案，令所在官司抄案提人。案验后，仍要抄行该吏书名画字，如后呈解原提被告人到，不许停滞，即于来解内立案。将原被告当官引问，取讫招供服辩，判押入卷，明立文案，开具原发事由，问拟招罪，照行事理。除无招笞杖轻罪，就彼摘断，徒流死罪，连人卷带回审拟，奏闻发落。”②对于“告争户婚田土、钱粮斗讼案件，须于本管衙门，自下而上陈告归问。如理断不公或冤抑不理者，直赴巡按监察御史，各省赴按察司或分巡及巡按监察史处陈告，即与受理推问。如果得实，将原问官吏依律究治，其应请旨者，具实奏闻。若见问未经结绝，又赴本管上司告理，不许辄便受状追卷，交易是非。须要即时附簿，发下原问官司立限归结。如断理不当及应合归结而不归结者，即便究问。违者，监察御史、按察司体察究治。如不系分巡时月，及巡历已过，所按地面却有陈告官吏不公不法者，随即受理追问。凡风宪官问定官员赃罪，如有冤屈，许本犯从实声诉，若果真犯实迹，不肯伏罪，或捏造挟仇等项为词，摭入原问者，于本犯上加二等科罪。仍押至午门前，听候再审”。③

① 《明会典》卷二一一《大理寺·审录罪囚》。

② 《明会典》卷二一一《都察院·追问公事》。

③ 同上。

对于判决的执行,“……其充军囚人,具手本送编军御史处,照地方编发,取收管附卷。绞斩死罪,仍令司狱司转送重囚监牢,固枷收听候。大理寺依时覆奏回报。具手本会请刑部等官,公同处决。……原收赃仗,候季终通类具呈本院,出给长单,差委御史解赴内府该库交纳足备,取获库收附卷。如有追无见赃囚人,责供明白,类行原籍追征”。①

以上可见关于司法监察的规定是何等的细密和具体。

另据刑科监察法规,刑科给事中对于司法监察也起着重要的作用。如,每年三次奏报法司在囚人数、履行死刑处决犯的三覆奏程序、奉旨差官勘问在外事情,本科与各科轮差、锦衣卫奉旨提取罪犯,从本科批驾帖,岁终,法司问拟过轻重罪囚,开数送本科类奏。

由于御史、给事中都直接参加诏狱审鞫、重案或疑案的审核,以及受理申诉和控告等,因此司法监察涉及问拟罪名刑名、审录内外罪囚、核准死刑等诸多方面。尤其是作为三法司之一的都察院是监督法律执行的最高监察机关,无论是刑部的审判或大理寺的复核,都须接受都察院的监督。

监察官的司法监察,不仅督励了法司依法问刑,而且在辩明冤枉方面,也确实起到了一定的作用。宣德五年,“御史李骥巡视仓场,军高祥盗仓粟,骥执而鞫之。祥父妄言:‘祥与张贵等同盗。骥受贵等贿,故独罪祥。’刑部侍郎施礼遂论骥死。骥上章自辩。帝曰:‘御史既擒盗,安肯纳贿?’命偕都察院再讯,骥果枉,帝乃切责礼,而复骥官”。②陈选巡按四川时,“黜贪奖廉,雪死囚四十余人。”③并对地方申诉或控告案件,“其所受理必亲决,不令批发”。④

---

① 《明会典》卷二一四《都察院·问拟刑名》。

② 《明会要》卷六四《刑一》。

③ 《明史》卷一六一《陈选传》。

④ (明)孙承泽:《春明梦余录》卷四八《都察院》。

御史如在司法监察中徇私舞弊或过误杀囚，要受到严刑处置。洪武三十年，“有乡人系狱，家人击登闻鼓状诉”，左都御史杨靖为之改状，被御史奏劾，被赐死。① 成祖时，御史王愈等“会决重囚，误杀无罪四人，坐弃市”。② 正统四年定：“凡监察御史、按察司官司追问公事，中间如有仇嫌之人，并听移文陈说回避。若怀私按问，敢有违枉者，于反坐上，加二等科罪。所问虽实，亦以不应科断。”③

在专制主义不断强化的明朝，皇帝控制着最高的司法权，因此“凡律内该载请旨发落者”，大理寺须要“具本开写犯由罪名奏闻，取自上裁”。“凡奉旨送法司问者，由本寺详审具题，送刑部拟罪者，则该部径题。”④监察御史、按察司官所纠察的取受不公等事的官员，如系军官、京官并勋旧之臣及在外文职五品以上官，例应具奏请旨，方许取问。即使是六品以下官在取问明白，从公决断之后，仍须具奏。“若奉特旨委问者，须将始终缘由，议罪回奏，取自上裁。”⑤如应请旨而未请旨，即为都察院奏劾的对象，该官自应负一定的罪责。

随着宦官势盛，特务擅权，特别是司礼监参与三法司会审，并且控制了审判权，司法监察难以发挥应有的作用。成化十七年，“命司礼监太监一员，会同三法司堂上官，于本寺审录罪囚，以后每五年一次，著为令”。弘治十三年，主持大审、秋审的最高司法机关三法司，竟然完全听命于宦官。“凡大审录，敕张黄盖于大理寺，为三尺坛，中坐，三法司左右坐，御史、郎中以下捧牍立，唯诺趋走惟谨，三法司视成案，有所出入轻重，俱视中官意，不敢忤也。”⑥弘治十五年，御史车梁曾痛切陈辞：

---

① 孙正容:《朱元璋系年要录》,浙江人民出版社 1983 年版。
② 《明史》卷三《成祖纪》。
③ 《明会典》卷二一一《都察院·问拟罪名》。
④ 《会明典》卷二一四《大理寺·请旨发落》。
⑤ 同上。
⑥ 《明史》卷九五《刑法志》。

"东厂锦衣卫所获盗，先严刑具成案，然后送法司，法司不敢平反。请自今径送法司，毋先讯。"①结果车梁反被下诏狱。宦官特务造成的冤案监察官只能听之任之，"刑官洞见其情，无敢擅改一字"。②

嘉靖二年刑科都给事中刘济上言："国家置三法司，专理刑狱，或主质成，或主平反……自锦衣镇抚之官专理诏狱，而法司几成虚设……罗织于告密之门，锻炼于诏狱之手，旨从内降，大臣初不与知，为圣政累非浅。"③给事中蔡给也在上皇帝疏中指出："国家内设法司，外设抚按、按察等官，皆为陛下奉三尺法者。故内外有犯，责之推鞫，在诸臣亦足办之矣，今陛下时差官校逮系，此属假势作威，淫行黩货。譬如虎狼蛇虺，咸被毒噬。愿自今罢勿遣。"④但是，宦官专政是专制政治极端发展的结果，不是监察官的几篇谏诤所能克服的。

六、军事监察

军队和官僚机构是支撑明朝极端专制主义国家统治的两个重要支柱，因此军事监察是明朝监察的重要方面。根据兵科监察法规，给事中的主要职责如下：

参与兵部引选袭替武职官员，定限给付兵部选过官员赴任文凭；会选大汉将军、守卫及操练官军；收贮边方险阻关堡，并重要地方画图及清军造册；参与兵部清理在京各卫军士、巡视各仓场、收放马匹官军及点闸各营操练官军；考选军政官员，有不职者，连名具题参劾；掌握法司问拟充军，及钦发充军押解差官的去回情况，如有违限照例参究。

---

① 《明史》卷一八〇《胡献传》。
② 《明史》卷一八九《孙盘传》。
③ 《明史》卷一九二《刘济传》。
④ 《续文献通考》卷一三六《谥法考》。

除兵科给事中负责上述监察职务外，十三道监察御史也对军事活动进行监察，甚至中央军事部门也在特定道监察御史的监察之列。如山西道协管兵部和左军都督府，浙江道协管中军都督府，江西道协管前军都督府等。

御史和给事中还共同负责巡察京营、清军、巡视皇城、巡关等事项，具体如下：

巡京营。“天顺八年，差给事中、御史各一员，巡察各营上操军士。成化元年，令给事中、御史巡察各营奸弊。凡有私役卖放及不行如法操练等项，指实劾奏。嘉靖七年，令点军科道官，不许挨次差委，务选有风力肯任事者，用心查照稽考。有作弊误事人员，就便举劾。若似前因循容纵，即系不职，吏部奏请黜调。又令点军科道官，今后三年一换，今一年更代。”①

清军。“宣德二年，遣给事中、御史各十四员，往各处清理军役。正统五年，议准：差能干御史一十七员分定地方，请敕前去浙江等布政司并直隶保定等府州清军。每年八月终，仍具清解过军数，回京具奏。天顺二年，奏准：清军御史，三年一次，赴京查考更替。弘治十年，奏准：清军御史，三年满日，敢有枉道回家，及年限未满，捏造册籍回京，本院严加考察，奏请黜退。十五年奏准：清军御史，自到地方日为始，扣至三年满日，赴京复命。嘉靖十二年，以地方灾伤，题准行巡按御史带管。二十九年，题差南北道御史一十四员，往直隶各省，清理军伍，兼照刷文卷，定以五年一次差遣。三十四年，复以灾伤奏停，行巡按御史带管。隆庆六年，复差。”②

巡视皇城。“凡皇城四门官军，轮差掌道御史一员，同给事中查

① 《明会典》卷二一〇《都察院·奏请点差·巡军营》。
② 《明会典》卷二一〇《都察院·奏请点差·清军》。

点。宣德三年差御史一员往来巡视。弘治元年:令一年一换。正统十三年,令五城巡视御史,凡事有奸弊,听其依法受理送问。”

巡关。“宣德七年令:居庸关直抵龙泉关一带,山海关直抵古北口一带,每年各差监察御史一员,请敕前去,公同各该分守、守备等内外官员巡视关口,点闸军士,整饬器械,操演武艺,并受理守关人等一应词讼,就彼发落,不许军卫有司,擅便拘提,有误守把。如守备等官有罢软疾弱不堪任事之人,指实具奏替换。成化十九年,奏准:山海等关镇巡等官,捉获逃军逃囚,每半年开奏,以稽勤惰。其怠惰者,听巡按巡关御史纠举。若非应捕人役捉获军囚者,给赏。嘉靖三十七年,差御史一员阅视蓟镇边墙。隆庆三年,革东西巡关御史,行巡按御史带管。六年复差,寻革。万历十一年,复差一员,巡视山海、居庸、紫荆,其西关仍属巡按御史带管。”①

正统以后,为了在军事上弥补巡抚制和三司制的不足,设立带有都御史衔、主要负责军事监察的总督,形成了督抚监察制度。孙承泽著《春明梦余录》卷四八有以下记载:“正统而后,或变生于腹里,或衅起于边陲,而诸边省一时抚臣多不能‘振联属之策,兴讨罪之师,保境以自全,撄城以自守,直为是懔懔尔!’正是为了振长策而议联属,边防腹里多设总督,以联属而节制之,若连环然,且颁之敕,如一省难作,则总督调近省之食与兵,或击其首,或邀其尾,或掎其左,或角其右。有难则合而制之,难已则散而归之,地无借兵之苦,萃食之忧。”

有明一代,御史监军对于维系军政和军队的战斗力,防止武官畏敌不前和冒功请赏起了一定的作用。但随着内侍监军的不断增多,御史监军遂变得有名无实。

---

① 《明会典》卷二一〇《都察院・奏请点差・巡关》。

七、仪制监察

仪制监察主要是对朝会、朝参、祭祀等各种活动的监察，借以维护朝廷的威严、皇权的神圣和神权的震慑力。因此，监礼纠仪是御史的一项重要的日常工作内容。

洪武六年九月，礼部奏定百官常朝班次及奏事等礼仪，太祖就此向中书省臣指出朝廷礼仪的重要和御史纠仪的职责，他说，"朝廷之礼，所以辨上下，正名分，百官有列，班序有伦，非惟尊礼统，抑亦四方瞻仰所在也。今文武百官朝参奏事，有未娴礼仪者，是礼法不严于殿陛，何以训天下？自今凡新任官及诸武臣于礼仪有不娴习者，令侍仪司百官日于午门外演习之，且命御史二人监视，有不如仪者纠举之。百官入朝失仪者，亦纠举如例"。又令："朝班，每日都察院轮委御史二员侍班，纠察失仪。"①洪武二十四年定：文武官员"除分诣文华殿启事外，如遇升殿，各用履鞵，照依品级侍班。有违越失仪者，从监察御史、仪礼司纠劾"。②

《明会典》中具体规定了御史监礼纠仪的职权范围，如：

"凡大朝会行礼，若有失仪，听纠仪御史举劾；常朝大小衙门官员奏事，理有未当及失仪者，听侍班御史并给事中劾奏，依律罚俸。

凡朝会行礼，敢有搀越班次，言语喧哗，有失礼仪，及不具服者，随即纠问。

凡早朝遇雨雪，司礼监传旨：有事进，无事退。有事者即从东西廊行至皇极门上，东西对立，纠仪御史序班，俱北向立。"

隆庆元年，都给事中辛自修等，鉴于"朝仪久旷，班行不肃，请令礼

---

① 《明会要》卷一二《礼七》。

② 同上。

官考议成式”。为此，礼部礼科会议指出：“国初定制，百官以品序立，其后更定，又有不拘于品者。如内阁锦衣卫升立宝位之东西，翰林学士列于佥都御史之上。其他翰林官不论品级，序于京堂之内；科道官为一等，列于部属之先及鸿胪寺、尚宝司可列于西阶；三科六道与东班对侍。虽曰次序参错，然或以顾问纠察，或以奉事承旨，莫不有因，难以轻改。今后常朝，悉如此例。其余官员仍依品级崇卑，衙门次序为例。如有紊越，听纠仪官纠奏。”对于礼部礼科会议的意见，隆庆帝“从之”。①

明代受天人感应思想的影响，以及对至圣先师的崇敬，重视对郊庙、社稷、神祇、诸陵、历代帝王以及孔子的祭祀。为了显示祭祀的庄严神圣，特命御史纠仪，失仪者纠劾。具体规定如下：

“凡大小祭祀，敢有临事不恭，牲币不洁，亵渎神明，有乖典礼，失于举行，及刑余、疾病之人陪祭执事者，随即纠劾。

凡祭祀郊社、宗庙、山川等神，若有怠于执事及失仪者，并听纠仪御史举劾，依律责罚。”②

八、教育与考试监察

太祖虽然出身布衣，但建国以后深感治国理政需要人才，因此，对于学校教育、科举考试十分重视。《宪纲》规定，巡按所到之处，首先必须“诣大成殿拜谒，礼毕，退诣明伦堂”，听生员讲说所学课程；并要将学校师生员额造册上报朝廷，“若提学官苟延岁月，有妆学政，及布、按两司推调不理者”，巡按可以纠举拿问。洪武十年，“令提学官遍诣所属学校，严加考试，提督生徒学业，务见实效。有不职者，礼部都察院具奏罢黜”。③

---

① 《明会要》卷一二《礼七》。
② 同上。
③ 《明会要》卷四〇《职官一二》。

在明朝科举考试中，御史监试是一项重要制度。洪武十七年，礼部会试，差监察御史二员监试。隆庆二年，添委二员搜检。永乐三年，顺天府乡试，差御史二员监试。隆庆元年，添委二员搜捡。监试御史，如有兄弟子侄应举者，回避。武举，也差监察御史二员监试。①

为了提高教育质量，监察御史和某些地区的巡按兼提调学校，并赋予进退人才的自主权力。如，正统元年令："吏部会同礼部、都察院，选差监察御史才行兼备者二员，请敕提调南北直隶学校。近年辽东、宣大、甘肃巡按俱兼提调学校。凡提学御史，进退人才，奉有专敕抚按官毋得干预。其师生廪馔及修理学校等项提学御史，止是督行有司，转申抚按施行，不得擅支及那移仓库钱粮。"②

为了防止故人请托，嘉靖四十三年闰三月，从南京御史奏，两京主考回避本省。③ 嘉靖四十四年，命御史李邦珍等场外搜检，诏申严怀挟传递之禁。④

为了提倡以纲常为主旨的地方风俗习惯，《台纲》规定："凡孝子贤孙、义夫节妇、忠臣烈女，志行卓异可励世风者，所在有司举申。监察御史、按察司覆实移文所司，以凭奏闻旌表。"嘉靖《巡按御史满日造报册式》中进一步详细规定，巡按御史有义务了解乡里的风俗习惯、生活状况及对本管现任官吏的评价，并统计里中善恶人数，督行乡饮酒礼，将所谓"志行卓异，可励民风"的"孝子贤孙、忠臣烈女、义夫节妇"上报朝廷，加以表彰。对于鳏寡孤独，责成各府州县收入养济院，加以赡养，等等。

总括前述，明初统治者从总结元朝败亡的历史教训中认识到吏治

---

① 《明会典》卷二一〇《都察院·奏请点差·监试》。

② 《明会典》卷二一〇《都察院·奏请点差·提学》。

③ 《明会要》卷四七《选举一》。

④ 同上。

对于国家统治的极端重要性，由此提高了监察机关的地位与权能，并通过制定监察法，以法律的形式确认台察合并、科道分离、抚按兼用的监察体制，形成了具有一代特色的监察法律体系。在明朝统治的二百余年间，监察官在依法整饬吏治，维护纲纪，纠弹不法，建言立政等诸多方面，发挥了积极的作用。

首先表现为运用弹劾权打击了贪官污吏，在一定时期、一定程度上维持了吏治。

明朝建立以后，太祖从切身经历中深知吏治的良否，直接关系到一个王朝的盛衰存亡，因此“但遇官吏贪污蠹害吾民者，罪不恕”，①基于此赋予了监察官以广泛的弹劾权，弹劾百司成为御史法定的基本职能，即使是宗室也属被弹劾之列。

洪武九年，御史大夫汪广洋、陈宁劾奏丞相李善长，“善长受国厚恩，作为愚戆，陛下以疾不视朝将旬日，亦无问候之敬，孤恩失礼，古昔所无。附马李祺六日不朝，宣至前殿，又不施礼，此可知善长家法之不修。凡此所为，揆之事君以忠之道，果安在哉？请付法司，以正其罪”。② 迫使李善长父子免冠待罪。

洪武十年，监察御史韩宜可弹劾左丞相胡惟庸，恃功怙宠，擅作威福，“乞斩其首，以谢天下”。③ 尽管太祖没有接受韩宜可的弹劾，并将其下狱(寻释)，但对日后解决胡惟庸集团具有伏笔的意义。正因为如此，“胡案”解决后，明太祖改革御史监察制度，以更好地发挥御史的监察作用。

永乐七年，御史上言：“今贪吏虐民，无如易州同知张腾。”遂迫使

① 《明太祖实录》卷三八。

② 孙正容：《朱元璋系年要录》，浙江人民出版社 1983 年版。

③ 《明会要》卷三三《职官五》。

其下狱。[①] 永乐十四年，御史刘观等奏劾太祖第十八子谷王橞昏僭无道。橞被废为庶人。[②] 天顺时，御史李纲历按南畿、浙江，劾去浙江赃吏至四百余人。时人目之为“铁御史”。[③] 嘉靖二十一年至二十五年间，严嵩父子把持朝政，结党营私，贪污受贿，仅在北京附近便置庄田一百五十余所。又“广置良田美宅于南京、扬州、无锡数十所”，[④]先后被御史童汉臣、陈绍、伊敏生、喻时、谢瑜、林润、邹应龙等所奏劾，“请陛下奋乾断，亟谴之，以快人心”。结果严嵩被勒令致仕，其子严世蕃下诏狱，“严党”鄢懋卿罢官戍边。[⑤] 隆庆三年，海瑞以佥都御史巡抚应天十府，力摧豪强奸顽，赈抚穷弱黎民，“豪有力者，至窜他郡以避”。[⑥]

明朝监察官的弹劾锋芒，不仅指向权臣奸吏，也指向显赫一时的宦官。

太祖时，鉴于以往历代王朝的统治经验与教训，对外戚和宦官严加防范，多次下令禁止宦官干政，并在宫门竖起三尺铁牌，上铸文“内臣不得干预政事”。[⑦] 并将其编入《祖训》，令后世永远遵守。然而至永乐时期，宦官开始干政，其后愈演愈烈。宦官干政是明朝高度发展的专制主义政治的产物，它使得明朝各种矛盾激化，加快了走向灭亡的步伐。

明代著名的宦官如王振、汪直、刘瑾、魏忠贤等人，其权势附着于皇权，炙手可热，但也不断遭到御史强有力的弹劾。例如，王振以阉选入内书堂侍英宗东宫，“英宗立，年少，振狡黠得帝欢，掌司礼监”。威福刑赏，莫由朝廷。也先之乱，挟英宗亲征。振虽死于乱兵，都御史陈鉴

---

① 《明史·循吏传·史诚祖传》。

② 《明大政记》卷八。

③ 《明会要》卷三三《职官五》。

④ 《明史》卷二一〇《邹应龙传》。

⑤ 《明史纪事本末》卷五四。

⑥ 《明会要》卷五二《民政三》。

⑦ 《明史》卷七四。

等仍交章劾其罪。① 成化十三年，汪直凭借西厂，数起大狱，引起社会动荡。十九年秋，御史徐镛奏劾汪直罪，指出："汪直与王越、陈钺结为腹心，自相表里。肆罗织之文，振威福之势，兵连西北，民困东南，天下之人但知有西厂而不知有朝廷；但知畏汪直而不知畏陛下。羽翼渐成，可为寒心，乞陛下明正典刑，以为奸臣结党怙势之戒。"②成宗采纳了徐镛的建议，汪直被褫职。

武宗时，刘瑾擅权，御史陆昆、蒋钦、杨守随等多次弹劾刘瑾，称其为"悖逆之徒，蠹国之贼"③。但因武宗昏庸无道，弹劾者或被廷杖，或强令致仕。

熹宗时，魏忠贤为司礼监秉笔太监，并主持东厂，深受熹宗信任，致使其多次假托中旨，变更法制，倾害朝廷大臣。天启四年，左副都御史杨涟疏劾魏忠贤二十四大罪，指出："自忠贤擅权，多出传奉，或径自内批，坏祖宗二百余年之政体。"④但在熹宗的庇护下，杨涟反而被下狱致死。由此可见，御史在行使弹劾权时虽有可能"不避权贵"，但是否奏效，则取决于君主之贤与不肖。明中期以后，皇帝昏庸者多，御史的奏疏往往成为一纸空文，御史本人也经常成了宦官政治的牺牲品。

除弹劾权外，御史也拥有议政、建言之权。"凡政事得失，军民利病，皆得直言无避。有大政，集阙廷预议焉。"⑤景泰年间，御史左鼎以敢言著名，针对当时"民财岁耗，国帑日虚"，以及京官冗滥等弊病，建议"严禁游惰，斥异端使归南亩，裁冗员以省虚糜，开屯田以实边，料士伍而纾馕，寺观营造、供佛饭僧，以及不急之工，无益之费，悉行停罢，专

① 《明史》卷三〇四《王振传》。
② 《明史纪事本末》卷三七。
③ 《明会要》卷三三《职官五》。
④ 《明史》卷二四四《杨涟传》。
⑤ 《明史》卷七三《职官二》。

以务农重粟为本，而躬行节俭以先之”。[①]

综观有明一代，前期诸帝较为励精图治，御史也因之得以发挥察吏的作用，史书说：“一时守令畏法，洁己爱民，以当上指，吏治焕然丕变矣。下逮仁、宣，抚循休息，民人安乐，吏治澄清者百余年。”[②]

其次，发挥“天子耳目之司”的功能，使下情上达，为决策提供依据。

明朝疆域辽阔，而皇帝又深居九重，很难了解各地的政情风俗、官吏治绩，以及百姓的意向，为此，须要借助御史出巡，沟通上下。洪武十七年，太祖派遣监察御史巡按州县时，便在明谕中表示：“朕命汝等出巡，事有当言者，须以实论列，勿事虚文。凡治以安民为本，民安则国安，汝等当据法守正，慎勿沽誉要名。朕身居九重，所赖以宣德意通下情者，惟在尔等。其各慎之。”[③]

因此，御史巡按天下，均负有特殊的使命，或巡盐、或赈灾、或巡茶马、或督州郡赋税、或巡视漕粮、或考核地方官吏、或检索有无冤狱、或荐举人才，等等，以便使下情上达，为皇帝各种决策提供依据。

例如，洪武二十二年，监察御史许珪巡按河南时，上言：“自开封、永城至彰德旱，请减夏粮。”对此，左都御史詹徽认为许珪“希旨要誉，请罪之”。太祖曰：“御史能恤民隐，达下情，何罪！”即命账贷，蠲其税。[④]“建文元年，命左都御史暴昭、户部侍郎夏元吉、给事中徐恩等二十四人，充采访使，分巡天下，问民间疾苦，赏廉平吏，斥贪墨不职者，皆得以便宜行之。”[⑤]永乐元年，“遣御史分巡天下，为定制”。[⑥]

---

① 《明史》卷一六四《左鼎传》。
② 《明史》卷二八一《循吏传》。
③ 《明会要》卷三四《职官六》。
④ 同上。
⑤ 《西垣笔记》。
⑥ 《明史》卷六《成祖本纪》。

为保证下情及时上达，宣德时规定：巡抚官每年八月须赴京议事。正统时，“诏督漕总兵及诸巡抚官，岁以八月至京会廷臣议事”①。景泰三年，一度“罢各省巡抚官入京议事”之制，但至景泰五年，“复命天下巡抚官赴京议事”。② 可见监察官起到了联系中央和地方的桥梁作用，是中央了解地方信息的重要管道，借以察吏、安民、贯彻朝廷的政策法令。例如，“景泰二年，徐淮大饥，死者塞途。时右佥都御史王竑巡抚两淮诸郡，竑不待奏报，大发官粮以赈，饥民赖以活者无算”。③

与朝廷重视御史巡按地方事宜相适应，有关的监察立法也较为细密，如《诸司职掌》《宪纲》《宪体》《出巡相见礼仪》以及《满日造报册式》，从中可以看出，巡按御史代天子巡狩，拥有广泛的监察权。但与此同时，也严格要求巡按御史回道报告工作时，必须开报“兴革过军民利病若干事，如某处兴某利、某处除某害”等，以便于下情上达，使皇帝对御史巡按制度作出必要的价值判断。

然而御史尽管上达下情，却不能尽然引起应有的重视。例如，隆庆三年，御史詹仰庇巡视十库，曾上疏说：“内官监岁入租税至多，而岁出不置籍。按京城内外园廛场地，隶本监者数十计，岁课皆属官钱，而内臣假上供名，恣意渔猎。利填私家，过归朝宁，乞备核宜留宜革，并出入多寡数，以杜奸欺。再照人主奢俭，四方系安危，陛下前取户部银，用备缓急。今如本监所称，则尽以创鳌山、修宫苑、制秋千、造龙凤舰、治金柜玉盆。群小因乾没，累圣德，亏国计。望陛下深省。”④这篇切中时弊的上疏，却无法摆脱一纸空文的历史命运。

再次，通过谏诤与封驳，发挥补缺、拾遗的功能，减少政事缺失。

---

① 《明史》卷一〇《英宗本纪》。

② 《明史》卷一一《代宗本纪》。

③ 《皇明通纪》。

④ 《明史》卷二一五《詹仰庇传》。

根据《明史·职官志》:六科“掌侍从、规谏、补缺、拾遗、稽察六部百司之事。凡制敕宣行,大事覆奏,小事署而颁之;有失,封还执奏。凡内外所上章疏,分类抄出,参署付部,驳正其违误”。可见六科给事中品秩虽低,但“国家毗倚甚重”。

六科封驳章奏之制,始于洪武十七年,据《太祖实录》:“洪武十七年九月己未,给事中张文辅言:自九月十四日至二十一日,八日之间,内外诸司奏札,凡一千六百六十件,计三千三百九十一事。上谕廷臣曰:朕代天理物日总万机……岂能一一周遍,苟致事有失宜,岂唯一民之害,将为天下之害,岂唯一人之忧,将为四海之忧,卿等能各勤厥职,则庶事未无不理。”据《春明梦余录》记载,“此六科稽查号件封驳章奏之例也”。① 自此以后,遂成为定制。顾炎武在《日知录》卷九《封驳》中说:“明代虽罢门下省长官,而独存六科给事中以掌封驳之任,旨必下科,其有不便,给事中驳正到部,谓之科参。”又说:“明代……独存六科给事中掌封驳……谓之科参。六部之官无敢抗科参而自行者,故给事中之品卑而权特重。万历之时,九重渊默,泰昌以后,国论纷纭,而维持禁止,往往赖科参之力。”

至于六科注销案卷的职责,《明会典》详载如下:“凡六科每日收到各衙门提奏本状,奏有圣旨者,各具奏目送司礼监交收,又置交薄陆续编号,开具本状,俱送监交收。凡六科每日接到各衙门提奏本状,逐一抄写书册,五日一送内阁,以备编撰。凡各衙门提奏过本状,俱附写文薄,后五日……赴科注销,过期延缓者,参奏。”②

作为言官的给事中,除职掌封驳章奏与六科注销外,也负有对皇帝谏诤进言之责。据《明史·职官志》,“六科掌侍从规谏,补阙拾遗”,

① (明)孙承泽:《春明梦余录》卷二五《六科》。

② 《明会典》卷二一三《六科》。

“而主德阙违，朝政得失……各科或单疏专达，或公疏联署奏闻”。① 成祖时，曾明确规定：“拾遗补过，近侍之职。自今事之丛脞者，尔等当悉记之，以备顾问，所行有未合理，亦当直谏。”②

给事中本以“主德阙违，朝政得失”为谏诤的对象。然而随着明朝皇权的迅速膨胀，至宣宗宣德四年所规定的给事中的职责只是“出纳帝命，封驳章奏，朝廷缺失，军民利病，皆得言之，非他职比也”，③而将“主德阙违”一项略去。有明一代的历史中，只有在明初皇帝较为识大体的背景下，言谏官才敢于谏诤“主德阙违”。例如，太祖时，御史周观政谏诤皇帝不应选用女乐，皇帝亲自出宫，表示“朕已悔之”，称赞：“御史言，是也。”④至孝宗时，言谏官已经只能从回忆中温馨往昔的盛事了：“祖宗盛时，御史侍班，得面陈政务得失，立取进止，自后惟退而具疏，此君臣情意所由隔也。君幸值维新之日，盍仿先朝故事行之。”⑤中叶以后，给事中常因谏诤而获“结党抗君，要直沽名”之罪，轻则廷杖，重则处死。正德十四年，为谏南巡事，廷杖大臣一百四十六人，死者十一人，其中不乏监察官。嘉靖三年，为谏大礼案，一百三十四人入狱，杖毙十七人。至神宗时，为堵塞言路，竟至言官出缺而不补，给事中由言谏之职，渐变为纠察之官，所职掌的封驳、注销、奏闻、弹纠等，不过是代皇帝以察百事而已，丧失了言谏皇帝、制约皇权的传统职权与效用。

如果说明初给事中以封驳制敕为己任，因而朝堂上重谏官而轻御史；那么至明中后期，给事中主要职掌是纠劾六部及百司违误、驳正百司奏章，已经沦为台察之辅助。如果说太祖、成祖比较重视纳谏用谏，

① 《明史》卷七四《职官三》。
② （明）徐学聚：《国朝典汇》卷二九《朝端大政 · 求言纳谏》。
③ （明）徐学聚：《国朝典汇》卷六八《六科》。
④ 《明会要》卷三三《职官五》。
⑤ 《明史》卷一七九《邹智传》。

以致言官直言谏诤蔚成风气，影响所及不乏冒死进谏之人，但随着政治的日益腐败，言官或依附权相，或党同阉宦，或成为排斥异己的工具。“故其时，不患其不言，患其言之冗漫无当，与其心之不能无私，言愈多，而国是益淆乱也。”①当监察与言谏都丧失了应有的政治调节和权力控制的作用时，明朝的覆亡就已迫在眉睫了。

最后，就监察立法而言，有明一代由于统治者的重视，监察立法法典化的趋势进一步发展，立法技术也有明显提高。如果说《宪纲》所规定的都察院诸官员责权部分具有总则性质外，其他的立法，如《六科监察法》《出巡相见礼仪》等，则类似于监察法规的实施细则，更具有可操作性。

明朝的监察法除专门性的立法外，在《大明律》和《大明会典》中也有数量较多的规定。总之，以细化为特点，以巡按御史出巡立法为重心，使点差、巡察、回道考察三者一体化，极大地沟通了中央与地方之间的关系，体现了对地方权力控制的有序性的增长。

明朝监察法不仅以法律形式，保障监察权力的行使，同时也严格规定了对于监察官的法律约束，并加重了违法制裁。

明朝监察法的实施确实有助于从多方面改善吏治，在相当长的时间里维系了国家机器的正常运转和社会的稳定和发展。

---

①《明史》卷二一五《刘奋庸传》。

第十一章　清朝的监察法制

清朝是以满清贵族为主体的最后一个王朝。自1644年入关以后，经过康、雍、乾三朝一百余年相对稳定的统治，无论经济、政治、法制、文化都取得了明显的发展。清朝的专制制度达到了极端强化的形态，也是最后的形态。就法制而言，清朝统治者从关外皇太极时起，便确立了“参汉酌金”的立法思想与立法活动。顺治三年，在“详译明律，参以国制”基础上制定的《大清律集解附例》，是将“参汉酌金”立法路线推向全国的标志性成果。乾隆五年《大清律例》问世，充分体现了清朝统治者为不断地完善法制所作出的努力。清朝的立法成就也表现在监察立法上，《钦定台规》是中国古代最具代表性的一部监察法典，也是世界法制史上所仅见的如此完整的古代监察法典。

第一节　乾纲独断的监察思想

清朝统治者十分重视监察制度的建设，着意发挥监察官举发奸邪、弹劾不法的作用，形成了具有丰富内涵的监察思想。

一、台省之设，言责斯专

早在关外肇基时期，皇太极便仿明制建立了都察院。1644年以后，清朝是专制主义极端发展的朝代，皇帝独揽大权，所谓“乾纲独断”。圣祖曾明确表示:“天下大权,惟一人操之,不可旁落。”①高宗也在诏谕中公开宣称:“此乃本朝家法,自皇祖皇考以来,一切用人听言大权,从无旁假,即左右亲信大臣,亦未有能荣辱人、能生死人者。”②又说:“朕亲阅本章,折衷酌定,特降谕旨,皆非大臣所能参与。”③但是,专制皇帝只有凭借庞大的官僚机构,才能统治幅员辽阔、人口亿万的国家。因此,他们最为关注的是职官是否尽职、地方政事有无建树、民生疾苦能否如实上达。

鉴于历朝均以监察机关作为皇帝耳目之司所起到的作用,清帝在上谕中也反复强调监察官作为耳目之司的地位和职责。如顺治九年二月,世祖谕都察院时说:“国家设立都察院,职司风纪,为朝廷耳目之官,凡事直言无隐,上自诸王,下至诸臣,孰为忠勤,孰为不忠勤,据实奏闻,方为无忝厥职。”他还举“前任卓罗、徐起元,于政事是非得失,官员之贤否勤惰,缄口不言,是以革退”为例,要求监察官“自今以后,当敬承朕旨,凡遇有宜言之处,即行奏达,若瞻徇不言,被人参论,朕将于尔等是问,悔无及矣。慎之、勉之”。④ 康熙十二年八月,圣祖谕吏部:“国家设立言官,专司耳目”。⑤ 康熙十八年八月,谕九卿詹事科道:“自古设立台省,原系朝廷耳目之官,上之则匡过陈善,下之则激浊扬清,务求知无不言,言无不尽,乃称厥职。”⑥康熙三十六年再颁上谕:“国家设立都御史及科道官员,以建白为专责,所以达下情而袪壅弊,职任至重。”⑦康熙三十九年,在御制台省箴中,首先便提到“台省之设,言责斯

① 《康熙政要》卷二。
② 《东华录》(乾隆朝)卷二八。
③ 《东华录》(乾隆朝)卷八〇。
④ 《清世祖实录》卷六三。
⑤ 《清世祖实录》卷四三。
⑥ 《圣祖仁皇帝实录》(一)卷八三。
⑦ 《清世祖实录》卷一八〇。

专,寄以耳目”。[1] 雍正四年,世宗在上谕中也指出:“科道乃朝廷耳目之官,所关甚大。”[2]此后,历朝清帝也多次表达了这一思想,如仁宗说:“明目达聪,责在御史,彰善瘅恶,整纲饬纪”[3];穆宗说:“御史为朝廷耳目之官,职司弹劾”[4];德宗说:“都察院为朝廷耳目之官”。[5]

雍正时期,推行科道官密奏制度,不但具奏人的范围有严格规定,而且具奏人必须亲自缮写,奏前或奏后均不准向任何人泄露内容。奉到皇帝的批示(朱批),不许向任何人出示,并且要限期缴回,不准抄存。密奏制度是给监察官弹劾重臣提供的保护性措施,反映了皇权极端膨胀的历史条件下,对于监察官的倚重和保护。雍正四年为科道官泄密事,特颁发上谕:“科道乃朝廷耳目之官,专以进言为职,朕令其于露章之外复行密奏者,盖欲其时进谠言匡朕之不逮,有益于吏治民生也。既系密奏则当加意谨慎,不谋于人,不泄于外,方无忝于事君之义而不愧言官之任。乃近见科道等之密奏,并无直言规谏及有益于吏治民生之处,而沽名邀誉之习仍然未除。如科臣邱尚志密奏崇文门饭银一事,公然露泄于外;而御史李元直于未行密奏之先,偏访他人密奏之事而后入奏,是皆不知其出于何心?夫言官进言之意,不过欲见诸施行也。今邱尚志所奏,朕已降密旨准行矣,而彼仍然露泄于众,是彼进言之意专为一己之名,并非为国家之事也。既欲以国家之事沽一己之名,则何不见之于露章而乃隐之于密摺乎?邱尚志于陈奏之事,不肯慎密,李元直密访他人密奏之事而又捏造附会之言,此即朋比党援、作威作福之渐也。本应严加根究,以儆浇风。姑念二人尚系

---

① 《钦定台规》卷一《训典一》。

② 《钦定台规》卷二《训典二》。

③ 《钦定台规》卷一《训典一》。

④ 《钦定工部则例》卷一〇一。

⑤ 《整顿都察院慎选言官看军机大臣等妥议谕》,载《清末立宪档案史料》。

初犯，将邱尚志罚俸一年，李元直罚俸三年，以示薄惩。嗣后，倘有密奏之事，朕未将本人姓名发出，而本人自行露泄，或私自存稿者，一经发觉，朕必严行究讯，重治其罪。"①至雍正七年，因科道官利用密奏，"邀约同官密行告讦，狂妄恣肆，诋毁大臣，思欲扰乱国政"，曾一度停止科道官的密奏，"止令各用露章，盖以其在大庭广众之下，自不敢挟私心而昧公道也"②。

作为耳目之司的监察官，其主要职责是监督百官，举发奸邪，弹劾不法。其视野从中央扩及地方的大小官吏，即使对于皇帝也负有规谏之责。早在关外时期，皇太极便下旨："都察院各官系朝廷谏诤之臣，朕躬如有不亲政，忠良失职，奸邪得位，有罪者录用，有功者降谪等事，尔等有所见闻即得规谏。"③康熙九年八月，专为朝仪事谕都察院："都察院职任重大，朕躬有失，尔尚指陈，王及诸臣，乃不参奏，揆之事理，实所未协。今后有失仪者，毋得容隐。"④至于地方行政、司法、考试、治安、漕粮、盐茶、游牧诸事，不仅在御史巡察之列，更要求监察官极尽皇帝耳目之司的作用，以便洞察万里。由此可见，乾纲愈是独断，作为"耳目之司"的监察官的作用愈是被强调。正因为如此，对于监察官的选任十分慎重。高宗说："国家设科道官员，专司建言之责，必心本无私，又能通达治理，乃为无忝厥职。若识见虽未明通，而居心朴诚，则其言虽愚憨而尚无害于事理，朕亦鉴其忱悃而优容之。惟胸怀爱憎之私，借章奏以展其巧诈者，则有玷室垣，国法不可以轻恕。"⑤

① 《钦定台规》卷二《训典二》。
② 同上。
③ 同上。
④ 《清圣祖实录》卷二三。
⑤ 《钦定台规》卷三《训典三》。

二、"国家纪纲，首重廉吏"

由于官吏是政权的实体，是推行国家政策、执法、理政、驭民的执行者和责任人，因此，先秦法家提出"明主治吏不治民"的理论。儒家从"为政在人"的认识出发，强调"有治人，无治法"。历代有作为的君主和政治家们，都把治法和治人紧密地联系在一起，既重视法，更重视执法之人，亦即官吏的重要性，因而把整饬吏治视为治国之要。饱受汉族文化熏陶的满洲统治者，深知"国家之败，由官邪也"的历史教训，一直把惩治贪官、澄清吏治作为国家纲纪的重要支撑点。世祖说："国家纪纲，首重廉吏，迩来有司贪污成习，百姓失所，殊违朕心。"①他在位期间，曾亲自处置官员贪污案四十四起。

圣祖即位以后，把吏治的良否与民生的疾苦、社会的安定联系起来，从而赋予整饬吏治以新的视点。他说："从来民生不遂，由于吏治不清，长吏贤，则百姓自安矣。""民之苦乐，皆系于官之贤否，官贤则民安，否则民之困苦无所底止。""吏苟廉矣，则奉法以利民，不枉法以侵民；……民安而吏称其职也，吏称其职而天下治矣。"②针对"地方官滥征私派，苦累小民，屡经严饬，而积习未改"的弊端，他下令对"贪酷官、诬良为盗官、不恤百姓官、失职官"等，均按轻重罪予以惩处。并且下谕："赃官遇赦免罪者，不许复职。"③他还一再表述："致治安民之道，首在惩戒贪蠹，严禁科派，而后积弊可清，闾阎不扰。"并且告诫各省官员说："国家三载考绩，原以崇奖廉善，摈斥贪残，必吏治澄清，民生安乐。今当大计，已严饬所司，重惩贪酷。……凡朝觐之期，每因仍陋习，借端

① 《清史稿》卷五《世祖本纪》。
② 《清圣祖实录》卷四一。
③ 《清史稿·圣祖本纪》。

科派,大小相循,私通交际,是察吏本以为民,而反扰民,甚非朕激浊扬清之意。"①

惩贪之外,圣祖还注重正面教育,大力表彰和提拔清官。据《清史稿》记载,圣祖在位期间,"广励风节,群士慕效,吏治丕变"。"循吏被荐膺显擢者,先后踵相接。"②如康熙十八年,左都御史魏象枢疏荐清廉,原任侍郎高珩、达哈塔、雷虎、班迪,大理卿瑚密色,侍读肖维豫,郎中宋文运,布政使毕振姬,知县张沐、陆陇其等十人,得旨分别录用。并谕:"陆陇其廉能之中,宜任繁剧,如直隶清苑、江苏无锡等县,庶可表现其才。"十九年,福建巡抚吴兴祚荐举按察使于成龙"天下廉能第一",遂迁布政使,寻擢直隶巡抚。"二十年入觐,帝温谕褒美,问属吏中亦有清廉者否?成龙以知县谢锡衮、同知何如玉、罗京对。二十三年九卿、詹事、科道遵旨疏举清廉,包括直隶巡抚格尔古德,吏部郎中苏赫、范承勋,江南学道赵仑,扬州知府崔华,兖州知府张鹏翮,灵寿知县陆陇其等。二十六年,帝嘉直隶巡抚于成龙清廉,令九卿各举廉吏如成龙者。大学士等荐云贵总督范承勋、山西巡抚马齐、四川巡抚姚缔虞",③皆膺重任。

清朝统治者还通过制订官箴勉励官员自律,州县衙门一般大堂前都立有座碑,称为戒石箴。镌刻:"尔俸尔禄,民膏民脂。下民易虐,上天难欺。"道光四年,还镌刻著名的《清代官箴碑》如下:"吏不畏吾严而畏吾廉,民不服吾能而服吾公,公则民不敢慢,廉则吏不敢欺,公生明,廉生威。"

正是为了建立良好的吏治,清帝重视褒奖和任用廉吏,为群臣树立榜样;同时也赋予监察官纠正官邪的权力,以共同维持国家纲纪与吏治。

---

① 王春瑜主编:《康熙政风录》,中共中央党校出版社 1996 年版。

② 《清史稿·选举志》。

③ 同上。

三、参劾有司，当有实据

顺治初，沿袭风闻言事的监察传统，曾下旨："左都御史、左副都御史、给事中、御史，皆许风闻言事。"①但不久鉴于风闻言事带来的各种弊端和历史的教训，下谕："言官论事亦应明白确指，不得摭拾风影，挟私妄讦。"②顺治八年二月，针对地方官纠贪不实一事，谕都察院："朝廷治国安民，首在严惩贪官；欲严惩贪官，必在审实论罪。近见在外督抚、巡按参劾有司等官，初劾赃盈百千，及提问报招，多坐衙役诈害，又云赃无入己。夫衙役诈害，是谁纵容？赃无入己，被劾何据？此皆由司、道、府、厅承问各官受嘱受贿，督抚巡按又不纠参，以致将已革之官仍还原职。贪官何惩？民由何安？今后被劾各官，审问涉虚，系道、府、厅开报不实者，该部院必查究开报之官；系承问官受私出脱者，必查究原承问之官。"③

康熙初，圣谕中强调："至于都察院科道官员，职司风纪，于国家应行要务，即应直陈，一切奸弊，即据实指参"，④对于捕风捉影者予以制裁。康熙九年题准："言官列款纠参贪婪官吏，有一二事审实者，免议。若审问全虚及条陈隐含讥刺，或不据实回奏，或参官员老病衰庸涉虚者，皆降二级调用。"⑤十五年议准："言官条陈讥刺及回奏不实，或凡事不据实奏陈，或并无可据，称风闻具题者，降一级调用。"⑥

但对于事涉地方民生的，允许监察官风闻言事。康熙三十九年九

① 《钦定台规》卷一〇《宪纲二》。
② 《钦定台规》卷二《训典二》。
③ 《清世祖实录》卷五四。
④ 《清圣祖实录》卷二一。
⑤ 《都察院则例》卷一《宪纲》。
⑥ 《钦定台规》卷一〇《宪纲二》。

月，谕大学士等曰："嗣后各省督抚将军提镇以下，教官典史千把总以上，官吏贤否，若有关系民生者，许科道官以风闻入奏。倘怀私怨，互相朋比，受嘱托者，国法自在。"①

世宗在严斥谢济世参劾田文镜贪赃坏法事时，严申：言官"果能秉公持正，据实敷陈，方合天下之公是公非，而于朝廷政事有所裨益。……夫身为言官，背公怀私，朋比结党，将造作并无实据之浮言，转相买嘱，纵恿纠弹，以泄私忿，而报宿怨，令无知狂悖之人，愚弄指使，借风闻言事之名，以酬报私恩小惠，则颠倒是非，扰乱国政，其有害于人心风俗者不浅"。②

此后嘉庆十六年谕令："嗣后诸言官务当各矢天良，遇有不公不法之事，必求确据，直列弹章……若以毫无影响之谈诬人名节，天鉴难逃，国法具在，懔之慎之。"③道光二年也在上谕中指出："嗣后各科道等如遇参揭事件，务当确切指陈，真知灼见，不得以捕风捉影之谈，徒博弹劾之名也。"④德宗为了严惩风闻诬人的大臣，谆谆引述先帝遗训说："恭读高宗纯皇帝圣谕：'中外大臣皆经朕简用，苟其事不干大戾，即朕亦不加斥詈，御史虽欲自著风力，肆为诋讪，可乎？'又恭读仁宗睿皇帝圣谕：'内自王公大臣，外自督抚藩臬以至百职庶司，如有营私骫法，辜恩负职者，言官据实纠弹，立即严究重惩。若以毫无影响之谈诬人名节，天鉴难逃，国法具在等因，钦此。'训谕煌煌，尤宜遵守。如上年御史吴峋参劾阎敬铭，目为汉奸，编修梁鼎芬参劾李鸿章，摭拾多款，深文周内，竟致指为可杀，诬谤大臣至于此极，不能不示以惩儆，吴峋、梁鼎芬均着交部议处。"⑤

---

① 《清圣祖实录》卷二〇一。

② 《钦定台规》卷二《训典二》。

③ 《钦定台规》卷四《训典四》。

④ 《钦定台规》卷五《训典五》。

⑤ 《光绪朝东华录》。

从清帝一系列上谕中可以看出，虽允许监察官就某些问题风闻言事，但强调据实直陈。乾隆六年三月高宗说："朕之所以广开言路者原欲明目达聪，以除壅弊。若言官自谓风闻言事，不问虚实，纷纷渎陈，徒乱人意，于国事何益。"①乾隆三十九年十月又说："科道风闻言事，原所不禁。但既闻之后，亦须覆加体访得实，再行入告，岂可肆意言。"②对此，晚清官庄宪祖颇有异说："从来风闻言事，职掌宜然。况暮夜暧昧之行，不公不法之事，为言官所窥者百不一二，若一一必有其据，则殊非加设一科、署差一道，乃言官既不居问，又非番役转相告语，穷至转相牵扯。皇上以为风闻为可厌，势且至涂巷相戒，并风闻而无之，弹墨无灵，此后谁复为朝廷发奸指佞者？恐人臣之利，非国家之福也。"③

四、秉公去私，以励台谏

由于监察官以纠弹百官违失为职责，因此，清朝皇帝谆谆告诫监察官务须秉公去私，严于律己，并不惜以严刑重罚惩治挟嫌诬告，扰乱是非的行为。圣祖告诫说："目前时务以开言路为最要，果能不徇情面，秉公参奏，内外所行不端等官自惧而知戒，如此则于言路大有益矣。"④"自后各部院大小官员，如仍循旧习，不殚忠诚，徇情私庇，顾避嫌怨，或以琐屑细务，苟且塞责，必罪不宥。"⑤康熙三十九年，"御制台省箴并书，以赐都察院勒碑于厅事之西。箴曰：台省之设，言责斯专，寄以耳目，宁取具员，通明无滞，公正无偏。党援宜化，畛域宜捐，洞达政体，斯曰能贤。古昔诤臣，风规懔然，讦谟谠论，垂光简编，朕每览绎，如鉴在

① 《清高宗实录》卷一三九。
② 《清高宗实录》卷九六八。
③ 《题为遵旨详陈前疏所指实情本》，载《清代档案史料丛编》第13辑。
④ 《钦定台规》卷二《训典二》。
⑤ 《清圣祖实录》卷二一。

悬。居是官者，表里方直，精白乃心，充广其识。国计民生，臧否黜陟，凡所敷陈，敬将悃愊。风霜之任，以惩奸慝。搏击之威，以儆贪墨。毋摭细务，苟塞言职。毋纷成宪，妄逞胸臆。书思入告，当宣对扬，沽名匪直，营私孔伤。或藏嫌怨，谬为雌黄，受人指嘱，尤为不臧。形诸奏牍，有玷皁囊，职思献替，亟宜审详。敬尔在公，风纪严廊，词箴用勖，诞告联常”。①

雍正四年，就御史谢济世弹劾河南巡抚田文镜事，发布上谕：“科道无私方能弹劾人之有私者，若自恃为言官可以白简从事，而胸怀诡诈听人指使，颠倒是非扰乱国政，此等之人实大有害于人心世道，为国法断不可容。”遂将“受人嘱托，听人指使，欲倾陷田文镜以快其报复”②的谢济世，革职查办。

高宗同样强调：“公私之辨不可不严，倘有藉直谏之名以自行其私，妄冀惑乱朕听，亦断不能逃朕之洞鉴也。”③

嘉庆二十二年，仁宗仿康熙御制台省箴并书故事，御制以大公无私为主题的《谏臣论》，指出：“人君治政临民，未能尽美尽善也。天下几务极繁，而官庶司岂能毫无欺隐乎？若无谏诤之臣，政不纲矣。是以特设科道事上，存有犯无隐之忠心，效学朱云、魏征之劲节，立志公正，不畏权要。见坏法乱纪之事，直进弹章，毫无瞻顾，斯不负设官之意也。明目达聪之职，责任至重。……世道人心日流日下，近年言事诸臣为公者少，为私者多；避人焚草者少，张扬于众者多。甚至假借题目，作弄威福，营私纳贿，枉法贪财。此端岂可开，此风不可长也。若不力加整饬，驯至于前明结党恶习，诚朝廷之大患也。忠告必嘉纳，佞口必摒斥。若

① 《钦定台规》卷一《训典一》。
② 《钦定台规》卷二《训典二》。
③ 《钦定台规》卷三《训典三》。

不论忠佞公私，惟言官之言信，用博纳谏之虚名，受乱政之实祸矣。惟望言官洗心涤虑，大公无私，常存以言事君之诚，尽摒取巧谋之伪。作天子之耳目，为朝廷之腹心；上章进谏置祸福于度外；密封不露，虽至亲手足不令与闻，方不愧此职任。……为公之诸臣，益当勉励。不必妄生疑惧，当言则言，言必有中，若仍存私见，自此绝口不言，竟以朕为拒谏之主，更不可问罪浮于彼矣。"①

对于科道官的纠弹，如出自公心，不属于私仇诬劾，仅为言辞不当多不予追究。康熙三十六年上谕中说："嗣后凡事关国计民生、吏治臧否，但有确见即应指陈。其所言可行与否，裁酌自在朝廷，虽有不当，言官亦不坐罪。"又谕："科道等官如有所见，即据实直陈，不得隐讳。所奏果是，朕即施行，如或不是，亦不议罪。"②高宗也有类似谕旨：言官"若识见虽未明通而居心朴诚，则其言虽愚戆而尚无害于事理，朕亦鉴其忱悃而优容之。惟胸怀爱憎之私，借章奏以展其巧诈者，则有玷台垣，国法不可以轻恕"。③

早在关外时期皇太极便严禁因私诬劾："若以私仇诬劾，定加尔等之罪。其余所奏，是者即为允从，非者亦不加罪，并不令尔等与被劾之人质对。"④世宗在处罚妄劾田文镜的御史谢济世之后，郑重宣布："朕岂不知诛戮谏官史书所戒，然审其缓急，权其轻重，诛戮谏官之过小，而酿成人心世道之害大也。古人云礼义不衍，何恤于人言，朕为天下主，岂惜此区区小节而忘经国之远图哉？谢济世身为御史……若不严加讯问，则如鬼如蜮之伎俩得行于光天化日之下，人心何由而正，风俗何由而端乎？著将谢济世革职，令大学士、九卿、詹事、科道等严讯，务将其

① 《钦定台规》卷一《训典一》。
② 《钦定台规》卷二《训典二》。
③ 《钦定台规》卷三《训典三》。
④ 《钦定台规》卷二《训典二》。

中实情审出，不得稍有含糊。倘九卿、詹事、科道中有谓言官不应加刑者，亦即据实陈奏，不得面从而退有后言。”①

嘉庆朝以后，监察官因私而参奏或谏言不当者多，因此嘉庆二十二年发布上谕：“近日科道奏章未为不多，而能有所建白者实少，或止于申明旧例而泛为铺叙，或辄议更张成法而断难施行，此皆志存塞责，意在见长为私而不为公。朕洞烛其情，犹以其谏官而优容之，不意竟有以奏事为利谋，藉以窃弄威福、私纳财贿者，坏法乱纪，莫此为甚。此实台谏中之败类，朕不能不执法惩治矣。”②

德宗在将参劾阎敬铭的御史吴峋交部议处时特别指出：“国家广开言路，原期各抒忠谠，俾得集思广益，上有补于国计，下有裨于民生。至言词失当，从不苛求；即陈奏迂谬，语涉鄙俚者，亦未加以斥责。若挟私妄奏，信口讹弹……于人心政治大有关系……如上年御史吴峋参劾阎敬铭，目为汉奸，编修梁鼎芬参劾李鸿章，摭拾多款，深文周内，竟至指为可杀，诬谤大臣至于此极，不能不示以惩儆。”③清人张瑞荫说：监察官员“资浅而近民，则耳目易周；位卑而禄薄，则顾惜之心不甚重”。但“以我幅员之广，人民之众，只此数十人者备员左右，职司纠弹，必挫折之摧残之”④，此说道出了监察官员的尴尬境地。尤其是在专制政体下，监察权的行使不可避免地受制于皇帝。高宗比较清醒地指出：“从来言官陋习相沿，多由迎合，若人主意在综核，率刻意吹毛求疵，巧避瞻徇之迹，而置君德于不问；若人主意在乐闻己过，则往往于朝廷之政事，不一言及。”⑤

上述清朝统治者的监察思想，内容较之历朝丰富，反映了清朝统治

① 《钦定台规》卷二《训典二》。
② 《钦定台规》卷四《训典四》。
③ 《钦定台规》卷二《训典二》。
④ 《奏军机处关系君权不可裁并折》，载《清末筹备立宪档案史料》(上)。
⑤ 《钦定台规》卷三《训典三》。

者力图借助监察制度约束庞大的汉官群体,应对各种复杂的政务和不断涌现的社会矛盾。皇帝一方面要求监察官直言奏报,并不排除风闻言事,但另一方面,又要求风闻须有实据。往往因为一言不合圣意而使监察官受到斥责,甚至刑罚。凸显了清朝统治者乾纲独断的专制主义对于监察制度的影响。

第二节　极端专制主义的监察体制

清朝的监察体制,是在清政权建立的过程中逐步建立和完善起来的。其设官定制,发轫于天聪朝,形成于顺治朝,定型于康乾朝。在开国后的百余年时间里,几朝统治者对监察机关的设置,监察机关内部的组织建制,以及与其他部院的相互关系都不断进行调整,最终建立起极端专制主义的监察体制。

一、中央监察体制

(一) 都察院

入关以前,后金政权虽处于肇基阶段,但至天聪年间,已沿袭明制设都察院为最高监察机关。据《清史稿》记载:"初沿明制,设都察院。天聪十年,谕曰:'凡有政事背谬,及贝勒、大臣骄肆慢上者,许直言无隐'。"①至崇德元年五月,皇太极郑重告谕都察院诸臣说:"尔等身任宪臣,职司谏诤,朕躬有过,或奢侈无度,或误谴功臣,或逸乐游畋,不理政务,或荒耽酒色,不勤国事,或废弃忠良,信任奸佞,及陟有过,黜有功,俱当直谏无隐。至于诸王贝勒大臣,如有荒废职业、贪酒色,好逸乐,取民财物,夺民妇女,或朝会不敬,冠服违式,及欲适己意托病偷安

① 《清史稿》卷一一五《职官二·都察院》。

而不朝参入署者,该礼部稽察,若礼部徇情容隐,尔等即应察奏。或六部断事偏谬,及事未审结,诳奏已结者,尔等亦稽察奏闻。”①

都察院初设时,其官制与六部同,设承政、参政等官,员额不定。崇德三年定制:设承政一人,左右参政各二人,又设理事官、启心郎等官。

入关以后,世祖对关外时期都察院的官制进行改革,将承政改为左都御史,掌院事,满、汉各一人,满员一品,汉员二品;将参政改为左副都御史,满汉各二人;设汉左佥都御史一人;另设右都御史、右副都御史、右佥都御史若干人。顺治十六年,又定制:左副都御史满、汉各二人,均为正二品。康熙时期,左都御史入议政大臣,正二品。雍正八年,满、汉左都御史均升为从一品,地位、品秩与六部尚书相当。乾隆十三年,裁去左、右佥都御史,设左都御史满、汉各一人,主掌院事,左副都御史满、汉各二人,为实际主管官员,遂成定制。据《清史稿·职官志二·都察院》:“左都御史掌察核官常,参维纲纪。率科道官矢言职,率京畿道纠失检奸,并豫参朝廷大议。凡重辟,会刑部、大理寺定谳。祭祀、朝会、经筵、临雍,执法纠不如仪者,左副都御史佐之。”都察院下设经历厅、都事厅、值月处、督催所等专门办事机关。

(二) 六科

天聪六年,明降将马光远曾上疏太宗,建议设立六科,以经理六部之事,并详述了六科职掌。此后遂沿袭明制设六科自为一署,不受都察院管辖。六科初设给事中、汉军副理事官等职,无固定员额。顺治十八年,六科每科设满、汉都给事中各一人,满、汉左右给事中各一人,汉给事中一人。“掌言职,传达纶音,勘鞫官府公事,以注销文卷,有封驳即闻。”“其祭祀、监礼、侍班纠仪。”②康熙四年,每科只设满、汉给事中各

① 《清史稿》卷一一五《职官二·都察院》。

② 《清史稿》卷一一五《职官二》。

一人。其余悉裁。五年,又将原都给事中改名为掌印给事中,满、汉各一人,给事中满、汉各一人。

六科负责对六部进行监察,并职掌六部官员的京察考课,同时兼掌封驳。顺治十八年规定:"凡部院督抚本章已经奉旨,如确有未便施行之处,许该科封还执奏。如内阁票拟签本错误,及院部督抚本内事理未协,并听驳正。"①

六科具体分工如下:吏科,稽核人事,注销吏部、顺天府文卷;户科,稽核财赋,注销户部文卷;礼科,稽核典礼事务,注销礼部、宗人府、理藩院、太常寺、光禄寺、鸿胪寺、国子监、钦天监等衙门文卷;兵科,稽核军政,注销兵部、銮舆卫、太仆寺等衙门文卷;刑科,稽核刑名案件,注销刑部文卷;工科,稽核工程,注销工部文卷。

(三)十五道

顺治元年,初设由都察院统辖的十五道监察机关,十五道即河南、江南、浙江、山东、山西、陕西、湖广、江西、福建、四川、广东、广西、云南、贵州、京畿等十五道,各道办公官署即设于都察院官署内。

十五道初设时规制不整,职掌不明。以河南、江南、山东、山西、陕西、浙江为六掌道,铸有印信,设掌道御史一人主之,御史一或二人协理,分稽在京诸司及各省刑名,河南道仍参治院事。京畿道亦铸给印信,专司照刷卷宗。其他各道则附于六道之中,无印信。又有"坐道""协道"之分,实际多不理本道事务。而且各道分设监察御史仅限于汉御史,满御史并不在其列。

至乾隆十三年,准吏部、都察院等衙门奏请,对十五道进行了全面调整,照汉御史之例,将满御史也分列于十五道之中,额定各道御史员数,按省分道,各道均铸给印信。乾隆十四年,又明定各道职掌及十五

---

① 《钦定台规》卷一五《六科一》。

道御史员额：十五道各设掌印监察御史满、汉各一人；监察御史各道所设人数不尽相同，京畿、河南、浙江、山西、陕西、湖广、江西、福建八道，满、汉各二人；四川、广东、广西、云南、贵州五道只设掌印监察御史，不设监察御史。十五道掌印监察御史与监察御史总计五十六人，满、汉各二十八人。（满御史内包括宗室二人、蒙古御史二人）自此定制，沿至光绪三十二年增加辽沈、甘肃、新疆三道，又将江南道分为江苏、安徽二道；湖广道分为湖广、湖南二道，共计为二十道。

各道监察御史，除"掌弹举官邪，敷陈治道，各核本省刑名"外，还分工协管各部、寺、院、监的行政监察工作，所谓"掌纠察内外百司之官邪，在内刷卷、巡视京营、监文武乡会试、稽察部院诸司；在外巡盐、巡漕、巡仓等，及提督学政，各以其事专纠察；朝会纠仪，祭祀监礼，有大事集阙廷预议焉"。[①] 各道监察事项如下：

京畿道，监察京畿道官员，分理都察院事，核察直隶、盛京刑名，稽察内阁、顺天府及大兴、宛平两县。

河南道，核察河南道刑名，照刷部院诸司卷宗，稽察吏部、詹事府、步军统领及五城察院。

江南道，核察江南道刑名，稽察户部、宝泉局及左右翼，监督京仓，总督漕运，磨勘三库奏销。

浙江道，核察浙江道刑名，稽察礼部及都察院。

山西道，核察山西道刑名，稽察兵部、翰林院、六科、中书科，总督仓场、坐粮厅、大通桥及通州二仓。

山东道，核察山东道刑名，稽察刑部、太医院、总督河道，催比五城命盗案牍缉捕之事。

陕西道，核察陕西道刑名，稽察工部、宝源局，覆勘在京工程。

---

① 《清朝文献通考》卷八二。

湖广道，核察湖广道刑名，稽察通政使司、国子监。

江西道，核察江西道刑名，稽察光禄寺。

福建道，核察福建道刑名，稽察太常寺。

四川道，核察四川道刑名，稽察銮仪卫。

广东道，核察广东道刑名，稽察大理寺。

广西道，核察广西道刑名，稽察太仆寺。

云南道，核察云南道刑名，稽察理藩院、钦天监。

贵州道，核察贵州道刑名，稽察鸿胪寺。

每逢祭祀，十五道监察御史和六科官员还共同"监礼、付班纠仪"。

以上可见，六科给事中与各道的权责范围远远超过宋、元、明三代，正如雍正元年上谕所说："科道诸臣，原为朝廷耳目，与朕最亲，与国家最切。"

（四）五城察院

顺治三年，京师划分东、西、南、北、中五城，各为一监察区，各设察院，负责稽察京师地方奸邪及维持京城治安，所谓"厘剔奸弊，整顿风俗"。五城察院是清朝新创设的监察机关，因其职任重要，故由都察院直接统辖。五城察院以巡城御史为长官，满、汉各一员，由科道中派遣，一年一更换。

五城察院下辖五城兵马司，每城兵马司设指挥，副指挥，吏目各一人，俱由汉人充任。因兵马司各官协助五城御史分辖五城十坊之境，故又称司坊官。

五城察院率兵马司各官"分辖京师五城十坊之境"，其职掌如下：

一、掌缉捕盗贼，平治狱讼。顺治十三年覆准："京城内斗殴、钱债等细事，如原告、被告皆旗人，则送部审理；如与民人互告，听五城审结。"康熙十一年题准："五城词讼御史竟行审结，徒罪以上送刑部。"①

---

① 《钦定台规》卷二一《五城三》。

康熙十五年题准:“京师乃五方杂处之地,御史巡城正在访询民隐、究察奸宄之际,未几而差满更换。嗣后满、汉御史巡城,应一年一换。”① 雍正元年覆准:“巡城御史所准词讼,除人命盗案送部外,其余俱自行审理,不得批发司坊官。”②

根据清帝的上谕,五城御史负责批饬兵马司各官,究缉命盗案犯,并详报五城御史审断,杖罪以下自行完结,杖罪以上,转报刑部、都察院按拟。其余民间户婚、田土、钱债等寻常词讼,均报五城御史衙门听断完结。

二、掌五城禁令,查拿一切违禁违法之事。顺治十年议准:“令五城御史各率所属办理地方之事,厘剔奸弊,整顿风俗。”③顺治十三年上谕:“今后再有踵行邪教,仍前聚会烧香敛钱号佛等事,在京著五城御史及地方官,在外著督、抚、道有司等官,设法缉拿,穷究奸状,于定律外加等治罪。”④康熙十年定:“凡游手好闲之人轮叉舞棍、演弄拳棒、遍游街市、射利惑民、打降赌博,五城等官拿获,将本犯照违制律治罪,仍枷一月,即行发落,递回原籍。”又议准:“京师城内不许开设戏馆,永行禁止。城外戏馆如有恶棍借端生事,该司坊官查拿。”⑤雍正六年定:“凡刑部现审内行文五城查拿之案,如关系偷盗仓库钱粮并隐匿紧要重犯,即于文内加注‘要犯勒限缉拿’字样,该司坊于文到之日按限缉拿,如限满不获,照京城定例议处。”⑥

根据上谕及有关条例,五城御史及司坊官务须不时前往街市坊店、

① 《钦定台规》卷一九《五城一》。
② 《钦定台规》卷二一《五城三》。
③ 《钦定台规》卷一九《五城一》。
④ 同上。
⑤ 《钦定台规》卷二五《五城七》。
⑥ 《钦定台规》卷二三《五城五》。

酒馆、戏园、僧道寺院、各处城门、税局等处巡查。严行查禁聚众烧香、邪教惑众、私铸钱币、欺行霸市、私宰耕牛、贩传奸盗邪淫小说、违碍经卷等各项违禁行为，一经查获，立即销拿，按律究治。遇有斗殴、赌博、酗酒、卖淫等事，亦随拿随审。严行查禁京城内外大小官员僭越服制顶戴，改装私潜于戏园、酒馆等处游宴作乐。各门税局、税务官员及胥役恣意勒索盘剥行旅，官兵懈怠疏玩不用心缉捕等情况，如有所见即刻指实参劾。严查各衙门役满应递解遣返回籍的书吏，如发现潜匿逗留京师，或已回籍又私自来京者，拿送刑部惩办。督察原籍外省因获罪被革职的京官，令其按期限起程回籍，查出违限一月以上者，即参劾按例治罪。

三、掌京城编查保甲。为了加强基层的治安管理，清朝全面推行保甲制度，乾隆二十六年定："顺天府、五城所属村庄暨直省各州、县城市、乡村，每户由该管地方官岁给门牌，书家长姓名、生业，附注男丁名数。出注所往，入稽所来，有不遵照编挂者，治罪。十户为牌，立牌长；十牌为甲，立甲长；十甲为保，立保长，限年更代，以均劳逸。三十一年题准："五城所属各村庄向来并未照州、县之例编联保甲，应按其居民户口照例酌编，责成副指挥等不时查察。"嘉庆六年上谕："各省俱有设立保甲以缉奸宄而靖地方，业经饬令各该省督、抚实力奉行……"①由五城御史率各司坊官，按居民户口，清查编次，添设门牌，填注家长姓名、人口数目等，登载册档，不时访查核对。发现来历不明、形迹可疑、匿事隐混之人，即行究问严查。

四、掌平治街道，疏浚沟渠之职。五城御史等随时察看各街道，务使路面平整，严禁店铺、居民等搭盖房屋及其他障碍物阻碍交通。不时稽察各胡同栅栏，如有残损，就近令商民修补，务令其以时启闭。每年

① 《钦定台规》卷二二《五城四》。

春季，五城御史率铺户居民掏挖各门前沟渠，务使畅通。如道路、栅栏、沟渠损坏过甚，及时上报，由管理河道沟渠大臣督办修理。

五、掌赈恤之政。一为煮赈，一为平粜，由各司坊官负责办理，五城御史亲往监视。煮赈：即每年冬春寒困之际，五城内外设十处粥厂煮粥赈济饥民，由五城御史督同司坊官办理。平粜：即当京城米价腾贵时，由官仓放米分发五城，以低价售买。平粜时由司坊司主持，五城御史亲往监放，防止胥役乘机婪索。并密行察访严禁奸商借机抢买，囤积居奇。

另外，五城还设公所，每月初一、十五由五城御史，司坊官督率乡约人等，宣讲皇帝诰戒官民的诏令，名为"条教"。①

（五）宗室御史处

雍正五年设立宗室御史处，根据上谕："添设宗室御史二员，稽察宗人府事务，每月两次注销，另给印信，月抄具题。"乾隆十三年奏准："宗人府银库系特恩设立。宗室等所得优恤银及借给八旗官员等滋生坐扣等项，不可无人稽察。嗣后请照理藩院之例，委御史一人，不令办事，只令稽察钱粮数目，三年更换。"②

（六）稽察内务府御史处

稽察内务府御史处是清朝都察院所属特设机构。雍正四年设，据上谕："部院事件均有御史监察，应将内务府官员内检选四人授为御史，互相稽察，于事务有益。"后于雍正十三年裁撤。乾隆三年复设，上谕："内务府向有专设之御史，近经裁汰，现在无稽察之员，著派御史恩特和穆沈瑜稽察，照八旗之例，不必逐年更换，将来顶补二人员缺者，即著办理稽察内务府之事。"嘉庆四年议准："稽察内务府事务，都察院将

① 《光绪会典》卷六九。
② 《钦定台规》卷三二《稽察四》。

各道满洲御史通行开列，奏请简派二员稽察、一年更换。”①

（七）理藩院、军机处稽察御史

雍正十一年奏准：“稽察现理藩院银库御史，停其办理钱粮事务，只令亲行监放蒙古等口粮银，稽察库弊。若司库之官有营私作弊，该御史瞻徇情面不行参奏者，发觉之日，一并参处。”②嘉庆五年奉上谕：“军机处为办理枢密事务、承写密旨之地，首以严密为要，军机大臣传进朕旨，令章京缮写，均不应稍有漏泄。……自今以后，每日著派科道一人轮流进内，在隆宗门内北首内务府官员直日房监视军机大臣。散后，方准退后，如有前项情弊，即令直内班科道参奏，候旨严惩。若科道旷班或推故早散，亦准军机大臣指名参奏。”嘉庆二十五年奉上谕：“稽察军机处御史著裁撤。”③

二、地方监察体制

（一）督抚监察系统

在清朝的地方行政体制中，总督和巡抚已成为管辖一省或数省的封疆大吏，总揽军事行政司法之权。同时，总督兼都察院右都御史衔，巡抚兼都察院右副都御史衔，兼有监察地方之权。

督抚以下设承宣布政使司，又称“藩司”，主管一省民政、财政；设提刑按察使司，又称“臬司”，作为一省最高的司法监察机关，“职掌振扬风纪，澄清吏治”，三年大计时任考察官。分属于布政使司和按察使司的守道与巡道，也有监察地方府、州、县的职能。嘉庆四年，以道员职司巡察与在京科道相同，而特谕准其照布按二司之例密折奏事。由此

---

① 《钦定台规》卷三二《稽察四》。

② 同上。

③ 同上。

而形成了督抚的监察系统。

（二）巡按御史与专差御史

御史出巡是朝廷监察地方的传统方式，也是监察官履行作为皇帝耳目之司的重要机会。由于清朝地方监察系统比较稳定，同时，随着专制制度的加强，皇帝特派的专差御史较之明朝盛行的巡按御史制度更为多见。顺治初，仿明巡按御史之制，每省派御史一人巡视省下地方，纠劾贪官污吏，查拿豪蠹盗贼，权力甚大，差限以一年为满。御史离京出巡之前，必须陛见，接受皇帝面谕。早在顺治八年三月，都察院条议《巡方事宜》中便规定出巡地区的名额与御史的禁约，具体如下：

“一、按臣之差额宜定。督学则直隶一差，江宁、苏松、应分为二差。巡按，则顺天、真定、应并为一差。江宁苏松、淮扬、并为二差。浙江、江西、湖北、湖南、福建、河南、山东、陕西、四川、广东、广西，各为一差。又有巡漕一差，宣大一差，甘肃一差，茶马一差，巡视盐政，则两淮、两浙、长芦、河东，为四差。京通巡仓一差，巡视五城为小差，照资序酌用。

一、出差之限期宜严。御史奉差，一经命下，应照主考分考例回避，不见客、不收书、不用投充书吏员役、不赴宴会饯送。领敕后三日内，即出都门。

一、在差之员役宜禁。入境之日，止许自带经承文卷书吏，所至府州县，取书吏八名、快手八名，事毕发回随地转换。不得留按差书吏承差名色，不得设中军总用等官以及主文代笔，暨府州县运司等官，铺设迎送，概应严禁。

一、在差之事迹宜覈。命下之日，每一差立为一册自出都以及入境，一应条陈、举劾、勘报等事，按日登记，以凭考覈。

一、差满之期宜定。督学奉差，或三年或二年半，俟岁考科考一周造册报满。巡漕盐政一年交代。其余大差、中差，以一年六个月为期，皆照例三月前报满。至于声望应褒、溺职当撤者，不拘年月，差回之日，公同考核三日内,议定优劣,具疏奏请,分别劝惩。从之。"①

至顺治十八年,兵部尚书管左都御史事阿思哈等遵旨制定《严议巡方事宜十款》(详见监察立法部分)。

《巡方事宜》为有清一代御史出巡奠定了法律基础,如:入境三日内,将御史出巡禁约及皇帝有关敕谕誊黄刊刻,每一司道发十张,每一府州县各发十张,遍示城乡绅士人民。如不刊刻、不遍示,经都察院举劾,即以违旨论处,凡事必须设法确访,不可只凭府、厅开报;不可纵容司、道、府、厅,而只参州、县;不可庇护大贪大恶,而只参劾老者、弱者。出巡御史若违反禁令者,许地方文武官员对该御史进行纠举,撤回治罪。

顺治一朝巡按御史时设时停,至顺治十八年最终停止。雍正年间,于湖广、山东、河南、安徽、江宁等省派出巡察御史,其性质近于顺治朝的巡按御史,至乾隆元年俱停各省巡察御史。

清朝由朝廷派员稽察某项专门事务,或巡察特殊地域事务的监察官员称为专差,由都察院官从六科给事中、十五道御史中简派,定期更换。与六科相比,十五道监察御史承担着更多的稽察、巡察任务。凡属皇帝交派的监察事务,从十五道御史中简派居多。专差科道每差人数虽少,但名目繁多,如巡盐御史,掌稽察盐课、盐运情况;巡漕御史,掌催趱漕运;巡仓(查仓)御史,掌稽察仓场诸务;查旗御史,掌综核八旗旗务;查监御史,稽察刑部南北二监。

此外,还曾设巡江御史、巡视屯田御史、巡视茶马御史等。

上述稽察特殊事务的专差御史,随着形势的变化时存时废,只有御史查监之制沿至清末未废。专差御史中有的是为巡察特殊地理区域而设的,如:巡台(湾)御史,康熙末年设,初派御史一人,后改为满、汉各

① 《清世祖实录》卷五五。

一人。驻扎当地，主要负责将台湾当地情况及时报告朝廷，不得参与地方事务。乾隆年间因发现巡台御史将台湾“视为传舍”而“坐待瓜期”①，且有滋扰地方之弊，遂将巡台改为三年一次，事竣即回，不许留往。乾隆三十年以后，巡台改为不定期，至乾隆末年巡台改由福建省督抚、水路两提督派人前往，不再专派御史。

巡察东三省御史。雍正三年设巡察盛京五部御史，其后又设巡察吉林、黑龙江御史，均由都察院不定期奏派科道前往。乾隆十五年后定为三年奏派一次。乾隆四十年以后又改为五年一次，嘉庆初停派巡察东三省御史，东三省事务改由盛京五部负责稽察。

各专差御史其身份为奉帝命之制使，秩卑权重，如所在官吏不得非礼有犯。犯之者“则辱朝命”，加重惩处，“所以尊朝廷，重制命”。按《大清律例·刑律》规定：骂詈常人，笞一十，所在官吏骂詈奉命之御史则杖一百。寻常斗殴，轻伤者，笞四十；重伤者，各视情节，分别杖、徒、流。如所在官吏殴奉命之科道，但殴即杖一百，徒三年，伤者杖一百，流三千里；折伤者，绞。至于所在官吏谋杀奉命之御史，已伤者（首犯）即绞，已杀者，皆斩，较寻常谋杀处刑尤重。

与此同时，专差御史受命出巡，必须严格遵守都察院规定的禁约：一经受命，即须及时赴任，不得迟误。各专差御史“不许额外多带家人，到任之后，亦不许诸人妄行出入衙署……凡有过往亲朋官长，往来交际，概行停止”，严禁铺设迎送。

专差科道所巡稽之处，按路途远近“计程往返”，若逾限不回，量行参罚。回京后须即时奏报巡察情况，若迟误不报，照《大清律例》“出使不复命”条处罚。如专差御史于所按治去处犯赃私款项，则照《大清律例》“风宪官吏犯赃”条，加普通官吏二等治罪。

---

① 《钦定台规》卷三八《巡察三》。

为防止御史在行使监察职权时徇情回护、通同舞弊，详定回避制度。按清制：巡盐、巡漕等需驻劄地方的专差，原籍为该地方之科道，不得充任。查旗御史应避原旗。① 查仓御史与仓场主管官如系同旗、同省，或系亲属，即应照例回避。② 监试御史遇有子弟参加考试，应请回避。

专差御史除上述因同籍、同旗、亲属、属员关系须回避外；还有“复差回避”。即专差御史不得二次派往同一部门，以避免与被稽察部门的官员“过于习熟”，以至“瞻徇情面”③。都察院不得开派应行回避人员；应回避之人，也有自行申明之责。

综上可见，清朝从中央到地方的监察系统极为严整，层次分明，作为中国古代的监察体制已经臻于完备。

为了充分发挥监察机关的监察效能，清朝在建立、完善监察体制的过程中，十分注意协调各监察机关之间的关系，明确其统隶地位，使各监察机关及其官员既有所统隶，又相互制约。

都察院是清朝掌管监察的最高机关，在监察机关体系中居于统帅、领导地位，其六科、十五道、各专差科道、宗室御史处、稽察内务府御史处，均统隶于都察院之下，地方督抚也受到都察院节制。但都察院本身的公务，则由十五道中的浙江道负责稽察。至于六科事务除受都察院察检外，山西道也负稽察之责。

三、监察体制的特点

（一）监察官员满汉复职

清朝是以满洲贵族为主体，并依靠广大汉族官员支持的政权，从而

---

① 《钦定台规》卷三七《巡察二》。
② 《钦定台规》卷三六《稽察一》。
③ 《钦定台规》卷三八《稽察三》。

决定了清朝中央各部院实行满汉复职制度，如六部设满汉尚书各一人。在监察官系统中，也同样严格执行满汉复职制度。左都御史、左副都御史、经历司经历、都事厅都事、十五道掌印御史，俱满汉各一人。在十五道监察御史中，京畿、江西、浙江、福建、湖广、河南、陕西和山西八省，皆是满、汉各一人；江南道满、汉各三人；山东道满、汉各二人。六科掌印给事中和给事中满、汉各一人。至于督抚是统治地方的封疆大吏，一般多用满人和汉军旗人。康熙时，一般汉人任督抚“十无一二”。乾隆时，距清军入关已经一百余年，巡抚始“满汉各半”，总督仍多用满人。

有清一代严格遵守监察机关的满汉复职制度，满缺、汉缺额制固定，不许混淆，尤以满缺更严禁汉人充补。“雍正时，满洲副都御史缺出，世宗命九卿密保，鄂文端公尔泰奏：许希孔忠直可任。上曰：彼汉人，碍于资格。文端曰：风宪衙门为百僚风采，臣为朝廷得人计，不暇分满汉也。上可其言，踰年始调汉缺。”①

不仅如此，在“首崇满洲”的思想指导下，满汉官虽然品级相同，但权力地位却不相等。“满官左右御前，时领圣谕”，“汉官思觐而不得”。各衙门印务，俱由满人掌管。有些职位同官不同品，如都察院长官左都御史的品位，从顺治初至雍正七年八十余年间，一直是满员为一品，汉员为二品。直到雍正八年，为进一步笼络汉族官僚始皆定为从一品，但大印和实权仍掌握在满员左都御史手中。在监察官的选任上，汉官必须正途，即科甲贡监及荫生出身，始能充任。雍正十三年规定：“考选御史，仍专用正途。”②至于满官只要是“通晓满汉文字，品行端谨者”，便可以充任。据《国朝御史题名》一书记载，清朝科道官三〇八七人，其中汉人二一五三人，满人九三四人。汉人科道官出身进士者一七七〇

① 《清稗类钞·爵秩类》。

② 《大清会典事例》卷五六。

人，举人一九四人，副榜二人，贡生五七人，文生员三人，荫生十四人，监生二〇人，官学生三人，孝廉方正一人，博学鸿词三人，未详其出身者仅八八人，可见绝大多数的汉御史皆来自正途。在满人科道官中，来自举荐捐献“偏途”的高达七五九人，正途出身者仅为一七五人，只占满科道官的20%。

在监察机关中满官的优越地位还表现为某些监察任务，如对宗人府、内务府、理藩院内外馆以及八旗旗务的监察，只能委之满科道，汉科道一概不得参与。

清朝的复职制度在清以前的历代统治中是没有先例的，在监察官员之间设满汉复职，虽可收互相监督，互纠互检的制衡之效，但由此也造成了遇事掣肘的种种弊端。

（二）统隶明确，相互制约

都察院是清代掌管监察的最高机关，六科、十五道、各专差科道、宗室御史处、稽察内务府御史处均统隶于都察院之下。总管地方监察的督抚也受到都察院的节制。

都察院堂官有权随时查检各科道执行职务的情况，根据各官政绩优劣而定奖惩。顺治七年定：“凡各差御史，本衙门（指都察院）不拘定年月，常加查访，果有察吏安民，声望大著者，即请旨褒嘉。若不遵宪约，怠玩溺职，不过数月半载，即题参议处，另行差遣。”①

对科道官的一般失职行为和过愆，都察院堂官一经查得，有权立予参处，指名交吏部察议，不必向皇帝请旨。乾隆二十八年，左副都御史蒋棅即对监赈给事中巴廷三等人于监赈之日，“每每到厂迟延”，便予以参处。②

---

① 《钦定台规》卷三八《巡察三》。

② 《钦定台规》卷三《训典三》。

科道官的失察失检行为，为他官所纠，也由都察院堂官负责查参办理。嘉庆二十年，京城抓获应缘坐之犯妇，而该管地巡城御史及司坊官均未察觉，遂命都察院察明参奏。①

有些监察事务，承办各官务须定期向都察院汇报。如五城案件，五城御史应五日一次汇报都察院，由都察院堂官委员详核，各案是否依限完结，若有积压案件，逾限不完，纵容属役恣扰等弊，都察院查明参办。②

都察院堂官虽然位高权重，统率督察所属各科道，但在监察机关系统内也受到各种牵制。譬如，都察院本身公务例由十五道中的浙江道负责稽察，各科道也可以参劾都察院堂官。高宗曾明谕："都察院堂官果有不公不法之事，科道等亦可以列之弹章。"③乾隆二十八年，御史蔡观澜曾参劾左副都御史蒋檙。④ 嘉庆二十三年，给事中李振祐也曾参劾都察院堂官于京察时随意更改应去应留人员，致使都察院堂官数人被交部议处。⑤ 都察院堂官之间也可互相纠举，嘉庆十一年，左都御史熊枚和左副都御史陈嗣龙，因一上控案发生分歧，陈嗣龙即疏劾熊枚"模棱任性，作威欺凌"。⑥

不仅如此，都察院堂官对属下的枉法乱纪，败检失职行为，要负连带责任。雍正二年谕："外省督抚，有怀私背法逞威等事，给事中、御史等受其请托贿赂，为之循隐"，一经发现，"将都察院堂官一并议处"。⑦嘉庆十一年，御史和顺违反为官禁约，私潜茶园听戏作乐。事发，仁宗

---

① 《钦定台规》卷二二《五城四》。

② 《钦定台规》卷二一《五城三》。

③ 《钦定台规》卷三《训典三》。

④ 同上。

⑤ 《钦定台规》卷一二《宪纲四》。

⑥ 《钦定台规》卷四《训典四》。

⑦ 《钦定台规》卷一《宪纲二》。

颁谕怒斥:"都察院堂官有纠察百僚之职,今本衙门有此败检台员,竟未能访闻参劾","实属旷废失职"。遂将对属下失察的堂官俱交吏部察议。①

监察机关内部各官员之间也有互检互纠之制。早在崇德年间,太宗即谕令都察院:"尔衙门有受贿之弊,须互相访检。"②顺治年间,也多次申谕:"都察院职掌纠劾百官,辩明冤枉,一应不公不法事,如本院堂官及各道监察御史有不公不法事,旷废职事,贪淫暴横者,令互相纠举,毋得徇私容弊。"③

六科事务除受都察院察检外,山西道也负稽察之责。

但是六科给事中、十五道监察御史在行使言责时,无论是奏事,还是弹劾,都可以独立行使职权,或露章具奏,或封章密陈,均可直达于上,直接对皇帝负责,不受都察院堂官的管制和干涉。

在地方监察系统中,督抚是最高地方监察官,总管一省监察事务,统辖布、按二司及各守、巡道,统隶关系较之明朝固定严整。但司、道各官听命于督抚,一般无权纠劾上司,对督抚很少有制约作用。因此,对地方最高监察官督抚的控制与监督,主要依靠都察院及所属科道来实现。顺治十七年定:"都察院会同吏部将各省督抚在任内功过,称职与否,详加甄别具奏。"④雍正二年议定:"如各省属员内有亏空多,盗案繁,废弛甚者,许科道官年底查实题参,将该督抚照才力不及例,降二级调用。"⑤

以上可见,清朝监察机关统隶明确而又互相制约,形成了从中央到

---

① 《钦定台规》卷四《训典四》。
② 《光绪会典事例》卷九九八。
③ 《钦定台规》卷一〇《宪纲二》。
④ 《清世祖实录》。
⑤ 《钦定台规》卷一〇《宪纲二》。

地方上下相制，内外相维，完整严密的监察系统。既可以实现对内外百官的全面监察，又便于对监察机关进行有效的控制，从而达到强化专制统治的目的。

（三）科道合一，共掌监察

清初，都察院与六科并立，分别为独立的监察机构，互不从属。所谓"初沿明制，六科自为一署，给事中无员限，并置汉军副理事官。顺治十八年，定满、汉都给事中，左、右给事中，各一人。汉给事中二人，省副理事官。康熙三年，六科止留满、汉各一人，五年，改都给事中为掌印"。①

六科的主要监察对象是在京各部院衙门，职掌科抄、封驳、注销各衙门文卷、颁发官员敕书、察核京察、大计册、常朝侍班纠仪等事。至雍正元年，为了避免监察机构重叠，影响监察效果，同时也为了消除给事中封驳制度与皇权的矛盾，避免明末六科给事中"以无所隶属，盖得恣情自肆"，②加剧朝政的混乱，通过内升外转，将六科隶属于都察院。"凡城、仓、漕、盐与御史并差，自是台省合而为一。"③由于六科成为都察院的下属机构，从而改变了自唐以来台谏并列与明代科道分设的体制，从组织上实现了科道合一，或称台省合一。由都察院统一管束和辖制六科，避免了监察系统重叠，相互倾陷所造成的矛盾，遇有重大稽察事件，往往科道并用，共同负责，互相稽察，提高了监察效率。但是，言谏机关传统的封驳职能也由此完全消失，仅只"传达纶音，勘鞫官府公事，以注销文卷"而已。

台省合一是清朝监察体制的一大变革，它是和清朝专制主义的极

---

① 《清史稿》卷一一五《职官志二》。

② 《皇朝掌故汇编 · 官制二》。

③ 《清史稿》卷一一五《职官志二》。

端发展分不开的。在专制政治体制中,唯一可以对皇帝实行规谏和驳正的机关就此消失。所以当世宗将六科改并都察院时,不少科臣提出了异议。户科给事中王澍偕同崔致远、康五端抗疏力争,直言指出:"科臣掌封驳,品卑权重","六部事有误,都察院驳之,都察院有误,六科驳之,此祖宗设官意也。若隶台丞,为所管辖,给事寝废科参,自是将顺而无匡救,所关匪细……"①然而科臣的规谏却触怒了世宗,"立诏诘之"。世宗之所以断然将六科改隶都察院,就是借助这一调整,达到取消六科"封驳"权的目的。由此皇帝的诏令就可以不受任何阻碍,一切都可以"乾纲独揽"了。

（四）赐以权,严加约束

清朝统治者为了发挥监察官的积极作用,多次颁谕赐权。如允许科道例得"风闻言事",即便"所奏涉虚,亦不坐罪"。②

顺治初年曾下谕:"左都御史、左副都御史、给事中、御史皆许风闻言事。"③

至康熙朝虽遏制风闻言事,但在高宗、仁宗的上谕中,仍不断出现"科道职司纠察,有风闻言事之责"④,"凡事关国计民生及吏治臧否",甚至"朕躬有失",科道均可"各据己见,极言无隐……所言果是,即与采用,即或所奏失实,亦不加谴责。盖以其职业所在,若因言事得罪,非所以风励台司"。⑤

早在太宗时便训戒诸司百官说:科道对"朕躬尚许直言无隐,况诸司过失,理当纠参。其言果当,宜虚心静听,即言有未当,止宜分析事

---

① 《清史稿》卷七一《王澍传》。
② 《光绪会典事例》卷九九八。
③ 《钦定台规》卷一〇《宪纲二》。
④ 《光绪会典事例》卷一〇〇一。
⑤ 同上。

理，听候朕裁”。[①]“如有辩处，只许就所参事款剖白，不许反唇相讦。”[②]即使科道官所言失实，但果无挟私情弊，也免于处分。[③]

对于科道官章疏文句措词偶失检点者，也不予追究，德宗在上谕中说：科道章奏“即偶有文句之疵，亦不轻加责备”。“至措词失当，从不苛求，即陈奏迂谬、语涉鄙俚者，亦未加斥责。”[④]

为了减少科道官纠察官邪的顾忌，顺治年间，允许科道官得于露章之外，封章奏事。雍正元年，又定密折奏事之制，科道凡“有不便显言之处”，可用密折封进。所上弹劾本章，可“将本章封固，止称参本，不必声明姓名、事由”。[⑤]对科道的密折，各呈转官员务须“原封进呈”，直达皇帝，不得私自拆阅泄露。而由皇帝亲拆亲阅密折，斟酌定夺，“或令诸臣会议，或即见诸施行”，皆“将摺内职名裁去发出”。有不便于行者，“亦留中不发，决不令一人知之”。[⑥]雍正朝以后，密折奏事之制，相袭成例，对于科道官弹劾权的行使及广开言路，无疑是一种保障。在《钦定台规》中还规定不令科道官“与被劾之人质对”[⑦]，更不得反坐言官。

不仅如此，科道官还可以觐见皇帝、面陈奏疏。顺治二年，御史赵开心奏言：“凡有奏疏，不能尽陈，封章不敢频读者，望经常召对，耐心听取。一切用人行政应否行止，斟酌立断。”[⑧]世祖纳其言，自此，科道奏事、弹劾，不便见诸文字者，得以面陈。康熙年间也下谕：“准科道等

---

① 《钦定台规》卷二《训典二》。
② （清）王庆云：《石渠余记》卷二。
③ 《钦定台规》卷一二《宪纲四》。
④ 《光绪会典事例》卷一〇一二。
⑤ 《光绪会典事例》卷九九八。
⑥ 同上。
⑦ 《钦定台规》卷二《训典二》。
⑧ 《东华录·顺治朝》卷四。

有条陈到畅春园面奏。”①科道官作为皇帝耳目之司，虽有上述不同于一般官吏的特权，但由于他们的权力是依附于皇权的，因此，在权力的行使上不得干犯皇权。凡属用人、赏罚、生杀予夺等，都要“钦承宸断”。有清一代，科道官因触犯所立之限，而遭申斥、惩处者，为数甚多。

乾隆十一年，御史周礼“奏请将户部侍郎李元亮开缺守制”，遭到高宗严斥：“国家用人，其权断不可下移，或仿照定例，或偶尔变通，朕心自有权断……岂臣下所可意为进退者。”②

嘉庆六年，御史游光绎对当时简用黄永沛为内阁侍读学士一事提出异议，奏称：“皇帝用人不当循照资格。”仁宗怒斥曰：“国家序进官僚，自有定制”，该御史“词意狂率，意欲干预用人大柄，纰谬已极”，遂将游光绎降三级调用。③

嘉庆八年，太常寺官扎郎阿之子图萨踢死人命，仁宗将其按“争殴误伤”，从宽处理。给事中鲁兰枝上奏辩驳，认为此案照误杀办理已属从宽，而未经秋审又予责放，是“末减之外，又有末减”。仁宗顿时怒斥曰：“鲁兰枝此奏，实属率意妄陈，意欲干预刑名大柄。”又说：“生杀予夺大权，操之自上”，“我朝家法，刑赏大权，悉由乾断，若朕赦一人，用一人，该科道等即欲执简而争，尚复成何政体……大臣等尚不敢揽生杀之权，犯则必诛，鲁兰枝竟敢以此尝试，欲擅朝政，朕断不能允准”。鲁兰枝遂被降三级调用。④

嘉庆二十一年，御史罗家彦上“筹画旗民生计章程”折，其中指出：旗民生计艰难，应让八旗老幼男妇，皆以纺织为业。遭到仁宗训责：

---

① 《钦定台规》卷二《训典二》。
② 《光绪会典事例》卷一〇〇〇。
③ 《光绪会典事例》卷一〇〇二。
④ 《光绪会典事例》卷一〇〇三。

"我朝列圣垂训,命后嗣无改衣冠,以清语骑射为重,圣谟深远,我子孙所当万世遵守。"该御史"罔识国家规制","竟欲更我旧俗",遂将罗家彦革退御史。①

清统治者有鉴于明末科道官植党营私、相互攻讦诸弊,一再训戒科道举劾"必心本无私",②不得挟私妄讦,藉端倾诌。

早在崇德元年,太宗便下谕:都察院各官"若以私仇诬劾定加尔等之罪"。③ 顺治十一年谕:科道"若颠倒黑白,循私报怨,明知奸恶,庇护党类,不肯纠参而诬谄良善,驱除异己,混淆国是者,定行重惩"。④ 康熙三十一年谕:科道"不得怀挟私情……亦不得暗受嘱托代人报复,苛责细事,希图倾陷"。⑤ 雍正元年谕:科道"倘有循私挟仇……亦不能惑朕耳目也"。⑥ 乾隆二年谕:科道若"胸怀爱憎之私,藉奏章以展其巧诈者……国法不可以轻息"。⑦

由于清帝每因一人一事而立一章程,或废一章程,使得科道的特权与禁限,经常处于不确定的矛盾状态。一方面"奏事涉虚,并不加罪";另一方面"奏事不实",常被加罪,总之以皇帝的意志为准。科道官慑于皇权淫威,唯恐言有不当丧失禄位,危及身家性命,故多"缄口不言"。圣祖曾迭发上谕批评言官"苟且塞责"。如康熙二十七年上谕:"迩来科道官绝无章奏";三十一年上谕:"近见满汉科道建白甚少";三十三年上谕:"今观都御史及至科道条奏甚少。国家应言之事颇多……";三十六年上谕:"近时言官奏疏寥寥,虽间有入告,而深切

---

① 《光绪会典事例》卷一〇〇七。
② 《光绪会典事例》卷九九九。
③ 《光绪会典事例》卷九九八。
④ 同上。
⑤ 同上。
⑥ 《光绪会典事例》卷九九九。
⑦ 同上。

时政,从实直陈者甚少”。① 乾隆年间上谕中也言及此情:“近日即科道敷奏者亦属寥寥,即间有条奏,多无可采。”②

不仅如此,大多数科道官畏惧权贵势力,往往对其枉法恶迹视而不见。如乾隆三十五年,“贵州省刘标亏空铜铅价本至二十余万之多”,当地巡抚良卿“明知故纵,授意弥补,并冀为移局铸钱”,科道官也无人纠参。以致高宗颁谕质问:“言官职司纠察……而置此等侵亏败检大案于不问,国家亦安用此委蛇缄默之言官为耶?”③

有时居宪台高位者在行使弹劾权时,反而不如科道,嘉庆十四年上谕中说:“朕观科道诸臣尚有章奏……都御史,副都御史等则寂寂无闻。”④既然监察官是皇帝的耳目之司,如果相率缄默,自然“难辞旷职之咎”,因此,遂以“摭拾浮言”“毛举细故”“滥行条奏”,聊以塞责。乾隆元年谕中说:科道封章条奏,“不过摭拾细事,苟且塞责而已,即欲求其切中政体,痛斥官方之言,尚不可得……”⑤

有些科道官则工于揣摩,迎合上意,阿谀顺旨,“若人主意在综核,率刻意吹毛求疵,巧避瞻循之迹……若人主意在乐闻己过,则又往往朝廷之政事,吏治之得失不一言及……”⑥每遇“应行稽察之部务,并不于事前陈奏,迨至弊端发觉”,“率于事后纷纷条奏”;“或见通行一事从而推广其端,或因特降一旨复为引申其说”。⑦ 在此种风气的影响下,科道章奏无非猥琐陋见,剿袭陈言,不能真正裨益于国家政务。

---

① 《钦定台规》卷二《训典二》。
② 《光绪会典事例》卷九九九。
③ 《光绪会典事例》卷一〇〇一。
④ 《光绪会典事例》卷一〇〇八。
⑤ 《钦定台规》卷三《训典三》。
⑥ 《光绪会典事例》卷九九九。
⑦ 《光绪会典事例》卷一〇〇三。

四、监察官的管理制度

（一）铨选与升转

监察官作为“治官之官”，因此，与一般官吏的选用、考核、奖惩均有所不同。对于都察院各官的考选，强调“勤敏练达，立心正直”，“才守兼优”，“上之则匡过陈善，下之则激浊扬清，务求知无不言，言无不尽，乃称厥职”。[①] 在忠于皇帝，忠于职守的前提下，对于个人品格上的要求则是清廉正直，刚正不阿，不畏权势，疾恶如仇。仁宗曾就巡城御史的铨选下诏说：“巡视五城御史审理词讼，稽察奸宄，近在辇毂之下，责任匪轻，必须品德端方，所断明允者方为称职。向来都察院遇有巡城缺出，一概列名请简，并不详加遴选，如萧镇之贪黩营私，蒋诗之昏谬溺职，均有玷风纪之司。嗣后，巡城御史缺出，著堂官于科道内拣选公正廉明者，每一缺保奏两名，带领引见，候朕简用，亦不必拘定曾经巡城次数。该员一年任内办理妥协则已，倘有贪黩如萧镇者，将原保堂官交部严加论处；昏谬如蒋诗者，将原保堂者交部论处。”[②]穆宗也指出：御史“职司弹劾，较之京察保送人员，更须认真遴选。著各部院衙门嗣后保送御史，毋得但计资俸，务须认真考核，选择得人。如保送后有贪污劣迹者，即将原保之堂官比照京察保送不实例，由该部奏明议处。如能访出揭参者，免议。此旨并著该部纂入《则例》，通行知照。钦此”。[③]

监察官除品德要求外，还须具备较高的文化素养，汉官非正途出身，很难充任监察官。不仅如此，作为监察官还应通晓行政业务，具有“明通内外政治”，了解民俗风情，以及实际工作经验与能力。根据《钦

---

① 《钦定台规》卷三《训典》。

② 《钦定台规》卷一九《五城》。

③ 《钦定工部则例》卷一百一。

定台规》，无论是捐纳的各部郎中、员外郎，或正途出身的郎中、员外郎，凡任职不满三年者不得选充科道官。光绪十年，进一步规定："初任部属，并援例捐复，现任捐升，历俸未满三年之员，不准保送。"①

清初，大理评事、太常寺博士、中书科行人等，凡历俸二年者，以及在外俸深有荐之推官、知县，均可作为六科给事中和监察御史的考选对象。在京由各部院堂官保举，在外省由督抚保举，经吏部奏请考试，引见记名后，等待皇帝拣用。

顺治元年规定："考选给事中、监察御史，以大理寺评事、太常寺博士、中书科中书、行人司行人，历俸二年者，及在外俸深有荐之推官、知县考取，若遇缺急补，间用部属改授。"②后因御史高去奢奏称："台谏之设，所以寄耳目之司，今国运方新，庶司充列，而独令台省班联，晨星寥落，非所以广言路也，请行部曹改授之法，采其声望素著者铨补。"③世祖遂令部曹列入考选正式候选人，而对推官、知县则加以限制，只是京府推官方许考选。《钦定台规》记载如下：顺治二年，定例考选给事中、御史，"由各部郎中、员外郎、主事、大理院评事、太常寺博士、中书科中书、行人司行人、内院中书、国子监博士、京府推官考选"。

顺治三年，都察院又因科道授官不足，奏准恢复推官、知县行取之制，但部员补授，谕令停止。顺治十五年，又以吏部、都察院联奏御史仍不敷差遣之用，再恢复部员补授制度。④

康熙初年，鉴于实行推官、知县行取之制，各行省推官和知县势必大批应考，将会导致部员入科道的机会减少，于是康熙元年规定，凡科道员缺，皆由六部郎中改授，它途皆裁。七年，又以"科道行取，原因亲

---

① 《大清会典事例》卷五二。
② 《钦定台规》卷三九《通例一》。
③ 《东华录》卷四。
④ 《钦定台规》卷三九《通例一》。

民之官，谙悉利弊，得以据实指陈，有裨政治，且足鼓励人材”，①再次恢复推官、知县行取制度。九年，取消由郎中补授资格，而以六部主事及中书科中书、行人司行人、大理寺评事、太常寺博士和知县考选，并规定六部主事由中书科中书、行人司行人、大理寺评事、太常寺博士升者，通理前俸，准予考选，由别项升者须历俸二年，方准考选。② 三十六年，恢复郎中、员外郎补授之制；三十九年，又将翰林院编修，检讨列入科道考选之列，但不久又取消。四十四年，御史黄秉中上疏：“科道官由满洲，汉军升补者，大抵积俸二十余年，汉人一为知县，俸满三年，行取到部，即行考选科道，殊觉太骤，请嗣后行取知县，先以六部主事用，俟练习有年，始许考选。”③自此以后，凡行取知县须升主事后，方准考选。

雍正元年，恢复编修、检讨考选资格；四年，又增加内阁侍读考选资格。此外，科道考选多沿袭前制。

乾隆十六年，以康雍两朝行取之制少举多停，遂令停止。二十九年，又因御史员缺，临时采取汉人主事、中书科中书、行人司行人、大理寺评事、太常寺博士补授之法，但补授之后即行停止。此后，科道考选的候选人以编修、检讨、各部郎中、员外郎、内阁侍读为限，并规定编修、检讨充科道考选须以历俸三年之人为限。④ 自是科道考选制度始臻稳定，仅道光二十一年增加仓监督为科道考选候选人。据《国朝御史题名》所载，有清一代，补授科道者各部郎中五六六人，员外郎二六八人，翰林院编修五九四人，检讨一二九人，知县一八八人，共为一七四五人，占汉御史80%以上。推官、国子监博士、太常寺博士、大理寺评事以及仓监督，虽具备考选资格，但被补授为御史者仅一二人而已。

---

① 《钦定台规》卷一《训典》。

② 《钦定台规》卷三九《通例一》。

③ 《清史列传》卷一二《黄秉中传》。

④ 《钦定台规》卷三九《通例一》。

由于监察工作面广、量大,涉及行政、经济、军事、司法、文化等各个领域,既需要学识,更需要经验积累,因此嘉庆四年规定:"各衙门保送御史,其年龄过轻者,因不便率行保列,如年逾耆艾各员,精力尚强者,仍准保送,以六十五岁为率,逾此者不准保送。"①

虽已具备考选科道官资格,仍需经过引见,方能授官。雍正五年世宗指出:"嗣后科道缺出,在京则令各部堂官,于各属司官内,不论科甲贡监,择其勤敏练达,立心正直者保送。翰林院掌院于编修、检讨内保送吏部,列名引见。""其在外之州县官各省督抚保送之员,到京之日,吏部带领引见,恭候简定。""宗人府御史二员,由宗人府于宗室内简选引见补授。"②

乾隆四十三年,四川巡抚能泰上疏,以为"行取知县,不无请托,且钱粮盗案之有无,历俸之深浅,皆注在部册,请停外省荐举之例,由部论俸行取"。于是规定:行取知县"以俸之深浅论次第,每缺选俸最深者三员,由吏部带领引见以凭采择"。③ 但京师各部堂官选择部属,仍凭堂官意志,不以俸历深浅论次第。至于满、蒙人员简选引见,清初专凭俸历,不计功过。同治二年以后,改为与京师汉员一样不凭俸历,皆由各主管长官考核功过,择优保荐引见。

负责选择引见的主管长官,如有"选举不实,或夤缘保送者,将该堂官等照例议处"。嘉庆十四年,御史英纶以受赃、苛征、嫖妓获罪,其原举之兵部尚书,亦连带议处④。光绪八年上谕:"嗣后各部院保送满、汉御史,务当认真考察,择其才守兼优者,出具切实考语,以备简用,不

---

① 《清实录·宣宗》卷三二七。
② 《钦定台规》卷三九《通例一》。
③ 同上。
④ 《满洲名臣传》卷三〇。

得滥行保送。如所保非人,定照滥保例处。”①被引见人员经过皇帝面试圈定后,即分别入翰林候选科道名册及部属修选科道名册,并依品级和俸历排列次序,听候任命。每逢科道官缺出,由吏部依翰林及部属候选科道名册登记的次序,每册各录三名呈皇帝择一人任命。

凡由中书及各部员外郎、主事升补科道官者,试用一年,一年之后由都察院长官考核,合格者方能实授②。雍正三年,将试用期延长为二年。乾隆十七年,左都御史尹泰奏称,凡御史来自内阁中书及员外郎、主事者,仍须试用二年,而来自其他官职者,立即实授,后一律改为实授。

乾隆六十年上谕:“此后各该衙门保送满汉御史,初次引见,未经记名者,下次不得再行保送,著为令。”③嘉庆四年上谕:“由科道降补部属,及捐复改补部员,并由科道升任后,因科道职掌,缘事降至部属等官者,俱不准再行保送。”道光九年,又重申凡由科道降任它职者,不许再充选科道官。④

对于监察官的升转,顺治元年定:汉御史内升外转,俱由都察院论资俸酌定,咨送吏部升转。十二年下旨:“以后科道官考选差遣、内升外转俱朕裁定,永著为例。”乾隆三年,吏部议覆:“都察院条奏满科道应照汉科道例每年内升外转。查满科道应升之缺只有左通政、大理寺、太常寺、太仆寺少卿、鸿胪寺卿,仍与各部、院郎中等官一体较俸补放,应升之缺无几。请嗣后满洲、蒙古科道亦照汉科道之例,令都察院于每年二月、八月内一并开例具题,恭候钦点,内升一员、外转一员。遇有京堂缺出,与俸深郎中等官以次分缺简用。”五十五年上谕:

---

① 《钦定台规》卷三九《通例一》。
② 《钦定大清会典》卷八。
③ 《钦定台规》卷三九《通例一》。
④ 同上。

“向来满、汉科道相沿前明内升外转之例，徒滋夤缘，都察院三年题请一次殊为具文。……嗣后满、汉科道内升外转三年请旨之例，著停止，毋庸题本。”①

（二）回避

为防止科道官员利用宗族、姻亲、师生、同乡等关系，在履行职责时，徇情回护，通同舞弊，因而建立了一整套任职回避制度。顺治二年规定：“各省巡按御史南北一体差用，但家乡邻近者，虽系隔省，亦不得差。”②康熙三十年议准：“凡父兄现任三品京堂，外任督抚，子弟均不准考选科道。其父兄在籍起文赴补，及后经升任者、子弟现任科道，皆令回避，改补各部郎中。”③康熙四十年七月，癸巳，“吏部议覆：广西道御史魏寿期疏言：五城兵马司指挥、副指挥、吏目等官，俱有治民之责，请照大、宛二县例，将顺天府属之人回避。已选及候补者，照品改授，应如所请。从之”。④

由于都察院所属十五道，是“按省分道，专属稽察该省事务，则本省之人，自应回避本省”，因此，乾隆十三年命都察院，将现任御史内其所任之道在本省者，酌拨别道，今后御史缺出时按回避本省之制补缺。

德宗时规定：“满洲、蒙古御史，亦应参照汉御史之例，实行回避制度”⑤。

除此之外，各科道承担专门监察任务，亦应回避。如巡盐、巡漕等需驻劄地方的专差，不得在原籍充任。查旗御史回避原旗，⑥查仓科道

---

① 《钦定台规》卷四《通例二》。
② 《清世祖实录》卷一八。
③ 《钦定台规》卷三九《通例一》。
④ 《清圣祖实录》卷二五〇。
⑤ 《钦定台规》卷三九《通例》。
⑥ 《钦定台规》卷三七《巡察二》。

与该仓监督如系同旗、同省或系亲属，照例回避。① 监试御史遇有子弟参加考试，应请回避。五城御史承审案件时，遇有同籍、同旗之案，例应回避。如满御史回避时，由该城汉御史会别城满御史办理；汉御史应回避时，该城满御史会别城汉御史办理；如满汉御史均应回避，则将原案移交别城审办。② 如本城所属书吏、衙役等犯命案，即令本城官员回避，该城御史作速咨调别城。③ 即使担任过某专差的科道，亦不得再担任此差。

另外，都察院、吏科、京畿道等参加京察、大计会考各官，于会考时不得接见宾客，严禁收受嘱托、循疵隐匿等行为，若违制行私，听科道纠参。④

清朝有关监察官回避制度的规定，对于减少亲缘、地缘以及裙带关系的影响，保证其依法行使职权，具有积极作用。

（三）考绩与奖惩

清朝在入关前便实行职官考绩，以督励百官勤于政事。入关以后考绩制度不断完善，考核的法律与标准也日益明确。对京官的考课称为京察，每三年举行一次，逢子、卯、午、酉年进行。据《清史稿・选举志》："京察以子、卯、午、酉岁，部院司员由长官考核，校以四格：悬才、守、政、年为鹄，分称职、勤职、供职三等。列一等者，加级记名，则加考引见备外用。纠以六法：不谨、罢软者革职；浮躁、才力不及者降调；年老、有疾者休致。注考送部，自翰、詹、科、道外，依次过堂。"

对地方官的考课称为大计，"大计以寅、巳、申、亥岁，先期藩、臬、道、府递察其属贤否，申之督抚，督抚核其事状，注考缮册送部覆核"。⑤

① 《钦定台规》卷二九《稽察一》。
② 《钦定台规》卷一九《五城一》。
③ 《钦定台规》卷二一《五城三》。
④ 《钦定台规》卷一二《宪纲四》。
⑤ 《清史稿・选举志》。

无论京察还是大计，均以“四格六法”为基本标准。早在顺治四年，曾制定四格八法，据《清史稿·选举志》，所谓四格八法是：“填注考语，用才守政年四格：才则或长或平或短，守则或廉或平或贪，政则或勤或平或怠，年则或青或中或老。督、抚、按考定，咨达部院衙门。吏部考功司、吏科、河南道详核去留；吏部、都察院严核、造报。不实者参。”“其八法处分，贪、酷革职提问，罢软、不谨革职，年老有疾休致，才力不及、浮躁者降调。虽有加级纪录，不准抵消。大计处分官员，不准还职。”嘉庆八年，在四格八法基础上加以修定，改为四格六法。所谓四格，即“才、守、政、年”，分称职、勤职、供职三等，列一等者，加级记名，则加考引见备外用。所谓六法，即“不谨、疲软，浮躁、才力不及、年老、有疾”。不谨、疲软者革职，浮躁、才力不及者降调，年老、有疾者休致，四格六法均注考送部。其中才守俱优者，举以卓异。劣者，劾以六法，不入举劾者为平等。卓异官自知县而上，皆引见候旨，贪酷者待参。

对于一般官吏的考绩之法，也适用于监察官，在某些方面较之其他官员更为严格。左都御史、副都御史，包括带宪衔的总督、巡抚，参加“列题”考核方式。科道参加适用于四品以下京官的“会核”考核方式。根据京察，大计的标准，对所考核的每个监察官员都要做出明确的奖惩处理。即一等称职者加一级，二等称职者纪录一次，办事平常者仍留原任，办事不及者，降一级调用，不称职者，革职。

六科改隶都察院之后，“科道俱归都察院衙门统属，其京察保送等事皆由该堂官考核”。① 京察时，六科给事中、十五道监察御史均由都察院堂官填注考语，评定等级，提出升、转、降、调意见。五城兵马司指挥、副指挥、吏目各官，京察时由五城御史注考，但须呈都察院察核。如

① 《钦定台规》卷三《训典三》。

操守不廉，名声不好者，都察院可随时查参处分。① 各专差科道也由都察院堂官考核，各专差御史必须将在差期间，一应条陈、举劾、勘报等事按日登记。“回京之日，听都察院考核，有不循情面，忠廉称职者，升用；有生事扰民，循私受贿溺职者，治以重罪。”②

对监察官员的奖励办法有传旨表扬、赏物、晋级、加恩追赠等。除对称职的监察官升赏有加外，对不称职，甚或渎职的监察官还制定了严格的处罚措施。正如世祖所言：“旧制政事悉归六部，而复设都察院及科道衙门者，所以绳愆纠缪，匡正阙失，法至善也。尔等既职司风纪，为朝廷耳目之官，一有见闻即当入告。凡贪污枉法暴戾殃民者，指实纠参，方为称职。近观尔等未尝明举一清廉持正之贤，未尝明劾一受贿贪赃之辈，然则朝廷设立风宪衙门亦复何益。自今以后，凡六部卿寺堂属大小官员，尔等宜从公举劾，直言无讳。贤者即实称其贤，内勿避亲，外勿避仇，不肖者即实指其不肖，勿徇私情畏权势。诗不云乎，柔亦不茹，刚亦不吐，果能如此，则升赏有加，垂名不朽。倘党同伐异，诬陷私仇，门户相持，援引朋类，必置重法。”③

顺治十七年进而规定：“私交私宴著依例严行禁革，如仍前违禁私交相结，庆贺升迁，馈送杯币及无端设宴献酬，假馆陈乐，长夜酣歌者，科道官即行指实纠察，从重治罪。如科道官徇情容隐，不行纠参，一并治罪。”④

在《钦定六部处分则例》、《钦定吏部处分则例》中均专设《举劾》

---

① 《钦定台规》卷二七《五城九》。
② 同上。
③ 《大清会典》卷一一《考功清吏司》。
④ 《清世祖实录》卷一三一。

一章，详列对科道官各种违纪违法行为的处罚办法，如："言官如将贪婪官员列款纠参，审问全虚者，降二级调用；结党徇私者治罪。"①另据《钦定大清会典事例》，科道官员"若缄默苟容，颠倒黑白，徇私报怨，明知奸恶，庇护党类，不肯纠参，而诬陷善良，驱除异己，混淆国是者，定行重惩"。

康熙十八年为防止内外官勾结形成朋党，严厉规定："督抚司道官员赴任时，谒见在京大臣各官，或自任所差人问候，及在京家人、提塘人等，来往大臣各官之家，将督抚司道并不行首出之官员俱革职，若不知者，降二级，两家家人俱正法；提塘有职者，革职，无职者，亦照家人正法。其在京大臣各官与督抚司道等，彼此馈送，及差人远赴任所，将大臣各官并不行举首之督抚司道，亦俱革职。若有因事营求，苛派馈送大臣官员者，将馈送收受之人，俱革职拿问。"②

由于科道官员广泛查阅院部机密档案，因此如泄露档案内容，或所上密折自行泄露，一经发觉，治以重罚。早在顺治十八年便规定："言官题奏，应密不密者，罚俸六个月。"③

除此之外，贪赃受贿者加倍处罚，《大清律例》规定：科道官受人馈送、收人财物，以及买卖多取价利，较其他官员罪加二等处罚；滥保滥举者降调。康熙六年规定："督抚徇情荐举不实者，发觉之日，将督抚各降二级调用。申详之司道府等官，各降三级调用。其卓异官于荐举之后，在本任内有不称职者，将原举之督抚，各降一级调用。司道府，各降二级调用。其卓异官已经升转，于后任内有不称职者，与原举之督抚司道知府无涉，应免处分。"④

---

① 《钦定大清会典事例》卷九九八。

② 《清圣祖实录》卷八三。

③ 《钦定台规》卷一〇《宪纲二》。

④ 《清圣祖实录》卷二四。

对于考核违纪者如何治罪，康熙元年规定："如注考语官员，徇情不公，及明知属员俸满不考，或地方盗案钱粮未清，冒称考满，及各官历俸已满，规避不考者，在内部院，在外督抚，及本官，一并治罪。"①道光四年的规定更为严厉："京察有冒滥徇私者连坐。"②

《钦定台规》中还列有对监察官员的以下处分：

交部议处，即奉旨交刑部讨论如何处分失职的监察官员。此类处分在《钦定台规·训典》中极为常见，一般是以皇帝谕令口气的轻重，决定"议处"的结果。

对于监察官严重违法失职者革职充军。乾隆四十一年，御史炳文因奏请殊为错谬，虽系宗室官员，仍被"革去御史，发往伊犁，以司官效力赎罪"。③ 同治二年，"御史许其光，把持京畿道事务，于寻常案件，任意延搁，即特旨交办之案，经该堂官等屡向催问，仍复一味枝梧。御史庆保，声名平常，亦难胜任，均著回原衙门行走。御史福珠隆阿，不知自爱，有玷官箴，著即革职"。④

监察官员如果年迈不堪任职者，即行解任。仁宗时，"都察院参奏御史明保两耳已聋，不能跪起；御史讷素铿额久患痰疾，步履维艰，每值引见，则先期告假。请将该御史等解任调理等语，所奏甚是。明保、讷素铿额从未陈事件，而引见差使又复屡次告假未便，仍令供职即病痊后，亦不胜御史之任。明保、讷素额铿俱著解任调理，即行开缺，病痊时以司员补用。嗣后，科道等如有遇引见接连告假三次者，该衙门即照规避例题参"。⑤

---

① 《清圣祖实录》卷六。
② 《清史稿·选举志》。
③ 《钦定台规·训典三》。
④ 《清穆宗实录》卷六七。
⑤ 《钦定台规·宪纲》。

为了防止监察官徇私枉法,严令监察官员之间互相监督。顺治十七年吏部覆准:"科道互相纠察旧有例,今应再行申饬。"顺治十八年题准:"都察院职掌纠劾百司,辨明冤枉及一应不公不法事,如本院堂官及各道监察御史有不公不法、旷职废事、贪淫暴横事,令互相纠举,毋得徇私容弊。"①

综上可见,清朝对监察官的管理已经法律化了。无论是铨选、考绩、任免、奖惩都有章可循。

第三节　法典化的监察立法

监察法是清朝法律体系中的重要组成部分,它在传承历代监察法的基础上取得了重大的发展,不仅形成了相对独立的监察法体系和相当完备的内容,而且显示了法典化的重要成就。

清朝的监察法除见于《大清律例》《大清会典》《六部处分则例》及大量的各部院则例外,特别值得提出的是在因袭明代《宪纲》的基础上,结合清朝的实际国情创制的《钦定台规》,它是中国古代社会最后也是最完备、最具代表性的监察法典。

此外,在专制主义极端发展的清朝,皇帝颁发的大量诏谕中,有些就是特别形式的监察法,其权威性凌驾于任何法律之上。

一、专门性的监察立法

(一)《科规九事》与《巡方事宜十款》

顺治十七年,为明确都给事中的职掌,既专责成又发挥其监察作用,照准吏科都给事中孙光祀条奏,厘定《科规九事》:"一、开明都给事

① 《钦定台规》卷一〇《宪纲二》。

中职掌，以专责成；二、严发钞日期，以慎关防；三、查对史书录书，以备纂修；四、按期注销，以查部件；五、细阅本章，以慎钞参；六、稽查邸报，以防虚伪；七、明升转之例，以杜搀越；八、严贿赂之禁，以励官箴；九、议劝惩笔贴式，以核实效。得旨：条奏各款，申明职掌，严防情弊，于政事大有裨益，即照议举行。”①

《科规九事》赋予都给事中以广泛的法定监察权，表现了世祖对于都给事中的倚重，以严防情弊，裨益政事。《科规九事》条文虽然较为粗疏，但对清朝的监察立法却具有开创之功。

《巡方事宜十款》是为规范地方巡按监察职责而制定的。

顺治初，地方监察制度因袭明巡按制，以巡按作为监察地方的主要官员，对于澄清地方吏治起到了一定的作用。如陕西巡按王继文，一年内弹劾布政使黄纪等四十余名官员，使贪官受到了惩治。由于巡按多从汉人中选任，常与担任总督和巡抚的满族权贵发生矛盾，遂于顺治十八年五月，“罢各省巡按官”②，废除了巡按制度。但在废除巡按制度之前，为了规范巡按的监察职责，顺治十八年二月十九日，兵部尚书管左都御史事阿思哈等，遵旨严议《巡方事宜十款》，成为顺治朝最重要的监察立法。

《巡方事宜十款》内容如下：“一、禁地方官谄媚巡方，私派供应。一、察州县官于额外果有私派，即行纠参，如巡按不纠，以溺职论。一、巡按于属官内，清廉贤能者，不举，而反劾，贪酷阘茸者，不劾，而反举，被臣衙门及科道访察纠参，革职，从重处分。一、纠参大贪，应首严于藩臬道府，今后若但以庸冗老病塞责者，将该御史从重治罪。一、巡按于地方利弊，必实心详察。差满后，曾兴何利，除何弊，册报臣衙门详核。

① 《清通鉴》卷三，山西人民出版社 2000 年版，第 1265 页。

② 《清史稿》卷六《圣祖一》。

真实者,以优等论叙,草率虚诳者,题参惩处。一、访拿衙蠹,必先本院衙门奸恶,其次督抚司道府厅州县分司衙门,及地方棍豪。实系大奸大恶之人,务须严拿,毋致巧脱漏网。其该管官隐匿,即行参处。如已揭报,而御史故为宽纵,指称访拿名色,捉拿无罪之人,诈取财物,随复纵放者,该抚即行纠参。一、巡按入境,及出巡地方,铺陈等物,应自携带。蔬薪,发银买办。如地方官献媚取荣,及巡按携带书役家人厨役前站之类,以致扰驿累民,督抚访确,即行题参。一、巡按入境后,属员不得越境参谒。随巡该道刑官,办理公事之后,即令速回。其督抚按互相馈遗结纳,照旧禁革。一、互纠之法,原欲彼此觉察,然从未有督抚指参一巡方者。今后御史倘有不法,而督抚明知不纠者,一并议处。一、考核御史,立为上中下三等。其在地方清慎端严、恪遵上谕、洁己爱民、奖廉去贪、兴利除害、听断明恪、锄奸捍患、轸恤民瘼、察核钱粮、招抚流移、垦荒兴学等事,无不修举,又能大破情面,纠察地方恶宦劣衿者,臣等照例酌量分别加级、记录,回道管事。其次谨慎奉法、察吏安民者,准其回道管事。其行事碌碌,无实政及民者,参送吏部降调外用。至于有徇情贪贿等弊,一经访确,即据实纠参,革职治罪。得旨:所议各款,务须恪遵力行,不得视为虚文,着通行严饬。"①

《巡方事宜十款》是在入关后不久制定的,其重点指向地方的贪官污吏,反映了当时整饬吏治的重要性和紧迫性。为此还严格规定巡按御史必须洁身自好,严遵《巡方事宜十款》行事,否则处以不同惩罚,直至革职治罪。虽然《巡方事宜十款》颁行不久,世祖即逝世,按巡制度也随之废除,但作为清朝监察立法的法源,它的颁行对有清一代的监察法制建设起着重要的奠基作用。

圣祖即位以后,左都御史魏裔介疏言:巡按已经停止,事务尽属抚

① 《清通鉴》卷一八,山西人民出版社,第1301—1302页。

臣,但有按臣可行,而抚臣不便行者,宜加变通,条陈六款如下:"一、考察贤否宜责成道府。二、综核钱粮宜责成藩司。三、察点兵马宜转委该道。四、礼典旌表宜责成道府。五、刑名宜责成臬司。六、严拿蠹役,应报部者报部,应汇题者汇题。"奉旨下部知之。①

（二）《都察院则例》

现存乾隆内府抄本,一为截止于乾隆十三年的两卷本,一为截止于乾隆二十年的六卷本,另外,《钦定大清会典则例》中"都察院"亦为六卷。乾隆三十九年,御史陈朝础奏请修内阁《都察院则例》,为此,乾隆特下谕旨:"御史陈朝础奏请修内阁都察则例一折。殊可不必。各部为直省案件总汇,其常行事例,多有因地因时,斟酌损益者,不得不纂为则例,俾内外知所适从。然甫届成书,辄有增改。故每阅数年,或十余年,又复重辑一次,并不能为一成不易之计。至内阁固为丝纶重地,然收发章疏,翻本票签,及承办诰宝册等事,并有一定章程,祇须遵循罔斁。遇有改签事件,则系朕亲阅本章,折衷酌定,特降谕旨,皆非阁臣所能与,又岂或有成例可稽。若都察院,虽风纪攸司,而事非繁剧,如监礼纠仪、稽察巡查、奏派诸务,悉系奉行成宪,并无庸临事叙衡。是阁务院规,均不过恪守旧章。非若六部比拟例案,必须互证兼资者可比。又何必附纂例之故套,而为无益之虚文乎。"②由此只续修《钦定台规》,不再续修《都察院则例》。

乾隆十三年两卷本上卷目录如下:

1. 台纲;2. 稽察部院事件;3. 注销期限;4. 稽察部院书吏;5. 京畿道刷卷;6. 稽察户部三库;7. 稽察工程;8. 稽察宗人府事件;9. 稽察内务府事件;10. 稽察理藩院银库、内外馆及照看俄罗斯来使;11. 稽察八旗事

---

① 《清通鉴》卷一八,山西人民出版社,第1310—1311页。

② 《清高宗实录》卷九六三。

件;12. 稽察五城事件;13. 稽察步军统领衙门事件;14. 稽察直省补参事件;15. 稽察直省难结事件;16. 稽察移咨直省事件;17. 稽察会议会审。

乾隆十三年两卷本下卷目录如下:

1. 京察;2. 大计;3. 军政;4. 盐政考核;5. 议处;6. 验看月官;7. 验看因公降格人员;8. 科道降格留任;9. 议叙人员;10. 满洲荫生;11. 笔帖式;12. 六科笔帖式;13. 笔帖式考试翻译;14. 司坊官丰满保提;15. 谳狱;16. 会审;17. 热审;18. 秋审;19. 巡视监狱;20. 勾决;21. 州县揭报;22. 侍仪;23. 朝会纠仪;24. 祭祀纠仪;25. 乡会试监察;26. 武乡会试监察;27. 殿试监察;28. 考试贴写中书汉中书见任笔帖式;29. 会同审音;30. 出差;31. 巡城;32. 巡仓;33. 巡漕;34. 巡盐;35. 巡察台湾;36. 巡察盛京、船厂、黑龙江;37. 台制沿革;38. 内升外转;39. 补授掌道;40. 补授给事中;41. 御史定额;42. 直月;43. 督催所;44. 两厅分掌;45. 笔帖式定额。

乾隆二十六年六卷本目录如下:

则例一:宪纲

则例二:(缺失)

则例三:"稽察部院事件""注销期限""稽察部院书吏""京畿道刷卷""稽察户部三库""稽察工程二库""稽察宗人府事件""稽察内务府事件""稽察理藩院银库、内外馆及照看俄罗斯来使""稽察八旗事件""稽察五城事件""稽察步军统领衙门事件""稽察直省补参事件""稽察直省难结事件""稽察移咨直省事件""稽察会议、会审""京察""大计""军政""盐政考核""议处""验看月官""验看因公降革人员""科道降革留任""议叙人员""满洲荫生""笔帖式""六科笔帖式""笔帖式考试翻译""司坊官俸满保题"。

则例四:"谳狱""会审""热审""秋审""巡视监狱""勾决""州县揭报""侍仪""朝会纠仪""祭祀纠仪""乡会试监察""武乡会试监察""殿试监察""会同审音""出差""巡城""巡仓""巡漕""巡盐""巡察台

湾”“巡察盛京、吉林、黑龙江”“台制沿革”“内升外转”“补授掌道”“补授给事中”“御史定额”“直月”“督催所”“两厅分掌”“笔帖式定额”。

乾隆二十九年内府刊《钦定大清会典则例》六卷本(卷一百四十五至一百五十)目录如下(此目录与内府抄本略有不同,较内府抄本目录更为严整):

都察院一:“宪纲”,内含天聪十年到乾隆十三年有关都察院的谕旨。

都察院二:“六科接本”,顺治年间定:凡红本批发到内阁,日以给事中一人赴内阁祗领,分发各科。雍正六年议准:嗣后红本到内阁,不拘满、汉给事中一人,亲赴内阁祗领。十三年议准:嗣后九卿会议,定稿画押之后,令主稿之部院誊录副稿,钤盖堂印,送于应稽察之科收贮。候命下之日,该科将副稿与红本核对。倘有私行更改以致不符者,本科参奏。乾隆十三年谕:内阁每日进呈本章,朕批发后,由六科亲领发抄,以昭慎重。乃近来该给事中等怠忽成习,竟有不亲身祗领,委之笔帖式等代行者,往往不待接本,先已散去,至次日始行发抄,朕所闻如此。夫本章关系紧要,承领乃科臣专责,似此因循玩愒,必至贻误。朕姑宽其既往,著大学士等传旨申饬,将来若不亲身承领,或发抄迟延,必严加议处。大学士等亦宜留心稽察,如有仍蹈前辙者,即行参奏。

以下还有“发抄”“史书、录书”“封驳”“陈奏”“注销”“京察”“大计”“文职画凭”“支领财物”“直省钱粮奏销”“直省钱粮交盘”“易知由单”“秋成分数”“漕粮奏销”“漕粮全单”“奏缴粮斛册”“奏缴漕白粮册”“盐课考核”“关差领批”“关差考核”“直省解部批文”“岁科学册”“岁科试卷”“乡试卷磨勘”“军政”“武职画凭”“功加人员”“武生考试”“官兵奉饷”“朋椿奏销”“提塘”“驿递奏销”“邮符奏销”“内外立决人犯”“复奏”“监视行刑”“直省爰书”“刷卷”“赃赎”“内外工程”“各差考核”“各差领批”“六科给发敕书”“稽核朝单”“直宿”“御门侍班”“御经筵侍班”“验看月官”“掌印”“升转”“书吏”。

都察院三:内含“稽察部院事件”“注销限期”“稽察部院书吏”“刷卷”“稽察户部三库”“稽察工程”“稽察宗人府事件”“稽察内务府事件”“稽察理藩院银库、内外馆及照看俄罗斯来使”“稽察八旗事件”“稽察五城事件”“稽察步军统领衙门事件”“稽察直省补参事件”“稽察直省难结事件”“稽察移咨直省事件”“稽察会议、会审”“京察”“大计”“军政”“盐政考核”“议处”“验看月官”“验看因公降革人员”“科道降革留任”“议叙人员”“满洲荫生”“笔帖式”“六科笔帖式”“笔帖式考试翻译”“司坊官俸满保题”“谳狱”“会审”“热审”“秋审、朝审”“巡视监狱”“勾决”“州县揭报”。

都察院四:内含“侍仪”“朝会纠仪”“祭祀纠仪”“乡会试监察”“武乡会试监察”“殿试监察”“考试贴写”“会同审音”“出差”“巡城”“巡仓”“巡漕”“巡盐”“巡察台湾”“巡察盛京、吉林、黑龙江”“考选御史”“内升外转”“补授掌道”“补授给事中”“台制沿革”“直月”“督催所”“两厅分掌”“笔帖式定额”“吏役定数”。

都察院五:内含“巡城职掌”“司坊分理”“事件期限”“五城地界”“条教”“米厂”“饭厂”“栖流所”“孤贫银米”“羁禁口粮”“禁止遗弃婴孩”“捕蝗”“救火”“巡夜”“义冢”“命案”“盗案”“窃案”“发冢之案”。

都察院六:“官员赴任”“废员回籍”“乡会试禁约”“书吏役满”“驱逐游惰”“邪教”“私铸”“私销”“吓诈”“拐骗”“霸占”“谣言”“赌博斗殴等件”“煤窑”“质当军器及藏造”“戏馆”“经纪”“马匹、耕牛”“火房”“保结”“取保”“收管”“清理街道”“沟渠”“石路”“民房”“客店”“教场”“河厓”“承追”“羁禁”“递解”“供应”“供应夫役”“书吏”“皂隶”“总甲”“捕役”“仵作”“所夫”。

从上述目录可以看出,《都察院则例》涉及行政监察、立法监察、人事监察、礼仪监察、经济监察、司法监案、治安监察、军事监察、考试监察等等。可以说涵盖了国家活动、社会秩序的方方面面。名为则例，实则为监察法典。正因为如此，乾隆三十九年在《都察院则例》与《钦定台规》并存的情况下，高宗认为续修《都察院则例》“殊可不必”，以避免内容相似的两法并用所造成的混乱。此后《都察院则例》不再续修，实际已丧失效力，而由《钦定台规》所代，《钦定台规》经过不断续修，内容更加充实完备。

（三）《钦定台规》

早在顺治十五年五月，“吏部、都察院议复掌河南道上官鉝条奏，台规宜照会典，参酌时宜，订正成书，刊刻颁行。从之。”①事后，即由都察院负责编纂《台规》。

乾隆八年，都察院左都御史杭奕禄等在进呈《钦定台规》时曾经追溯《台规》编纂的源流，详细如下：“为进呈台规仰祈睿鉴事，查乾隆四年山东道监察御史博尔和奏请增辑《台规》一事，经吏部议覆，都察院旧时《台规》原系自行刊刻，卷帙无多，毋庸另行开馆纂辑，应交与都察院堂官将旧有《台规》如有现行条例应行增减之处，酌量编辑，刊刻存贮，以便查阅遵守等因。奉旨，依议，钦此。钦遵在案，臣等随派科道各员将旧有《台规》与会典所载详参互校，自康熙五十一年以后所有钦奉上谕及议准条例，分类编入，其一切旧规照会典之例，仍行备宰，并将历代建立台省与革原委，采辑附录，谨缮写二帙进呈御览，伏祈皇上训悔，俟命下之日，臣衙门刊刻成书，存贮查阅，为此谨奏。”

《钦定台规》由都察院编纂，成书于乾隆八年，共八卷，二十二目。具体如下：

卷一：公署、官制、掌协；卷二：宪纲、建白、纠弹；卷三：考覈、稽察、理刑；卷四：朝会、祭祀；卷五：监试、巡城、巡仓；卷六：巡漕、巡盐、巡察；

① 《清世祖实录》卷一百十七。

卷七：考选、陞转；卷八：仪注、艺文、杂缀。乾隆朝的《钦定台规》是清朝第一部较为完整的监察法规。

嘉庆七年，由恭阿拉奉命领衔修撰台规，于嘉庆九年完成，其内容包括都察院规则、圣谕、议准条例及御史衙门所使用的监察规定等，共分十八目，二十卷。

道光七年，由松筠等大臣奉命在嘉庆九年台规的基础上，续修台规，增加了由乾隆九年至乾隆五十九年的有关条款，及少量嘉庆初年新颁的条款，并附有道光七年松筠请旨纂修的奏章等，共四十卷。此次续修在编纂体例上进行较大调整，分为八大类，类下再分若干目，显示了立法技术上的进步。

光绪十六年，由延煦等大臣奉命续修《钦定台规》，于光绪十八年由都察院正式颁布。光绪朝《钦定台规》在保留部分乾嘉旧例的基础上，增加了道光、咸丰、同治、光绪历朝新增的各种监察规定，共四十二卷。

光绪朝《钦定台规》汇辑了有关监察制度方面的上谕、皇帝批准的奏议、条例等，分为训典、宪纲、六科、五城、各道、稽查、巡察和通例八类。每类又分若干目。各类、目内按文件产生时间顺序排列，间有若干文献附于各类之后。它是秦汉以来监察立法之大成，既是清朝最后一部监察法典，也是中国古代最完备的一部监察法典，在世界法制史上是仅见的。

光绪朝《钦定台规》的目录是：

（一）　训典

1. 圣制

2. 圣谕

3. 上谕

（二）　宪纲

1. 序官

2. 陈奏

3. 典礼

4. 考绩

5. 会谳

6. 辩诉

（三） 六科

l. 通掌

2. 分掌

（四） 各道

1. 通掌

2. 分掌

（五） 五城

1. 纲领

2. 条教

3. 听断

4. 保甲

5. 纠捕

6. 赈恤

7. 禁令

8. 界址

9. 司坊

10. 街道

（六） 稽查

1. 京通十六仓

2. 户部三库

3. 八旗

4. 宗人府等衙门

5. 考试

6. 铨选

（七）　巡察

1. 漕粮

2. 盐政

3. 游牧

（八）　通例

1. 考选

2. 升转

3. 仪注

4. 公署

《钦定台规》主要内容如下：

（1）“训典”。包括“圣制”“圣谕”和“上谕”三目。“圣制”是皇帝题辞和专论，如康熙帝“御制台省箴”、嘉庆帝“御制都察院箴”“御制谏臣论”等。“圣谕”和“上谕”是自清初至光绪年间皇帝的指示、要求与规定的汇集。

康熙三十九年，康熙御制台省箴并书以赐都察院勒碑于厅事之西，箴曰：“台省之设，言责斯专。寄以耳目，宁取具员。通明无滞，公正无偏。党援宜化，畛域宜捐。洞达政体，斯曰能贤。古昔诤臣，风规凛然。吁谟谠论，垂光简编。朕每览绎，如鉴在悬。居是官者，表里方直。精白乃心，充广其识。国计民生，臧否黜陟。凡所敷陈，敬将悃愊。风霜之任，以惩奸慝。搏击之威，以儆贪墨。毋摭细务，苟塞言职。毋纷成宪，妄逞胸臆。书思入告，当宁对扬。沽名匪正，营私孔伤。或藏嫌怨，谬为雌黄。受人指嘱，尤为不臧。形诸奏牍，有玷皂囊。职司献替，亟宜审详。敬尔在公，风纪巖廊。词箴用勖，诞告联常。康熙庚辰御制并书。”①

早在关外时期，皇太极于天聪十年都察院成立伊始便发布上谕，指出：“凡有政事背谬及贝勒大臣有骄肆慢上、贪酷不法、无礼妄行者，许都察院直言无隐，即所奏涉虚，亦不坐罪；倘知情蒙蔽，以误国论；如尽心职业、秉公矢行，三年考满定加升赏。”②

1644 年入关以后，顺治帝于顺治九年发布上谕，严申“都察院为朝廷耳目之官，上至诸王，下至诸臣，孰为忠勤孰为不忠勤，及内外官员之勤惰、各衙门政事之修废，皆令尽言”。③ 顺治十三年，又针对科道官发布上谕：“科道为耳目之官，职在发奸剔弊。凡大奸大恶从未经人纠劾者，果有见闻，即据实直陈，不许摭拾塞责，将人已纠察之事随声附和。”④

康熙二十七年，针对监察官无所纠弹，特发上谕严斥：“迩来科道官绝无章奏条陈，乃科道专责惟在中无私意而已，嗣后如有条陈，著到畅春园面奏”。⑤ 康熙三十三年，再颁上谕，督励监察官务要尽职尽责：“设立科道官员，特为条奏政事，今观都御史以至科道条奏者甚少，国家应言之事颇多，嗣后各宜端其心术，以有益国家之事条奏。”⑥

雍正帝即位以后，以整饬吏治为要务，因此，允许监察官封章密奏，“明目达聪、尽去壅弊，以收实效”。但是，唯恐汉官“挟私妄奏”，结成朋党，取消监察官封章密奏之权，而且借谢济世弹劾田文镜案，进一步表现了对汉大臣朋党的戒心。浙江道监察御史谢济世奏弹雍正的心腹大臣河南巡抚田文镜贪赃坏法时，雍正帝竟然痛斥谢济世有“背公坏私、朋比

---

① 《钦定台规》卷一《训典一》。
② 《钦定台规》卷二《训典二》。
③ 同上。
④ 同上。
⑤ 同上。
⑥ 同上。

结党”之嫌,虽免死,但发配军前效力,直到乾隆帝即位,始赦免复职。

乾隆一朝,虽也不断指出“御史为朝廷耳目,果有关国计民生,自应不时入告”,但也指出,御史不应“揣摩朕意,有心迎合”,特别是他继承了雍正帝对监察官借纠弹之名行朋党之实的防范意识,严敕监察官不得逾越职守,妄行陈奏,例如乾隆十一年,上谕:“朕览御史周礼奏请将户部侍郎李元亮开缺守制一折,所奏似是而非,且有意以行其私。国家用人其权断不可下移,或仿照定例,或偶尔变通,朕心自有权衡,期得人任事耳,岂臣下所可意为进退者。如果所用之人或有不当,所行之政或有缺失,言官自当陈奏,以尽绳愆纠谬之责,岂可于用人大事怀挟私心,借守礼之名以阻扰国政乎?”①

嘉庆帝即位之始,平反因弹劾和珅奴仆刘全的御史曹锡宝被革职留任一案,并且追赠曹锡宝为福都御史,上谕:“故御史曹锡宝,尝劾和珅奴刘全倚势营私,家赀丰厚。彼时和珅声势熏灼,举朝无一人敢於纠劾,而锡宝独能抗辞执奏,不愧诤臣。今和珅治罪后,并籍全家,赀产至二十余万。是锡宝所劾不虚,宜加优奖,以旌直言。锡宝赠副都御史,其子江视赠官予荫。”②

需要指出,至嘉庆朝始,清朝已经进入衰世,与其更多地防范监察官结党营私,不如说更期望监察官发挥法定的职掌,以惩治日益腐败的吏治。

监察官鉴于谢济世弹劾田文镜遭到刑责,几免于死,因而,多噤若寒蝉,不敢直言谏诤,即使有所上言,也多为琐碎小事,避免遭祸。为此,嘉庆帝亲颁谏臣论,他在嘉庆十二年上谕中说:“国家设立台谏,任以言责,期于明目达聪,职至要也。为科道者必实有忠君爱国之心……朕特制谏臣论一篇,著发交都察院自堂官以及科道每人照录一通。”③

---

① 《钦定台规》卷三《训典三》。

② 《钦定台规》卷四《训典四》。

③ 同上。

嘉庆二十五年上谕中说:“御史朱鸿奏筹清积弊一折,据称吏治未振,民生未裕,士习未端,宜除因循之弊,杜讳饰之风,惜民之财,励士之品,其言均不为无见。然只能指陈其致弊之由,而无切实整顿之方,未免徒托空言。凡臣工建言,必有关于国计民生之大,补偏救弊之实,方能于事有济;若但泛言其弊,而无除弊之方,亦复何裨国是。嗣后言官条奏,指陈弊端,务将如何措施,可以挽回积习之处,切实敷陈,以凭采择。毋仅以虚言塞责,徒博建白之名也。”①

道光五年,在上谕中也表达了对于监察官的期望:“嗣后内外满汉大小诸臣,务要共矢丹忱,佐予图治。不可染玩愒之习,不可存推诿见好之心。庶至于大法小廉,纲举目张,是予之至愿也,毋忽。”②

但是,道光朝监察官由纠弹官邪逐渐转向监察地方会匪活动,对此,道光帝特加褒奖:“(给事中)隆勋于此种重大案件颇能留心访查,不愧言官,殊堪嘉尚,隆勋著加恩超擢太常寺卿以示奖励。”③

德宗朝监察官弹劾违反祖制的太监外出视察一事,不但未予惩治,反而以圣意为之辩护。如光绪十二年,御史朱一新利用发生水灾的灾异现象奏程太监李莲英随醇亲王到天津视察,结果李莲英非但没有被处理,御史朱一新反而遭到降职处分。“光绪十二年,钦奉慈禧端佑康昭颐豫庄诚皇太后懿旨:……(朱一新)徒以虚诞之辞希图耸听,一加诘问自知词穷,辄以书生迂拘强为解免……朱一新著以主事降补。”④

总括上述,之所以不吝笔墨引述“训典”中的上谕和圣谕,意在说明在极端专制统治下清朝监察制度在实践中的某些变化:

其一,一方面实行科道合一,言官的主要职责在监察而不在言谏;

---

① 《钦定台规》卷五《训典五》。

② 同上。

③ 同上。

④ 《钦定台规》卷八《训典八》。

另一方面，又限制监察官的弹劾权，而只有谏言权，统称为“言官”，但清朝的言官和汉唐时期的言官已经完全不同。

其二，监察官奏弹大臣，皇帝竟然亲自为之辩护，并严惩监察官的弹劾，以致监察官不敢轻言弹奏，多以琐碎小事塞责而已。

其三，监察官的奏弹由于屡遭皇帝训斥、指责，动辄贬官，甚至流放，而且在上谕中多有贬损监察官人格之语，如雍正帝痛斥谢济世为“边远无知愚蠢卤莽亡命小人”①，因此，监察官的地位明显下降。

最后，清朝从康熙时期便在上谕中要求监察官据实陈奏，不得风闻言事，但嘉庆朝以后，地方会匪的反抗活动屡禁不止，因此，至道光朝，允许监察官对会匪活动可以风闻言事，说明阶级斗争的形势不断发展，使得皇帝忧心忡忡。

(2)“宪纲”。包括“序官”“陈奏”“典礼”“考绩”“会谳”“辩诉”六目。具体说来，“序官”规定都察院设官、职掌、官员品级及其变化，如规定：“左都御史满汉各一员，左副都御史满汉各二员。掌察复官常，整饬纲纪。右都御史为总督兼衔，右副都御使为巡抚、河道总督、漕运总督兼衔。初制，都御史满洲一品，汉员二品；顺治十六年，俱改二品；康熙六年复改满洲为一品，九年俱改二品；雍正七年，俱定为从一品。”②

“陈奏”是都察院官员及所属科道官的奏事制度，内含风闻言事、建白、封章密奏等制度的沿革变化。

“典礼”是都察院官员对朝会、临雍、祭祀等大典侍班纠仪的规定。

“考绩”主要分为“京察”和“大计”。京察，雍正元年定，“京察三年一次，在京三品以上满汉大臣、在外督抚、盛京五部侍郎、奉天府府

① 《钦定台规》卷二《训典二》。

② 《钦定台规》卷九《宪纲一》。

尹,均将三年内事迹过愆据实陈奏”,在京衙门所属官员由吏部会同都察院吏科河南道详加考察。乾隆五年议准,“京察四格务须切实注明,如守清才长政勤年或青或壮或健称职者列为一等;守谨或政勤才平或才长政平年或青或壮或健勤职者列为一等;守谨才政皆平,或才长政勤,而守平年或青或壮或健供职者列为三等”。①

大计,顺治三年定,“外官大计,各直省督抚复实官详,分别会题吏部会同都察院吏科河南道详加考察,分别奏请,填注考语。用守才政平四格。守则或清或平或浊,才则或长或平或短,政则或勤或平或怠,年则或青或中或老,其考语务按人指事,应去应留明白直书,不得铺叙繁文徇情毁誉”。“四年定,外官大计三年一举永为定制,吏部吏科会同都察院并河南道考察。”“又定大计文册限十一月内到部以凭磨勘会题。”②

“会谳”是与刑部、大理寺会审、稽核案件的规定。如顺治十年,都察院题准,“刑部送到在京人犯有犯罪至死者,亦有所犯事情不应至死者,若以不至死之罪概经三法司拟议,恐于典例不合。自今以后凡犯罪至死者,刑部必详加审拟成招定罪,奏请奉旨下三法司,然后会同部寺复敷”。③ 顺治十八年题准,“凡系重犯及遇热审,刑部会同都察院、大理寺公审”。④ 康熙三十一年定,“凡外藩地方命盗案件,理藩院会同三法司复拟具题”。⑤ 雍正三年议准,“秋审、朝审令满汉御史各一人稽察,无故不到班者,题奏”。⑥

---

① 《钦定台规》卷一二《宪纲四》。
② 同上。
③ 《钦定台规》卷一三《宪纲五》。
④ 同上。
⑤ 同上。
⑥ 同上。

“辩诉”是分别规定地方案件、京城案件、六部案件以及地方官吏案件等京控的诉讼程序。如顺治八年上谕，“自今以后，凡有奏告之人，在外省者，应在外省应先于各该管司道府州县控诉，若司道州县官不予审理，应于该管总督巡抚巡按内控诉，若总督巡抚巡按不准或审断冤枉，再赴都察院衙门击鼓鸣冤。都察院问果有冤枉应奏闻者不予奏闻，准赴通政使司衙门具本奏闻。在京有冤枉者，应于五城御史及顺天府、宛、大二县告理，若御史、府、县按状不准或审断不公，再赴都察院、通政使司衙门具奏申告。至于六部，其应呈应诉者仍照旧例准理。若内外大小衙门明知枉情蔽不上闻，许具本至午门前进奏，传谕之后有仍前声冤告奏者，问以重罪。该部将此谕刊刻告示广布通知”。①

顺治十八年有明确对京控案件的处理办法：“官民果有冤枉，许赴院辨明，除大事奏闻，小事立予裁断，或行令该督抚复审昭雪。”②

康熙三十七年覆准，“上司官员借访事为名，令家人、衙役迭出勒取州县餽遗进奉者，许州县官员揭报督抚，指名题参。如督抚徇庇不行题参，令科道官员访实指名题参。”③

清朝在准许京控的同时，也区分刑事案件和民事案件，对于民事案件，乾隆三十四年议准，“嗣后外省民人赴京控诉案件如州县判断不公……其仅止户婚、田土细事，则将原呈发还，听其在地方官衙门告理”。④ 同时，严格区分果有冤情与惯犯刁讼的不同性质，对后者坚决打击。乾隆五十六年上谕，“（小民等）如果实有冤抑，地方官不为审理，原不禁其赴京具控。但若稍涉虚诬，亦必加倍治罪。务使家喻户晓，咸怀儆惕，庶告讦刁风渐知敛戢，而良善乡氓免致株累，亦整饬风俗

---

① 《钦定台规》卷一四《宪纲六》。

② 同上。

③ 同上。

④ 同上。

人心之一端也”。①

（3）“六科”。包括“通掌”与“分掌”两目。“通掌”规定给事中的职掌，内含本章、敕书、轮值、注销等部分，“本章”要求给事中赴内阁抄录本章，及时转发各部，如有泄漏、讹造、增减错漏等情形，将该科给事中交部治罪。“敕书”是皇帝针对特定事项发给六部及督抚以下各官遵行的敕令，由各科分发，官员奉敕如不遵定制由各科题参。“轮值”，顺治初年定，“六科官署每日以给事中一人轮值，二日一更代”。② 康雍两朝，凡朝会官员应到未到者，给事中指名题参。“注销”，顺治十八年定，“各部事务虽有巨细不同，于国政民情均有关系，理宜速结。今各部一切奉旨事件及科抄，俱定有限期，六科按月察复注销。”③雍正初年定，吏礼兵刑工各部“二十日完结”，户部因“事件繁冗，且皆系销算会同稽考钱粮之事，较别部加倍繁多”，因而于“原限之外加增十日”。六科给事中如果违限，一并处分。④

“分掌”规定各科的具体任务及其要求，举例如下：

吏科：从顺治至道光朝，历代皇帝颁布的上谕中，规定了吏科主要职掌是，凡京察、大计的册籍等，由吏科给事中会复具题；对于现审案件的审理情形每月月终具奏一次，交吏科、京畿道逐件复对，对无故迁延者，据实劾参。⑤ 凡官员画凭不到者，吏科即移会吏部查复。

户科：在京部院各衙门支领户部银物，每月要造册送户科察复；所收一切绢项，造册送户科察复，以昭慎重；直省钱粮杂税奏销册如有蒙混舛错，由户科题参；漕粮全单由户科复对盖章；职掌盐课官员每年年

① 《钦定台规》卷一四《宪纲六》。
② 《钦定台规》卷一五《六科一》。
③ 同上。
④ 同上。
⑤ 《钦定台规》卷一六《六科二》。

终将已、未销盐造册送户科注销；各地关税包括海关，所收税课数目造册，按四季造报，年终总报，由户科核对；解部钱粮批文册籍，各官当堂定限签发，如假手吏胥，空悬时日，任意违限，挖补年月，扶同作弊，经部科查出，将解役送刑究拟。

礼科：学政将每年生童名数等报礼科察复，如有违限混冒等弊，由礼科题参；乡会试卷依限由吏部会同吏科磨勘。

兵科：举行军政之年，在内册籍限三月二十日内，直省限十月二十日内各送兵部察复；凡武职选后不遵限赴兵科画凭者，照规避例革职；兵马、朋椿、俸饷、驿递钱粮支销数目等均需造册送兵科察复，如有浮冒舛错者题参；武生名册及优劣册均需报兵科察复。

刑科：乾隆以前，朝审、秋审皆按三复奏结案，乾隆十四年定，“朝审情实人犯，由刑科三复奏，其后各省秋审亦皆三复奏，自为慎重民命，即古三刺三宥遗制，谓临刑之际，必致详审不可稍有忽略耳，非必以三为节也。朕每当勾决之年置招册于傍，反复省览，常至五六遍，必令毫无疑义，至临勾时，犹必与大学士等斟酌再四，然后予勾，岂啻三复已哉。若夫三复，本章科臣匆剧具题，不无亥豕，且限不时日，岂能逐本全览，嗣后刑科复奏，各省皆令一次。朝审仍令三复，亦足寓存羊之意，实敦行简之风。”①顺治十一年覆准，“凡直省重案已结未结者，令按察司各道年终具题造册，送刑科察复。”赃赎银数，年终造册送刑科察复。

工科：凡建造宫殿、陵寝、河工、军备等一应工程所需经费均造细册报工科察复。

(4)“各道”。包括“通掌”与“分掌”两目，分别规定各道的共同任务、要求及具体职掌与要求。另载稽察宗人府御史、稽察内务府御史等的职掌及其办事制度。举例如下：

① 《钦定台规》卷一六《六科二》。

通掌：御史稽察各部院事件月终用该道印信具题；各省关系三法司具题事件一揭送院，一揭送该道，以便复议；乾隆时分天下为十五道，各有专职，分省办理，凡遇勾到某省本章，即着某道御史承办。

分掌：十五道除各自分掌辖区命盗重案会审外，京畿道还负责会同吏科考核在京官员三年京察、在外官员三年大计之事；河南道还掌查刷在京各衙门文卷；江南道还掌稽复户部三库、京通各仓、丰益本裕二仓；浙江道还负责会同户部对两翼官办理礼部祭祀和筵宴所用牛羊公议定价；山西道还负责会同兵部对双单月推升选补各官掣箴；山东道还负责年终汇题五城窃案；陕西道还负责稽查紫禁城外修造工程一百两以上者所用物料钱粮数目；对于刑部行文，湖广道还负责通政司、国子监衙门每月初八日、二十二日赴道复对注销；江西道还负责光禄寺每月十二日、二十六日赴道复对注销；福建道还负责太常寺衙门每月十二日、二十五日赴道复对注销；四川道还负责銮仪卫衙门每月初八日、二十二日赴道复对注销；广东道还负责大理寺衙门每月初七日、二十二日赴道复对注销；广西道还负责太仆寺衙门每月初十日、二十日赴道复对注销；云南道理藩院、钦天监衙门每月初十二日、二十六日赴道复对注销；贵州道还负责鸿胪寺衙门每月初七日、二十二日赴道复对注销。此外，都察院设立督催所督催各厅各道五城承办事件按期完结。

(5)“五城”。“五城”指京师地区划分为东西南北中五城，《钦定台规》“五城”含“纲领”“条教”“听断”“保甲”“纠捕”“赈恤”“禁令”“界址”“司坊”“街道”共十目。详列有关五城察院的任务及要求。举例如下：

纲领：五城巡城御史初由满洲、汉军、汉人御史各一人担任，康熙十五年都察院题准“京师乃五方杂处之地，御史巡城正在访询民隐、究察奸宄之际，未几而差满更换，嗣后满汉御史巡城应一年一换”。① 雍正

① 《钦定台规》卷一九《五城一》。

元年定,汉军御史并入汉人御史,五城御史只派满洲、汉人御史二员。

条教:五城各设公所,御史督率乡约于每月朔望日聚集公所宣讲圣谕广训等,以彰化民成俗之意。

听断:顺治年间,五城御史只处理民间细事,如原告被告皆满人则交部审理;康熙时期涉事双方无论满汉均由五城御史审理,而且包括命盗重案,不限于斗殴之类细事。

保甲:乾隆二十六年定,顺天府、五城所属村庄十户为牌,设牌长;十牌为甲,设甲长;十甲为保,设保长。地方官岁给门牌书家长姓名、生业,附注男丁名数。遇有盗窃、邪教等事,及形迹可疑之人,责令专司查报。

纠捕:顺治三年,都察院奏准,天下诸司入京朝觐,部院科道考察贤否,如系不肖官僚,五城御史督令司坊官时加访缉,违者题参。此外,有关杀人、盗贼、抢夺妇女、拐骗儿童、邪教徒、私铸钱等犯五城御史有权缉拿。

赈恤:五城每年定期设粥厂赈济饥民,并设栖流所供其居住。

禁令:都察院转饬五城御史严查邪教及各种不法之徒,同时严禁京城内开设戏馆及妇女成群聚会前往寺庙进香等事。

界址:雍正五年令五城御史重新勘定五城界址,并发给界牌,分明界限,防止遇有重大案件互相推诿贻误公事。

司坊:五城兵马司派吏目分坊负责京师诘缉逃盗、稽察奸宄等事。

街道:五城司坊官负责街道管理事宜。

以上可见,五城御史不仅是监察机关,而且还负责治安、司法、整顿风俗、教化百姓、赈济灾民等诸多任务,反映了清朝统治者对于京城治安环境的重视。

(6)"稽察"。包括"京通十六仓""户部三库""八旗""宗人府等衙门(军机处不在监察之列)""考试""铨选"等目,是关于如何派员稽察某些特殊机构以及稽察内容和要求的规定。举例如下：

京通十六仓：雍正朝以前，巡仓御史时兴时废，雍正二年起，始设置固定的巡仓御史一人，纠察仓厂弊政；雍正五年，设满汉御史各一人。

户部三库：主要由户部官员查验，乾隆四十六年定户部银库验收等项按月造册一本，由三库档房送户部承办司分转江南道察复。

八旗：康熙五十七年定，八旗补放佐领官世职承袭事件，有迟至数年不奏，着交都察院查明参奏。

宗人府等衙门：宗人府，雍正五年设宗室御史二员稽察宗人府事务；内务府，雍正四年在内务府官员内拣选四人授为御史，互相稽察；理藩院，雍正四年设满科道各一人稽察内外馆务。

考试：乡会试各派满汉御史二人监试。

铨选：内分四部分，"月选验看"，月选官员名单，科道官参加验看，对行止不端、出身不正、年老病率、祖父有钱粮亏空者即行举出；"大挑监察"，大挑举人由满汉御史二人监察；"孝廉方正验看"，各省贤良方正由督抚保举，科道官参加验看；"大捐监掣"，由科道官进行监察。

(7)"巡察"。包括"漕粮""盐政""游牧"三目，分别规定了专差御史的巡察制度。

(8)"通例"。包括"考选""升转""礼节"和"公署"四目，是关于都察院所属科、道官选拔标准、方法、升转制度及其办事要求方面的规定。举例如下：

考选：康熙元年定，吏部核准科道员缺，俱由六部郎中改授。

升转：顺治元年定汉御史内升外转，俱由都察院论资俸酌定，咨送吏部升转。

礼节：除科道官见上级官员所应遵循的礼节外，都察院监察御史可用獬豸补服，其下属不得用獬豸。

公署：记载科道衙门的位置等项。

《钦定台规》是以“钦定”的形式出现的，这在清朝监察立法史上是首创。正是由于“钦定”，所以辑录的谕旨之多，指陈之细，均为历代所未有。这不仅显示了台规所具有的权威性，更突出了强化皇帝所拥有的最高监察权。台规明确规定：“条陈在臣下，而允行则出朕旨。”①为了避免科道官举劾“或有所顾忌、或有恐招怨尤、或有牵制之情、或有不便显言之处”，雍正三年上谕：“准科道官密折举劾”，“令各人密封进呈，其中言有可采招怨结冤者，朕将折内职名裁去发出，或令诸臣会议，或见诸施行，而外间不知何人所奏”。② 密折举劾对于监察官纠弹权力的行使是一重保障，但更重要的是表现了皇帝“权衡”处置，悉由“乾断”的无上权力。所谓“生杀予夺，操之自上”，“裁酌自在朝廷”③。

《钦定台规》肯定了监察机构的特殊地位和功能，使其能够发挥“彰善瘅邪、整纲饬纪、铁面霜威、纠慝绳诡、私惠勿酬、私仇勿毁、敢谏不阿、忠贞常矢、言出如山、心清似水、勉尽丹忱、非图誉美、民隐敷陈、治隆患弭”的作用。④ 同时也为监察官广泛行使监察权提供了法律依据，使之深入到行政、经济、司法、军事、礼仪、教育、社会等各个领域。

如果说乾隆朝的《都察院则例》虽然涉及面宽广，基本的职掌无大改变，但内容庞杂，层出迭见，既无系统可言，也缺乏应有的内在联系。而《钦定台规》显而易见，规范的内容清楚，彼此既有分别，又互相联系，显示了立法技术的进步。同时，《钦定台规》在结构上已有总则、分则之分。《训典》和《宪纲》应为总则，其他则为分则。不仅从制度

---

① 《钦定台规》卷二《训典二》。

② 同上。

③ 同上。

④ 同上。

层面作出了一系列的规定,还从程序层面详加规范,以保证制度规定的落实。

乾、嘉、道、光各朝《钦定台规》根据面临的形势与任务的不同,所定的监察重点与追求的具体目标也各有不同:乾隆朝制定的《钦定台规》,继承了康熙、雍正两朝整顿纲纪的传统,以贪官污吏为主要监察对象,在一定时期总体上取得了较好的效果。嘉庆朝制定《钦定台规》时,国势开始衰微,仁宗力图通过修订《钦定台规》,整顿腐败的吏治,重振纲纪。道光、光绪二朝,国家发生了巨变,已经临近末世,其所定《钦定台规》虽也追求应势而变,希图借此挽救衰世,但已不可能取得应有的效果了。

（四）其他监察法规

除上述代表性的监察法外,属于专门性的监察法规摘要言之,尚有顺治朝《都察院拟监察职权条例》《考满四条》《满官京察则例》《劝惩则例》,康熙朝《六部现行则例》《钦定颁行六部则例》,雍正朝《钦定吏部处分则例》《六部处分则例》《吏部铨选则例》《钦定兵部处分则例》《漕运则例》,乾隆朝《通政使司则例》《京察滥举处分条例》《三品京堂京察例》《考察内外大员例》,嘉庆朝《五城巡城御史处分例》《秋审失入失出处分例》《钦定王公处分则例》《钦定宗人府则例》《钦定磨勘条例》,道光朝《钦定增修六部处分则例》《续增磨勘条例》,咸丰朝《钦定重修六部处分则例》,同治朝《吏部处分章程》,光绪朝《钦定重修六部处分则例》《保奖则例》《吏部处分奏定新章》《养廉事例》等。

综上可以看出有清一代监察立法的轨迹:康雍乾三朝盛世总体立法活动频繁,建立起相对完整的法律体系,监察立法作为其重要组成部分也相应地得到了发展。至晚清时期内忧外患,国势衰微,吏治腐败,为了拯救危局,力图整饬吏治,支撑朝纲,因而推动了光绪朝监察立法的发展。

二、律典、则例中的监察法内容

（一）《大清律例》

清朝国家立法中最具代表性的法典是《大清律例》。早在顺治元年六月，便应汉大臣之请，修订《大清律集解附例》，并于三年三月颁行。后经康雍二朝不断修订，至乾隆五年最终完成《大清律例》。《大清律例》集唐律以来历代国家主要立法之大成。在体例上仿《大明律》，由"名例律"和吏户礼兵刑工六律构成。其中，对于各级官员在失职、渎职、贪污、行贿、受贿等方面的处罚规定十分详尽，因而与专门监察法相互呼应，是从刑法的角度对监察法的支持和补充。

（二）《大清会典》与《大清会典事例》

《大清会典》起自康熙朝，后经雍正、乾隆、嘉庆、光绪四朝不断修订而成。初期仿《明会典》采取"以官统事、以事隶官"的编纂体例，按中央各行政机关分卷，具体规定各该机关的职掌、职官设置、处理政务的程序方法等，并于正文之末附有相关的则例，作为正文的补充。至乾隆朝，采取"以典为纲，以则例为用"的原则，典制与事例分别编纂，典制部分名为《大清会典》，事例部分名为《大清会典则例》。嘉庆、光绪两朝又改《大清会典则例》为《大清会典事例》。在乾隆《大清会典则例》中，设有《都察院则例》；在光绪《大清会典事例》中，也设有《都察院》，但规定内容以宪纲为主。二者均属专门性监察法规。由于会典所载是经久常行之制，是官司所守，朝野所遵的国家大经大法，因而对《钦定台规》的制定与修改具有原则性的指导意义。

（三）各部院则例

1.《六部现行则例》

清代各部院《则例》是重要的立法形式，数量多，而且不断因事、因时遵旨修改，成为清朝法律体系中的基本组成部分。各部院则例也是监察机关据以进行监察的法律依据。如康熙时将清初至康熙四十一年间六部及督捕衙门的办事规则、程序和权限以及对越权的制裁、各级官员履行职责的规定与违反职责的惩处等编成《六部现行则例》,为依法察吏提供了准则。

2.《六部处分则例》

《钦定六部处分则例》康熙初年制定,是对六部官员违反职掌规定应得处分的法律。雍正三年有所增删,乾隆七年颁行。道光时,再经增补,行名为《钦定增修六部处分则例》。光绪十三年,重修颁行《钦定重修六部处分则例》,其中详列六部所辖官员的奖惩办法。

3.《吏部处分则例》

《钦定吏部处分则例》是吏部对所辖官员的奖惩与各种处分规则,以及吏部下属各司办事细则。它同刑律中的吏律相配合,对职官的犯罪行为或违法违纪行为,以及对各级官员的行政处罚,提供了法律根据。

除上述则例外,《钦定吏部铨选官员则例》《钦定吏部铨选满官则例》《钦定吏部铨选汉官则例》《钦定兵部处分则例》《刑部新定现行则例》《钦定户部则例》《钦定礼部则例》《钦定工部则例》《钦定王公处分则例》《钦定八旗则例》《钦定理藩院则例》《钦定宗人府则例》《钦定总管内务府现行则例》《钦定学政全书》中,均有与监察相关的内容。

三、诏谕是最高权威的监察法源

清朝是专制主义极端发展的朝代,皇帝握有国家最高权力。嘉庆七年上谕中说:"我朝列圣相承,乾纲独揽,皇考高宗纯皇帝临御六十年,于一切纶章宣布,无非断自宸衷,从不令臣下阻挠国是。即朕亲政以来,办理庶政,悉遵皇考遗训,虽虚怀延纳,博采群言,而至用人行政,令出惟行,大权从无旁落。”①就监察而言,最高的监察权属于皇帝,都察院置于皇帝绝对控制之下。从纠参到议复,从核实到复劾,都必须请旨进行,由皇帝裁决。监察官的任免,也完全由皇帝决定。《钦定台规》以法律的形式对皇帝的最后监察权作出明确的规定。

由皇帝颁发的诏谕是最具权威的监察法源,是指挥监察机关运作和监察官据以纠弹官员违法犯罪的重要依据,其效力高于国家制定法。如顺治十二年谕:“贪官蠹国害民,最为可恨,向因法度太轻,虽经革职拟罪,犹得享有赃资,以致贪风不息。嗣后内外大小官员,凡受赃至十两以上者,除依律定罪外,不分枉法不枉法,俱籍其家产入官,着为例。”②康熙二十六年三月,户部奏,浒墅关监督桑额溢征银二万一千两。得旨:“桑额多取额银,及私封便民桥,以致扰害商民,着严加议处。嗣后司榷官有额外横征者,该部其严饬之。”③

清朝历代皇帝颁发的诏谕数量极多,充分显示了它在指挥国家机器的运行、保证大政方针的实施、调动整个军事官僚机构方面的作用。诏谕还指导了监察立法的修订,弥补了监察法的不足,保证了监察机构作为权力制衡器作用的发挥。

第四节 监察法的实施

清朝监察法制的发展不仅表现为监察立法的相对完备,也表现在监察法的实施上。根据监察法,以都察院为统率的监察机关是“整纲饬纪”“纠察内外百司官邪”的风宪衙门,行使着范围广泛的监察权。

---

① 《大清会典事例》卷七五四《都察院·宪纲》。

② 《清世祖实录》九五卷。

③ 《清史稿·圣祖本纪》。

各项监察任务均已明确分职定责,或由监察官员共同职掌,或由都察院率各科道共同职掌,或令某一监察机关专司掌管。但在行使建议政事和弹劾官吏两项职权时,或以个人名义,或联名具奏,而不以都察院或某科、某道等监察机关的名义。如顺治初年定,“凡朝廷政事得失,民生利弊”,言官可“以时条上”。① 十一年又谕:“凡事关政事得失,民生修戚,大利大害,应兴应革,切实可言者,言官宜悉心条奏,直言无隐。”②雍正年间,又定科道轮班具奏之制:“无论大小时务,皆许据实陈之。”③至于弹劾官吏,从顺治朝起,便要求监察官员对于骄肆慢上、贪酷不法、荒弃职业、独断专擅、虐待属下以及潜越服制器用、违反忠孝伦常风化等行为的内外百官,皆可尽言,“分别察奏”。④

一、立法监察

清朝的监察官不仅参议国政,也监督立法。有些监察官对于国家的典章法制极为关注,并在上疏中指陈缺失,请求修订。顺治二年三月,刑科都给事中李士焜奏言:“古帝王制律,轻重有伦,情罪允协。今者律例未定,止有杖决二法,重者畸重,轻者畸轻,请敕部臣早定律法,务期援古酌今,详明切当,分别杖流绞斩之例。凡有罪者先期具奏,必俟定断遵行,则法得其平,而刑当其罪矣。”疏入,得旨:“修律官参酌满汉条例,分别轻重差等,汇成一编进览。”⑤

顺治二年五月,福建道监察御史姜金允奏言:“明慎用刑重民命也,我朝刑书未备,止用鞭辟。臣以小民无知犯法,情有大小,则罪有轻

① 《光绪会典事例》卷九九八。
② 《钦定台规》卷二《训典二》。
③ 《钦定台规》卷一〇《宪纲二》。
④ 《钦定台规》卷二《训典二》。
⑤ 《清世祖实录》一四卷。

重，斩之下有绞、徒、流、笞、杖，不忍尽死人于法也。斩有立决，复有秋决，于缓死中寓矜全也。故历朝有大理寺覆奏，有朝审、热审，又有临时停刑，盖死者不可复生，恒当慎之。今修律之旨久下，未即颁行，非所以大鬯皇仁也。请敕部速行定律，以垂永久。"得旨："著作速汇辑进览，以便裁定颁行。其覆奏、朝审、热审、停刑各款，着三法司一并详察旧例具奏。"①

顺治三年六月，刑科给事中杨璜奏言："国家制刑，先定律令，所以彰明宪典，示民画一也。龙飞三载，更定律令，尚未颁行，天下无所遵守，不但犯法者不知其得罪之由，而用法者不免乘一时之意。乞敕所司刊定颁示，以几刑措之风。""下部知之。"②

顺治十四年正月，兵科给事中金汉鼎奏言："会典一书，上自朝廷之规条，下及庶司之职掌，经纬具备，纤巨毕陈。然以新宪而沿旧号，非所以一王章定民志也。今宜斟酌重订，名曰大清会典。仍请御制序文，刊刻成书，颁布天下。再如海内古文秘录，所在多有，宜特遣词臣分道购求，载籍既多，然后博选名流，校雠成卷，用备大观，亦古文之一端也。""下所司议。"③

雍正元年，巡视东城御史汤之旭奏言："律例最关紧要，今六部见行则例，或有从重改轻，从轻拟重，有先行而今停，事同而法异者，未经画一。乞简谙练律例大臣，专掌律例馆总裁，将康熙六十一年以前之例并大清会典，逐条互订，庶免参差。"世宗遂命大学士朱轼等为总裁，谕令于应增应减之处，再行详加分晰，作速修完。三年书成，五年颁布。④

但是，清朝统治者历来以恪守祖制家法为执政的基本信条，因此，

---

① 《清世祖实录》一六卷。
② 《清世祖实录》二六卷。
③ 《清世祖实录》一六卷。
④ 《新校本清史稿》卷一四二《刑法一·律例》。

科道官虽可以监督立法,却不得纷更成例,妄改旧章。有些科道官就因上疏"请变通成例",而被罢黜处罚。例如,清初在"逃人"问题上,制定了严惩窝主的刑法。时为御史的汉人李烟、魏官、赵开心和吴正治等,先后上疏,强烈要求修改"逃人法",并劝满族贵族官僚减轻对汉人奴婢的残害。结果竟被指责为"偏护汉人,欲令满洲困苦,谋国不忠,莫此为甚",以至分别被撤职或流放。①

乾隆四十一年,御史炳文仅因奏请改变京察时对科道的考核程序,即被斥为"辄思变更成例",被革职发往伊犁。② 道光十七年,御史柏龄上折奏请选将训兵,整顿营伍。宣宗颁谕诘之:"我朝武备修明,兵制已臻完善……操练既不为不勤,俸饷亦不惟不厚,惟在遵循旧制,岂容妄议更张。"该御史"率意妄陈,乖谬已极,不胜御史之任"。遂解柏龄职。③

二、行政监察

(一) 对部院及地方政务的监察

清制,都察院率六科、十五道职掌稽察中外各衙门政务。都察院"察中外百司之职,辨其治之得失"。④ 凡"六部断事偏谬","各衙门政事之修废",均有权稽察奏闻。"内外各衙门条陈章奏……有专恣徇私者",亦"明白纠驳"。⑤

六科、十五道则"稽察在京各衙门之政事"。其大体分工是:六科分别稽察吏、户、礼、兵、刑、工六部,吏科兼察顺天府,礼科兼察宗人府、

---

① 《清史稿·李烟传》《赵开心传》《魏官传》。
② 《光绪会典事例》卷一〇〇一。
③ 同上。
④ 《光绪会典》卷六九。
⑤ 《钦定台规》卷二《训典二》。

理藩院、太常寺、光禄寺、鸿胪寺、国子监、钦天监；兵科兼察太仆寺、銮仪卫；刑科兼察通政使司、大理寺及河南道刷卷。

十五道中，京畿道稽察内阁、顺天府、大兴县、宛平县；河南道稽察吏部、詹事府、步军统领衙门、五城；江南道稽察户部、宣课司、宝泉局三库、左右两翼税务衙门、在京十三仓；浙江道稽察礼部、都察院；山西道稽察兵部、翰林院、六科、中书科、总督仓场、坐粮厅、大通桥监督、通州二仓；山东道稽察刑部太医院；陕西道稽察工部、宝源局；湖广道稽察通政使司、国子监；江西道稽察光禄寺；福建道稽察太常寺；四川道稽察銮仪卫；广东道稽察大理寺；广西道稽察太仆寺；云南道稽察理藩院、钦天监；贵州道稽察鸿胪寺。

可见在京各衙门，除军机处以外，均在科道稽察范围之内。其中六部、宗人府、理藩院、通政使司、各寺监及顺天府，还接受科、道双重稽察。顺治九年谕："上自诸王、下至诸臣，孰为忠勤、孰为不忠勤，及内外官员之勤惰"，"科道皆可尽言"。"满汉各官有贤有不贤，督抚按各官有廉有贪，有明有暗，镇守驻防各官有捍御慎者，有扰害地方者"，俱令科道"分别察奏"。① 十一年又谕："凡事关政事得失，民生修戚，大利大害，应兴应革，切实可言者，言官宜悉心条奏，直言无隐。"②雍正年间，又定科道轮班具奏之制："无论大小时务，皆许据实陈之。"③

在对官吏的监察中，以防范官吏结党为重点。清帝对明代官僚结党的弊害深恶痛绝。《钦定台规》明确指出，"结党恶习诚朝廷之大患"。一再要求科道官员要"公正无偏"，不避权贵，勇于举劾官吏中结党攀援之习。对于"自皇子诸王及内外大臣官员有所为贪虐不法，并

① 《光绪会典》卷六九。
② 《钦定台规》卷二《训典二》。
③ 《钦定台规》卷一〇《宪纲二》。

交相比附倾轧党援，理应纠举之事，务宜大破情面、据实指参，勿得畏怯贵要，瞻徇容隐”。同时，严禁各衙门大小官员私交私宴及庆贺馈送，违犯者科道官应指名特纠，敕吏部从重议罪，失纠者一并严处。顺治十七年，还规定：“私交私宴着依议严行禁革，如仍前违禁私相交结，庆贺升迁，馈送杯币及无端设宴献酬，假馆陈乐，长夜酣歌者，科道官即行指实纠察，从重治罪。如科道官徇情容隐，不行纠参，一并治罪。”①康熙十八年议准：“大小官员在衙门不待事毕，推诿满官、早归迟进、宴会嬉游者，或办理公务瞻徇迟延、不行即结者，司属听堂官题参，堂官听科道题参。”②世宗时还下诏：“外任旗员受该旗都统参领，及五旗本王恣意需索者，许本官据实封章密详督抚转奏；倘督抚瞻循容隐，即许本官封章揭都察院转为密奏；倘不为奏闻，即各御史亦得据揭密奏，务期通达下情，以除积弊。”③

世祖特别重视对督抚一级高官的监察，曾对监察官员提出明确要求：“总督管辖数省，巡抚专任一方，得其人则事治民安，非其人则丛奸滋弊，民受其害。如不行考核，贤否无辨，何以示劝惩。著以顺治十一年正月起，尔部会同都察院矢公矢慎，将各地方总督、巡抚严加考核，分别确议具奏，不许通贿行私，蒙蔽徇纵。向来推用督抚，但止举侍郎布按，嗣后遇有督抚员缺不拘品级，务从公会推，择其品行才猷素著者，将政绩事实详注会推本内，毋得听受钻营，滥举匪人。朕以澄清吏治责之督抚，考核督抚，责之部院，如推举不公，著都察院科道官指实纠参。”④

宣宗时期，在官僚中出现吸食鸦片烟的现象，为此，道光十八年十一月，御史万超奏请严查吸食鸦片职官，深得道光帝赞许。遂颁发上

---

① 《清世祖实录》卷一三一。
② 《钦定台规》卷一〇《宪纲二》。
③ 《钦定台规》卷一《训典一》。
④ 《清世祖实录》卷九七。

谕："大小官员，均有率属临民之责，必使咸知自爱，方可望其正己正人。近来鸦片烟流毒日深，不特军民人等共相吸食，即现任职官，亦多染此恶习，殊堪痛恨。各部院堂官及直省督抚各上司，果能破除情面，留心访察，所属各员内如有吸食鸦片者，不难于察言观色之间，立为指出究办。嗣后该堂官上司等，务当随时认真查察，遇有此等劣员，立即指名参奏，照例治罪。至内而京察，外而卓异，尤属三载考绩大典，断不容以卑鄙无耻之员，滥竽充数。即平日一切紧要差使，亦当慎加遴选，任使得人，方于公事无误。傥平时一味姑容，不能早为甄核，仍将吸食鸦片属员滥列京察卓异，及委派差使，将来别经发觉，或经朕看出，查究得实，除将本人治罪外，定将原保原派之各堂官上司严行惩处，决不宽贷。懔之慎之，将此通谕知之。"①

（二）对各部院文件的监察

为加强各衙门的行政效率，清廷赋予都察院督催、注销案卷的权责。所谓督催，即督促检查各行政机关所承担的公务是否如期完成。所谓注销，就是及时办理所承担事项的注销手续，以示了结。督催、注销制度在清朝十分完备，从机构设置、办事程序，到督催内容标准及处治办法都有明确规定。顺治十八年上谕："各部事务，虽巨细不同，于国政民情均有关系，理宜速结。今各部一切奉旨事件及科抄俱定有限期，六科按月察核注销。其余不系奉旨事件及无科抄者，若不专令稽察，必致稽迟。除刑部已差科员稽察外，吏、户、礼、兵、工五部，亦应照刑部例，各差科臣一员，不时稽察。如有迁延迟误，即行参奏，仍于差满未交代之前，将已完、未完事件明白具奏。"又定："吏科稽核吏部、顺天府，户科稽核户部，礼科稽核礼部、宗人府、理藩院、太常寺、光禄寺、鸿胪寺、国子监、钦天监，兵科稽核兵部、太仆寺、銮仪卫，刑科稽核刑部、

① 《清宣宗实录》卷三一六。

通政使司、大理寺,工科稽核工部。各衙门所办理之事每月两次造册送稽核之科注销,依限完结者,开除;限内未完及逾限有因者,于注销本内声明;无故逾限者,指参。各于月抄缮本具题。"①

康熙十六年上谕:"向来各衙门事件关系重大者,虽有定限赴科道稽察,但事有易结者即宜速结,必俟限满方行题覆,多致壅滞。更有各项呈状不系注销者,任意耽延,借端拘提人犯,数月不为审结,无辜牵连,殊堪悯恻。以后具题本章,俱著速行料理,不必尽拘定限。至于审理事件亦速为完结,著照注销钦件例定限,每月造册赴都察院、科道稽察具奏。尔等各宜力图振作,体恤民隐,以副朕孜孜求治之意。"②

雍正元年六科并入都察院,与十五道双重稽核注销在京各衙门文卷。各道御史也按其分工,负责"注销"各衙门及各寺、院、监、司办理的文卷。各衙门每月分两次将所办之事造册送交该科注销,科道于月终注销时,详核勘对,所办各案是否依限完结,有无其他情弊,遗漏舛错,紧要事件有无疏忽泄漏、相互推诿、滥驳不理等情,若查出违限或它项情弊,科道即可参奏,将承办各官分别惩处。

乾隆十三年奏准:"都察院照各部例设立督催所,按年轮委满、汉御史各一人,凡各厅、各道、五城承办事件,著所委御史实力督催按限完结。如限内不能完结,著该处移知缘由。倘无故迟延,著督催御史具稿呈堂察核纠参,如督催御史有意瞻徇,一并纠参。"③

为了便于监督检查,乾隆十四年严格规定了各种公务的承办时间,作为注销或惩处的依据:"嗣后各部事件在部题结者,吏、礼、兵、工四部及各衙门,各定限二十日;户、刑二部,定限三十日。行询、会稿系吏、

① 《钦定台规》卷一五《六科一》。

② 同上。

③ 《钦定台规》卷一八《各道二》。

礼、兵、工及各衙门主稿者，定限四十日，户、刑二部，定限五十日；内所会各衙门，各定限五日，户、刑二部，定限十日，逾限即行参处。"三十三年奏准："嗣后各部院及八旗都统衙门一应文移……倘有仅写年月，不填日期者，许收到文书之衙门于每月注销时，送科道衙门验明，于注销内声明附参。"①

除"注销"外，还有"照刷"文卷的程序。"照刷"文卷是因袭元、明以来的旧制。"照"为"照察之意"；"刷"为"刮扫寻究之意"，其内含与"注销"文卷基本相同，只是按年度一年实行一次。按规定：在京各衙门须将上年所办事件文卷，于次年八月内送河南道（原为京畿道）"照刷"。河南道将各衙门文卷提取后，按照刷程序，核其有无"稽迟"（办事违限）、"失错"（印信、签名违制，年月日错漏等）、"遗漏""规避"（不应回避而设法回避者）、埋没（侵挪钱粮）、违枉（刑名违错、拟罪出入）等情弊。如照刷出卷内有上述情弊，则于卷上分别批注"稽迟""失错""埋没"等字样，汇集核参，按文卷宗数论罪。

《大清律例》中"官文书稽程"，"照刷文卷"各专条中，详定对承办官吏的惩处办法："凡照刷有司有印信衙门文卷，迟一宗、二宗，吏典笞一十；三宗至五宗，笞二十；每五宗加一等，罪止笞四十。府州县首领官及仓库务场局所河泊等官，各减一等。失错及漏报一宗，吏典笞二十；二宗、三宗笞三十；每三宗加一等，罪止笞五十。府州县首领管及仓库务场局所河泊等官，各减一等。其府州县正官巡检，一宗至五宗罚俸一月，每五宗加一等，罚止三月。若钱粮埋没、刑名违枉等事，有所规避者，各从重论。"

"照刷"过的文卷依然发还各衙门，令将各违错之处照例改正。"照刷"文卷制度至乾隆年间有所变更。乾隆三十二年规定：凡有关钱

① 《钦定台规》卷一五《六科一》。

粮方面的卷宗全部开送照刷,不得遗漏,其余卷宗停止送刷。① 自此以后,"照刷"文卷只查核钱粮事件。

由各科道职掌的"注销"与"照刷"制度,不仅督励各衙门提高办事效率,也是科道官稽察政务的具体方式。

(三)其他日常行政监察

科道官日常行政监察,如负责科抄、管理敕书以及察核轮值事务。

清朝凡涉及钱粮、刑名、兵马、地方民务等方面的意见,内外臣工皆须按定例缮本具题。题本得旨批红后,称为红本,每日由给事中一人赴内阁祗领,称为接本。然后,传抄给有关衙门分别承办,称为"科抄"。凡本章命下,事属某部、院者,由某科即日抄清汉文谕旨,发文某部,为正抄;如一事关涉数处者,将本章送于别科转发,为外抄。原领本章各贮本科,年终汇缴内阁。"凡内阁发出密本,由该科登号,原封送部,取承领官职名附于号簿。该部办毕,仍密封送科。""凡部、院、督、抚本官已经奉旨,如确有未便施行之处,许该科封还执奏。如内阁票签批本错误及部、院、督、执本内事理未协,并听驳正。"②

康熙十七年议准:"红本已奉旨到科,未经到部,有预抄泄漏者,将该科给事中议处,泄漏之人交刑部治罪。"乾隆二十一年议准:"各省发递科抄事件,例应责令提塘办理,以杜讹传、私抄、漏泄之弊。嗣后小报房概行禁止,令各提塘公设报房,遵照旧例具结呈科察核。其应行发抄事件,各提塘亲赴六科抄录刷印,送科查核,转发各省所有在京各衙门抄报,总由公报房抄发,仍令六科、五城御史严行访察。如有讹传、私抄、泄漏等弊,交部治罪。"③

---

① 《光绪会典事例》卷一〇一七。

② 《清世祖实录》卷一三三。

③ 《钦定大清会典事例》卷一〇。

清朝皇帝有时针对特定事项向某某官员颁发敕书,以指导施政,因其具有重要价值,特命六科专门负责管理。乾隆三十六年议准:"嗣后恭办敕书,如系钦奉特旨者,仍照旧例办理,其余敕书不拘多寡,以半月用宝一次,每月汇为二次,用宝之后,即日发科。至差员应领关防敕书,例需拨兵背护。除已领有关防印信,即将兵票办给,其请领敕书,由内阁用宝发给者,兵部于各衙门行文支取时,即照例办给兵票移送内阁,随同敕书一并交科转发各该省提塘,将兵票封固,照旧赍送本章奏折之差弁,乘便赍交该员祗领,再行令地方汛弁,照依本票拨兵三名背护。"四十五年议准:"嗣后文武官员应缴敕书,俱送该科查验销号送阁,以免遗漏,而符体制。"①

此外,科道还要负责察核轮值事务。乾隆八年议准:"嗣后朝期应坐班各官并无事故托辞不到者,给事中核实题参。"十八年奏准:"嗣后六科移取册卷并知会直班官司弁同启封识。如有不行知会,私自开封者,令直班官弁立即拿究。"②

由于行政监察是监察事务的重中之重,因此在这方面的治绩可陈述者也比较多。如顺治三年,吏科给事中林起龙针对明末降官故吏私征滥派,压榨百姓一事,连上《请严饬守令重处贪庸疏》《严贪吏以肃官方疏》两疏,力请"严饬守令以励官箴,重处贪庸以清民害"。他说:"今贪官污吏遍天下,虽有参劾,不过十分之一。至于贪酷暴虐,朘膏血以肥己,错庸罢软,纵虎狼而噬人,守令如此,百姓安得生乎。"③贪官之外,"以老聋聩谬膺重寄,任赁书吏纵横,满堂皆官,较贪吏虽未得财,而误国殃民为害更大"。④ 他在奏疏中还提出了明确的整饬办法,建议

① 《钦定台规》卷一五《六科一》。

② 同上。

③ (清)林起龙:《严贪吏以肃发方疏》,《皇清奏议》卷七。

④ 林起龙:《请严饬守令重处贪康疏》,《皇清奏议》卷二。

重申州县一级官员的职责;明定遴选、升擢、管理、惩处各官之法,并派员经常巡视督课。对勤谨优异者升赏,对懈惰旷误者严惩不贷,贪官追赃助饷,庸官立罢不用。林起龙所上两疏,备受清廷重视,多予采用实行。

自明朝以来,胥役书吏干政是败坏吏治的渊薮,清朝入主中原以后,其弊依然严重影响着清朝的行政。对此,顺治八年,工科给事中朱之弼上疏,请求禁革:"国家宜重名器……今户、兵等部书役别系职衔,非官非吏,有玷班行,此曹起自贫乏,不数年家赀巨万,衣食奢侈,非舞文作奸何以致此。户、兵堂司官岁有迁转,此曹年久不去,官为客,吏为主,流弊何穷,请严密褫夺。"疏入,下部议行。① 然而胥吏干政是腐朽的官僚政治所决定的,远非一纸上疏所能禁革,终清之世胥吏干政擅权,仍是清朝行政中的一大弊端。

康熙六年,户科给事中姚文然鉴于各衙门"案牍烦冗滋弊",建议"一部可结之事,即应一部迳结,一疏可通结之事,即应一疏通结。若各省钱粮考成已报完者,部臣宜于议复时即予开复",上如所请。② 乾隆二十九年,给事中瑭古泰"查奏盛京各衙门逾限事件九十六案,请交部察议"。上准其请,对逾限五日以上者,予以惩处。嘉庆十八年,御史冯大中鉴于有些衙门办事惰慢,而且制造借口规避科道稽察,遂上奏:"京外各衙门办事迟延怠缓,请旨设法稽核,以符例限。"上纳其奏,批示:"为政之道,敏则有功","嗣后部中题奏事件,著照该御史所奏,将科抄咨文何日到部,该衙门何日具题,具于本尾声明,如有迟延,即行附参。至题本奏旨后行文,以及咨行外省事件,著各衙门设立号簿登记,如有迟延,分别记过参处。其外省遇有特交咨交审办各案件,如实

---

① 《清史稿》卷三六三《朱之弼传》。

② 《清史稿》卷三六三《姚文然传》。

有不能完结者,著分别奏咨,以备查核。即申复部院咨查事件,亦著将何日接准部文,何日咨复,一并详叙,违限者均予参处”。①

有清一代,由于重视监察官的选任,确实出现了一些疾恶如仇、执法不挠、敢于纠弹权贵,使豪强顽恶为之慑服,贪官蠹吏为之摧沮的“铁面御史”。如顺康之际左都御史魏裔介“生平笃诚”,“弹劾无所避忌”,疏劾大学士刘正宗、成克鞏欺罔附和、蠹国乱政诸罪,致使“正宗获罪籍没,克鞏夺职视事”。②

康熙年间,御史郭琇“于半年中,弹劾参罢三宰相,两尚书,一阁学,直声振天下”。③ 康熙二十六年,陕西道监察御史陈紫芝,劾以大学士明珠为靠山,“恃势贪暴”的湖广巡抚张汧,使之革职去官。④

乾隆后期,御史曹锡宝不计利害,勇劾招权纳贿、权焰甚张的军机大臣和珅的奴仆刘全;御史钱沣也劾和珅同党国泰;⑤御史谢香泉竟痛笞其奴,又烧其车,后人称之为“烧车谢御史”。⑥ 至嘉庆初,给事中王念孙继劾和珅不法状,终使声势熏灼、举朝惧畏的奸相和珅伏法。乾隆五十四年,江南道御史初彭龄劾协办大学士彭元瑞循私为婿营事;又劾江西巡抚陈淮以贪著。彭元瑞、陈淮先后被罢。

同治六年,御史游百川奏劾“宗室宽和等所行多不法”,宽和等被惩治。“一时权贵敛迹”。

光绪年间,御史江春霖据实参劾任总理大臣和度支大臣的奕劻父子“招权纳贿,贪污勒索”,连上八疏,“朝贵颇严惮之”⑦。

---

① 《光绪会典事例》卷一〇〇五。
② 《清史稿》卷二六二《魏裔介传》。
③ (清)钱泳:《履园丛话》。
④ 《清史稿》卷二八二《陈紫芝传》。
⑤ 《清史列传》《和珅传》《钱沣传》。
⑥ 《清稗类抄·正直类》。
⑦ 《清史稿》卷四四五《江春霖传》。

更有御史宋伯鲁与杨深秀合疏弹许应骙阻挠新政，触及到了慈禧太后的权威，确使权贵势力为之震惧。戊戌政变后，宋伯鲁遄回原籍。①

根据《光绪会典事例》《钦定台规》等官书所载，科道弹劾共有二百二十三篇，其中以弹劾三品以上官占大多数，可见清代台垣直臣"弹劾不避权贵"之说不为虚谈。而且这些弹劾奏章发生效力者，在一半以上，被劾者或遭法办，或被罢官免职。在清朝极端专制的条件下，监察官能取得这样的成绩，确属不易。可以说，清朝盛世时期，吏治比较整肃，百官勤谨任事，是和监察官的作用分不开的。

三、人事监察

清朝考察京官和外官的京察与大计，是人事监察的重要方面。京察、大计虽由吏部主持，但都察院是主考机关之一，吏科更有权对京察全过程进行监察。顺治初年定："京察六年举行一次，在京各衙门官属均听衙门考核，填注考语事迹，造册密送吏部、都察院、吏科、河南道（后京畿道仿此）会考。"十年奉上谕："在京官员除吏、礼二部侍郎、学士、詹事等官亲加考试区别外，其六部等衙门有年老疾病不能任事及素行不孚众论，或才力可外任者，俱令本衙门堂官详察严核，汇送吏部、都察院，同吏科、河南道议奏。其通政司、大理寺、太常寺、太仆寺等衙门堂官，开送吏部、都察院、吏科、河南道察核。其六科、各道御史，吏部、都察院察核，具奏。各衙门务秉公并列，具限五日内即为分别，不得迟延推诿，以滋贿托。"十三年议准："在京各衙门属官，不论现任、升迁、公差、丁忧、告病、养亲、给假、降调及行查未结者，俱听本衙门堂官考核，照外官考察格式，填注考语事迹，或贤或否，应去应留，造册密送吏

① 《东华续录》光绪朝一四八。

部、都察院、吏科、河南道，以凭会考。如将应考官员遗漏，不应考官员造入册内者，听部院纠参。”①

自雍正时起，京察、大计均三年举行一次。雍正四年上谕：京察“三年一次，在京三品以上满、汉大臣，在外督抚、盛京五部侍郎、奉天府府尹，均将三年内事迹、过愆，据实自陈。在京部院等衙门所属官员，於四年三月内，该堂官填注考语，造册密送吏部、都察院、吏科、河南道，俟文册到齐，吏部请旨，另派大学士大臣会同都察院、吏科、河南道详加考察，分别去留。嗣后遇京察之年，著内阁满、汉大学士、吏部、都察院、吏科、河南道公同阅看。著为例，不必另派大臣”。②

乾隆五年议准：“京察四格务须切实注明：如守清、才长、政勤、年或青或壮或健，称职者列为一等，守清或政勤，才平或才长、政平，年或青或壮或健，勤职者列为二等，守谨、才、政皆平，或才长、政勤而守平，年或青或壮或健，供职者列为三等。于此四格之外，再加确实考语。如列在一等而才、守、政、年及称职等字样，不遵定例开注者，考察时即将该员照所注字样改列等次，毋庸驳查。其应行议处者，必将应去之处注明。二等、三等人员均以应留造册。至新任未试未经到任官员，别具一册，亦并咨送吏部、都察院、吏科、河南道分缮黄册进呈。”③四格是清朝考核官吏的一种法定标准，以守（操守）、政（政务）、才（才能）、年（年限）为四格。四格又分十个级差：守为清、谨、平三级，才为长、平二级，政为勤、平二级，年为青、壮、健三级。京察时，吏部、都察院、吏科、河南道，一律封门阅册，共同磨对，过堂考察毕，即行具奏。

至于大计，顺治三年定：“外官大计，各直省督抚核实官评，分别汇

---

① 《钦定台规》卷一二《宪纲四》。
② 同上。
③ 同上。

题，吏部会同都察院、吏科、河南道详加考察，分别奏请。填注考语，用守、才、政、年四格。在外官评全凭抚按，如有贤否倒置不合公论者，听部院堂官及科道据实纠参，以溺职论。"四年定："外官大计三年一举，永为定制，吏部、吏科会同都察院并河南道考察。"由各省送到京师的大计册籍，由吏部转交吏科会核具题。十八年议准："大计考察，吏部考功司、吏科、河南道详核各官应去应留者，照八法议处，吏部、都察院堂官严核，如册内贤否例置造报不实者，科道特疏指参。"①

康熙二十五年覆准："三年大计，督抚将所属官员贤否文册止造三本，送吏部、都察院、吏科，其布、按二司所造各官贤否、钱谷、刑名等项册籍，分送各部院衙门者，俱停止。"②如大计册内考注优等，而科道以贪酷指参有据，则将该督抚一并治罪。康熙三十六年奉上谕："国家举行大计，原期黜陟幽明、大法小廉，以为安民生之本，所关甚重。比年以来，督、抚等官视为具文，每将微员细故填注塞责，至确实贪酷官员有害地方者，反多瞻徇庇护，不行纠参，以致吏治不清，民生莫遂，重负朕爱养元元至意，殊可痛恨。今当举行大典，各督、抚等官应洗心涤虑，力改前辙，矢公矢慎，整肃官方，务期荐举一人俾众皆知劝，纠劾一人俾众皆知儆。傥仍苟且因循，徇私溺职，国法具在，决不轻恕。"③

乾隆七年奉上谕："国家举行大计，乃三载考绩，黜陟幽明之要典，督抚大臣职司其事，必当秉公去私，杜绝请托，精详鉴别，无党无偏，举一人而众皆知劝，劾一人而众皆知儆，则官方以肃吏治，以清百职修举，而民生共受其福矣。昔我皇祖、皇考严降谕旨，训饬再三。乃朕见近来各省计典，颇有视为具文苟且塞责者，或贤员不行荐举，或劣员不行纠

---

① 《钦定台规》卷一二《宪纲四》。

② 同上。

③ 同上。

参,或就目前之一端而不察其居官之素,或任一己之爱赠而不参乎舆论之同,又或庇护私人,瞻徇情面,而使贪墨不职之人姑容在位,将教职及佐杂微员草草填注,以充其数……今年乃大计之期,用是特颁谕旨,各督、抚等务精白乃心,矢公矢慎,以肃钜典。傥有仍蹈前辙者,经朕访闻,或被科道纠参,必当加以严谴,该部即通行晓谕知之。”十九年奏准:“各省举行大计,年老、有疾二项,向多以教职填注,应令直省督、抚将佐杂等官详加考察。其中有年老有疾之员,俱据实填注,不得稍为姑容。如有仅以教职数员塞责者,经吏部、都察院察明,即行参奏。”①

乾隆二十四年奉上谕:“外省大计八法官员均关澄叙大典,内如贪、酷二款,既有实迹,例应特疏题参,另行审结。其年老、有疾、罢软无为、才力不及等款,尚属见闻所共知,至不谨、浮躁官员,向来参本,内俱未将其何事不谨、何事浮躁一一声叙,此内或有公事本属无误而节目偶尔阔疏,才具尚可有为而气质不无粗率,此等人员其才未必不堪造就,上官不能舍短取长,但以意见不甚相洽,遂概登之白简,固属可惜。甚或该员平日本有败检逾闲,而该督、抚意存瞻徇仅与避重就轻转借此为周旋劣员捷径者,均非整饬官方之意。嗣后三年计典,内如有不谨、浮躁等官,俱著确据实迹详细登注,不得笼统参劾,以昭慎重。著为令。”②

正是由于贪、酷随时发现,随时纠参,无须等到京察、大计,因此清朝将明时的八法考吏改为六法考吏。

吏科除参与监察京察、大计外,对于吏部人事任命也负有监督之责。顺治初年规定:“司道以下各官,接到任命五日之内,由吏部文选

① 《钦定台规》卷一二《宪纲四》。
② 同上。

司缮写文凭盖印后，送吏科填限。吏科规定各官按期到科画凭，依限填注，限十日内送部。如不赴吏科画凭，逾二月者，将凭送吏部核销。”①

四、经济监察

清朝无论国家或皇室、军队，中央或地方，凡财物出纳，税赋征收，经费开支，工程营缮，以及违犯财经法纪的行为等，都受都察院监督审计。各官府的会计册籍，均须呈送都察院审核稽考、注销。除六科、十五道的常年定期监察与审计外，还沿用唐代以来巡回监察审计的做法，设立巡仓、巡漕等科道差遣，以便对重大财经活动进行不定期的专门监察、审计。因此清朝经济监察的方面较宽，涉及漕粮、盐政、税收、仓储、工程以及日常田赋杂税奏销，各衙门向户部支领银物的造册，等等。

巡粮。顺治初定：“凡糟粮兑定，该管粮道将开帮日期呈报，随造具各帮兑交粮米数目清册，呈送漕运总督，该督具题，以册送户科，由科同全单磨对。”又定：“凡京通各仓监督，每岁收放米豆数目造具旧管、新收、开除、实在四注清册，呈送总督，仓场侍郎具题以册送户科磨对。”②雍正七年上谕：“粮船过淮之时，著差御史二人前往淮安，专司稽察，不许官吏人等向旗丁额外需索，以至扰累。其粮艘中携带物件，除照例许带外，该旗丁如有挟带私盐及违禁等物者，亦著该御史稽察。”乾隆二年议奏准：“每年派往巡漕御史四人，令一员驻扎淮安府，巡察江南江口起，至山东交界止；令一员驻扎济宁州，巡察山东台庄起，至直隶交界止；令一员驻扎天津府，巡察天津起，至山东交界止；令一员驻扎通州，仍巡察至天津府止。各按所巡地方，务使漕运遄行，剔除诸弊。如有不法官丁，即行题参。”嘉庆十三年，上谕：“嗣后奏派四处巡视漕

---

① 《钦定台规》卷一六《六科二》。
② 同上。

差，仍照旧例不分满、汉，所有科道一并带领引见候朕简派外，若经派后因事出缺时，应分别满、汉员缺办理。"①

巡盐。顺治元年定："两淮、两浙、长芦、河东各差御史一员巡视盐课。"②顺治三年议准："凡运司、提举司等官一年核办盐课，于岁终将已未销盐引若干，已未完盐课若干，造册送盐政，盐政具题以册送户科注销。"③康熙五十年议准："各省运司、运同、运判、提举，凡遇交代造具册结，由盐政巡抚送科察核。至云南、贵州、四川、甘肃等省未设运司，其管理盐课各官交代之时，亦造册由巡抚送科察核。"④同年户部覆准："运使官员交代亦照藩司交代之例，造具册结呈巡盐御史具题察核，如有迟延徇隐等弊，照例题参，照依藩司交代例议处。至云南等省未设运使，其管盐课官员交代亦照此例，造册呈送巡抚具题。其运同、运判、提举等官均照州、县官交代例，令巡抚、御史取具册结报部。"⑤

查核税收。顺治初年定："凡直省解户部钱粮完欠及田赋杂税、兵马钱粮各项奏销册，有蒙混、舛错者，由户科指参。又议准：凡田赋杂税奏销，由布政使司造册呈巡抚转送；兵马钱粮奏销，由提标协营造册呈总督转送，均由户部查核。每年于五月内送到，如不能依限，督抚题请展限，知会户科。"⑥康熙十一年题准："州县奏销册开解支之数，由单列征收之款，每有册单总散数不符。嗣后奏销册务与由单相符。至实征原额起存完欠，藩司总数务与州县细数相符，送户科察核。"⑦四十九年题准："各省解部盐课关税钱粮，该盐政监督皆具批送科，领解官交银

---

① 《钦定台规》卷三六《巡察一》。
② 《钦定台规》卷一六《六科二》。
③ 同上。
④ 同上。
⑤ 《钦定台规》卷三七《巡察二》。
⑥ 《钦定台规》卷一六《六科二》。
⑦ 同上。

讫,将部中所给实收送户科查验,各省督、抚、织造将解部一应钱粮并颜料、缎匹等项,先行移会具朱限批文送科。俟交完之日,即将部中所给实收送科查验发批。如有违限不到及迟延不完,或系仓揽需索侵渔,或系解官挪移挂欠,由户科核参送部治罪。”①雍正七年议准:“凡有省解户部钱粮及各项件皆有批回,解官于掣批之后,即将所掣批文赴户科磨对。”②乾隆元年议准:“督、抚奏报年岁收成分数,除随时奏报外,再将通省之夏收、秋收分数,缮写两本具题,交户科察核。”③

稽查仓储。雍正二年,“特设巡察御史一员总查仓场弊端”。五年,奉上谕:“仓场米石乃国家第一要务,关系最为重大,试思此项米石民间输纳何等辛苦,官员征解何等烦劳,且粮艘运送京师何等繁难,一颗一粒皆当爱惜,不忍轻忽。……在京十仓每仓或都统或副都统各派一员,御史不论满、汉每仓各派一员,专任稽察之责。其米石出入、支放、奏销事件不必经管,仍属仓场侍郎管理……其匪类偷窃一切情弊,俱交与派出之都统、副都统、御史稽察。遇有查出之处,即行知会仓场侍郎。若仓场侍郎不及办理妥协,敢致迟延,著派出之都统、副都统、御史奏闻。”雍正十二年,奉上谕:“前因仓米石关系紧要,在京十仓,或都统或副都统各派一员,御史各派一员分任稽察之责,于仓场不无裨益。但从前未定更替之期,现在各员中有历至三、四、五年尚未更换者。朕思日久因循而易生懈怠,且或偶有疏虞,该员虑于失察,因而掩饰弥缝亦未可定。著定为三年更代,届期各仓一同更换。若有接任之员未满三年,即届更换之期者,亦一体更换。”乾隆十三年,奉上谕:“令都统、御史查仓并非祗令稽察仓廒渗漏,原令其兼查盗米等弊,今查仓大臣官

① 《钦定台规》卷一六《六科二》。
② 同上。
③ 同上。

员以非关己任,不行察看,实非差往本意。著查仓都统、御史等,凡有偷领私米等弊,严加稽察,毋得疏慢。”①

稽察工程。由于工部负责各种建筑修造工程,钱粮开支巨大,所以工科的监察任务繁重。顺治十二年覆准:“建造宫殿一应工程,先期上请,敕下工部,会同工科估计,以防浮冒。”又议准:“凡直省修造城垣、官署、兵房及开浚池塘,并修理堤坝、石闸、桥梁等项工料,均造细册,送工科察核。”②康熙时期,由陕西道专司稽察工部事务。一切工程,凡工价在五十两以上,物价在二百两以上,由陕西道御史料估,会同工科复核。康熙十年题准:“紫禁城外修造工程一百两以上者,令御史稽察,查工完日,将用过物料、钱粮数目开列,咨送该道御史查勘。若修造不如式,责令原修官另造,如有浮冒不符等弊,会同工科题参。”康熙六十年题准:“将一应修理工程工价五十两以上,物料二百两以上者,著该处料估,启奏到日,御史会同工科覆加核估,工完奏销。”乾隆五十五年,礼部请修衙署,工部奏准:“向例一切工程动用工部节慎库钱粮者,由工科、陕西道查收。今新例工程银数在千两以上者,钦派大臣查估承修,至工竣之时,应一体奏请钦派大臣查收,以归画一。”③

察核支领财物与钱粮杂税。顺治元年,定京师部院各衙门向户部支领银物后,每月必须造册,“送户科察核,如有浮冒舛错者指参”。它如“田赋杂税奏销,由布政使司造册呈巡抚转送。兵马钱粮奏销,由提标协营造册呈总督转送”,皆于每年五月内送到户部,“由户科察核”。④ 顺治十六年议准:征收田赋用的由单,“先由州县申府,用府印钤盖后,呈报部科复核”。如有私派分洒等弊,户科题参。”各省总督巡

① 《钦定台规》卷二九《稽察一》。
② 《钦定台规》卷一六《六科二》。
③ 《钦定台规》卷一八《各道二》。
④ 《钦定台规》卷一六《六科二》。

抚将全省夏收秋收分数,“缮写两本具题,交户科察核”。①

巡屯田茶马。顺治二年,“差御史一员,为巡视屯田御史”。四年议准“停差巡田御史,其事宜归并各该巡按办理”。顺治二年,题准:“陕西、甘肃、姚宁等处,差御史一员督理茶马事务,为巡视茶马御史。”②

科道官不仅依法行使经济监察,而且还从正面提出经济建设的意见。如康熙年间治理黄河时,刑科给事中陈诜提出:“淮、黄自古不两行,迩者修归仁堤,开胡家沟,出睢湖之水,闭六坝,加筑高家堰,出洪泽湖之水,此借淮敌黄不易之理,然淮水入运者多,则敌黄仍弱。”建议“复天妃闸旧制”,“以全淮注黄”,可“使淮易敌黄,有补大工”。疏入,河督议行。③ 又如,康熙十年,云南道御史徐旭龄就垦荒事宜疏陈己见。认为入关以来,垦荒政策行之二十余年而未见成效,主要症结有三:“一则科差太甚,而富民以有田为累;一则招徕无资,而贫民以受田为苦;一则考成太宽,而有司不以垦田为职。”因此欲收实效,必须改变起科方法,即“新荒者三年起科,积荒者五年起科,极荒者永不起科,则民力宽而垦者众矣”。他还建议对“流移者给以官庄,匮乏者贷以官牛,陂塘沟洫修以官帑,则民财裕而力垦者多矣”。④ 徐旭龄的建议受到清廷的重视,遂将把垦荒起科年限宽展到六年甚至十年,并采取了借给官牛和银两的办法。

科道官也针对财经弊症,提出奏疏,寻求解决之法。如嘉庆二十五年,巡漕御史在巡漕时发现,押运旗丁将“石灰洒入米上,暗将水灌入船底,复借饭火熏,希图米粒发涨,每石余出数升,盗卖获利,以致储仓之后,易于霉变”。此情奏报后,引起清帝的注意,命令所有收粮、押运

① 《钦定台规》卷一六《六科二》。
② 《钦定台规》卷三八《巡察三》。
③ 《清史稿》卷二七四《陈诜传》。
④ 《清文献通考》卷二《田赋二》。

及验收机关，务必认真查验。① 道光十二年，御史鲍文淳察出漕督衙门需索造成的严重后果，上疏说："帮丁困于漕督之陋规，需索于州县，州县累于帮丁之加费，浮取于闾……州县困帮丁之需索，不得不取价于民，而百姓之阴受其害者，不可胜言。"因而奏请"汰漕委冗员，严禁需索"。上准其奏，命漕督务必破除情面，认真查察。②

嘉庆年间，御史李仲昭发现"长芦盐课……每引浮数百斤，致壅滞难销，动捐国课，鹾贾查氏富逾王侯，交结要津，人莫敢撄"。经李仲昭"露章劾之，权举其弊"，仁宗遂命王大臣等查讯此事，将当地盐政官员分别降革。③ 嘉庆二十四年，湖北巴东县一带有借查私盐之名肆意勒索盘剥过往商旅之事，仅三百余里水道竟设有盐卡七处之多，御史程伯銮将此情上报，清廷遂即下令：裁撤私设盐卡，官设盐卡也必须照章办事，若有藉端需索盘剥者，予以严惩。④

道光二年，御史许乃济查检京城崇文门税局时，发现书役等恣意苛索过往行旅，每一衣箱索银二两、四两至八两之多，遇不知应税者，一经查出，以二十倍议罚，对已纳税者也百般刁难，奏请严查税局需索之弊。上可其奏，并严申禁令："惩关蠹，以便商旅"，税局官员务循职守，不得任胥役等滋扰舞弊。⑤

根据《光绪大清会典事例》《钦定台规》《清文献通考》《清史列传》《皇朝经世文编》《皇清奏议》六书所载，财政方面的奏疏七十二件，获准者五十九件；水利交通方面的奏疏二十四件，获准者十六件；灾荒仓储方面的奏疏三十三件，获准者二十七件，其获准比例是较高的。可见

① 《钦定台规》卷三六《巡察一》。
② 《大清律例统纂集成》卷六《吏律·职制》。
③ 《清稗类抄·度支类》。
④ 《钦定台规》卷三六《巡察一》。
⑤ 《钦定台规》卷二五《五城七》。

科道官在经济监察方面的作为,有助于清代社会经济的发展。

五、司法监察

都察院官员通过参加秋审、朝审、热审等重案会审,以及负责审理京控案件,实现司法监察。此外,都察院所属刑科给事中满汉各一人,"分稽刑名"事务。五城察院则负责审理京师五城词讼案件,杖罪以下自行完结,徒罪以上送刑部定案。

顺治元年,设登闻鼓于都察院门首,每日御史一人,轮流监直。顺治八年上谕:"自今以后,凡有奏告之人在外者,应先于各该管司、道、府、州、县衙门控诉。若司、道、府、州、县官不与审理,应于该管总督、巡抚、巡按衙门控诉。若总督、巡抚、巡按衙门不准,或审断冤枉,再赴都察院衙门击鼓鸣冤。都察院问果冤枉,应奏闻者不与奏闻,准赴通政使司衙门具本奏闻。在京有冤枉者,应于五城御史及顺天府、宛、大二县告理。若御史、府、县接状不准,或审断不公,再赴都察院衙门、通政使司衙门具奏申告。至于六部其应呈应诉者,照旧例准理。"①顺治十三年,都察院等衙门会议:"改设登闻鼓于右长安门外,令科道满汉官轮流直鼓。凡击鼓告状者,在内必曾经各衙门审理果有冤抑,在外必督抚按不为昭雪,科道官审明封进,如越告者照例责逐。"②顺治十八年批准:"官民果有冤枉,许赴院辨明,除大事奏闻外,小事立予裁断,或行令该督抚复审昭雪。"各级官吏有"被上司参劾冤抑者",亦许"赴都察院控诉"。③

为了控制赴都察院、通政司或步军统领衙门呈诉的京控案件,在登

---

① 《钦定台规》卷二《训典二》。
② 《清世祖实录》卷一〇四。
③ 《钦定台规》卷一四《辩诉》。

闻鼓厅前刻木榜，明白告示：击鼓告状“必关系军国重务，大贪大恶，奇冤异惨”之事。至于“户婚、田土、斗殴等细事，及在内未经该衙门告理，在外未经督抚按三处告理，与已经告理，尚未结案者，并不准封进，仍重责三十板。如系职官，送刑部折赎；举人送礼部、监生送国子监、生员发顺天府责治”。“登闻鼓之设，原以伸辨冤枉，近有无赖棍徒本无冤枉，或希图报复，或受主使……除原状不准外，将本人送刑部责四十大板，照例于长安门枷一日示众。”“被革职、降级的官员，欲申辩以求复官者，应赴通政司具奏，不许击鼓喊冤。民间冤案必亲身赴告，如本人被关押在狱，可令其亲属确写籍贯、年、貌、保结，方准代告，违者不准。”①御史所收词状于本任内（六个月一换）完结，有卷案可查者限二十日，无卷案可查者限十日完结，由河南道按月稽察具题，其议结事件，俱造满汉清册存案。

乾隆三十四年议准：“嗣后外省民人赴京控诉案件，如州、县判断不公，曾赴该管上司暨督、抚衙门控诉仍不准理，或批断失当及虽未经在督、抚衙门控告有案，而案情重大事属有据者，刑部、都察院等衙门核其情节，奏闻请旨察办。……如地方官审断有案，即提案核夺，或奏或咨，分别办理。若审系刁民希图陷害、捏词妄控、报复私仇，即按律治罪。其仅止户婚田土细事，则将原呈发还，听其在地方官衙门告理。”②

嘉庆四年，鉴于京控案件多有擅自驳斥或压搁不办，遂颁发上谕：“嗣后都察院、步军统领衙门遇有各省呈控之案，俱不准驳斥。倘有案情较重不即具奏，仅咨回本省办理者，经朕看出，必将各该堂官交部严加议处。著为令。”③

---

① 《钦定大清会典则例》卷一五一《通政使司》。

② 《钦定台规》卷一四《辩诉》。

③ 同上。

道光二十四年上谕："都察院查明各省京控案件逾限未结，并上年展限已逾仍未审结各案，开具清章呈览。……各该管上司应勒限严催，将未结各案迅速审办，以免悬宕。"①

都察院在审理上控案的过程中，逐渐形成了固定的处理方式，即首先核察各案是否符合上控程序，不符者治以越诉之罪；符合者分别按照"奏""咨""驳"三种方式办理。"奏"是指对案情重大者，即刻具折奏闻。"咨"是指原案已经题咨到部，但属寻常案件，即咨回该省，或咨刑部查办。并根据案情多寡，一月或两月将所咨各案向皇帝汇奏一次。对"咨"回各省案件，均勒限完结，半年咨催一次，届期不完者，查明参奏。"驳"是指属于户婚、田土、钱债等民间词讼，予以驳回，照例将原呈发还，听其在地方衙门告理。

都察院受理的京控案，由京畿道协助查核鞫实，呈堂定议。由于京控案来自全国各省，数量很大，以至"来京呈控之案，殆无虚日"。② 可以想见，处理京控案件是都察院一项较为繁重的职务。

除京控外，或遇乘舆出郊，迎驾申诉，名曰叩阍。叩阍之案或发回该省督抚，或交刑部提讯。如情罪重大，事涉各省大吏，往往钦命大臣莅审。凡发回及驳审之案，责成督抚率同司道亲鞫，不准复发原问官，违者照例议处。

都察院还受理官员申诉的案件。受处分的官员若有冤抑，或不服上级机关所给予的处分，可以先赴吏部呈控。《钦定六部处分则例》规定："官员如有应行申诉情节，准其赴部具呈。该堂官交与该司，将应准应驳情由详加查核，明晰批示。"③"倘仍有真正冤抑，许其自赴都察

---

① 《钦定台规》卷一四《辩诉》。
② 《钦定台规》卷一四《宪纲六》。
③ 《钦定六部处分则例》卷四。

院呈控。"①都察院对于官员申诉案件的处理须遵循以下程序："该院查系应行准理者，即调取部议原案及一应定案，秉公复核，如实有舛错，即为奏请更正，并将堂司请旨察议。如察有营私受托等弊，亦即据实指参。倘本员挟诈怀疑、捏词妄控，即将本员交部治罪。"②

都察院所属科道对于直省及各省案件有权察核。顺治十一年覆准："凡直省重案已结、未结者，令按察使司、各道，年终具题造册送刑科察核。"③康熙十二年议准："各省刑名事件，分道御史与掌道御史一同稽核。"④雍正四年定："直省州县原谳情罪，果与律例吻合，上司混驳，许承审官抄录原审供册并批驳案卷，直揭刑科，以凭察核。实则将上司议处，虚则将属员治罪。"⑤乾隆十三年定："满、汉御史以十五省分十五道，分理各省刑名。"⑥

对于发生在京师及各省的命盗重案(一般为死刑案件)，采用会审制，即由三法司(刑部、都察院、大理寺)会审。顺治十年，都察院题准："自今以后，凡犯罪至死者，刑部必详加审拟，成招定罪，奏请奉旨下三法司，然后会同部寺覆核。"⑦十八年题准："凡系重犯及遇热审，刑部会同都察院、大理寺会审。"⑧雍正三年议准："凡会审事件，刑部移会到日，该道满汉御史各一人到部，会同承办司官取供；都御史一人，会刑部堂官录供定稿。刑部堂官画题，续送院覆题，若有两议，五日内缮稿送

① 《钦定六部处分则例》卷四。
② 《大清会典事例》卷一〇一三《都察院》。
③ 《钦定台规》卷一六《六科二》。
④ 《钦定台规》卷一三《会谳》。
⑤ 《钦定台规》卷一六《六科二》。
⑥ 《钦定台规》卷一三《会谳》。
⑦ 同上。
⑧ 《都察院则例》卷四《热审》。

部，一并具奏。”①

直省重大案件，不论已结未结，令按察使司各道年终具题，造册送刑科察核，以示慎重。凡是死罪中应处斩、绞的重大案件，在京由三法司会审，在外省由三法司会同复核。在京会审之案，先由“小三法司”即大理寺左、右寺官及都察院有关道监察御史至刑部与承审司官一起会审录问，名为“会小法”。审毕，小三法司各以供词呈报堂官。然后，大理寺堂官（卿或少卿）、都察院堂官（左都御史或左副都御史）挈同属员再赴刑部，与刑部堂官（尚书或侍郎）一起会审犯人，谓之“会大法”。如有翻异，则发司复审。如三方对案情认定无疑义，及所拟罪名意见一致者，由刑部定稿分送院、寺堂属一体画题。若都察院、大理寺与刑部意见不合或两议，可另缮稿送刑部一并具题候上裁决。可见，会审重案采用双重审理程序，以示慎重。

特别重大的案件，由三法司会同吏、户、礼、兵、工各部、通政司的官员共同审理，称为“九卿会审”。“九卿会审”是中央最高审级，都察院参与会审重案是传统的监察权的延伸和深化。

在外各省总督、巡抚具题重辟之案，皆以随本揭帖分送刑部、都察院和大理寺，由部、院、寺分发其下属有关司道及左、右寺承办。有关司道及左、右寺先据揭帖，详推案情与所拟罪名及所引律例是否符合，各自提出复核意见（即预定谳语）呈堂。由刑部主稿钤印，分送院、寺。如刑部看语与院、寺看语意见一致，院、寺即画题，但必须在八日内送回刑部。如意见不一致，有改易者，亦须在八日内声明缘由，交回酌议。刑部再定期移知院、寺赴部，细绎案情，详推律意，画一定谳。按规定，凡重辟，必须三法司意见完全一致，才能定案。如意见统一，由刑部主稿，院、寺画题，奏闻钦定。若意见仍不能一致，允许各抒所见，候旨酌

① 《都察院则例》卷四《会审》。

夺。但不得一衙门立一意见,判然与刑部立异;只许两议并陈,候皇帝裁决。①

从会审重案的程序看,都察院及十五道对各重案案情的拟罪、引律,均可发表意见。大理寺对刑部引律不当具有驳正权,在“律无正条”“引别条比附”时,刑部承审官必须会同都察院、大理寺官共同议定罪名。刑部引律不确,御史、寺丞“即行察明律例改正”。御史、寺丞“驳改未允,三法司堂官会同妥议”。②

都察院堂官和各道掌印监察御史例应参与秋审、朝审的全部审理活动。“其余御史,遇审某省,某道御史即一同上班与审。朝审令河南道(后改京畿道)御史上班与审。”③经朝审、秋审所定“情实”人犯,由十五道分别缮册具题,秋审由各道具题,刑科一复奏;朝审由京畿道具题,刑科三复奏,待皇帝勾决,以示慎重民命。内外立决人犯,奉到谕旨后,刑科照例发抄,密封下刑部执行。朝审人犯由“刑科给事中监视行刑,著为例”。④

热审是清朝复核京畿地区较轻案件,并予以减等的会审制度。热审时,十五道会刑部各司及大理寺左右丞,审核京师及顺天府所属各监案情,分别减释。笞罪释放,枷杖罪减等,其他罪犯也可视情节暂时保释,待秋后发落。

由于秋审、朝审关系人命重案,因此雍正三年又议准:“秋审、朝审令满、汉御史各一人稽察无故不到班者,题参。”七年颁发上谕:“凡会议、会审,九卿因有他务不能到班者,仍照例行文知会主稿衙门。嗣后

① 《新校本清史稿志》卷一四四《刑法三·刑部》。

② 《钦定台规》卷一三《宪纲五》。

③ 同上。

④ 《钦定台规》卷一六《六科二》。

著令满、汉御史二人，将有事不到之九卿注册备考，不必参奏。”①

为了准确地引用律例，使情罪相符，都察院也有责任查明律例，提出意见。雍正十二年议准：“凡引用律例，务必情罪相符。如律内数事共条，合引恐有不合者，仍听止引所犯本罪。若一条止断一事，不得任意删改，以致罪有出入。若律例无可引用，援引别条比附者，应令刑部会同院、寺，公同议定罪名，于疏内声明律无正条，今比照某律某例科断，或比照某律某例加一等、减一等科断，详细奏明，恭候钦定。至都察院、大理寺同为法司，理宜一体详慎，嗣后凡应法司会议者，刑部引律不确，院、寺即行察看律例改正。院、寺驳改未允，三法司堂官会同妥议。如院、寺扶同蒙混，或草率疏忽，一经发觉，将院寺官一并议处。”乾隆十八年上谕：“嗣后三法司核议重案，如有一二人意见不能相同者，原可两议具题，但不得合部合院各成一稿。”②

对于监狱的管理情况也由都察院派御史负责监察。雍正十二年奏准：“刑部南北二监，均系重犯，无论贫富，务使一体办理，并交与都察院委满、汉御史各一人，前往稽察。如有苦乐不均等弊，即行题参，将提牢、司狱等官议处，狱卒立拿严究。”又议准：“刑部南北二监，十五道御史按月轮流差委稽察。仍于月底将所委御史知照刑部，转饬司狱，将羁禁人犯，造具花名清册，送该御史稽察。”乾隆九年议准：“各旗门监，照稽察南北监之例，每月令满、汉御史前往稽察。”③

此外，关押宗室犯人的宗人府空房，每月由都察院派满汉、御史二名前去按名点验。御史巡视监狱和空房时，如发现狱内有违犯规章者，即具折参奏。

---

① 《钦定台规》卷一三《会谳》。

② 同上。

③ 同上。

由于监察官参与司法活动，并且针对司法领域中的种种积弊，不断抨击，力求整治，对提高司法公正与效能起了一定的作用。例如，积案不结，任意压搁是清朝司法中的通弊，嘉道以后，愈加严重。嘉庆八年，京畿道御史多福等上奏，指斥地方官常“视民间争讼细故以为无足轻重”，既已“批令讯详，仍然置之高阁”，“请敕下各督抚转敕所属”。仁宗准其所奏，通谕各省：“地方词讼申详事件务须依限审结，不得迟逾。”若地方官及督抚“狃于积习”，“任意延迟”，必严惩不贷。

嘉庆十五年，都察院再上奏章指斥外省“疲玩因循”，积案不结，并将咨交各省案件逾期不结者，开单进呈，引起仁宗的重视，分别对旷废职守的各督抚予以惩处。为了杜绝地方积案之弊，都察院更定咨案审理章程，规定：“凡咨交各省案件，都察院至三个月时，对届限各案咨催两次，参奏两次，年终统计汇参。咨案逾限不完省份的督抚，须自请处分。”①都察院新立的这一章程，为地方案件的按期审结，提供了制度保证，有助于减轻民间的讼累。

至于秋审、朝审中最常见的弊端是怠忽从事，虚文应事。嘉道以后，会审官员更是苟且求安，得过且过，“若有一人驳斥改一案者，群起而攻，目为多事”②。在这种形势下，有些预审科道却能逆流而上，不顾同僚们的讥诮唾骂，敢于抨击其弊。如嘉庆年间给事中严烺、御史孙世昌、张元模；道光年间御史万方雍，都曾上折指陈会审“徒有会议之名，而无核议之实”的形式主义之风。③

除此之外，有些监察官员在复审案件时确能认真核察，务求信谳。道光年间，御史梁中靖在核实山西榆次县阎思虎强奸赵二姑一案时，发

---

① 《钦定台规》卷一四《宪纲六》。
② 《钦定台规》卷一三《宪纲五》。
③ 同上。

现“情节支离，疑窦多端”，遂奏请“彻底认真审办”。后经“刑部提犯严鞫，始得昭雪沉冤”，并将该省承审各官贿赂舞弊，以及山西巡抚“听任属员草率迁就，颟顸入奏”，逐一究出，分别予以惩处。① 监察官通过复核案件，平庶冤狱，对当事人合法利益的维护、社会矛盾的缓和、社会秩序的安定，显然是有利的。

六、军事监察

军事监察是监察活动中的重要一环，通过监察维持武官的素质与人才的选拔，以及军政的整肃。在军事监察中，首先是稽察八旗。康熙五十七年，上谕：“八旗补放佐领世职承袭事件，有迟至数年不奏，著交都察院查明参奏。”②雍正元年，上谕：“八旗内每旗派出满洲御史二员，照稽察各部、院衙门例令其稽察，凡有应奏应参事件，即行密奏。五旗王等使用旗员以及治罪之处，有违例者，亦著查参。”③又议定：“凡八旗奏过事件，并八旗与各衙门彼此行文事件，每月细造清册送该御史稽察。凡八旗一应关系钱粮事件，按月稽察；凡八旗放官袭职并各省在旗武官其出缺补授日期有无逾限，按月稽察。”④雍正七年，奏准：“八旗事件照部、院之例，令其每月一次送御史稽察，月终汇奏。如有逾限、遗漏等弊，一并题参。”⑤

乾隆二年议准：“八旗都统、参领所办案件，有未妥协以及错谬迟延等事，该稽察旗务御史不行察出参奏，别经发觉，照不行详察例罚俸六月。倘有瞻徇情面，明知错谬不行参奏者，照徇情例降二级调用。”⑥

---

① 《钦定台规》卷五《训典五》。
② 《钦定台规》卷三一《稽察三》。
③ 同上。
④ 同上。
⑤ 同上。
⑥ 同上。

乾隆四年议准:“八旗会议大臣内有出差、患病、服制,不得上班者,均移报直月旗(今直隶都统)造册,转送御史稽察。”①乾隆五年议准:“八旗事件易结者,仍限十日完结外,其各参领会同察办事件,十日限内不能完结者,将情由呈明都统,限二十日完结,仍移咨原行衙门察核,并于注销册内声明,移送御史稽察。”②乾隆四十二年上谕:“八旗俱有特派御史稽察旗务,惟有前锋、护军等营,尚未派有御史。嗣后每翼著派御史二员,亦令照八旗之例稽察前锋统领、护军统领所办事务,著为令。”③

嘉庆五年上谕:“嗣后护军参领、护军校等遗缺,著本翼四旗护军统领、御史会同秉公拣选。如实有事不能前往,务将缘由声明咨报该旗。倘有无事托故不到者,该御史即行参奏。如御史无故不到,亦著护军统领参奏。”④

道光元年上谕:“昨据八旗都统等会议清查,八旗抱养章程,已降旨照议办理矣。因思各旗设有查旗御史,其本旗挑补各项钱粮一应户口、年岁、册籍,均有稽察之责。现经议定章程,嗣后著查旗御史于挑选之时,秉公察核,如有情弊,该御史即时指名参奏。倘扶同徇隐,一经发觉,定将该都统、副都统及查旗御史,一并惩处不贷。”⑤

其次,监察武乡会试。顺治八年定:“差满、汉御史各二员监试。”康熙五年题准:“武乡会试,监试巡察御史照文场之例行。”⑥乾隆三年覆准:“武乡试分围监试,均照武会试例行。又议准:武乡、会试应试

---

① 《钦定台规》卷三一《稽察三》。
② 同上。
③ 同上。
④ 同上。
⑤ 同上。
⑥ 《钦定台规》卷三四《稽察六》。

人等,俱取同省同考五人,连名互结,无结者不准考试,倘有冒名顶替,许互结之人立时出首。四年覆准:武乡试会试令知武举监试御史、提调各官将外场较射册带入内场,其选入双、单好字号者,于交卷时验明,原填技勇令其覆验,如全不相符者,严加详察,果系顶冒,立参送部。"①二十四年复准:"武乡、会试外场考试时,每围各备一箱,每晚将考试官及监试大臣、御史填注号册封锁箱内,交提调收掌,箱钥交于监试御史,于次日公同取出较阅。外场毕,印完双、单好字号,公同封固,交提调送入,内场箱钥仍交监试御史带入内场,以重关防。"②四十七年议准:"开列武乡会试主考同考官及监试御史、提调、收掌等官时,各处应送人员如有本族及有服姻亲考试者,即自行呈明,不必开送。凡开送之员均于文内声明,并无应行回避之人始列入本内。倘不自行呈明,经钦点入场,其应行回避之人因而中式者,即照例将本官革职,该生斥革。"③

再次,监察军政。顺治四年定:"武官军政五年一次,兵部、兵科会同都察院并河南道考察。"十一年议准:"内外军政各官升任、裁汰、降调、离任一年以上者,旧任不必注考,于新任注考;不及一年者,仍于旧任注考,均于十月内具题到部。兵部会都察院、兵科、河南道察核题覆。"④十一年题准:"每阅五年,举行军政,直省提镇以下、千总以上,凡经制员弁,该督、抚严加考核,填注考语,造册密送兵科察核。其贤、不肖之尤者,并令开具事实,定限于十日内送到。如违限不到及考语含糊参差者,题参。"⑤

① 《钦定台规》卷三四《稽察六》。
② 同上。
③ 同上。
④ 《钦定台规》卷一二《考绩》。
⑤ 同上。

康熙二十六年题准:"凡军政册籍到日,兵部会同兵科详看,完结具题。"雍正元年议准:"凡军政不入举劾官员,逐一填注考语,造册送核。"①

乾隆二十四年定:"军政年分,兵部将在京都统、副都统,驻防将军都统、副都统,各省提督、总兵,分列为三本缮具简明履历清单,具题候旨定夺。"②

道光二年下旨:"在京各旗营军政前经大学士、军机大臣会同八旗都统妥议章程核实考验,各省驻防军政自应画一办理,著照兵部所议。嗣后各省驻防旗员有年逾六十以上不能骑射者,俱不准保列卓异。其精力尚健、弓马娴熟,或曾经出兵著有劳绩,或实心经理营务,仍由该管大臣出具切实考语保荐,另册声明给咨赴部引见。如有年力衰迈,即归入计典内劾参。"③

七、考试监察

清朝的科举考试分为乡试、会试、殿试,各按定制分别如期举行。为使考试正常进行,公平选拔人才,监察考试成为都察院及各科道定期承担的职务。顺治八年题准:"顺天乡试及会试,差满、汉御史各二人监试。"④十八年题准:"顺天乡试,差汉御史二人入场总理诸务,二人管理搜检。会试,差汉御史二人为内场监试,二人为外场监试。"⑤康熙三年奉上谕:"监察巡察御史,除应行回避者不开外,其余各员都察院开送,礼部列名题请。"⑥康熙四十年题准:"直省乡试解卷到部者,礼部奏

---

① 《钦定台规》卷一六《六科二》。
② 《钦定台规》卷三四《稽察六》。
③ 《钦定台规》卷一二《考绩》。
④ 《钦定台规》卷三三《稽察五》。
⑤ 同上。
⑥ 同上。

请钦点九卿、翰詹、科道等官会同磨勘。如有馈送需索事发,按律从重治罪。"①乾隆元年覆准:"磨勘乡试卷,应令都察院科道五品以上科甲出身之京堂,及中赞以上翰詹官会同磨勘。"②

对于殿试和朝考,也派满汉监察御史监试。顺治十八年题准:"凡文、武殿试,差满、汉监察御史各二员监试。"光绪九年题准:"嗣后新进士殿试,所有各贡生正卷查照朝考成案,即由监试王大臣查收,汇送受卷官点验接收,转送弥封官,并令监试御史于贡士净场时,即在受卷弥封处轮流认真监视。如有向受卷弥封处查阅试卷,该受卷、弥封官辄行检付者,即据实参处。倘监试御史扶同徇隐,别经发觉,亦一并交部议处。"③

对于新进士朝考,乾隆二十五年议准:"派满、汉御史各二员监试,试竣后,即令监看阅卷。"④对于拔贡生朝考,顺治十六年题准:"拔贡生朝考,用御史二人,分东、西班监试。"乾隆四十三年奏准:"向来考试拔贡生在午门内朝房,派御史二员点名、给卷、稽察、弹压。今改归贡院考试,每次拔贡生多至数百人,御史二员稽察难周,嗣后再添派满、汉御史四员,俾于至公堂、聚奎堂及大门外分头照料,庶防范益为周密。"⑤

除此之外,考试贴写中书、现任笔贴式、官学教习、各馆誊录生、贡监生考职等等,均派满汉御史各一人监察。⑥

御史监察考试,肯在维护考场秩序,严查考生冒混、夹带、传递,以及考官作弊。根据《钦定以规》,"科场试士时夹带文字入闱乃士子最

① 《钦定台规》卷一六《六科二》。
② 同上。
③ 《钦定台规》卷三四《稽察六》。
④ 同上。
⑤ 同上。
⑥ 同上。

不堪之劣习，若不严行察禁，则荒疏不学之人多得侥幸入彀，而真才转致遗弃，於抡才之典大有关系。著监试御史先行出示晓谕，临点名时再加告诫，务将夹带之弊尽行革除。仍有不肖之徒玩视功令者，即行参奏，交部照例治罪，毋得姑容。入场之时，监试御史等必须严加搜检，不可虚应故事，倘有宽纵疏漏，必将该管官从重议处。凡有关涉科场情弊者，著都察院、五城御史、步军统领、顺天府、内外廉监试御史即行严拿治罪，不稍宽贷。"①顺治十六年六月，礼科给事中杨雍建奏言，会试之期，请禁私谒，定首告，以绝奸弊，得到皇帝首肯，并谕令对私谒考官严加禁饬："会试举人场前投递诗文干谒京官，最为可恶。以后有犯者着革去举人，下刑部究拟。京官不行举首，事发一体重治。科场关节出名告发，授受有据者，着照丁酉科南北两闱例重处。如系诬告反坐，尔部即严行申饬。"②道光十九年武乡试，正蓝旗玉山与正黄旗玉山，卷面填写互相舛错。御史扎克丹遂奏请将武乡会试卷面浮夹名签，改为粘贴，以昭慎重。宣宗十分赞同，遂谕令："嗣后武乡会试卷内浮夹名签之处，着改为长方小签，书写姓名籍贯旗分，粘于卷面空处，印用戳记。俟弥封后，交与监试御史按册填写，与监临提调等官，面对红号印簿无讹，即将粘贴小签揭去，再行交入内帘，以免讹错而杜更换。"③

八、仪制监察

"朝会纠仪，祭祀监礼"是都察院与科道的日常职掌之一。凡举行皇帝升殿、常朝、天安门宣诏、午门颁朔颁赏、御门听政以及御经筵临雍

① 《钦定台规》卷三三《稽察五》。

② 《清世祖实录》卷一二六。

③ 《清宣宗实录》卷三二七。

诸典，都察院堂官带领科道若干人，侍班纠仪。满汉大小官员，如有紊越班行，任意起坐，言语喧哗，轻佻嬉笑，僭越佩戴及无故不到班者，纠仪科道即行指名题参。顺治十八年题准："大朝日，满、汉御史稽察，有失误者，题参。"①康熙九年上谕："国家朝仪大体所在，贵于整齐严肃，不止系堂陛之观瞻，亦以见臣心之敬恃。诸王大臣有逾越班行交相接语，或轻佻嬉笑，礼不逾阶而相与言，又况其甚乎？尔衙门监察御史侍班切近，见而不纠，岂真目未之睹？皆缘畏事徇情所以如此。都察院职任重大，朕躬有失尚尔指陈，王及诸臣乃不参奏，揆之事理，实所未协。今后有失仪者，毋行容隐。"②

凡祭祀大典，如皇帝亲祭太庙、历代帝王庙，天、地、日、月坛，社稷坛，以及祈雨，救护日、月食等，都察院堂官亦带领科道数人陪礼纠仪。陪礼各官如有亵慢谐笑，喧语失仪，祭未毕先趋走往来，或无故不到，不在衙署斋宿者，俱听纠仪科道稽察参奏。康熙二十五议准："凡祭祀各官，排班有喧语失仪及祭未毕先趋走往来者，御史题参。"③

总括前述，清代监察法是在传承历代监察法基础上的集大成之作，形成了特有的结构形式和相对独立的体系。它给予清代监察官依法行使监察权以法律根据，而且随着形势的需要不断发展。由于台规之首列有历朝上谕，大大增加了它的权威性；其法律规范涉及方面的广泛，规制内容的细密，不仅为前代所未有，也为世界法制史上所仅见。在实践中奉监察法为圭臬的清朝监察活动，在相当程度上起到了纠正官邪、维持纲纪、保持吏治、推动国家机器正常运行的作用。但在乾纲独断专制主义高度发展的清朝，监察法的规定与实施之间存在着矛盾，既定的

① 《钦定台规》卷一一《宪纲三》。

② 同上。

③ 同上。

《钦定台规》无法抵制一时的圣谕，作为皇帝耳目之司的监察官只能听从主宰耳目者的支配，这是中国古代专制政治制度的本质所决定的。因此，监察官所能发挥的作用是有限的，监察法所确定的国家机关之间的权力制衡关系也是不稳定的。

由于清朝统治者深知历代监察官对于维持国家纲纪、整顿吏治所起的重要作用，因此，还在关外肇基时期，皇太极便于崇德初年建立都察院，以震慑诸王大臣骄横不法，巩固统治地位。都察院主掌纠劾"骄肆慢上，贪酷不法，无礼妄行者"和"旷废职守，耽酒色，好逸乐，取民财物，夺民妇女，或朝会轻慢，冠服不具及以不适己意托病偷安，不朝参入署"等行为，明显地是针对慢上不轨的诸王贝勒。正由于都察院是巩固皇权的工具，皇太极对都察院也采取较为优遇的政策，风宪大臣多能有所建树，著名的如阿什达尔汗、满达海等人，实心任事，政绩显著。

至顺康两朝，统一的国家初建，根基尚不巩固，力图借助监察官纠弹汉族官僚的不轨行为，稳定国家新建的纲纪，因而鼓励监察官大胆纠弹，即使所言不当，也不追究责任。由于顺治帝对科道建言持鼓励态度，涌现了一批笃求治理、谏君之失的台垣直臣。如御史赵开心疏陈时政，恳劝世祖摒弃畋游，常见诸臣，做到"亲奏对，遴坚才，原过误"，"重法司职掌"①。给事中朱之弼上疏痛陈时弊，尖锐地指出："今之病在六部，六部之病在推诿，推诿之病在皇上不择人，不允任，不责成效，不定赏罚"②，锋芒旁及世祖。

顺治朝科道官的直言议政虽然受到肯定和赏识，但因形势复杂，科道官又多为汉员，因此皇帝在任用的同时也怀有戒惧防范之心，深虑汉官结党为私，在这一点上持打击态度。世祖鉴于明朝朋党之弊，于顺治

---

① 《清史稿》卷二四四《赵开心传》。

② 《清世祖实录》卷八九。

二年曾下谕都察院："明季台谏诸臣，窃名贪利，树党相争，眩惑主心，驯致丧乱。今天下初定，百事更始，诸臣宜公忠体国，各尽职业，毋蹈前辙，自贻颠越。"①然而，顺治时期，既有以摄政王多尔衮为代表的一派和以鳌拜为代表的一派之间的权力争夺，也有陈名夏为代表的南方籍官僚与冯铨为代表的北方籍官僚之间的"南北党之争"。由于朋党之间结成了声气相通的连带关系，遇有监察官纠弹，相互包庇，反而使监察官以纠弹不实坐罪。如顺治八年，御史张煊劾大学士陈名夏植党营私、铨选不公等十罪、两不法，事闻，下诸王部臣议。当时满吏部尚书谭泰包庇为陈名夏，"咆哮攘臂，力庇党人，务欲杀张煊以塞言路，诸王大臣惮其凶锋，有随声附和者，亦有俯首无言者"。② 以至在谭泰的袒护下，陈名夏等人安然无恙，而张煊却被定为诬陷大臣，反坐论死。

康熙一朝，国基已定。圣祖遇事能以国家大业为先，以法为治，对科道建言政事，极为重视。他说："国家设立都御史及科道官员以建白为专责，所以达下情以祛壅弊，职任至重……故广开言路为图治第一要务。"希望科道官"皆能奉法秉公，实心尽职，则闾阎疾苦何一不上闻，官吏贪邪何一不厘剔"。③ 圣祖对于科道官依法行使职权也给予了必要的支持。一次，御史任蔡尊巡城时，杖责了某王所嬖的千金旦（戏子），该王震怒，上奏皇帝。圣祖曰："彼非凌汝，行者吾法，汝庇优（指千金旦）亏吾法"，某王恐惧，请罪。④ 某次，任蔡尊执法遭到某外戚亲贵的威胁恫吓。任蔡尊"庭发其奸，某矫辨，圣祖令掌其颊三十，又声九门提督罪，诏立斥罢"。任蔡尊慨然流涕曰："宏嘉（蔡尊）之得保首

① 《钦定台规》卷二三《五城五》。

② 《清世祖实录》卷六二。

③ 《钦定台规》卷二《训典二》。

④ 《清稗类钞·正直类》。

领，天子赐也。"①

由于圣祖维护法制，支持科道工作，促使科道官多能信守职责，秉公奉法，对于澄肃吏治，整饬纲纪，起了积极的作用。有清一代，康熙朝是监察法制得以贯彻、监察官督奸察吏职能发挥最好的时期。但是，康熙一朝党争较之顺治朝尤为激烈，始有索尼、苏克萨哈、遏必隆、鳌拜四辅臣之争，后有索额图与明珠两党之争，诸皇子之间为竞争帝位而钩心斗角，各有私党。在层出不穷的党争中，科道官也自觉不自觉地沦为党同伐异的工具。史载，康熙年间，科道官"潜通声气，网利徇情，私卖本章，赫诈财贿，荐举悉出于请求，参劾多由于嘱托……及至败露之后，则藉口风闻言事，未曾访确，以解免其罪"。② 左都御史王鸿绪即与少詹事高士奇"植党为奸"，"招权纳贿"，给事中何楷等也"依附坏法"。③迫使康熙帝对科道的奏章"其可行者见之施行，其不可行者概置废用"④。而且多次训示科道力诫"所奏不实""言之无据"。除涉及地方民生之外，科道官不许"风闻言事"。

雍正帝即位以后，大力整饬吏治，力图纠正康熙朝晚年纪律松弛、官吏贪腐的现象，鼓励监察官纠弹不法，甚至允许密折言事，以消除监察官唯恐纠弹内容外泄而产生的顾虑。但是，监察官却往往由于所纠弹之事不合圣意而遭到贬斥，甚至刑责。例如，雍正四年，御史谢济世参劾雍正帝所倚重的亲信河南巡抚田文镜时，世宗便为其开脱："以田文镜之秉公持正、实心任事，乃天下督抚中所罕见者，贪赃坏法之事，朕可保其必无。"非但不派员调查田文镜所行，反而严究谢济世"受人嘱

① 《清稗类钞·正直类》。
② 《光绪会典事例》卷九九八。
③ 《清史稿》卷二七〇《郭琇传》。
④ 《钦定台规》卷二《训典二》。

托,听人指使","颠倒是非,扰乱国政","是何居心"? 并立予革职,发往边陲充军。①

乾隆即位以后,为了消除雍正朝谢济世案对于监察制度的消极影响,明确宣布:科道以"随时献替为专职,而进谏之道莫大乎绳愆纠谬,上佐君德,其规切用人行政"。② 综观乾隆一朝,不乏借助监察制度惩治贪腐的事例,早期有"御史仲永檀劾鄂善受贿,命怡亲王等鞫之。鄂善褫职逮问。"③晚年有"烧车御史"的出现,但是,监察官往往因所言不当或奏章不符合圣意,受到严厉谴责甚至处罚。如:

乾隆十一年,针对科道官提出谏言调动所纠弹之官一事,严斥科道官干涉用人大权:"国家用人,其权断不可下移,或依照定例,或偶尔变通,朕心自有权断……岂臣下所可意为进退者。"

乾隆十三年,御史冯钤参奏去山东查办赈务的官员需索地方一事,乾隆力袒主管此事的大员说:"现在高斌(大学士)、刘统勋(左都御史)……朕可保其本人必无需索之事",并指斥冯钤"不问虚实,有所闻即入告"④。

乾隆二十三年,御史周照奏折中有"行政急于观成,必条理繁多,法令严密,承于下者转得以空文相应"等语,顿时触怒高宗下谕厉斥:"试问今日之行政,有视昔加严者乎? 繁者何条,密者何令?"周照受到"严行申斥"⑤。

乾隆五十年,御史费孝昌在奏折内有"君设身以处,并若曰"等语,高宗顿时大怒,严斥费孝昌"岂不知君臣之际,体分尊严,乃以此等字

① 《光绪会典事例》卷九九八。

② 《钦定台规》卷三《训典三》。

③ 《光绪会典事例》卷一〇〇〇

④ 同上。

⑤ 《光绪会典事例》卷一〇〇〇。

样,竟比寻常泛论,公然直陈朕前乎。是费孝昌之罪,不在言事不当,而在措词乖体,伊在京服官有年,而奏章全不知敬谨之道”①,遂令费孝昌休致回籍。

乾隆朝初期,还出现了以鄂尔泰为代表的满族官僚与张廷玉为代表的汉族官僚之间的党争。而且,左副都御史仲永檀与大学士鄂尔泰之子鄂容安“结党营私,纠参不睦之人”,“于未奏以前先行商量,即奏以后复行照会”。② 党同伐异,相互倾轧,不仅丧失了监察官“纠举不法,整肃官常”的职能,损害了监察法的权威,而且加剧了统治集团内部的矛盾。

乾隆中叶以后,军机大臣和珅秉政,招权纳贿,婪财枉法,权倾上下,整个官僚阶层趋于腐败,监察官无敢言事者。都察院及各科道也都怠于政事。以致“六科给事中、十五道御史所办案件,俱系笔帖式代为呈画,惟京畿道办理案件,偶有上堂之时,其余六科并不进署,其十四道虽同京畿道进署,并不上堂”。③ 乾隆五十五年,左都御史舒常到任一年,对属下给事中、御史“认识尚未周遍”,其旷职废事可见一斑。

嘉庆帝即位以后,监察官揣摩帝意,必欲将和珅置之死地而后快,纷纷交章弹劾,列举和珅二十条大罪,和珅被赐死,抄没家产。清朝发展至嘉庆朝,国势衰败,社会矛盾加剧,吏治继续下滑,科道官很少实心任职,“相互推诿”,“随同画诺”,而且不断发生风宪官吏贪赃枉法之事。仁宗为此曾数下诏令,整饬监察机关作风,还特制“谏臣论”一篇,令都察院官员每人照录一遍,以为明诫。此后,虽有的科道官侃侃直言,力图改变吏治颓风,但在清朝衰败的大趋势下,各项整治之法都难以奏效。

有些监察官的谏言仁宗也并不采纳,如嘉庆十二年,巡漕御史举发

---

① 《光绪会典事例》卷一〇〇一。

② 《清史列传》卷一八《仲永檀传》。

③ 《钦定台规》卷三《训典三》。

漕运官员不法事，奏请整顿漕务弊政，仁宗却申斥该御史“吹毛求疵，徒事空言，毫无实效”。“巡漕惟当以督准漕船为第一要务”①，只要漕粮如期运到，保证“天庾正供”，其他一概置若罔闻。嘉庆二十年，御史夏国培就宗室移住盛京一事，上陈己见，被认为“妄行陈奏，干预多事”而被罢职。②

嘉庆二十五年，给事中叶继雯对刑部定拟的一起绞刑妇女案提出异议，认为该犯“情有可原”，刑部不应列入秋审情实，而应拟为缓决。立遭仁宗驳斥：“刑名案件遇有伦纪相关者，刑部执法定拟，例应拟实，至情况不同将来勾决时其权衡出自上裁”，若拟缓决，“朕亦无可免勾之案矣”，遂将叶继雯降调。③

又如，嘉庆四年上谕命都察院对所有京控案一概“不准驳斥”，但在二十五年上谕中针对贾允升奏各省京控案件无论“案情大小不准驳斥”一事，却认为“所奏非是”。如果对“一切户婚田土钱债细事”，“一概准理，于政体非宜”，若“以部院衙门理及琐屑之务，则直省地方官所司何事”？④

至道光朝，列强入侵，外侮频仍，严重的民族危机引发了社会危机和政治危机。在这种形势下一些正直的科道官受到强烈的震撼，纷纷建言奏事。就目前所见的科道奏疏，以道光朝为最多，被采纳的数量也居首位。但宣宗晚年，听信大臣曹振镛的谗言，对科道所上章奏肆意苛求，稍有疑误，立即交部议处。一时之间，科道纷纷相戒以言事为禁，坐视纲纪废弛，即使宣宗督催，也无济于事。如自从道光十八年至道光二十一年，为解决各省京控案件逾期未结问题，曾经连下五道谕旨，严申

① 《钦定台规》卷三六《巡察一》。
② 《光绪会典事例》卷一〇〇五。
③ 《光绪会典事例》卷一〇〇六。
④ 《钦定台规》卷一四《宪纲六》。

“毋再任意宕延”，但也并没有改变“任意宕延”的弊端，具体如下：

道光十八年七月谕内阁：“都察院奏，查明各省京控咨交案件，逾限未结，并上次展限已逾，仍未审结各案……着各督抚、都统府尹……迅速审办完结，毋再任意宕延，致干咎戾。”①道光十九年二月谕内阁：“都察院奏，查明各省京控咨交案件，逾限未结，并上次展限已逾、仍未审结各案……着各督抚、都统、将军、府尹……迅速审办完结，毋再任意宕延，至干咎戾。”②道光十九年七月又谕：“都察院奏，查明各京控咨交案件，逾限未结，并上次展限已逾，仍未审结各案……似此任意积压，玩亵已极……着各督抚、都统、府尹，将未结各案，迅速审办完结，毋再任意悬宕，致干咎戾。”③道光二十年二月又谕：“都察院奏，查明各省京控咨交案件，逾限未结，并上次展限已逾，仍未审结各案，开具清单呈览。……似此任意积压，玩亵已极，着吏部即将承审逾限各督抚都统府尹及委审各员应得处分，查取职名，分别议处。并着将未结各案迅速审办完结，毋再任意宕延，致干咎戾。”④道光二十一年七月再谕内阁：“都察院奏，查明各省京控咨交案件，逾限未结并上次展限已逾，仍未审结各案，开单呈览。……似此任意积压，玩泄已极，着吏部即将承审逾限各督抚都统府尹及委审各员，应得处分，查取职名，分别议处，并着该督抚等，将未结各案，迅速审办完结，毋再任意宕延，致干咎戾。”⑤

咸同两朝，内乱外侮，日甚一日，民族危机深重，整个社会岌岌可危，监察活动已无成效可言。

降及光绪朝，为了挽救深重的民族危机，争取中华民族的复兴，先

---

① 《清宣宗实录》卷三一二。
② 《清宣宗实录》卷三一九。
③ 《清宣宗实录》卷三二四。
④ 《清宣宗实录》卷三三一。
⑤ 《清宣宗实录》卷三五四。

后出现了以改革政体为目标的改良派、维新派,发生了前所未有的戊戌变法,在戊戌变法期间,御史宋伯鲁借弹劾守旧大臣许应骙锋芒旁及于慈禧太后,但被革职拿问,御史屠仁守、吴兆泰因上书谏阻慈禧太后修筑颐和园被罢官。至清朝覆亡前夜,御史赵启霖、江春霖、赵炳麟更愤然无所忌惮地弹劾执政的庆亲王奕劻的贪赃劣迹。醇亲王载沣摄政后为匡复国政,曾召见御史江春霖、赵炳麟征求意见,受此影响,出现了七御史一日七奏之事。但也不可能对大厦将倾的清王朝产生积极的效果。

清朝是一个专制制度极端强化的朝代,在皇权独尊的背景下,监察官的作用远逊于宋明两朝,这充分说明了监察官权力是附着于皇权的,监察职能的发挥是受皇权所约束的。因此,遇有贤明之君,可以发挥监察官的作为;遇有昏聩之君,监察官便形同虚设了。这种局限性恰恰显示了中国古代监察制度的实质。

在君主专制制度极端发展的形态下,皇帝"乾纲独断",事无大小皆决于上,在监察制度中也体现了"人治"的特征。譬如规范细密的监察法其实是皇帝手中的治吏工具,是为巩固皇权统治服务的,因此,如何实施取决于皇帝的意志。监察官的一切章奏,其"所言可行与否,裁酌自在朝廷"①。或准行,或交议,或留中不发,或径行驳回,均须经皇帝最终裁决。

皇帝又是弹劾案的最高裁判官。监察官对内外大小官员进行弹劾都必须"实封奏闻请旨,不许擅自勾问"②。而对被劾之人之事是否进行调查,对所劾属实的枉法之官是否予以惩处,都由皇帝亲自决定。

都察院对审核的京控重大案件务须即时上奏,咨回各省的案件必须定期汇奏。科道在稽察巡察诸务时,发现施政违失,也必须向皇帝奏

---

① 《光绪会典事例》卷九九八。
② 《大清律例统纂集成·名例律·职官有犯》。

报请旨，无权擅自处断。由于皇帝掌握弹劾案的决断大权，又每以个人亲疏好恶为标准，而不论被劾官员是否触犯了国法政纪，从而损害了监察法的权威，影响了监察效能的发挥。

不仅如此，皇帝针对监察事务所颁发的上谕，往往前后矛盾，使得一些制度常处于不确定的状态。例如，清帝有时也允许科道"风闻言事"，如某省某部门发生侵贪案件而科道不行纠参，便严斥科道失察失检。但科道如果以风闻入奏，却又时常受到"遇事生风""信口讥弹""既有所闻，应有确据"①"以市井游谈，妄行入奏"②一类的斥责。

可见，在清朝皇帝绝对专制的条件下，法无常轨，都察院及科道各官正常行使职权得不到确实保障，稍有不慎，即至获罪。根据周继中主编《中国行政监察》一书，有清一代科道官受处分者共三一九人，其中处死五人，流刑六人，革职六十七人，降职八十五人，罚俸二人，交部议处九十人，申斥六十四人。在皇权高压下，监察官员或者缄默无言，噤若寒蝉；或者揣摩圣意，取悦媚上，很少有监察的主动性、自觉性。既不可能实现监察法的要求，也很难取得法定的监察效果。

1840 年鸦片战争以后改革思潮遽然兴起，其锋芒所及也指向传统的监察制度。

魏源曾撰文批判古代谏官。他说："古无谏诤之官，人人皆谏官；不惟广受天下之言，亦所以广收天下之才。自后世立谏官，而人无言责者，始不得尽其言。自谏官不选天下英才，惟取科目资格，上焉不知君国远忧为何事，下焉藉经市恩、报怨、希进，否则摭肤词琐事塞责，愈不足动人主之信。知者不必言，言者不必知，自谏官之设始也；张一目之罗以求禽，张一面之网以觊鳞，自谏官之设始也。"③

① 《光绪会典事例》卷九九九。
② 《光绪会典事例》卷一〇〇五。
③ 《魏源集》上册《治篇》。

康有为从改革君主专制政体为君主立宪政体出发，指出中国政治的主要弊端是“皆上下隔塞，民情不通所致也。……皇上仅寄耳目于数人，而数人者又畏懦保禄，不敢竭忠，甚且炀灶蔽贤，壅塞圣聪，皇上虽欲通中外之故，达小民和阨，其道无由”。① 为此，他提出：“下诏求言，破除壅弊，罢去忌讳，许天下言事之人，到午门递折，令御史轮值监收，谓之上书处，如汉公车之例，皆不必由堂官呈递，亦不得以违碍阻格，永以为例。若言有可采，温旨褒嘉，或令台对，霁颜询问，庶辟门明目，洞见万里。”②

梁启超则借用西方政治学说，提出改革传统制度的方案：“若立法、司法两种之独立，政党之对峙，皆其监督之最有效者也。”③

维新派官员郭嵩焘更以愤激的言辞痛陈监察机构的弊病，他说：“臣愚以为言官之职，匡正朝廷过失，诋斥权奸。……三四年来，言官毛举细故，见事生风，大率因睚眦之小怨，用影响疑似之传闻，胪列入告。朝廷遣使四出，驿站之骚扰，州县之供给，已不胜其惫，而又内顾言官之意旨，经营附会，以定爰书。朝廷用是以求通民隐，而民隐愈蔽；求申冤抑，而冤抑愈深，则亦言官无能读书通知事理，徒用苛察讦告，窥求影射以为直也。所苛求者一言一事之微，而所关国家大局固已巨矣。其甚者，疆吏之贤否，藩臬之迁擢，皆取决言官一疏，断行不疑。太阿倒持，尤乖政体。迄于今日，吏治日偷，民生凋蔽，所在愁叹，而言官所陈，但举虚小节，未尝深念民生休戚与朝廷措置之宜，崇奖太过，徒长虚谈，实为害政。”④

---

① 《康有为全集·上清帝第二书》。

② 《康有为全集·上清帝第四书》。

③ 梁启超：《敬告同业诸君》，载《新民丛报》第十七期。

④ 《郭嵩焘奏稿·因法事条陈时政疏》。

晚清伍廷芳在论述清代科道弊端时也说："前清每当弹劾一人或条奏一事，每至派员查办，非必尽属要政，而或出各部之陈请，视作差事之调剂。既需给以盘川，又累地方之供应。所带不法人役，时或狐假虎威，苛索抽丰，沿途骚挠，是为耗费病民之一害。"①

面对批评与改革传统监察制度的声浪，德宗下谕："都察院为朝廷耳目之官，于一切政治阙失、民生疾苦，自应留心考核，据实指陈。近来科道等官，识见通达议论纯正者，固不乏人，而毛举细故无当大体者，亦时不免。兹当新定官制预备宪法之时，该衙门纠察行政，责任綦重，务令举能其官无忝阙职，庶几广忠益而通下情。嗣后应如何激扬风宪，整饬台纲，以及保送御史应如何慎加遴选，严定考成，俾无滥列之处，着军机大臣、大学士、各部参预政务大臣会同都察院堂官一并妥议具奏。"②根据德宗的谕旨，弈劻在《复奏会议都察院官制折》和《奏厘定中央各衙门官制缮单进呈折》中仍将监察院列为直属朝廷的五院之一，以制衡内阁。他说："内阁大臣不可以兼充繁重差缺，犹虑其权太重也，则有集贤院以备咨询，有资政院以持公论，有都察院以任弹劾，有审计院以查滥费，有行政裁判院以待控诉。凡此五院，直隶朝廷，不为内阁所节制，而转足以监内阁，皆所以巩固大权，预防流弊。"③

然而无论是晚清的官制改革还是预备立宪，都不过是一个王朝败亡前夜的自救挣扎，已经无力回天。随着清王朝的覆灭，中国监察法制的历史也揭开了新的一页。

---

① 伍廷芳：《民国图治刍议》第十三章。

② 《整顿都察院慎选言官着军机大臣等妥议谕》，载《清末筹备立宪档案史料》。

③ 《清末筹备立宪档案史料》（上）。

后　　记

中国古代监察法是产生在中国文化土壤上并适合中国国情的治国之具。在几千年的发展过程中,通过纵向的传承、比较、吸收,不断地发展,成为独树一帜的具有鲜明特色的监察法制史。中国古代的思想家和开明的政治家,以充分的理性论证了以官治官实现权力控制的重要性,构建了中国古代的监察体制与监察法制,表现了中华民族的杰出智慧与伟大创造力,在专制主义的政体下限制了权力的滥用,甚至使权力控制及于政令的制定者。中国古代的监察法,保证了贯穿内外的监察机关体系运行有序和法定的职能的发挥,积累了跨越时空的建设经验。然而中国古代封闭的环境、法学交流的单向性,使得监察法制带有不可避免的保守性。特别是专制主义的政治制度决定了监察效用的不稳定性。

面对异常丰富的中国监察法制的历史,本书在史料和分析方面,多有不足或者错误,本书之所以名为“史稿”,期望得到读者的批评指正再作修改。

2007 年 3 月于北京

再版后记

《中国监察法制史稿》于2007年出版以后，受到广大读者的关注，特别是中央推进监察体制改革，提倡研究监察法文化以来，我应约发表了10余篇论文，反映了近年来新的研究心得。因而，开始修改《中国监察法制史稿》。书成之后定名为《中国监察法制史》。在此期间，由于我双目视力极差，有赖于我的学生王斌通帮我检索资料，打印文稿，使全书能够尽快与读者见面。

张晋藩

2018年11月15日